历任领导

1980—1999 年动经所时期

雷树萱
1980—1983

李　正
1983—1995

毛　晋
1995—1999

刘　倜
1983—1995

笪宝莲
1983

梁永爱
1983—1995

董子敖
1983—1995

刘毓全
1995—1999

葛正翔
1995—1999

王磊平
1995—1998

历任领导

1999—2006 年动经中心时期

王信茂
1999—2001

邓建利
1999—2004

赵庆波
2004—2006

李　扬
1999—2003

胡兆光
1999—2006

葛正翔
2001—2006

雷体钧
2003—2006

历任领导

2006—2009年国网经研院时期

赵庆波
2006

张运洲
2006—2009

葛正翔
2006—2007

胡兆光
2006—2009

雷体钧
2006—2009

韩　丰
2006—2009

李　英
2006—2009

盛大凯
2008—2009

张　贺
2008—2009

牛忠宝
2008—2009

历任领导

2009 年至今国网能源院时期

张运洲
2009—2022

欧阳昌裕
2009—2010
2022 至今

俞学豪
2010—2012

王广辉
2013—2024

魏　玢
2013—2014
2024 至今

牛忠宝
2009—2016

胡兆光
2009—2014

李　英
2009—2016

蒋莉萍
2009—2023

葛旭波
2009—2012

张　玮
2013—2014

周原冰
2015—2016

历任领导

2009 年至今国网能源院时期

李连存
2015—2020

白建华
2015

柴高峰
2016 至今

李伟阳
2016 至今

邱忠涛
2016—2017

吕　健
2017—2023

张　全
2017—2020

王耀华
2017 至今

仇文勇
2021—2023

李　健
2021 至今

单葆国
2021 至今

董力通
2023 至今

袁兆祥
2024 至今

1

2

3

1 1986 年，北京水利电力经济研究所代表在世界能源会议上发言

2 1989 年 11 月，北京水利电力经济研究所热能技术经济研究室讨论城市热力规划

3 北京水利电力经济研究所代表在印度尼西亚参加国际会议

4 1990 年 2 月，能源部部长黄毅诚为北京水利电力经济研究所题词

5 1990 年 2 月，能源部副部长史大桢为北京水利电力经济研究所题词

4

以严谨的科学的态度，积极推进动能经济的研究工作，为发展我国能源事业作贡献。

黄毅诚

Actively promote researches on energy economics with rigorous and scientific approach to make contributions to the development of energy industries in China.

Minister of MOE Huang Yicheng

February,1990

5

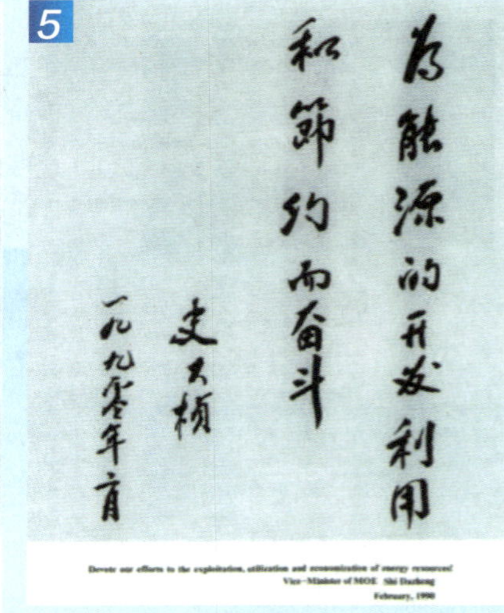

为能源的开发利用和節约而奋斗

史大桢

一九九〇年二月

Devote our efforts to the exploitation, utilization and economization of energy resources!

Vice-Minister of MOE Shi Dazheng

February, 1990

1 1990 年 2 月，能源部副部长史大桢到北京水利电力经济研究所调研

2 1990 年 5 月，北京水利电力经济研究所承办国际原子能机构（IAEA）第三次亚太地区能源电力核电规划研讨会

3 国家电力公司南方四省（区）能源战略规划项目扩展期会议

4 2003 年 1 月，国家电网公司副总经理陈进行到动经中心指导工作

5 2003 年，动经中心开展电力市场分析预测研讨

1 2006 年 1 月 18 日，国家电网公司副总经理舒印彪到动经中心慰问职工

2 2006 年 4 月 15 日，动经中心承办国家电网公司“十一五”电力工业发展及远景展望高级研讨会

3 2006 年 6 月 16 日，动经中心向通州小学献爱心

4 2006 年 6 月 30 日，国网经研院召开庆祝建党 85 周年暨学习贯彻党章树立社会主义荣辱观演讲大会

5 2006 年 8 月 9 日，国网北京经济技术研究院举行揭牌仪式，国家电网公司副总经理舒印彪出席

1 2007 年 1 月 27 日，国网经研院高级咨询冉莹参加 2007 年工作会议

2 2007 年 3 月 15 日，国网经研院承办国家电网公司“能源基地建设及电力中长期发展规划深化研究”课题领导小组会议

3 2007 年 5 月 19 日，国网经研院承办国家电网公司“我国能源基地建设及电力中长期发展规划重大问题研究成果”专家座谈会

4 2007 年 11 月 22 日，国网经研院举办第三届专家委员会会议暨动经论坛

5 2008 年 4 月 19 日，国网经研院举办 2008 年动经论坛（春季）

1 2008 年 4 月 22 日，华北电力大学与国网经研院签署联合培养硕士博士学位研究生协议

2 2008 年 5 月 10 日，国网经研院开展与奥运同行健身登山比赛

3 2008 年 7 月 30 日，国网经研院接待英国工程技术学会主席来访

4 2008 年 9 月 25 日，国网经研院承办国家电网公司“我国煤电运协调发展相关问题及对策研究”专家研讨会

5 2009 年 10 月 25 日，国网能源研究院召开成立大会，国家电网公司副总经理舒印彪出席

1 2009 年 12 月 16 日，国家电网公司总经理刘振亚到国网能源院调研

2 2010 年 6 月 29 日，国网能源院与美国能源基金会座谈

3 2010 年 7 月 1 日，国家电网公司党组成员、副总经理兼工会主席王敏到国网能源院视察工作

4 2010 年 8 月 5 日，国网能源院召开 2010 年党支部书记（委员）培训动员会

5 2010 年 10 月 30 日，国网能源院举办 2010“能源·经济·发展”论坛（秋季）

1 2011年3月16日，国网能源院举行“三家”正式启动揭牌仪式

2 2011年4月26日，国网能源院接待西门子股份公司全球副总裁阿赫思博士来访

3 2011年6月7日，国网能源院召开党员大会，选举成立中国共产党国网能源研究院第一届直属委员会和直属纪律检查委员会

4 2011年10月23日，国网能源院举办第三届“能源·经济·发展”论坛

5 2012年6月28日，《中国电力》杂志正式划转移交国网能源院

1 2012 年 6 月 28 日，国网能源院召开庆祝建党 91 周年暨创先争优活动表彰大会

2 2012 年 8 月 4 日，国网能源院举办中国电力与能源研讨会暨国网能源研究院 2012 年基础研究年度报告发布会

3 2013 年 9 月 15 日，国网能源院举办 2013 年基础研究年度报告发布会

4 2014 年 9 月 15 日，国网能源院接待德国能源署署长 Stephan Kohler、中国可再生能源学会理事长石定寰来访

5 2014 年 10 月 17 日，国网能源院举办 2014 年全国用电与节电技术研讨会

1 2014 年 11 月 15 日，国网能源院举办 2014 年基础研究年度报告发布会

2 2014 年 12 月 16 日，国家发展改革委运行局局长李仰哲、财政部经济建设司副司长宋秋玲到国网能源院调研国家电力需求侧管理平台

3 2015 年 9 月 11 日，国网能源院与美国国家可再生能源实验室签署合作研究备忘录，国家电网公司董事长刘振亚出席

4 2015 年 10 月 27 日，国网能源院代表赴国际能源署调研访问

5 2016 年 6 月 14 日，国网能源院聘请中国工程院院士、原副院长杜祥琬为首席战略顾问

1 2016 年 7 月 27 日，国网能源院承办中央企业智库联盟理事会第一次会议

2 2016 年 8 月 5 日，国网能源院与国网山东省电力公司签署战略合作框架协议

3 2016 年 8 月 19 日，国家电网公司副总工程师陈维江到国网能源院调研

4 2016 年 12 月 24 日，国网能源院举办 2016 年基础研究年度报告发布会

5 2017 年 4 月 7 日，国网能源院开展“共建绿色家园”植树活动

1 2017 年 6 月 1 日，国家发展改革委运行局局长赵辰昕、副局长鲁俊岭到国网能源院调研

2 2017 年 8 月 10 日，国网（苏州）城市能源研究院有限责任公司暨国网能源研究院苏州分院成立大会召开，国家电网公司董事长、党组书记舒印彪出席

3 2017 年 8 月 15 日，国家电网公司总经理、党组副书记寇伟到国网能源院调研

4 2017 年 11 月 26 日，国网能源院召开成果发布暨能源转型发展研讨会

5 2017 年 12 月 8 日，国网能源院总经理、党委副书记王广辉带队赴厦门大学座谈交流

1 2018 年 6 月 28 日，国网能源院举办国家电网能源院共产党员服务队成立仪式

2 2018 年 7 月 3 日，国家电网公司副总经理、党组成员刘国跃到国网能源院调研

3 2018 年 7 月 25 日，国网能源院与德国能源署签署合作研究备忘录

4 2018 年 8 月 9 日，国家电网公司党组副书记、副总经理辛保安到国网能源院调研

5 2018 年 9 月 5 日，国家电网公司总会计师、党组成员罗乾宜到国网能源院调研

1 2018 年 12 月 1 日，国网能源院召开 2018 年成果发布暨能源转型发展研讨会

2 2019 年 3 月 12 日，国家电网公司副总经理张智刚到国网能源院调研

3 2019 年 8 月 1 日，国网能源院总经理、党委副书记王广辉带队赴德勤会计师事务所交流

4 2019 年 9 月 10 日，国网能源院召开“不忘初心、牢记使命”主题教育总结大会

5 2019 年 12 月 1 日，国网能源院举办能源转型发展论坛暨国网能源研究院 2019 年成果发布会

1 2019 年 12 月 16 日，国网能源院集体参观“伟大历程　辉煌成就——庆祝中华人民共和国成立 70 周年大型成就展”

2 2020 年 10 月 13 日，国网能源院董事长、党委书记张运洲带队赴全球化智库（CCG）座谈交流

3 2020 年 11 月 18 日，国网能源院举办职工羽毛球赛

4 2020 年 11 月 28—29 日，国网能源院举办能源转型发展论坛暨国网能源研究院成果发布会

5 2021 年 2 月，国网能源院举办智库研究平台“旗帜领航 · 提质登高”首届模型工具周活动

1 2021 年 4 月 29 日，国网能源院与国网新源控股有限公司签署战略合作框架协议

2 2021 年 6 月 4 日，国网能源院与中核战略规划研究总院签署战略合作框架协议

3 2021 年 6 月，国网能源院“全场景电力规划运行决策平台”通过中国电机工程学会鉴定

4 2021 年 6 月 29 日，国网能源院赴香山革命纪念馆、双清别墅革命旧址开展党史学习教育

5 2021 年 9 月 12 日，国网能源院举办第三届“快乐工作 健康生活”职工家庭日活动

1 2021 年 9 月 28 日，中央财经领导小组办公室经济七局局长祝卫东、副局长朱红光到国网能源院调研座谈

2 2022 年 5 月 18 日，国网能源院举办合规承诺书签署仪式

3 2022 年 7 月 6 日，国网能源院召开首次院长联络员会议暨职工思想动态调研分析会

4 2022 年 7 月 19 日，国家电网公司副总工程师兼国网能源院党委书记欧阳昌裕讲授专题党课

5 2022 年 7 月 27 日，国网能源院召开 2022 年年中工作会议，提出落实国家电网公司战略的“12248”体系

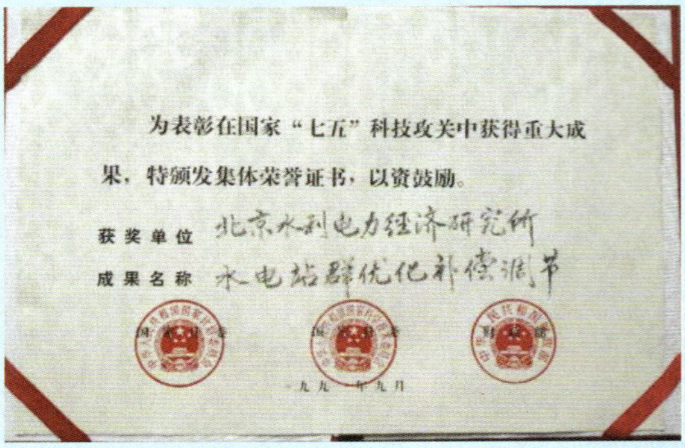

为表彰在国家“七五”科技攻关中获得重大成果，特颁发集体荣誉证书，以资鼓励。

获奖单位　北京水利电力经济研究所

成果名称　水电站群优化补偿调节

电力工业部科学技术进步奖

荣誉证书

为表彰在促进电力科学技术进步工作中做出重大贡献者，特颁发此证书，以资鼓励。

获奖项目：

获奖单位：　　　　证书号：

奖励等级：一等　　　　奖励年度：

电力工业部

国家能源局软科学研究

优秀成果奖

证　书

为表彰2008-2009年度国家能源局软科学研究优秀成果奖获得者，特颁发此证书。

项目名称：促进清洁能源发展研究

奖励等级：一等

获奖单位：国家电网公司

二〇一〇年八月

证书号：NEA-2009-G-01-006

国家电网公司

科学技术进步奖

获奖证书

获奖项目：电动汽车智能充换电服务网络建设运营体系关键技术研究与示范应用

获奖等级：一等

获 奖 者：国网能源研究院

奖励年度：2011年

发证机构：国家电网公司

证书号：20112003-D06

国家电网公司

科 学 技 术 进 步 奖

获奖证书

获奖项目：实现2020年15%非化石能源目标路径研究

获奖等级：三等

获 奖 者：国网能源研究院

奖励年度：2011年

发证机构：国家电网公司

证书号：20115022-D01

国家电网公司

科 学 技 术 进 步 奖

获奖证书

获奖项目：公司创建“世界一流电网、国际一流企业”理论与实践研究

获奖等级：特别

获 奖 者：国网能源研究院

奖励年度：2013年

发证机构：国家电网公司

证书号：20134073-D01

国家电网公司软科学成果奖

获奖证书

获奖项目：改革创新驱动的公司若干重大问题研究

获奖等级：特等奖

获 奖 者：张运洲

奖励年度：2015年

发证机构：国家电网公司

证书号：2016001-G01

国家电网公司

科 学 技 术 进 步 奖

获奖证书

获奖项目：基于3E系统优化的中国能源模型体系设计开发及应用研究

获奖等级：一等

获 奖 者：国网能源研究院

奖励年度：2015年

发证机构：国家电网公司

证书号：2015-JB-305-D01

国家电网公司
科学技术进步奖
获奖证书

获奖项目：以价值引领为核心的项目预算全过程闭环管控体系研究与应用

获奖等级：一等

获 奖 者：李有华

奖励年度：2015年

发证机构：国家电网公司

证书号：2015-JB-429-G15

国家电网公司软科学成果奖
获奖证书

获奖项目：北极风电开发与全球能源互联网展望系列研究

获奖等级：特等奖

获 奖 者：国网能源研究院

奖励年度：2015年

发证机构：国家电网公司

证书号：2016002-D03

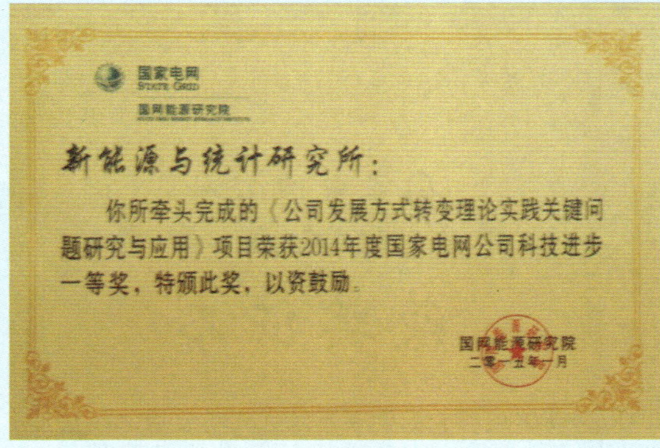

国家电网
STATE GRID
国网能源研究院

新能源与统计研究所：

你所牵头完成的《公司发展方式转变理论实践关键问题研究与应用》项目荣获2014年度国家电网公司科技进步一等奖，特颁此奖，以资鼓励。

国网能源研究院
二〇一五年一月

获奖证书

国网能源院：

《全球能源转型背景下清洁发展与电网互联互通理论与实践深化研究》

荣获国家电网公司2016年度软科学成果奖

特 等 奖

主要完成单位：国网能源院、国网研究室、国网营销部、国网国际公司

主要完成人：张运洲、张 玮、李海鹏、张 栋、张富强、孙祥栋、徐 杨、李立理、王耀华、周原冰、邱忠涛、武 斌、徐晓阳、高国伟、许 兵、元 博、马 丁、何 博、单葆国、韩新阳、鲁 刚、马建伟、祁碧茹、张 宁、冯君淑、王 向、于 冰、王 阳、刘源祺、邹洪基

国家电网公司
二〇一七年二月

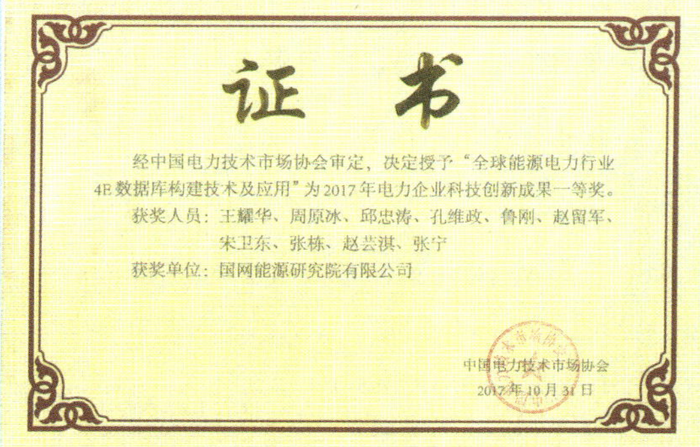

证 书

经中国电力技术市场协会审定，决定授予"全球能源电力行业4E数据库构建技术及应用"为2017年电力企业科技创新成果一等奖。

获奖人员：王耀华、周原冰、邱忠涛、孔维政、鲁刚、赵留军、宋卫东、张栋、赵芸淇、张宁

获奖单位：国网能源研究院有限公司

中国电力技术市场协会
2017年10月31日

2017年度中国电力创新奖
证 书

项目名称：改革创新驱动下电网企业发展策略与管理体制优化

奖励等级：一等奖

项目类别：管理类

获奖单位：国家电网公司；国网能源研究院

主要完成人：王敏 张运洲 张玮 石书德 张栋 张晓萱 范孟华 刘拓 王琳璘 谢国辉 蒋莉萍 邱忠涛 王燕 张园 白翠粉

项目编号：GW1702090

中国电力企业联合会
2017年11月

荣誉证书

北京市科学技术奖

为表彰在推动科学技术进步，对首都经济建设和社会发展作出贡献的集体和个人，特颁此证，以资鼓励。

获奖项目：大能源体系下的能源与电力配置模型方法研究及应用

获奖等级：叁等奖

获奖单位：国网能源研究院

NO. 2017 能-3-007

二〇一七年十一月

荣誉证书

北京市科学技术奖

为表彰在推动科学技术进步、对首都经济建设和社会发展作出贡献的集体和个人，特颁此证，以资鼓励。

获奖项目：碳排放峰值对电力电网发展的影响研究及应用

获奖等级：叁等奖

获奖单位：国网能源研究院

NO. 2017 能-3-008

二〇一七年十一月

国家电网公司
科学技术进步奖
获奖证书

获奖项目：电网电价定价关键技术及评价方法研究与应用

获奖等级：一等

获 奖 者：国网能源研究院

奖励年度：2017 年

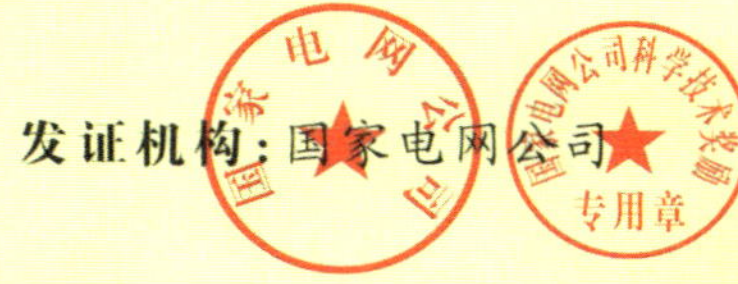

发证机构：国家电网公司

证书号：2017-JB-506-D01

2016年度能源软科学研究优秀成果

证 书

课题名称：全球能源转型背景下清洁发展与电网互联互通理论与实践创新

获奖单位：国家电网公司、国网能源研究院

完成人员：王 敏 张运洲 邱忠涛 张 栋 张富强 孙祥栋 徐 扬 王耀华 周原冰 徐晓阳

奖励等级：一等奖

此证授予：王耀华

二零一八年一月

证书号：NEA：2016-P-1-0208

2016年度能源软科学研究优秀成果

证 书

课题名称：电力系统革命战略研究

获奖单位：国网能源研究院、南方电网科学研究院有限责任公司 水电水利规划设计总院、中国电力科学研究院

完成人员：张运洲 王耀华 张富强 伍声宇 冯君淑 焦冰琦 弭 辙 周保荣 李少彦 李建林

奖励等级：二等奖

此证授予：冯君淑

二零一八年一月

证书号：NEA：2016-P-2-0305

国家电网有限公司
科学技术进步奖

获奖证书

获奖项目：全球能源互联网技术路线、效益评价的方法与实践

获奖等级：二等

获 奖 者：孔维政

奖励年度：2018 年

发证机构：国家电网有限公司

证书号：2018-JB-513-G09

国家电网有限公司
科学技术进步奖

获奖证书

获奖项目：信息化环境下公司智能持续审计关键技术研究及应用

获奖等级：三等

获 奖 者：李有华

奖励年度：2018 年

发证机构：国家电网有限公司

证书号：2018-JB-511-G03

获奖证书

国家电网公司2017年度软科学成果奖

特 等 奖

获奖项目名称：我国能源转型下电网创新发展研究及应用

主要完成单位：国网能源院、国网研究室

主要完成人：张运洲、邱忠涛、黄碧斌、郑 宽、王 雪、杨 素、王耀华、蒋莉萍、张晓萱、吕 健、闫 湖、张晋芳、陈 昕、范孟华、葛志鹏、王 燕、鲁 刚、李琼慧、郑海峰、刘 俊、祁鲁萌、肖婉婷、冯君淑、姜怡喆、廖建辉、周海洋、杨力俊、徐敏杰、姚 雷

国家电网公司
二〇一八年三月

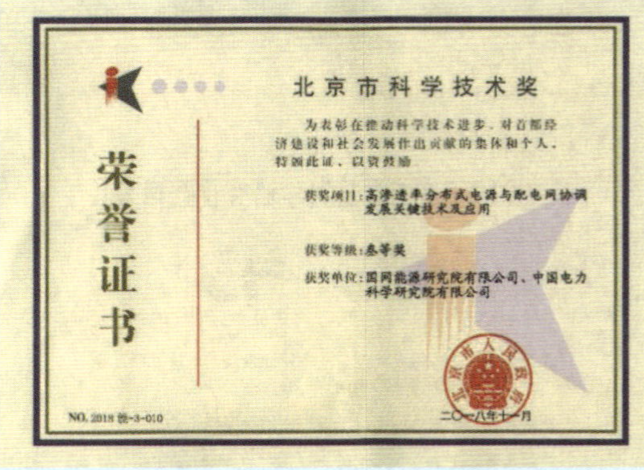

荣誉证书

北京市科学技术奖

为表彰在推动科学技术进步、对首都经济建设和社会发展作出贡献的集体和个人，特颁此证，以资鼓励

获奖项目：高渗透率分布式电源与配电网协调发展关键技术及应用

获奖等级：叁等奖

获奖单位：国网能源研究院有限公司、中国电力科学研究院有限公司

NO. 2018 杜-3-010

二〇一八年十一月

2018 年度电力创新奖

证 书

项目名称：“煤改电”技术路径、潜力及电能替代战略研究

项目类别：管理类

奖励等级：一等奖

获 奖 者：国网能源研究院有限公司

证书号：PIA-2018-G-1063-D01

中国电力企业联合会
2018 年 11 月

中国商业联合会科学技术奖

全国商业科技进步奖

获奖证书

表彰在全国商业服务业科学研究、技术创新、成果推广、高新技术产业化中做出突出贡献者。

获奖项目：大型电网企业适应新时代发展任务的电网末端业务体制机制优化研究

获奖等级：一等奖

获 奖 者：廖建辉

证书编号：2018-1-74-R05

二〇一八年十二月

中国商业联合会科学技术奖

全国商业科技进步奖

获奖证书

表彰在全国商业服务业科学研究、技术创新、成果推广、高新技术产业化中做出突出贡献者。

证书编号：2019-2-89-R06

获奖项目：大型城市能源互联网发展体系及实践路径研究

获奖等级：二等奖

获 奖 者：张宁

二〇一九年十二月

荣誉证书

编号：YQZKLM〔2019〕-406

《推进制造业企业高质量发展研究》课题荣获中央企业智库联盟2019年度重点课题（联合调查研究类）优秀研究成果

特等奖

牵头单位：国网能源研究院有限公司

参与单位：中信改革发展研究基金会、中国中车集团有限公司、中国建材集团有限公司、中国东方电气集团有限公司、中国商用飞机有限责任公司、北京航天情报与信息研究所

中央企业智库联盟第三届理事会

（代章）

2020年6月

荣誉证书

编号：YQZKLM〔2019〕-405（3）

国网能源研究院有限公司：

你单位参与的《央企小镇助力乡村振兴研究》课题荣获中央企业智库联盟2019年度重点课题（联合调查研究类）优秀研究成果

特等奖

课题组成员：马　莉、胡　源、李　睿

中央企业智库联盟第三届理事会

（代章）

2020年6月

荣誉证书

编号：YQZKLM〔2019〕-402（2）

国网能源研究院有限公司：

你单位牵头的《中央企业培育具有全球竞争力的世界一流企业路径研究》课题荣获中央企业智库联盟2019年度重点课题（联合调查研究类）优秀研究成果

特等奖

课题组成员：柴高峰、马　莉、张笑峰、李晓冬、高国伟、宋海云、李　睿、范孟华

中央企业智库联盟第三届理事会

（代章）

2020年6月

中国能源研究会能源创新奖

获奖证书

为表彰能源创新奖获得者，特颁发此证书。

奖项名称：管理创新奖

获奖项目：能源互联网下源网荷储协同发展与业态创新关键问题研究与应用

奖励等级：一等奖

获 奖 者：国网能源研究院有限公司

获奖年度：2020年

发证机构：中国能源研究会

证书编号：2020-0285-G-1-01-D01

中国电力科学技术奖

获奖证书

奖项名称：中国电力科学技术进步奖

获奖项目：适用于电网的先进大容量储能技术系统价值评估关键技术与应用

获奖等级：三等

获 奖 者：国网能源研究院有限公司

奖励年度：2020年

发证机构：中国电机工程学会

中国电力科学技术奖励工作办公室

证书编号：2020-J-3-120-D01

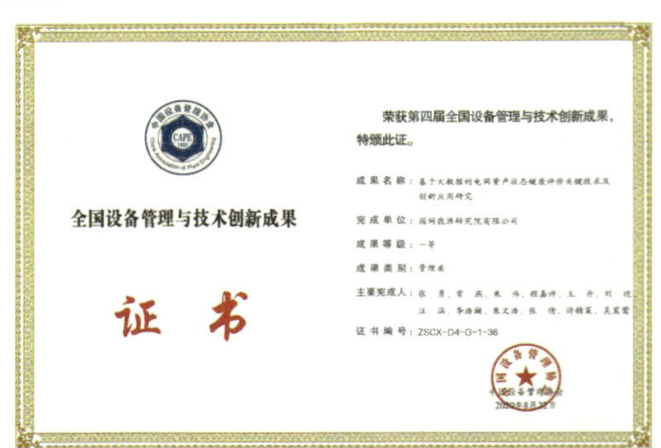

全国设备管理与技术创新成果

证 书

荣获第四届全国设备管理与技术创新成果，特颁此证。

成果名称：基于大数据的电网资产状态健康评价关键技术及创新应用研究

完成单位：国网能源研究院有限公司

成果等级：一等

成果类别：管理类

主要完成人：张勇、常燕、朱伟、程嘉许、王丹、刘进、江涵、李浩澜、朱文浩、张倩、许锦[illegible]

证书编号：ZSCX-D4-G-1-36

中国设备管理协会

设备管理与技术创新成果

证 书

荣获2021电力行业设备管理与技术创新成果，特颁发此证书。

成果名称：基于数字化的电网设备资产全流程管理关键技术及应用研究

完成单位：国网能源研究院有限公司

成果等级：一等

成果类别：管理

主要完成人：张勇、朱伟、代高瑞、贺明军、石书德、凡广宽、常燕、程嘉许、张有坚、卢健飞、李鑫、张世高

证书编号：ZSCX-2021-DL-G-1-09

中国设备管理协会

国科奖社证字第0191号

2021年中国产学研合作创新与促进奖

产学研合作创新成果奖

获奖证书

为表彰在产学研深度融合中取得的重要科技创新成果，特颁发此证书。

项目名称：高渗透率配网源网荷储一体化运行优化关键技术及应用

奖项等级：一等奖

完成单位：国网能源研究院有限公司、
华北电力大学、
北京智芯微电子科技有限公司、
国网山东省电力公司营销服务中心

主要完成人：鲁刚、刘鹏、王晓晨、白翠峰、孙小斌、肖鑫利、侯东羊、元博、张晋芳、夏鹏

证书号：20216020

中国产学研合作促进会

2022年1月

国网能源研究院有限公司

发展历程

《国网能源研究院有限公司发展历程》编委会　编

中国电力出版社
CHINA ELECTRIC POWER PRESS

图书在版编目（CIP）数据

国网能源研究院有限公司发展历程/《国网能源研究院有限公司发展历程》编委会编．—北京：中国电力出版社，2024.9
ISBN 978-7-5198-8505-2

Ⅰ．①国…　Ⅱ．①国…　Ⅲ．①能源工业－工业企业－概况－中国　Ⅳ．①F426.2

中国国家版本馆 CIP 数据核字（2023）第 256360 号

出版发行：中国电力出版社
地　　址：北京市东城区北京站西街 19 号（邮政编码 100005）
网　　址：http://www.cepp.sgcc.com.cn
责任编辑：刘汝青（010-63412382）　常丽燕
责任校对：黄　蓓　常燕昆
装帧设计：赵姗姗
责任印制：吴　迪

印　　刷：三河市万龙印装有限公司
版　　次：2024 年 9 月第一版
印　　次：2024 年 9 月北京第一次印刷
开　　本：787 毫米×1092 毫米　16 开本
印　　张：26
字　　数：580 千字　14 插页
印　　数：0001—1000 册
定　　价：280.00 元

编　委　会

编　写　组

序

习近平总书记多次强调“战略思维”，“要努力增强总揽全局的能力，放眼全局谋一域，把握形势谋大事”。战略思维，就是高瞻远瞩、统揽全局，善于把握事物发展总体趋势和方向。改革开放以来，我国国有企业在改革中发展，在市场中壮大，为经济建设和社会发展作出了重要贡献。进入新世纪，新一轮科技革命和能源革命深入推进，能源清洁低碳转型步伐加快，新能源跨越式增长，电力市场建设向纵深推进。在复杂快变的时代背景下，国家电网公司作为关系国民经济命脉和国家能源安全的特大型国有骨干企业，如何统筹政治经济社会责任、统筹发展和安全、统筹保供和转型，实现综合实力历史性跃升、实现电网发展跨越式升级、实现改革攻坚整体性突破，都是必须深化研究解决好的重大战略性课题。

国网能源院作为国家电网公司智库建设的主体单位，是公司系统内唯一从事软科学研究的科研机构。改革开放以来，随着我国经济社会和能源电力行业的不断发展，国网能源院在国家电网公司转型的各个时期、各个阶段发挥了充分的战略研究支撑作用，为中国能源电力事业发展作出了不可磨灭的贡献。《国网能源研究院有限公司发展历程》一书致力于总结国网能源院历经电力工业部、水利电力部、能源部、国家电力公司、国家电网公司等不同时期的历史发展沿革，记录了自 1980 年动能经济研究所至 2022 年 7 月国网能源院 40 余年的奋斗历程，系统梳理、精心编制了翔实完整的企业成长信息，是能源央企智库展示工作成效、启迪发展思路的重要资料和宝贵财富，可以更好地牢记过去、把握现在、开辟未来。相信本书对广大读者进一步了解能源电力事业进程、认识特色智库成长脉络、洞察行业转型发展趋势会有所帮助。

船到中流浪更急，人到半山路更陡。经过 40 余年的砥砺奋进、披荆斩棘，国网能源院朝着高端智库目标阔步前进，形成了一系列具有重要价值的研究成果，先后入围国内外多项权威智库榜单，决策支撑力、行业引领力、社会影响力不断提升。新形势下，国网能源院将继续紧密围绕国家电网公司党组部署要求，聚焦行业企业改革发展重大问题，进一步发挥智库体系作用，奋力开创政策研究工作的新局面，加快建设世界一流高端智库，在新时代新征程公司的使命任务中发挥更大作用，为“一体四翼”高质量发展、全面推进具有中国特色国际领先的能源互联网企业建设作出新的更大贡献，为中国能源电力行业可持续发展作出新的更大贡献。

国网能源研究院有限公司

2024 年 8 月

前言

国网能源院成长发展的四十多年，也是改革开放进程中中国电力改革创新发展的四十多年。纵观四十多年的风风雨雨，国网能源院之所以能够不断强大、不断壮大，并面向世界一流高端智库战略目标继续奋勇争先，最关键的就是深度把握住了国家不同发展阶段的重大要求和能源电力发展战略的核心需求，时刻坚持政治站位，犯其至难而图其至远，持之以恒服务国家能源政策制定与战略执行，凝心聚力推动能源电力行业转型发展，善始善成支撑国家电网公司战略决策和价值创造，全力以赴在国家现代化进程中贡献坚强的智库力量。

国网能源院的发展历程大致可分为四个时期，即动经所时期（1980—1999 年）、动经中心时期（1999—2006 年）、国网经研院时期（2006—2009 年）、国网能源院时期（2009 年至今）。在每个时期，国网能源院的发展不仅是中国电力事业发展的缩影，时代底色鲜明，而且在全体干部职工的共同努力下持续突破，为全面建成世界一流高端智库铸就坚实基础，也彰显了中国电力人赓续传承、踔厉奋发的先驱风貌。

1. 动经所时期（1980—1999 年）

1980 年初，电力工业部在电力科学研究院设立动能经济研究所。1983 年，水利电力部将动能经济研究所划入北京水利电力经济管理学院，成立北京水利电力经济研究所（简称“水电经济研究所”）；1995 年，电力工业部将水电经济研究所成建制划出，更名为“北京动力经济研究所”（简称“动力经济研究所”），科研性质和任务不变。这一时期，被称为动经所时期。

（1）动能经济研究所的成立与发展，是国网能源院从“0”到“1”的开创阶段，主要是为了解决电力供应不足的问题，重点研究并解决电力预测、规划、可行性研究、经济运行中的一系列电力技术经济问题。

在该阶段，人员配置精干，业务功能主要立足于服务国家部委开展电力规划、负荷预测、效益评估、成本分析、电价分析、动能经济的理论方法、技术经济指标及评价等方面的研究与支撑，同时开始涉足动能经济专业人才培养、行业学会运行等。

在该阶段，主要承担了电力工业部（水利电力部）、国家科委等多项重大研究任务、重点政策及规划编制等工作，为改革开放初期中国能源问题研究留下了浓墨重彩的一笔。重点开展了电力“六五”计划和十年（1981—1990）电力发展规划研究，开展了葛洲坝水电站向华东送电研究、电力工业技术经济分析等，起草了《电力工程经济分析评价暂行条例》，配合编制《中国能源政策研究》。

（2）水电经济研究所和动力经济研究所时期，是国网能源院立足技术经济研究和动能经济专业，真正转变为从宏观到微观、从技术到经济的综合性研究机构的开端。

在该阶段，主要面向能源相关国家部委提供决策咨询，重点为水利电力部、能源部、电力工业部等在能源电力计划、发展规划及电力工程建设中面临的重大技术经济问题提供决策咨询，研究咨询的专业性较强。机构人员规模快速壮大，组建了 8 个研究室，专职研究人员 75 人，行政管理人员 25 人。研究领域持续拓展，形成了电力规划宏观经济决策、电价及相关领域应用软件开发等 11 个主要研究领域。开发和掌握了多种科研应用软件，形成数学规划软件（SCICONIC）等 13 项，拥有微型计算机 12 台，以及拥有藏书 2 万余册的图书资料室。

在该阶段，主要承担了多项国家部级重点项目、中外合资（合作）项目，获得多项国家部级奖项，咨询成果得到较广泛的推广应用，能源电力专业咨询及决策支撑优势地位逐步凸显。形成代表性省部级重点项目成果 24 项，其中“水电站群优化补偿调节”获得国家计委、国家科委、财政部国家“七五”科技攻关重大成果奖（集体奖），“水电站群优化补偿调节及三峡水库综合利用优化调度”获得电力工业部科学技术进步奖一等奖。此外，关于电厂经济分析论证、地区能源系统供应模型、电网缺电、电力供需形势分析等的研究成果，在电源建设、全国能源规划、电力工业改革等领域得到直接采纳。

在该阶段，积极开展和参加国内外有关学术交流，科技合作的国际化关系网络持续扩大。1985—1989 年，共派出科技人员 43 人次先后到 13 个国家参加各种专业国际学术会议，进行考察、进修和科技合作，与 6 个国际机构建立正式的科技合作关系。与国际原子能机构（IAEA）和世界银行经济发展学院（EDI）在国内分别举办 WASP-Ⅲ电源优化软件学习班和输电与联网研讨班。来自世界多国的 20 余名专家、教授和科技工作者先后到所讲学、考察和进行学术交流。

2. 动经中心时期（1999—2006 年）

1999 年，国家电力公司动力经济研究中心与国电动力经济咨询有限公司“两块牌子、一套领导班子”运行，简称“动经中心（国电动经公司）”，面向国家电力公司系统内和系统外两个市场，通过竞争、以有偿服务的形式，积极开展研究、咨询业务。2002 年，根据国家电力改革重组方案，动经中心划归国家电网公司。这一时期，被称为动经中心时期。

在该阶段，动经中心的性质和定位经持续调整而逐步明确，工作重心转向全力服务国家电网公司核心业务。职能定位明确为国家电网公司发展战略、体制改革和技术经济政策研究以及重大经营决策的咨询机构，重点服务电网前期规划研究、特高压电网建设、城市电网规划论证及国家电网公司重大战略决策等方面。2006 年，为深入贯彻国家电网公司“一强三优”发展战略，动经中心提出创建“一流科研咨询机构”的“十一五”发展目标，以“一流的科研队伍、一流的研究设施、一流的创新能力、一流的研究成果和一流的品牌形象”的“五个一流”标准推动自身发展，努力把动经中心建设成为能源与电力技术经济研究领域的“一流科研咨询机构”。

在该阶段，随着职能定位与业务发展的需要，机构设置发生了 3 次较大调整，机构设置得到有序优化。1999 年底，动经中心内部共设置 10 个部门，其中职能部门 4 个，子公司 1 个（北京华建电力热能设计研究所），共有正式职工 96 人，其中科研人员中超过 70%具有硕士及以上学历。2002 年底，业务部门整合为 4 个（战略与规划研究所、电网经济研究所、电力市场研究所、电源与环境经济研究所），设立学术委员会和专家委员会。2005 年底，动经中心内设 4 个职能部门、2 个电网前期工作业务处、3 个研究所、2 个子公司，以及 2 个国家电网公司所属中心。

在该阶段，研究咨询能力得到广泛认可，服务对象及范围明显增加，形成了较广泛的国际认可度与知名度。拥有中国工程咨询协会颁发的甲级工程咨询资格证书，是世界银行和亚洲开发银行的注册咨询机构，自主开发和引进国内外大量先进的技术经济研究软件，为科研工作提供坚强技术保障。服务对象涵盖整个电力行业，除国家电力公司、国家电网公司外，还包括政府部门、电力监管机构、电力企业、国内外金融机构及其他外国机构和组织等。开展广泛的国内国际合作，与遍及全球的国外咨询公司、研究机构、非政府机构，以及联合国、世界银行、亚洲开发银行、国际原子能机构等国际组织建立了良好的业务合作关系。

在该阶段，主要基于十大研究方向开展大量研究咨询工作，在若干领域处于国内领先或先进水平。聚焦中国电力体制改革下的重大规划、市场机制、电力供需、企业战略、体制机制、能源政策等重点问题，在企业发展战略与管理，电力改革，电力供需分析和预测，电价研究，电力项目投资分析，电力发展规划，电力经济政策，环境、新能源与节能政策，软件开发，中加合作南方四省（区）能源战略规划项目等重点领域开展研究与咨询工作，获得多项国家部委、能源行业及国家电网公司科学技术奖项奖励。

3. 国网经研院时期（2006—2009年）

2006年，国家电网公司对动经中心的功能定位予以进一步明确，并更名为“国网北京经济技术研究院”（简称“国网经研院”）。2008年，吸收合并徐州电力勘察设计院的工作，正式成立国网经研院徐州勘测设计中心，获得了设计甲级和勘察乙级资质证书。这一时期，被称为国网经研院时期。

在该阶段，按照国家电网公司统一要求，对自身功能定位与重点工作进行了相应调整，形成了新的战略发展思路。调整后的定位和目标为：以电力经济技术研究为主攻方向，在电网规划前期、电力项目前期、电力市场分析预测、电网经济效益分析、投融资的技术经济分析等方面开展研究，加快建设国内一流和国际知名的电网经济技术咨询机构。国网经研院在深刻分析新形势和新要求的基础上，提出“转型”和“责任”两大发展主题，进一步明确了“依托总部、立足公司、支撑决策、服务发展”的战略发展思路。

在该阶段，根据发展需要，持续增设、调整业务部门设置，人员素质水平进一步提升。2006年，增设电网技术经济研究所、财会与审计研究所、信息与情报研究所、《电力技术经济》杂志社4个业务部门，共有在职职工141人，博士19人，硕士63人，研究生及以上学历人员占科研人员的82%。2007—2008年，成立了翻译中心、电网技术经济研究所、电网勘测设计处，职能部门增设信息开发与管理处、党群工作处，电力市场研究所变更为电力供需与节能研究所，信息与情报研究所业务纳入职能部门。

在该阶段，主要在电力供需、经济技术分析、项目论证、能源政策、企业战略、电网规划及运营管理等领域开展科学咨询研究，研究领域得到进一步拓展。主要涵盖电网规划、项目论证、技术经济、财会与审计、企业发展战略研究、电力供需分析、能源政策与战略研究，以及火电设计、热电联产和新能源项目咨询等方面业务，具体业务包括11个研究领域、46个专业研究方向。在2008年吸收合并徐州电力勘察设计院之后，拓展和强化了电网规划设计咨询业务。

在该阶段，主要为国家电网公司的经营与发展提供全面的咨询服务，为政府主管部门、监管机构提供政策建议，为电力企业、金融机构和中外投资者提供咨询服务，服务范围与层次呈现多元化特点。在能源电力供需研究方面，成为国内最有影响的电力供需研究机构；在电力发展规划方面，先后参与全国电力工业发展规划的研究和编制，在我国能源基地建设问题等方面取得显著成果；在电网规划方面，开展电网前期规划、特高压电网建设、重点城市电网规划论证、农村电网规划等大量研究工作；在电价研究方面，作为国内最早开展电价研究分析的专业机构，率先在分时电价、季节性电价、上网电价、过网费等方面开展专题研究分析，研究成果得到广泛认同；在电力体制改革、电力立法与监管、电力市场建设等方面，为国家电力主管部门、监管机构提供大量政策咨询；在电力需求侧管理研究方面，是我国最早开展电力需求侧管理研究的机构之一，也是我国热电联产规划、设计及经济政策研究的权威机构。

4．国网能源院时期（2009 年至今）

2009 年，国家电网公司以国网经研院软科学研究力量为基础组建国网能源研究院（简称“国网能源院”），国网经研院与软科学研究相关的 5 个研究所、电网规划研究部门从事系统规划的部分研究人员、从事国家电网公司科技项目管理的人员、《电力技术经济》编辑部、国网人才评价中心、国电动力经济咨询有限公司、北京兴业动经科技有限公司、博士后科研工作站划入国网能源院，中国电机工程学会动能经济专业委员会、国家电网公司电力前期工作周转金管理中心（简称“周转金管理中心”）挂靠国网能源院。至此，国网能源院进入了快速发展阶段。

在该阶段，国网能源院的职能逐步从国家电网公司综合性能源研究智库和交流平台，调整为国家电网公司综合性研究机构和运营管理支撑单位，智库定位逐步清晰。核心业务由软科学研究、决策咨询服务、学术交流、人才评价四大业务，调整为支撑服务、科研、人才评价三大业务。在国家电网公司战略规划、电力改革和国际化等方面开展研究论证，为公司党组提供决策支撑，服务于公司战略创新；与公司总部有关部门建立协同联动机制，实现优势互补；为公司提供管理支持，服务于公司管理创新和公司专业支撑体系建设。

在该阶段，国网能源院分别于 2012、2015、2017 年进行过几次改革和组织结构调整，研究实力得到持续增强。2009 年，国网能源院设置职能部门 5 个，业务部门

7个，下属单位2个。2012年，建立职责明确、运转协调、管理高效的工作机制，对组织机构进行调整。设置职能部门5个，业务部门8个，下属单位2个（国网人才评价中心、后勤服务中心），代管机构1个（周转金管理中心）；《中国电力》杂志社并入国网能源院，《能源技术经济》杂志停刊。2015年，增设全球能源互联网研究中心。2017年，由全民所有制企业改为有限公司，名称变更为“国网能源研究院有限公司”（简称“国网能源院”），增设1个下属单位，即国网能源研究院苏州分院（简称“苏州分院”）。2019年，国家电网公司党组会议决议设立国家电网有限公司能源互联网经济研究院，挂靠国网能源院一体化运行。截至2021年底，国网能源院组织机构包括：5个职能部门，分别是办公室（管理后勤服务中心）、科研发展部、财务资产部、党委组织部、党委党建部；9个业务部门；一院一社两中心，分别是苏州分院、《中国电力》杂志社、科技项目咨询中心、国网人才交流服务中心有限公司。

在该阶段，国网能源院探索推进了岗位晋升、项目管理、人才培养等多项创新举措，智库人才基础与发展活力得到进一步释放。分别建立了职能部门及业务部门岗位序列，搭建职业生涯发展多通道（领导人员序列、职员序列、专业技术序列），在专业技术岗位评聘中试行积分制，持续开展青年英才工程，实施导师制及专项奖励制度，每年开展优秀科研项目负责人评选。2009年，共有在职职工138人，博士研究生38人，硕士研究生73人，硕博占比80.4%；专家及以上人才22人，约占专业技术序列人才的24.7%。截至2022年6月底，国网能源院在职职工数较2009年增长超过1倍，达到299人，硕博职工占比由80.4%提升至93.9%，专家以上人才71人，约占专业技术序列人数的30%以上，人才当量密度长期居国家电网公司系统前列。2012年至2022年6月底，累计26个集体被评为国家电网公司先进集体，126名个人被评为国家电网公司先进个人。

在该阶段，国网能源院坚决贯彻落实国家电网公司各项工作要求，持续提升经营管理水平，在持续强化党建引领、提升管理数字化水平、健全科研管理等方面，取得了明显成效。坚决落实全面从严治党要求，积极探索党对智库工作的领导，创新智库党建工作，探索建设党建引领智库高质量发展的“一合四力”新模式，稳步提升党建工作、党风廉政工作、内部审计工作水平和工会及离退休工作制度化、科学化、法治化水平，推动将党建优势转化为智库创新发展治理效能。规划研究制定工作持续改进、组织机制不断健全、发展目标指标制定逐步科学量化，为科研创新、人才建设、管理优化、影响力增强等方面明确发展目标和路径，为国网能源院各阶段整体发展指明方向、提供动力。信息化建设进入统一集中、深化应用、深度集成阶段，建设运营全球能源研究统一平台，持续完善科研管理信息平台、研究报告撰写辅助平台、交互式基础研究信息平台架构及功能，全面深化多维精益管理体系。

在该阶段，国网能源院坚持服务中央重大战略决策部署，结合国家、行业与国家电网公司重大需求，围绕公司战略落地和改革发展关键问题、聚焦能源电力行业热点话题，动态优化调整研究领域。随着研究领域的不断调整优化，国网能源院逐步形成能源电力发展与能源经济研究、电网发展与政策研究、能源电力体制机制研究、企业发展战略与管理研究四大研究领域，涉及宏观经济与能源电力发展关系研究、能源电力发展规划研究等 40 个专业研究方向。承担中国电机工程学会动能经济专业委员会、智慧用能与节能专业委员会、可再生能源发电并网专业委员会三个专业委员会的秘书处工作。

在该阶段，国网能源院致力于能源电力行业以及电力企业的发展战略规划、管理创新、体制机制、政策法规等问题研究，研究实力与研究成果得到政府部门、国家电网公司及智库同行的广泛认可。自成立以来，国网能源院承担国家电网公司重大战略课题 110 项，承担国家电网公司其他重大研究项目 2000 余项，承担国家部委等部门委托的重大研究课题 300 余项，在清洁能源发展、电力供需预测、输煤输电综合比较、产业整合提升与走出去等方面的研究成果与观点，报送国家电网公司及有关政府机构作为决策支撑，共获得国家电网公司及以上研究奖项 500 余项次（截至 2020 年），累计分别获得省部级奖项 40 余项、公司级奖项 350 余项、各类社会力量奖 150 余项，得到了政府部门、国家电网公司及社会各界的高度认可，为我国能源和电力行业的科学发展作出了重大贡献。

在该阶段，国网能源院围绕国家能源电力行业持续关注的基础性、综合性、战略性问题，形成了国网能源院“基础研究年度报告”体系，初步形成了能源智库特色品牌产品。每年对外发布《全球能源分析与展望》《中国能源电力发展展望》及“基础研究年度报告”10 余部，在能源电力行业形成了良好的品牌形象。累计出版《我国核电发展规划研究》《中国非化石能源发展目标及其实现路径》《2050 中国经济发展与电力需求探索》《电力经济学引论》《输配电价理论与实务》等专著与译著 60 余部。

在该阶段，国网能源院持续深化与国内外高水平科研院校及研究机构的交流，保持紧密联系及长期友好合作关系，为建设世界一流高端智库营造了良好的外部环境。与 30 余家国内外知名机构签订战略合作框架协议，推动在项目研究、智库建设、人才培养、企业文化、品牌宣传等方面的合作，通过承担国际组织秘书处工作，联合开展项目研究，加强交流互访，广泛开展战略合作，积极参与智库联盟建设（中央企业智库联盟、全球能源互联网智库联盟），构建全方位、多层次、跨领域的合作格局和交流网络。

在该阶段，国网能源院扎实推进世界一流企业高端智库建设，取得了一系列资格资质，智库影响力和话语权不断提升。积极参与国内、国际智库评级，并持续争取纳入国家高端智库培育试点单位，在能源电力行业及国内外智库同行中树立了良好的品牌形象。2014 年，获得由国家发展改革委颁发的“工程咨询单位甲级资格证书”。2017 年，首次入选上海社会科学院发布的“中国智库影响力排名”名单。2020 年，首次入选美国宾夕法尼亚大学发布的全球智库报告“2019 全球最佳科技政策研究智库”榜单，在上榜中国智库中排名第 3，在全球总排名中位居第 72。

展望未来，国网能源院坚持以习近平新时代中国特色社会主义思想为指导，在国家电网公司党组坚强领导下，攻坚克难、锐意进取，全面建设“12248”体系，奋力建设世界一流高端智库。

《国网能源研究院有限公司发展历程》编委会

2023 年 12 月

编 写 说 明

一、以习近平新时代中国特色社会主义思想为指导，运用辩证唯物主义和历史唯物主义的立场、观点和方法，重点记述国网能源院的历史与现状，力求所记述内容达到思想性、科学性、资料性的统一，力求反映中国能源电力发展的脉络。

二、设置文前部分（包括彩页、序、前言、编写说明），正文（包括历程发展、经营管理、科研发展、特色发展、专业委员会，共 5 章 28 节），大事记，附录及后记。以时间为主线，分类叙事，图表按章编号。

三、上限为 1980 年 1 月，下限为 2022 年 7 月。

四、以第三方视角，坚持实事求是、公允客观。

五、使用的汉字、标点符号与数字等，均执行国家语言文字工作委员会及有关单位的统一规定。

六、长度、个数、分比、年代、年、月、日，一般采用阿拉伯数字。

七、各时期上级主管单位名称：

1979 年 2 月，电力工业部。

1982 年 3 月，水利电力部。

1988 年 4 月，能源部。

1993 年 3 月，电力工业部。

1997 年 1 月，电力工业部、国家电力公司（共用一套牌子）。

1998 年 3 月，国家电力公司。

2002 年 12 月，国家电网公司。

2017 年 11 月，国家电网有限公司，简称国家电网公司。

八、各时期本级单位名称：

1980 年初，动能经济研究所。

1983 年 12 月，北京水利电力经济研究所，简称水电经济研究所。

1995 年 9 月，北京动力经济研究所，简称动力经济研究所。

1999 年 12 月，国家电力公司动力经济研究中心（国电动力经济咨询有限公司），简称动经中心（国电动经公司）。

2006 年 4 月，国网北京经济技术研究院，简称国网经研院。

2009 年 10 月，国网能源研究院，简称国网能源院。

2017 年 9 月，国网能源研究院有限公司，简称国网能源院。

目　录

第一章

历程发展

第一节　动经所时期（1980—1999 年）

一、概述

国网能源研究院有限公司（简称“国网能源院”）主要从事能源电力发展与能源经济、电网发展与政策、能源电力体制机制、企业发展战略与管理等方面的研究咨询工作，其中电力技术政策、电力规划等研究工作最早可追溯至 20 世纪 50 年代的动经研究。

新中国成立后，动经研究由苏联专家来华援建时引入。1953 年，根据国家对电力工业管理人才的需求，在苏联专家组的建议下，哈尔滨工业大学依托其电机系筹备成立动力经济与企业组织专业。在此时期的经济建设实践过程中，培养和锻炼了一批技术经济的研究者和工作者。为满足经济建设的需要，动经专业经过后期不断演变，逐步拓展出技术经济、工程经济等专业，研究领域、应用范围也进一步扩大。

1954—1955 年上半年，在国家计委和燃料工业部的领导下，以编制第二个五年电力规划方案为目标，在燃料工业部设立电气化工作组。工作组调集 30 余名技术人员，历时一年半，对我国能源电力工业的技术政策、电力发展水平、电源布局、电网结构、电力设备、燃料和劳动力等内容，第一次进行了比较系统的调查和研究，并取得了一定经验和成果。在苏联专家的指导下编制了《中华人民共和国电力工业远景发展轮廓方案（1953—1967 年）》，这是我国的第一个电气化计划，为以后编制电力工业的长期规划奠定了坚实基础。由于机构的变动，电气化工作组于 1955 年解散。

1963 年，根据中共中央、国务院《1963—1972 年科学技术发展规划纲要》，技术经济与其他学科并列，并提出技术经济研究必须有科学的理论方法、专业的人才队伍、系统的管理分工，需要尽快形成技术经济研究中心，技术经济在国家科技发展和经济建设中的地位越发重要。在此背景下，国务院农林办公室和国家科委同意设立动能经济研究室等机构。1963 年 7 月 13 日，依据水利电力部《关于同意设立动能经济研究室等机构的指示》(〔1963〕水电技字 127 号)，在水利电力部计划司的直接领导下，由水利电力部计划司与北京电力学院动经专业合作，设立动能经济研究室，负责研究电力工业发展规划中的技术经济问题，承担 1963—1972 年电力工业科学技术发展规划中的有关科研任务。水利电力部计划司副司长雷树萱兼任动能经济研究室主任，受水利电力部直接领导。动能经济研究室先后集中 30 余名专业技术人员并在水利电力部机关办公，开展相关课题的调查研究工作。“文化大革命”期间，动能经济研究室随着水利电力部计划司的撤销而解散。

二、动能经济研究所

1978 年，党的十一届三中全会后，改革开放为经济发展注入强大活力，我国经济开始快速发展。然而，电力作为国民经济的基础产业，却严重滞后于国民经济发展的需要，电力供应不足，全国许多地区的工业企业经常由于缺电而每周“停三开四”，甚至“停四开三”。电力预测、规划、可行性研究以及经济运行中的一系列电力技术经济问题需要研究及解决。为解决电力供应不足的问题，电力工业部决定恢复动能经济的研究机构，成立动能经济研究所。动能经济研究所原拟设为司局的研究机构，后因国家机构编制管理委员会未批准，且电力工业部机关无办公地点等原因，暂将其设置在北京北郊清河的电力科学研究院。

1980 年初，电力工业部在电力科学研究院设立动能经济研究所，业务归电力工业部计划司领导，为处级机构。电力工业部财务司副司长雷树萱兼任所长，逄白山任党支部书记，刘僩任副所长，总人数约 30 人。研究领域包括电力系统规划、发电能源、电力负荷预测、电力投资效益、发电成本分析、电价热价、动能经济的理论方法和技术经济指标体系、技术经济评价等。1980—1983 年，大专院校新毕业生和动能经济研究所培养的研究生为该所注入新鲜力量，所内人员总数发展到 37 人。领导人员中，逄白山离休后，党支部书记先后由刘僩、笪宝莲继任。1983 年，北京水利电力经济研究所（简称“水电经济研究所”）成立，电力科学研究院动能经济研究所大部分人员并入该所；电力科学研究院留下少量人员，加上电力科学研究院系统所划出部分人员，组建动能经济研究室。1990 年，电力科学研究院在动能经济研究室的基础上，成立电力技术经济研究所。

1980—1983 年，动能经济研究所承担电力工业部、国家科委等多项重大研究任务，进行电力“六五”计划和十年（1981—1990）电力发展规划研究，开展葛洲坝水电站向华东送电研究、电力工业技术经济分析等，起草《电力工程经济分析评价暂行条例》，配合编制《中国能源政策研究》。培养了大量动能经济专业研究人才，开办动能经济和财务学习班，60 余名学员后来成为工作骨干；招收培养 9 名动能经济专业硕士研究生，后成为各单位工作中的佼佼者。配合中国电机工程学会工作，筹备成立动能经济专业委员会，组织召开电力弹性系数学术讨论会。

三、水电经济研究所与动力经济研究所

动能经济研究所是从宏观到微观、从技术到经济的综合性研究机构，研究重点为技术经济，业务要求具有一定的独立性。而电力科学研究院的研究重点为电力系统、电网技术，与动能经济研究所存在差异。加之其他种种原因，动能经济研究所发展缓慢，远不能适应客观形势的需要。长期挂靠在电力科学研究院不利于动能经济专业的发展，甚至存在被融合或取消的可能。动能经济研究机构设置亟待调整。

1983 年，水利电力部决定筹建北京水利电力经济管理学院（简称“水电经管学院”）。根据教育部《关于批准成立北京水利电力经济管理学院和长沙水利电力师范学院的通知》（〔1983〕教技字 203 号），水电经管学院于 1983 年 9 月开始筹建工作。筹建处由水利电

力部直接领导，为地市级单位。校址在北京市东郊定福庄，筹建处办公地点在北京市西城区文华胡同21号。水电经管学院由水利电力部与北京市双重领导，由水利电力部主管。

为促进动能经济专业的发展，以适应当时提高经济效益、提高企业素质的需要，使电力工业在四化建设中作出更大贡献，1983年9月24日，水利电力部党组决定将电力科学研究院动能经济研究所划入水电经管学院，成立北京水利电力经济研究所（简称“水电经济研究所”），英文名称为 Beijing Economic Research Institute of Water Resources and Electric Power（简称“BERI”）。水电经济研究所作为水电经管学院的下属单位，随水电经管学院同时启动筹建工作。水电经济研究所的业务归水利电力部计划司领导，经费由水利电力部“戴帽”下达。

（一）机构情况

1983年，水电经济研究所创建之初，《关于北京水利电力经济管理学院机构设置的报告》（〔83〕水电经院字第003号）确定该所人员规模为100人，其中专职研究人员75人，行政管理人员25人。水电经济研究所为处级单位，水电经管学院副院长李正兼任所长，副所长分别为刘倜（兼任党支部书记）、梁永爱、董子敖。

1991年6月4日，为加强机构管理，理顺工作关系，能源部《关于北京水利电力经济研究所对外相对独立的批复》（能源人〔1991〕476号）提出：“北京水利电力经济研究所在仍属北京水利电力经济管理学院领导的前提下，对外相对独立开展工作。”水电经济研究所财务隶属关系不变，经费由能源部“戴帽”下达、由水电经管学院划拨水电经济研究所包干使用，水电经济研究所应执行高等学校财务管理和会计核算有关规定；水电经济研究所的业务由能源部综合计划司归口领导。

水电经济研究所下设8个研究室，分别是能源研究室、电源规划研究室、电力系统技术经济研究室、热能技术经济研究室、水能利用研究室、计算机应用研究室、财务会计研究室、水利经济研究室，另外还设有科研管理及咨询部门。水电经济研究所组织机构详见图1-1。

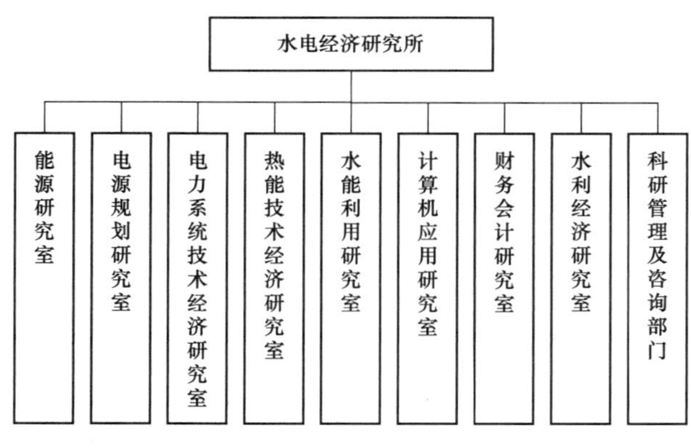

图1-1　水电经济研究所组织机构

1995年9月26日，为加快科研院所体制改革的步伐，适应建立社会主义市场经济体制的需要，电力工业部发布《关于明确北京动力经济研究所管理体制的通知》（电人教〔1995〕574号），将水电经济研究所从北京动力经济学院（1992年北京水利电力经济管理学院更名为“北京动力经济学院”，1995年北京动力经济学院和华北电力学院合并组建华北电力大学）成建制划出，由电力工业部委托电力规划设计总院（简称“电规总院”）领导和管理。委托管理后，水电经济研究所更名为“北京动力经济研究所”（简称“动力经济研究所”），科研性质和任务不变，业务上仍接受电力工业部有关司局的指导。动力经济研究所原定人员和编制不变，其人员安排由电力规划设计总院根据科研工作的发展需要统筹考虑。动力经济研究所由毛晋任所长，刘毓全、葛正翔、王磊平任副所长。动力经济研究所办公地点在北京市西城区文华胡同21号。

（二）主要研究方向及工作

1. 研究方向

水电经济研究所是为水利电力部、能源部、电力工业部等在能源电力计划、发展规划及电力工程建设中面临的重大技术经济问题提供决策咨询的科研机构。主要研究领域包括表1-1所列的11个方面。

表1-1 水电经济研究所研究领域

序号	名　　称	序号	名　　称
1	电力规划宏观经济决策	7	水能资源合理开发与利用
2	能源规划优化与能源需求预测	8	电价
3	电力系统网络规划优化及技术经济	9	能源节约与环境保护
4	电力系统电源规划优化	10	电力建设项目及热电工程前期工作的经济分析、可行性研究
5	热能技术经济		
6	动能经济基础理论与方法	11	上述研究领域应用软件的开发和应用

2. 主要研究工具

水电经济研究所配备有20世纪80年代先进的CYBER 930-31计算机系统，具有高速计算处理能力（MIPS=3），配有多用户、多任务、虚拟环境的NOS/VE操作系统，向该所内外开放，提供计算机应用服务。

水电经济研究所开发和掌握了多种科研应用软件，详细情况见表1-2。

表1-2 水电经济研究所开发和掌握的科研应用软件

序号	名　　称	序号	名　　称
1	数学规划软件（SCICONIC）	8	能源供应模型软件（MAKAL）
2	数学规划软件（MINOS-5）	9	水电站水库（群）随机优化补偿调节和调度软件（SOMP-RS2）
3	统计和经济分析系统（SORITEC）		
4	电源规划软件（GESP）	10	水电站群装机容量优化选择软件（OCS-1）
5	电源规划软件（WASP-Ⅲ）	11	城市供热规划优化软件（HSOP）
6	多地区能源供应模型软件（MRESM）	12	水、火电工程经济评估软件（HFPES）
7	能源供应模型软件（EFOM）	13	电价水平测算软件（PEPS）

水电经济研究所拥有微型计算机 12 台，其中 IBM/PC-XT 计算机 6 台，IBM/PS2 70-121 计算机 1 台，IBM/PS2 80-111 计算机 1 台，SUN 286 计算机 3 台，DUAL-68000（System 2）计算机 1 台。

水电经济研究所设有为科研服务的图书资料室，藏有技术经济等专业参考书籍 2 万余册。

3. 其他工作

1985 年，为传播水利电力经济管理研究成果，水电经济研究所开始编辑出版《水利电力经济研究》期刊，期刊为该所内部刊物；1988 年，能源部成立后，水电经济研究所不再承担水利经济研究任务，虽然刊物名称未变，但实际上《水利电力经济研究》已成为电力经济研究刊物，刊物名称一直沿用至 1999 年。1999 年，国家电力公司动力经济研究中心成立，水电经济研究所撤销，《水利电力经济研究》也随之停刊。截至 1999 年，《水利电力经济研究》办刊 15 年，共出版 185 期。《水利电力经济研究》围绕经济、能源等热点问题，聚焦电力改革、电力经济、电网建设、电力规划、电厂建设运行等内容，邀请国家部委、能源企业、科研机构的专家进行分析解读，为我国电力工业和电力经济发展作出了较大贡献。

改革开放后，世界银行对中国电力工业建设提供了大量技术、资金、管理、咨询等方面的支持，并指导帮助中国开展电力经济研究工作。1985 年，世界银行首次在中国举办输电与联网学习班，此后多次以专家授课、专题研讨班、项目合作等多种形式，为相关研究人员讲授电力经济研究知识。世界银行在中国投资的电力项目的国民经济评价和财务评价工作几乎全部由水电经济研究所承担，为中国电力经济研究取得长足进步作出了贡献。

水电经济研究所成立以来，承担了大量中国电机工程学会所属专业委员会的工作并延续下来。1983 年，水电经济研究所开始承担中国电机工程学会动能经济专业委员会秘书处工作，主要开展能源与电力的发展战略、规划理论与创新、经济政策等方面的研究。1990 年，水电经济研究所开始承担中国电机工程学会热电专业委员会秘书处工作，主要开展热电技术经济、产业政策等方面的研究。2009 年，国网能源院与国网经研院分立后，中国电机工程学会热电专业委员会秘书处工作划分至国网经研院。

（三）主要科研成果

1. 主要研究课题

水电经济研究所承担多项国家部级重点项目、中外合资（合作）项目，代表性研究课题见表 1-3。

2. 获奖情况

水电经济研究所获得多项国家部级奖项，代表性奖项见表 1-4。

表 1-3 水电经济研究所代表性研究课题

序号	课 题 名 称
1	多地区能源系统优化模型及软件系统的研制、应用与完善
2	电源规划优化软件（WASP-Ⅲ、GESP/V1.4）的开发、应用与完善
3	电力与国民经济的数量关系模型及其优化软件研制
4	电力建设项目的国民经济评价理论与方法的研究
5	核电与火电的经济性比较及核电经济评价方法的研究
6	中外合资（合作）项目经济评价研究
7	电能需求分析
8	城市供热系统动能规划数学模型及软件
9	火电厂节水技术研究
10	水电站水库（群）长期优化补偿调节和调度
11	水能开发规划优化
12	城市集中供热规划
13	停电损失和发电可靠性研究
14	发电厂、输变电工程造价分析及其影子价格的研究
15	电价、热价水平与结构的研究
16	电网建设、改造项目经济评价研究
17	小型热电站的可行性研究及技术经济分析
18	长距离运煤输电的研究
19	长距离供热研究
20	三峡周围五大区水电站群随机优化联合运行和参数优选
21	三峡周围五大区水电站群随机优化补偿调节调度
22	葛沪直流过网费方案及测算
23	电网输配电价传导机制研究
24	电力投资结构分析与优化

表 1-4 水电经济研究所所获代表性奖项

序号	课 题 名 称	奖 项
1	水电站群优化补偿调节	国家计委、国家科委、财政部国家“七五”科技攻关重大成果奖（集体奖）
2	水电站群优化补偿调节及三峡水库综合利用优化调度	电力工业部科学技术进步奖一等奖
3	建设西南水电能源基地战略研究	电力工业部科学技术进步奖二等奖
4	WASP-Ⅲ电源优化程序的开发、应用与推广	水利电力部国家科学技术进步奖二等奖
5	电力系统电源优化软件包（GESP/V1.4）	水利电力部国家科学技术进步奖三等奖
6	澜沧江中下游开发方案优化补偿调节研究	水利电力部国家科学技术进步奖三等奖

续表

序号	课 题 名 称	奖 项
7	关于解决京津唐电网缺电的研究报告	水利电力部国家科学技术进步奖四等奖
8	大容量机组实际煤种与设计煤种差异对运行安全性、经济性影响的分析研究	水利电力部优秀论文三等奖
9	华东电网电价研究	水利电力部优秀论文三等奖
10	水电站水库群优化补偿调节和调度模型与软件的研究及应用	能源部科技进步奖三等奖

3. 主要科研成果的推广与应用

（1）为北仑港电厂、吴泾电厂、水口水电站和岩滩水电站提供电力系统优化的电厂经济分析论证，以上项目均由世界银行向我国贷款；为河南偃师电厂、东北地区以及四川二滩水电站等提供电力系统电源优化及经济论证。

（2）开发多地区能源系统供应模型，对 2000 年的全国能源规划进行了研究，应用于东北地区 1990—2005 年的能源规划中。

（3）开展关于解决京津唐电网缺电的研究，报告中提出的部分措施在我国电力工业改革中被采用。

（4）服务于电力工业部，研究出版年度《中国电力供需形势分析》《中国电力市场分析与研究》等重要报告。

（5）受国家计委节能局委托，编写《小型节能热电项目可行性研究技术要求》《小型节能热电项目可行性研究内容深度规定》《热电站可行性研究阶段计算方法》，研究成果在全国小型热电站工程前期工作中被广泛执行，并组织评审热电工程项目 100 余项。

（6）受各地政府、企业委托，编制 50 余项城市的热力规划、中/小热电站可行性研究报告以及地区经济综合开发研究报告。

（7）参加国家计委、国家科委、财政部国家“七五”科技攻关重大科技项目“水电站群优化补偿调节”研究项目，开发串并混联随机型水库群优化补偿调节调度的多目标多层次法模型和软件，在黄河以南 14 个省（区）43 个水电站水库群中得到应用。其中，澜沧江中下游河段开发优化调度可增加保证出力 28.9 万千瓦，跨省区联网优化补偿调节调度规模达 22 个水库 38 座水电站，刘家峡梯级水电站水库优化调度成果应用 14 个月即增加发电量 4 亿千瓦时。

（8）积极开展和参加国内外有关学术交流。1985—1989 年，共派出科技人员 43 人次，先后到 13 个国家参加各种专业国际学术会议，进行考察、进修和科技合作，与 6 个国际机构建立正式的科技合作关系。多次选派科研人员出国参加世界和亚太地区能源、电力、热力及核电规划研讨会，部分论文在会上宣读并收入大会论文集。与国际原子能机构（IAEA）和世界银行经济发展学院（EDI）在国内分别举办 WASP-Ⅲ电源优化软件学习班和输电与联网研讨班。来自世界多国的 20 余名专家、教授和科技工作者先后到所讲学、考察和进行学术交流。

第二节 动经中心时期（1999—2006 年）

一、概述

随着社会主义市场经济体制机制的完善，我国企业逐步从生产型转变为生产经营型，各企业尤其是大型企业集团开始重视企业的发展战略。确立清晰的、可实现的发展战略目标已成为市场经济条件下企业生存和发展的必要条件。企业战略管理是现代企业管理的核心内容，也是企业经营者的首要任务。国外的电力公司几乎都有专门从事电力发展战略研究的机构。国内有关部门及大型企业集团也都设有专门的经济研究机构，如国家计委的宏观经济研究院、中国石油集团公司的石油经济和信息研究中心等。为适应电力工业发展和改革的需要，更好地履行国务院赋予的职责，提高整体实力，走上健康、可持续发展轨道并逐步与国际接轨，国家电力公司需要一个高层次、高水平的软科学研究机构，以此来加强发展战略、体制改革和技术经济政策的研究，为重大经营决策提供咨询。

北京动力经济研究所、中国电力科学研究院（简称“中国电科院”）电力技术经济研究所和中加合作南方四省（区）能源战略规划项目办公室集中了一批高层次人才，拥有先进的研究手段和丰富的研究经验，在能源电力规划、电力市场分析预测、需求侧管理、电力项目经济与财务评价、电价、电力经济政策、节能与环境经济研究等方面有良好的业绩。这三个单位在电力市场研究方面拥有独特的方法和经验，在电力项目经济与财务评价方面基本达到国际水平，几乎承担世界银行和亚洲开发银行在国内所有电力贷款项目的评价工作。但这三个单位也存在诸多问题，如力量分散、职能重复，不利于经验和资料的积累；财力不足，导致无法开展基础性的研究；离退休和行政后勤人员比例过高，造成较大的生存压力。

国家电力公司作为在市场经济下实体化运作的企业，亟须制定公司经营发展战略，同时根据经营发展战略的要求，制定技术创新、市场营销、体制改革、人力资源开发、投融资等一系列战略。国家电力公司党组经过深入研究，决定合并上述三个单位，组建国家电力公司动力经济研究中心（简称“动经中心”），英文名称为 State Power Economic Research Center（简称“SPEC”），以充分发挥软科学研究人才优势，作为国家电力公司经营发展战略研究的重要力量，这是国家电力公司的一项重大决策。

二、组建过程

1999 年 4 月 1 日，国家电力公司副总经理赵希正受公司党组委托，召开总经理会议。

会议听取了国家电力公司计划投资部主任王信茂《关于贯彻落实党组决定，组建国家电力公司动力经济研究中心的原则意见》的汇报，并对组建动经中心的有关问题进行了研究，原则上通过了该意见。会议同意将机构名称定为“国家电力公司动力经济研究中心”，由国家电力公司注入资本金，按企业机制运作，面向国家电力公司系统内和系统外两个市场，通过竞争、以有偿服务的形式，积极开展研究、咨询业务。

1999 年 4 月 14 日，国家电力公司印发《关于组建国家电力公司动力经济研究中心的通知》（国电人资〔1999〕189 号），明确了组建动经中心的相关事项。1999 年 4 月 15 日，国家电力公司在北京动力经济研究所文华胡同办公楼召开了动经中心筹备领导小组和干部会议。自此，在国家电力公司党组的领导和有关部门的支持下，动经中心的筹建工作正式全面启动。

关于单位名称，国家电力公司国电人资〔1999〕189 号文件明确提出，组建国家电力公司动力经济研究中心。在筹建过程中，经向工商部门咨询，新建单位必须按《中华人民共和国公司法》（简称《公司法》）规定注册，不能使用中心的名称，只能使用某某公司的名称，所以拟建议用“国电动力经济咨询有限公司”（简称“国电动经公司”）名称注册登记。鉴于上述原因，筹备领导小组建议采用国家电力公司动力经济研究中心和国电动力经济咨询有限公司“两块牌子、一套领导班子”的组建方案，简称“动经中心（国电动经公司）”。

筹备领导小组经过 3 个月的调查、分析、研究，完成了动经中心（国电动经公司）组建方案、公司章程的编制工作，于 1999 年 7 月 14 日，以动经（筹）〔1999〕01 号文呈报国家电力公司审批。1999 年 8 月 12 日，国家电力公司印发《关于成立国电动力经济咨询有限公司的通知》（国电人资〔1999〕415 号），批复同意国电动力经济咨询有限公司暨国家电力公司动力经济研究中心筹备领导小组上报的《国电动力经济咨询有限公司章程》，并同意据此到工商行政管理部门办理公司注册登记手续。1999 年 9 月，动经中心（国电动经公司）办公地点由文华胡同搬迁至白广路大楼（北京市白广路二条 1 号）。

1999 年 10 月 19 日，国家电力公司下发《关于委派国电动力经济咨询有限公司董事、监事的通知》（国电任〔1999〕75 号），决定委派王信茂、邓建利、姜绍俊、张晓鲁为国电动力经济咨询有限公司董事，王信茂出任董事长。

1999 年 10 月 20 日，国家电力公司下发国电任〔1999〕98 号文，决定王信茂任动经中心主任，邓建利、李扬任副主任，胡兆光任总经济师。

1999 年 12 月 8 日，国电动经公司经国家工商行政管理局正式登记注册并取得了营业执照。

1999 年 12 月 22 日，国家电力公司动力经济研究中心暨国电动力经济咨询有限公司成立大会召开。国家电力公司党组成员、副总经理赵希正代表国家电力公司党组到会祝贺并讲话。

1999 年 12 月 31 日，中共国家电力公司党组下发国电党任〔1999〕70 号文，决定王信茂、邓建利、李扬三位同志任中共国电动力经济咨询有限公司（动经中心）临时委员会委员，王信茂任临时委员会书记。

至此，历经 8 个多月的筹建工作基本结束。

2000 年下半年，中央要求技术开发类科研机构实行企业化转制，按照科技部等六部门联合下发的《关于印发建设部等 11 个部门（单位）所属 134 个科研机构转制方案的通知》（国科发政字〔2000〕300 号）要求，国家电力公司明确动经中心的体制改革纳入科研单位体制改革序列。10 月，按照国家电力公司总体工作部署，动经中心正式启动由事业单位转为科技型企业的转制工作。历时一年半，动经中心全面完成由科研事业单位向科技型企业的转制工作，注册资金 526.8 万元，享受国家对转制企业的有关优惠待遇。

2002 年，国家进一步推进电力体制改革，实行厂网分开，将国家电力公司改革重组，组建了国家电网公司和南方电网公司，组建和改组了 5 家发电集团公司和 4 家辅业集团公司，成立了国家电力监管委员会。根据国家电力改革重组方案，动经中心划归国家电网公司。

三、基本情况

（一）职能定位

1999 年，动经中心成立之初定位为国家电力公司重大经营决策的咨询机构和面向社会的动力经济研究咨询机构，专门从事发展战略、技术经济政策等软科学研究。动经中心成立后，紧跟形势调整优化自身发展战略，从筹建之初就提出“打好基础，积累经验，逐步走向市场”的经营发展指导思想。

2001 年，动经中心结合内外部形势和自身发展需要，确定了“五年达到国内先进水平、十年成为国际知名咨询机构”的发展战略目标。

2002 年，国家电网公司进一步明确了动经中心的性质和定位，即动经中心是由国家电网公司出资设立，由科研事业单位转制而成的科技型企业，是国家电网公司发展战略、体制改革和技术经济政策研究以及重大经营决策的咨询机构，也是面向社会、面向国内外的动力经济研究咨询机构。

2005 年，国家电网公司对动经中心的职能定位与发展方略进行了深化完善，定位为国家电网公司的“规划研究中心、经济与管理咨询中心”。同时，在巩固提高经济、管理、政策及电力市场等软科学研究能力和影响力的基础上，将工作重心转向了全力服务国家电网公司核心业务，服务于电网前期规划、特高压电网建设、城市电网规划论证及国家电网公司重大战略决策等方面研究。同年，动经中心提出建设“国内领先、国际知名”的电力（动力）技术经济研究咨询企业的发展目标。

2006 年，为深入贯彻国家电网公司“一强三优”发展战略，动经中心提出创建“一流科研咨询机构”的“十一五”发展目标，以“一流的科研队伍、一流的研究设施、一流的创新能力、一流的研究成果和一流的品牌形象”的“五个一流”标准推动自身发展，努力把动经中心建设成为能源与电力技术经济研究领域的“一流科研咨询机构”。

（二）领导团队与组织结构

1. 领导团队

1999 年，动经中心成立之初，王信茂任主任，邓建利、李扬任副主任，胡兆光任总经济师。

2001 年，邓建利任主任，李扬、葛正翔任副主任，胡兆光任总经济师；王信茂退休。

2003 年，胡兆光、雷体钧任副主任，李扬调离。

2005 年，赵庆波任主任，葛正翔、胡兆光、雷体钧任副主任；邓建利调离。

1999—2005 年历年年底动经中心领导人员情况详见表 1-5。

表 1-5　　1999—2005 年历年年底动经中心领导人员情况

<table>
<tr><th>序号</th><th>1999 年</th><th>2000 年</th><th>2001 年</th><th>2002 年</th><th>2003 年</th><th>2004 年</th><th>2005 年</th></tr>
<tr><td rowspan="2">1</td><td colspan="2">王信茂</td><td colspan="2">邓建利</td><td colspan="2">邓建利</td><td>赵庆波</td></tr>
<tr><td colspan="2">主任</td><td colspan="2">主任</td><td colspan="2">主任</td><td>主任</td></tr>
<tr><td rowspan="2">2</td><td colspan="2">邓建利</td><td colspan="2">李扬</td><td colspan="2">葛正翔</td><td>葛正翔</td></tr>
<tr><td colspan="2">副主任</td><td colspan="2">副主任</td><td colspan="2">副主任</td><td>副主任</td></tr>
<tr><td rowspan="2">3</td><td colspan="2">李扬</td><td colspan="2">葛正翔</td><td colspan="2">胡兆光</td><td>胡兆光</td></tr>
<tr><td colspan="2">副主任</td><td colspan="2">副主任</td><td colspan="2">副主任</td><td>副主任</td></tr>
<tr><td rowspan="2">4</td><td colspan="2">胡兆光</td><td colspan="2">胡兆光</td><td colspan="2">雷体钧</td><td>雷体钧</td></tr>
<tr><td colspan="2">总经济师</td><td colspan="2">总经济师</td><td colspan="2">副主任</td><td>副主任</td></tr>
</table>

2. 组织结构

随着动经中心职能定位调整与业务发展，机构设置历经 3 次较大变化。

1999 年底，动经中心内部共设置 10 个部门，其中职能部门 4 个，即办公室、人事处、财务与资产管理处、科研管理处；业务部门 6 个，即战略与规划研究所、投融资研究所、电网经济研究所、电力市场研究所、节能与环境经济研究所、天然气发电及新能源研究所；子公司 1 个，即北京华建电力热能设计研究所。1999 年底动经中心组织机构详见图 1-2。

2000 年 5 月，节能与环境经济研究所、天然气发电及新能源研究所合署办公；2002 年，节能与环境经济研究所、天然气发电及新能源研究所、投融资研究所合并为电源与环境经济研究所。

2002 年底，动经中心内部共设置 8 个部门，其中职能部门 4 个，即办公室、人事处、财务与资产管理处、科研管理处；业务部门 4 个，即战略与规划研究所、电网经济研究所、电力市场研究所、电源与环境经济研究所；子公司 1 个，即北京华建电力热能设计研究所。为充分发挥专家的学术带头作用，动经中心内部设有学术委员会和专家委员会，以保证研究质量。2002 年底动经中心组织机构详见图 1-3。

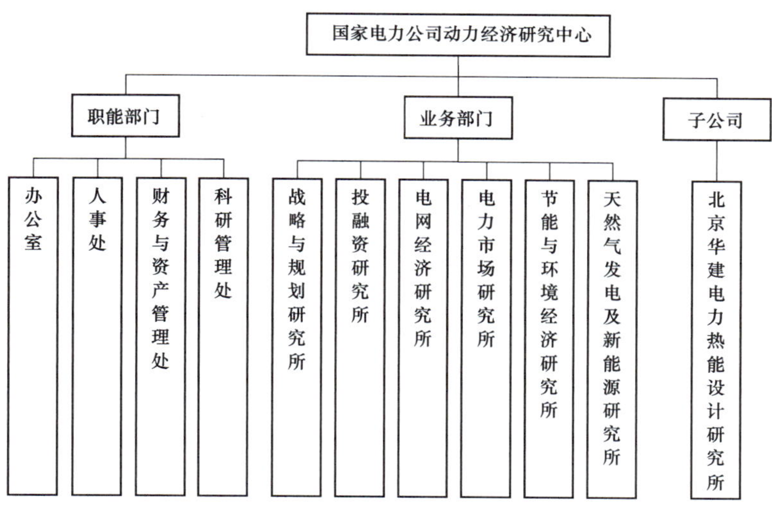

图 1-2 1999 年底动经中心组织机构

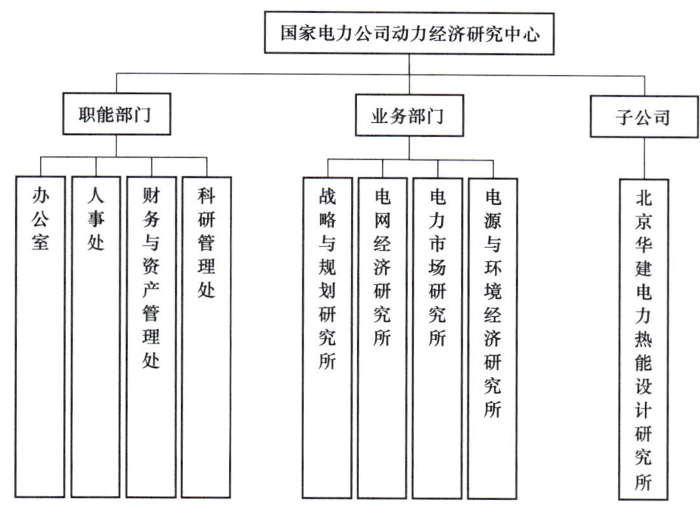

图 1-3 2002 年底动经中心组织机构

2005 年 1 月，国家电网公司人才交流服务中心交由动经中心管理，并更名为“国网人才评价中心”。2005 年 5 月，动经中心成立电网规划分析处与电网项目论证处 2 个处室；同时，国家电网公司电力前期工作周转金管理中心（简称“周转金管理中心”）移交动经中心管理。2005 年 6 月，电源与环境经济研究所更名为“能源与环境经济研究所”；战略与规划研究所、电网经济研究所合并为电网经济与管理研究所。同年，北京华建电力热能设计研究所更名为“北京华建网源电力设计研究所”。至2005年底，动经中心内设4个职能部门，2个电网前期工作业务处、3个研究所、2个子公司，管理2个国家电网公司所属中心。2005年底动经中心组织机构详见图1-4。

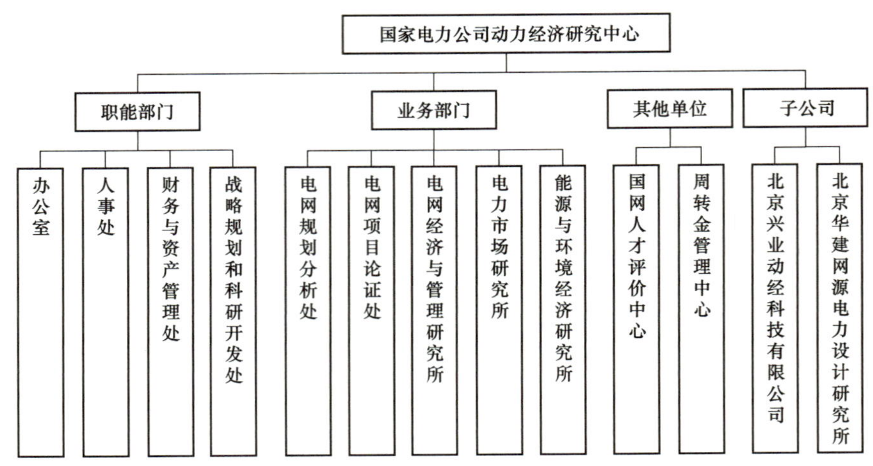

图1-4　2005年底动经中心组织机构

四、研究方向与成果

动经中心拥有中国工程咨询协会颁发的甲级工程咨询资格证书，是世界银行和亚洲开发银行的注册咨询机构。动经中心配备有比较完善和适用的硬件设备，自主开发和引进国内外大量先进的技术经济研究软件，为科研工作提供了坚强技术保障。

动经中心及其前身研究机构在电力经济方面进行了大量的研究与咨询工作，为中国电力工业的发展与改革作出了重要贡献，研究成果多次获得国家及相关部门的奖励。同时，动经中心致力于服务国际客户，从1985年起，为世界银行和亚洲开发银行在中国投资的几乎全部电力贷款项目提供咨询服务，总额超过50亿美元，赢得了专业精湛与服务优质的良好声誉。

动经中心的服务对象涵盖整个电力行业，除国家电力公司、国家电网公司外，还包括政府部门、电力监管机构、电力企业、国内外金融机构及其他外国机构和组织等。动经中心开展广泛的国内国际合作，除了国内的大学和研究机构外，动经中心与遍及全球的国外咨询公司、研究机构、非政府机构，以及联合国、世界银行、亚洲开发银行、国际原子能机构等国际组织建立了良好的业务合作关系。

动经中心在电力经济方面具有突出的研究能力，在若干领域处于国内领先或先进水平，具有一定国际知名度。动经中心基于十大研究方向开展大量研究咨询工作：

企业发展战略与管理。全面研究国家电力公司、国家电网公司及若干省电力公司在市场经济条件下的发展战略；研究政企分开后中国的电力公司在电力体制改革环境下的商业运作模式，如预算管理及资产经营考核办法等；开展电力企业资产重组研究，为若干电力公司股份化改制、上市及其他资本运营提供咨询；担任若干大型发电与电力公司长期战略与发展顾问。承担了“中央电力企业竞争力评估及布局与结构调整战略”“国家电力公司‘十五’计划及2010年、2015年远景规划研究”“国家电力公司经营发展战略规划”“国家电力公司电力营销子战略研究”等重要项目，为中央企业和国家电力公司发展战略的制定与管理提供了重要支撑。

电力改革。作为国家电力体制改革的主要咨询机构之一，动经中心咨询领域涉及电力体制、电力市场模式、电力监管、大用户选择权等；全面跟踪、分析国内外电力市场的改革和运行情况，研究提出全国主要区域电网的电力市场模式及电力市场方案设计；为政府及相关部门开展电力监管研究、调度体制研究和农电管理体制研究；承担国家电力公司系统发电资产划分的方案设计及软件编制工作。承担了“中国电力市场发展纲要研究”“我国电力市场体系建设研究”“南方电力公司电力市场模式”“东北电网区域电力市场方案”“上海电力市场试点工作及未来市场模式分析”等全国性和地区性电力市场改革设计的研究课题。“华东电力市场研究”获2002年度国家电力公司科学技术进步奖二等奖。

电力供需分析和预测。在理论、方法上研究建立电力市场调研与分析的完整体系；定期出版电力供需形势分析报告，该系列报告的结论和数据得到广泛的认可并被大量引用，是当时最具权威的电力供需形势分析报告；开展全国电力供需预警系统研究与应用、全国范围的负荷特性调研和分析预测、电力企业营销研究。持续开展全国电力市场（春季、秋季）分析预测工作，获得政府、行业和企业高度关注，《2005年全国电力市场分析预测（春秋季）报告》得到国务院领导重视，引发了新一轮全国“上大压小”关停小火电工作，并获得国家电网公司科学技术进步奖三等奖。

电价研究。作为国内电价研究方面的权威研究机构之一，协助政府及相关部门进行电价体系研究，以及相关条例的制定；开展发电电价研究，特别是水电的上网电价研究；开展输电价理论与方法研究，全国及若干省（区）的输电电价设计；进行销售电价研究及其影响分析、省级电网电价规划及预测分析工作。开展“黄河上游水电资源梯级开发方案及价格测算”“三峡、葛洲坝等电站上网电价测算”等研究，支撑国家推进西部大开发战略。参与国家发展改革委组织的“西电东送电价研究”，参与《电价改革方案》以及上网、输配和销售电价三个电价管理暂行办法的编写。承担了“煤电价格改革”“完善煤电价格联动机制”“抽水蓄能电站的经营管理体制及相关政策研究”以及核电、天然气发电、风光可再生能源发电等标杆电价理论及模型测算研究。受亚洲开发银行和国家电力监管委员会委托，开展“电力定价及策略研究”等。

电力项目投资分析。在电力项目投资分析这一传统领域，动经中心承担了世界银行、亚洲开发银行在中国几乎所有电力项目的经济评估，成为国内外投资商进行发电项目经济评估的最可信赖的咨询机构，业务领域涵盖火电、水电、核电、抽水蓄能、天然气发电和电网等；开展发电企业竞争力评价体系的研究，服务投资者和贷款人进行科学有效的投资决策；进行水电开发相关技术经济研究，包括水电站群补偿调节计算和联合优化运行、水电站开发次序优选、梯级水电站间水库调节效益合理分配、水电站造价控制等方面。承担了“输电网及配电网财务评价研究”“‘十一五’重大电力工程项目研究”等项目以及《火电机组项目可行性财务评价导则》的制定工作，支撑国家电力公司、国家电网公司电力项目投资以及财务管理信息系统建设方案设计。

电力发展规划。动经中心作为政府与电力企业有关电力规划的主要咨询机构，研究成果成为政府部门和电力企业制定中长期规划的重要决策依据，为国家经贸委进行中长期规划的相关研究，承担了国家电力公司、国家电网公司中长期规划和大量区域及省的电力规划；开发了国内领先的、可综合考虑经济与污染物排放的最小费用电源规划模型；开展电网规划与联网项目经济研究、城乡电网改造经济评价及软件编制、国家天然气发电规划的编制工作。承担了“全国电力发展规划”“全国电力工业‘十五’计划调整”“重点城市电网‘十一五’规划及2020年远景展望专题研究”“电力工业‘十一五’发展规划及2020年远景目标研究”等公司级重大项目，为保障电力供需平衡和电源电网合理科学发展提供研究支撑。

电力经济政策。为政府部门完成了大量与电力相关的经济政策研究，成为政府制定政策及相关规定的重要参考依据；开展加入世界贸易组织（WTO）对电力工业的影响研究、西电东送经济政策及电价研究、所得税定额退税还贷政策研究、电力建设基金相关问题研究、跨省区电力投资项目税收分配原则和办法研究。

环境、新能源与节能政策。动经中心发挥其在技术、经济、政策研究方面的总体优势，承担了大量环境、新能源与节能政策研究等方面的课题。在环境方面，重点研究大气污染特别是SO_2的控制策略；在新能源方面，重点研究风电发展政策；在节能政策方面，开展中国实施需求侧管理政策研究、洁净煤发电的技术经济研究、电力工业减排温室气体研究。在热电联产方面的研究，包括供热规划、成本与热价、热电厂的设计等。“电力重组中的需求侧管理研究”课题获得2004年度国家电网公司科学技术进步奖四等奖和2005年度中国电力科学技术奖三等奖。

软件开发。自主开发了一系列工具性的电力技术经济软件，如电力规划决策支持系统、电力规划软件、电力需求预测软件、短期负荷预测软件、DSM效益分析和决策支持软件、城乡电网改造经济评价软件、电价分析软件、电力项目财务分析软件、电力市场数据库、水电站优化调度软件、调度弃水电量评估软件等。部分软件已经商品化，在客户的电力规划与生产中得到了很好的应用。

中加合作南方四省（区）能源战略规划项目。1994年12月，加拿大国际开发署同我国对外经济贸易部签署南方四省（区）能源战略规划项目合作协议，项目一期、二期起止时间分别为1995年5月—1999年6月、1999年8月—2002年12月，动经中心是项目二期中方执行机构的主要成员。项目合作期间，中加双方相关人员多次开展互访、研讨、培训、调研等；为我国开发了一套适合中国国情的能源战略规划模型和方法，支撑南方四省（区）能源战略规划，助力中国西部大开发战略的实施；开展了多项能源战略规划热点问题的拓展研究，为我国能源战略研究领域开辟了新的发展方向；为我国培养了一批能源、经济、环境、政策、规划等领域的技术专家，建立了一支能源战略规划的专业队伍。

第三节 国网经研院时期（2006—2009年）

一、概述

为提高国家电网公司科技创新能力，拓展电网规划及工程设计职能，更好地支撑服务国家电网公司“一强三优”现代公司发展战略，支撑电网发展建设，针对国家电网公司直属科研单位功能定位不够准确、主营业务不够突出、科研资源相对分散、技术支撑滞后于企业发展要求的情况，2006年4月，国家电网公司印发《关于明确直属科研单位功能定位及相应变更名称的通知》（国家电网人资〔2006〕305号），对动经中心的功能定位予以进一步明确，并更名为“国网北京经济技术研究院”（简称“国网经研院”），英文名称为State Power Economic Research Institute（简称“SPERI”）。国网经研院按照国家电网公司统一安排部署，完成了单位名称变更、法定代表人变更等工作。

2002年，《国务院关于印发电力体制改革方案的通知》（国发〔2002〕5号）对电力体制改革方向和总体目标进一步细化和完善。2007年4月，国务院办公厅转发电力体制改革工作小组《关于“十一五”深化电力体制改革的实施意见》（国发办〔2007〕19号），电力主辅分离改革深化推进。2008年3月12日，国家电网公司召开直属单位工作座谈会，会议要求国网经研院强化和扩展职能，满足主辅分离改革后的电网发展需要。2008年5月9日，国家电网公司召开直属科研单位重组整合动员会，提出“经研院在原有软科学研究业务的基础上，加强和扩展电网规划和勘测设计职能”。2008年7月21日，国网经研院重组整合工作正式启动，在国家电网公司党组的坚强领导下，在国家电网公司总部有关部门和国网江苏省电力公司的大力支持下，推进吸收合并徐州电力勘察设计院的工作。2008年10月，国家电网公司下发《关于划转徐州电力勘察设计院股权的通知》（国家电网财〔2008〕996号），完成徐州电力勘察设计院出资人变更；2008年11月，按照国家电网公司对国网经研院“三定方案”的批复，完成内设机构的调整和定岗定编，国网经研院徐州勘测设计中心正式成立。通过吸收合并，国网经研院在2009年初取得了设计甲级和勘察乙级资质证书，为设计咨询能力的提升奠定了基础。

二、基本情况

（一）职能定位

2006 年 4 月，按照国家电网公司统一要求，国网经研院对自身功能定位与重点工作进行了相应调整，调整后的定位和目标为：以电力经济技术研究为主攻方向，在电网规划前期、电力项目前期、电力市场分析预测、电网经济效益分析、投融资的技术经济分析等方面开展研究，加快建设国内一流和国际知名的电网经济技术咨询机构。

按照优化调整后的职能定位和发展目标，国网经研院在深刻分析新形势和新要求的基础上，提出“转型”和“责任”两大发展主题。“转型”即整合资源，积极转换经营机制，全面推进集约化发展，由以合同额为考核重点转向以研究水平和成果质量为考核重点；“责任”即紧紧围绕国家电网公司党组的决策要求，增强大局意识和忧患意识，提高服务本领，不断推出影响大、分量重的研究成果和咨询报告，为国家电网公司提供有力的决策支撑。进一步明确了“依托总部、立足公司、支撑决策、服务发展”的战略发展思路。

2008 年，按照国家电网公司部署，国网经研院加快推进软科学研究和咨询中心、电网（电力）规划研究中心、电网勘测设计研究中心的人才队伍建设和研究能力建设。历经单位名称变更和职能定位调整后，2008 年 3 月，国网经研院编制《国网北京经济技术研究院发展战略与规划》，提出并制定了落实发展战略规划的保障措施和建议。

（二）领导团队与组织结构

1. 领导团队

2006 年 7 月，赵庆波任国网经研院院长，葛正翔任副院长，胡兆光任副院长、总经济师，雷体钧任副院长。

2006 年 11 月，张运洲任国网经研院院长、党委副书记，葛正翔任党委书记、副院长，胡兆光、雷体钧任党委委员、副院长，韩丰任总工程师，李英任总经济师；赵庆波调离。

2008 年，张贺任党委书记、副院长，牛忠宝任党委副书记、纪检组组长、工会主席，盛大凯任党委委员、副院长；葛正翔调离。

2006—2008 年历年年底国网经研院领导人员情况详见表 1-6。

表 1-6 2006—2008 年历年年底国网经研院领导人员情况

<table>
<tr><th>序号</th><th>2006 年</th><th>2007 年</th><th>2008 年</th><th>2009 年</th></tr>
<tr><td rowspan="2">1</td><td colspan="2">张运洲</td><td colspan="2">张运洲</td></tr>
<tr><td colspan="2">院长、党委副书记</td><td colspan="2">院长、党委副书记</td></tr>
<tr><td rowspan="2">2</td><td colspan="2">葛正翔</td><td colspan="2">张贺</td></tr>
<tr><td colspan="2">党委书记、副院长</td><td colspan="2">党委书记、副院长</td></tr>
</table>

续表

序号	2006年	2007年	2008年	2009年
3	胡兆光		牛忠宝	
	党委委员、副院长		党委副书记、纪检组组长、工会主席	
4	雷体钧		胡兆光	
	党委委员、副院长		党委委员、副院长	
5	韩丰		雷体钧	
	总工程师		党委委员、副院长	
6	李英		盛大凯	
	总经济师		党委委员、副院长	
7			韩丰	
			总工程师	
8			李英	
			总经济师	

2. 组织结构

2006年，国网经研院按照国家电网公司党组统一部署和发展需要，增设电网技术经济研究所、财会与审计研究所、信息与情报研究所、《电力技术经济》杂志社。截至2006年底，国网经研院内设4个职能部门、2个电网前期工作业务处、5个研究所、1个杂志社、2个子公司，管理2个国家电网公司所属中心。2006年底国网经研院组织机构详见图1-5。

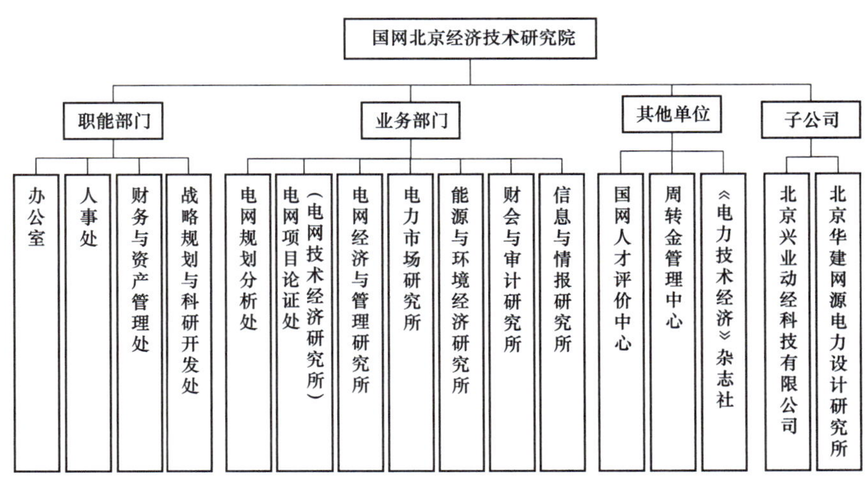

图1-5　2006年底国网经研院组织机构

2007年，国网经研院成立翻译中心、电网技术经济研究所，战略规划与科研开发处变更为科研管理处。截至2007年底，国网经研院共内设4个职能部门、8个研究处（所）、

4 个其他单位、2 个子公司。2007 年底国网经研院组织机构详见图 1-6。

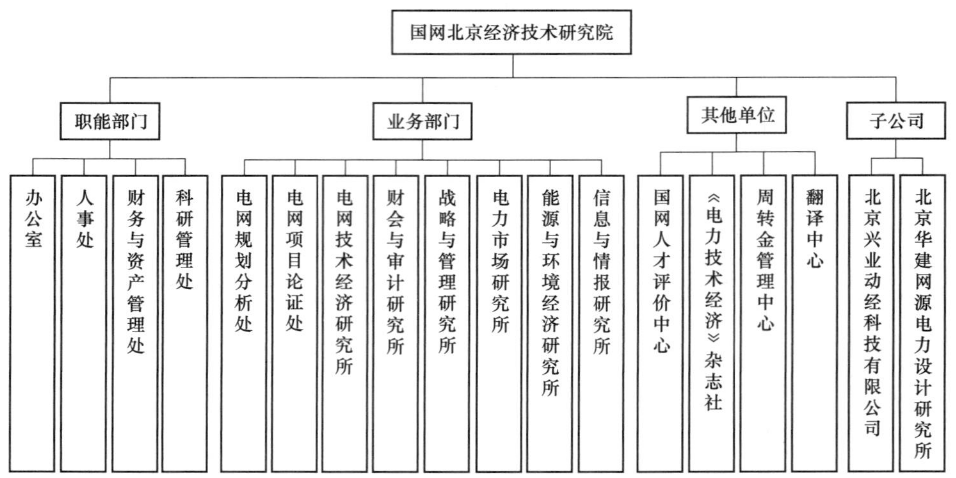

图 1-6　2007 年底国网经研院组织机构

2007—2008 年，国网经研院根据业务发展需要，对内部机构设置逐步进行调整，职能部门增设信息开发与管理处、党群工作处，业务部门增设电网勘测设计处（后变更为电网勘测设计研究中心），电力市场研究所变更为电力供需与节能研究所，信息与情报研究所业务纳入职能部门。

2008 年 11 月，完成职能调整后，国网经研院向国家电网公司申请调整机构设置与人员编制。按照《国网北京经济技术研究所机构设置与人员编制方案的批复》（国家电网人资〔2008〕1070 号），国网经研院完成了内部机构设置调整和定岗定编工作，设置职能部门 6 个、业务部门 14 个，设置下属子公司 2 个。2008 年 11 月 12 日，国网经研院完成对徐州电力勘察设计院的合并工作，成立国网经研院徐州勘测设计中心，强化了电网勘测设计职能。2008 年底国网经研院组织机构详见图 1-7。

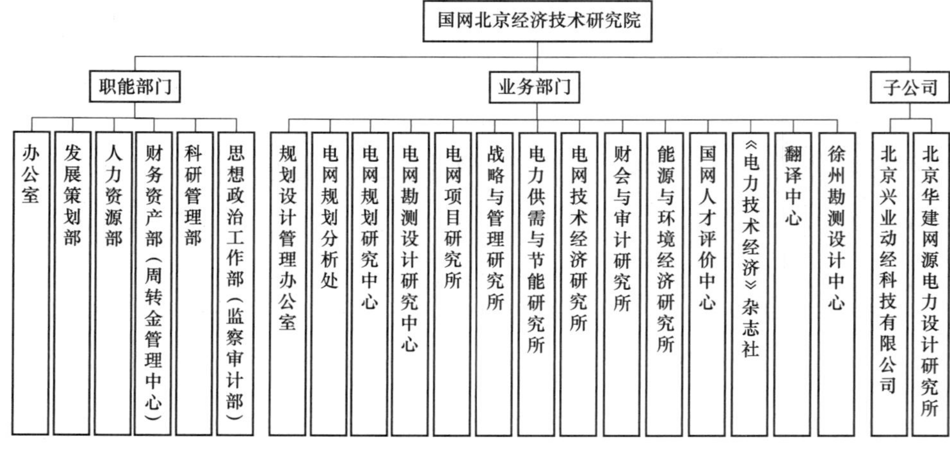

图 1-7　2008 年底国网经研院组织机构

三、研究方向

在 2008 年吸收合并徐州电力勘察设计院之前，国网经研院主营业务主要涵盖电网规划、项目论证、技术经济、财会与审计、企业发展战略研究、电力供需分析、能源政策与战略研究，以及火电设计、热电联产和新能源项目咨询等方面。具体业务包括 11 个研究领域、46 个专业研究方向。国网经研院具体研究领域与专业研究方向详见表 1-7。

表 1-7　　　　国网经研院具体研究领域与专业研究方向

序号	研究领域	专 业 研 究 方 向
1	电网规划与前期	特高压规划相关问题研究
		输电网规划相关问题研究
		配电网规划相关问题研究
		电网项目论证及可行性研究
2	电力行业规划与前期	电源发展规划研究
		发电技术产业政策及经济性研究
		发电运行模拟研究
		电网电源协调发展关系研究
		电源项目论证及可行性研究
3	电力技术经济	工程造价与技术经济分析
		电网工程定额分析与研究
		工程可研初设评估与评审
		工程项目后评价
4	能源与环保	国内外能源资源开发与利用
		煤、电、运综合平衡问题研究
		可再生能源开发与利用研究
		电力环保政策研究
5	电力市场供需分析	经济社会发展与电力需求关系研究
		电力需求及负荷特性分析预测
		终端能源消费相关问题研究
		电力供需平衡与预警研究
		电力市场营销策略研究
6	节能与需求侧管理	行业节能研究
		社会节能与节电研究
		电力需求侧管理研究
		热电联产规划及政策研究

续表

序号	研究领域	专业研究方向
7	公司战略与规划	企业发展战略研究
		公司发展规划研究
		公司财务规划研究
		公司科技规划研究
		公司人力资源规划研究
		企业文化研究
8	公司经营与管理	管理制度和方法研究
		财务管理研究
		成本分析研究
		经营业绩对标相关问题研究
9	体制改革与电力市场	体制改革研究
		电力市场建设研究
		电力法律法规研究
		电力监督研究
10	投融资与价格	电价及其他能源价格研究
		财税政策研究
		投资策略研究
		融资机制研究
11	经济信息与情报	信息资源开发
		情报研究与服务

在 2008 年完成内部机构设置调整和吸收合并徐州电力勘察设计院之后，国网经研院主要拓展和强化了电网规划设计咨询业务，通过重组整合吸收徐州电力勘察设计院 67 名员工，通过公开招聘和定向选聘引进电网规划、勘测设计骨干人才 33 人，引进其他专业领域骨干人才 9 人。2008 年，国网经研院全面开展 330 千伏及以上项目初步设计评审业务，首次承担并完成 6 项 750 千伏输变电工程初步设计评审，完成西藏高海拔试验站、特高压直流试验基地优化调整项目及生产、技改类项目评审工作。

四、主要成果

作为国家电网公司的重大决策咨询机构，国网经研院为国家电网公司的经营与发展提供全面的咨询服务，围绕能源与电力行业和电力企业发展战略、规划、管理、电价、市场、电力环保、投融资、项目技术经济论证以及市场化改革等问题开展研究，为政府主管部门、监管机构提供政策建议，为电力企业、金融机构和中外投资者提供咨询服务，取得了良好的业绩。

在能源电力供需研究方面，国网经研院是国内最有影响力的电力供需研究机构。全方位承担了全国及各省（区、市）电力市场供需分析研究工作，定期为电网公司、发电企业、政府部门等社会各界提供不同侧重点的电力市场供需分析研究报告。研究成果多次获得国家电网公司级奖项和中国电力科学技术进步奖。积极开展能源供需研究，承担了国家发展改革委“我国经济结构演变和发展前景预计”项目，在“能源消费与电力消费关系研究”项目中对2020年我国能源需求和电力需求进行了情景分析，研究成果获得了国家能源局软科学研究优秀成果奖三等奖。

在电力发展规划方面，先后参与全国“八五”“九五”“十五”和“十一五”电力工业发展规划的研究和编制工作，在我国能源基地建设问题等方面取得显著成果。参与电力部主持开展的2050年能源规划研究，完成了全国天然气发电、抽水蓄能等各类专项规划。全面承担了国家电网公司主持开展的“‘十一五’电力工业中长期发展规划及2020远景展望”的研究工作，完成了“东北电网抽水蓄能电站建设空间研究”“国家电网公司抽水蓄能电站规划研究”“山东调峰电源发展规划研究”等课题。

在电网规划方面，开展电网前期规划、特高压电网建设、重点城市电网规划论证、农村电网规划等大量研究工作，承担了“‘十一五’电网发展规划及2020年远景目标”“国家电网公司农村电力发展规划”“准格尔煤电基地输电系统规划”“2006—2015年750千伏电网建设时序研究”“国家电网公司2008—2012年电网滚动规划研究”等研究任务。

在我国能源发展战略及电力发展布局等研究方面，完成了“能源基地建设及电力中长期发展规划深化研究”“我国电力可持续发展若干重大问题研究”“我国能源供需形势及输送方式深化研究”“电煤运综合平衡关系研究”“电网与电源的投资比例关系研究”“西藏水电开发与外送有关问题研究”“天然气发电竞争力及政策措施研究”等项目。

在电价研究方面，作为国内最早开展电价研究分析的专业机构，率先在分时电价、季节性电价、上网电价、过网费等方面开展专题研究分析，研究成果得到广泛认同。参与国务院《电价改革方案》和国家发展改革委《电价改革实施办法》等政策性文件的研究起草，为国家计委《建设项目经济评价方法与参数》的起草提供有关影子电价测算。完成了“居民生活用电实行阶梯电价政策”“售电侧市场开放”“大用户直购电研究”等课题，有力支撑居民阶梯电价、市场化定价工作，“电价机制改革研究”获2008年度国家电网公司科学技术进步奖一等奖。开展中哈电力合作项目有关电价、中俄电力合作项目有关电价、俄罗斯向中国供电项目第二阶段电价分析，提出投资方式和经营模式。

在公司发展战略规划和管理研究方面，形成了体现电力企业特色的战略规划研究体系与方法，承担了“国家电网公司‘十一五’发展规划”“资产重组资本经营战略研究”“中央电力企业竞争力评估及战略调整研究”“国家电网公司组织机构及管理模式研究”

等重大研究项目。先后完成国家电网公司、中国国电集团公司以及国网江苏省电力公司、国网青海省电力公司等近 10 家电力企业的公司战略与规划研究。积极开展公司财务管理与审计业务研究，深化世界一流企业财务管控体系研究与财务集约化、精益化管理研究，“国家电网公司财务管控模式研究”获得 2009 年度国家电网公司科学技术进步奖一等奖。

在电力项目技术经济分析论证方面，国网经研院具有业务优势，从 1985 年浙江北仑港发电厂一期工程起，承担了几乎全部的世界银行和亚洲开发银行在中国提供贷款的电力项目，以及印度、加纳电力项目的经济评价与财务分析工作。承担了全国许多大型电站项目，如三峡工程、广东沙角 C 厂、岭澳核电站、二滩水电站等项目的经济分析。围绕电网工程项目开展了大量造价分析、定额测算、经济性评价、可行性研究及初步设计等方面的研究、分析和评审工作。特高压电网项目的开展，将国网经研院的经济分析研究水平提升到一个新高度。

在电力体制改革、电力立法与监管、电力市场建设等方面，为国家电力主管部门、监管机构提供大量政策咨询。先后完成了“中国电力监管能力建设研究”“国家级电力市场研究”“中国电力市场发展研究”“农电体制改革研究”“深化电力体制改革问题研究”“大用户直购电研究”“‘放开两头、监管中间’电力改革模式研究”“大用户参与电力市场研究”等重要研究项目。参与了《中华人民共和国电力法》（简称《电力法》）的修订研究工作。关注国家生态文明建设，“发电权与排污权交易理论及技术研究”的成果对支撑国家电网公司实现绿色发展具有重要意义。

在电力需求侧管理研究方面，国网经研院是我国最早开展电力需求侧管理研究的机构之一，也是我国热电联产规划、设计及经济政策研究的权威机构。在能源综合利用、电力行业节能、社会节电及需求侧管理方面，拥有良好的业绩。受国家主管部门委托，先后负责起草《关于发展热电联产的规定》《电力需求侧管理实施办法》等文件，参与修订《节约用电管理办法》等重要条例和法规。开展了“中国实施需求侧管理战略研究”“电力重组中的需求侧管理研究”等工作，后者获得国家电网公司科学技术进步奖二等奖。编写《中国电力需求侧管理研究报告》，并获得国家电网公司科学技术进步奖三等奖；出版《综合资源战略规划与电力需求侧管理》专著。

在节能、环保、可再生能源研究方面，参与《中华人民共和国可再生能源法》（简称《可再生能源法》）起草过程中的专题讨论以及配套措施的研究分析和起草工作，参与《国家电网节能减排综合性工作方案》制定。参与亚洲开发银行“中国 21 世纪环境”项目研究，开展洁净煤发电、SO_2 减排等相关的电力环保经济政策研究，参与我国风电开发特许权示范项目的研究。完成了“提高电能生产利用效率、实现电力节能研究”“节能发电调度相关影响及对策分析”“电力行业节能降耗及相关财税政策研究”“电力行业节能和社会节电年度报告”“国网公司节能调研”“适应我国能源战略的电力发展方式研究”

等重大课题。

在能源电力发展重大战略问题方面，围绕能源与电力发展的重大战略问题，国网经研院开展了一系列基础性、滚动性、前瞻性的专题分析研究工作，密切关注国家宏观经济政策走向及国内外行业发展动态，针对行业内外出现的热点、焦点与难点问题出版年度分析报告。国网经研院代表性专题报告见表1-8。

表1-8　国网经研院代表性专题报告

序号	报告名称	序号	报告名称
1	国家电网公司电网发展报告	8	公司重点城市电网发展年度报告
2	公司重点输变电工程造价分析年度报告	9	全国电力市场分析预测报告
3	电网负荷及负荷特性变化滚动分析报告	10	年度公司市场分析预测报告
4	社会节电及电力行业节能分析年度报告	11	能源与电力价格分析报告
5	国内外电力市场化改革年度评估报告	12	中央直属重点企业成长分析年度报告
6	世界500强电力企业比较分析年度报告	13	全国能源供需形势分析报告
7	电源发展年度分析报告		

第四节　国网能源院时期（2009年至今）

一、概述

为促进电网和能源的协调发展，深化国家电网公司能源领域重大问题研究，提升国家电网公司在能源领域的影响力，进一步发挥国家电网公司在服务国家能源战略中的重要作用，推动国家电网公司科学发展再上新台阶，经过慎重研究，国家电网公司作出了重组国网经研院的重大战略决策。根据《关于组建国网能源研究院的通知》(国家电网人资〔2009〕846号)，组建国网能源研究院(简称“国网能源院”)，英文名称为State Grid Energy Research Institute（简称“SGERI”）。

2009年9月16日，国家电网公司下发《关于国网能源研究院组建方案和章程的批复》，正式批准国网能源院组建方案。国网能源院以国网经研院软科学研究力量为基础进行组建。与软科学研究相关的5个研究所整建制划入国网能源院，电网规划研究部门从事系统规划的部分研究人员划入国网能源院；从事公司科技项目管理的人员划入国网能源院；《电力技术经济》编辑部整建制划入国网能源院，并将第一主办单位变更为国网能源院；国网人才评价中心划入国网能源院；国电动力经济咨询有限公司划入国网能源院；北京兴业动经科技有限公司划入国网能源院；博士后科研工作站划入国网能源院；中国电机工程学会动能经济专业委员会挂靠国网能源院；周转金管理中心挂靠国网能源院。财务资产划分根据国家电网公司统一确定的原则实施。

国网能源院于 2009 年 9 月底完成向国家工商行政管理总局的工商登记注册工作，并于 2009 年 10 月 25 日正式挂牌成立。2009 年 11 月，国网能源院办公地点搬至位于北京市南横东街 8 号的都城大厦。

2017 年 9 月 28 日，按照国务院国资委的部署和《公司法》规定，国网能源研究院由全民所有制企业改为有限公司，名称变更为“国网能源研究院有限公司”（简称“国网能源院”）。

二、基本情况

（一）职能定位

2009 年，国网能源院成立之初，职能定位为国家电网公司综合性能源研究智库和能源研究交流平台。为政府部门制定能源发展战略、规划、政策和能源领域重大决策提供可靠依据及相关建议，提升国家电网公司的影响力；建立国家电网公司与政府、国内外学术研究机构及其他能源企业沟通的桥梁和纽带，提高国家电网公司发展战略的社会认知度；为国家电网公司总部和各单位提供咨询和服务，促进国家电网公司上下战略协同；为相关电力企业、能源企业和社会提供管理和工程咨询。

2013 年，按照国家电网公司党组决策部署，国网能源院的职能定位由国家电网公司综合性能源研究智库和能源研究交流平台，调整为国家电网公司综合性研究机构和运营管理支撑单位。新定位下，国网能源院的主要职能是：在国家电网公司战略规划、电力改革和国际化等方面开展研究论证，为公司党组提供决策支撑，服务于公司战略创新；在国家电网公司运营监测（控）分析、营销策略、能源电力规划和人财物集约化管理等方面开展研究，与总部有关部门建立协同联动机制，实现优势互补，为公司提供管理支持，服务于公司管理创新；在能源规划、电源规划、电力供需预测、运营监测（控）等业务方面，为省公司经研院提供技术指导，服务于国家电网公司专业支撑体系建设。国网能源院的核心业务由软科学研究、决策咨询服务、学术交流、人才评价四大业务调整为支撑服务、科研、人才评价三大业务。国家电网公司明确要求，到“十二五”末，国网能源院支撑服务资源比例要从 40%提高到 70%。同时，国家电网公司将为国网能源院支撑服务提供经费保障。与职能定位相匹配，按照新的核心业务，国网能源院的工作方式要从离线研究为主向离线与在线研究并举转变，工作重点要从研究论证为主向战略决策支撑与运营管理支持并重转变，工作目标要服务于国家电网公司战略创新与管理创新，全力支撑坚强总部建设。2013 年 11 月，国网能源院办公地点搬迁至北京市昌平区未来科技城滨河大道 18 号国家电网公司园区。

国网能源院扎实推进世界一流企业高端智库建设，取得了一系列资格资质，积极参与国内、国际智库评级，并持续争取纳入国家高端智库培育试点单位，智库影响力和话语权不断提升，在能源电力行业树立了良好的品牌形象。2017 年 3 月，首次入选上海社会科学院发布的“中国智库影响力排名”名单，在“社会（企业）智库系统影响力”榜单中排名第 10，在“科技类智库专业影响力”榜单中排名第 8。2020 年 1 月，首次入选美国宾夕法尼亚大学发布的全球智库报告“2019 全球最佳科技政策研究智库”榜单，在上榜中国智库中排名第 3，在全球总排名中位居第 72。

（二）领导团队与组织结构

1. 领导团队

2009 年，国网能源院成立，张运洲任国网能源院院长、党组副书记，欧阳昌裕任党组书记、副院长，牛忠宝任党组副书记、纪检组组长、工会主席，胡兆光任党组成员、副院长，蒋莉萍任副院长，李英任总经济师，葛旭波任总工程师。

2010 年，俞学豪任党组书记、副院长；欧阳昌裕调离。

2013 年，王广辉任党组书记、副院长，李英任副院长，张玮任党组成员、副院长，魏玢任党组成员、总经济师，胡兆光任副局级调研员；俞学豪调离。

2015 年，周原冰任党组成员、副院长，李连存任党组成员、纪检组组长、工会主席，白建华任总经济师，牛忠宝、李英任副局级调研员；张玮、魏玢调离，胡兆光退休。

2016 年，柴高峰、李伟阳、邱忠涛任党组成员、副院长；白建华离职。

2016 年 12 月 21 日，中国共产党国网能源研究院党员大会召开，选举王广辉、张运洲、李伟阳、李连存、邱忠涛、周原冰、柴高峰（按姓氏笔画排序）7 名同志为中国共产党国网能源研究院委员会委员，王广辉同志为党委书记，张运洲同志为党委副书记。

2017 年，国网能源院经公司制改革后，领导人员分别为：张运洲任董事长（院长）、党委书记，王广辉任总经理（常务副院长）、党委副书记，吕健任党委副书记、副总经理（副院长），蒋莉萍任副总经理（副院长），柴高峰、李伟阳任副总经理（副院长）、党委委员，李连存任党委委员、纪委书记、工会主席，张全任总工程师，王耀华任副总经理（副院长）；周原冰、邱忠涛调离，牛忠宝、李英退休。

2021 年，仇文勇任党委委员、纪委书记、工会主席，李健任总工程师、党委委员，单葆国任副总经理（副院长）、党委委员，吕健任三级顾问；李连存、张全调离。

2022 年，欧阳昌裕任国家电网公司副总工程师、国网能源院执行董事（院长）、党委书记，张运洲任二级顾问，蒋莉萍任三级顾问。

2009—2022 年历年年底国网能源院领导人员情况见表 1-9。

2. 组织结构

国网能源院自成立以来，为适应研究任务不断发展变化的形势和满足国有企业改革的需要，分别于 2012、2015、2017 年进行过几次改革和组织结构调整。

表 1-9　　2009—2022 年历年年底国网能源院领导人员情况

序号	2009 年	2010—2012 年	2013 年 2014 年	2015 年	2016 年	2017—2020 年	2021 年	2022 年
1	张运洲	张运洲	张运洲	张运洲	张运洲	张运洲	张运洲	欧阳昌裕
	院长、党组副书记	院长、党组副书记	院长、党组副书记	院长、党组副书记	院长、党组副书记	董事长（院长）、党委书记	执行董事（院长）、党委书记	执行董事（院长）、党委书记
2	欧阳昌裕	俞学豪	王广辉	王广辉	王广辉	王广辉	王广辉	王广辉
	党组书记、副院长	党组书记、副院长	党组书记、副院长	党组书记、副院长	党组书记、副院长	总经理（常务副院长）、党委副书记	总经理（常务副院长）、党委副书记	总经理（常务副院长）、党委副书记
3	牛忠宝	牛忠宝	牛忠宝	蒋莉萍	蒋莉萍	吕健	蒋莉萍	柴高峰
	党组副书记、纪检组组长、工会主席	党组副书记、纪检组组长、工会主席	党组副书记、纪检组组长、工会主席	副院长	副院长	党委副书记、副总经理（副院长）	副总经理（副院长）	副总经理（副院长）、党委委员
4	胡兆光	胡兆光	蒋莉萍	周原冰	柴高峰	蒋莉萍	柴高峰	仇文勇
	党组成员、副院长	党组成员、副院长	副院长	党组成员、副院长	党组成员、副院长	副总经理（副院长）	副总经理（副院长）、党委委员	党委委员、纪委书记、工会主席
5	蒋莉萍	蒋莉萍	李英	李连存	李伟阳	柴高峰	仇文勇	李伟阳
	副院长	副院长	副院长	党组成员、纪检组组长、工会主席	党组成员、副院长	副总经理（副院长）、党委委员	党委委员、纪委书记、工会主席	副总经理（副院长）、党委委员
6	李英	李英	张玮	白建华	周原冰	李伟阳	李伟阳	王耀华
	总经济师	总经济师	党组成员、副院长	总经济师	党组成员、副院长	副总经理（副院长）、党委委员	副总经理（副院长）、党委委员	副总经理（副院长）、党委委员
7	葛旭波	葛旭波	魏玢	牛忠宝	李连存	李连存	王耀华	李健
	总工程师	总工程师	党组成员、总经济师	副局级调研员	党组成员、纪检组组长、工会主席	党委委员、纪委书记、工会主席	副总经理（副院长）、党委委员	党委委员、总工程师
8			胡兆光	李英	邱忠涛	张全	李健	单葆国
			副局级调研员	副局级调研员	党组成员、副院长	总工程师	党委委员、总工程师	副总经理（副院长）、党委委员
9					牛忠宝	王耀华	单葆国	张运洲
					副局级调研员	副总经理（副院长）	副总经理（副院长）、党委委员	二级顾问
10					李英		吕健	吕健
					副局级调研员		三级顾问	三级顾问
11								蒋莉萍
								三级顾问

2009 年，根据《关于国网能源研究院机构设置和人员编制的批复》（国家电网人资〔2009〕1201 号），国网能源院设置职能部门 5 个，分别是办公室、科研发展部、财务资产部（周转金管理中心）、人力资源部、思想政治工作部（监察审计部）；设置业务部门 7 个，分别是新能源研究所、智能电网研究所、经济与能源供需研究所、能源战略与规划研究所（科技项目咨询中心、《电力技术经济》杂志社）、企业战略与管理咨询研究所、能源统计与信息研究所（网站编辑部）、财会与审计研究所；下属单位 2 个，分别是国网人才评价中心、北京兴业动经科技有限公司。2009 年底国网能源院组织机构详见图 1-8。

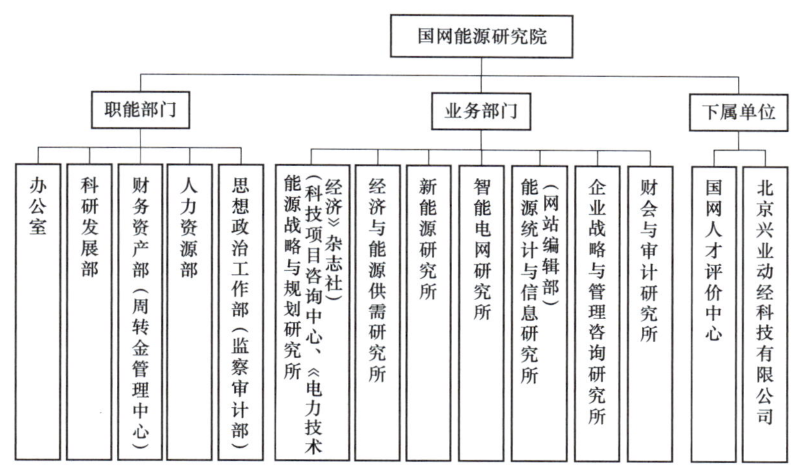

图 1-8 2009 年底国网能源院组织机构

2011 年，结合国家电网公司对国网能源院职能定位、研究服务重点及工作机制构建的新要求，国网能源院撤销企业战略与管理咨询研究所、能源统计与信息研究所、新能源研究所，组建企业战略研究所、企业管理咨询研究所、新能源与统计研究所。抽调人员组建《能源技术经济》杂志社，仍挂靠在能源战略与规划研究所。通过“千人计划”和“青年千人计划”引进海外高层次人才各 1 人，组建海外高层次引进人才创新创业团队，开展清洁能源、智能电网发展战略两大决策支持系统的研发。2011 年底国网能源院组织机构详见图 1-9。

2012 年，根据国家电网公司《关于国网能源研究院机构设置和人员编制的批复》（国家电网人资〔2012〕1124 号）精神，国网能源院建立职责明确、运转协调、管理高效的工作机制，对组织机构进行调整，包括：职能部门 5 个，即办公室、科研发展部、财务资产部（周转金管理中心）、人力资源部、党群工作部（监察审计部）；业务部门 8 个，即企业战略研究所、能源战略与规划研究所（科技项目咨询中心、《中国电力》杂志社）、经济与能源供需研究所、电网发展综合研究所、新能源与统计研究所、管理咨询研究所（企业运营研究中心）、财会与审计研究所、能源决策支持技术研发中心；下属单位 2 个，即国网人才评价中心、后勤服务中心；代管机构 1 个，即周转金管理中心（与财务资产部合署办公)。《中国电力》杂志社并入国网能源院,《能源技术经济》杂志停刊。2012年底国网能源院组织机构详见图1-10。

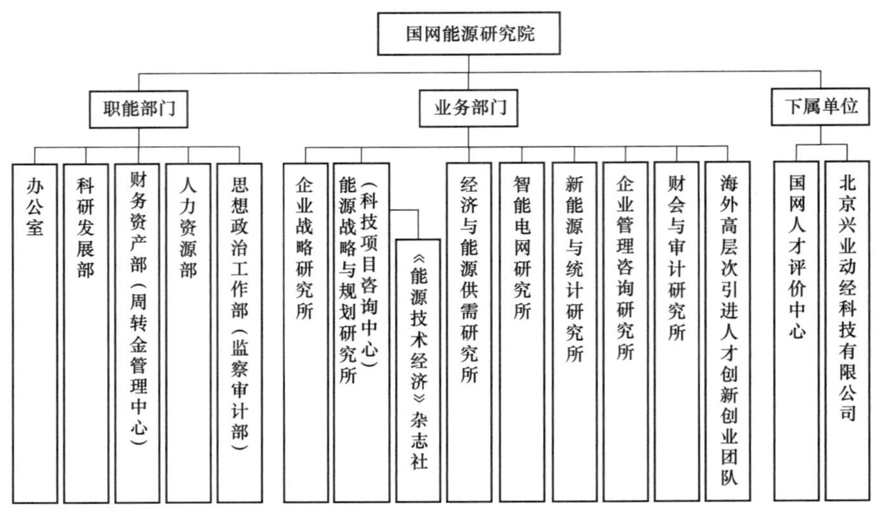

图1-9　2011年底国网能源院组织机构

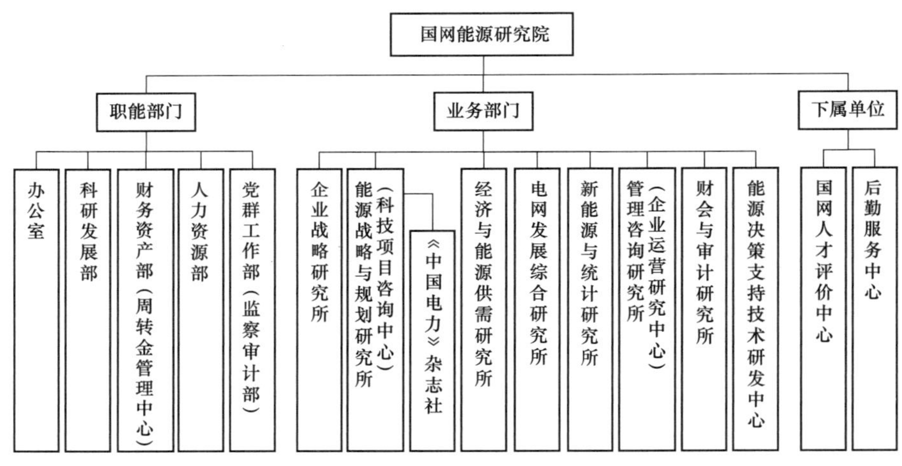

图1-10　2012年底国网能源院组织机构

2015年,根据国家电网公司构建高端智库和企业智库的发展需要,按照《国家电网公司关于国网能源院增设全球能源互联网研究中心的批复》(国家电网人资〔2015〕627号),国网能源院增设全球能源互联网研究中心,主要负责国际能源电力供需分析及战略规划、全球能源互联网建设、国际能源合作交流、全球能源体制机制与政策研究等工作。2015年底国网能源院组织机构详见图1-11。

2017年,根据《国家电网公司关于健全完善直属单位党建工作机构设置的指导意见》(国家电网人资〔2017〕478号)工作要求,国网能源院对党委工作部门进行调整。新设党委办公室，与办公室合署，名称为办公室（党委办公室）；新设党委组织部，与人力资源部合署，名称为党委组织部（人力资源部）；党群工作部（监察审计部）更名为“党建工作部（监察审计部）”。根据《关于设立国网（苏州）城市能源研究院有限责任公司、国网能源研究院苏州分院的通知》（国家电网人资〔2017〕319 号），国网能源院增设 1 个下属单位，即国网能源研究院苏州分院（简称“苏州分院”）。2017 年底国网能源院组织机构详见图 1-12。

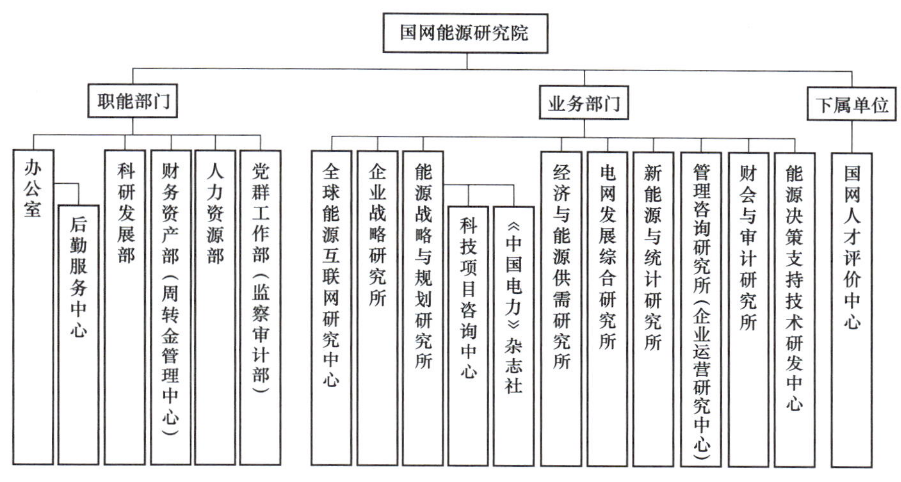

图 1-11　2015 年底国网能源院组织机构

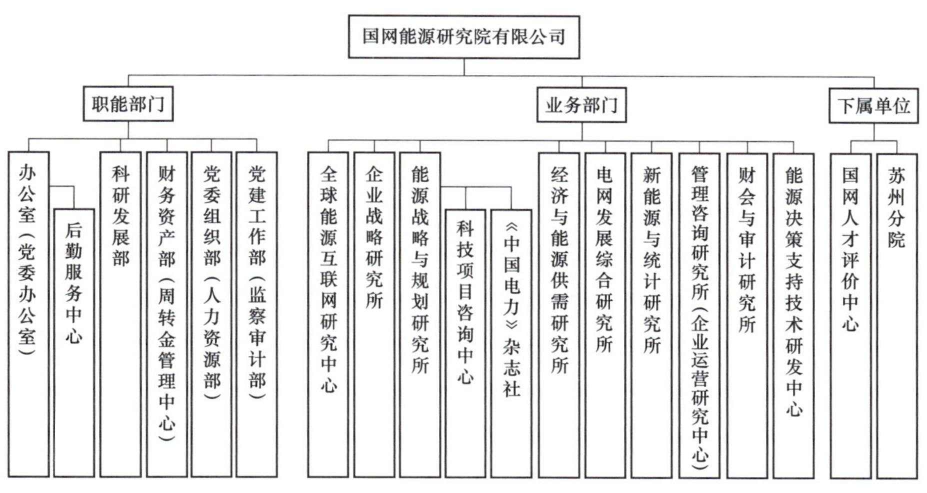

图 1-12　2017 年底国网能源院组织机构

2019 年，国网能源院根据研究工作需要，将全球能源互联网研究中心调整为能源互联网研究所，能源决策支持技术研发中心调整为能源数字经济研究所，国网人才评价中心调整为国网人才交流服务中心。

2019 年 2 月 28 日，为加强能源互联网经济、政策、机制等研究工作，国家电网公司党组会议决议设立国家电网有限公司能源互联网经济研究院，挂靠国网能源院一体化运行。国家电网有限公司能源互联网经济研究院主要开展能源互联网经济宏观形势、能源互联网商业模式创新、能源大数据及其增值服务等研究。2021 年 5 月 17 日，根据国家电网人资〔2021〕225 号要求和国网能源院党委会议研究，决定将国家电网有限公司能源互联网经济研究院调整为国网能源院二级科研机构，与能源互联网研究所合署办公。

2021 年底，国网能源院组织机构包括：5 个职能部门，分别是办公室（管理后勤服务中心）、科研发展部、财务资产部、党委组织部、党委党建部；9 个业务部门，分别是企业战略研究所、能源互联网研究所、能源战略与规划研究所、经济与能源供需研究所、电网发展综合研究所、新能源与统计研究所、管理咨询研究所、财会与审计研究所、能源数字经济研究所；一院一社两中心，分别是苏州分院、《中国电力》杂志社、科技项目咨询中心、国网人才交流服务中心有限公司。2021 年底国网能源院组织机构详见图 1-13。

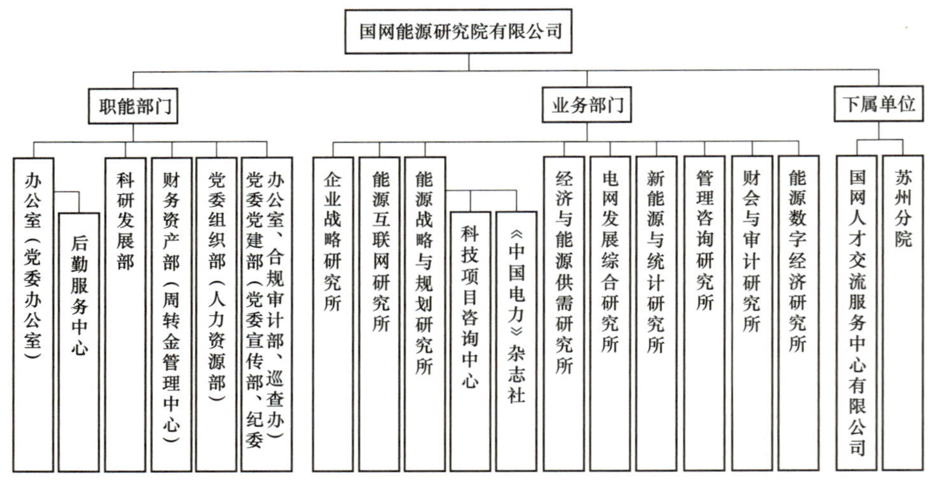

图 1-13　2021 年底国网能源院组织机构

三、研究方向

国网能源院自成立以来，始终坚持服务中央重大战略决策部署、围绕国家电网公司战略落地和改革发展关键问题、聚焦能源电力行业热点话题，动态优化调整研究领域。

2009 年，国网能源院成立之初，根据《关于国网能源研究院机构设置和人员编制的批复》（国家电网人资〔2009〕1201 号），研究领域包括能源经济与发展研究，电力发展战略与智能电网智能化规划研究，新能源技术研究，能源工程研究咨询，环境保护与气候变化研究，宏观经济、电力供需与用电研究，财税、金融与价格研究，企业战略研究，企业管理研究与咨询。

2014 年 6 月 4 日，中国可再生能源学会可再生能源发电并网专业委员会成立，并挂靠于国网能源院，旨在为可再生能源发电并网相关企业及从业人员提供交流和研讨平台，组织开展相关研讨和经验交流，推动相关标准和政策的完善。截至 2021 年，国网能源院承担着中国电机工程学会动能经济专业委员会、智慧用能与节能专业委员会，以及中国可再生能源学会可再生能源发电并网专业委员会三个专业委员会的秘书处工作。

随着研究领域的不断调整优化，国网能源院逐步形成能源电力发展与能源经济研究、电网发展与政策研究、能源电力体制机制研究、企业发展战略与管理研究四大研究领域，涉及宏观经济与能源电力发展关系研究、能源电力发展规划研究等 40 个专业研究方向。国网能源院具体研究领域和专业研究方向详见表 1-10。

表 1-10　　国网能源院具体研究领域和专业研究方向

序号	研究领域	专业研究方向
1	能源电力发展与能源经济研究	宏观经济与能源电力发展关系研究
		能源安全战略研究
		电力系统运行分析研究
		城市能源发展研究
		能源环保与评价研究
		电力需求侧管理研究
		能源电力数字化应用研究
		国际能源战略与统计分析研究
		能源电力供需预测及预警研究
		能源电力发展规划研究
		综合能源服务研究
		农村能源发展研究
		能效与电能替代研究
		能源电力营销服务研究
		能源电力技术趋势及产业链研究
2	电网发展与政策研究	电网发展战略与规划研究
		能源互联网发展与运营研究
		能源互联网生态圈建设研究
		电网投资运营效益评估与政策研究
		储能与电动汽车充放电研究
		电网安全分析与评价研究
		能源互联网业态创新与商业模式研究

续表

序号	研究领域	专业研究方向
2	电网发展与政策研究	新能源政策与技术经济评价研究
		配电网与分布式能源研究
3	能源电力体制机制研究	电力体制改革及监管研究
		国资国企改革及监管研究
		能源政策和法律法规研究
		能源电力市场建设及运行研究
		能源电力价格研究
4	企业发展战略与管理研究	企业战略与规划发展研究
		企业治理与管控模式研究
		企业科技战略与创新体系研究
		企业财务与会计管理研究
		金融发展研究
		企业生态与品牌建设研究
		企业经营管理与绩效研究
		企业国际化发展研究
		人力资源管理研究
		企业审计与风险管理研究
		企业数字化转型与数据管理研究方向

四、主要成果

（一）研究项目

国网能源院致力于能源电力行业以及电力企业的发展战略规划、管理创新、体制机制、政策法规等问题研究，自成立以来承担国家电网公司重大战略课题 110 项，承担国家电网公司其他重大研究项目 2000 余项，承担国家部委等部门委托的重大研究课题 300 余项，在清洁能源发展、电力供需预测、输煤输电综合比较、产业整合提升与走出去等方面的研究成果与观点，有力支撑了国家电网公司及有关政府机构的决策，为我国能源和电力行业的科学发展作出了重大贡献。国网能源院历年承担科研咨询项目情况见表 1-11。

表 1-11　　国网能源院历年承担科研咨询项目情况

年度	管理咨询	科技项目	政府委托	前期项目	专项研究	横向课题	技术服务	自主立项	其他任务	合计
2009	18	44	13	4	75	—	61	—	40	255
2010	30	81	38	—	58	—	92	—	150	449

续表

年度	管理咨询	科技项目	政府委托	前期项目	专项研究	横向课题	技术服务	自主立项	其他任务	合计
2011	45	94	54	—	34	81	70	—	267	645
2012	42	84	34	7	40	77	69	—	259	612
2013	41	95	19	9	20	76	109	—	286	655
2014	33	57	29	13	32	40	132	38	236	610
2015	32	80	41	10	48	40	121	38	421	831
2016	39	103	43	8	60	62	203	39	391	948
2017	33	127	37	7	51	78	194	44	448	1019
2018	39	158	42	10	67	110	217	65	578	1286
2019	43	172	50	12	116	88	254	67	733	1535
2020	34	168	83	13	276	80	179	73	749	1655

（二）成果获奖

国网能源院扎根能源电力事业，经过多年艰苦奋斗和创新发展，取得一系列重大高质量研究成果，得到了政府部门、国家电网公司及社会各界的高度认可，共获得国家电网公司及以上研究奖项 500 余项次，累计分别获得省部级奖项 40 余项、公司级奖项 350 余项、各类社会力量奖 150 余项，获奖层次与水平不断提升。国网能源院历年获奖情况见表 1-12。

表 1-12　　国网能源院历年获奖情况

年度	省部级	公司级	社会力量奖	合计	院科研成果奖励	总计
2009	—	9	2	11	—	11
2010	—	26	5	31	30	61
2011	8	24	3	35	50	85
2012	3	43	6	52	59	111
2013	5	30	4	39	62	101
2014	3	28	13	44	63	107
2015	4	10	7	21	57	78
2016	6	29	7	42	46	88
2017	2	22	28	52	53	105
2018	5	37	27	69	57	126
2019	1	51	24	76	58	134
2020	4	42	29	75	40	125

（三）主要出版物

国网能源院充分发挥能源电力软科学方面的研究优势，围绕国家能源电力行业持续关注的基础性、综合性、战略性问题，形成了国网能源院“基础研究年度报告”体系，每年对外发布《全球能源分析与展望》《中国能源电力发展展望》及基础研究年度报告10余部，在能源电力行业形成了良好的品牌形象。累计出版《我国核电发展规划研究》《中国非化石能源发展目标及其实现路径》《2050 中国经济发展与电力需求探索》《电力经济学引论》《输配电价理论与实务》等专著与译著60余部。国网能源院出版年度报告见表1-13，国网能源院出版学术专著见表1-14。

表 1-13　　国网能源院出版年度报告

序号	年度报告名称	部门
1	全球能源分析与展望（中英双语出版）	经济与能源供需研究所
2	中国能源电力发展展望（中英双语出版）	能源互联网研究所
3	国内外电力市场化改革分析报告	企业战略研究所
4	中国电源发展分析报告	能源战略与规划研究所
5	国内外能源与电力价格分析报告	财会与审计研究所
6	中国电力供需分析报告	经济与能源供需研究所
7	国内外能源与电力发展状况分析报告	新能源与统计研究所
8	国内外电网发展分析报告	电网发展综合研究所
9	中国新能源发电分析报告	新能源与统计研究所
10	中国节能节电分析报告	经济与能源供需研究所
11	世界500强电力企业比较分析报告	财会与审计研究所
12	国内外企业管理实践典型案例分析报告	管理咨询研究所
13	世界电力行业跨国投资分析报告	企业战略研究所
14	国内外能源电力企业数字化转型分析报告	能源数字经济研究所
15	国内外能源互联网发展分析报告	能源互联网研究所
16	国企改革关键问题分析报告	管理咨询研究所

表 1-14　　国网能源院出版学术专著

序号	专著名称	完成人	出版时间
1	2050 中国经济发展与电力需求探索	胡兆光、单葆国、韩新阳等	2011 年 6 月
2	对电网企业公益事业发展重点的思考	魏哲	2011 年 10 月
3	风电与电网协调发展综合解决策略——国际经验和中国实践	蒋莉萍、李琼慧、郭基伟等	2011 年 10 月
4	中国知识工作者过度劳动问题研究	王丹	2011 年 11 月
5	输配电价理论与实务	李英、李成仁、郑厚清等	2012 年 2 月
6	智能电力	Peter Fox-Penner 著； 张义斌、黄瀚等译	2012 年 3 月
7	电力经济学引论	胡兆光	2013 年 3 月
8	电网基建财务管理	李英、李有华、郑厚清	2013 年 4 月

续表

序号	专 著 名 称	完成人	出版时间
9	中国非化石能源发展目标及其实现路径	张运洲、白建华、程路等	2013 年 5 月
10	Integrated Resource Strategic Planning and Power Demand-Side Management	胡兆光、单葆国、韩新阳等	2013 年 6 月
11	基于虚拟资产视角的资产质量问题研究	高雨	2014 年 4 月
12	国家电网公司实验室资源共享指南（2014 年版）	付蓉、陈立斌	2014 年 9 月
13	国家电网公司“六五”普法读本法律研究	刘进、袁圣韵乐	2015 年 3 月
14	国家电网公司“三集五大”管理变革探索与实践	鲁刚、刘进、何琬等	2015 年 6 月
15	现代企业集团管理创新成效评价模型与方法	陈武	2015 年 6 月
16	日本智能电网图解	诸住哲监修；胡波译	2015 年 9 月
17	国家电网公司通用制度宣贯手册	刘进、吴晓磊	2015 年 11 月
18	走出去价值论——以电网企业为例	刘拓	2015 年 11 月
19	气候变化背景下中国减排应对政策研究：碳关税、碳税的减排效果与经济影响	栾昊	2015 年 12 月
20	国家电网公司 2015 年度科技报告	徐翀、梁芙翠	2016 年 12 月
21	国家电网公司实验室资源共享指南（2017 年版）	付蓉、陈立斌	2016 年 12 月
22	“十三五”能源新技术产业培育与发展规划研究	李琼慧、黄碧斌	2017 年 3 月
23	能源与空气污染：世界能源展望特别报告	马莉、张晓萱、曲昊源等译	2017 年 5 月
24	重塑电力市场：低碳电力系统转型过程中的市场设计与监管	李琼慧、王彩霞、洪博文等译	2017 年 5 月
25	电力企业资产全寿命周期管理体系建设与评价	孙艺新	2017 年 6 月
26	大型企业运营分析体系建设与实践	孙艺新	2017 年 6 月
27	中国与“一带一路”沿线国家能源合作研究	高国伟、马莉、徐杨	2017 年 8 月
28	2017 国内外企业管理实践典型案例分析报告	杨树、李浩澜	2017 年 11 月
29	电网企业运营分析体系与预警技术	孙艺新	2018 年 1 月
30	中国分布式电源与微电网发展前景及实现路径	蒋莉萍、李琼慧、黄碧斌等	2018 年 1 月
31	世界能源清洁发展与互联互通评估报告（2017）	鲁刚、刘林、王雪等	2018 年 1 月
32	政府经济政策与企业资本投资及配置效率研究——金融危机背景下的实证分析	张超、李成仁、尤培培	2018 年 6 月
33	全球能源治理：理论、趋势与中国路径	鲁刚、毛吉康	2018 年 10 月
34	国家间电力互联互通理论与现状分析	蒋莉萍、马莉、高国伟等	2018 年 10 月
35	现代科技社团财务规范管理研究	叶明、郑天娇	2018 年 10 月
36	中国电机工程学会专业发展报告	冯凯辉、闫湖、肖婉婷等	2018 年 11 月
37	电力丝绸之路	梁才、徐杨、宋海旭等	2019 年 1 月
38	西部清洁能源发展战略研究	王耀华、黄瀚、张晋芳等	2019 年 2 月
39	全球能源转型背景下的中国能源革命	蒋莉萍、石书德、张钧等	2019 年 3 月
40	Non-Fossil Energy Development in China	张运洲、张富强、伍声宇等	2019 年 5 月

续表

序号	专　著　名　称	完成人	出版时间
41	我国核电发展规划研究	张运洲、张富强、冯君淑等	2019 年 5 月
42	中国城市能源报告——总体特征与样本发现	王林钰、李伟阳、郭磊等	2019 年 6 月
43	“三型两网”知识读本	张运洲、李睿	2019 年 7 月
44	电力需求侧管理年度发展报告（2019）	吴鹏	2019 年 9 月
45	中央企业清单式监督操作标准与应用	李伟阳、李成仁、陈挺等	2019 年 10 月
46	中国电机工程学会专业发展报告（2018—2019）	柴高峰、王耀华、伍声宇等	2019 年 11 月
47	电力企业税收管理理论与实践	陈挺、张佳颖、张俊民	2019 年 11 月
48	清洁能源网源协调规划技术	鲁刚、闫晓卿、王晓晨等	2019 年 12 月
49	国际电力市场建设实践与经验	范孟华、杨素、张凡	2019 年 12 月
50	成为绩优央企	张勇、李浩澜、石书德等	2020 年 1 月
51	大国经脉　创新引领：国家电网由大到强转型发展之路	石书德、张园、李浩澜等	2020 年 1 月
52	中国经济安全展望报告（2020）：供求双萎缩下的经济形势与政策	单葆国、谭显东、汲国强等	2020 年 2 月
53	中国分布式电源调度运行管理实践	蒋莉萍、李琼慧、冯凯辉等	2020 年 3 月
54	世界能源清洁发展与互联互通评估报告（2020）：非洲篇	代红才、刘林、王雪等	2020 年 7 月
55	电力需求侧管理年度发展报告（2020）	吴鹏、刘小聪、谭清坤	2020 年 9 月
56	综合能源服务——能源互联网企业的战略选择	代红才、汤芳、陈昕等	2020 年 10 月
57	是荣光还是方向：世界 500 强的认知逻辑	李伟阳、李成仁、李阳等	2020 年 12 月
58	智慧用能与节能专业发展报告	单葆国、吴鹏、谭清坤	2020 年 12 月
59	“十四五”电力科技重大技术方向研究报告	张运洲、鲁刚、王晓晨	2021 年 1 月
60	乡村电气化实践	吴鹏、张煜、谭清坤	2021 年 1 月
61	国有企业中长期激励机制探索与实践	王丹、汪涵、徐云飞	2021 年 4 月
62	国有企业工资总额管理政策与国家电网有限公司创新实践	汪涵	2021 年 4 月
63	国有企业科技创新激励机制研究	常燕、石书德、汪涵	2021 年 4 月
64	国有经济“五力”指数构建与评价——国有经济竞争力、创新力、控制力、影响力、抗风险能力	张园、吴鸾莺、李浩澜	2021 年 5 月
65	中国企业协同创新发展实践研究	常燕	2021 年 8 月
66	电力现货市场 101 问	马莉、范孟华、张高	2021 年 10 月

五、智库建设

（一）智库评级认证

为加快推进创新驱动发展战略的实施，中共中央办公厅、国务院办公厅出台了《关于加强中国特色新型智库建设的意见》，提出加强高水平科技创新智库和企业智库建设的战略部署。近年来，国网能源院坚持“突出特色、创新驱动、开放合作、质量取胜、品牌引领”的理念，扎实推进世界一流的企业高端智库建设，取得了一系列资格认证，积极参与国内外智库评级，并持续争取纳入国家高端智库培育试点单位，智库影响力和话语权不断提升，在能源电力行业树立了良好的品牌形象。

1. 资格认证

2011 年 8 月，获得由国家发展改革委颁发的“工程咨询单位乙级资格证书”。

2014 年 2 月，入选国家能源局首批研究咨询基地。

2014 年 8 月，获得由国家发展改革委颁发的“工程咨询单位甲级资格证书”。

2016 年 12 月，获得由北京市科学技术委员会、北京市财政局、北京市国家税务局、北京市地方税务局联合颁发的“高新技术企业证书”。

2020 年 2 月，获得由国际认可论坛（IAF）、中国合格评定国家认可委员会联合颁发的“管理体系认证证书”。

2. 智库评级

2017 年 1 月，入选由光明日报社和南京大学发布的“中国智库索引（CTTI）”。

2017 年 3 月，首次入选上海社会科学院发布的“中国智库影响力排名”名单，在“社会（企业）智库系统影响力”榜单中排名第 10，在“科技类智库专业影响力”榜单中排名第 8。

2017 年 11 月，入选中国社会科学院发布的“中国核心智库”。

2018 年 3 月，连续入选上海社会科学院发布的“中国智库影响力排名”名单，在“科技类智库专业影响力”榜单中排名第 8。

2019 年 3 月，再度入选上海社会科学院发布的“中国智库影响力排名”名单，在“企业智库系统影响力”榜单中排名第 9，在“生态类智库专业影响力”榜单中排名第 8。

2020 年 1 月，首次入选美国宾夕法尼亚大学发布的全球智库报告“2019 全球最佳科技政策研究智库”榜单，在上榜中国智库中排名第 3，在全球总排名中位居第 72。

2021 年 1 月，连续入选美国宾夕法尼亚大学发布的全球智库报告“2020 全球最佳科技政策研究智库”榜单，在上榜中国智库中排名第 3，在全球总排名中位居第 71。

2021 年 3 月，入选浙江大学发布的全球智库影响力评价报告“中国智库榜单 100 强”，排名第 60。

2021 年 9 月，国网能源院智库案例入选中国社会科学院发布的“2021 年中国智库参考案例”。

（二）国内外交流合作

国网能源院持续深化与国内外高水平科研院校及研究机构的交流，保持紧密联系及长期友好合作关系，与 30 余家国内外知名机构签订战略合作框架协议，推动在项目研究、智库建设、人才培养、企业文化、品牌宣传等方面的合作，构建全方位、多层次、跨领域的合作格局和交流网络。

1. 国际交流

积极与国际权威机构签订战略合作协议。主要包括四家国际机构，详见表 1-15。

表 1-15 国网能源院与国际机构签订战略合作协议情况

序号	签订机构	签订时间
1	西门子（中国）有限公司	2011 年 7 月
2	埃森哲（中国）有限公司	2012 年 10 月
3	美国国家可再生能源实验室（NREL）	2015 年 9 月
4	德国能源署（DENA）	2018 年 7 月

承担国际组织秘书处工作。国网能源院担任世界经济论坛（WEF）、全球可持续电力合作组织（G-SEP）、国际可再生能源署（IRENA）、世界可持续发展工商理事会（WBCSD）、世界能源理事会（WEC）等组织秘书处工作，与各国际机构开展学术交流与合作，保持常态化交流合作关系。

联合开展项目研究。国网能源院与国际可再生能源署、国际能源署、世界银行、美国国家可再生能源实验室、美国能源基金会、美国自然资源保护协会、德国能源署、丹麦维斯塔斯公司等国际机构或公司开展联合项目研究，在能源电力发展、电力市场化改革、可再生能源发展等领域持续深化合作。联合国际能源署发布《世界能源展望特别报告：能源与空气污染》《重塑电力市场：低碳电力系统转型过程中的市场设计与监管》报告；联合国际可再生能源署发布《未来：再电气化》报告；联合美国国家可再生能源实验室发布《电网绿色发展愿景研究》报告。截至 2021 年底，已与国际外部机构联合开展项目 20 余项。

加强交流互访。国网能源院与彭博新能源财经、英国标准协会（BSI）、美国劳伦斯伯克利国家实验室、美国 QUALITROL 公司、北欧电力交易所、德国能源署、德国弗劳恩霍夫系统创新研究所、法国能源监管委员会、苏格兰和南方能源公司、意大利佛罗伦萨监管学院、丹麦能源署、挪威水资源及能源机构、俄罗斯工业和贸易部、韩国三星经济研究社、韩国能源经济研究院、德勤中国、毕马威、埃信华迈等多家国际知名机构或公司开展百余次座谈交流。派员赴国际能源署、国际可再生能源署、美国国家可再生能源署访问交流，就电力市场建设、电力系统规划、新能源发展、可再生能源消纳等开展深入探讨。

2. 国内交流

广泛开展战略合作。国网能源院积极开展战略合作，已与 30 余家国内外部机构签订战略合作协议，包括大学、科研机构、省电力公司等，详见表 1-16。

表 1-16　　　国网能源院与国内机构签订战略合作协议情况

序号	签 订 机 构	签 订 时 间
1	中国石油集团经济技术研究院	2011 年 5 月
2	华北电力大学	2012 年 3 月
3	天津大学	2012 年 5 月
4	国网江苏省电力公司	2012 年 6 月
5	国家电网公司高级培训中心	2015 年 1 月
6	国网河南省电力公司	2015 年 10 月
7	国网山东省电力公司	2016 年 8 月
8	国网陕西省电力公司	2016 年 9 月
9	国网新疆电力公司	2016 年 10 月
10	国网江苏省电力公司（续签）	2016 年 10 月
11	国网天津市电力公司	2016 年 11 月
12	国网安徽省电力公司	2017 年 5 月
13	国网辽宁省电力有限公司	2017 年 7 月
14	国家发展和改革委员会能源研究所	2017 年 9 月
15	国网福建省电力有限公司	2017 年 12 月
16	国网四川省电力公司	2018 年 5 月
17	国网浙江省电力有限公司	2018 年 5 月
18	英大证券有限责任公司	2018 年 7 月
19	国网青海省电力公司	2018 年 9 月
20	国网北京市电力公司	2019 年 5 月
21	国网甘肃省电力公司	2019 年 6 月
22	中国华能集团有限公司技术经济研究院	2019 年 7 月
23	国网山西省电力公司	2019 年 8 月
24	国网信息通信产业集团有限公司	2019 年 8 月
25	国网冀北电力有限公司	2019 年 8 月
26	全球能源互联网研究院有限公司	2019 年 12 月
27	国网英大产业投资基金管理有限公司	2020 年 1 月
28	国家电网有限公司大数据中心	2020 年 6 月
29	国网大学	2020 年 12 月
30	国网英大国际控股集团有限公司	2021 年 2 月
31	国网电子商务有限公司	2021 年 2 月
32	国网国际融资租赁有限公司	2021 年 3 月
33	国网新源控股有限公司	2021 年 4 月
34	中核战略规划研究总院有限公司	2021 年 6 月

联合开展项目研究。国网能源院与国家电网公司系统内各省电力公司、直属单位常态化开展横向课题研究，与国家发展和改革委员会能源研究所、国务院发展研究中心、中国国际经济交流中心、清华大学、华北电力大学、电力规划设计总院、水电水利规划设计总院等系统外单位积极开展联合项目研究，持续推进学术交流合作。截至 2021 年底，已与国内外部单位联合开展项目 300 余项。

密切交流互访。国网能源院与国务院国资委研究中心、中共中央对外联络部当代世界研究中心、中国石油集团经济技术研究院、中核战略规划研究总院有限公司、国家能源集团技术经济研究院、国核电力规划设计研究院有限公司、神华科学技术研究院有限责任公司、南方电网能源发展研究院有限责任公司、铁道部经济规划研究院、协鑫（集团）控股有限公司、中节能咨询有限公司、上海电气风电集团股份有限公司、中国电力工程顾问集团西北电力设计院有限公司、上海社会科学院、中国社会科学院、全球化智库、南京大学等国内知名机构开展百余次座谈交流。

（三）智库联盟建设

中央企业智库联盟。国网能源院高效支撑中央企业智库联盟建设，组织举办首届新时代国企国资改革发展论坛及 6 期央企智库沙龙，累计印发报送央企智库专报 10 余期、智库信息 20 余期。2016 年 5 月，成为中央企业智库联盟首届理事长单位支撑机构和首届秘书长单位；2018 年 1 月，成为中央企业智库联盟第二届副理事长单位支撑机构和第二届秘书长单位；2019 年 4 月，成为中央企业智库联盟第三届副理事长单位支撑机构和第三届秘书长单位。

全球能源互联网智库联盟。国网能源院有力支撑全球能源互联网智库联盟建设，积极推动联盟成员在能源电力领域的政策、理论、技术等方面提供咨询与建议，共同推动全球能源互联网创新发展。2018 年 12 月，成为全球能源互联网智库联盟第一届副主席单位；2020 年 12 月，成为全球能源互联网智库联盟第二届主席单位。

第二章

经营管理

第一节 综 合 管 理

随着国网能源院职能定位与业务的发展，办公室综合管理工作不断得到加强。办公室主要职责包括：负责制定国网能源院工作规则等规章制度；负责党委会议、董事会会议、总经理办公会议、工作会议等的组织服务和重大决策部署的督查督办；负责起草国网能源院工作报告等相关材料；负责组织协调国网能源院重要公务活动；负责外事、公文、保密等管理工作；负责国网能源院安全生产监督管理；负责信息化建设、运维及信息安全管理；负责《能源研究观点·专报》的编辑、发行；负责国网能源院固定资产购置和实物管理；负责国网能源院档案管理；完成领导交办的其他事项。办公室内设后勤服务中心（简称“服务中心”）。服务中心主要职责：承担办公用房日常管理与维护；承担交通等管理工作；承担办公用品、设施的采购；承担文信交换，报刊订阅、分发及邮件办理；承担会议室、物业、车辆日常管理与服务；完成领导交办的其他事项。

一、历史沿革

（一）动经中心时期

1999 年 11 月 11 日，经研究决定，聘任马庆安为办公室主任，毛继兵为办公室副主任。

1999 年 12 月 27 日，经研究决定，动经中心在办公室下设行政科，伍跃为行政科科长。

2001 年 2 月 5 日，经动经中心主任会议研究决定，聘任王天翔为办公室主任助理，任期三年。

2001 年 2 月 17 日，经动经中心主任会议研究决定，聘任李悠勇为办公室主任，任期三年，免去其战略规划与研究所副所长职务；聘任马庆安为国电动经公司服务公司筹备处主任，办公室副主任，免去其办公室主任职务；聘任伍跃为国电动经公司服务公司筹备处主任助理。

2001 年 3 月 20 日，经党委会研究决定，任命李悠勇为党委办公室主任，免去马庆安党委办公室主任职务。

2002 年 1 月 21 日，经动经中心主任会议研究决定，王天翔调人事处工作，任处长助理，免去其办公室主任助理职务。

2002 年 2 月 4 日，经动经中心主任会议研究决定，陈建莹调办公室工作（原正科级待遇不变）。

2003 年 2 月 9 日，经动经中心主任会议研究决定：北京兴业动经科技有限公司与动经中心办公室实行机构与人员完全分离，独立运作。动经中心办公室、人事处、科研管理处、党委办公室合署办公。人员由雷体钧、魏权华、王天翔、车兵、陈建莹、张鲁西、赵军组成。办公室下设综合秘书科、信息室。撤销科研管理处管理科。

2003 年 2 月 9 日，经动经中心主任会议研究决定，聘任雷体钧为动经中心办公室主任兼科研管理处处长，任期三年；聘任魏权华为动经中心办公室副主任兼人事处处长，任期三年；聘任王天翔为动经中心办公室主任助理兼人事、科研管理岗位，任期三年；聘任车兵为动经中心主任助理兼动经中心办公室信息室主任，任期三年；聘任陈建莹为动经中心办公室综合秘书科科长兼综合管理岗位，任期三年，免去其原科研管理处管理科科长职务。

2003 年 2 月 10 日，经动经中心党委研究决定，免去李悠勇党委办公室主任职务，任命魏权华为党委办公室主任，任期三年。

2003 年 2 月 10 日，经动经中心党委研究决定，免去李悠勇动经中心办公室主任职务，免去马庆安动经中心办公室副主任职务。

2005 年 1 月 11 日，经动经中心主任（党委扩大）会议研究决定，动经中心办公室与科研管理处合署办公，对内名称为办公室，对外以办公室、科研管理处名称开展相关工作。

2005 年 1 月 11 日，经动经中心主任（党委扩大）会议研究决定，免去魏权华办公室副主任职务，任命雷鸣为办公室临时负责人（正处级），主持办公室工作，免去其国网人才评价中心综合处处长职务。

2005 年 2 月 7 日，经动经中心党委扩大会议研究决定，雷体钧不再兼任办公室主任和科研处处长职务。

2005 年 2 月 7 日，经动经中心党委扩大会议研究决定，聘任雷鸣为办公室主任（正处级），任期三年。

2005 年 2 月 7 日，经动经中心党委扩大会议研究决定，聘任李敬如为办公室副主任（副处级，负责科研管理工作），兼电力市场研究所副所长，任期三年。

2005 年 2 月 7 日，经动经中心党委扩大会议研究决定，聘任陈建莹为办公室主任助理，任期三年，免去其办公室综合管理科科长职务。

2005 年 6 月 15 日，办公室与党委办公室合署办公，可分别以办公室和党委办公室名称开展、联系工作。

2005 年 6 月 15 日，免去魏权华党委办公室主任职务，免去李敬如办公室副主任、电力市场研究所副所长职务，免去王天翔办公室主任助理职务，免去车兵办公室主任助理、信息室主任职务。

2005 年 6 月 15 日，雷鸣任党委办公室主任（兼）。

2005 年 6 月 30 日，动经中心机构职责与业务范围划分方案：管理部门设办公室（党委办公室）、人事处（纪检、监察、审计办公室）、财务与资产管理处、战略规划与科研开发处。办公室（党委办公室）由行政办公室和党委办公室合署办公，负责动经中心行政、党务工作，对外可分别以办公室、党委办公室联系工作，办公室主任兼党委办公室主任。

2005 年 11 月 21 日，聘任李连存为办公室副主任。

（二）国网经研院时期

2007 年 1 月 8 日，聘任李连存为办公室主任（正处级），免去其办公室副主任职务。

（三）国网能源院时期

2009 年 11 月 19 日，根据能源院人〔2009〕20 号，李连存为办公室主任。

2011 年 10 月 17 日，左新强为办公室主任助理。

2015 年 12 月 18 日，魏哲为办公室主任助理。

2016 年 3 月 16 日，左新强为办公室副主任（主持工作）。

2017 年 3 月 23 日，左新强为办公室主任。

2017 年 3 月 23 日，魏哲为办公室主任工程师。

2017 年 10 月 18 日，部门名称由“国网能源研究院办公室”变更为“国网能源研究院有限公司办公室（党委办公室）”。

2018 年 2 月 23 日，魏哲为办公室（党委办公室）副主任。

2021 年 9 月 13 日，聘任魏哲为科研发展部主任，免去其办公室（党委办公室）副主任职务。

二、会议与公务活动管理

国网能源院会议管理工作坚持厉行节约、反对浪费、规范简朴的原则，实行分级负责、分类管理。实施会议全计划管理，国网能源院各部门、下属单位召开的会议纳入年度会议计划管理。不断精简会议，改进会风，提高会议效率和质量。推进绿色办公，提高电视电话会议、网络视频会议占比，创新工作载体，应用无纸化会议系统。

办公室（党委办公室）是院级会议及管理专项会议的归口管理部门，负责国网能源院会议管理规章制度制定、修订工作，负责制定国网能源院月度会议计划，审核院级会议和管理专项会议有关事项及费用预算。

科研发展部是科研业务会议的归口管理部门，负责审核科研业务会议有关事项及费用预算。

财务资产部负责审核会议费用借款、报销等事项。

监察审计部负责对会议管理、费用使用等情况进行监督检查，对违纪、违规行为予以处理。

国网能源院高度重视会议管理工作。坚持有利公务、务实节俭、严格标准、简化礼仪、高效透明原则，严格遵守中央八项规定和《国家电网公司接待工作管理办法》，厉行勤俭节约，反对铺张浪费，加强党风廉政建设，严控经费支出，严格按程序办事，使公务活动程序化、规范化。

三、信息化与安全管理

国网能源院信息化管理的主要内容包括信息化专项规划编制、信息系统建设及信息安全体系建设三部分。国网能源院信息化管理历经“十五”至“十四五”约二十五年的发展，包括企业信息化起步拓展，以及国家电网公司 SG-ERP 1.0（SG186）、SG-ERP 2.0（信息系统一级部署）、SG-ERP 3.0（国网云）等发展阶段。

（一）信息化专项规划编制

2000—2022 年底，先后完成动经中心“十五”规划、国网经研院“十一五”规划、国网能源院“十二五”“十三五”“十四五”信息化专项规划及滚动修编，作为各发展阶段信息化专项工作的重要纲领性文件，发挥了牵引、规范和指导作用。

“十五”（2001—2005 年）是动经中心信息化发展起步拓展阶段。信息化规划重点：建设内部办公网络；建设电子公文传输、财务管理、人力资源管理、电子邮件等多个涉及企业管理的重要信息系统；主要业务和管理部门计算机覆盖率达到 100%；对信息化和相关业务人员进行专业培训；建立网络与信息安全预警机制；初步形成符合企业实际运行的信息化保障体系，以满足企业对信息化发展的基本需求。

“十一五”（2006—2010 年）是国网经研院信息化发展的规模应用阶段，完成由企业信息化独立建设到国家电网公司统一信息化建设工程 SG186 的跨越。信息化规划重点：完成国家电网公司“一体化平台八大业务应用六大保障体系”（SG186）等统一推广业务应用实施部署。

“十二五”（2011—2015 年）是国网能源院信息化建设统一集中阶段，也是国家电网公司信息化建设 SG-ERP 1.0 阶段。在 SG186 工程建设完成的基础上，实现国网能源院各信息系统的集成，满足国家电网公司“三集五大”发展要求。信息化规划重点：充分利用内外部信息技术资源和国家电网公司信息化建设成果，以信息网络、基础软硬件设施建设、优化为重点，完善提升国网能源院一体化集成平台；以全面支撑科研咨询业务发展和“四化”管理为核心，完成人财物集约化信息系统建设和深化应用，满足国家电网公司“三集五大”管理要求；以确保信息系统和信息内容安全为目标，进一步强化信息安全防护体系建设，提升信息安全管理水平。

“十三五”（2016—2020 年）是国网能源院信息化建设深化应用、深度集成阶段，也是国家电网公司信息化建设 SG-ERP 2.0 阶段，还是国网能源院自建信息系统快速发展阶段。在 SG-ERP 1.0 建设的基础上，实现信息化建设与科研业务深度融合，持续提升服务国家电网公司战略决策和运营管理能力。信息化规划重点：以国网能源院支撑高端智库建设、落实国家电网公司精益化管理要求为目标，将信息技术与研究咨询业务和管理实践深度融合，全面提升信息平台承载能力和业务应用水平，消除信息孤岛和业务壁垒，建成和应用新一代一体化集团企业级信息系统（SG-ERP 2.0）。

“十四五”（2021—2025 年），以全面落实国家电网公司“建设具有中国特色国际领先的能源互联网企业”战略、高质量服务支撑国网能源院智库建设为目标，推进“大云物移智链”等新技术与研究咨询业务和管理实践的深度融合，切实提升信息平台承载能力和业务应用水平，打破信息孤岛和业务壁垒，实现业务流程和信息数据贯通，提升综合管理和业务研究质效，数字化管理和运营水平显著提升，在国内同类企业中位于前列。

（二）信息系统建设

国网能源院信息化建设 20 余年，是基础设施、数据资源、业务应用、科研支撑由分散建设到逐步统一，再到高度集成的过程。“十三五”期间，SG-ERP 2.0 信息系统建设完成，为实现“电网数字化”过渡奠定了良好基础。

“十五”（2001—2005 年）是企业信息化建设的起步阶段。通过信息系统一期项目和二期项目开发建设，建立了内部办公网络（百兆到桌面）和包括办公自动化系统、财务管理系统、人力资源管理系统、电子邮件系统及国网能源院网站在内的多个单独的业务应用系统。主要业务和管理部门计算机覆盖率达 100%。

“十一五”（2006—2010 年）期间，全面落实《国家电网公司“十一五”信息发展规划》，组织实施国家电网公司 SG186 工程，完成一体化平台信息网络、数据交换、数据中心、应用集成、企业门户建设；完成八大业务应用中的财务管理、营销管理、安全生产管理、协同办公、人力资源、物资管理、项目管理、综合管理建设；完成六大保障体系中的安全建设、标准规范、管理调控、评价考核、技术研究、人才队伍等建设。

2006 年，完成一体化信息平台建设，为科研管理和应用开发奠定了坚实的基础。根据国家电网公司的统一部署和企业自身需要，重点推进了信息基础设施建设和数据库系统的开发建设，建立了电力供需实验室基础研究信息平台。

2007 年，完成数据备份系统、应用服务器、数据交换服务器等硬件基础设施的安装调试，部署应用了 GAMS、MATLAB、EViews 等专业软件工具，完成了基础数据库数据导入与显示功能的修改完善。

2008 年，完成了国家电网公司统一开发推广的人力资源管理系统和档案管理系统的安装部署。按计划完成了电力供需研究实验室开发建设，实现了向网省公司开放应用的目标，并结合国家电网公司实际开展了多项专题研究。完成电网工程技术经济研究实验室整体方案设计，完成基础硬件、系统购置和基础数据库的系统开发并投入运行。作为牵头单位完成了 SG186 信息化评估体系研究项目。

2009 年，完成科研管理信息平台建设。通过基础研究信息平台资源整合构建业务数据仓库，对各实验室数据进行统一梳理、转换和整合，建立了基于经济、能源、价格、电力、电网等各领域的数据中心。及时升级完善数据交换平台，保证了与国家电网公司数据中心纵向交换的顺利进行。完成企业门户的部署应用。顺利通过国家电网公司SG186工程验收。

2010年，启动信息化深化应用与提升，即ERP建设。

“十二五”（2011—2015年）期间，国网能源院信息化工作按照国家电网公司“完善提升夯基础、融合发展为重点、智能决策谋突破、直属应用上水平”的整体思路，在严格落实国家电网公司SG-ERP工程和人财物集约化管理有关要求和安排的同时，围绕国网能源院发展战略，全力构建完整的业务应用体系，切实提高信息化应用水平，加强系统间的深度集成，推动国网能源院决策支撑能力和经营管理水平有效提升。

2011年，按照国家电网公司的统一部署，国网能源院不断加大人财物集约化管理力度，积极开展构建“大规划、大建设、大运行、大检修、大营销”管理体系学习和研究，着力提升信息化建设水平，加快实现国网能源院管理方式由粗放向精益转变，资源利用由分散向集约转变。

2012年，重点开展国家电网公司统一推广的“三集五大”相关项目。利用信息化手段进一步推进精益管理，深化应用财务管控系统、ERP系统、协同办公系统等信息系统，进一步加强费用管理、物资管理、公文管理等业务的标准化管理，实现在线监控。

2013年，重点加强人财物集约化管理系统优化和基础支撑平台建设。启动“国家电力需求侧管理平台”建设工作，初步完成软硬件资源规划。深化财务集约化、财务信息化有关工作，推进财务主数据系统及财务管控标准流程建设。完成科研管理信息平台功能优化调整及维护等任务。

2014年，重点开展国家电网公司“人资管理信息系统深化应用”“ERP及人资、财务管控集中部署第一批推广”等统一推广项目建设。按照国家电网公司统一部署，按期完成国家电力需求侧管理平台大屏幕演示系统建设任务，以及实施电子文件管理系统，安装公务用车车载监控终端。

2015年，重点开展“电子文件管理业务全覆盖及完善提升”“电力需求侧管理能力提升工程建设”等项目。实现了包含ERP系统、各类研究实验室和平台建设在内的适应国网能源院管理、研究需求的通用业务应用和专用业务应用，以及规范有效的信息化保障体系，全面建成了一体化信息平台支撑能力更强、业务应用系统业务驱动能力更优、信息安全运行保障能力更可靠的一体化企业级信息集成平台，有效推动了国网能源院信息化工作的健康、快速、可持续发展。

“十三五”（2016—2020年）期间，依托SG-ERP业务应用信息系统建设成果，通过业务应用信息系统升级改造，实现职责、流程、制度、标准、考核与系统六位一体共享融合，以“六位一体”为基础，推进业务系统建设由职能管理向流程管理转型，按业务流程升级改造应用，消除重复数据、重复功能、重复应用，实现各业务条线内外部全方位集成、全环节贯通、全业务覆盖，深度发掘数据资源价值，形成企业核心资源与综合业务等通用业务应用和国网能源院专用业务应用的共享融合，逐步形成“互联网+科研”的信息化发展新形态。

2017年，推进全球能源研究统一平台尽快投运。提高已有三个国家电网公司实验室的实用性，加快培育“互联网+”电力营销研究实验室技术能力。进一步梳理当前软件工具和平台应用情况，提高资源共享水平。

2018年，建成全球能源研究统一平台（一期）、国家电力需求侧管理平台（二期）、运营监测（控）离线研究分析平台三个大型工具平台；建成国家电网公司能源电力规划实验室，深化建设国家电网公司电力供需研究实验室、国家电网公司经营与财务仿真实验室，加快培育国家电网公司城市能源优化利用和能源服务创新研究两个实验室；初步建成涵盖全球经济、能源、电力、环境、企业（5E）的数据信息库和决策支撑平台，实现宏观经济、能源电力供需预测，电力系统规划和生产运行模拟，可再生能源技术经济、电力市场和价格研究，公司财务评价与风险预警等功能。

2019年，统筹推进多维精益建设、现金流“按日排程”、商旅应用、电子发票集中部署等项目建设。按时完成SAP、管控等系统功能的开发调整，具备了多维精益管理切换的条件。全面推广应用国网商旅APP，实现了差旅业务申请、预订、报销、支付的一体化管理。

2020年，完成多维精益管理体系建设，以及ECP 2.0系统与ERP系统集成改造项目，实现招标采购工作全过程在ECP 2.0系统实施，严格规范采购管理，确保程序合法合规、过程在线可溯、信息互通共享。启动科研管理信息平台能力提升（二期）开发实施项目，重点开发知识管理、奖励管理、人才评选、知识产权管理等功能。

2021年，开展全球能源研究统一平台与国网能源院实验室集成项目建设，以统一平台为基础，将供需实验室、能源规划实验室等系统集成部署到统一平台，实现融合应用，构建形成以统一平台为中心、各实验室为补充的“一中心多站点”研究工具管理应用体系。开展政策形势分析挖掘与查询系统建设，实现国家电网公司政策形势分析信息的全过程管理，实现国家电网公司内部数据的精准追溯，提升国家电网公司对内部重要数据管理的针对性，充分发挥数据价值，为国家电网公司的运营管理提供数据支撑。

2022年，开展基于多维精益管理体系的数据管理平台、智慧税务管理平台等的建设，在已有建设成果的基础上，充分调研和分析单位财务业务管理需求，完成ERP财务系统功能改造升级，进一步提升财务管理水平，实现对企业税务管理主动适应新形势，向数字化运营、智能化管理转型。在实验室方面，开展品牌数据智能化研究平台建设，提升对国家电网公司内部海量数据的利用能力以及对外部全互联网数据的处理分析能力。

（三）信息安全体系建设

随着网络技术、信息技术的不断发展，国家和国家电网公司对于信息安全的要求也不断提升。“十五”至“十三五”期间，国网能源院信息安全体系经历了从无到有、不断完善、防护能力显著提升的过程。在制度建设方面，建立了覆盖信息化项目规划、可行性研究、设计、开发、测试、实施、上线、运行、下线全生命周期的信息安全工作机制，推进信息安全管理标准化、规范化、扁平化。落实国家电网公司信息安全相关内控管理规范，健全信息安全责任体系，确保“人员责任、管控措施、监督手段”三到位。在技术措施方面，分别在主机、办公终端、数据应用、网络边界等领域采用先进的技术防护措施，与系统运行维护单位建立高效协同的合作机制，优化技术设备部署结构和防护策略制定。建成了信息安全“可管可控、精准防护、可视可信、智能防御”的信息安全防御体系。

“十五”（2001—2005 年）期间，信息网络由国电信息中心统一管理，由其提供网络出口连接到互联网，网络安全管理和安全防护工作由国电信息中心和动经中心协同承担。动经中心主要负责企业自建信息系统和计算机终端的安全管理和防护，安全防护主要依靠单机防病毒软件和管理人员日常监控。

“十一五”（2006—2010 年）期间，信息安全体系建设主要着重于应用系统安全防护、系统支撑平台安全防护与网络安全防护三个方面。其中，系统支撑平台的安全防护完成操作系统、数据库和中间件的安全防护。结合信息系统集成平台、应用管理系统及重点实验室建设同步进行，将安全体系建设融入系统建设过程中。2007 年，及时处置“熊猫烧香”病毒，保障办公网络、主机和终端设备等正常运行。2008 年，根据国家电网公司统一部署，完成“内外网分离”“双网双机”体系建设。同年，配合国家电网公司完成 2008 年北京奥运会期间信息安全保障任务。2009 年，安装部署桌面管理系统，为全体人员发放了加密存储介质。2010 年，部署了网站防篡改系统，建成了覆盖全院的统一防病毒系统。

“十二五”（2011—2015 年）期间，在信息安全相关制度方面，完善了网络与信息安全管理相关制度、应急预案及信息安全事件处置办法，建立了安全监察、应急管理、安全考核等标准规范；在安全防护平台建设方面，根据国家电网公司总体部署安排，应用应急管理、综合管理、技术监督、培训和教育以及安全基线、安全监理、信息安全事件管理等功能，提升安全管理能力。全面应用信息运维综合监管系统，通过网络监管、安全监管、桌面监管、运维服务、告警监管、敏感信息监测、病毒木马监测等模块功能，持续开展信息安全综合治理工作。2011 年，编制实施《国网能源研究院网络信息系统突发事件处置应急预案（试行）》《国网能源研究院网络舆情管理与处置实施办法（试行）》等规章制度，完成国家电网公司统一安全管控系统及综合治理项目实施。2012 年，完成国家电网公司信息安全运维审计系统实施，开展对国网能源院自建信息系统的安全登记保护测评。2014 年，完成集约化安全作业及风险管理系统实施。2015 年，完成国家电网公司统一推广安全监控平台（二期）开发项目。

“十三五”（2016—2020 年）期间，进一步加强和完善信息安全技术防护措施，建立健全网络安全防护体系。在主机安全方面，健全漏洞扫描和补丁管理平台，完善主机防御系统，推广应用国家电网公司电力专用安全操作系统、嵌入式安全操作系统，提升主机安全防护智能可控水平。在终端安全方面，结合国家电网公司信息网络安全接入平台的部署应用，推进终端设备定制化水平，加强终端的管理和监控。在应用数据防护方面，完善应用数据安全防护体系，加强应用安全控制要素与业务应用流程紧密融合，强化数据安全过程检测，推进科研数据资产识别与分级保护，加强敏感信息和个人隐私数据深度检测，实现敏感数据脱敏处理，保护用户隐私数据和科研敏感信息。在网络边界防护方面，依托国家电网公司信息外网安全交互平台、信息内网安全接入平台、信息网络隔离装置，与信息网络运维方建立高效协同的合作机制，优化路由器、防火墙、入侵检测/防御等通用边界安全设备的部署结构和配置策略。2019 年，开展信息系统等级保护测评。2017—2019 年，进一步完善国网能源院本部及人才中心信息安全防护设备部署。2017—2020 年，完成国家电网公司安排的全部保障任务。

“十四五”（2021—2025 年）期间，完成全场景网络安全防护体系建设，实现终端、边界、应用等各层各类安全防护措施互联互动，安全可视化水平显著提升，安全事件处置率达 100%，确保实现三个“不发生”。进一步优化网络架构，统筹边界安全设备，提升自主可控边界安全装备集中管理能力，实现装备硬件统一、软件集成、场景集约，有力支撑设备的安全接入与边界防护。推进数据安全，提升数据安全防护。结合互联网的互联互通发展趋势，突出以数据安全为核心的协同防御机制，提升数据安全合规保护能力，强化数据安全合规评估和安全审查，严格执行个人信息保护和关键信息基础设施数据安全保护措施，推进数据安全工具实用化开发，促进数据安全与业务融合，实现数据全生命周期安全防御。2021 年，完成国网能源院信息外网接入设备和安全设备独立部署。2022 年，完成网络设备及外网信息系统的 IPv6 改造。

四、后勤服务管理

（一）办公区及物业管理

1980 年初，电力工业部在电力科学研究院设立动能经济研究所，办公地点在北京市海淀区清河。

1983 年 9 月，水利电力部党组决定将电力科学研究院动能经济研究所划入水电经管学院，成立北京水利电力经济研究所，办公地点在北京市西城区文华胡同 21 号。

1995 年 9 月，水电经济研究所由电力工业部委托电力规划设计总院领导和管理。委托管理后，水电经济研究所更名为“北京动力经济研究所”，办公地点在北京市西城区文华胡同 21 号。

1999 年 12 月，北京动力经济研究所、中国电力科学研究院电力技术经济研究所和电力部中加合作南方四省（区）能源战略规划项目办公室合并重组，成立动经中心，办公地点在北京市白广路二条一号。

2006 年 4 月，动经中心更名为“国网北京经济技术研究院”（简称“国网经研院”），办公地点仍在北京市白广路二条一号。

2009 年 9 月，国网能源研究院（简称“国网能源院”）正式成立，开启能源智库研究新征程，办公地点在北京市南横东街 8 号都城大厦。

2013 年 11 月，根据工作安排，国网能源研究院正式入驻北京市昌平区未来科技城国家电网公司办公区。

2017 年 9 月，按照《国家电网公司关于印发公司制改革工作方案的通知》（国家电网法〔2017〕575 号）和《国家电网公司企业改制重组工作管理办法》（国家电网企管〔2015〕527 号）要求，国网能源研究院完成公司制改革，单位名称变更为“国网能源研究院有限公司”，办公地点仍在北京市昌平区未来科技城国家电网公司办公区。截至 2021 年 12 月，国网能源院办公用房总面积为 12931.71 平方米。

2017 年 8 月，国网能源研究院与苏州市人民政府、国网江苏省电力公司签署《关于共同组建国网（苏州）城市能源研究院有限责任公司的合作协议》，成立国网（苏州）城市能源研究院有限责任公司，办公地点位于江苏省苏州市高新区科技城，建筑面积为 6886.38 平方米。

2019 年 9 月，按照《国家电网有限公司关于设立国家电网有限公司能源互联网经济研究院的通知》（国家电网人资〔2019〕239 号）的要求，成立国家电网有限公司能源互联网经济研究院，为满足其发展需求，国家电网公司将北七家办公区实验组团 B 座一、二层西区划拨给其使用，办公用房面积为 2102.2 平方米。

2020 年 9 月，经国家电网公司批复，将原国网湖南省电力有限公司驻京办（北洼路）租赁给国网人才交流服务中心有限公司（简称“人才中心”）作为新的办公场所，以缓解人才中心办公用房紧张的问题，办公面积为 2800 平方米。2021 年 12 月，人才中心完成装修和搬迁使用。

（二）车辆管理

办公室是国网能源院车辆归口管理部门，按照国家电网公司公务用车有关要求，实行集中管理、统一调度，严格执行《国家电网公司公务用车管理办法》，实行派车单管理、台账管理、单车核算、预算管理等制度。

2009 年，单位所有车辆均按照公务用车进行管理，由办公室归口负责、统一调度。按照当时的业务工作需要，公务用车划分为院领导用车、部门公务用车和机动车辆。车辆使用全部履行“派车单”程序，车辆的日常维护、维修和事故处理，年检、保险费缴纳、养路费缴纳等工作办理和驾驶员管理，均由国网能源院委托北京兴业动经科技有限公司负责实施。车辆运行费用实行单车核算制度，按照固定额度核定。

2016 年，国家电网公司推动开展公务车改革工作。同年 12 月，按照公务用车“总体数量压减10%、成本节支不低10%”的改革目标，国网能源院制定并实施了《国网能源研究院公务用车制度改革实施方案》。通过改革，国网能源院对院副职负责人（含调研员）公务出行实行社会化保障，取消了公务用车配备，于2017年2月正式实施。将达到报废年限的3辆公务用车进行了报废处置，转岗1名专职驾驶员到后勤综合服务岗位。改革完成后，总体压减比例11%，总费用节支11.33%。改革期间，国网能源院对所有车辆安装了GPS系统，上线运行车辆管理平台。

2017年，按照国家电网公司车辆管理工作要求，国网能源院印发了《国网能源研究院有限公司关于印发公务车辆管理规定的通知》，将院所有在册机动车辆均作为公务用车管理，服从统一调度。公务用车按用途分为企业负责人用车、管理与业务人员用车、外事接待用车、机要交换用车、会议活动用车等。除国网能源院主要负责人外，其他人员因公务需要使用车辆均需履行“派车单”流程。公务车辆使用实行单车统计管理，建立单车运行台账，不得出租和外借。

2018年，根据《国家电网有限公司公务车辆管理办法》要求，国网能源院对车辆管理规定进行部分修订，在原有公务车辆管理规定的基础上，将院所有在册车辆按照用途划分为院主要负责人用车、公务用车和生产服务用车三类，院在册车辆一共21辆（含人才中心），其中公务用车18辆，生产服务用车3辆。另外，车辆管理规定新增车辆严格定点停放、对新能源汽车使用等相关内容，进一步严格车辆管理。

2021年10月，根据《国家电网有限公司公务车辆管理办法》相关要求，车辆管理平台2.0系统正式上线使用。

五、安全监督及应急管理

2009年9月，国网能源院正式成立，院安全监督及应急管理工作贯彻“安全第一、预防为主、综合治理”的方针，按照“管业务必须管安全”和“谁主管、谁负责”的原则，坚持“全方位覆盖、全过程闭环”，把安全生产责任落实到各项具体工作中。

办公室是对全院安全工作实行监督管理的归口部门。各部门、下属单位是本部门、本单位安全生产的责任主体，全面负责本部门、本单位及所负责工作的安全生产管理。

深入推进本质安全建设。落实《国家电网公司关于强化本质安全的决定》，强化全员安全理念，压紧压实各级安全责任。严守安全管理“十项禁令”，保持反违章高压态势。强化员工安全教育以及业务技能和信息系统应用培训。

2010年3月，国网能源院印发了《网络与信息安全管理规定》，对网络安全职责、保障体系、网络信息安全、应急防范等内容进行了详细规定，扎牢了网络和信息安全屏障。

2011年1月，结合国网能源院发展实际，对网络与信息安全管理规定进行了修订，网络和信息安全得到进一步完善。

2013 年 2 月，国网能源院按照国家电网公司统一部署，开展了以“梳理流程、防控风险、夯实基础、推进创新”为主题的安全管理提升活动，通过深化安全管理工作流程，进一步增强全员安全意识、强化风险分析、加强隐患排查、深化日常督察，促进全院安全管理持续提升，为各项工作开展提供有力保障。

2017 年 11 月，国网能源院成立网络安全和信息化领导小组，主要负责研究解决公司（院）网络安全和信息化建设、运行中的重大事项。

按照国家电网公司工作部署，认真组织落实安全生产工作要求，全面系统排查整治安全生产问题和风险。

2019 年 1 月，国网能源院成立信息通信及电力监控安全性评价工作领导小组，负责组织协调开展信息通信及电力监控安全性评价等工作。

2020 年 4 月，国网能源院成立安全生产委员会，并以新冠肺炎疫情常态化防控为抓手，在保证员工身体健康的情况下先后完成“安全责任清单”编制下发、“安全生产月”和“安全生产万里行”活动、安全生产专项整治监督等系统工作。认真落实《国家电网有限公司关于开展安全生产专项整治三年行动计划》，全面完成安全生产专项整治三年行动计划“两个清单”的编制修订和上报审核等工作。

2022 年 7 月，国网能源院认真落实《国家电网有限公司关于开展安全生产专项整治三年行动计划》，完成安全生产专项整治三年行动计划“两个清单”的全面整改和全面总结等收尾工作。

第二节 组 织 管 理

党委组织部（人力资源部）主要负责组织人事管理及人力资源管理工作。党委组织部（人力资源部）主要职责包括：负责党委民主生活会的组织服务及议定事项的督查督办；负责机构、干部管理和人才队伍建设；负责制定干部人事和人力资源相关规章制度；负责招聘、教育培训、绩效考核、考勤和奖惩管理；负责劳动工资、福利待遇和保险、年金管理；负责人工成本预算与经费管理；负责岗位评聘、专业技术任职资格、执业资质管理；负责员工因私事出国（境）管理；负责离退休人员待遇管理和统筹外费用计划制定；负责人事档案管理等。

一、领导任职及机构设置

（一）动经中心时期

1999 年 11 月 11 日，聘任魏权华为动经中心人事处（筹）副处长。

2000 年 1 月 13 日，成立动经中心人事处。

2001 年 2 月 28 日，聘任魏权华为动经中心人事处处长，免去其人事处副处长职务。

2002 年 1 月 21 日，王天翔调动经中心人事处任处长助理，免去其办公室主任助理职务。

2003 年 2 月 9 日，聘任魏权华为动经中心办公室副主任兼人事处处长，聘任王天翔为动经中心办公室主任助理兼人事、科研管理岗位。

2005 年 11 月 21 日，聘任朱萍为动经中心人事处副处长。

（二）国网经研院时期

2007 年 5 月 14 日，聘任朱萍为国网经研院人事处副处长。

2008 年 11 月 5 日，成立国网经研院人力资源部。

2008 年 11 月 6 日，聘任魏权华为国网经研院人力资源部主任（兼），聘任朱萍为人力资源部副主任。

（三）国网能源院时期

2009 年 11 月 19 日，成立人力资源部，聘任朱萍为人力资源部主任。

2014 年 4 月 9 日，聘任王宇为人力资源部主任助理。

2015 年 12 月 28 日，聘任王丹为人力资源部主任经济师。

2017 年 3 月 23 日，聘任宋卫东为人力资源部副主任（主持工作），聘任王宇为人力资源部主任经济师，聘任张哲铨为人力资源部主任助理；免去朱萍人力资源部主任职务，免去王丹人力资源部主任经济师职务。

2017 年 10 月 18 日，设置党委组织部，与人力资源部合署，名称为党委组织部（人力资源部）。

2017 年 11 月 6 日，聘任宋卫东为党委组织部（人力资源部）主任。

2018 年 3 月 12 日，免去张哲铨党委组织部（人力资源部）主任助理职务。

2020 年 5 月 25 日，聘任王宇为党委组织部（人力资源部）副主任。

二、人才队伍建设

（一）员工队伍

1999 年，动经中心成立时，共有正式职工 96 人，其中科研人员中超过 70%具有硕士及以上学历。

2006 年，国网经研院成立时，共有在职职工 141 人。其中，博士 19 人，硕士 63 人，研究生及以上学历人员占科研人员 82%。

2009 年，国网能源院成立时，共有在职职工 138 人。其中，博士 38 人，硕士 73 人，硕博职工占比 80.4%。

2009 年以来，国网能源院在职职工数年均增长率为 7.1%，拥有硕士及以上学历的员工占比逐年提升。截至 2022 年 6 底，国网能源院在职职工数较 2009 年增长超过 1 倍，达到 299 人，硕博职工占比由 80.4%提升至 93.9%，职工年龄及学历分布详见表 2-1。

表 2-1　　国网能源院职工年龄及学历分布

年份		2009	2010	2011	2012	2013	2014	2015	2016	2017	2018	2019	2020	2021
在职职工	总人数	138	152	171	192	193	196	210	247	264	273	293	304	306
	年增长率	—	10.1%	12.5%	12.3%	0.5%	1.6%	7.1%	17.6%	6.9%	3.4%	7.3%	3.8%	0.6%
年龄分布	30 岁以下	44	48	47	50	47	51	48	61	68	63	70	65	53
	30～39 岁	56	63	75	84	86	83	100	125	137	152	164	174	184
	40～49 岁	28	31	38	44	40	37	35	32	33	33	35	40	42
	50 岁以上	10	10	11	14	20	25	27	29	26	25	24	25	27
学历分布	博士	38	49	64	78	88	103	112	131	136	139	153	165	169
	硕士	73	75	79	85	83	72	75	90	104	111	119	120	119
	本科	22	23	23	25	18	18	20	23	21	20	19	18	17
	专科	2	1	1	1	1	1	1	1	1	1	1	1	1
	中专及以下	3	4	4	3	3	2	2	2	2	2	1	0	0
	硕博占比	80.4%	81.6%	83.6%	84.9%	88.6%	89.3%	89.0%	89.5%	90.9%	91.6%	92.8%	93.8%	94.1%

（二）专家队伍

专家人才是企业最核心的资源之一，国网能源院高度重视专家人才队伍建设和培养，建立了一支高端人才领衔、专业特色鲜明、多学科交叉融合的智库型研究队伍，拥有包括享受国务院政府特殊津贴专家等在内的领军人才，人才当量密度长期居国家电网公司系统前列。

1. 国家级专家人才（享受国务院政府特殊津贴专家）

国务院政府特殊津贴是对于高层次专业技术人才和高技能人才的一种奖励制度。1990 年，党中央、国务院决定，给做出突出贡献的专家、学者、技术人员发放国务院政府特殊津贴。国网能源院先后有 5 名专家获此殊荣：

胡兆光于 1998 年 2 月 18 日被评为享受国务院政府特殊津贴专家。

张运洲于 2009 年 2 月 2 日被评为享受国务院政府特殊津贴专家。

白建华于 2013 年 2 月 5 日被评为享受国务院政府特殊津贴专家。

单葆国于 2019 年 1 月 16 日被评为享受国务院政府特殊津贴专家。

吕健于 2020 年 12 月 28 日被评为享受国务院政府特殊津贴专家。

2. 国家电网公司四级四类专家人才

从 2008 年开始，国家电网公司为加大优秀人才培养选拔力度，培养和造就适应公司发展需要的高素质人才队伍，激励各类人才脱颖而出，组织开展四级四类专家人才遴选工作。经各单位逐级选拔推荐，国家电网公司专业评审会议差额评选，国网能源院各阶段共计 42 人次被评为国家电网公司四级四类专家人才。

科技领军人才 1 名：胡兆光（2011 年）。

专业领军人才 15 名：王丹（2015 年）、白建华（2015 年）、张义斌（2015 年）、张勇（2015 年）、陈武（2015 年）、岳远渠（2015 年）、黄清（2015 年）、韩新阳（2015 年）、刘拓（2018 年）、孙艺新（2018 年）、李有华（2018 年）、李琼慧（2018 年）、单葆国（2018 年）、贾德香（2018 年）、鲁刚（2018 年）。

优秀专家人才 18 人：韩新阳（2007 年）、魏玢（2007 年）、郑厚清（2008 年）、蒋莉萍（2008 年）、白建华（2011 年）、孙艺新（2014 年）、李有华（2014 年）、李成仁（2014 年）、李琼慧（2014 年）、单葆国（2014 年）、贾德香（2014 年）、程路（2014 年）、鲁刚（2014 年）、李立理（2016 年）、杨方（2016 年）、杨尚东（2016 年）、郑海峰（2016 年）、谢国辉（2016 年）。

优秀专家人才后备 8 人：仲福森（2015 年）、刘林（2015 年）、刘俊（2015 年）、张晓萱（2015 年）、范孟华（2015 年）、高国伟（2015 年）、黄碧斌（2015 年）、程嘉许（2015 年）。

3. 高级职称专家人才

2004 年，国家电网公司对职称评定工作进行统一管理。从 2006 年开始，国家电网公司开通网上申报程序，凡是符合条件、有意愿申报的人员都可以通过网上申报。国网能源院共有 34 名员工获得正高级职称。

2009 年，国网能源院共有正高级职称人员 6 人，高级职称以上人员 48 人，占比约为国网能源院当年职工总数的 34.8%。

自 2010 年以来，国网能源院共有 200 人次获得正高级、副高级职称，具体见表 2-2。

表 2-2　　国网能源院获得正高级、副高级职称人数

年份		2010	2011	2012	2013	2014	2015	2016	2017	2018	2019	2020	合计
职称	正高级	1	—	—	—	—	—	1	7	8	19	9	45
	副高级	7	10	22	23	3	26	25	21	9	18	17	181

截至 2022 年 7 月，正高级、副高级职称人员（按姓氏笔画排序）如下：

正高级职称人员 43 人：马莉、王丹、王东、王彩霞、王耀华、叶明、代红才、刘林、刘俊、吕健、孙艺新、孙强、何琬、吴鹏、宋卫东、张成龙、张运洲、张勇、张栋、张钧、张晓萱、李伟阳、李成仁、李健、李琼慧、杨尚东、杨素、单葆国、范孟华、金艳鸣、唐伟、柴高峰、贾德香、高国伟、黄碧斌、程嘉许、蒋莉萍、谢国辉、韩新阳、鲁刚、靳晓凌、谭显东、霍沐霖。

副高级职称人员127人：于灏、马铁群、仇文勇、元博、孔维政、尤培培、方彤、毛吉康、王广辉、王向、王宇、王庆、王成洁、王旭斌、王芃、王玓、王林钰、王珊丹、王浩锐、王海霞、王雪、王智敏、王琳璘、王程、王岫、丛鹏伟、付蓉、代贤忠、冯凯辉、叶小宁、左新强、田鑫、买亚宗、伍声宇、刘小乐、刘小聪、刘之琳、刘进、刘思佳、刘粮、安琼梅、汤广瑞、汤芳、汲国强、祁碧茹、许晓艳、闫晓卿、闫湖、阮文婧、吴姗姗、吴莺莺、宋海旭、张凡、张世高、张宁、张地、张红宪、张国栋、张倩、张晋芳、张莉莉、张晨、张富强、张琳琳、张超、张辉、张煜、李有华、李江涛、李红军、李苏秀、李卓男、李欣、李敏、李博、李睿、杨捷、杨瑛、汪涵、肖鑫利、陈立斌、陈光、陈挺、陈珂宁、周梦琪、岳远渠、林骋、郑厚清、郑海峰、柳占杰、段金辉、洪博文、神瑞宝、胡源、胡静、赵茜、赵留军、赵铮、赵简、饶才敏、唐程辉、徐志成、徐杨、徐翀、徐朝、柴莹、袁伟、贾跃龙、郭伊琳、郭磊、高伟、高效、常燕、曹子健、曹军辉、梁芙翠、菅泳仿、傅观君、焦冰琦、蒋东方、谢光龙、鲁强、雷杨、谭雪、冀星沛、薛松、魏哲。

三、岗位管理

（一）岗位序列完善

1. 建立岗位序列

2009年11月，国网能源院分别建立了职能部门及业务部门岗位序列。具体为：

管理岗位设三级：科员A级、科员B级、科员C级。

专业技术岗位设五级：高级专家岗、专家岗、高级研究岗、中级研究岗、初级研究岗。其中，期刊编辑岗位序列设四级：专家岗、高级编辑岗、中级编辑岗、初级编辑岗。

2. 搭建职业生涯发展“双通道”序列

2011年1月，国网能源院进一步拓展管理与专业技术岗位的员工发展空间，基本搭建起职业生涯发展“双通道”序列，具体为：

职员序列设七级：一级职员、二级职员、三级职员、四级职员、五级职员、六级职员、七级职员。

专业技术序列设七级：首席专家、高级专家、专家、高级研究员、中级研究员、初级研究员、见习研究员。其中，期刊编辑序列设五级：高级专家、专家、高级编辑、中级编辑、初级编辑。

3. 调整序列设置

2017年7月，为了进一步拓展人员晋升通道，引导职工立足本职岗位成才，进一步拓展员工发展空间，国网能源院调整“双通道”序列设置，将期刊编辑岗位的“专家”统一调整为“主编”，并增设首席主编岗位。

4. 职业生涯发展“三通道”与积分制

2018年7月，为打破专业人员岗位晋升天花板，营造有利于人才成长的良好环境，形成“智库型”人才梯队，在职业生涯发展“双通道”基础上，进一步拓展为职业生涯发展“三通道”并在专业技术岗位评聘中试行积分制，取消了对咨询工程师（投资）等行业认证及专报、内参的硬约束，允许科研人员结合个人特长，充分发挥能力优势。通过赋予科研人员更大的自主权，进一步激发科研人员的工作积极性。“三通道”具体为：

领导人员序列设五级：院长助理、副总师，主任、所长，副主任、副所长，主任师，助理、室主任。

职员序列设四级：取消六、七级职员，只设二级职员、三级职员、四级职员、五级职员。

新增职能部门管理岗位序列，共设七级：高级师-1、高级师-2、高级师-3、中级师-1、中级师-2、初级师-1、初级师-2。

专业技术序列中原首席专家调整为资深专家，并向上延伸新的首席专家岗位，调整后共设八级：首席专家、资深专家、高级专家、专家、高级研究员、中级研究员、初级研究员、见习研究员。其中，期刊编辑序列中原首席主编调整为资深主编，并设置见习编辑，调整后共设七级：资深主编、高级主编、主编、高级编辑、中级编辑、初级编辑、见习编辑。

2020 年 6 月，将职能部门管理岗位序列名称优化调整为高级师-1、高级师-2、高级师-3、高级师-4、中级师、初级师、见习师。优化后的岗位名称与专业技术岗位同级别名称相对应，便于员工横向流动。

2020 年 8 月，根据国家电网公司职员职级管理指引，进一步调整职员职级序列设置，将国网能源院本部及下属单位职员职级分别管理，其中国网能源院本部增设一级职员、六级职员，下属单位只设置二级至六级职员。

国网能源院员工职业生涯发展“三通道”设置及对应关系见图 2-1。

员工职业生涯发展通道			
领导人员序列	职员职级序列	专业技术序列	管理序列
		首席专家	
院长助理、副总师	一级职员	资深专家	高级师-1
主任、所长	二级职员	高级专家	高级师-2
副主任、副所长 主任师	三级职员	专　家	高级师-3
助理、室主任	四级职员	高级研究员	高级师-4
	五级职员	中级研究员	中级师
	六级职员	初级研究员	初级师
		见习研究员	见习师

图 2-1　国网能源院员工职业生涯发展“三通道”设置及对应关系

（二）专家以上岗位人才梯队

2009 年，国网能源院共有专家及以上人才 22 人，约占专业技术序列人数的 24.7%。2010 年以来，国网能源院共有 147 人次获得专家及以上岗位，具体见表 2-3。

表 2-3　　国网能源院每年新增专家及以上岗位人员数量

年份		2010	2011	2012	2013	2014	2015	2016	2017	2018	2019	2020	2021	合计
岗级	首席专家										1			1
	资深专家			1	1	1			4		2	4	2	15
	高级专家		1	4	1			1	1	2	5	10	3	28
	专家	3	2	6	11			13	13	2	20	18	15	103

注　2015 年专业技术岗位任期由 2 年统一调整为 3 年，无人员申报专家及以上岗位。

截至 2022 年 7 月，国网能源院共有专家以上人才 71 人，约占专业技术序列人数的 32%；形成了由首席专家、资深专家、高级专家、专家及各层级研究咨询人员构成的专业人员梯队。现有专家人才梯队如下：

首席专家 1 人：单葆国。

资深专家（资深主编）8 人：马莉、孙艺新、李有华、李琼、李琼慧、张勇、贾德香、谭显东。

高级专家（含基础性高级专家）17 人：叶明、伍声宇、刘林、李成仁、吴鹏、何琬、张成龙、张晓萱、张富强、范孟华、金艳鸣、郑厚清、高国伟、黄碧斌、韩新阳、鲁刚、靳晓凌。

专家（主编）45 人：王丹、王成洁、王向、王林钰、王雪、王彩霞、王琳璘、元博、尤培培、毛吉康、孔维政、田鑫、代红才、代贤忠、冯凯辉、刘俊、闫晓卿、闫湖、孙强、李博、杨素、时智勇、吴姗姗、宋海旭、张凡、张栋、张钧、张重实、张晋芳、陈挺、赵茜、赵铮、赵简、胡静、洪博文、徐杨、高效、郭磊、唐伟、常燕、程嘉许、傅观君、谢光龙、薛松、霍沫霖。

四、人才培养

（一）青年英才工程

2012 年，为创新人才培养模式，促进青年人才快速成长，国网能源院实施青年英才工程，旨在建立以有效需求为导向、以成果转化为目标的激励机制，激发青年员工的创新活力，加快培养和选拔青年创新型人才。

国网能源院每年从 45 周岁以下的青年员工中，遴选出具有较强创新能力和具备一定专长、有较大发展潜力的优秀青年人才，作为青年英才工程入选者，进行为期不超过 3 年的培养锻炼。以自主立项为依托，根据实际研究需要，给予青年英才工程入选者每期不超过 30 万元的培养经费，为其开展创新研究，参加交流、培训等提供资助。聘请专家担任青年英才工程入选者指导教师，为青年英才项目研究提供有效指导。鼓励青年英才工程入选者参加国内外高层次交流、培训，积极与外部权威机构开展合作研究。加强学习型团队建设，形成优秀人才集群效应。鼓励青年英才工程入选者与院内研究人员开展合作研究，提升团队研究能力。培养期结束后，对青年英才项目进行期末考评，考评结果为优秀的，授予“青年英才”荣誉称号。

2012 年至 2022 年 7 月，已有近 200 人入选青年英才工程，入选青年英才项目 81 项，已结题 47 项，在研 34 项，依托青年英才工程项目出版专著 13 部，专利授权 12 项，获得省部级（含公司级）奖项 10 项，取得软件著作权 70 余项。截至 2021 年底，国网能源院共授予 8 人“青年英才”荣誉称号，很多青年英才工程入选者逐步成长为相关领域的骨干、专家，有些已担任领导岗位。获得“青年英才”荣誉称号人员及其负责项目见表 2-4，青年英才工程项目成果见表 2-5。

表 2-4　　获得“青年英才”荣誉称号人员及其负责项目

序号	姓名	负责“青年英才”项目	授予时间
1	黄碧斌	分布式能源和微网综合经济分析模型及实证研究	2016 年
2	朱发根	中国能源消费及其效率测度理论、方法与模型	2016 年
3	陈武	现代企业集团管理创新成效评价模型与方法研究	2016 年
4	刘拓	公司国际化战略规划模型与价值论述体系研究	2016 年
5	孙艺新	基于公司运行分析体系的绩效评价与数据相关性分析模型研究	2017 年
6	王彩霞	基于系统成本效益最优的太阳能热发电储热配比分析模型及应用研究	2018 年
7	闫晓卿、元博	电力市场环境下的电源规划和投资决策适应性扩展研究	2020 年

表 2-5　　青年英才工程项目成果

成果类型	成　果　名　称
专著	《中国分布式电源与微电网发展模式及发展路径》
	《现代企业集团管理创新成效评价模型与方法》
	《“走出去”价值论——以电网企业为例》
	《大型企业运营分析体系建设与实践——大数据时代运营管理解决之道》
	《电网企业运营分析体系与预警技术》
	《能源大数据时代》
	《大型国企薪酬管控研究与应用》
	《中国与“一带一路”沿线国家能源合作研究》
	《世界电力行业跨国投资分析报告》
	《国际电力市场建设实践与经验》
	《国有经济“五力”指数构建与评价——国有经济竞争力、创新力、控制力、影响力、抗风险能力》

续表

成果类型	成 果 名 称
专著	《政府经济政策与企业资本投资及配置效率研究》
	《国有企业科技创新激励机制研究》
专利授权	多区域发电能源开发及运输优化规划处理的方法及系统
	一种确定中低压配电网接纳分布式电源能力的方法及装置
	一种确定省级电网接纳分布式电源能力的方法及装置
	企业运营分析预警系统的预警分析方法
	一种可再生能源发电的储能配置方法及系统
	适应大规模可再生能源并网的调峰资源调用决策方法
	一种适应大规模新能源并网消纳的储能容量优化配置方法
	一种源网荷储协调电力系统生产模拟方法
	一种无线能量驱动传输方法及装置
	一种计及分布式电源和电动汽车接入的配电网规划方法
	一种全球大型风电基地开发潜力评估方法
	一种成本效益最优的火电机组减排方案定制方法和系统
成果获奖	中国运筹学会运筹应用奖提名奖
	中国商业联合会全国商业科技进步奖二等奖
	中国商业联合会全国商业科技进步奖三等奖
	中国管理科学学会管理科学奖（学术类）
	中国生产力学会发展生产力杰出贡献奖一等奖
	国家电网公司管理咨询优秀成果奖一等奖
	国家电网公司科学技术进步奖三等奖
	国家电网公司管理咨询优秀成果奖一等奖
	国家电网公司科学技术进步奖三等奖
	国家电网公司软科学成果奖三等奖

（二）导师制

2012 年，为加快青年人才成长，完善人才培养体系，国网能源院制定《国网能源院青年员工试行导师制的管理办法》，明确为入职员工安排职业导师和业务导师，为青年英才工程入选者安排导师，并规定了导师的任职资格及主要职责。

2012 年至 2022 年 7 月，国网能源院累计为 245 名入职高校毕业生安排了职业导师和业务导师，为 81 个青年英才工程项目安排了青年英才工程导师。

通过开展导师制工作，充分发挥了专家人才的传帮带作用，帮助青年员工完成由学生到职场的角色转变，加快青年员工成长成才。

五、薪金福利管理

（一）工资

2003 年 6 月，动经中心印发《国电动力经济研究中心工资支付暂行规定》（动经中心人〔2003〕44 号），执行国家电网公司在京子公司职务（岗位）工资制。工资单元包括：岗位工资、绩效工资、工龄工资、企龄工资和国家规定的各种补贴。

2011 年，国网能源院实施能级工资套改，建立能级薪点工资制度。工资单元包括：岗位工资、月奖、季度奖、年度奖、工龄津贴、企龄津贴以及国家规定的补贴等。

2015 年，国网能源院按照国家电网公司要求实施工资套改，并发布了《国网能源研究院岗位绩效工资管理暂行办法》。套改后，工资单元包括：岗位薪点工资、绩效工资和辅助工资。

2018 年 11 月，国网能源院修订并印发《国网能源研究院有限公司岗位绩效工资管理暂行办法》（能源院人〔2018〕184 号），进一步规范了国网能源院内部分配制度和分配结构，建立了适应国网能源院发展及人才队伍建设所需要的工资分配体系，进一步完善了岗位绩效工资构成，并调整了各工资单元占比。

（二）职工福利

2012 年 1 月，国网能源院印发《国网能源研究院职工福利费管理暂行办法》（能源院人〔2012〕98 号），进一步规范福利费管理；明确职工福利费管理职责、福利费项目和标准。职工福利费项目包括：独生子女费、职工因公外地就医费用、未纳入医疗统筹的职工医疗费、职工体检费、职工疗养费、食堂经费、防暑降温费、供暖费补贴、职工生活困难补助费、丧葬补助费、抚恤金、救济费、探亲假路费、离退休人员统筹外费用等。

2021 年 5 月至 10 月，按照国家电网公司要求，国网能源院分别制定了《公共政策福利项目管理细则》《食堂经费管理细则》《供养直系亲属医疗补助管理细则》《职工体检费管理细则》《职工困难补助管理细则》《职工疗养费管理细则》6 项制度，搭建了完善的福利制度体系。

国网能源院每年四季度编制次年福利计划并上报国家电网公司审核；同时，严格执行国家电网公司批复的福利计划，确保福利费支出总金额、支出项目、各项目费用支出标准及水平均符合国家电网公司和属地政策标准。

（三）岗位分红

为了更好地吸引和留住高端人才，降低骨干人才流失率，增强薪酬激励的有效性，2018 年，根据《国有科技型企业股权和分红激励暂行办法》（财资〔2016〕年 4 号）、《国家电网公司科技型企业分红激励实施办法（试行）》及《国家电网公司科技型企业分红激励机制建设总体方案》（国家电网人资〔2017〕982 号）相关要求，国网能源院制定《国网能源研究院有限公司分红激励实施方案》，大力推进岗位分红，完善中长期激励机制。

按照向科研人员倾斜的原则，国网能源院从重点研究领域选取 37 名一线科研人员实施岗位分红激励，并根据科研人员实际贡献大小制定差异化分配方案，合理拉开收入差距。

2021 年，国网能源院不断完善分红激励机制，制定《国网能源研究院有限公司分红激励实施方案（2021—2023 年度）》，进一步扩大人员激励范围，激励人员规模由 37 人扩大到 83 人，不断提升优秀人才的获得感和成就感。

（四）专项奖励

1. 院长奖励

国网能源院每年初从当年工资总额中确定一定额度，作为院长奖励基金，用于奖励对国网能源院作出重要贡献的部门或职工。一大批作出重要贡献的部门和个人获得了奖励，平均每年 230 余人次获得院长奖励，院长奖励基金的激励作用得到了有效发挥。

2. 文章奖励

国网能源院鼓励研究人员发表高水平学术论文、文章及专著，以质量为导向，不断提升国网能源院学术影响力和品牌知名度，助力高端智库建设。职工以第一作者且国网能源院为第一署名单位发表的高水平论文、文章，若符合《国网能源研究院有限公司学术论文、文章及专著费用与奖励管理办法》规定的条件，将给作者发放奖励。国网能源院平均每年 320 余人次获得各类文章奖励。

3. 科技进步奖

国网能源院对科研人员取得的各类科研成果进行奖励，平均每年有 170 余人次获得科技进步奖。

六、表彰奖励

（一）劳动模范、先进集体与先进工作者

为调动各部门及员工的积极性和创造性，鼓励广大员工振奋精神、奋发有为、立足岗位、建功立业，发挥先进典型的示范作用，2009 年 12 月，国网能源院印发《国网能源研究院先进集体和先进工作者评选表彰管理办法》（能源院人〔2009〕42 号），规范先进集体和先进工作者评选表彰管理工作。

2012 年 11 月，国网能源院修订《国网能源研究院先进集体和先进工作者评选表彰管理办法》（能源院人〔2012〕237 号），明确评选比例，优化评选程序。

2019 年 4 月，根据《国家电网有限公司表彰奖励工作管理办法》，国网能源院结合实际，为更好地发挥表彰奖励的激励作用，组织制定《国网能源研究院有限公司表彰奖励工作实施细则》（能源院人〔2019〕53 号），进一步加强表彰奖励工作的制度化、规范化管理。

2021 年 12 月，为进一步发挥先进典型的示范引领作用，国网能源院修订《国网能源研究院有限公司表彰奖励工作实施细则》（能源院人〔2021〕96 号），增加国网能源院劳动模范荣誉称号，于 2022 年 1 月首次评选出国网能源院劳动模范 3 人。

2009 年至 2022 年 7 月，累计 56 个集体被评为国网能源院先进集体，391 名个人被评为国网能源院劳动模范及先进工作者。

国网能源院历年被评为先进集体与先进工作者的人数见表 2-6。

表 2-6　　国网能源院历年被评为先进集体与先进工作者的人数

年度	先进集体	先进工作者	劳动模范
2009	4	26	
2010	4	22	
2011	6	30	
2012	4	33	
2013	4	34	
2014	4	35	
2015	4	36	
2016	5	38	
2017	5	27	
2018	4	27	
2019	4	27	
2020	4	28	
2021	4	25	3
合计	56	388	3

（二）国家电网公司先进表彰

国网能源院坚决贯彻落实国家电网公司党组决策部署，深入研究公司改革发展、经营管理等系列重大课题，各项工作取得优异成绩，各部门（下属单位）、职工多次获得公司先进集体与先进个人表彰。2012 年至 2022 年 6 月底，累计 26 个集体被评为国家电网公司先进集体，126 名个人被评为国家电网公司先进个人。历年获得国家电网公司表彰情况见表 2-7。

表 2-7　　历年获得国家电网公司表彰情况

年度	先进集体	先进个人
2010	2	7
2011	5	14
2012	4	17
2013		14

续表

年度	先进集体	先进个人
2014	1	6
2015		22
2016	4	18
2017	9	12
2018	2	6
2019	4	13
2020		3
2021	1	10
2022	1	5
合计	26	126

第三节 财务资产管理

财务资产部与周转金管理中心合署办公。财务资产部主要职责包括：负责建立统一、健全的财务管理体系；负责研究拟订资产经营和财务目标并组织实施；负责编制财务预、决算并组织实施；负责资金供应及银行有关业务；负责发放工资奖金及代收代扣代缴各种款项；负责监督审核各类经费与资金使用计划；负责会计核算和成本管理；负责税务管理与报表编制；负责固定资产、无形资产的价值与产权管理；负责全面风险及内控管理；负责苏州分院财务管理工作；指导国网人才交流服务中心有限公司财务工作；负责国家电网公司电力前期工作周转金管理；负责财务信息系统的维护与管理等。

一、历史沿革

（一）动经中心时期

1999 年 11 月 11 日，徐今燕为动经中心财务与资产管理处副处长。

2000 年 1 月 4 日，启用“国家电力公司动力经济研究中心财务与资产管理处”印章。

2000 年 1 月 4 日，聘任张辉为动经中心财务与资产管理处副处长。

2001 年 2 月 23 日，聘任张辉为动经中心财务与资产管理处处长。

2001 年 2 月 28 日，聘任张辉为动经中心副总会计师。

2002 年 6 月 14 日，根据《国家电力公司动力经济研究中心转制方案》，成立“财务与资产管理部（处）”。

2003 年 9 月 4 日，聘任潘建英为财务与资产管理处处长助理，免去徐今燕财务与资产管理处副处长职务。

2005 年 5 月 10 日，周转金管理中心移交动经中心管理。

2005年6月15日，动经中心党委研究任命赵庆波为周转金管理中心主任、曹明月为周转金管理中心副主任（正处级）。

2005年11月21日，财务与资产管理处、周转金管理中心合署办公，实行“两块牌子，一套人马”，明确“对外可分别以财务与资产管理处或国家电网公司电力前期工作周转金管理中心名称开展工作。”

2005年11月21日，免去张辉财务与资产管理处处长职务，免去朱萍财务与资产管理处副处长职务；聘任曹明月为财务与资产管理处处长（兼）。

（二）国网经研院时期

2006年4月28日，国网经研院正式成立。

2006年5月24日，国家电网公司向国网经研院增资至3000万元。

2007年5月13日，聘任曹明月为副总会计师（正处级）；聘任张辉为副总经济师（正处级），免去其副总会计师职务。

2008年11月6日，根据《关于印发〈国网北京经济技术研究院所属机构主要职责及人员编制〉的通知》（经研院人〔2008〕296号），设立财务资产部。

2008年11月6日，聘任曹明月为国网经研院副总会计师，聘任曹明月为财务资产部主任（兼）、周转金管理中心副主任（兼），聘任刘小乐为财务资产部主任助理。

2008年11月21日，启用“国网北京经济技术研究院财务资产部”印章。

（三）国网能源院时期

2009年9月2日，国家电网公司批准国网经研院业务分立，组建国网能源研究院。

2009年9月16日，国家电网公司批复国网能源院组建方案。

2009年9月23日，国网能源院完成国有产权登记。

2009年9月29日，国网能源院完成税务注册登记。

2009年10月15日，国网能源院取得基本存款账户的开户许可证。

2009年11月1日，国网能源院建立并启用财务核算账套。

2009年11月3日，根据国家电网公司《关于国网能源研究院机构设置和人员编制的批复》（国家电网人资〔2009〕1201号），组建国网能源研究院财务资产部。

2009年11月19日，聘任曹明月为副总会计师、财务资产部主任（兼）、周转金管理中心副主任（兼），聘任刘小乐为财务资产部副主任，聘任张爱红为财务资产部主任助理。

2009年12月31日，国网能源院和国网经研院签署资产划分协议。

2010年2月10日，国网能源院和国网经研院签署资产划分补充协议，完成资产划分；同时，国网能源院和国网经研院签署会计档案移交协议，完成会计档案移交。

2010年3月16日，国网能源院全面推进财务集约化建设。

2010年3月21日，国网能源院和国网经研院签署财政账户移交协议，完成原动经中心财政账户移交。国网能源院负责管理财政账户。

2010 年 8 月 20 日，国网能源院启动 ERP 系统建设。

2010 年 12 月 17 日，聘任张爱红为财务资产部主任会计师（副处级待遇）。

2010 年 12 月 21 日，国网能源院财务集约化建设通过国家电网公司验收组的评审验收。

2011 年 9 月 1 日，国网能源院正式上线应用 ERP 系统。

2012 年 7 月 2 日，国网能源院作为产业单位试点，启动财务管控标准流程建设。

2012 年 8 月 7 日，根据国家电网公司《关于国网能源研究院机构设置和人员编制的批复》（国家电网人资〔2012〕1124 号），设置国网能源研究院财务资产部（周转金管理中心）。

2012 年 11 月 28 日，国网能源院财务管控标准流程建设通过国家电网公司验收并正式启用。

2015 年 2 月 16 日，聘任张琳琳为财务资产部主任助理。

2017 年 11 月 6 日，聘任刘小乐为财务资产部主任兼周转金管理中心副主任，免去其财务资产部副主任职务；聘任曹明月为财务资产部（周转金管理中心）正处级调研员，免去其国网能源院副总会计师兼财务资产部主任兼周转金管理中心副主任职务。

2021 年 4 月 6 日，聘任张琳琳为财务资产部（周转金管理中心）主任会计师，免去其主任助理职务。

二、周转金管理中心

周转金管理中心自设立以来，共投入水电前期项目 66 个，投放资金总额 4.3 亿元，为支持水电前期工作发挥了重要作用。

1988 年，水利电力部为了加快电力建设前期工作，改革前期费用的管理办法，提高电力建设前期工作基金的使用效果，发布了《关于印发〈电力前期工作基金管理办法〉的通知》（〔88〕水电计字第 121 号），决定建立电力建设前期工作基金制，对电力前期工作基金按经济责任制原则进行管理，自 1988 年起执行；水电前期工作水电勘测设计事业费和资源勘探费自 1989 年起按本办法执行。

1995 年 2 月 9 日，电力工业部印发《关于成立电力工业部水电水利规划设计总院（电力工业部水电水利规划设计管理局）的批复》（电人教〔1995〕74 号），正式成立电力工业部水电水利规划设计总院（简称“水规总院”），周转金管理中心挂靠水电水利规划设计总院。

1997 年 6 月 3 日，根据财政部《水电前期工作周转金管理办法》（财工字〔1997〕118 号），明确周转金是国家财政性资金，实行预算外资金管理。周转金的来源为：国家专项安排的水电前期工作经费；按有关规定已回收和应回收的水电前期工作经费；收取的资金占用费和逾期占用费；周转金存款利息；其他用于水电前期工作的经费。同时，财政部制定了《水电前期工作周转金管理办法实施细则》。

1997 年 8 月 1 日，电力工业部发文（电综〔1997〕441 号），授权国家电力公司管理水电前期工作周转金。

1997 年 9 月 12 日，根据国家电力公司国电人劳函〔1997〕15 号文件，成立国家电力公司水电前期工作周转金管理委员会（简称“周转金管委会”）和国家电力公司水电前期工作周转金管理中心（简称“周转金管理中心”）。周转金管委会是水电前期工作周转金使用和管理的决策机构，负责水电前期工作周转金的投向、占用费率的确定和年度预决算审批及其他重大事项的决策。周转金管委会主任委员为国家电力公司副总经理汪恕诚，副主任委员为国家电力公司总工程师冉莹、国家电力公司总会计师叶继善。周转金管理中心是周转金管委会的独立办事机构，具体负责水电前期工作周转金的投放和回收、年度预决算编制、财务管理和会计核算等日常工作。周转金管理中心挂靠水利水电规划设计总院，与水利水电规划设计总院所属高峡水力发电开发中心合署办公。周转金管理中心主任由水利水电规划设计总院院长高安泽兼任。

1998 年 2 月 10 日，周转金管理中心正式启用公章和财务专用章。

1998 年 3 月 19 日，电力工业部印发《关于水利水电规划设计总院体制改革的批复》（电综〔1998〕197 号），水利水电规划设计总院深化体制改革，接受国家电力公司委托管理周转金管理中心，在周转金管委会的领导下，按照周转金管理办法，做好周转金管理中心的工作。

1999 年 8 月 11 日，国家电力公司转发财政部《关于停止执行〈水电前期工作周转金管理办法〉和清理水电前期工作周转金的通知》（财经字〔1999〕474 号），财政部制定的《水电前期工作周转金管理办法》（财工字〔1997〕118 号）从 1999 年 1 月 1 日起停止执行，要求国家电力公司对水电前期工作周转金进行清理。1999 年 10 月 27 日，国家电力公司向财政部报送《关于报送水电前期工作周转金清理情况及处理意见的函》（国电财〔1999〕587 号）。

2000 年 12 月 18 日，财政部印发《关于水电前期工作周转金清理意见的复函》（财企函〔2000〕583 号），对未收回的水电前期工作周转金，由国家电力公司按规定集体决策处理；对收回的水电前期工作周转金，由国家电力公司制定使用计划报财政部审核同意后使用。

2001 年 10 月 11 日，国家电力公司印发《关于印发〈电力建设前期工作周转金管理办法〉的通知》（国电财〔2001〕578 号），明确国家电力公司电力建设前期工作周转金管理机构的职能暂由周转金管理中心行使。

2003 年，根据国家电力体制改革总体部署，周转金管理中心划归国家电网公司。

2004 年 9 月 21 日，根据《关于对国家电力公司水电前期工作周转金管理中心更名的通知》（国家电网人资〔2004〕486 号），国家电力公司水电前期工作周转金管理中心更名为“国家电网公司电力前期工作周转金管理中心”，业务定位为对电网前期资金的投放，辅以对部分调峰电源项目前期资金的投放。

2005 年 5 月 10 日，根据《关于将国家电网公司电力前期工作周转金管理中心移交国电动力经济研究中心管理的通知》（国家电网人资〔2005〕306 号），周转金管理中心移交动经中心管理，保留现有机构建制。职责维持不变，独立运行和核算，继续享受财政拨款政策，收支预算纳入财政部安排给国家电网公司的中央部门预算。2005 年 6 月 15 日，经动经中心党委研究决定，赵庆波任周转金管理中心主任（兼），曹明月任副主任（正处级）。

自 2006 年起，周转金管理中心停止前期经费投放业务，主要工作职责是从原投放项目中回笼资金。在财务关系上，仍纳入中央部门事业单位管理，执行事业单位会计制度，所编制的中央部门事业费预决算通过国家电网公司汇总上报财政部。

2009 年 9 月 2 日，国网能源研究院成立后，周转金管理中心划交国网能源研究院管理，由分管财务的院领导兼任中心主任。

三、预算与会计核算管理

（一）预算管理

收支预算管理阶段（2001—2009 年）。根据《国家电力公司预算管理办法》（国电财〔2001〕812 号）和《国家电网公司预算管理暂行办法》（国家电网财〔2003〕115 号）要求，实行收支全口径预算管理，强化预算管控，规范成本费用支出，建立健全业财有效衔接的预算管理机制。年度预算编制遵循“自上而下、自下而上、上下结合、分级编制、逐级汇总”原则，国家电网公司每年 10 月底前下达下一年度预算编制要求，根据经营目标、发展规划并结合收支情况预测，编制年度预算建议方案，履行决策程序后于 11 月底前上报国家电网公司；收到国家电网公司预算草案审查意见后，修改完善年度预算，在一个月内履行决策程序后上报正式预算。

全面预算管理阶段（2010 年起）。根据《国家电网公司全面预算管理办法》（国家电网财〔2010〕785 号）要求，开始实施全面预算管理。在预算编制方面，采用零基预算编制方法，以预算年度经营目标为基础，以“科研项目预算”“业务预算”为预算编制起点，由财务资产部牵头，组织各部门、下属单位全面梳理科研项目、实际业务的预算需求，由各类成本费用归口管理部门负责汇总、平衡、审批，由财务资产部进行全面统筹，形成年度财务预算。按照“两下两上、先下后上”的预算编制流程，每年 9 月底前，全面梳理预算年度业务需求和收支预测，编制预算年度经营目标，履行决策程序后上报国家电网公司；11 月中旬，按照国家电网公司下达预算总控目标，组织编制年度预算草案，细化收支预算内容，平衡预算需求与供给，形成预算草案建议，履行决策程序后上报国家电网公司；在预算年度2月底前，依据国家电网公司下达预算草案批复意见，将预算进行细化、分解、落实，由各部门、下属单位完成年度执行预算方案，履行决策程序后上报国家电网公司。在预算执行过程中，财务资产部向各部门按月反馈各部门的预算执行情况，预算执行情况纳入各部门、单位的绩效考核。

2021年以后，国网能源院预算管理实施成本费用分类预算总额管理，将成本费用分为日常办公类、科研运营类、“三公”经费类、专项支出类和人工成本类。日常办公类、科研运营类、“三公”经费类的费用采用总额控制，在总额范围内各明细费用可调剂使用；对专项支出类、人工成本类费用采用单独控制，费用间不得调剂使用；各费用大类间不得调剂使用。

预算管理委员会：

2010年5月，成立国网能源研究院预算管理委员会。

2017年12月，国网能源院完成公司制改革，成立国网能源研究院有限公司预算管理委员会，下设预算管理办公室，预算管理办公室设在财务资产部。

2019年5月，成立国网能源院综合计划和预算管理委员会，综合计划和预算管理委员会下设综合计划和预算管理办公室，综合计划和预算管理办公室分别设在院科研发展部、财务资产部。

（二）会计核算

事业单位时期（2002年以前）。2002年8月以前，动经中心为事业单位，执行《事业单位财务规则》《事业单位会计准则（试行）》《事业单位会计制度》和电力工业部及国家电力公司事业单位财务管理和会计核算相关规范。实行权责发生制，采用借贷记账法，固定资产不计提折旧。

转制后企业时期（2002年起）。2002年8月，动经中心转制为科技型企业，执行《企业会计准则》《企业会计制度》及相关规定，以权责发生制为记账基础，以历史成本为计价原则。

2004年，根据国家电网公司《关于印发国家电网公司固定资产目录的通知》（国家电网财〔2004〕58号），调整了固定资产分类、折旧年限和残值率。按照国家电网财〔2004〕635号要求，从2004年1月1日起，按实现税后净利润的10%提取法定盈余公积，按5%提取法定公益金。

2008年1月1日起，执行2006年2月15日颁布的《企业会计准则——基本准则》（财政部令第33号）、2006年10月30日颁布的《财政部关于印发〈企业会计准则——应用指南〉的通知》（财会〔2006〕18号）。

2019年5月8日，按照《国家电网有限公司关于印发多维精益管理体系变革2019年工作实施方案的通知》（国家电网财〔2019〕424号）要求，国网能源院启动多维精益管理体系建设，按照“集团公共+一核三柱”方式，形成覆盖国家电网公司全业态的建设方案体系，实现产业单位全部管理维度链路贯通。

2020 年 1 月 1 日，完成多维精益管理体系会计科目、维度、会计核算的正式切换、上线应用。

2020 年 9 月 3 日，按照《国家电网有限公司多维精益管理体系变革关联交易协同业务方案》要求，国网能源院启动关联交易协同业务建设，以满足提升国家电网公司关联交易抵销处理的自动化水平、对外适应输配电价监管有关要求。

2021 年 11 月 1 日，根据国家电网公司统一进度要求，国网能源院完成关联交易协同业务上线应用。

四、资金与资产产权管理

（一）资金管理

2007 年，根据国家电网公司关于“加强银行账户管理，进一步清理压缩银行账户，合并基建账户和经费账户，力争在 2006 年末的基础上再压降 10%”的要求，开展了银行账户清理压缩工作。

2010 年，根据国家电网公司《关于进一步加快财务信息化建设的通知》（财会〔2010〕148 号）要求，完成月度现金流预算与资金支付实施工作。根据国家电网公司统一部署，基本建成“全面集中、统一管控”的集团账户体系，实现了资金归集由手动向自动、由定期向实时转变。规范“统一预算、分级支付”管理模式，加强大额资金支付审批，强化支付管控。推进资金监控体系建设，基本实现对银行账户的实时监控。

2017 年，贯彻落实《国家电网公司银行账户分级分类管控标准和集团账户体系搭建工作实施方案》（国家电网财〔2017〕293 号）要求，开展了“三级集团账户体系搭建”工作，建立了资金联动归集体系，进一步压降银行账户数量，持续深化资金集中管控。

2021 年，贯彻落实国家电网公司印发的《关于印发〈“四强五严六十条”资金安全管理规程〉及资金安全监控规则的通知》，严格履行资金安全管理主体责任，加强资金管理制度，落实资金管控标准流程，开展资金安全监督检查和整改，进一步强化银行账户管理、资金支付管控、货币资金及票据管理，全面应用资金安全事前内控、事中预警、事后监督等监控规则，有效防范资金风险。

（二）资产产权管理

1999 年 12 月，国家电力公司动力经济研究中心（简称“动经中心”）成立，为事业单位，注册资本 526.8 万元。与国电动力经济咨询有限公司（简称“国电动经公司”，是国家电力公司的全资子公司，2000 年 2 月成立）为“两块牌子、一套班子、一套内设机构”。

2006 年 4 月，国家电网公司批准动经中心（国电动经公司）更名为“国网北京经济技术研究院”（简称“国网经研院”）。

2009 年 8 月底，根据《关于组建国网能源研究院的通知》（国家电网人资〔2009〕

846 号）、《国家电网公司关于国网能源研究院组建方案和章程法人批复》（国家电网人资〔2009〕1009 号）、《关于进一步明确经研院与能源研究院财务资产划分有关事项处理意见的通知》（财资〔2009〕155 号）要求，组建国网能源研究院。国网人才评价中心、国电动力经济咨询有限公司、《电力技术经济》杂志社、北京兴业动经科技有限公司划入国网能源院，周转金管理中心挂靠国网能源院。

2012 年 9 月，根据国务院国资委《国家出资企业产权登记管理暂行办法》（国资委第 29 号令）和国家电网公司产权登记工作方案，国网能源院及下属单位完成了产权登记，报送国家电网公司。

2012 年 12 月，完成北京兴业动经科技有限公司清算注销。

2013 年 4 月，国家电网公司批复了国网能源研究院、国电动力经济咨询有限公司、国家电网公司人才交流服务中心（简称“人才中心”）的企业产权登记表。

2017 年 5 月，经国网能源院党委会议审议，同意国网能源院与国网江苏省电力公司、苏州市人民政府共同成立国网（苏州）城市能源研究院有限责任公司。国网能源院出资 1050 万元，占股 35%。同年，国网能源院成立国网能源研究院苏州分院（简称“苏州分院”）。

2017 年 9 月，根据国家电网公司公司制改革工作方案，国网能源院改制为一人有限责任公司（法人独资），名称变更为“国网能源研究院有限公司”，同时注册资本变更为 30000 万元。2017 年 11 月，完成企业产权登记。2017 年 11 月，苏州分院更名为“国网能源研究院有限公司苏州分院”，简称“苏州分院”。

2017 年 11 月，完成对国电动力经济咨询有限公司的清算注销。

2019 年 4 月，根据《中央编办、财政部、人力资源社会保障部关于同意国家电网公司人才交流服务中心和密云绿化基地改革工作方案的批复》，人才中心转制为企业，成立国网人才交流服务中心有限公司。

2020 年 4 月，经国网能源院党委会议研究审议，同意国网能源院与国网电子商务有限公司、中国电力科学研究院有限公司成立国网新能源云技术有限公司。国网能源院出资 1600 万元，占股 16%。

2020 年 6 月，根据国网（苏州）城市能源研究院有限责任公司股东会协议，经国网能源院党委会议研究审议，同意国网能源院按原始持股比例（占股 35%）向其增资 5950 万元。

2021 年 4 月，中央编办批复国家电网公司人才交流服务中心注销。

五、税务与风险内控管理

（一）税务管理

2002 年 8 月以前，国家电力公司动力经济研究中心（简称“动经中心”）为事业单位，无涉税业务。

2002 年 8 月，动经中心转制为科技型企业，享受国家税务总局关于高新技术企业三年内免征企业所得税的优惠政策，从 2002 年 1 月 1 日—2005 年 12 月 31 日免征企业所得税。2002—2005 年涉及税种主要有：营业税（5%）、城市维护建设税（按实际缴纳流转税额的 7%缴纳）、教育费附加（按实际缴纳流转税额的 3%缴纳）、企业所得税（33%，免征）。

2006—2008 年，享受国家税务总局关于高新技术企业自获利年度起两年内免征企业所得税的优惠政策。2006—2008 年涉及税种主要有：营业税（5%）、城市维护建设税（按实际缴纳流转税额的 7%缴纳）、教育费附加（按实际缴纳流转税额的 3%缴纳）、企业所得税（33%，免征）。

2009 年至 2012 年 9 月前，涉及税种主要有：营业税（5%）、城市维护建设税（按实际缴纳流转税额的 7%缴纳）、教育费附加（按实际缴纳流转税额的 3%缴纳）、企业所得税（25%）。

2012 年 9 月，根据《国家税务总局关于北京等 8 省市营业税改征增值税试点增值税纳税申报有关事项的公告》（国家税务总局公告〔2012〕43 号），开始实施营业税改增值税试点工作。

2013 年 7 月，全面完成营业税改增值税工作。实施“营改增”以后，涉及税种主要有：增值税（6%）、城市维护建设税（按实际缴纳流转税额的 7%缴纳）、教育费附加（按实际缴纳流转税额的 3%缴纳）、企业所得税（25%）。

2016 年起，国网能源院被批准为高新技术企业，根据《国家税务总局关于实施高新技术企业所得税优惠有关问题的通知》（国税函〔2009〕203 号）和《国家税务总局关于实施高新技术企业所得税优惠政策有关问题的公告》（国家税务总局公告〔2017〕24 号）等要求，企业所得税减按 15%征收。

2017 年 7 月，因办公地点变动，国网能源院国税纳税地由西城区迁移到昌平区。2017 年 8 月，开始在昌平国税纳税。2017 年 12 月，国网能源院地税纳税地迁入昌平区。2018 年 1 月，开始在昌平地税纳税。

2019 年 4 月，依据《关于深化增值税改革有关政策的公告》（财政部、税务总局、海关总署公告〔2019〕39 号）、《关于明确生活性服务业增值税加计抵减政策的公告》（财政部、税务总局公告〔2019〕87 号），国网能源院享受增值税进项税加计抵扣政策。

2020 年 1 月起，依据《关于电影等行业税费支持政策的公告》（财政部、税务总局公告〔2020〕25 号）、《关于延续实施应对疫情部分税费优惠政策的公告》（财政部、税务总局公告〔2021〕71 号），享受文化事业建设费免征政策。

2020 年 9 月起，国网能源院可开具增值税电子普通发票。

（二）全面风险与内控管理

2012 年 6 月，印发《国网能源研究院全面风险管理和内部控制实施细则（试行）》

（能源院财〔2012〕112 号），明确国网能源院成立全面风险管理与内部控制委员会（简称“风险内控委员会”）。风险内控委员会由院长担任委员会主任，成员由其他院领导、院长助理、副总师以及各职能部门、所属单位主要负责人组成。风险内控委员会全面负责国网能源院风险管理与内部控制工作。风险内控委员会主要职责：审议风险管理与内部控制相关的规章制度；审定风险管理与内部控制目标、重大风险管理策略和内部控制措施；审定年度全面风险管理报告、风险管理与内部控制评价报告以及重大决策的专项风险评估报告；审定风险管理与内部控制手册；审定风险管理与内部控制评价标准；审议其他重大风险管理与内部控制事项。风险内控委员会下成立全面风险管理与内部控制办公室（简称“风险内控办公室”），设在财务资产管理部门，并由该部门主要负责人担任办公室主任。风险内控办公室负责国网能源院风险管理与内部控制日常组织与协调工作。风险内控办公室主要职责：组织制定和完善国网能源院风险管理与内部控制相关规章制度、管理手册；按照国家电网公司统一要求，部署完成全面风险管理与内部控制信息系统，并负责日常维护和应用；组织各部门执行风险管理基本流程、建立完善内部控制体系并监督执行；组织开展全面风险管理报告的编报工作；指导、监督国网能源院所属单位全面风险管理与内部控制工作，并对其进行考核；组织开展与风险管理及内部控制有关的文化培育工作。

2012—2014 年，结合国网能源院全年风险内控管理工作情况，逐年编制“全面风险管理报告”。

2017 年 12 月，成立国网能源研究院有限公司全面风险管理委员会，全面风险管理办公室设在财务资产部。全面风险管理委员会负责风险管理与内部控制相关工作，主要职责包括：提请公司（院）党委会议、董事会会议审议公司（院）风险管理与内部控制的相关规章制度、风险管理报告以及风险管理重大事项；审定公司（院）风险管理与内部控制相关规章制度；审定风险管理与内部控制目标、重大风险管理策略和内部控制措施；审定公司（院）年度全面风险管理报告、风险管理与内部控制评价报告以及重大决策的专项风险评估报告；审定风险管理与内部控制手册；审定风险管理与内部控制评价标准；审议其他重大风险管理与内部控制事项。全面风险管理办公室负责公司（院）风险管理与内部控制日常组织与协调工作，主要职责包括：协调组织相关职能部门制定和完善风险管理与内部控制相关规章制度、管理手册；建设和应用全面风险管理与内部控制信息系统；按照国家电网公司风控标准和管理要求，协调组织相关业务部门修改和完善本专业的管控标准，并在信息系统中固化落实；协调组织各部门执行风险管理基本流程、建立完善内部控制体系并监督执行；组织各部门、单位开展全面风险管理、内控诊断评估工作；组织开展全面风险管理报告的编报工作；指导、监督下属单位全面风险管理与内部控制工作，对下属单位全面风险管理与内部控制情况进行考核；组织开展与风险管理及内部控制有关的文化培育工作；完成公司（院）全面风险管理委员会交办的其他事项。

2019 年 5 月，成立国网能源研究院有限公司全面风险管理委员会（内部控制委员会、合规管理委员会）。主要职责：全面贯彻国家相关部委、国家电网公司和国网能源院党委、董事会关于全面风险管理、内部控制与合规管理各项政策要求，统筹国网能源院全面风险管理、内部控制与合规管理建设工作，组织开展过程管控，审核年度全面风险管理报告、内部控制评价报告和合规管理报告，督导国网能源院风险合规管理文化的培育，向国网能源院党委、董事会报告。全面风险管理委员会（内部控制委员会、合规管理委员会）办公室（简称“委员会办公室”）分别设在国网能源院财务资产部、科研发展部。委员会办公室主任分别由国网能源院财务资产部、科研发展部主要负责人兼任，成员由国网能源院职能部门主要负责人、相关工作人员组成。其中，财务资产部牵头负责全面风险和内部控制相关工作，包括：拟定国网能源院风险及内控管理相关的规章制度；编制风险管理及内部控制管理年度工作报告；组织国网能源院本部及下属单位健全完善风险及内控管理体系，协调解决工作中的重要事项；组织开展年度风险评估及内控评价，开展国网能源院风险治理，开展协调重大风险与关键领域风险防范；组织风险及内控培训，加强风控队伍建设；完成委员会交办的其他事项。科研发展部牵头负责合规管理相关工作，包括：拟定国网能源院合规管理相关的规章制度；编制合规管理年度工作报告；组织国网能源院本部及下属单位健全完善合规管理体系，协调解决工作中的重要事项；开展年度合规管理；组织合规培训，加强合规队伍建设；完成委员会交办的其他事项。

2015—2020 年，结合国网能源院全年风险内控管理工作情况，逐年编制“内部控制评价及全面风险管理报告”。

2020 年 12 月，结合国网能源院内控管理及监督评价工作，印发《国网能源研究院有限公司内部控制管理手册》《国网能源研究院有限公司内部控制监督评价手册》。

2021 年起，在国网能源院全院范围发布调查问卷，对下年度重大风险进行评估，逐年编报“重大风险报告”；结合全年内控管理情况，逐年编制“内控体系工作报告”。

2022 年 1 月，结合内控管理制度和流程等变化，进一步优化内控监督评价相关内容，印发《国网能源研究院有限公司内部控制监督评价手册（修订版）》。

六、财务信息化建设

部门财务信息化阶段。1999 年底，动经中心及下属单位安装应用财务电算化软件，使用北京用友安易软件技术有限公司的安易账务集成系统（V3.11）的总账、工资、固定资产和报表等模块，实现多人在线财务处理，完成账务、报表、工资和资产的电算化。2005 年，升级为北京用友软件股份有限公司的 U8 财务产品（V820），主要使用总账、工资、固定资产和报表等模块。2008 年，深入推进 SG186 信息化建设。2008 年 4 月，升级部署用友 U8（V870），实现了财务范围内的全面覆盖，各岗位协作分工对日常所有业务进行分级管理。应用远光报表管理系统，实现国家电网公司内一套报表。应用产权管理系统，实现企业产权的全生命周期管理。

财务集约化管理阶段。根据国家电网公司财务集约化工作部署，为构建集中、统一、精益、高效的人财物集约化管理体系。2009 年起，组织开展财务集约化管理工作。2010 年 3 月，全面推进财务集约化建设。2010 年 8 月，启动 ERP 系统建设。2010 年 12 月，组织召开“国网能源研究院财务集约化体系建设工作评审验收会议”，财务信息化建设全面上线。2011 年 9 月，正式上线应用 ERP 系统。在 2011 年底前，初步建成了以“六统一、五集中”为核心，以 ERP 系统、财务管控系统为载体的财务集约化管理体系，财务信息化水平大幅度提高，资源配置能力显著增强，基本满足“横向融合、纵向贯通”的管理要求。其中，“六统一”指统一组织体系、统一会计政策、统一会计科目、统一业务流程、统一成本标准、统一信息标准；“五集中”指资金集中管理、会计集中核算、风险在线监控、预算集约调控、资本集中运作。

2012 年，根据国家电网公司《关于印发国家电网公司深化财务集约化管理工作方案（2012 版）的通知》（国家电网财〔2012〕341 号），按照“深化应用、提升功能、实时管控、精益高效”的目标要求，推进财务集约化管理体系深入应用和常态化运行，促进业财协同，持续增强财务服务决策、调控资源配置、防范经营风险能力，不断提升财务管理信息化水平。2012 年 7 月，国网能源院作为产业单位试点，启动财务管控标准流程建设。2012 年 11 月，财务管控标准流程建设通过国家电网公司验收并正式启用。2017 年 11 月，员工报销系统正式上线，全面应用于成本费用报销和借款业务，实现在线的事前申请与审批控制、财务报销或借款申请及审批、预算控制和稽核规则控制等功能。

多维精益管理阶段。2019 年，根据《国家电网有限公司关于印发多维精益管理体系变革 2019 年工作实施方案的通知》（国家电网财〔2019〕424 号）要求，开始开展多维精益管理体系建设。2019 年 8 月，全面应用国网商旅云 APP，开启财务移动报销新模式。2019 年 9 月，在员工报销系统中完成影像上传及存储，实现了财务借款报销原始凭证的影像材料收集，为财务会计凭证无纸化奠定基础。

2020 年 1 月，顺利完成多维会计科目体系切换，以数字化为特征的多维精益管理体系初步建成，构建了符合业务特色的“会计科目+管理维度”的多维信息记录和反馈体系，为多维度精准反映会计信息、充分挖掘数据价值、提升决策辅助支撑能力奠定基础，进入全面应用和优化提升阶段。2020 年 7 月，满足一定条件的科研项目实现财务自动立项，简化业务人员操作手续；国网商旅差旅业务单轨运行。2020 年 8 月，上线采购业务一体化平台，实现物资及服务采购业财信息从需求提报、采购执行、合同签订、服务确认/收货、财务核算、资金支付全流程贯通，为优化物资服务采购方式、降低业务管理风险、提高资金结算效率和安全水平奠定基础。2020 年 9 月，实现增值税电子普通发票线上开具。2020 年 10 月，全院上线现金流“按日排程”功能，“1233”新型资金管理体系建设进一步深化，资金安全、效率和效益水平得到进一步提升。2020 年 11 月，在国网商旅云 APP 上线应用移动报销功能，在手机 APP+内网个人计算机（PC）均可提交、审核报销单，灵活高效；同时，实现直购火车票功能。

2021 年 4 月，启用“财智小秘书”微信公众号，为员工提供及时、便捷的查询服务。

2021 年 9 月，全面深化多维精益管理体系，上线销售认款一体化平台；完善电子发票开票功能，实现了直接向对方邮箱发送电子发票的功能。2021 年 10 月，以多维精益核算和管理体系为标准，以信息化为支撑，以前期多维建设为基础，进一步完善多维信息查询统计功能；移动报销应用场景更加丰富、操作易用性得到进一步提升。

第四节 科 研 管 理

科研发展部（简称“科研部”）兼具科研和发展两大职能，主要负责国网能源院发展战略规划、统计和经济活动分析、规章制度管理、合同管理、项目管理、科研质量和评奖管理、法律事务、知识产权保护、咨询资质管理、招标采购归口管理、动能经济专业委员会等工作。

一、历史沿革

1999 年 11 月 11 日，根据工作需要，经研究决定，聘任雷体钧为科研管理处处长。

1999 年 12 月 17 日，科研管理处下设信息室，任命车兵为科研管理处处长助理，兼信息室主任。

2000 年 1 月 13 日，动经中心成立以后，根据《关于下发〈国家电力公司动力经济研究中心机构设置、人员编制及各部分职责与业务范围〉的通知》要求，设置科研管理处。

2001 年 1 月 18 日，为适应动经中心《科研管理与信息》杂志编辑工作需要，根据科研管理处建议，经动经中心主任会议研究决定，同意科研管理处设立管理科和编辑科，科研管理处人员编制不变。

2003 年 2 月 9 日，为了精简动经中心职能部门，根据工作需要，经动经中心主任会议研究决定，动经中心办公室、人事处、科研管理处、党委办公室合署办公，撤销原科研管理处管理科。雷体钧任动经中心办公室主任兼科研管理处处长。

2005 年 1 月 11 日，根据工作需要，经动经中心主任（党委扩大）会议研究决定，动经中心办公室与科研管理处合署办公，对内名称为办公室，对外以办公室、科研管理处名称开展相关工作。

2005 年 6 月 15 日，为了更好地服务国家电网公司的发展战略，适应动经中心的功能转变，经研究决定，撤销科研管理处，成立战略规划与科研开发处，柴高峰任处长（兼）。

2006 年 2 月 16 日，蒋莉萍兼任战略规划与科研开发处处长。

2006年11月29日，为进一步规范国网北京经济技术研究院的机构设置，经院长办公会议审议批准，战略规划与科研开发处更名为“科研管理处”，原管理职能和工作任务不变。

2007年1月31日，王耀华任科研管理处副处长，主持工作。

2008年1月2日，王耀华任科研管理处处长。

2008年11月5日，为贯彻落实国家电网公司关于扩展国网北京经济技术研究院勘探设计职能，归口管理国家电网公司系统设计单位的决策部署，国网北京经济技术研究院对机构设置和人员编制进行了统一调整，将科研管理处更名为“科研管理部”。

2009年11月3日，国网能源研究院组建后，根据国家电网公司《关于国网能源研究院机构设置和人员编制的批复》（国家电网人资〔2009〕1201号）文件要求，设立科研发展部。

2016年3月16日，郑海峰任科研发展部副主任（主持工作）。

2017年3月23日，郑海峰任科研发展部主任。

2021年9月13日，魏哲任科研发展部主任。

二、规划计划管理

（一）规划工作

国网能源院规划研究制定工作持续改进、组织机制不断健全、发展目标指标制定逐步科学量化，为科研创新、人才建设、管理优化、影响力增强等方面明确发展目标和路径，为国网能源院各阶段整体发展指明方向、提供动力。

2009年8月，国家电网公司批准国网经研院业务分立，组建国网能源院。

2010年，研究编制了《国网能源研究院“十二五”发展规划》，提出了国网能源院战略定位、总体思路、战略目标和阶段发展目标，明确了重点研究领域和专业方向布局，制定了业务发展、实验室及基础研究能力建设、品牌建设、科研业务管理、人力资源、财务管理、信息化建设、企业文化和精神文明建设等业务的五年规划。

2011年，根据国家电网公司副总经理王敏在国网能源院工作会议上要求加快创建“中国一流能源研究院”和“国际一流企业研究院”的指示，国网能源院深入调研和对标分析国际著名同类研究机构成功实践，对“十二五”发展规划进行优化和完善。

2012—2013年，按照国家电网公司《“三集五大”体系建设方案》和《关于公司直属单位分类和功能定位的指导意见》（国家电网办〔2012〕441号）文件要求，根据“把握定位、厘清业务，突出作用、体现特色，明确思路、优化目标，分步实施、加强保障”的规划思路，对“十二五”发展规划进行再次优化和完善。

2015—2016年，结合我国进入经济发展新常态、推进能源生产与消费革命、加强中国特色新型智库建设等政策方针，根据国家电网公司提出的建设全球能源互联网、优化提升"三集五大"体系的工作要求，国网能源院系统编制了"十三五"发展规划总报告及专项规划。本次规划制定充分落实国家电网公司高端智库建设精神，突出智库建设顶层设计，将"突出特色、创新驱动、开放合作、质量取胜、品牌引领"作为发展理念，从"人才队伍""创新能力""影响力"三个方面优化完善发展目标指标体系，强化打造智库研究平台、交流平台、传播平台三个平台以及专家队伍建设的工作要求。

2018 年，为全面贯彻党的十九大精神，以习近平新时代中国特色社会主义思想为指导，结合国家电网公司世界一流能源互联网企业的建设目标，国网能源院围绕建设世界一流的企业高端智库的新时代发展目标，优化调整发展思路、目标、重点任务及保障措施，对"十三五"发展规划进行修编。本次规划修编重点强调以国家电网公司战略需求为导向，充分发挥智库作用，突出国网能源院"一个战略目标、五个基本理念、三个深入研究、四个全面加强"的发展战略体系，进一步明确了 2020 年、2025 年和 2035 年的发展方向及各阶段目标。

2020—2021 年，为贯彻我国全面建成小康社会，乘势而上开启全面建设社会主义现代化国家新征程的各项决策部署，紧密围绕国家电网公司建设具有中国特色国际领先的能源互联网企业战略目标和"一业为主、四翼齐飞、全要素发力"发展布局，国网能源院深入落实国家电网公司深化智库建设工作要求，在前期专项研究基础上，系统编制了"十四五"发展规划总报告及专项规划。本次规划制定进一步落实高端智库建设精神、丰富完善规划研究体系、强化国内外智库对标研究、统筹优化研究业务布局，有效提升了规划的系统性、科学性、指导性。

国网能源院历年发展规划核心内容详见表 2-8。

表 2-8　　国网能源院历年发展规划核心内容

规划名称	编制/修订年份	功能定位	发展思路	发展目标
"十二五"规划	2010	综合性能源研究智库和能源研究交流平台	**"三个创新"**：创新研究咨询理念，创新研究方法和手段，创新研究成果宣传模式和应用效果； **"三个加强"**：加强对国家电网公司总部和政府部门的服务，加强与权威研究机构的合作，加强与能源企业的交流； **"一个平台"**：搭建国家电网公司与政府、研究机构、能源企业和权威专家联系沟通的平台； **"三个提升"**：提升对重大决策和政策的影响力，提升在能源领域的话语权，提升在国内外的知名度	到"十二五"末，基本建成"以电力和能源经济研究为特色"的国内领先、国际知名的综合性能源研究咨询机构
"十二五"规划（修编）	2011	国家电网公司综合性能源研究智库和能源研究交流平台	**"三个创新"**：创新研究咨询理念，创新研究方法和手段，创新成果展现和应用方式； **"三个加强"**：同 2010 年； **"一个平台"**：同 2010 年； **"三个提升"**：提升对国家电网公司战略管理的支撑能力，提升对政府重大决策和政策的影响力，提升在国内外的知名度	到"十二五"末，初步建成"中国一流能源研究院"和"国际一流企业研究院"

续表

规划名称	编制/修订年份	功能定位	发展思路	发展目标
“十二五”规划（修编）	2012—2013	国家电网公司战略与运营管理研究机构	**“三个转变”**：转变工作机制，转变工作方式，转变工作重点； **“三个加强”**：加强协同工作机制建设，加强基础能力建设，加强支撑体系建设； **“一条主线”**：服务国家电网公司战略决策和运营管理为主线； **“三个提升”**：提升对国家电网公司战略管理的决策支撑能力，提升对国家电网公司运营管理的在线支持水平，提升服务坚强总部建设的协同工作效果	到“十二五”末，建成“国内领先”的能源电力及企业战略运营管理研究机构
“十三五”规划	2015—2016	国家电网公司高端智库体系的主体，能源电力软科学与企业战略运营管理研究机构	**“五大发展理念”**：突出特色、创新驱动、开放合作、质量取胜、品牌引领	到2020年，建成国内领先、国际知名的企业高端智库
“十三五”规划（修编）	2018	国家电网公司高端智库体系的主体，能源电力软科学与企业战略运营管理研究机构	**“一个战略目标”**：建设世界一流企业高端智库的新时代战略目标； **“五个基本理念”**：同2016年； **“三个深入研究”**：深入研究国家电网公司战略落地实施的创新路径，深入研究国家电网公司体制机制变革的重大举措，深入研究国家电网公司推进能源转型的新理论新实践； **“四个全面加强”**：全面加强党的领导，全面加强人才梯队建设，全面加强基础能力建设，全面加强国际影响力培育	到2020年，建成国内领先、国际知名的企业高端智库
“十四五”规划	2020—2021	“一个主体”（国家电网公司智库体系建设的主体单位），“两个立足”（立足企业、立足行业），三大平台（智库研究平台、交流研讨平台、成果共享发布平台）	**“六个攻坚发力”**：在党建与业务深度融合发展上攻坚发力，在培养高素质专业队伍上攻坚发力，在打造一流智库研究工具上攻坚发力，在推动开放协同的创新合作上攻坚发力，在加强智库影响力传播上攻坚发力，在激发智库发展活力上攻坚发力	到2025年，基本建成世界一流企业高端智库； 到2035年，全面建成世界一流企业高端智库

（二）综合计划管理

国网能源院综合计划管理主要包括两个层面：一是分解落实国家电网公司下达的年度综合计划；二是制定落实国网能源院自定的综合计划指标和重点研究咨询工作计划。

1. 分解落实国家电网公司下达的年度综合计划

国家电网公司“两会”对年度总体综合计划审议通过后，向各单位下达对应的综合计划，主要包括经营效益指标、运行效率指标、发展投入指标以及个性化指标等。

自建院以来，基于软科学研究单位的功能定位和业务特点，经营效益指标通常包括营业收入、利润总额、可控费用等财务指标；运行效率指标通常包括职工人数、全员劳动生产率等人力资源指标；发展投入指标通常包括零星购置、电网信息化/数字化、研究开发、教育培训等投入计划指标；个性化指标通常包括合同额、承担国家电网公司及政府部门委托的重大研究咨询课题数量、重大决策咨询建议被采纳情况、科技论文数量、年度技术服务满意率等研究成果指标。2010 年以来，各类指标设置基本固定，根据国家电网公司安排适当调整。

国网能源院根据国家电网公司《综合计划管理办法》及“放管服”工作部署，结合各项指标权责关系、各类项目实施条件，有效落实计划指标和项目责任，强化投资管控、规范项目管理，定期开展计划执行情况跟踪分析，根据实际需要在合规合理前提下开展计划调整和项目变更工作，持续提升综合计划管理的执行力和调控力，确保国家电网公司下达的综合计划能够按时、合规、高质量完成。

2. 制定落实国网能源院自定计划指标和重点工作计划

国网能源院自定的综合计划经院年度“两会”审议通过并印发各部门落实执行，根据实际需要经院年中工作会审议进行调整，主要目标是落实国家电网公司综合计划指标和重点研究任务、落实院中长期规划和年度重点工作等。

自建院以来，科研发展部持续加强对综合计划执行情况的跟踪监控与统筹协调，及时诊断分析问题，提高解决措施的及时性和有效性，合理利用季度考核、会议报告等手段加强任务督促，实现综合计划的可控在控，确保年度计划指标顺利完成。

2012 年以来，国网能源院综合计划组织管理工作机制和指标设置，根据整体发展需要进行动态调整。历年自定综合计划指标设置情况详见表 2-9。

表 2-9　　历年自定综合计划指标设置情况

年份	指标设置	发文编号
2010	被国家电网公司和政府部门采纳的决策咨询建议计划、《决策参考》文章发表计划、公开发表学术论文和文章计划、专著及年度报告出版计划、重大成果培育计划、参加高层次学术论坛和会议演讲计划、科技投入与信息化建设投入计划、重点研究咨询工作计划、技术服务项目工作计划	能源院科〔2010〕21 号
2011	被国家电网公司和政府部门采纳咨询建议计划、**国家电网公司战略研究与运行分析月度例会研究成果材料提供计划**、出版发行《决策参考》计划、**《国网内参》文章发表计划**、公开发表学术论文和主流媒体文章计划、专著及年度报告出版计划、参加高层次学术论坛和会议演讲计划、**计算机软件著作权/专利工作计划**、重点研究咨询工作计划、技术服务项目工作计划	能源院科〔2011〕4 号
2012—2013	重大决策与运营管理方案建议被采纳计划、**《研究专报》计划**、国家电网公司战略研究与运行分析月度例会研究成果材料提供计划、**国家电网公司月度运营分析材料提供计划**、出版发行《决策参考》计划、**提供《国网内参》及《国家电网专报》文章计划**、公开发表核心期刊学术论文计划、专著及年度报告出版计划、计算机软件著作权/专利工作计划、重点研究咨询工作计划、技术服务项目工作计划	能源院科〔2012〕15 号；能源院科〔2013〕12 号

续表

年份	指 标 设 置	发文编号
2014—2015	重大决策与运营管理方案建议被采纳计划、《研究专报》计划、国家电网公司战略研究与运行分析月度例会研究成果材料提供计划、提供《国网内参》及《国家电网专报》文章计划、公开发表核心期刊学术论文计划、专著及年度报告出版计划、计算机软件著作权/专利工作计划、重点研究咨询工作计划、技术服务项目工作计划	能源院科〔2014〕13 号；能源院科〔2015〕21 号
2016	重大决策与运营管理方案建议被采纳计划、《研究专报》计划、国家电网公司战略研究与运行分析月度例会研究成果材料提供计划、提供《国网内参》文章计划、**公开发表学术论文和主流媒体文章计划**、**发表网络新媒体文章计划**、**高层次学术论坛和会议演讲计划**、专著及年度报告出版计划、计算机软件著作权/专利工作计划、自研项目经费支出计划、重点研究咨询工作计划、技术服务项目工作计划	能源院科〔2016〕15 号
2017—2019	重大决策与运营管理方案建议被采纳计划、《研究专报》计划、国家电网公司战略研究与运行分析月度例会研究成果材料提供计划、提供《国网内参》文章计划、公开发表学术论文和主流媒体文章计划、高层次学术论坛和会议演讲计划、专著及年度报告出版计划、计算机软件著作权/专利工作计划、自研项目经费支出计划、重点研究咨询工作计划、技术服务项目工作计划	能源院科〔2017〕15 号；能源院科〔2018〕16 号；能源院科〔2019〕21 号
2020	**合同额指标计划**、重大决策建议被采纳计划、**专报内参报送计划**、战略分析月度例会材料提供计划、公开发表学术论文和主流媒体文章计划、高层次学术论坛和会议演讲计划、专著及年度报告出版计划、计算机软件著作权/专利工作计划、自研项目经费支出计划、重点研究咨询工作计划、技术服务项目工作计划	能源院科〔2020〕15 号
2021	合同额指标计划、重大决策建议被采纳计划、专报内参报送计划、国家电网公司战略环境分析例会材料提供计划、公开发表学术论文和主流媒体文章计划、**基础研究工具建设计划**、高层次学术论坛和会议演讲计划、专著及年度报告出版计划、计算机软件著作权/专利工作计划、研究开发费投入计划、重点研究咨询工作计划、技术服务项目工作计划	能源院科〔2021〕12 号

注 综合计划指标中，各年新增或发生较大调整的指标，见字体加粗部分。

三、科研项目管理

（一）项目管理

为规范和加强科研咨询项目管理，保证科研项目报告质量和成果水平，提升对国家电网公司和相关政府部门的决策支撑能力，国网经研院于 2008 年 12 月印发《国网北京经济技术研究院科研咨询项目管理办法》（经研院科〔2008〕416 号），作为科研项目管理的主要依据。该办法明确了项目的重要程度分类、管理职责和分工、项目批准及立项、执行与验收等方面要求，以及项目各阶段流程管理有关模板。

2009 年国网能源院成立，发布了《国网能源研究院科研咨询项目管理办法》（能源院科〔2009〕36 号）。

为进一步规范对外委托项目研究工作，国网能源院于 2010 年 3 月发布《国网能源研究院科研咨询项目对外委托研究管理暂行规定》（能源院科〔2010〕25 号），明确项目对外委托条件、流程及验收等管理要求；为落实国家电网公司深入推进人财物集约化管理要求，规范国网能源院科技项目管理，于 2010 年 12 月印发《国网能源研究院科技项目储备库管理办法（暂行）》（能源院科〔2010〕165 号），明确职责分工、项目分级与评价、储备库建立与管理等方面要求。

结合具体工作需要，国网能源院于 2013 年 12 月修订印发《国网能源研究院科研咨询项目管理办法》（能源院科〔2013〕214 号），进一步优化项目管理职责分工及管理流程等方面内容。

2016 年 3 月，结合《国家电网公司科技项目管理办法》《国家电网公司管理咨询项目管理办法》及相关科研项目管理制度规定，国网能源院修订印发《国网能源研究院科研项目管理须知》（能源院科〔2016〕35 号），落实国家电网公司通用制度管理规定，持续规范科研项目管理。

2017 年 11 月，根据国网能源院公司制改革工作安排，调整规章制度名称，《国网能源研究院科研项目管理须知》（能源院科〔2016〕35 号）更名为《国网能源研究院有限公司科研项目管理须知》（能源院科〔2017〕167 号）。

为提高科研对外委托任务的合规性和合理性，国网能源院于 2018 年 7 月印发《国网能源研究院有限公司关于进一步加强科研对外委托管理工作的通知》（能源院科〔2018〕80 号），细化科研项目对外委托预算、内容、执行进度、资金支付、成果等方面管理要求。

为有效落实国家电网公司“放管服”改革工作要求，按照公司第一批“放管服”事项清单，激发各层级自主权、减轻事务性工作负担，实现流程简化、放权授权，国网能源院于 2019 年 6 月修订印发《国网能源研究院有限公司科研项目管理须知》（能源院科〔2019〕82 号），重点明确自研项目的本单位管理权限，简化完善项目管理工作流程，调整科研项目重要性分级，规定总部科技项目调整流程，以及优化研究成果质量审核工作要求。

结合国家电网公司“放管服”深化改革工作要求及实际工作需要，国网能源院于 2020 年 6 月修订《国网能源研究院有限公司科研项目管理须知》（能源院科〔2020〕51 号），进一步优化研究成果质量审核工作机制，简化项目管理工作流程，构建项目负责人信用评价体系。

2021 年，根据国网能源院“两会”重点工作安排，为推进院科研管理机制改革，激发科研人员创新活力，科研发展部组织相关部门探索开展科研项目“揭榜挂帅制”组织管理模式，研究制定《国网能源研究院有限公司“揭榜挂帅制”项目组织管理暂行规范》（能源院科〔2021〕21 号），明确“揭榜挂帅制”目标、原则、职责分工、项目及经费管理流程、激励及考核机制等方面内容，并于 3 月发布实施，开展第一批两个项目“揭榜挂帅制”。

（二）成果奖励管理

为奖励在国网能源院科技进步活动中作出重要贡献的单位和个人，充分调动国网能源院广大研究人员的积极性和创造性，于2009年12月发布《国网能源研究院科研项目评奖管理办法》（能源院科〔2009〕52号），明确评奖机构及其职责、奖励等级及评审指标、项目推荐及申报要求、项目评审程序及要求、奖励标准等。

2010年12月，修订《国网能源研究院科研项目评奖管理办法》（能源院科〔2010〕176号），删除对各等级奖励分数线的规定，明确各等级奖励比例要求。

为规范国网能源院各类科研成果奖励的管理，进一步激励科研人员科技创新的积极性，促进国网能源院整体科研水平持续提升，根据国家和国家电网公司有关规定，编制印发《国网能源研究院科研成果奖励暂行办法》（能源院科〔2011〕158号），明确科研成果奖励级别划分、奖励标准、奖励范围及实施流程等。

根据公司制改革要求，2017年12月《国网能源研究院科研成果奖励暂行办法》（能源院科〔2011〕158号）更名为《国网能源研究院有限公司科研成果奖励暂行办法》（能源院科〔2017〕205号）；《国网能源研究院科研项目评奖管理办法（试行）》（能源院科〔2014〕71号）更名为《国网能源研究院有限公司科研项目评奖管理办法（试行）》（能源院科〔2017〕204号）。

2019年，结合国家电网公司“放管服”改革工作要求，按照公司第一批“放管服”事项清单，实现流程简化、放权授权，国网能源院于6月修订《国网能源研究院有限公司科研成果奖励暂行办法》（能源院科〔2019〕84号），主要优化奖项级别划分及奖励标准，重点细化社会力量奖励规定及标准；修订《网能源研究院有限公司科研项目评奖管理办法》（能源院科〔2019〕81号），明确院学术委员会履行评奖委员会职责及不同授奖等级项目的完成人限额。

2021年，根据《中共国家电网有限公司党组关于进一步清理规范评比表彰工作的通知》（国家电网党〔2019〕172号）要求，国网能源院对科研成果奖励办法部分条款进行修订，取消对重大获奖集体进行表彰等条款，并于11月发布《国网能源研究院有限公司科研成果奖励办法（试行）》（能源院科〔2021〕88号）。

（三）优秀科研项目负责人评选

为促进国网能源院业务骨干队伍建设，营造鼓励优秀专业人才勇挑重担、勇创佳绩、脱颖而出的良好氛围，充分发挥榜样和典型的示范带动作用，于2010年12月印发《国网能源研究院优秀课题负责人评选办法（试行）》（能源院科〔2010〕156号），明确优秀课题负责人评选原则、职责分工、评价标准和指标、推荐及评审流程、奖励措施等。

2014年9月，修改完善评审指标，修订《国网能源研究院优秀课题负责人评选办法》（能源院科〔2014〕73号）。

2016 年 11 月，结合实际工作开展情况，进一步优化完善评分指标，印发《国网能源研究院优秀课题负责人评选办法（试行）》（能源院科〔2016〕138 号）。

2017 年 12 月，根据公司制改革要求，《国网能源研究院优秀课题负责人评选办法》（能源院科〔2016〕138 号）更名为《国网能源研究院有限公司优秀课题负责人评选办法（试行）》（能源院科〔2017〕208 号）。

2020 年 5 月，根据《中共国家电网有限公司党组关于清理规范评比表彰工作的通知》（国家电网党〔2019〕105 号）要求，结合国家电网公司党委组织部意见，《国网能源研究院有限公司优秀课题负责人评选办法（试行）》（能源院科〔2017〕208 号）更名为《国网能源研究院有限公司优秀科研项目负责人评选办法（试行）》（能源院科〔2020〕44 号），并进一步完善候选人推荐及评审要求。

国网能源院历年被评为优秀科研项目负责人的人数见表 2-10。

表 2-10　　国网能源院历年被评为优秀科研项目负责人的人数

年度	人数	年度	人数
2009	5	2016	15
2010	5	2017	16
2011	5	2018	18
2012	5	2019	20
2013	5	2020	22
2014	13	2021	22
2015	13	2022	22

（四）创新团队管理

2016 年，为落实国网能源院发展规划和科技规划，加快推进高端智库建设，凝聚和培养在国内外具有一定知名度、创新能力突出的学术带头人和科技骨干人才，促进跨部门、跨专业研究合作，结合国家电网公司实际，于 7 月印发《国网能源研究院有限公司创新团队管理办法（试行）》（能源院科〔2016〕102 号），明确创新团队管理职责、团队选拔管理、运行管理、项目及经费管理、考核与激励等各方面要求；并于 7 月完成第一批创新团队评审，决定命名为“全球能源电力联网综合分析技术研究创新团队”“电力改革与市场建设研究创新团队”“电动汽车与充电网络研究创新团队”“大型企业集团管理变革研究创新团队”，这 4 支团队为国网能源院第一批创新团队。

2017 年，为提升国网能源院科研人才队伍整体实力和自主创新能力，按照创新团队申报遴选程序，经院长办公会议审定，于 6 月命名“大型企业集团战略与规划研究创新团队”“节能与电力需求侧管理研究创新团队”“分布式能源与储能规划运营研究创新团队”3 支团队，这是国网能源院第二批创新团队；11 月，《国网能源研究院创新团队管理办法（试行）》（能源院科〔2016〕102 号）更名为《国网能源研究院有限公司创新团队管理办法（试行）》（能源院科〔2017〕203 号）。

2018 年 1 月，经组织评审，命名“区域综合能源供应系统研究团队”“电网财务与投融资研究创新团队”“大型企业数据管理及运营分析决策研究创新团队”“城市与能源研究创新团队”4 支团队，这是国网能源院第三批创新团队。

（五）论文文章管理

为鼓励国网能源院研究人员发表高水平学术论文和文章，于 2008 年 12 月印发《国网北京经济技术研究院学术论文发表版面费资助及奖励管理办法（试行）》（经研院科〔2008〕346 号），明确论文文章版面费报销条件及奖励标准。

2009 年，国网能源院成立后，印发《国网能源研究院学术论文（含文章）发表版面费资助及稿酬管理办法（试行）》（能源院科〔2009〕53 号）。

结合具体工作实际，于 2010 年修订《国网能源研究院学术论文（含文章）发表版面费资助及奖励管理办法（试行）》（能源院科〔2010〕177 号），进一步完善论文版面费报销及奖励要求。

2017 年 11 月，根据国网能源院公司制改革工作安排，调整规章制度名称，《国网能源研究院学术论文（含文章）发表版面费资助及奖励管理办法（试行）》（能源院科〔2010〕177 号）更名为《国网能源研究院有限公司学术论文（含文章）发表版面费资助及奖励管理办法（试行）》（能源院科〔2017〕206 号）。

2020 年，为进一步规范管理、优化流程，《国网能源研究院有限公司学术论文（含文章）发表版面费资助及奖励管理办法（试行）》（能源院科〔2017〕206 号）更名为《国网能源研究院有限公司学术论文、文章及专著费用与奖励管理办法（试行）》（能源院科〔2020〕7 号），优化版面费报销条件及额度，调整奖励标准，并于 1 月起施行。

（六）科研“放管服”

2019 年，根据国家电网公司“放管服”改革工作要求，国网能源院开展一系列简政放权工作，全面提高科研服务能力，加强智库发展机制建设。

1. 加强制度保障

深入落实国家电网公司“放管服”政策，根据总部下发的“放管服”三批事项清单和管理制度修订情况，组织各职能部门深入梳理分析各事项对国网能源院的影响，修订《国网能源研究院有限公司实物资产管理办法》《国网能源研究院有限公司科研项目管理须知》《国网能源研究院有限公司招标和非招标采购工作须知》《国网能源研究院有限公司科研成果奖励暂行办法》《国网能源研究院有限公司科研项目评奖管理办法》《国网能源研究院有限公司绩效考核管理暂行办法》《国网能源研究院有限公司岗位管理实施细则》《国网能源研究院有限公司培训管理须知》等一系列规章制度，在合规前提下尽量落实基层减负政策。

2. 提升服务水平

积极了解和响应一线员工“放管服”需求，面向业务部门开展“提升科研成果质量、增强科研服务能力”调研，全面了解研究人员各类诉求，累计收到各部门关于成果质量提升、平台建设、项目管理、资源共享等方面意见建议 30 余条。科研发展部对此进行分类，提出解决措施，并及时在各项日常归口工作中落实。同时，科研发展部系统总结国家电网公司和国网能源院科研管理制度流程、模板样板和注意事项，编制发布涵盖项目、合同、物资、评奖等内容的《科研全流程指引》，滚动更新《投标商务文件信息参考汇编》，大幅度提升国网能源院科研信息共享水平和研究人员工作效率。

3. 强化数字科研建设

围绕“一个提升、三个融合”建设目标，充分调动内外部资源，完成科研管理信息平台升级改造工作，有效提升科研服务数字化水平。一是全面提升科研服务能力，优化平台各项功能，形成各类科研制度、流程、注意事项、模板等的下载以及相关问题在线问答功能，统筹信息填报和审批管理，有效精简管理流程环节，实现“让信息多跑路，让人少跑腿”。二是不断强化“业财融合”水平，统筹考虑各类科研项目预算执行与进度节点管理要求，与 ERP 系统加强交互关联，建立项目工作量辅助计算及预算执行情况实时查看功能。三是有效实现“业才融合”管理，增加员工个人信息登记及积分计算查询功能，优化完善岗位晋升管理模块，提升岗位申报管理的便捷性和科学性。四是有力增强“资源融合”水平，充分整合平台内各类资源信息，建立成果报告、论文文章及各类学术资料的分类共享模块，不断丰富完善资源共享能力。

（七）其他管理

2010 年，为加强研究项目会议费、专家咨询费管理，规范指标标准和审批程序，于 3 月印发《国网能源研究院项目会议费、专家咨询费支出管理暂行规定》（能源院科〔2010〕26 号）；为确保国网能源院成果报告库的有效使用和安全管理，于 12 月印发《国网能源研究院成果库使用管理办法》（能源院科〔2010〕179 号），明确科研成果报告管理的职责分工、分类和分级、使用权限和变更管理、查询和使用方式、信息安全管理及处罚等方面要求。

为贯彻落实国网能源院年中工作会议精神和重点工作部署，加快建设国网能源院软件模型工具库，规范软件模型工具成果管理，有力支撑高端智库建设，于 2016 年 8 月印发《国网能源研究院软件模型工具库集中管理方案》（能源院科〔2016〕113 号）。该方案分析了国网能源院软件模型工具成果及管理现状，明确工作目标及主要工作内容、职责分工、工作计划及保障措施等方面内容。

2018 年 6 月，为贯彻落实国网能源院“两会”精神和重点工作部署，组织开展软件、数据库等科研工具应用评估工作。本次评估工作由科研发展部牵头、各部门参与，委托中国电力企业联合会科技开发服务中心具体实施，于 12 月完成验收。根据国家电网公司审计整改要求，为进一步规范科研业务会议管理，科研发展部于 2018 年 8 月编制印发《国网能源研究院有限公司科研业务会议管理办法》（能源院科〔2018〕107 号），明确科研业务会议管理职责分工、计划与审批管理、预算与费用管理、会议组织管理等方面要求，并首次印发《国网能源研究院有限公司 2018 年科研业务会议计划》。

（八）平台建设

1. 科研管理信息平台

科研管理信息平台是国网能源院科研管理的核心系统，于 2007 年建成投运，为提升科研管理效率、促进科研业务发展发挥了重要作用。

科研管理信息平台采用服务器/浏览器（B/S）结构，实现不同人员在不同地点、以不同方式访问和操作。科研管理信息平台主要包括项目管理、综合计划管理、科研评奖管理、成果管理、统计查询管理、岗位申报、绩效考核等功能模块。其中，项目管理为核心模块，其他功能模块与项目管理模块形成有机关联。同时，科研管理信息平台通过合同、经费管理与 ERP 系统及经法系统进行信息交互，通过岗位申报及绩效考核功能与人力资源管理系统相关联。

科研管理信息平台首次功能提升工作。为进一步完善科研管理信息平台功能，满足更加复杂、多元、精益的项目管理和信息共享需求，科研发展部于 2012 年组织开展科研管理信息平台改造工作。

新版科研管理信息平台在原有基础之上，对若干子系统模块进行了各方面的修改和添加，主要包括项目管理、月度填报、资源共享、全院信息、部门信息、个人信息、分析报告 7 个子系统。科研管理信息平台功能架构示意图见图 2-2。

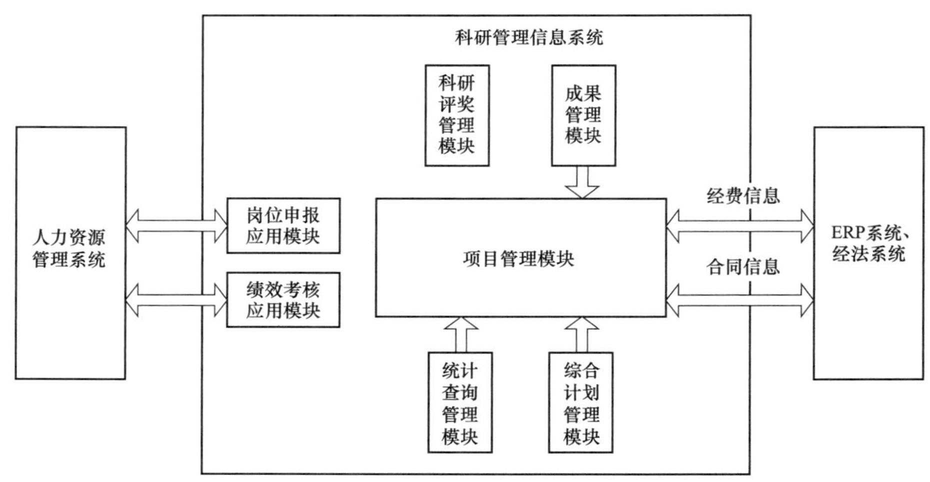

图 2-2　科研管理信息平台功能架构示意图

项目管理子系统提供从项目立项、过程管理、评审、结题及结算等过程的科研信息管理，包括项目立项管理、项目过程管理、项目结题管理及项目结算管理等模块。在立项管理模块中实现项目立项、项目立项审批及项目立项查询等功能，在过程管理模块中实现项目的进度填报、中间文档提交、项目属性修改申请提交与审批等功能，以便全院人员及时了解项目进展情况。

月度填报子系统是指项目负责人、部门负责人及业务人员进行月度工作量填报工作的子系统，包括业务人员月度工作量填报、项目负责人月度填报、部门负责人月度填报、部门负责人对部门月度临时工作填报、月度建议采纳情况填报等功能。

资源共享子系统为新增子系统，主要提供统计、下载功能。将原统计查询子系统按照登录用户的不同角色（院领导、部门负责人、科研处、项目负责人和员工），分为全院信息子系统（院领导、科研处）、部门信息子系统（部门负责人）和个人信息子系统（项目负责人、员工）。依据不同登录用户的角色，各子系统提供全院或部门项目基本信息查询、全院或部门员工信息查询和其他科研信息查询。科研统计报表主要用于国家电网公司及国网能源院领导所要求的科研统计报表的生成，通过该功能模块可以准确、快捷、方便地生成各种月度、季度和年度科研统计报表，如项目进展统计报表、项目收入支出统计报表、文章发表统计报表、稿酬分配等情况统计报表等。

分析报告子系统为新增子系统，可按照时间和部门等查询筛选条件，对全院总体情况、部门总体情况和个人信息进行文档汇总导出。

科研管理信息平台全面升级改造工作。为充分利用数字化手段，简化科研工作管理流程，有效提高项目业财管理融合水平，优化国网能源院各类信息贯通应用和资源共享功能，增强平台软硬件数据处理能力和稳定性，结合科技体制“放管服”改革工作要求，科研发展部于 2018 年 11 月启动科研管理信息平台全面升级改造工作。

本次科研管理信息平台升级改造，旨在形成整体结构更加完善、各模块联系更加紧密、业财融合管理更加融合、使用更加友好的平台。

一是对现有平台进行优化提升。利用国家电网公司统一的 SG-UDP 数据架构对平台进行升级改造，提高数据代码的一致性、各类用户操作友好性以及系统运行维护的工作效率；同时，将平台软件系统布置在更加可靠的服务器和硬盘上，有效防范和解决各种原因造成的运行风险。

二是提高科研项目研究工作与预算执行的管理融合水平。通过与 ERP 系统加强关联，方便获得项目成本支出情况，实现项目负责人、承担部门对项目经费进度实时跟踪；建立考虑项目类型、预算、经费规定、执行期限等各种因素的项目月度工时和进度智能计算、填报功能；为业务部门项目经费管理联络人设置特定权限，用于检查、填报和修改本部门项目工时。

三是通过平台改造有效优化完善各类科研项目的管理流程。对科研项目管理制度和流程进行全面梳理，综合考虑项目预立项、跨部门合作、项目委托方对项目执行多样化要求等各种因素，查找弥补现有管理漏洞，提升科研服务实际效果，在平台改造中予以针对性体现，有效提升平台相关功能的灵活性、精确性和用户友好性。

四是完善平台数据贯通处理和资源共享功能。强化平台内部项目管理、计划管理、科研评奖、岗位申报与绩效管理等模块的内部数据贯通和统一，将积分制等最新管理要求和制度流程合理纳入平台；同时，强化平台自身资源共享功能，加强与全球能源研究统一平台等其他平台的数据传输和共享，提高员工查询搜索效率。

其中，一期主要开展科研服务、项目管理、月度填报、岗位管理、资源共享及信息统计查询等功能模块的升级改造，二期主要开展知识产权管理、评奖评优等功能模块的升级改造，并对系统整体进行优化完善，提升用户体验。

“一中心三融合”科研管理信息平台建设思路见图 2-3。

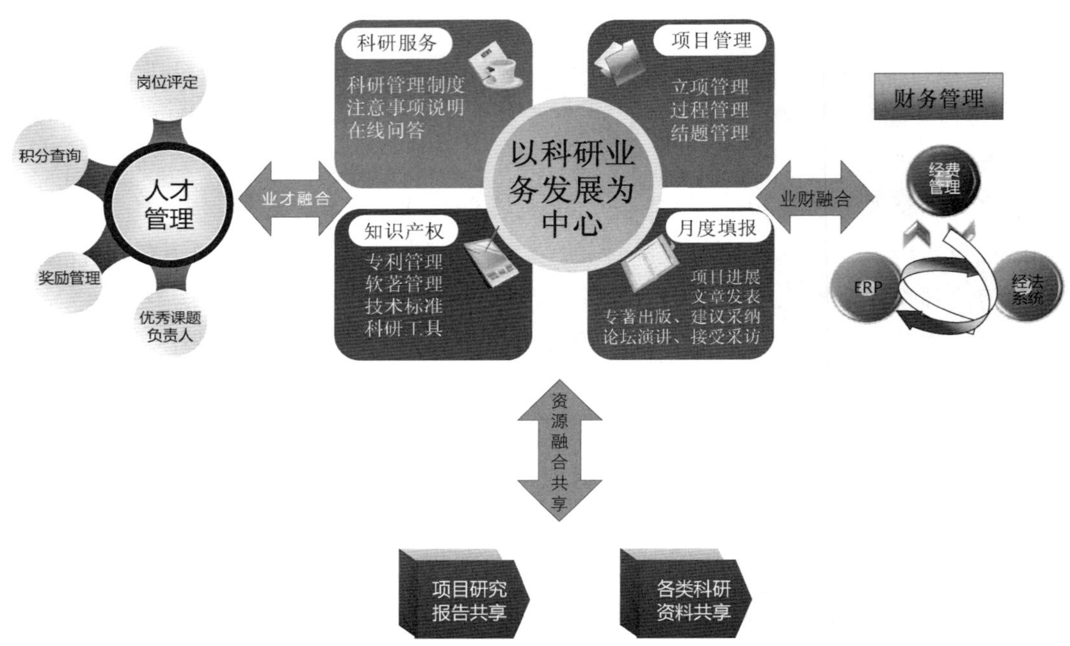

图 2-3 “一中心三融合”科研管理信息平台建设思路

2. 研究报告撰写辅助平台

根据国网能源院研究报告撰写工作的实际需要，开展研究报告撰写辅助平台的功能设计与研发工作，以进一步统一国网能源院科研报告编写规范，提升研究工作效率，提高资源共享水平，从而提升国网能源院整体科研咨询质量与报告编写水平。

研究报告撰写辅助平台是以构建成果库、获奖报告库、资料库、动态信息库、模板库为基础，为研究报告的选题、大纲编制、报告撰写和成果应用等主要环节提供模板规范和研究信息支撑的辅助平台与工作平台。

2019 年科研管理信息平台升级改造工作，整合了研究报告撰写辅助平台相关功能和资料。2019 年底科研管理信息平台升级改造一期上线后，研究报告撰写辅助平台停止使用。

研究报告撰写辅助平台总体框架主要包含应用模块、管理模块以及五大信息库。其中，应用模块包括“撰写辅助”模块、“资源共享统计”模块、“材料查询”模块、“流程管理”模块；管理模块包括“动态信息管理”模块、“资料管理”模块、“模板管理”模块。研究报告撰写辅助平台总体框架设计图见图 2-4。

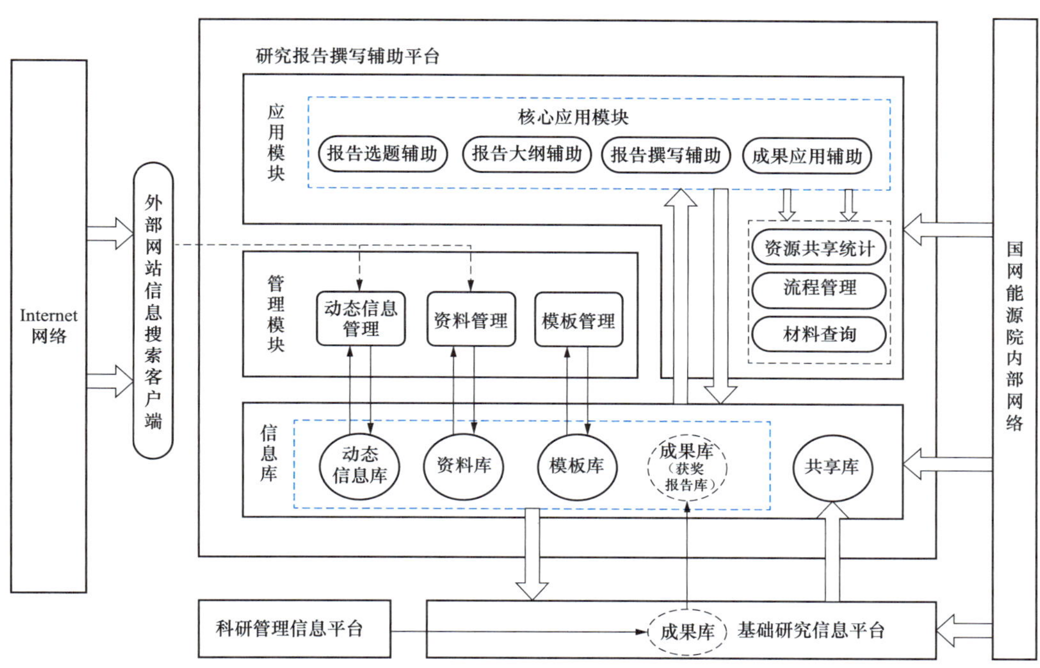

图 2-4 研究报告撰写辅助平台总体框架设计图

3. 交互式基础研究信息平台

2010 年，国家电网公司提出实现“两个转变”新突破，加快建设“一强三优”现代公司，对国网能源院研究咨询工作提出了更高的要求。2014 年，为更好地向国家电网公司提供决策支撑服务，国网能源院设计开发了交互式基础研究信息平台。项目以提高资源共享水平，提升国网能源院整体研究工作效率为目标，以国网能源院现有的专业数据库为基础，以网络交互技术为手段，建设国网能源院各实验室及应用系统之间的数据共享交换中心，提供基于先进交互网络技术的信息共享功能社区，实现各领域研究信息的优化整合与分类管理，促进研究人员信息知识的充分交流与共享。

按照“平台化运行、专业化管理、多元化建库、制度化保障、多样化应用、品牌化建设”的总体思路，依据“统筹规划、分步实施、简单起步、实用为主”的原则，分步推进平台建设。

交互式基础信息平台主要包括信息查询、交互应用、信息管理和系统管理四个核心业务功能。交互式基础研究信息平台业务架构见图 2-5。

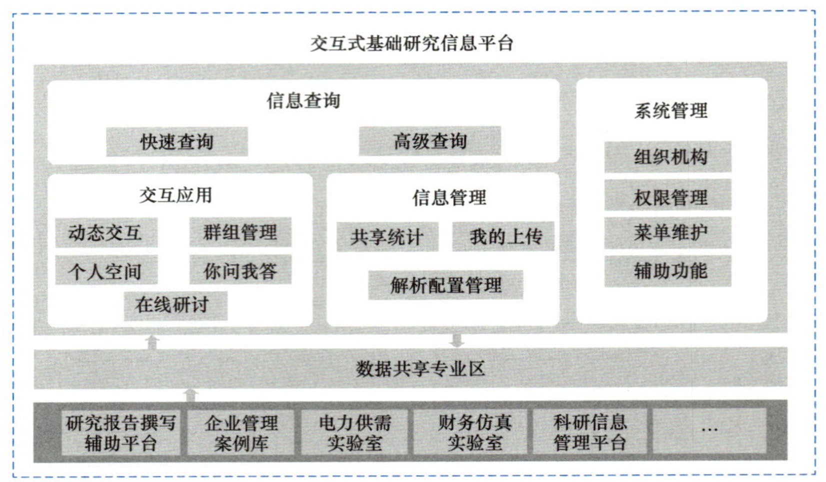

图 2-5　交互式基础研究信息平台业务架构

2019 年科研管理信息平台全面升级改造工作，整合了研究报告撰写辅助平台和交互式基础研究信息平台相关功能及资料；2019 年底科研管理信息平台升级改造一期上线后，研究报告撰写辅助平台和交互式基础研究信息平台停止使用。

四、物资采购管理

国网能源院成立以来，物资采购工作持续完善、体制机制逐步健全、管理水平不断提升，为国网能源院研究咨询工作开展奠定了坚实基础。

（一）制度建设

2012 年，为规范国网能源院招标采购活动、提高经济效益、保证招标采购质量，依据国家有关招投标的法律、法规、规章和国家电网公司有关规定，结合国网能源院实际情况，制定了《招标和非招标采购管理暂行办法》（能源院科〔2012〕253 号）。

2016 年，根据《国家电网公司招标活动管理办法》和《国家电网公司非招标方式采购活动管理办法》，结合国网能源院实际，制定了《招标和非招标采购工作须知》（能源院科〔2016〕48 号）。

2017 年，根据国家电网公司印发的办法，结合国网能源院实际，修订印发《招标和非招标采购工作须知》（能源院科〔2017〕166 号）。其中，将单位名称由“国网能源研究院”变更为“国网能源研究院有限公司”。提出采用公开招标采购方式的资金限额。

2018 年，修订印发《招标和非招标采购工作须知》（能源院科〔2018〕96 号）。进一步加强采购计划管理，采购项目须纳入采购计划后方可执行，若要调整采购计划须填写采购项目调整申请单。

2019 年，结合国家电网公司“放管服”工作部署，按照国家电网公司最新办法规定，修订印发《招标和非招标采购工作须知》（能源院科〔2019〕83 号）。进一步加强单一来源采购管理，明确直接采购范围，在合法合规前提下减轻员工工作负担。

2020 年，修订印发《招标和非招标采购工作须知》（能源院科〔2020〕39 号），精简审批流程，优化工作机制。

（二）招标工作

2016 年之前，物资采购工作稳步推进。一是不断加强计划管理，结合历史采购情况，认真编制采购目录、采购需求计划、采购策略库。二是持续强化全流程管理，自行组织采购公告挂网、组建评审委员会、召开评审会议、采购结果提请招标采购领导小组会议审议、发布中标结果等全流程工作，不断强化过程管控。三是深化教育培训管理，针对物资从业人员、评标专家、新进员工、部门秘书等组织专题培训，发送学习资料，开展相关考试，促进相关人员深入掌握采购相关法规要求与工作流程。

2017 年，国网能源院采购业务量逐渐增加，内外部审计监管日趋严格，引入招标代理机构——北京国网富达科技发展有限责任公司协助开展物资采购工作。

2019 年，根据国家电网公司《关于开展中央巡视整改专项检查工作的通知》《关于进一步巩固“三金一款”清退成果的通知》《关于上报“清理拖欠民营企业账款专项工作报告”的通知》《关于印发“关联交易、靠企吃企”问题专项治理工作方案的通知》等一系列文件要求，进一步提升物资采购工作精益化管理水平，加强投标保证金清退管理，确保及时清退不拖欠。

2020 年，根据国家电网公司《关于直属单位采购全面应用 ECP 2.0 工作安排的通知》相关工作要求，全面推进采购全流程上平台工作。至 2020 年底，已实现全部采购项目全流程上平台，有效提升工作效率与规范化管理水平。全面推进评标专家入库工作，组织系统内外部专家入库，入库专家超过国家电网公司定额要求。

2021 年，进一步加强物资采购工作管理，扩大公开招标范围，再引入一家招标代理机构——国网电商科技有限公司协助开展物资采购工作。

（三）投标工作

国网能源院投标工作管理逐步完善，由各部门分散投标发展为科研发展部统一组织投标工作。配置专用投标电脑，先后发布《投标商务文件模板》和《在电子商务平台（ECP 2.0）进行投标操作的步骤说明》等文件供投标部门参考使用。统一组织国家电网公司管理咨询项目、前期费项目和国务院国资委项目集中招标的投标工作，编制商务文件，组织业务部门编制技术文件、价格文件，高质量完成投标应答工作。2022 年，引入福建亿力电力科技有限责任公司为国网能源院投标工作提供专业支撑。

五、法律事务管理

（一）合同管理

国网能源院高度重视合同管理及配套制度建设，合同管理制度被列为国网能源院工作所需的第一批重点制度，与合同有关的配套制度，如授权委托制度、招标及采购管理办法等也逐步出台。

根据国网能源院“三定方案”和《国家电网公司系统合同管理办法》，国网能源院明确了合同归口管理部门的职责，实行合同承办部门、合同管理部门、财务管理部门和法律顾问分工配合的合同审查制度，确保全部合同签订经过层层把关、严格审查。

国网能源院成立后，合同管理工作进入过渡期，由法律顾问根据企业成立过渡期工作特点提出法律意见，重点防范合同法律风险及企业重组期间有关债权债务风险，始终保持对企业重组风险点的关注。

国网能源院正式运营后，不断提升合同管理工作的规范性，严格按照国家法律和国家电网公司有关要求开展合同签订工作，完善合同签订流程，规范合同条款内容，遵守国家电网公司的规章制度和国家的法律规定，健全合同执行过程中的风险监控机制，严格按照所签订合同的内容和进度要求开展工作。因客观情况或委托方要求发生变化时，及时签署补充协议。有效避免潜在的法律风险和经济风险，确保企业的经济利益不受损失。

国网能源院签订受托合同数量和金额呈整体上升趋势。

（二）规章制度管理

国网能源院注重加强规章制度建设，不断健全完善规章制度体系，根据业务工作需要，及时制定相关规章制度，确保各项业务有章可依。截至 2009 年 12 月，共制定规章制度 48 项。截至 2013 年，共制定规章制度五大类 134 项。

2013—2015 年，为适应集约化管理、一体化运作工作需要，国家电网公司开展了制度标准一体化建设，陆续发布了 5 批通用制度。国网能源院针对国家电网公司发布的通用制度，及时组织相关部门全面梳理现行制度，对照通用制度要求，优化现有业务模式及流程，确定差异性条款与废止名录，并制定相应的工作流程说明。截至 2015 年底，与国家电网公司通用制度发布时同期废止制度 50 项，因时效性已过自动废止制度 3 项，制定差异条款的通用制度 2 项，属性转变为非通用制度实施细则 12 项，属性转变为国网能源院补充规章制度 70 项。

2017 年，公司制改革工作完成以后，单位名称及相应工作流程发生了变化，国网能源院及时组织相关部门对全院规章制度进行了梳理，并对相应制度进行了修订和完善，制度中单位名称由“国网能源研究院”统一变更为“国网能源研究院有限公司”，全年共新建制度 31 项，修订制度 46 项，废止制度 24 项。截至 2017 年底，国网能源院共有非通用制度实施细则 17 项，补充规章制度 69 项。

国网能源院高度重视国家电网公司通用制度的贯彻落实，每年针对新颁布的公司通用制度，及时组织学习，梳理确定适用于国网能源院的公司通用制度及公司非通用制度，并认真参照执行；对不适用于国网能源院的公司非通用制度，及时制定非通用制度实施细则。结合业务工作实际，修订完善国网能源院补充规章制度，不断优化现有业务模式及流程，制定相应的工作流程说明。有效落实了国家电网公司制度标准一体化建设的总体部署，为进一步提升国网能源院管理工作的效率和水平奠定了基础。截至 2021 年底，国网能源院共有非通用制度实施细则 25 项，补充规章制度 69 项。

（三）法治企业建设

国网能源院高度重视法治企业建设工作，以服务国网能源院科研业务为出发点，深入贯彻落实全面依法治国战略，以法治规划为引领，坚持依法治理、依法经营、依法管理共同推进，坚持法治体系、法治能力、法治文化一体建设，积极开展普法宣贯教育，有效控制经营活动中法律风险，法治力不断提升，为国网能源院建设世界一流的企业高端智库提供坚强法治保障。

深入贯彻落实法治企业建设第一责任人职责，国网能源院主要负责人认真履行推进法治企业建设第一责任人职责，充分发挥党委的领导核心和政治核心作用，深入推进依法治理、依法决策、依法运营、依法监督、依法维权。完善国网能源院管理制度体系，认真执行“三重一大”等重大决策制度，建立健全企业法律顾问制度，深入推进法治宣传教育，不断健全法律风险防范机制和内部控制体系，加强法律知识学习，带头尊法学法守法用法。

高度重视合规管理体系建设工作，于 2019 年 5 月成立合规管理委员会，充分发挥合规管理“三道防线”作用，全面落实合规管理工作要求，做好业务合规预警和风险报告，严肃合规监督与问责，加强合规管理培训和宣贯，提高全员依法合规运营理念，不断提升国网能源院合规管理水平。

健全完善法律风险防控机制，每年定期组织开展本单位法律风险评估工作，编制年度法律风险控制计划，针对年度较为重大的风险，分析风险成因，落实责任部门，提出控制措施及实施计划。严格按照进度计划开展各项风险控制工作，实施相关控制措施，定期进行监督检查，确保全年不发生法律风险事件，圆满完成风险控制计划目标。

加强普法工作的组织与督导，将普法工作列入国网能源院年度重点工作任务，认真做好普法工作的组织、协调、指导、检查。组织调动各部门开展法治宣传教育工作，深入学习相关法律知识，多次组织召开法律专题讲座，开展全院规章制度培训，确保法律法规和国家电网公司规章制度实施到位。单位网站开辟主题学习专栏，充分利用“职工之家”、职工书屋等各种途径和平台，不断丰富法治文化活动载体和形式。扎实开展多层次多领域依法治企工作，全面推进法治企业建设，在全院形成学法守法用法的良好法治氛围。

第五节 党 建 管 理

党委党建部（党委宣传部、监察审计部、巡察办）与工会、团支部合署办公。党委党建部负责党组织建设、思想政治工作、精神文明和企业文化建设、离退休人员党建管理和共青团、统战等工作；党委宣传部负责意识形态、舆情管理、新闻宣传和对外联络报道、社会责任及公益管理、品牌建设和标识管理，负责新媒体运营维护；监察审计部负责党风廉政建设、纪检工作；巡察办负责内部巡察组织协调工作；工会负责维护职工合法权益、组织职工文化活动等。

一、历史沿革

2008 年 2 月 19 日，国网经研院为了更好地开展党建、纪检、工会各项工作，成立管理部门党群工作处（简称“党群处”）。

2008 年 11 月 5 日，国网经研院设置思想政治工作部（监察审计部），简称“政工部（监审部）”。聘任王庆为副主任。

2010 年 12 月 17 日，国网能源院聘任王庆同志为政工部（监审部）主任。

2012 年 8 月 15 日，思想政治工作部（监察审计部）变更为党群工作部（监察审计部），简称“党群部（监审部）”。

2017 年 10 月 18 日，党群工作部（监察审计部）变更为党建工作部（监察审计部）。

2019 年 4 月 3 日，国网能源院完善党建工作机构设置，撤销党建工作部（监察审计部），设党委党建部和党委宣传部，名称为“党委党建部（党委宣传部、监察审计部）”，与工会、团支部合署，暂与监察审计部合署。

2019 年 7 月 10 日，根据《国网人资部关于进一步完善各单位党建工作机构设置的指导意见》（人资组〔2019〕11 号）精神，党委党建部（党委宣传部、监察审计部）更名为“党委党建部（党委宣传部、监察审计部、巡察办）”，与工会、团支部合署办公。

2019 年 11 月 25 日，根据《中共国家电网有限公司党组关于规范各级纪检机构设置的通知》（国家电网党〔2019〕154 号）要求，撤销监察审计部，设纪委办公室与合规审计部。党委党建部（党委宣传部、监察审计部、巡察办）更名为“党委党建部（党委宣传部、纪委办公室、合规审计部、巡察办）”，简称“党建部”。

国网能源院党建部门机构设置变化情况见表 2-11。

表 2-11 国网能源院党建部门机构设置变化情况

序号	时间	名称
1	2008 年 2 月 19 日	党群工作处
2	2008 年 11 月 5 日	思想政治工作部（监察审计部）
3	2009 年 11 月 19 日	思想政治工作部（监察审计部）
4	2010 年 2 月 17 日	思想政治工作部（监察审计部）
5	2012 年 8 月 15 日	党群工作部（监察审计部）
6	2019 年 4 月 3 日	党委党建部（党委宣传部、监察审计部）
7	2019 年 7 月 10 日	党委党建部（党委宣传部、监察审计部、巡察办）
8	2019 年 11 月 25 日	党委党建部（党委宣传部、纪委办公室、合规审计部、巡察办）

二、党建工作

2010 年，根据《关于进一步加强公司党的建设、企业文化建设和队伍建设的意见》（国家电网党〔2010〕1 号）工作部署，国网能源院党组以科学发展观为指导，认真贯彻落实党的十七届四中全会精神，落实国家电网公司党组重大决策部署，以改革创新为动力，以党的建设为统领，以领导班子建设和队伍建设为着力点，制定《关于进一步加强国网能源研究院“三个建设”的实施方案》，全面推进以“四统一”为基础的优秀企业文化建设，组织开展“建设统一的优秀企业文化”主题实践活动，制定印发《国网能源研究院推进学习型党组织建设实施办法》，研究制定《中共国网能源研究院党组关于领导干部的管理办法》，深化“电网先锋党支部”建设，创建“课题攻关党员先锋团队”和“职能管理党员先锋岗”（“两个创建”），制定印发《国网能源研究院“两个创建”管理办法（试行）》及评选细则。

2011 年，根据国家电网公司直属党委《关于开展“强管理、控风险、增效益”创先争优活动的通知》（网直党〔2011〕72 号）和《国网能源研究院深入开展创先争优活动实施方案》（能源院党〔2010〕19 号），为进一步深化创先争优活动，国网能源院党组研究制定《国网能源研究院“强管理、控风险、增效益”创先争优活动方案》。

2012 年，为严格贯彻执行民主集中制原则，充分发挥党组织的政治核心作用，进一步完善党组议事和决策程序，规范决策行为，增强决策的民主性、科学性，国网能源院结合实际，制定印发《国网能源研究院党组工作规则》。为深入贯彻《国家电网公司开展基层组织建设年实施方案》（国家电网创先组发〔2012〕1 号），全面落实国家电网公司创先争优活动部署，积极争创国家电网公司“电网先锋党支部”，国网能源院党组部署开展基层组织建设年活动。

2014 年，根据《国家电网公司党组关于深入开展党的群众路线教育实践活动的指导意见》（国家电网党〔2013〕16 号）和《国家电网公司第二批党的群众路线教育实践活动实施方案》（国家电网党〔2014〕12号），国网能源院成立党的群众路线教育实践活动领导小组及办公室，深入开展党的群众路线教育实践活动，并于2014年10月开展党的群众路线教育实践活动整改落实工作。

2015年，为贯彻落实全面从严治党要求，巩固和拓展党的群众路线教育实践活动成果，持续深入推进党的思想政治建设和作风建设，国网能源院制定《全面从严加强党的建设实施方案》。根据《中共国家电网公司党组印发〈关于开展“三严三实”专题教育实施方案〉的通知》（国家电网党〔2015〕19号），国网能源院结合实际，启动开展“三严三实”专题教育工作。组织实施“学党章党规、学系列讲话，做合格党员”学习教育工作。

2016年，为深入推进党的建设“旗帜领航・三年登高”计划，全面落实“对标管理年”工作部署，国网能源院落实党委、党支部标准化建设相关工作。为推动“四讲四有”具体化，引导广大党员立足岗位作贡献，结合实际开展“三亮三比”主题活动。

2019年，按照国家电网公司党组统一部署，国网能源院党委以领导班子及处级以上干部为重点，启动开展“不忘初心、牢记使命”主题教育。为积极顺应广大职工对美好生活的向往，凝聚广大职工的智慧和力量，奋力开创建设世界一流能源互联网企业新局面，国网能源院就“做好关心关爱职工为职工办实事工作”制定实施意见。为进一步增强党员身份意识，决定自2020年1月开始，以党支部为单位，每月集中一天为党员过“政治生日”。

2020年，为巩固和深化“不忘初心、牢记使命”主题教育成果，全面落实党建“旗帜领航・三年登高”计划和创先争优年工作任务，国网能源院评选第八党支部（管理咨询研究所）、第十一党支部［党委党建部（党委宣传部、纪委办公室、合规审计部、巡察办）］、第十五党支部（能源数字经济研究所）为党建专业标杆。为切实提升员工幸福感，丰富员工的文化生活，满足员工休闲娱乐和健身的需要，国网能源院进一步完善“三家”建设（党员之家、职工之家，青年之家），并于2020年1月正式开放投入使用。

三、党风廉政工作

2008年，国网能源院修订纪检监察规章制度，印发《惩治和预防腐败体系制度汇编》。制定国网能源院《建立健全惩治和预防腐败体系2008—2012年实施办法》及2个廉政建设专项工作计划。开展ISO 9001质量管理体系贯标认证效能监察。贯彻落实国有企业领导人员廉洁自律七项要求并完成自查工作。落实国家电网公司《建立健全惩治和预防腐败体系2008—2012年工作意见》，建立廉政建设监督工作联席会议制度。建立完善国网能源院中层干部廉政档案。组织开展国网能源院反腐倡廉建设知识答题、“廉洁文化公益短片”有奖征文竞赛等活动。

2009年，国网能源院认真学习贯彻十七届中央纪委第三次全会精神，全面落实国家电网公司"两会"和纪检监察工作会议精神，按照"三严一常"的要求，进一步强化依法从严治企，扎实推进党风廉政建设和反腐败工作，加快推进国网能源院惩治和预防腐败体系建设。组织完成惩防体系建设、党风廉政建设责任制执行情况、规章制度执行情况等工作自查。在反腐倡廉建设中开展"反违章"专项工作。组织开展"扬正气，促和谐"全国优秀廉政公益广告展播等活动。

2010 年，国网能源院持续推进惩防体系建设"一岗双责"，成立国网能源院惩防体系建设工作领导小组和办公室，制定《加强惩治和预防腐败体系建设责任分解暂行办法》，将惩防体系建设责任分解到岗。加强惩防体系建设工作的组织领导，加强纪检监察组织建设。落实国家电网公司党组关于加强和改进公司系统纪检监察组织建设的意见，制定国网能源院实施方案，落实加强和改进纪检监察组织建设实施细则。深入开展"学制度、促廉洁、保发展"主题教育活动，组织开展"廉洁·奉献·发展"文艺作品创作活动，编印《反腐倡廉警示教育手册》。持续完善党风廉政建设"反违章"长效机制。

2011 年，国网能源院持续落实协同监督工作机制建设工作，成立国网能源院监督工作委员会，定期召开联席会议研究部署工作。建立廉政建设监督员制度。组织国网能源院中层干部签订反腐倡廉承诺书。组织干部员工参观北京市反腐倡廉警示教育基地。开展"廉洁从业，每周短信"活动。

2012 年，国网能源院开展落实国家电网公司重要决策部署情况自查，完善协同监督工作机制，落实"一书两报告"，定期召开监督工作委员会联席会议。编制《重要廉政风险防控手册》。开展廉洁文化"四讲""四进"活动，征集员工优秀文艺作品。落实车辆清理整顿、规范职务消费等专项检查工作。

2013—2014 年，国网能源院加强国家电网公司"八项规定"实施细则的监督检查，对实施细则落实情况开展专项效能监察。开展反腐倡廉管理专项提升活动。加强反腐倡廉警示教育和作风纪律教育，举办全体党员及入党积极分子集体廉政党课。严格落实协同监督联席会议制度和"一书两报告"制度。修订完善并严格执行院《党风廉政建设和反腐败工作考核办法》。完成新一届廉政建设监督员续聘、更换和年度廉政风险防控自我评价。加强反腐倡廉教育，编印《警示教育案例库（五）》。

2015 年，国网能源院开展在研科技项目管理效能监察。

2017 年，国网能源院编制《反腐倡廉警示教育案例库（八）》。启动第一轮内部巡察工作。完成管理提效座谈会组织工作，梳理各部门意见建议形成优化措施并组织实施。制定《党建工作责任分解办法（试行）》。明确责任要求，分解到岗、细化到人。修订《重要廉洁风险防控手册》。按照国家电网公司部署，先后完成违规公款购买消费高档白酒问题集中排查整治以及公务用车管理自查、互查工作。制定《廉政建设监督员工作规定（试行）》，聘任廉政建设监督员 17 人。

2018 年，国网能源院修订《党建工作和党风廉政建设工作责任分解办法（试行）》，为全院副处级及以上干部，各党支部书记、委员印制党建和党风廉政建设工作履责监督卡。牵头完成国家电网公司党组巡视配合工作，组织制定巡视反馈意见整改落实工作方案，明确整改措施 176 项。组织聚焦“六个围绕”，对照国家电网公司历次巡视发现共性问题和典型案例，自查自纠问题 57 项。印发巡察工作方案，组织完成对 8 个党支部（部门）的现场巡察，并对已完成巡察党支部开展整改情况“回头看”。组织开展纠正“四风”监督检查，深化形式主义、官僚主义问题集中整治。创新开展项目制协同监督。

2019 年，国网能源院组织完成党委本届任期内对各党支部的巡察全覆盖任务。牵头制定并实施国网能源院党委《关于落实公司党组“抓整改、除积弊、转作风、为人民”专项行动的工作方案》《关于贯彻落实公司推进中央巡视反馈意见整改工作会精神对照发现问题开展自查自纠工作方案》，统筹协调推进问题整改。按照纪委工作安排，赴城市能源院、人才中心开展党风廉政建设督导调研。组织各党支部对照国家电网公司《形式主义、官僚主义表现形式和定性量纪参考指引》，摆表现，抓整改。编发《反腐倡廉警示教育案例库》。赴国网上海市电力公司开展党风廉政建设专题学习调研工作。与南方电网能源发展研究院有限责任公司、国家能源集团北京低碳清洁能源研究院开展纪检业务对口交流。

2020 年，国网能源院开展党支部标准化建设、制度执行成效专项监督、专项巡察。连续 11 年编发国网能源院《反腐倡廉警示教育案例库》。组织“重廉、崇廉、促廉”警言警句征集活动。举办《中华人民共和国公职人员政务处分法》专题讲座暨警示教育活动。牵头组织各职能部门、下属单位应用国家电网公司“八项规定”监督检查指导书，开展自查自纠。

四、内部审计工作

2017 年 6 月，按照国家电网公司关于健全完善直属单位党建工作机构设置的指导意见，党群工作部（监察审计部）更名为“党建工作部（监察审计部）”，监察审计部与审计相关的职责为履行内部审计相关管理职能。2017 年，国网能源院接受国家电网公司开展的 2017 年直属单位依法治企综合检查。

2018 年 10 月，中共国网能源研究院有限公司委员会成立国网能源研究院有限公司党委审计工作领导小组。

2019 年 1 月，印发科研咨询业务审计指引，贯彻落实国家电网公司党组对审计工作提出的新要求，进一步夯实直属单位审计管理基础，补短板、谋长远，提高审计工作水平。2019 年 11 月，根据国家电网公司通知要求，认真贯彻中央关于深化中央纪委国家监委派驻机构改革部署，落实中央纪委国家监委关于推进中管企业纪检监察体制改革的工作要求，优化公司纪检组织体系，强化各级纪检机构监督责任，撤销监察审计部，设纪委办公室与合规审计部。

2020年4月，国网能源院党委审计工作领导小组更名为“国网能源研究院有限公司党委审计工作委员会”。

五、工会及离退休工作

（一）工会工作

2010年3月25日，第一次印发工会年度工作要点。首批体育活动包括职工运动会、篮球赛、乒乓球赛、羽毛球赛和瑜伽健身。

2011年2月22日，第一次评选表彰年度工会活动积极分子，万忠义、马新桥等16人获表彰。

2014年，首次在未来科学城园区举办职工联欢活动，建设“职工之家”。首次开展职工健步走、心理热线和咨询服务。

2015年，首次开展“共建绿色家园”植树活动，首次以工会小组为单位开展职工活动。

2016年8月2日，成立文学、书画、摄影、舞蹈4个职工文化社团。

2017年2月7日，成立国学社。

2016年，首次以国家电网公司劳模命名，分别成立单葆国、马莉劳模创新工作室。开通“能源院和谐家园”微信公众号。

2017年，国网能源院工会组织参与编撰的《班组进化论》专著得到国家电网公司工会充分肯定，支撑提出完整的“生命体”班组理论体系。

2017年，首次举办职工羽毛球赛。国网能源院职工书屋被评为国家电网公司“职工书屋示范点”。

2018年，国网能源院工会首次牵头组织职工疗养活动。

2019年，依据北京市工会相关精神，提高工会慰问支出标准，将包括“节日慰问”在内的各类慰问工作作为服务职工的重点。

（二）离退休工作

国网能源院在国家电网公司人资部门和离退休部门的指导下，执行国家、国家电网公司相关政策，保障离退休人员政治待遇和生活待遇。传达党和国家方针政策，宣传国家电网公司和国网能源院发展战略、决策部署和改革发展成果。邀请离退休人员代表列席年度工作会议、职工代表大会等重要会议。足额发放国家、国家电网公司规定的离退休补贴、补助。建立和完善离退休人员信息，加强与离退休人员的沟通，采取座谈、走访、线上沟通等方式听取意见建议，掌握思想动态，了解生活情况，改进服务方式。每年组织离退休人员健康体检，促使他们了解健康状况，做到有病早治、无病早防。开展离退休人员义务植树、参观学习、学唱红歌、绘画插花等活动，创造交流机会。开展离退休人员重要节日集中慰问，对高龄、失能和重病离退休人员进行个性化服务，传达组织关怀。

2018 年及以前，国网能源院离退休工作由人资部门归口管理。自 2019 年起，按照国家电网公司统一部署，国网能源院离退休日常服务由党建部门负责，人资部门和党建部门配合完成离退休工作。2020 年，国网能源院离退休人员 37 人，其中 3 名副局级退休干部由国家电网公司总部代管。国网能源院管理离休人员 1 人、退休人员 30 人、退休工人 3 人，共计 34 人。截至 2022 年底，离退休人员名单见表 2-12。

表 2-12　　　　离退休人员名单（截至 2022 年底）

管理关系	类型	人数	姓　　名
国网能源院管理	离休干部	1	刘倜
国家电网公司代管	退休干部	3	胡兆光、牛忠宝、李英
地方社会化管理	退休干部	30	杨菊湘、孙惠芬、唐淑和、姬金宏、赵连生、陈畮新、刘建文、李立东、张和之、丁美云、刘毓全、张鲁西、徐今燕、齐文仁、张维群、马庆安、盛晓萍、朱萍、杨静、马新桥、潘建英、孙颖、李秀平、万忠义、果强、赵军、曹明月、段燕群、赵敬起、张琳、饶才敏、张燕
	退休工人	3	李秀英、李春荣、俞建桥
合计		37	

国网能源院按照国务院国资委统一部署，在国家电网公司离退休部指导下，稳妥推进退休人员社会化管理。截至 2022 年底，1 名离休人员继续由国网能源院管理，33 名退休人员移交所属地方管理。移交期间和移交后，国网能源院继续保障退休人员统筹外待遇，加强感情联系，组织正能量活动，积极配合地方做好服务。

六、统战团青工作

（一）统战工作

国网能源院党委依据《中国共产党章程》《中国共产党统一战线工作条例（试行）》等党内法规，落实国家电网公司党组统战工作部署，成立统战工作领导小组，制定《国网能源研究院有限公司统战工作责任清单》（能源院党〔2020〕53 号），明确国网能源院党委、领导班子成员、各部门的统战工作责任，党委党建部作为统战工作的牵头部门和统战工作领导小组办公室，负责统战日常工作。落实统战宣传教育，推动统战制度执行和统战人士培养管理。实施“统战+科研”工程，将统战工作与科研咨询深度融合，发挥统战工作优势，服务智库发展。

2018 年 6 月 6 日，印发《中共国网能源研究院有限公司委员会关于成立统一战线工作领导小组的通知》，成立国网能源研究院有限公司统一战线工作领导小组，张运洲担任组长，王广辉、吕健担任副组长，成员包括党委办公室、科研发展部、党委组织部、党建工作部主要负责人。领导小组办公室设在党建工作部，办公室主任由党建工作部主任兼任。领导小组在国网能源院党委的领导下开展工作，向院党委负责并报告工作。主要职责包括：贯彻中央关于统一战线的重大方针政策、法律法规，落实国家电网公司党组有关决策部署，研究制定国网能源院党委统战工作相关措施；听取统战工作情况汇报，统筹协调和推动解决涉及统战工作的重点难点问题；审定向上级报告、对外发布的统战工作重要文件材料；指导、督促各党支部（党总支部）落实有关统战工作的决策部署和工作措施等。

2020 年 11 月 18 日，印发《国网能源研究院有限公司统战工作责任清单》，分别明确了国网能源院党委、领导班子成员、统战工作领导小组、统战工作领导小组成员部门的责任。

（二）团青工作

根据查到的资料，动能经济研究所、水电经济研究所、动经中心、国网经研院时期，均未成立独立的团组织。

2011 年 10 月 8 日，经国家电网公司团委批复同意，国网能源院召开团员大会，选举产生了共青团国网能源研究院第一届支部委员会，思想政治工作部林骋同志当选团支部书记，人力资源部张哲铨同志当选团支部副书记。

2018 年 9 月 29 日，根据工作需要，选举产生了共青团国网能源研究院有限公司第二届支部委员会，党建工作部杨丽坡同志当选团支部书记，党委组织部（人力资源部）于浩男同志当选团支部副书记，经济与能源供需研究所张春成同志当选团支部委员。

2020 年 11 月 26 日，随着国网（苏州）城市能源研究院有限责任公司团员人数的增加，符合成立团支部条件，国网能源院请示国家电网有限公司团委同意后，成立了共青团国网能源研究院有限公司委员会，选举产生国网能源院团委第一届委员会，杨丽坡同志当选团委书记，于浩男同志当选团委副书记，吕梦璇（女）、宋玉坤、孟诗语（女）同志当选团委委员。

国网能源院团支部成立以来，致力于当好党的助手和后备军，围绕团员青年开展了一系列活动，努力帮助国网能源院团员青年成长成才，曾被评为国家电网公司 2013、2014、2015、2016、2017、2019—2020 年度五四红旗团支部。范孟华、张地、薛松、林骋、张世高、李江涛、高怡然、于浩男、张春成、杨丽坡、许精策等多位优秀青年、团员和团干部被评为国家电网公司青年岗位能手、优秀共青团员和优秀共青团干部。2021 年，许精策获得“中央企业 2019—2020 年度优秀共青团员”荣誉称号，这是国网能源院首次获得该项荣誉。

第三章

科研发展

第一节 企业战略研究所

企业战略研究所（简称“战略所”）的前身最早成立于北京水利电力经济研究所时期。多年来致力于企业战略与规划、电力市场、电力体制改革、企业国际化等领域研究。在服务国家电网公司发展战略需求的同时，也为国家制定电力行业的发展规划提供重要参考。战略所的业务水平和研究成果获得了国家、专业机构和行业内企业的广泛认可，多次获得国家、行业和国家电网公司的各项奖励。战略所秉承着求真务实的工作态度，在创新中不断成长，力争在更高层次上助力国家和国家电网公司的发展。

一、历史沿革

战略所发展历程最早可回溯到 1983 年成立的北京水利电力经济研究所。在该时期，企业战略研究的相关工作由下设的能源、电力系统技术经济等研究室完成。

1999 年，国家电力公司组建动经中心，动经中心成立战略与规划研究所，下设战略研究室和规划研究室，专门从事行业和国家电力公司发展战略和规划方面的研究。该时期主要研究政企分开后中国电力体制机制改革，以及国家电力公司适应市场经济的发展战略，在支撑国家电力公司战略落地实施的同时，也为系统外部的公司提供战略咨询服务。动经中心成立初期，参与中加合作南方四省（区）能源战略规划项目的一批高层次人才被编入，战略与规划研究所承接了该项目的主要工作，并取得突出的研究成果。

2002 年，国家电力公司改革重组后，动经中心归属国家电网公司，战略与规划研究所也成为国家电网公司发展战略研究的中坚力量。

2005 年，动经中心成立电网经济与管理研究所，发展战略研究是其核心业务之一。

2006 年，动经中心更名为“国网北京经济技术研究院”，简称“国网经研院”。为进一步实现业务细分，2007 年，国网经研院成立战略与管理研究所，负责开展国家电网公司发展战略和发展规划方面的研究，同时涉及电力市场和电力体制改革等多方面问题的研究。

2009 年，国网能源研究院成立，设立企业战略与管理咨询研究所，承担国网经研院战略与管理研究所的业务，核心业务是在企业战略与规划、电力市场、电力体制改革等的基础上，增加了能源发展战略方面的研究。

2011 年，国网能源院撤销企业战略与管理咨询研究所，组建企业战略研究所，下设企业战略规划研究室、改革与市场研究室和国际化发展研究室。战略所成立初期，核心业务包括企业战略规划、电力市场、电力体制改革几方面。随着国家和国家电网公司对国际化业务的重视，企业国际化发展战略研究也成为核心业务之一。

战略所不断发展壮大，1999 年 12 月，动经中心设立战略与规划研究所，王新民任所长，柴高峰任副所长。2001 年 2 月，柴高峰任战略与规划研究所所长，李悠勇、赵勇任副所长。2005 年 6 月，李英任电网经济与管理研究所所长，魏玢任副所长。2005 年 11 月，魏玢任电网经济与管理研究所所长。2006 年 7 月，战略与管理研究所成立，魏玢任所长。2009 年 8 月，国网能源院成立企业战略与管理咨询研究所，李云峰任所长、马莉任副所长。2010 年 12 月，战略所成立，周原冰任所长（兼）、马莉任副所长。2013 年起，战略所所长职务由马莉担任；副所长职务先后由郭磊、代红才担任。2018 年起，副所长职务由张晓萱担任。不同时期战略所的名称和领导人员分别见表 3-1 和表 3-2。

表 3-1　　不同时期战略所的名称

归属单位（时期）	动经中心		国网经研院		国网能源院	
时间	1999—2005 年	2005 年	2006 年	2007—2009 年	2010 年	2011 年起
名称	战略与规划研究所、电网经济研究所	电网经济与管理研究所	电网经济与管理研究所	战略与管理研究所	企业战略与管理咨询研究所	企业战略研究所

表 3-2　　不同时期战略所的领导人员

时间	1999—2000 年	2000—2005 年	2005 年	2005—2009 年	2009—2010 年	2010—2013 年	2013—2014 年	2014—2016 年	2016—2018 年	2018 年起
所长	王新民	柴高峰	李英	魏玢	李云峰	周原冰	马莉	马莉	马莉	马莉
副所长	柴高峰	李悠勇、赵勇	魏玢		马莉	马莉		郭磊	代红才	张晓萱

二、业务发展

（一）企业战略规划研究

企业战略规划研究一直以国家发展规划和国家电网公司战略为指引，长期开展公司战略问题和战略理论研究，支撑公司战略管理体系建设，承担公司战略编制、纲要修订、战略动态分析等工作。

1. 企业战略研究

企业战略研究以国家重要发展战略和国家电网公司战略目标为指引，不仅为国家电网公司发展提供战略决策支撑，更为国家发展战略提供决策支持。

动经中心成立初期，企业战略研究以支撑国家电力公司经营发展战略规划设计为主要任务，同时助力推进中加合作南方四省（区）能源战略规划项目，在能源战略规划方面取得显著成果。国网经研院成立后，企业战略研究为新时期国家电网公司的改革提供战略支撑，在电力市场风险应对策略、国家电网公司绿色发展策略、电力企业投资策略等方面均有深入研究。2010 年，国家电网公司提出要深入推进电网发展方式和公司发展方式转变（“两个转变”）。2011 年，国家电网公司继续加快推进“两个转变”，加快建设“一强三优”现代公司。在此时期，企业战略研究业务在开展国家电网公司发展战略深化研究的同时，承担了“‘一强三优’现代公司发展战略内涵及国际一流企业指标体系研究”等研究项目。2012 年，国家电网公司提出创建“两个一流”的战略目标。战略所围绕该目标构建“世界一流电网”和“国际一流企业”评价指标体系，提出“两个转变”实现路径和相关举措，指导国家电网公司战略深化和经营管理。2013 年，国家电网公司“三集五大”体系建设从体系构建向全面建设阶段转变。战略所总结了国家电网公司提升“三集五大”体系整体成效，研究新体系有效运转面临的重点难点问题，并提出解决思路，为国家电网公司提供决策参考。2019 年，国家电网公司提出“三型两网、世界一流”的战略目标，战略所从该战略目标的战略内涵、路径和实施关键问题等方面入手，对“三型两网、世界一流”理论体系进行研究。2021 年，国家电网公司创新性地提出“一体四翼”的战略目标。战略所的研究业务以此为导向，服务电网主业的战略发展，推动电网向能源互联网转型，同时为金融业务、国际业务、支撑产业、战略性新兴产业的发展提供战略服务。

党的十九大召开后，国家电网公司提出要坚决贯彻党的十九大精神，努力实现建设“世界一流企业”的发展目标，战略所承担国家电网公司战略管理体系建设主要支撑工作，完成国家电网公司战略体系建设方案编制、国家电网公司年度战略分析报告编写等工作，研究提出国家电网公司战略评估体系及机制，初步形成了贯穿战略制定、战略分解、战略跟踪管控的整体技术支撑能力，助力建设具有中国特色国际领先的能源互联网企业。受国务院国资委考核分配局委托，开展重大课题“具有全球竞争力的世界一流企业评价指标体系问题”的研究。2021 年，战略所以“十四五”时期的主要任务为出发点，完善国家电网公司战略发展思路，优化业务发展格局、发展重点，探索各业务板块协同方式，改进各业务板块的管控模式和组织架构，丰富和完善国家电网公司战略体系。

2. 企业发展规划研究

企业发展规划研究总体以不同时期的国家五年规划要求为指引，深度结合国家电网公司的发展需求，持续承担国家电网公司发展规划研究支撑和滚动编制工作，完成政府部门、国家电网公司、网省电力公司、发电集团委托的多项规划课题研究，形成了具有电力企业特色的规划理论体系与方法论。

企业发展规划研究致力于服务国家五年规划需求，并助力国家电网公司完成五年规划提出的任务。战略所从发展定位、发展目标和发展重点等方面解读国家新时期的任务，支撑国家电网公司制定发展规划。围绕“十一五”规划对国有企业改革与发展提出的要求展开研究；全面分析国家电网公司“十二五”发展面临的形势，研究提出“十二五”发展总体目标、发展重点任务以及十六项专项规划重点等，有效支撑国家电网公司

“十二五”发展规划编制；2014 年，根据国务院国资委要求，完成“中央电力企业‘十三五’发展规划研究”；2019 年，受国务院国资委规划局委托，开展“‘十四五’时期国有企业发展模式及路径专题研究”，支撑高质量推进国家电网公司“十四五”规划研究编制工作，配合发展部制定国家电网公司“十四五”规划工作方案，国家电网公司“十四五”规划基本思路、规划对标分析报告等成果上报国务院国资委，研究编写国家电网公司“十四五”发展规划总规划报告。

国家电网公司一直是国有企业的排头兵，战略所（及其前身）全方面支撑公司发展，在国有企业战略规划研究方面成果颇丰。2016 年，承担重大项目“中国特色国有企业理论研究”；2019 年，承担重大项目“‘十四五’时期国有企业发展模式及路径专题研究”。此外，战略所在国有企业发展的一些重要问题方面也进行深入研究。例如，在国有企业分类监管的问题上有诸多积累，主要是从资本授权经营、股权多元化等视角分析国企分类监管对公司的影响。2020 年，战略所对国有企业竞争中性这一问题展开深入研究，梳理了国有企业竞争中性的历史演化过程，并分析了“竞争中性”对公司发展的影响。

（二）改革与市场研究

战略所的改革与市场研究业务主要针对国内外电力行业体制改革的热点难点问题，聚焦电力市场化改革、电力市场建设、行业体制改革、可再生能源政策等领域，形成了一系列标志性成果。

1. 电力体制改革研究

2002 年，《国务院关于印发电力体制改革方案的通知》（国发〔2002〕5 号）发布，我国开始推动电力体制改革。为服务国家改革要求，战略所（及其前身）明确将电力市场分析预测和电力体制改革作为业务拓展方向，开展了“南方电力公司电力市场模式”“东北电网区域电力市场方案”“上海电力市场试点工作及未来市场模式分析”“西北电网建立区域电力市场初步可行性”等课题的研究。以探究新的改革模式为研究目标，2007 年，战略所承担了“‘放开两头、监管中间’电力改革模式研究”项目。通过研究我国电力体制改革重大问题、电力监管机构职能等课题，战略所对改革的重点进行了系统性总结。

2015 年 3 月，在国家全面深化改革的背景下，新一轮电力体制改革启动，战略所全方位支撑改革配套文件编制、改革文件宣传、市场规则制定和试点实施等工作。全面支撑国家电网公司体制改革办公室、发展部、营销部、国调中心、交易中心的改革研究工作，完成“国家电网公司关于贯彻落实中发 9 号文件有关情况的汇报”等支撑任务。

近年来，电力体制改革研究存在几个明显的趋势。一是改革研究进一步向落地实操方面推进，在方案和规则方面实现突破。支撑国家电网公司对改革实施细则及省级改革试点方案的反馈、国家电网公司全面深化改革工作实施方案制定、国家电网公司全面深化改革重点任务研究、国家电网公司关于增量配电和市场化售电等方面指导意见、实施方案及业务规则研究等工作。二是围绕中央改革要求和社会关注的焦点、痛点问题开展研究，深化顶层设计。持续加大电力体制改革、现货市场建设、泛在电力物联网、增量配电试点、发用电放开计划、公司混合所有制改革等重点问题研究力度；全面支撑国家发展改革委、国家能源局等政府机构改革政策的研究与起草。三是充分发挥智库作用，在电力体制改革领域的重点问题上，提出方案，做好决策支撑。加强改革形势研判，及时结合新形势向国家电网公司提供改革策略建议；加强改革量化分析及辅助决策工具开发，为国家电网公司改革发展提供量化研究支撑；持续加强对政府改革研究支撑，发挥国家电网公司与政府沟通桥梁作用；持续关注国家五年规划对电力体制改革的新要求，对“十四五”时期电力体制改革进行前景展望研究。

2. 电力市场改革研究

从国家提出“政企分开”的改革思路开始，到实现“厂网分开，竞价上网”目标，再到后来的全面深化改革时期，电力市场改革一直在进行。战略所的电力市场研究致力于支撑国家和国家电网公司电力市场建设的相关工作，不仅为国家电网公司参与电力市场提供政策建议，而且多次参与国家层面的电力市场机制设计。

电力市场研究主要集中于电力市场建设中的重要问题，以研究成果推动电力市场机制完善。一是参与电力市场顶层机制设计，支撑全国统一电力市场方案。重点围绕电力市场模式、清洁能源市场机制、电价机制等问题开展研究，在线支撑国家电网公司全国统一电力市场优化方案和交易规则编制。支撑北京电力交易中心完成电力交易结算、电力市场运营分析报告、市场化交易合理比例、清洁能源消纳市场化机制、电力市场信息发布规则编制等 25 项在线任务。二是助力电力现货市场建设，参与省间电力市场试点和运行支撑。对现货市场运行评价、两级现货市场建设模式、中长期交易与现货交易衔接方式等重要问题进行探讨。配合国家能源局开展电力现货试点周例会有关工作，开展电力现货市场三年行动计划、省间电力现货市场规则、省级现货市场建设等方面的研究。支持北京电力交易中心开展省间电力市场实施细则编制、信息发布机制设计、电力市场运营分析报告、电力市场整体评价体系研究等工作。三是深入电力市场试点方案研究，解决电力市场运行中的管理问题。在市场试点实施方面，完成“售电侧放开试点方案”“省级电力市场建设综合试点（框架）研究”等相关研究任务，对电力市场阻塞管理、政策风险评估与防范等重要管理问题进行研究。结合新的发展背景，开展能源互联网下电力市场建设、新型电力系统下的电力市场运行机制、基于大数据的电力市场运营评价等新问题的研究。从碳达峰碳中和目标出发，为完善电力市场的绿色发展提供建议。

3. 国有企业改革研究

国有企业改革是市场经济体制改革的中心任务，战略所持续关注国有企业改革过程中出现的新问题，在国企股份制改革、混合所有制改革、分类改革、供给侧结构性改革等问题上具有深入的见解。

在国家提出建立国企股份制改革、国企“抓大放小”重新整合的发展要求后，战略所从国家电网公司的发展现状入手，在全面深化改革等背景下，对公司治理结构、改革激励政策、改革重点和难点等方面进行讨论。混合所有制改革是国有企业改革进程中的重要内容。近年来，战略所多次参与国家和国家电网公司混合所有制改革工作方案的编制工作，其对于混合所有制改革的研究不只停留于产权配比层面，而是从混合所有制的内在机理出发，以产权制度改革为研究重点，推进建立与现代企业制度相适应的产权制度，从国家电网公司实际出发，为公司混合所有制改革提供合理化建议。战略所在进行混合所有制改革研究的过程中，充分认识到混合所有制改革对推动后续经济改革的引领作用，重视用人制度、分配制度、员工持股等方面的顶层机制设计研究。在国家提出分类推进国有企业改革的要求后，战略所重点围绕基于国有企业分类监管的公司运营模式优化技术、适应国有企业改革的公司业务分类评价方法等方面开展课题研究，对国有企业普遍存在的目标多元、定位不清等问题进行深入探讨。在供给侧结构性改革的发展要求下，国有企业改革研究从推进国有企业高质量发展、加强结构调整、矫正要素配置扭曲、扩大有效供给等方面深入进行。

国有企业改革研究从改革顶层设计、实施方案研究、改革经验总结等维度开展。配合体制改革办公室（简称“体改办”）撰写研究材料《公司特高压混合所有制公司的法人治理及体制机制安排研究》《公司混合所有制改革与探索》《关于电网企业竞争性业务改革有关问题的思考和建议》等，有力支撑了公司国有企业改革相关工作的顺利开展。配合体改办完成国家电网公司所属企业功能界定与分类的工作意见、公司混合所有制改革工作方案等。支撑体改办完成国家电网公司监管类业务推进混合所有制改革、国家电网公司与南方电网公司重组等前瞻性研究。支撑体改办开展“公司混改项目伙伴选择评价体系及治理机制”“我国省级电网实施混合所有制的必要性和可行性”等专题研究。2020 年，完成科技项目“公司混合所有制改革方法、方案及成效评价研究”。

（三）国际化发展研究

国家电网公司积极落实国家“走出去”战略，战略所的国际化发展研究业务也应运而生。战略所国际化研究课题组（简称“课题组”）支撑国家电网公司国际合作部等部门，研究国家电网公司国际化发展战略、“一带一路”建设规划、产能合作规划等，支撑国家电网公司制定了每个五年规划中的国际化发展规划，参与国家电网公司国际业务相关重要文件起草和制度编写工作，并承担国家发展改革委、国家能源局、国务院国资委等部委安排的国际化相关课题研究任务，支撑和服务政府决策。

1. 国家电网公司国际化发展战略规划研究

2009 年之前，国家电网公司国际业务主要以跨境电力贸易、国际交流为主，战略所（及其前身）主要开展中国与蒙古国、中国与俄罗斯等周边国家跨国电网建设、电力贸易相关研究，承担了“中蒙能源合作项目合作方式研究”“国家电网公司参与中俄界河水电开发的可行性研究”等项目，支撑国家电网公司开展跨国电网互联互通、优化跨国电力交易模式，并参与研究探索海外并购、国际工程承包等国际业务发展新模式。自2009年开始，国家电网公司国际业务不断取得新突破，首次成功收购境外国家级电网的特许经营权，开始投资运营菲律宾国家电网公司等海外项目。战略所围绕国际化发展新形势，开始研究企业国际化战略、国际投资、国际工程承包、国际风险等领域课题。承担了“公司国际化战略研究”“加快公司国际化发展创新业务”“公司海外项目风险防范研究”“公司文化与海外文化关系研究”等项目，支撑国家电网公司国际业务创新发展、优化海外资产管控模式。

自2013年习近平总书记提出“一带一路”倡议以来，国家电网公司国际化发展以“一带一路”建设为核心，国际影响力进一步提升，战略所国际化业务相关研究也取得丰硕成果。承担了国家电网公司委托的“基于国家‘一带一路’倡议的公司国际业务拓展模式创新研究”“适应‘一带一路’倡议的国际业务发展重点研究”“公司服务‘一带一路’建设专题研究”等项目。

2018年以来，国际形势发生重要变化，中美贸易摩擦成为影响国家电网公司国际业务发展的主要外部因素，课题组通过研究中美贸易摩擦对国家电网公司的影响，形成多篇决策参考和研究专报，并得到国家电网公司领导批示。为了更好地跟踪国际形势和行业变化，课题组开始每年出版《世界电力行业跨国投资分析报告》，形成了一定影响力。

2020年以来，面向“十四五”发展要求，课题组支撑国家电网公司国际化战略规划，开展“‘十四五’公司国际化发展重大问题研究”“国际新形势下公司国际业务合规风险评估与预警方法研究”等项目的研究，提出国际政治经济新形势下国家电网公司国际业务布局、加强风险防范的新思路。

战略所也从国家电网公司国际化业务长期发展的需求出发，对国际化业务进行规划研究。先后承担“公司‘十三五’国际化业务发展规划研究”“国有企业‘十四五’国际化发展规划研究”等重点项目，结合新形势下国际化发展的战略环境，不断优化国际化业务的发展模式，对国家电网公司和国有企业的国际化发展进行前瞻性研究。

2. 中国企业国际化发展政策与实践研究

中国加入WTO对国家和国家电网公司的国际化业务发展具有里程碑意义，但对于当时的电力企业而言，开展国际化业务的经验较少，对中国电力企业国际化发展政策的研究刚刚起步。国际化发展研究就中国加入WTO对电力工业的影响开展讨论，对国际化业务进行展望。“一带一路”倡议被提出后，我国政府加强与各国之间的贸易往来，中国企业也积极拓展国际化业务。战略所针对电力企业参加“一带一路”的政策引导、风险管控、金融体系建设等方面进行研究，分析了国际化业务的经营和投资环境。战略所关于“一带一路”的研究成果非常丰富，对中央企业“一带一路”国别风险与安保体系建设、金融支撑“一带一路”创新、中央企业参与“一带一路”建设金融创新等问题都有深入的研究。党的十九大报告提出，要培育具有全球竞争力的世界一流企业，2019年，战略所承担国务院国资委项目“具有全球竞争力的世界一流企业评价指标体系问题研究”，为国有企业提升国际竞争力提供支撑。为建成世界一流企业，国家鼓励能源企业“走出去”，在此时期，战略所开展了电力行业国际产能合作指导政策、全球能源治理政策保障机制、全球能源互联网协调发展机制等方面的研究。

此外，国际化业务也一直服务于国家发展规划。2016 年，国务院国资委部署开展国际化经营后评价，课题组承担国务院国资委项目“中央企业‘十二五’国际化经营后评估研究”。2018 年，战略所完成重点项目“中央企业‘十三五’国际化经营战略研究”。2020 年，承担国务院国资委项目“‘十四五’时期国有企业提升国际化经营水平研究”，为国务院国资委制定“十四五”规划提供决策支撑。

三、代表性成果

战略所经过近 40 年的发展，取得了丰硕的研究成果。自 2011 年起，累计承担项目近 1500 项，其中包括重大战略课题 25 项；累计发表论文文章 400 余篇；出版专著 17 部；申请专利 16 项，其中 2 项已获授权；获软件著作权 13 项；累计发表内参专报 210 余篇，其中获国家电网公司领导批示超过 30 篇。

（一）主要项目

动经中心成立初期，为国家电力公司的发展提供重要支撑。承担的主要项目包括“国家电力公司经营发展战略规划”“国家电力公司经营发展战略之公司改革战略篇”“国家电力公司电力营销子战略研究”等。负责中加合作南方四省（区）能源战略规划项目等。

国网经研院时期，电力市场和电力改革相关业务得到进一步深入，为目前战略所的电力市场研究奠定了坚实的基础。“‘放开两头、监管中间’电力改革模式研究”“大用户参与电力市场研究”等项目为建立电力市场机制提供了重要参考。该时期的研究也关注国家生态文明建设的发展目标，“发电权与排污权交易理论及技术研究”的成果对支撑国家电网公司实现绿色发展具有重要意义。

2011 年以来，战略所的业务范围涵盖企业战略与规划、改革与市场、国际化发展等领域。

企业战略与规划业务。该项业务的研究内容涉及国家发展和国家电网公司战略等层面。在国家发展层面上，战略所贡献了优秀的研究成果。例如，“央企小镇助力乡村振兴研究”获得 2019 年度中央企业智库联盟重点课题（联合调查研究类）优秀研究成果奖特等奖。战略所的研究成果也深度服务于国家五年规划中电力企业发展需求，先后承担了“公司‘十二五’发展规划”“中央电力企业‘十三五’发展规划研究”“公司‘十四五’发展规划重大问题研究”等项目。在公司战略层面上，战略所以支撑国家电网公司发展战略落地为目标，承担了“国家电网公司‘三集五大’体系建设框架及运行评估研究”（2012 年度国家电网公司科学技术进步奖特等奖）、“公司‘三型两网、世界一流’理论体系和关键问题研究”等项目。为了更好地践行国家电网公司赋予国网能源院的责任和使命，战略所也从能源战略的高度上开展研究，其中“适应能源革命与数字革命融合发展的公司改革创新若干问题研究”获得 2019 年度国家电网公司软科学成果奖一等奖。

改革与市场业务。战略所长期开展电力体制改革政策、电力管理体制、电力市场建设方案、电力市场交易机制和规则设计等方面的研究。在全国统一电力市场建设方面，战略所承担的重大项目“全国统一电力市场顶层设计研究”和“全国统一电力市场顶层设计方案及实施路径研究”获得国网能源院科技进步奖二等奖。“国际电力体制改革历史因素分析和未来趋势判断”的研究成果有助于国家和国家电网公司从国际视角审视电力体制改革的问题，该项目获得国家电网公司管理咨询优秀成果奖二等奖。“省级电力改革试点实施关键问题及风险防范研究”和“新一轮电力体制改革试点模式及实施方案研究”均获得国家电网公司软科学成果奖，从不同方面为我国电力市场改革提供建设性意见。近年来，电力市场业务聚焦于电力交易机制的研究，如“公司电力交易集约化管理模式设计和交易软件开发”“股份制电力交易机构运营模式与机制研究”等项目。随着国家对碳排放权交易机制的不断探索，战略所电力市场业务也涵盖了碳市场的研究，开展“公司参与国内碳交易途径研究”“碳中和愿景下电—碳两个市场协同发展研究”等项目的研究，支撑国家电网公司碳管理工作方案及三年行动计划制定。

国际化发展业务。战略所国际化发展业务支撑了国家和国家电网公司国际化战略、“一带一路”建设、国际业务扩展与管控等诸多研究领域。在国家提出“一带一路”的战略构想之后，战略所积极发挥自身的战略支撑作用，开展多项研究，其中“‘一带一路’倡议背景下国际电力合作研究”获得 2016 年度国家能源局能源软科学研究优秀成果奖二等奖，“基于国家‘一带一路’建设的公司国际业务拓展模式创新研究”获得 2018 年度中国电力企业联合会电力创新奖二等奖。战略所在国际标准战略和国际对标等方面的研究进展在行业内也处于领先地位。其中，“国家电网有限公司电网、产业、金融和国际业务对标管理体系优化研究”获得 2019 年度中央企业智库联盟重点课题（联合调查研究类）优秀研究成果奖特等奖，该项目从国家电网公司和产业层面细化了对标管理的指标体系，开发的方法学可以为其他大型企业提供参考。国际化发展业务的研究成果也为国家电网公司成为世界一流企业提供参考标准。其中，“中央企业培育具有全球竞争力的世界一流企业路径研究”获得 2019 年度中央企业智库联盟重点课题（联合调查研究类）优秀研究成果奖特等奖。

（二）知识产权

2011 年至 2022 年 7 月，战略所共申请 16 项专利，其中 2 项获得授权；获得 13 项软件著作权。知识产权具体情况见表 3-3。

表 3-3 知识产权具体情况

专利
一种电网指标体系建立方法、装置以及计算设备（已授权）
一种含大规模风电功率场景的电力系统经济调度方法（已授权）
一种适用于两级市场发用电平衡的衔接方法和系统
基于改进仿射备用分配的含风电电力系统经济调度方法
一种基于风电功率随机性成本的电力系统经济调度方法
一种基于近似函数的高斯混合模型参数获取方法
基于可再生能源与负荷响应的电力市场机制设计方法
一种含传输阻塞机会约束的随机经济调度方法
一种表征可再生能源功率概率分布的模型生成方法
基于电池损耗和分布式电网电池储能日前随机调度的方法
一种电网指标体系建立方法、装置以及计算设备
一种基于区块链技术的用户间能量交易管理系统及方法
一种公司战略环境动态量化分析方法
一种公司战略环境趋势分析和动态识别方法
一种表征可再生能源功率概率分布的模型生成方法
风光储联合发电系统置信容量评估方法及系统
软件著作权
日前电力市场交易模式模拟与定量分析设计软件 V1.0
基于优化可再生能源备用置信区间的电力系统随机调度软件 V1.0
考虑多可再生能源发电站出力时空相关性的高效场景生成技术软件 V1.0
电力体制改革成效分析软件 V1.0
国际一流企业对标模型软件
公司国际项目开发辅助决策软件
国际电力工程承包与电工装备市场需求预测软件
国际业务目标市场分析评估模型软件
能源电力行业并购监测软件
电网企业战略环境分析软件平台 V1.0
电网企业战略调适力评价软件平台 V1.0
增量配电项目信息管理平台 V1.0
增量配电项目统计分析平台 V1.0

（三）其他

战略所的研究水平和研究成果得到业内的广泛认可。在研究领域出版了多部专著，其中包括《国内外电力市场化改革分析报告》《世界电力行业跨国投资分析报告》《中国与“一带一路”沿线国家能源合作研究》等。文章发表主要集中在企业战略与规划、电力体制改革、电力市场、企业国际化等领域。例如，《中国电力市场建设路径及市场运行关键问题》《Analysis of Power Grid Corporation’s Supply Chain Carbon Management》《Cost-Benefit Analysis of Multinational Power Interconnector》《中国新一轮电力市场改革试点有序运行关键问题》等。2017 年 9 月 25 日，人民日报发表马莉文章《中国正走向世界核能产业链中高端》。战略所内专家多次接受央视等媒体采访，影响力不断扩大。

战略所为国家电网公司系统内外均培养了大量科研型人才。战略所（及其前身）原所长柴高峰，现任国网能源院副院长，曾任国家电网公司总师办副主任，曾挂职中共吉林省白城市委常委、副市长；战略所（及其前身）原副所长李悠勇，曾任国家能源局新疆监管办公室党组书记、专员；战略所（及其前身）原副所长赵勇，现任中国华能集团清洁能源技术研究院有限公司院长；战略所（及其前身）原所长李英，曾任国网能源院副院长；战略所（及其前身）原所长魏玢，现任国家电网公司体改办副主任，曾获得“中央企业劳动模范”等荣誉称号；战略所（及其前身）原所长李云峰，现任中共中国大唐集团有限公司党校常务副校长；战略所（及其前身）原所长周原冰，现任全球能源互联网发展合作组织经济技术研究院院长，是国务院政府特殊津贴专家；战略所（及其前身）原副所长郭磊，曾任国网（苏州）城市能源研究院有限责任公司副院长；现任所长马莉获得“国家电网公司劳动模范”荣誉称号，获得中国电力优秀科技工作者奖等；现任副所长张晓萱获得国家电网公司发展工作先进个人、营销工作先进个人等荣誉称号；现任主任经济师高国伟获得国家电网公司优秀专家人才（后备）、信息工作先进个人等荣誉称号。战略所多次获得国家电网公司系统内外的多项集体奖。例如，国家电网公司先进集体、国家电网公司电网先锋党支部标兵等奖项。战略所在创新中求发展，形成了一支专业素质过强的科研团队，力求成为国家电网公司，乃至国家企业战略研究领域的中坚力量。

第二节 能源互联网研究所

能源互联网研究所（简称“互联网所”）成立于 2015 年，以能源互联网发展政策与战略规划、综合能源系统规划与综合能源服务商业模式、电力物联网市场与技术、国际能源政治经济等为主要研究领域。互联网所还负责国网能源院全球能源研究统一平台、电力物联网商业模式仿真实验室建设运营及能源观察网运营管理。

一、历史沿革

互联网所成立之初名为“全球能源互联网研究中心”。为支撑国家电网公司推动全球能源互联网建设，2015年7月经院长办公会议审议，设立全球能源互联网研究中心。全球能源互联网研究中心主要开展国际能源政策、全球能源电力资源与技术评价、国际电力联网等方面的研究工作。

2019年，国家电网公司提出建设世界一流能源互联网企业的战略目标。为贯彻国家电网公司战略目标，全球能源互联网研究中心调整为能源互联网研究所并相应调整部门职责。调整后的互联网所更加聚焦电网向能源互联网升级路径的研究，内设物联网经济研究室、综合能源研究室、国际能源政策研究室3个研究室。

不同时期互联网所的领导人员见表3-4。

表3-4　　不同时期互联网所的领导人员

时间	2015—2016年	2016—2017年	2017—2018年	2018—2020年	2020年起
所长（主任）	周原冰（兼）	王耀华	鲁刚	代红才	代红才
副所长（副主任）			张栋	张栋	刘林

二、业务发展

（一）国际能源政策研究

2015年，国家电网公司提出构建全球能源互联网。为支撑这一战略构想，互联网所在成立之初便聚焦全球能源互联网相关的国际能源政治经济研究，形成了涵盖政治、经济、文化等全领域的全球能源互联网理论研究成果，并研发了包括效益评估、联网规划等在内的模型方法。

2016年，互联网所承担国家电网公司重大战略课题“全球能源互联网理论体系和综合价值深化研究”,构建了全球能源互联网综合价值评价体系，成为全球能源互联网发展落地的总的战略指引。同年，承担国家电网公司管理咨询项目“构建全球能源互联网的关键问题研究”与“全球能源互联网发展行动计划研究”，提出了全球能源互联网发展落地的具体路径。

2017年，互联网所承担国家电网公司科技项目“跨洲联网规划方法及方案评价原则研究”“跨国联网工程经济、社会、环境效益综合评价方法研究”与管理咨询项目“‘一带一路’沿线国家电力联网潜力研究”，为跨国联网规划与综合效益评估提供了方法论支撑，并在此基础上承担国家电网公司科技项目“东北亚电网联网可行性研究”,运用联网规划与评估方法，以东北亚为案例进行了跨国电力联网的实证研究。

2018年后，互联网所继续拓展国际能源研究领域，加强对能源地缘政治与经济的研究，以支撑政府与国家电网公司对外能源政策决策。2018年，互联网所承担国家电网公司管理咨询项目“全球能源互联网情景下世界能源治理体系建设研究”“公司境外风险防控体系研究”与科技项目“‘一带一路’重点国家电力建设与产能合作的国家信用动态评价与投融资决策技术研究”，以及国家能源局研究咨询课题“世界重大地缘政治冲突、热点问题对我能源安全及战略对策研究”“东北亚能源合作研究”，为国家电网公司提升全球能源治理影响力、国际业务风险防控提供决策服务，为国家能源安全战略及对外能源合作提供支撑。

2021年，互联网所承担国务院国资委课题“RCEP、中欧全面投资协定对国有企业‘走出去’的影响研究”与财政部课题“主要经济体外资安全审查机制的现状、变化及借鉴研究”，支撑国家在能源安全、区域能源合作、海外能源投资与贸易等方面的决策。

其间，互联网所还开展了对国内外能源转型及能源电力企业发展的对比研究。2019、2020年，互联网所主编了《世界能源清洁发展与互联互通评估报告》，分别对欧洲、非洲国家的清洁能源发展水平进行了量化评估，分析了其能源转型的优势及短板。2020年，互联网所承担国家电网公司重大战略课题“国内外能源电力企业发展研究”，研究分析了国内外主要能源电力企业转型发展的基本趋势、经验教训，为国家电网公司向能源互联网企业转型发展提供了重要支撑。

（二）能源互联网经济研究

能源互联网经济研究涵盖政策理论研究、国内外对比研究等，并在宏观研究的基础上逐步丰富中、微观研究，包括能源互联网技术、市场、商业模式及示范项目等。

2017年，互联网所承担国家电网公司战略课题“能源互联网和城市智慧能源系统研究”。2018年，互联网所承担国家电网公司科技项目“能源互联网功能形态架构设计及关键支撑技术研究”，在能源互联网理论方面进行了探索，提出了能源互联网形态架构和能源互联网关键技术成熟度及发展路线图。2018—2020年，互联网所陆续支撑国家电网公司总部多个部门开展“智慧电网专题研究”“雄安新区智慧能源系统规划构想研究”“公司能源互联网专项规划研究”“具有中国特色国际领先的能源互联网规划”“公司能源互联网规划实施方案”“面向乡村振兴的农村能源互联网构建技术与业态模式研究”等专项研究及科技项目，有力支撑了国家电网公司能源互联网发展规划的编制。2019年以来，互联网所每年编写《国内外能源互联网发展分析报告》，对年度国内外能源互联网的政策支持、发展方向、发展实践等进行跟踪分析。

2019年以来，根据国家电网公司战略发展目标，进一步强调信息数字技术与能源系统的融合及拓展战略性新兴业务，互联网所以电力物联网建设实际需求为导向，充分考虑内外部发展形势与国家电网公司优势特点，理论结合实际，聚焦电力物联网商业模式设计，开展了一系列针对国家电网公司能源互联网战略性新兴业务发展的商业拓展研究。2019年，互联网所承担国家电网公司专项研究项目“适应输配电价改革的泛在电力物联网商业运营模式研究”“泛在电力物联网 5G 网络运营业务及商业模式研究”与“绿色智慧物流商业模式研究”，围绕智慧能源综合服务、多站融合数据中心建设、数据增值服务等新兴业务进行盈利模式、经营策略等方面研究，支撑国家电网公司新兴业务加快落地。承担国家电网公司管理咨询项目“基于能源互联网的商业模式设计与运营体系研究”，从理论层面构建能源互联网商业模式设计逻辑，并提出效益评价方法。研究构建了覆盖公司层、业务层、项目层的电力物联网商业模式理论体系与 MAPPER 商业模式引领者模型，有力地支撑了国家电网公司能源互联网业务开拓与提质增效。MAPPER 模型是国内首创、业界领先的商业模式设计工具与方法，创造性地提出了覆盖“要素层—分析层—结果层—方案层”的商业模式设计步骤，全面系统地提出了覆盖商业模式设计各环节的实用方法与流程指引。模型以市场需求、核心能力为基础环节，以产品服务、盈利模式为核心环节，以生态策略、风险保障为支撑环节，并引入了迭代完善的循环过程。

MAPPER 模型设计步骤见图 3-1。

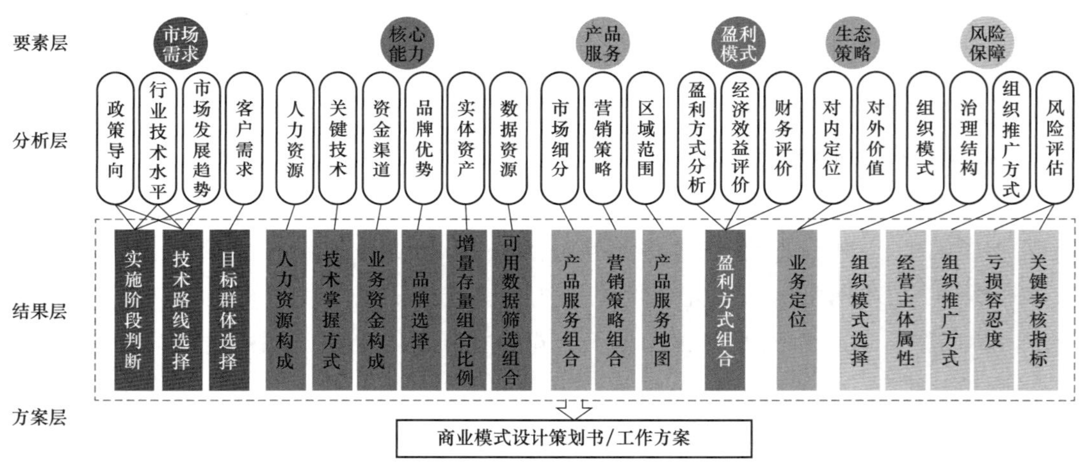

图 3-1　MAPPER 模型设计步骤

（三）综合能源服务研究

随着能源互联网技术、市场机制等的发展，由能源服务升级而来的综合能源服务迅速发展，成为各国及大型企业战略竞争和合作的新焦点。互联网所在深化能源互联网经济研究的同时，不断加强综合能源服务领域的研究，聚焦国家电网公司开拓综合能源服务业务的需要，开展综合能源系统规划、综合能源服务市场形势研判等方面研究。

2017 年，互联网所承担了国家电网公司重大战略课题“公司发展综合能源服务战略研究”，以国家电网公司开展综合能源服务业务的路径为导向，研究分析了综合能源服务的潜力规模、价值定位、战略思路、业务选择、市场策略、体制机制等，为支撑国家电网公司开拓综合能源服务业务奠定了重要的理论基础。之后，互联网所承担了国家电网公司科技项目“公司拓展综合能源服务业务市场分析技术及模型构建研究”“雄安新区综合能源系统的市场集成交易与典型业务生产模拟、效益评价方法研究”“面向近零能耗建筑的综合能源规划技术研究及示范应用”“综合能源系统多能转换模拟与综合能效评估技术研究”等，研究开发了综合能源服务业务市场分析、效益评估等模型工具。互联网所还承担了“国家电网有限公司供冷供热供电多能服务三年行动计划”“国家电网有限公司关于深入推进综合能源服务业务发展行动计划”“公司综合能源服务决策技术支撑——市场分析与政策研究”“公司综合能源服务业务发展报告”等国家电网公司专项研究项目，有力地支撑了国家电网公司综合能源服务业务发展规划、重点任务编制。

为进一步提升综合能源服务研究领域的竞争力，互联网所于 2019 年自主开发了综合能源系统规划软件（PIES）。该软件包含负荷预测、资源评估、优化规划、运行模拟、财务评价五大功能模块，可支撑终端各类能源需求预测、新能源资源条件评估、综合能源系统方案规划、系统运行模拟、项目财务指标测算等功能。面向对象覆盖单体建筑/工业企业、建筑群/工业园区、城市等不同尺度，可满足多场景综合能源规划需求。

综合能源系统规划软件基本架构见图 3-2。

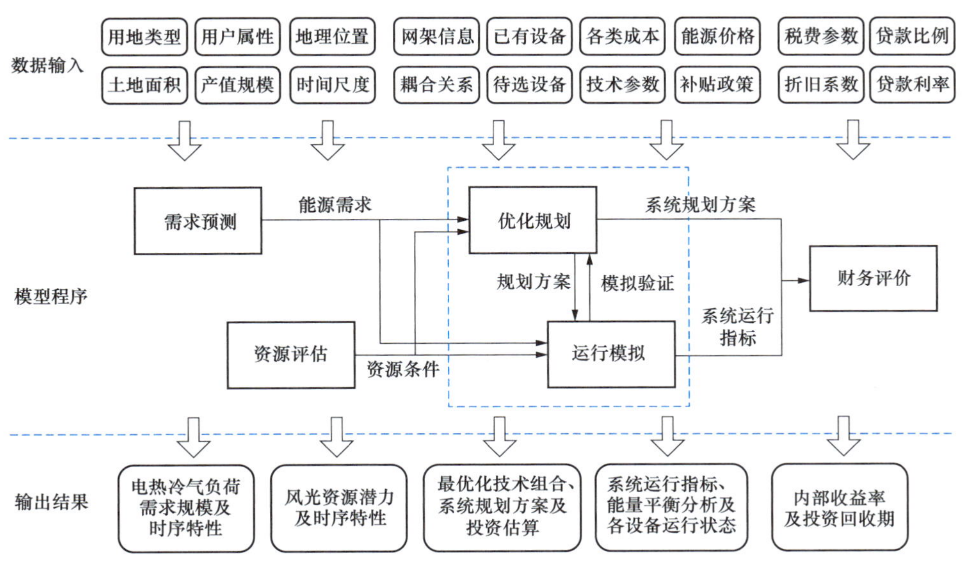

图 3-2　综合能源系统规划软件基本架构

除上述三大研究领域外，为加强智库建设及提升对外影响力，互联网所每年编写《中国能源电力发展展望》报告，成为国网能源院对外发布的主要品牌研究成果。报告立足于能源中长期发展方向、方式、动力，采用源网荷储协调等新理论和现代分析决策新技术，研判中国能源和电力中长期的转型发展趋势，并对当年热点问题进行深入剖析。

三、代表性成果

自 2015 年成立以来，互联网所共承担科研项目近 400 项。其中，国家电网公司重大战略课题 7 项，科技项目 60 余项，管理咨询项目 30 余项，政府委托项目近 20 项。科研项目共获得各类奖励 300 余项。其中，省部级奖励 10 余项，行业级奖励 70 余项，公司级奖励 20 余项。累计发表论文文章 150 余篇，其中核心期刊文章 80 余篇；出版专著 16 部；申请专利 14 项；获软件著作权 33 项；累计发表内参专报 140 余篇。

（一）主要项目

国际能源政策研究方面。2017 年承担的国家电网公司管理咨询项目“‘一带一路’沿线国家电力联网潜力研究”，获 2017 年度国家电网公司软科学成果奖一等奖。项目研究提出了“一带一路”沿线国家联网潜力的多维筛选评估模型，计算评估筛选了“一带一路”沿线重点国家两国和三国间的跨国联网潜力组合，有力支撑了国家电网公司国际化战略与海外业务市场选择。

能源互联网经济研究方面。2017 年承担的国家电网公司战略课题“能源互联网和城市智慧能源系统研究”，获 2018 年度国家能源局软科学研究优秀成果奖二等奖。项目研究提出了城市智慧能源系统的整体设计思路，为政府及国家电网公司在综合能源服务平台建设、商业模式创新和价值链延伸、综合能源系统规划等方面建设城市智慧能源系统提供了决策支撑。2019 年承担的国家电网公司重大专项《泛在电力物联网新业务新业态商业模式研究与实践》，获 2020 年度国家电网公司管理创新成果奖。项目构建了具有国家电网公司特色、适应国家电网公司发展的商业模式理论体系，形成了国内领先的商业模式设计模型，在指导国家电网公司新业务新业态的具体实践与决策中得到了较好应用。

综合能源服务研究方面。2018 年承担的国家电网公司战略课题“公司发展综合能源服务研究”，获 2019 年度中国能源研究会能源创新奖。项目明确了国家电网公司综合能源服务的战略思路、发展路径、市场策略，提出市场化运作模式和机制完善路径，为开拓发展国家电网公司综合能源服务提供了重要决策支撑。

（二）知识产权

2017 年，《全球能源结构化数据采集软件》获得软件著作权。该软件用于自动采集、存储来自国内外经济、能源、电力、环境等全球能源研究所需的结构化数据。国际数据来源体系包括国际能源署、联合国、国际可再生能源署等机构及大型能源电力企业；国内数据来源包括国家统计局、国家能源局宏观经济、能源、电力、环境及气候变化相关的指标体系及中国电力企业联合会、国家电网公司的统计体系。

2018 年，《基于 3D 地理信息系统的全球能源电力交互展示系统软件》获得软件著作权。该软件采用三维地理信息系统进行全球能源电力发展的大屏展示，实现数据多源、多类型的展示手段。

2020 年，获得“一种源网荷储协调电力系统生产模拟方法”专利授权。创新性地提出了电力系统源网荷储协调生产模拟模型构建方法，将电力系统的源网荷储侧的各类资源协调考虑，实现系统整体优化求解，得到各类电源、电网、需求响应、储能等在模拟期内各时刻的优化运行方式，同时测算电力系统运行成本、碳排放等指标。

主要知识产权名称见表 3-5。

表 3-5　　主要知识产权名称

专利
一种源网荷储协调电力系统生产模拟方法（已授权）
一种句法依存树动态可视化方法及系统（已授权）
一种全球能源地理多媒体交互展示系统（已授权）
一种计及跨区电网调峰的多区域电力系统规划方法和系统（受理）
一种电采暖可调节潜力评估方法和系统（受理）
一种跨国电力联网工程综合分析方法（受理）
软件著作权
全球能源结构化数据采集软件
全球能源结构化数据检索展示软件
全球能源非结构化数据采集软件
全球能源非结构化数据检索展示软件
信息自动编辑报送系统
文件分类检索系统
语料库管理系统
含可控负荷电网电价优化计算程序
电力系统源网荷储协调生产模拟软件
发电技术排放计算模型软件
中国电力源网荷储协调规划模型软件
一种表征可再生能源功率概率分布的模型
风光储联合发电系统置信容量评估方法及系统
跨国电力联网规划模型软件
国家电力联网互补潜力模型软件
电力投资环境评估模型软件
清洁能源消纳规模计算程序
全球多区域能源技术与经济综合分析软件
跨国工程技术经济评价模型软件
需求侧资源优化利用模型软件

续表

软件著作权
分布式天然气项目经济性分析软件
基于生产模拟的区域电网弃电分析软件
基于 3D 地理信息系统的全球能源电力交互展示系统软件
电力投资环境评估模型软件

（三）智库平台

为提升战略研究能力、建设世界一流企业智库，根据《国家电网公司推进高端智库建设的工作意见》（国家电网研〔2015〕754 号），互联网所于 2016 年牵头国网能源院智库研究平台——全球能源研究平台的建设。该平台主体部分已基本完成并在国家电网公司和行业内推广应用。

该平台由数据信息平台、分析研究平台、展示交流平台三部分构成。数据信息平台是基于数据资源仓库和各类应用功能的集成系统，主要实现数据信息的高效采集、存储、管理及大数据处理功能，为研究分析和成果展示提供基础支撑。分析研究平台由经济与社会、能源与电力、气候与环境、企业战略与运营、体制机制与政策模拟五大系统组成，依托数据库、模型库、算法库，实现对经济社会、能源电力、气候环境、企业战略运营以及政策机制的量化分析和综合研究。展示交流平台通过内网、外网门户、移动客户端和展示大屏等方式，围绕趋势与问题等主题，实现信息成果展示、专家研讨会商、对外交流与研究协作等功能。

平台应用情况表现在：支撑国家政策制定、服务行业创新发展。基于平台数据和模型，开展“十四五”能源规划、“电力看经济”等重大问题研究，研究成果为科学研判电力需求走势提供重要参考；支撑国家电网公司战略决策，服务运营管理。依托平台开展国家电网公司战略目标深化研究，推出了一批理论创新、管理创新和商业模式创新成果，支撑国家电网公司战略目标落地实施，服务国家电网公司提质增效，促进研究成果落地推广；推动交流合作，扩大品牌影响。与国际能源署、上海社会科学院、国家发展改革委、国家应对气候变化战略研究和国际合作中心、中国石油集团经济技术研究院等单位开展交流研讨，研究平台获得高度评价，助力国网能源院提升全球智库排名；支撑研究咨询工作，提高研究效率和水平。借助信息自动收集、智能文档编辑、观点整合等人工智能手段，使研究人员摆脱重复性工作，能够聚焦核心问题思考，为提升能源智库研究质量和效率提供强有力的数据和工具支撑。

第三节　能源战略与规划研究所

能源战略与规划研究所（简称“能源规划所”）成立于 2009 年，其前身最早成立于动经中心时期。能源规划所致力于能源电力发展战略与规划、电源结构布局与电力流规划、电力系统分析、环境与经济政策等领域研究。自成立以来，能源规划所深度参与了国家电力发展规划及滚动调整、新能源大基地开发和高效消纳、特高压电网发展格局研究论证等。2019 年以来，能源规划所基于定位，顺应形势，持续补强能源战略、能源规划与电力产业研究业务能力，参与了国家能源局“十四五”现代能源体系规划一系列前期工作、中国工程院电力碳达峰碳中和路径、国家电网公司“双碳”行动计划和新型电力系统行动计划等一系列重大研究任务，为国家有关部委和国家电网公司提供了高质量决策支撑。

一、历史沿革

1983 年，北京水利电力经济研究所成立，下设电源规划研究室。研究室以电力系统整体最优为目标，自主开发了多区域电源优化软件，专门从事火电、水电、抽水蓄能电站、气电等各类电源的优化比选和扩展规划，电源项目和输变电项目的经济性评价等研究。

1999 年，动经中心组建，根据业务发展需要，投融资研究所成立，专门从事项目投融资、项目技术经济性分析等方面的研究。

2002 年，投融资研究所更名为“电源与环境经济研究所”。根据工作需要，电源与环境经济研究所下设电源研究室和新能源与环境研究室，专门从事电源优化规划、新能源发展、环境与经济政策方面的研究。

2003 年，电源与环境经济研究所更名为“能源与环境经济研究所”。能源与环境经济研究所负责开展能源电力发展战略与规划和能源电力规划综合效益方面的研究，同时涉及节能及环保技术等方面的问题。

2009 年，国网能源研究院组建，能源与环境经济研究所更名为“能源战略与规划研究所”，并在继续深化原有业务的基础上，增加了清洁能源发展方面的研究。

2013 年 11 月，根据《国网能源研究院业务部门内设机构主要职责及人员编制（试行）》，国网能源院制定业务部门内设机构主要职责及人员编制方案，能源规划所内设能源电力规划研究室、电力系统分析研究室和能源政策与环境研究室。核心业务包括电源优化规划与电力流研究、能源电力发展战略与规划研究、清洁能源并网与消纳、电力系统运行模拟以及能源电力、环境与经济政策。

能源规划所在历任领导积极作为下，不断壮大。1999 年，葛正翔担任投融资研究所所长。2002 年，张洪波担任电源与环境经济研究所所长，蒋莉萍和白建华担任副所长。2003 年，蒋莉萍担任电源与环境经济研究所所长。2005 年，白建华担任能源与环境经济研究所所长。2015 年 7 月，黄瀚担任能源规划所所长。2016 年 9 月，王耀华担任能源规划所所长兼科技项目咨询中心主任。2018 年起，能源规划所所长职务由鲁刚担任。2020 年起，副所长职务由刘俊担任。不同时期能源规划所的名称和领导人员分别见表 3-6 和表 3-7。

表 3-6　不同时期能源规划所的名称

归属单位（时期）	动经中心			国网经研院	国网能源院	
时间	1999—2001 年	2002 年	2003—2005 年	2006—2008 年	2009 年	2009 年起
名称	投融资研究所、节能与环境经济研究所、天然气发电及新能源研究所	电源与环境经济研究所	能源与环境经济研究所	能源与环境经济研究所	能源战略与规划研究所	能源战略与规划研究所

表 3-7　不同时期能源规划所的领导人员

时间	1999—2002 年	2002—2003 年	2003—2005 年	2005—2015 年	2015—2016 年	2016—2018 年	2018—2020 年	2020 年起
所长	葛正翔	张洪波	蒋莉萍	白建华	黄瀚	王耀华	鲁刚	鲁刚
副所长		蒋莉萍、白建华	白建华	王耀华、张风营				刘俊

二、业务发展

（一）能源电力规划研究

在能源电力规划研究方面，能源规划所主要就电源结构和布局规划、电力市场空间与电力流、区域综合能源系统规划及运行等重大问题开展分析研究，为国家电力规划提供决策支撑。目前，主攻方向是“双碳”目标下能源电力转型路径研究。

动经中心时期，开展了全国各地区电力工业“十五”计划调整工作，研判了中国未来 20 年电力工业发展，为保障电力供需平衡和电源电网合理科学发展提供了研究支撑。

国网经研院成立后，在国家电力工业“十一五”发展规划、国家能源基地建设问题等方面的研究均取得显著成果。

国网能源院时期，能源规划所在电源结构和布局规划、电力市场空间与电力流等方面均有深入研究，通过高品质的研究成果为政府和国家电网公司能源电力发展相关决策提供重要支撑，为推动中国能源行业的可持续发展和能源转型作出突出贡献。2012 年，针对以风光为主的新能源大规模发展带来的显著变化，完成了“适应能源供应多元化发展的电力规划方法及其实证研究”。2013 年，随着国家《能源发展“十二五”规划》及各专项规划陆续发布实施，能源规划所对国家能源战略、相关能源行业“十二五”规划、各省（区、市）规划等最新情况进行了系统分析，完成了“能源‘十二五’规划与电网发展重大问题研究”等课题。2014 年，中国向国际社会郑重承诺“到 2020 年非化石能源占一次能源消费比重达到 15%左右”，能源规划所及时开展了“‘十三五’完成15%非化石能源发展目标重大举措研究”课题，分析了不同发展情景下中国非化石能源开发规模及消纳方式，论证了其技术经济性、成本效益及代价。2016年，能源规划所开展了国家电力“十三五”规划相关研究，完成了“‘十三五’电网发展规划重大专题研究”“全国电力流向研究”等重大课题。2018年，全面支撑国家电网公司电网规划工作，重点参与中国工程院课题“我国未来电网格局研究”,结合“十三五”中期规划调整的研究要求，滚动调整“十三五”及中长期电源和电力流规划方案。

2019年，能源规划所深入开展“十四五”电力规划研究，支撑各区域“十四五”电力规划工作，形成《国家电网电力供需专题（2019版）》研究报告，并由国家电网公司规划管理委员会和党组审议通过。2020年以来，面向“十四五”发展要求，在煤电高质量发展、抽水蓄能规划、调峰能力提升、可再生能源发展趋势等方面开展深入研究，支撑形成了国家电网公司向国家能源局报送的“十四五”电网规划建议材料。同时，能源规划所紧密跟踪能源电力发展形势，承担了一系列政府重大研究任务，主要包括煤电峰值、核电战略、智慧能源、新一代电力系统、能源颠覆性技术发展及影响等研究工作，连续收到国家发展改革委、国家能源局有关司局多封感谢信。2022年，首次牵头国家重点研发项目“灵活调节煤电与大规模新能源协同规划关键技术”，重点研究规划动态安全域构建、长时序运行模拟、多资源多阶段规划、多元市场机制设计及仿真、广域充裕性评估五项关键技术，为灵活调节煤电与大规模新能源协同规划提供理论依据和技术支撑。

碳达峰碳中和目标提出以来，能源规划所参与完成了一系列具有顶层设计性质的研究工作。2021年，能源规划所支撑国家电网公司“双碳”行动方案的编制与印发，承担国家电网公司十大战略课题之一“‘碳达峰、碳中和’目标下我国电力能源转型路径及公司策略研究”。配合中国电机工程学会，牵头开展中国工程院项目“电力行业碳达峰、碳中和实施路径研究”，提出电力行业低碳转型及支撑全社会“双碳”目标实现的分阶段路径，相关成果由中国工程院对外发布，并上报国务院。在国家电网公司发展部牵头下，成功申报并顺利完成2021年国务院国资委重大揭榜挂帅课题“中央企业碳达峰碳中和路径研究”，支撑国务院国资委编制出台了《关于推进中央企业高质量发展做好碳达峰碳中和工作的指导意见》。2022年，承担国家发展改革委课题“碳达峰碳中和进程中煤炭需求与供应关键问题研究”，对如何处理好煤炭的中长期战略、转型节奏和发展路径开展深入研究。

在区域综合能源规划方面，能源规划所持续发力，积极推进研究落地。2016年，国网能源院首个国家自然科学基金青年科学基金项目“基于弹性测度的综合能源电力规划模型研究”立项，于2021年顺利结题，提出了基于多区域投入产出理论、考虑弹性测度的综合能源电力规划模型，适用于区域级至元件级建模。2020年，国家电网公司科技项目“区域综合能源供应系统模型及规划技术研究”顺利结题验收，提出了区域综合能源供应系统关联性模型、协同评估模型和区域级及园区级规划模型。在城市级，自2018年起连续承担“大型城市构建以电为中心的能源发展模式研究”等城市能源转型路径研究课题，2021年策划《城市能源“碳达峰、碳中和”》蓝皮书，2022年发布首本蓝皮书《北京能源低碳转型路径研究》。在园区级，2019年以来，先后开展了“北京市朝阳循环经济产业园能源互联网规划方案研究”等多个综合能源、能源互联网规划项目，并持续推动项目落地。2021年，结合国家碳减排推进进程，推动区域综合能源服务向区域碳管理服务的升级转化，策划并组织承担“计及碳资产价值的园区智能碳管理关键技术及应用研究”项目，打造园区碳路径规划、碳排放监测、碳数据管理、碳资产核算等一体化碳管理服务，推进成果在江西南昌示范落地。

（二）电力系统分析研究

在电力系统分析研究方面，能源规划所主要就电力系统规划方案定量模拟分析、电力系统源网荷储协调发展、清洁能源并网与消纳、电力市场环境下的电力系统运行模拟、储能技术和产业发展等重大问题开展分析研究。目前，主攻方向是新型电力系统发展路径、产业链形态研究。

能源规划所成立以来，持续开展源网荷储协调方面的研究，为推动新能源基地大规模开发和高效消纳提供了智力支撑。2003年，随着电力负荷快速增长，电源结构和布局不合理的问题日益突出，带来了调峰困难等问题，因此能源规划所对抽水蓄能电站、燃气电站等调峰电源的规划建设展开了相关研究，旨在促进网源协调发展。2005年，能源规划所完成了“天然气发电项目与中国电力市场的衔接模式研究”等课题。2006年，能源规划所完成了“东北电网抽水蓄能电站建设空间研究”“国家电网公司抽水蓄能电站规划研究”等课题。2007年，能源规划所完成了“山东调峰电源发展规划研究”等课题。

2009年以后，气候变化问题逐步成为国际政治和经济的热点，新一轮清洁能源迅猛发展对电力系统发展提出了新的挑战和要求。在此背景下，能源规划所完成了“国家电网公司促进清洁能源发展研究”“分布式发电与电网发展关系研究”“我国风电大规模开发若干重大问题研究”“新能源大规模、远距离输送技术专题研究”等课题，形成了围绕清洁能源发展，涉及电网电源协调、清洁能源开发时序布局和分布式电源发展等的一系列重大研究成果。

2013年以后，随着风光等随机性、波动性电源的快速发展，针对电力系统灵活性调节资源、电网跨省区配置能力和新能源大范围优化配置等问题的研究十分关键。能源规划所完成了“我国风电开发布局和市场消纳研究”“太阳能发电大规模开发与市场消纳研究”“含大规模新能源发电的电力系统规划技术模型及综合评估方法研究”等课题研究。

2016年，多能源品种协同的重要性日益提升，能源电力系统整体性规划能力亟待提升。能源规划所承担了国家电网公司“大能源体系下的能源与电力配置模型及方法研究”课题，补强大能源观下的集中式/分布式能源和多能互补系统的规划研究。同时，应国家能源局委托组织开展了电力系统革命战略研究，能源规划所统筹考虑了 2050 年前电源建设安排和电力负荷布局，分情景提出了中国电源、电网、储能及智能化发展方案，提出了电力系统革命战略的重点与路径，为制定中国电力系统革命战略提供了决策支撑，完成了“电力系统革命战略研究”等重大课题。2022 年，联合牵头承担国家电网公司十大战略课题之一“跨能源品种可调节资源潜力与开发利用研究”，提出国家电网公司开发利用跨能源品种可调节资源的实施途径。

2018 年起，全面高效支撑国家电网公司新能源消纳工作，组织各区域、各省电力公司开展新能源消纳集中测算工作，实现自主开发的电力系统生产模拟平台 NEOS 在国家电网公司系统的全面应用。能源规划所支撑国家电网公司发展部进行抽水蓄能发展规划编制工作。2020 年，集中技术优势，围绕新能源大规模开发和消纳需求开展集中攻关，研究提出了“合理利用率”“容量可信度”“新能源系统成本”三个标志性成果。其中，合理利用率报送国家能源局并得到采纳，容量可信度和新能源系统成本得到国家电网公司领导和国家能源主管部门领导的关注，并作为《中国电源发展分析报告》专题内容，引发业内讨论和广泛关注。2021 年，就新能源矿产资源供应链安全开展系统研究，有关研究专报被中共中央办公厅全文采纳。基于上述研究成果，不断加强外部交流，与国际能源署风电工作组（IEA Wind Task 25）、国际可再生能源署（IRENA）持续开展研讨及联合研究，完成“再电气化”联合研究报告并发布。筹备成立电气电子工程师学会电力与能源协会（IEEE PES）能源电力技术经济分委会（中国），进一步拓展了国网能源院的国际交流平台。2019 年，中标国家自然科学基金青年科学基金项目“考虑不确定性的跨时空新能源容量价值评估模型及方法研究”。2021 年，中标国家重大社会科学基金项目“低碳发展背景下我国新能源产业创新机制与风险防控研究”。同年，国家重点研发项目“高比例可再生能源并网的电力系统规划与运行基础理论”顺利通过验收。2022 年，承担国家电网公司十大战略课题之一“‘双碳’目标下我国新能源供给消纳体系构建与能源电力安全保供研究”，深入研究新能源供给消纳体系的构建路径、构建关键问题等。

清洁能源大规模开发和高质量消纳问题为储能技术产业发展带来迫切研究需求。2018 年，能源规划所开展国家电网公司十大战略课题之一“适应新能源大规模接入的储能发展关键问题研究”，构建了储能发展的理论认识框架，展望了储能技术产业发展前景。2019 年，承担国家能源局科技司项目“储能关键技术及应用发展趋势研究”，有关成果被纳入国家能源局和国家发展改革委于 2021 年 7 月联合发布的文件《关于加快推动新型储能发展的指导意见》中。同时，深化与各方合作，持续提升社会影响力。参与起草《世界银行储能项目投资操作手册分析报告》。自主开发的储能决策支持系统 ES-Performance 及撰写的《2019 中国储能产业现状分析与展望蓝皮书》在第九届中国国际储能大会上发布，为产业高质量发展把脉献策。

在电力系统发展形态分析方面，2019 年，能源规划所承担国家发展改革委委托项目“构建我国新一代电力系统研究”，深入研究了能源革命演变趋势，面向 2035 年发展要求，研究了中国新一代电力系统的发展需求、目标、总体思路、实现路径和重点任务，为构建新一代电力系统提供了系统性的决策支撑。同年，承担国家电网公司科技项目“新一代电力系统规划与运行综合评价方法研究”，提出了适应新型电力系统结构形态的规划与运行指标体系和仿真算法。2021 年，随着构建新型电力系统要求的提出，能源规划所有力支撑了国家电网公司新型电力系统行动方案的编制与印发。同年底，就未来十年电力保供、新型电力系统内涵等重大实践问题开展了深入分析。2022 年初，完成中财办“构建以新能源为主体的新型电力系统研究”课题，深入分析了新型电力系统转型路径和成本，以及关键新技术攻关、新型电力系统与能源经济发展新关系等重大问题。2022 年 6 月，在国调中心牵头下，开展电力保供关键问题调研分析，支撑形成了国家电网公司向中央报送的电力保供建议材料。同年，承担国家电网公司十大战略课题之一“新型电力系统软技术体系框架及实施路径研究”，深入研究了新型电力系统软技术体系框架、实施重点策略等。

（三）能源战略、政策与环境研究

在能源战略、政策与环境研究方面，能源规划所主要就能源战略推演、绿色电网体系与电网环保规划研究、能源电力规划综合效益研究、电力工程项目技术经济性分析、投资价值评估等开展研究。目前，主攻方向是“经济-能源/电力-环境”关系持续深化，以及能源战略推演和政策仿真等研究。

2003 年以来，中国电网建设已进入跨大区联网时代，联网项目的运行状况和经济效益（包括社会效益）备受关注。因此，能源规划所开展了对已投运跨大区联网项目的后评估分析，旨在进一步提高决策和管理水平，完善项目决策程序。同时，围绕发电能源结构、能源基地建设开发等，对电力中长期规划较为重要的电力项目进行评估。2004 年后，中国一次能源资源和负荷中心逆向分布的特点逐步凸显，故将输煤和输电的经济性比较分析作为重要研究议题，并为全国电力流合理性提供了必要的经济性支撑，完成了“输煤与输电经济性分析”等研究。2005 年，能源规划所市场化业务进一步扩展，对全国发电集团各类电厂进行经营和决策研究，取得了较好成效，完成了“中电投集团现有小火电机组经营与发展策略研究”“阳江抽水蓄能电站项目经济评价及财务运行模式研究”等课题。2006 年，开始将节能问题作为电力工业发展方式的重要支撑之一，坚持节约优先的原则，着力优化电源发展的结构、布局和时序，完成了“提高电能生产利用效率、实现电力节能研究”等课题。2007 年，完成了“节能发电调度相关影响及对策分析”等课题。

2009 年后，清洁能源大规模开发利用成为研究热点，绿色理念逐步成为电力工业发展的指导思想之一，对电力行业如何履行好绿色发展社会责任等重要议题进行了一系列研究，完成了“发展坚强智能电网的社会经济效益及对公司经营管理的影响分析”等课题。2011 年起，完成了“电力工业规划社会效益及环境影响研究”“智能电网建设对促进社会经济发展研究”等课题。

2014 年，针对国家电网公司发展内外部形势的巨大变化，能源规划所深入研究了如何构建良好的公司生态系统，为公司改革发展、经营管理提供机制支撑，完成了“公司生态系统建设和评价研究”等重大课题。为应对全球气候变化和能源紧张的形势，世界各国开始了向低碳经济转型的战略行动，能源规划所深入分析和探讨研究中国能源行业碳排放峰值对火电峰值、清洁能源开发消纳、电力流等电力发展关键问题的影响，完成了“碳排放峰值与火电发展关系研究”等课题。同时，稳步推进国家电网公司环保工作定位和发展战略路径等重大问题的研究，提出了电网环保规划体系和环境因素管理控制策略等，为国家电网公司环保工作提供了重要支撑，完成了“电网环保发展战略与管理技术研究”等重大课题。2018 年，对电力行业在大气污染防治和气候变化控制方面的角色定位、发展趋势和应对措施等方面加强了理论研究和实证分析，完成了“雾霾形成机理及对电力流规划影响方法研究”等重大课题。2019 年以来，能源规划所贯彻落实生态文明建设新要求，围绕电网绿色发展新内涵及其与生态系统耦合关系，构建电网绿色发展理论框架，研究电网绿色发展的战略规划分析框架和发展路线图，构建区域差异化的电网绿色发展评价指标体系和方法。2020 年以来，从企业层面，围绕电网企业危险废物处置开展政策分析和管理模式研究，编写了电网企业危险废物处置实施方案，为点多、面广的工业源企业提供了借鉴，推动国家相关危废制度不断完善。

2019 年以来，面对世界百年未有之大变局对能源战略研究提出的新要求，能源规划所积极从理论认知和战略推演技术研发两个方面补强能源战略领域的研究能力。2019 年，就世界典型国家能源战略演进历程开展深入研究，在《中国能源报》开辟“世界能源风向”专栏，阐述 18 个国家能源战略；同年，推进中国能源战略专著出版，至今持续迭代升级。2020 年，开展国家电网公司十大战略课题之一“公司贯彻能源安全新战略的理论与实践研究”，形成总体国家安全观视角下全方位能源安全评估分析体系，提出由可持续发展三角、能源不可能三角构成的“双三角”理论分析框架，全面分析国家电网公司深入贯彻能源安全新战略的角色定位、实践策略和政策需求。2020 年以来，连续开展国家能源局课题“国家能源安全风险评估”（一期、二期）研究，评估当年能源安全态势、辨别突出风险点并提出相关对策建议。2021 年，承担国家电网公司十大战略课题之一“公司助力‘双循环’新发展格局关键问题研究”，提出新发展格局下能源电力产业将成为经济发展最重要新动能之一，丰富完善了“经济-能源/电力-环境”理论分析框架，提出了新型电力系统产业链发展形态，对未来一段时期国家电网公司服务与融入新发展格局中的定位和策略提供了重要支撑。2022 年，围绕中央经济工作会议提出的“加快建设能源强国”，承担了国家能源局“关于能源强国内涵、评价与路线图的初步研究”“世界能源强国演变规律特征及启示研究”“能源强国目标下提高能源安全保障能力的目标路径研究”等一系列重大课题，提出了中国能源“强国”的内涵所在和实现路径。

三、代表性成果

能源规划所经过20多年发展，取得了丰硕成果。2011年至2022年7月，累计承担项目1000余项，其中包括重大战略课题10余项；累计发表论文文章400余篇；出版专著20余部；申请专利62项，其中19项已获授权；获得软件著作权23项；累计发表内参专报170余篇，其中获国家电网公司领导批示或圈阅超过50篇。

（一）主要项目

动经中心时期，在电力发展规划、网源协调发展、规划效益研究等方面为国家电力公司的发展提供了决策支撑。承担的主要项目包括“全国电力工业‘十五’计划调整”“跨区联网项目后评估总报告”“山东电力市场研究”等。

国网经研院时期，能源战略和电力工业节能相关业务得到进一步发展，承担的主要项目包括“适应我国能源战略的电力发展方式研究”“我国电力可持续发展若干重大问题研究”“节能发电调度相关影响及对策分析”等。

2009年以来，能源规划所的业务范围涵盖了能源电力规划、电力系统分析，以及能源战略、政策与环境等领域。

能源电力规划业务。能源规划所能源电力规划业务支撑了国家和国家电网公司能源电力发展战略与规划、电源与电力流规划等多个方面。能源规划所在国家能源发展战略规划层面上取得了丰富的研究成果。例如，“实现2020年15%非化石能源目标路径研究”获2011年度国家能源科技进步奖二等奖，“我国能源电力发展相关重大问题研究”获2014年度国家能源局软科学研究优秀成果奖三等奖，“大能源体系下的能源与电力配置模型方法研究及应用”“碳排放峰值对电力电网发展的影响研究及应用”均获2017年度北京市科学技术奖三等奖，“复杂不确定性能源电力规划关键技术及在大型城市能源转型中的应用”获2021年度北京市科学技术奖二等奖，这些成果为国家能源电力发展战略规划制定提供了理论支撑和决策参考。能源规划所以支撑国家电网公司电网规划研究工作为目标，承担“我国未来电网格局研究”“国家电网电力供需专题（2020版）”“2035年、2050年我国电力系统发展及核电战略布局研究”（2020年度中国核能行业协会科学技术奖三等奖）等项目。“源网荷协同下电网低碳规划优化关键技术及应用”获2019年度国家电网公司科学技术进步奖二等奖。《中国电源发展分析报告（2018）（2019）》获2020年度中国生产力学会中国生产力发展优秀理论成果奖二等奖。“公司服务‘双碳’目标的重大问题及关键举措研究”获2021年度国家电网公司软科学成果奖特等奖。

电力系统分析业务。能源规划所长期开展源网荷储协调发展、清洁能源消纳等方面的研究。在积极支撑清洁能源发展与消纳方面，为国家贡献了优秀的研究成果。其中，“我国清洁能源发展方式研究”获 2010 年度中国电力科学技术奖二等奖，“国家电网公司促进风电消纳研究”获 2011 年度国家电网公司科学技术进步奖二等奖，“北极风电开发与全球互联电网展望系列研究”获 2015 年度国家电网公司软科学成果奖特等奖，“面向新能源消纳的源-网-荷互动调峰关键技术及应用”获 2021 年度山东省科学技术进步奖三等奖，“复杂海洋条件下海上风电规模化开发关键技术及应用”获 2021 年度福建省科学技术进步奖三等奖，“面向清洁能源消纳的省级电力系统源网荷互动调峰关键技术及应用”获 2021 年度国家电网公司科学技术进步奖二等奖。“储能发展与商业模式综合决策支持系统研发与应用”和“能源互联网下电力发展模式与业态创新关键问题研究”分别获 2018 年度中国产学研合作创新成果奖一等奖、2018 年度国家电网公司软科学成果奖一等奖，为国家源网荷储协调发展提供了建设性意见建议。为充分发挥智库作用，能源规划所还从战略的高度上加强研究，其中“电力系统革命战略研究”获 2018 年国家能源局软科学研究优秀成果奖二等奖，有力提升了能源规划所在电力系统发展战略中的话语权。“储能发展与商业模式综合决策支持系统研发与应用”获 2020 年度中国技术市场协会金桥奖二等奖。“抽水蓄能电站合理调用决策支持系统研发与应用”获 2020 年度中国产学研合作创新成果奖二等奖。“储能提升电力系统灵活性运行模式与市场机制研究”获 2020 年度国家电网公司软科学成果奖一等奖。

能源战略、政策与环境业务。该项业务的研究内容涉及国家和国家电网公司环境与经济政策、绿色电网体系与电网环保规划、能源电力规划综合效益分析等层面。能源规划所以支撑国家电网公司建设坚强智能电网战略落地为目标，承担的“发展坚强智能电网的社会经济效益及对公司经营影响分析”获 2010 年度国家电网公司科学技术进步奖三等奖，该项目比较分析了发展坚强智能电网的社会经济效益，研究了对国家电网公司经营管理复杂性和经营效益的影响。随着国家对大气污染的重视，能源规划所发挥自身支撑作用，开展了多项研究，其中“温室气体减排及大气污染控制对电力发展影响研究”获 2013 年度国家电网公司科学技术进步奖三等奖，“大气污染控制对电力发展的影响机理及治理举措研究”获 2015 年度国家能源局软科学研究优秀成果奖三等奖，“基于灰霾时空溯源与源网荷协同减排的电力规划关键技术及应用”获 2019 年度国家电网公司科学技术进步奖三等奖，“我国电力行业对灰霾的影响及未来减排路径研究”获 2019 年度国家电网公司软科学成果奖二等奖，为电力行业推进落实国家大气污染防治计划提供了重要支撑。“能源安全新战略下公司推动电网转型发展的理论和若干关键问题研究”获 2020 年度国家电网公司软科学成果奖一等奖。“‘双三角’理论框架下国有电力企业高质量发展路径研究”获 2021 年度中国企业改革发展优秀成果奖一等奖。“新发展格局下的电网投资衍生价值评估研究与实践应用”获 2021 年度国家电网公司软科学成果奖一等奖。“公司服务新发展格局的业务发展与管理机制优化关键问题研究”获 2021 年度国家电网公司软科学成果奖二等奖。

（二）知识产权

2011 年至 2022 年 7 月，能源规划所共申请 62 项发明专利，其中 19 项获得授权；获得 23 项软件著作权。知识产权具体情况见表 3-8。

表 3-8　　知识产权具体情况

专利
综合能源系统的线性增益矩阵计算方法及装置
一种多区域投入产出平衡方程的线性化方法
一种电网企业危废回收再利用商业模式评价方法及系统
一种计及智能储能软开关的配电网扩展规划方法及系统
一种电源与季节性储能规划方法及装置（已授权）
一种计及用户效用的机组组合调度的决策方法（已授权）
配电网故障分类方法、系统及装置
能源要素对 GDP 增长贡献度评估方法、系统及装置
一种新能源利用成本评估方法
一种能源电力系统发展动因识别方法、装置
一种区域电网新能源发电配备储能及常规电源计算方法
一种输变电设备状态检测方法（已授权）
适用于高风电渗透率电力系统的风电置信容量评估方法（已授权）
考虑跨季节储氢的能源转型路径优化方法、系统及装置
一种计及恶劣气象条件的电力系统机会维修决策方法（已授权）
一种跨时空能源综合配置优化方法、装置及存储介质
一种区域电力需求侧响应潜力评估方法
面向电网绿色发展水平的评价方法、系统及装置
一种计及 CVaR 的鲁棒机组组合调度的决策方法（已授权）
非化石能源发电协调运行多电源扩展优化决策方法及系统
一种成本效益最优的火电机组减排方案定制方法和系统（已授权）
区域电网可再生能源最优接纳规模评估方法、系统及装置
基于 DBSCAN 和 K-means 算法的用户筛选方法
电力联网环境效益综合评价方法、系统及装置
一种分析电力碳排放影响因素和碳排放效率的评价方法
一种考虑经济增长的能源系统优化方法
一种基于半马尔科夫过程的电力设备可靠性评估方法
考虑概率分布的太阳能发电容量可信度获取方法及装置
一种适用于电力系统生产模拟的煤耗曲线快速模拟方法

续表

专利
一种基于可中断潜力评估的电力可中断负荷的管理方法（已授权）
一种源网荷协调运行模拟系统（已授权）
一种灵活性资源配置方法及系统（已授权）
多区域发电能源开发及运输优化规划处理的方法及系统（已授权）
一种考虑国家风险的全球能源综合优化配置方法
面向全球联网的电力格局构建方法
适应大规模可再生能源并网的调峰资源调用决策方法（已授权）
一种多决策主体的区域间电网互联路径分析模型
一种园区级综合能源系统优化调度模型（已授权）
一种“源-网-荷”协调运行模拟系统
一种适于高比例可再生能源发展的能源电力规划方法
有效容量的确定方法及装置和电力平衡确定方法及装置
面向风电消纳的电力系统调峰手段经济性评估方法与系统
一种改善光伏发电容量可信度的储能系统控制方法
一种高比例可再生能源电力系统的调峰平衡评估方法
一种新能源发电出力与负荷特性匹配程度的综合评价方法
一种面向工程应用的园区综合能源系统运行优化分析方法
区域综合能源供应系统协同发展评价方法
一种电力行业减排措施环境绩效评估方法及评估系统
区域电力系统中多级电网联动的机组组合调度方法（已授权）
一种区域综合能源供应系统效益评估方法
一种直流通道输电计划的优化方法及装置（已授权）
一种成本效益最优的火电机组减排方案定制方法和系统
一种新能源综合消纳能力评估方法（已授权）
一种电力系统综合效益的自动化评价方法
一种基于电力系统的温室气体减排控制方法（已授权）
企业运营分析预警系统的预警分析方法（已授权）
基于行业分类的可中断电价确定方法、设备及存储介质
考虑风光跨时空互补潜力的电源规划方法及装置
一种区域综合能源系统协同性评价方法、系统及设备
一种面向电力规划的电力系统转动惯量校验方法及系统
一种计及需求侧响应的区域电力规划方法（已授权）
一种风光负荷复合典型场景的自适应聚类方法

续表

软件著作权
面向市县的全景电力系统运行模拟软件 V1.0
区域碳中和路径优化配置软件 V1.0
基于多目标的投资需求能力动态平衡优化系统
适应新发展格局的电网投资需求预测系统
电力绿色发展协同减排预测计算程序
区域能源碳排放影响因素贡献率测算软件 V1.0
电动汽车充电站与汽车加气站联合优化选址及布局软件 V1.0
多区域能源发电开发与输送规划软件 V1.0
基于高精度时序仿真模拟的光储系统经济性分析软件 V1.0
多类型电源共同参与电力系统调峰调用顺序分析软件 V1.0
新能源消纳评估和优化系统（NEOS）V1.0
基于多维度综合评分法的储能技术优选及场景适应性评价软件 V1.0
峰谷套利模式下的梯次利用电池储能系统经济性分析软件 V1.0
计及多利益主体的电力规划辅助决策软件系统（TGEP）V1.0
能源电力规划及效益评估软件 V1.0
国网能源研究院 GESP 优化规划方案可视化分析插件（GESP 方案可视化插件）V1.0
国网能源研究院基于服务器的 GESP 优化规划模型管理平台（GESP 优化规划模型管理平台）V1.0
多维度典型新能源发电出力曲线生成及分析软件 V1.0
适应新能源高效消纳的电力系统优化运行模拟软件 V1.3
多区域新能源发电生产模拟仿真平台软件 V1.0
新能源出力统计特性分析软件 V1.0
含储能的微电网优化配置 ES-Microgrid 软件
储能延缓配电网改造软件 V1.0

（三）其他

能源规划所培养了大量能源领域的专业人才，能源规划所（及其前身）原所长蒋莉萍，现任国网能源院副院长；能源规划所（及其前身）原所长黄瀚，现任国家电网公司科技部主任；能源规划所（及其前身）原所长王耀华，现任国网能源院副院长；现任所长鲁刚获得国家电网公司劳动模范、国家电网公司专业领军人才、中国电力优秀青年科技人才等荣誉称号。能源规划所曾获得国家电网公司 2011—2012 年度科技工作先进集体、2017 年国家电网公司环境保护工作先进集体、2018 年国家电网公司先进班组等荣誉称号。2021 年，能源规划所获得国家电网公司先进集体荣誉称号，并作为先进代表参加国家电网公司“两会”授奖。

第四节 经济与能源供需研究所

经济与能源供需研究所（简称“供需所”）成立于2009年，其前身最早可追溯至动能经济研究所时期。供需所聚焦宏观经济、电力供需、节能与营销政策等领域的研究与咨询工作，承担国家发展改革委、国家能源局等政府部门以及国家电网公司委托的近百项重大课题，多项研究成果获得中国电力科学技术进步奖、国家能源局软科学研究优秀成果奖、国家电网公司科学技术进步奖等省部级奖项，上报的多篇专报得到国家电网公司领导批示，许多政策建议被政府部门、国家电网公司采纳。供需所坚持不断超越、追求卓越，在支撑政府决策、服务国家电网公司发展方面不断取得新的突破。

一、历史沿革

供需所的发展历程最早可追溯至动经所时期。1980年初，电力工业部在电力科学研究院设立动能经济研究所；1983年9月24日，水利电力部将动能经济研究所划入水电经管学院，成立北京水利电力经济研究所，能源电力需求分析预测始终是其重要业务领域。

1999年，国家电力公司组建动经中心。为提升我国电力需求预测水平、有效支撑电网规划及运行工作开展，动经中心成立电力市场研究所。

2002年，国家电力公司改革重组后，动经中心归属国家电网公司，电力市场研究所也成为国家电网公司编制电网规划方案、制定运行策略的重要支撑力量。

2006年，动经中心更名为“国网北京经济技术研究院”，简称“国网经研院”。为进一步加强节能降耗领域的研究力量，2007年，电力市场研究所更名为“电力供需与节能研究所”，负责开展电力需求预测、电力供需平衡分析、节能策略等方面的研究。

2009年，国网能源院成立，电力供需与节能研究所更名为“经济与能源供需研究所”，研究领域拓展到宏观经济运行以及能源系统供需形势的分析预测。

2014年，供需所下设3个研究室，分别为宏观经济研究室、电力供需研究室和节能与营销政策研究室。核心业务包括宏观经济分析预测、电力市场分析预测、能源电力供需分析预测、节能节电政策研究、需求侧管理研究等。

供需所在历任领导的带领下开拓创新、不断前行。1999年5月，动经中心成立了电力市场研究所，伍萱担任所长；2003年2月，周峰担任电力市场研究所所长；2006年，李琼慧担任电力市场研究所所长；2007年1月，单葆国担任电力市场研究所副所长；同年，电力市场研究所更名为“电力供需与节能研究所”；2008年11月，单葆国担任电力供需与节能研究所所长；2009年国网能源院成立，同年11月，电力供需与节能研究所更名为“经济与能源供需研究所”，韩新阳担任副所长；2017年6月，单葆国担任国网能源院副总经济师兼供需所所长；2017 年 8 月，谭显东担任供需所副所长；2021 年 9 月，郑海峰担任供需所所长。不同时期供需所的名称和领导人员分别见表 3-9 和表 3-10。

表 3-9 不同时期供需所的名称

归属单位	动经中心		国网经研院		国网能源院
时间	1999—2002 年	2002—2006 年	2006—2007 年	2007—2009 年	2009 年起
名称	电力市场研究所	电力市场研究所	电力市场研究所	电力供需与节能研究所	经济与能源供需研究所

表 3-10 不同时期供需所的领导人员

时间	1999—2003 年	2003—2005 年	2006 年	2007 年 1 月—2008 年 8 月	2008 年 11 月—2009 年 11 月	2009 年 11 月—2016 年 9 月	2016 年 9 月—2017 年 8 月	2017 年 8 月—2021 年 9 月	2021 年 9 月起
所长	伍萱	周峰	李琼慧	李琼慧	单葆国	单葆国	单葆国	单葆国	郑海峰
副所长				单葆国		韩新阳		谭显东	谭显东

二、业务发展

（一）宏观经济研究

宏观经济研究业务主要包括国内外短、中、长期经济形势分析及研判和电力经济学等研究领域，为能源电力供需研究提供基础支撑。

1. 宏观经济研究

动经中心成立以来，持续开展宏观经济研究，旨在通过分析当前经济形势、预测未来经济走势，支撑电力需求预测工作开展。2007 年，承担了国家发展改革委“我国经济结构演变和发展前景预计”项目，为政府部门提供决策参考。随着工作的推进，宏观经济研究的广度深度不断拓展：一是研究颗粒度逐步由宏观经济指标的分析预测细化到了行业维度。2013 年，承担了“基于重点行业用电的经济监测预警研究”等项目，构建了高耗能行业跟踪分析体系并沿用至今，通过分析预测钢铁、建材、有色金属、化工等重点行业的产品产量、行业发展趋势，实现了行业维度的电力需求预测。二是加大了模型方法体系创新。自 2007 年起，随着国家电网电力供需研究实验室建设及相关科技项目的开展，研究团队逐步开发完善了季度、年度、中长期经济预测模型（如 CGE 模型、跨国增长收敛预测模型等）及重点行业分析预测模型，提高了预测的合理性和科学性。三是建立了常态化经济活动分析制度。2013 年起至 2022 年 7 月，承担了“经济活动分析关键问题及模型研究”“中国区域经济与电力发展格局演变及国际对比研究”“基于新时代‘两步走’战略的我国能源电力需求预测技术研究及应用”“我国多区域能源供需综合分析预测模型体系研究及开发”等国家电网公司总部科技项目经济预测部分的研究，以及持续承担“公司季度经济活动分析”、战略例会等技术服务工作，每季度或者月度向国家电网公司领导汇报经济走势、供需形势等内容，为国家电网公司生产经营提供了决策建议。

2. 电力经济研究

用电量是经济发展的“风向标”之一。

“电力看经济”方面，不断深化模型体系和应用研究。自2012年起，先后承担并参与了国家电网公司发展部“一库三中心”系统建设、国家电网公司“国家电网电力景气指数模型研究与应用”、国家能源局“能源景气指数构建与应用研究”、国网河南省电力公司“河南省电力景气指标体系研究”等项目，构建了国家电网景气指数模型体系和能源景气指数模型，并持续开展优化应用；支撑“网上电网”系统“电力景气指数”功能模块的开发，提升了电力数据在短期宏观经济预测预警中的应用价值。承担了国家能源局“加快发展现代能源经济总体框架研究”项目、国家电网公司科技项目“公司‘电力-经济’双向数据价值挖掘技术及典型应用研究”、国网能源院自立项目“电力看经济社会发展的理论框架、分析模型及应用研究”、战略课题“电力消费增长影响机理及需求预测技术深化研究”中电力经济关系、电力消费指数部分等的研究。在课题研究与支撑国家电网公司部分工作基础上，初步形成“电力看经济”指数体系。这些研究成果对“电力看经济”应用价值持续、深入发挥起了重要支撑作用，对国家宏观经济决策、构建能源经济体系等起到了决策参考意义。

能源新业态研究方面，面对数字经济、共享经济、互联网+等新技术、新业态的兴起，团队充分发挥在经济学领域的研究优势。2018年，承担了国家电网公司“基于消费新模式的能源新业态发展量化演进模型研究及应用”科技项目，提出了能源消费模式转化理论，构建了基于消费新模式的行业发展形态演化模型；2019年，承担了国家电网公司“基于公司网络基础设施利用的能源互联网产业发展研究”战略课题，为新形势下国家电网公司产业创新方向及发展策略提供了决策支撑；2020年，承担了国网能源院自立科研项目“公司平台经济发展评估模型构建及应用研究”，对当前国家电网公司系统内的平台业务发展情况进行了研究评估。

（二）电力供需研究

电力供需研究主要包括电力供需分析预测、能源供需分析预测及能源电力供需研究实验室建设三方面业务，通过分析预测短、中、长期能源电力供需形势，为国家政策制定及国家电网公司规划运行提供决策支撑。

1. 电力供需研究

年度电力供需分析预测方面，持续开展全国电力市场（春季、秋季）分析预测工作，跟踪分析当年及预测下年电力供需形势，获得业界高度关注。其中，《2005年全国电力市场分析预测（春秋季）报告》获得国家电网公司科学技术进步奖三等奖，并自2010

年起发布 13 本《中国电力供需分析报告》，为政府部门政策制定、电力企业做好保供工作提供重要决策支撑。

中长期电力供需分析预测方面，支撑“十二五”能源电力规划的编制工作，承担“2030 年我国电力需求与电气化规划研究”“‘十二五’及中长期中国能源与电力需求及电气化研究”等项目，获得国家能源局软科学研究优秀成果奖二等奖、中国电力科学技术奖三等奖等奖项，有力支撑了国家电网规划。面对经济快速增长对电力需求大幅度增长的情况，为提高电力需求预测精度，承担“经济政策对能源、电力需求影响的多智能体模拟系统研究与开发”“我国中长期经济发展对能源电力供需的影响研究”等项目，创新构建了多类电力需求预测模型，并获国家能源局软科学研究优秀成果奖二等奖、国家电网公司科学技术进步奖三等奖；随着经济结构持续优化，第三产业比重不断上升，电网负荷特性深度调整，2013 年，创新开展“国家电网负荷特性研究”项目，对负荷特性的影响因素、影响机理及演变趋势开展了分析预测，相关研究成果获国家能源局软科学研究优秀成果奖二等奖；“十三五”时期，面对 2015 年电力需求增长大幅度放缓的情况，开展了“基于经济发展阶段的饱和负荷分析技术及应用研究”项目，测算了我国及分区域饱和负荷规模，并得出了我国电力需求仍将长期保持较快增长的结论，研究成果获国家电网公司科学技术进步奖三等奖。2019、2020 年，面对新型城镇化深入推进、中美贸易摩擦加剧等新形势，开展了“基于新型城镇化的能源电力需求分析预测技术及应用”“中美经贸摩擦对公司售电市场的影响分析专题研究”等项目，分别获得国家电网公司科学技术进步奖三等奖、软科学成果奖三等奖。

2. 能源供需研究

国网经研院时期，供需所的前身即开展了能源供需预测工作。2008 年，承担了“能源消费与电力消费关系研究”项目，对国外能源消费与电力消费、能源强度与电力强度、电气化与能源强度之间的关系进行了实证研究；重点分析了中国能源消费、电力消费之间的关系以及电气化水平与能源强度的关系，并建立了我国电气化水平和能源强度的长期均衡模型，对 2020 年我国能源需求和电力需求进行了情景分析。相关研究成果获得了国家能源局软科学研究优秀成果奖三等奖。

国网能源院成立后，供需所持续深化能源供需领域研究。针对国家能源消费总量控制目标，2011 年，完成了“能源消费总量控制政策研究”项目，提出了相关策略及实现路径，研究成果获得了国家能源局软科学研究优秀成果奖三等奖。为提出经济—能源—环境的协调发展路径，2015 年，完成了“基于 3E 系统优化的中国能源模型体系设计开发及应用研究”项目，构建了经济—能源—环境（3E）模型体系，提出了符合我国国情的能源转型路径。“十三五”以来，我国经济步入新常态、提出“两步走”发展战略，能源领域面临着一些新的挑战和目标，2019、2020 年，供需所相继完成了“经济新常态下满足多目标约束的中国能源供需模拟仿真与综合评价模型研究”“基于新时代‘两步走’战略的我国能源电力需求预测技术研究及应用”等国家电网公司科技项目，将传统经济—能源—环境（3E）模型体系拓展至经济—能源—电力—环境（4E）模型体系。随着研究能力的不断提升，供需所将研究范围从中国拓展至全球，自 2017 年起，持续发布《全球能源分析与展望》年度报告，获得社会广泛关注与认可。

3. 能源电力供需实验室建设

能源电力供需研究实验室是以宏观经济学、实验经济学、计量经济学、预测预警、智能工程等基本理论为基础，通过运用计算机工程先进技术，对全国及各地区经济发展、能源供需、电力供需、电力经济关系、电力供需平衡等进行分析、研究的软科学实验室。

为有效利用信息化手段支撑电力供需分析预测工作开展，提高研究效率、优化模型预测精度、形成技术积累、服务国家及国家电网公司规划业务，2006 年启动电力供需研究实验室建设。根据国内外能源电力发展形势和国家电网公司发展需要，研究团队对功能和数据库进行了 4 次集中建设和扩建升级，不断创新能源电力供需预测预警技术，提升预测预警的广度、深度和精度，设计、开发、部署了经济—能源—电力—环境（4E）分析预测平台。

目前，实验室包括宏观经济分析预测、能源供需预测预警、电力供需预测预警、环境评估及“双碳”路径模拟四大研究方向，形成了涵盖宏观经济、能源供需、电力需求、电力供应、电力电量平衡分析预测，以及数据库、建模工具、信息发布、专题分析等功能，成为数据、模型工具、应用的闭环体系。数据平台由基础数据库、成果数据库、多媒体数据库和空间数据库构成。其中，基础数据库包括宏观经济、能源供需、电力供需、气候气温、政策、能源技术 6 类，涵盖全国、省（区、市）、地级市、全球等地域，月度、季度、年度等时间跨度。模型库包括 50 多个专用模型、100 多个通用方法，广泛适应国家能源绿色低碳转型、国家电网公司电力保供和生产经营等工作需要。此外，为帮助省级电力公司提高电力市场分析预测能力，建成河南、陕西、山东、辽宁、福建等省级电力供需研究实验室。

（三）节能与营销政策研究

节能与营销政策研究聚焦能源电力消费侧清洁高效发展，包括节能服务、需求侧管理、电能替代、客户服务等领域的理论分析、实施路径及政策研究等方面。研究成果有力支撑国家电网公司营销业务的开展，多项政策建议被纳入国家及国家电网公司相关规划。

1. 节能服务研究

自 2007 年起，节能服务研究即成为供需所（及其前身）的核心业务之一。研究起始阶段，聚焦电力行业的节能减排，2007 年，承担了“电力行业节能降耗及相关财税政策研究”“电力行业节能和社会节电年度报告”等课题，并参与《国家电网节能减排综合性工作方案》制定。为进一步对国家电网公司节能减排提出针对性措施，2008年承担了“国网公司节能调研”项目，2011年承担了“节能减排对国网公司发展的影响研究”“节能服务公司商业运营模式研究”项目，并于2012年完成“电力企业节能服务体系建设及实施应用”课题，获得国家电网公司管理咨询优秀成果奖。随着研究能力的提升及经验的积累，将节能研究从电力行业逐步拓展至全社会各个终端行业领域，并自2010年开始每年出版《中国节能节电分析报告》，获得各界广泛好评。结合互联网技术和业态的发展，2016年承担了国家电网公司“互联网+节能服务新模式研究”专题项目。进一步加强节能领域的理论模型、机制设计及商业模式创新，2017年承担了国家电网公司“我国全社会节能的结构分解与潜力评估模型研究”科技项目，构建了全社会节能结构分解模型和投入产出模型。此后，继续加强节能和绿色用能的落地实践策略研究，并于2022年分别承担了国家电网公司战略课题“公司贯彻全面节约战略引导全社会节约高效绿色用能策略研究”和科技项目“基于田野实验的绿色用电行为引导技术及政策评价模型研究”，提出了引导全社会高效用能的策略行为。

2. 电能替代研究

终端消费电气化已成为碳减排和空气污染治理的重要途径，并将有力支撑清洁能源消纳。2013年，受国家电网公司营销部委托开展重点行业领域电能替代潜力研究。2016年，重点围绕电能替代潜力分析、整体规划、成效评估等开展研究，支撑国家能源局编制《关于推进电能替代的指导意见》。2017年承担的“电能替代规划方法及‘十三五’应用”“电能替代发展战略深化研究”等项目构建了重点领域重点行业电能替代的理论潜力、环保潜力、可行潜力测算模型，提出了电能替代规划方法，设计了分阶段分地域电能替代发展路径，为国家电网公司科学推动电能替代工作提供支撑。2018年承担的“‘煤改电’技术路径、潜力及电能替代战略研究”“我国冬季清洁供暖研究”等项目构建了煤改电潜力测算模型，提出了清洁取暖发展路径。支撑国家电网公司及国家能源局完成“基于大气污染防治的煤改电路径优化研究”“‘十四五’期间电能替代政策机制研究”“终端能源消费清洁高效替代措施研究”“电能替代规划模型、政策模拟及应用研究”等十余项课题，构建了电能替代的理论潜力、环保潜力、可行潜力测算模型，设计了电能替代发展路径，为国家电网公司科学推动电能替代工作提供支撑，多项研究成果被国家及国家电网公司纳入相关规划。2022年3月，支撑国家能源局等十部委出台《关于进一步推进电能替代的指导意见》文件。

3. 需求侧管理研究

供需所（及其前身）是国内较早开始研究需求侧管理的机构之一。2005年，承担的“电力重组中的需求侧管理研究”项目研究了需求响应在应对缺电中的潜力、可行性及实施路径。2008年，编写《中国电力需求侧管理研究报告》，总结了全国及各地区电力需求侧管理的现状、经验，并提出了多种电力需求侧潜力的计算方法及政策建议。自

2009年起，供需所每年积极支撑国家电网公司开展迎峰度夏、迎峰度冬电力市场分析预测，为国家电网公司保障电力安全稳定供应提供了重要决策依据。为进一步细化电力需求侧管理细则，2010年承担了国家电网公司科技项目“需求侧管理考核体系方法及项目全过程管理研究”“电力需求侧管理运作机制研究”“能效电厂建设途径和方法研究”。2016年，承担科技部重大专项“复杂多重不确定性场景下广义负荷特性及其互动耦合机理”。2020年以来，随着新冠肺炎疫情逐步得到控制，电力需求呈现快速增长态势，电力需求侧管理在应对电力供需短缺中的重要作用日益凸显。2021年，承担国家电网公司战略课题“适应能源转型的需求侧资源开发和综合能源深化服务研究”，构建了“双碳”背景下需求响应潜力测算模型，相关研究成果专报获得辛保安董事长批示。

供需所在推动国家电力需求侧管理平台建设方面取得了极大进展。2013年4月，国家发展改革委运行局正式委托国家电网公司、南方电网公司、江苏经信委等单位承建国家电力需求侧管理平台。在国家电网公司领导及营销部、信通部等大力支持和具体指导下，供需所全力推进平台建设，先后完成了平台一期（2014年）、二期（2017年）、三期（2021年）开发建设工作。截至2021年，平台功能涵盖宏观经济分析、电力供需形势分析、有序用电管理、需求响应、需求侧管理目标责任考核、企业在线监测、大数据应用、市场主体信息公示等方面，已成为国家发展改革委运行局开展经济运行监测分析和电力需求侧管理工作的重要支撑平台，平台研究成果为政府和国家电网公司决策提供了重要参考。

4. 客户服务研究

随着电力体制改革对电力格局的重塑，电网企业经营模式发生深刻变革，站在了转型的关口。电力企业是社会公益性企业，人民电业为人民是国家电网公司的企业宗旨。为不断提升客户服务质量，践行以客户为中心的理念，2017、2018年，供需所先后承担了国家电网公司“以客户为中心的供电服务体系建设研究”“以客户为中心的电网业务管理体制机制和全能型供电所实证研究”战略课题，支撑国家电网公司营销部完成“以客户服务为中心的现代服务体系构架与实施”项目，为提升国家电网公司服务质效提供了发展思路和理论参考，并有效支撑了国家电网公司相关文件编制，相关专报获国家电网公司领导圈阅。2020年10月，我国明确了电网企业代理购电相关工作要求后，供需所以此为导向，围绕代理工商业、农业及居民等用户电力电量预测等方面展开研究。

三、代表性成果

供需所经过多年发展，取得了丰硕的研究成果。2009年至2022年6月，累计承担项目近1500项，其中包括重大战略课题16项；累计发表论文488篇；出版专著45部；申请专利56项，其中18项已获授权；获软件著作权68项；制定标准4项；发表国网内参专报345篇，其中获中央及国家电网公司主要领导批示87篇。

（一）主要项目

2009 年以来，供需所的业务范围涵盖了宏观经济、电力供需、节能与营销政策等研究领域。

1. 宏观经济研究

在宏观经济研究领域，供需所在经济形势研判、电力经济研究等方面完成数十项国家及国家电网公司重要课题，报送一百余篇电量分析内参专报。其中，在软科学研究方面，"能源景气指数构建及应用研究""加快发展现代能源经济总体框架研究""国家电网公司电力景气指数模型及应用研究""适应供给侧结构性改革的经济与电力需求预测方法、模型及应用研究"等项目获得了国家能源局及国家电网公司的充分认可，相关模型方法及研究建议得到采纳及推广应用；"重点行业经济运行及电力需求走势调研分析"获得国家电网公司优秀调研成果奖一等奖，"新冠肺炎疫情对电力供需及公司生产经营影响研究"获得国家电网公司软科学成果奖三等奖。在决策支撑方面，2011 年以来，累计报送一百余篇用电量分析内参专报，为政府决策和国家电网公司经营管理提供重要支撑。自 2010 年起，每年出版发布《中国电力供需分析报告》，在能源电力行业及学术领域受到广泛关注。

2. 电力供需研究业务

电力供需研究是供需所的传统业务及拳头产品，多年以来，相关研究成果有效支撑了国家、各省及国家电网公司能源电力发展规划，取得了数十项省部级及公司级奖项。其中，在软科学研究方面，"2030 年我国电力需求与电气化规划研究""我国中长期经济发展对能源电力供需的影响研究""国家电网负荷特性研究"等项目获得国家能源局软科学研究优秀成果奖二等奖，"'双碳'目标下近中期我国电力供需形势与保供策略研究"获得国家电网公司软科学成果奖一等奖，"能源高质量发展对电力供需格局的影响及策略研究"入选国家能源局《能源重大问题专项研究文稿》。在平台建设方面，"电力企业统计及辅助决策关键技术与应用""电力供需研究实验室的开发与建设"等项目分别获得国家电网公司科学技术进步奖一等奖、二等奖；电力供需研究实验室已成为国家电网公司系统开展电力供需分析预测的技术平台，在 2020 年国家电网公司组织的实验室评估中被评为优秀。根据中国电机工程学会鉴定意见，研究成果整体达到国际先进水平，其中经济—能源—电力—环境（4E）的复杂性建模达到了国际领先水平。近年来，供需所持续自我突破、锐意创新，将传统电力供需业务拓展至能源供需研究领域，"中国能源展望 2030、2050"获得国家能源局软科学研究优秀成果奖一等奖，《全球能源分析与展望》专著在业内获得普遍好评。

3. 节能与营销政策研究业务

在节能与营销政策研究领域，供需所在节能服务、需求侧管理、供电服务等方面开展了大量研究工作，承担多项政府部门、国家电网公司委托的重要课题，取得了多项省部级及公司级奖项。其中，在软科学及科技研究方面，“城区用户与电网供需互动关键技术及应用”获国家电网公司科学技术进步奖一等奖，“能源电力消费侧推动落实碳达峰碳中和目标的关键路径及机制研究”获国家电网公司软科学成果奖二等奖，“国家电力需求侧管理建设及应用”获中国电力企业联合会电力科技创新奖二等奖，“‘双碳’背景下我国能源消费发展趋势及电气化、互动化实施路径研究”获国家电网公司软科学成果奖三等奖，“电能替代规划方法及‘十三五’应用”获中国能源研究会能源创新奖（管理创新）二等奖，“‘煤改电’技术路径、潜力及电能替代战略研究”获中国电力企业联合会电力创新奖（管理类）一等奖，“电能替代发展战略深化研究”获国家电网公司管理创新成果奖二等奖，“我国冬季清洁供暖研究”获国家电网公司软科学成果奖二等奖，“电力重组中的需求侧管理研究”获国家电网公司科学技术进步奖二等奖，“以客户服务为中心的现代服务体系构架与实施”获国家电网公司管理创新成果奖一等奖；在平台建设方面，“国家电力需求侧管理平台建设及应用”获中国电力企业联合会电力创新奖二等奖。供需所牵头开发的国家电力需求侧管理平台已成为电力用户、电网企业、节能服务公司、政府部门等多方信息互动的桥梁。此外，自 2010 年起，每年出版发布《中国节能节电分析报告》，有效提升了国网能源院的学术及社会影响力。

（二）知识产权

2009 年至 2022 年 6 月，供需所共申请 55 项专利，其中 18 项获得授权；获得 68 项软件著作权；制定标准 4 项。知识产权具体情况见表 3-11。

表 3-11　　知识产权具体情况

专利
平均信息年龄最小化射频驱动网络优化方法、系统及装置（已授权）
考虑空气质量改善的电能替代目标测算方法（已授权）
基于两层电能替代规划模型的规划方法及算法框架（已授权）
一种多用户安全信息能量同传方法（已授权）
一种电力流规划优化方法（已授权）
一种无线能量驱动传输方法及装置（已授权）
Method and system for power supply prediction by variety（已授权）
Method and apparatus for predicting influence of trade disputes on total electricity consumption（已授权）
Method, system and equipment for predicting industry energy consumption per unit output in high energy-consuming industry（已授权）
Method for forecasting electricity consumption in ferrous metal smelting and rolling processing industry（已授权）
Method for predicting household electricity consumption adapted to supply-side structural reform（已授权）
Method and apparatus for acquiring power consumption impact based on impact of Covid-19 epidemic（已授权）
Method for analyzing factors influencing energy business evolution based on ISM（已授权）
获取电力需求的预警参数的方法及装置（已授权）

续表

专利
一种无线能量驱动传输方法及装置（已授权）
一种安全通信的方法及装置（已授权）
一种计及分布式电源和电动汽车接入的配电网规划方法（已授权）
一种无线供电通信方法及系统（已授权）
一种县域能源互联网形态演化模拟及发展规划方法及系统
可见光信息与能量同步传输网络和速率最大化方法及装置
区域数据中心需求潜力组合预测方法及装置
一种基于氢能的风-火耦合冷热电联供系统
电能替代减碳量的计算系统方法、装置及电子设备
设备控制方法、装置、电子设备和计算机可读介质
混合 VLC-RF 通信系统及到达信息速率分析方法
一种无线供电通信网络的信息传输优化方法及系统
无线能量传输驱动的两跳多中继网络性能分析方法及系统
基于雾计算的无线充电网络节点计算能力提升方法及系统
一种多用户安全信息能量同传方法
无人机能耗最小化设计方法及装置
两跳多中继网络性能分析方法、系统及装置
平均信息年龄最小化射频驱动网络优化方法、系统及装置
适用于能源企业平台业务发展的优先级判定方法及系统
能源互联网清洁低碳发展指数指标体系
一种风光互补制-储氢容量规划方法及系统
一种用于预测黑色金属冶炼及压延加工业用电量的方法
一种基于 ISM 模型的能源业态演化影响因素分析方法
一种适应供给侧改革的经济预测模型的方法
一种分品种电力供应预测方法及系统
一种适应供给侧结构性改革的居民生活用电量预测方法
一种清洁取暖方式选择方法
一种能源电力数据的宏观经济先行指数构建方法和系统
一种区域产业转移分析方法和系统
一种基于电力供需指数的电网项目库排序方法
一种省级低碳能源规划的分析方法
一种煤改电布局的优化方法
一种基于电力供需指数评价的电网规划库优选排序方法

续表

专利
一种终端能源消耗量预测方法及装置
一种通信方法、发送端、接收端及系统
一种地区电能替代形势分析规划方法
一种电能替代规划管理方法
一种国家-省级两层电能替代规划模型及算法框架
考虑空气质量改善的电能替代环境保护政策目标测算方法
一种基于七大重点用能行业的节能成效测算方法
一种中长期电供暖需求的预测方法及系统
软件著作权
华北电力设计院共享杆塔分级评价系统 LabView 软件 V1.0
电力杆塔资源应用潜力测算软件 V1.0
非线性能量收集模型下具有多个异构用户的 SWIPT 系统优化设计软件 V1.0
基于无线能量收集的分布式无线网络能效优化分析软件 V1.0
数据中心需求响应潜力计算软件
基于多源数据融合技术的能源电力预测分析软件 V1.0
无线信息能量同时传输网络中边缘计算节点任务卸载决策分析软件 V1.0
基于多源数据融合技术的电力经济分析软件 V1.0
全国全行业电能替代发展分析软件 V1.0
全国分布式电源发展分析软件 V1.0
双向中继网络中网络编码 SWIPT 中断性能分析软件 V1.0
全国地区行业电力容量增长分析软件 V1.0
省级供需形势分析软件 V1.0
全国售电市场交易分析软件 V1.0
企业复工复产情况月度监测软件 V1.0
全国重点行业用电监测分析软件 V1.0
基于电力经济相关指数的预警软件 V1.0
多区域能源-碳管理模型系统 V1.0
基于无线能量收集的分布式无线网络总能耗优化软件 V1.0
无线射频信息能量同传解码转发中继网络性能分析软件 V1.0
电力需求侧管理平台大用户直购电分析软件 V1.0
无线供电网络信息年龄性能分析软件 V1.0
电力需求侧管理平台新能源行业分布分析软件 V1.0
能源互联网节能减排机理与气候环境贡献评估软件 V1.0
无人机数据收集信息年龄最小化轨迹规划软件 V1.0

续表

软件著作权
电力需求侧管理平台供电量分析软件 V1.0
电力需求侧管理平台业扩报装分析软件 V1.0
夜间灯光数据和新型城镇化指标体系构建软件
能源供需模拟与综合评价模型体系系统 V1.0
气象敏感负荷的预测分析系统 V1.0
重点节能行业领域及技术评价系统 V1.0
基于 AHP-熵权法的省域节能减排动态聚类分析系统 V1.0
气象敏感负荷曲线的聚类分析系统 V1.0
电力行业统计分析预测系统 V1.0
基于大气污染防治和能源价格影响的煤改电优化布局模型软件 V1.0
基于碳减排的省级能源规划辅助软件
经济新常态下宏观经济分析预测系统 V1.0
能源供需分析预测展示系统 V1.0
经济新常态下经济电力关系分析及电力需求预测系统 V1.0
DSM 电力负荷分析系统
DSM 企业开工率分析系统
DSM 清洁能源消纳系统
DSM 用电异动分析系统
DSM 重点企业用能展示系统
电力供应分析预测系统 V1.0
散烧煤替代经济性比较软件
新型城镇化空间布局模拟及预测软件
中国经济发展预测模型软件 V1.0
产业集聚分析系统 V1.0
电能替代规划及决策支撑平台
电能替代规划及决策支撑平台案例与政策子系统
电能替代规划及决策支撑平台基础数据子系统
电能替代规划及决策支撑平台评价体系子系统
电能替代规划及决策支撑平台潜力测算子系统
电能替代规划及决策支撑平台需求建设子系统
电力需求侧管理平台 DSM 效果分析子系统
电力需求侧管理平台城镇化分析子系统
电力需求侧管理平台行业产业用电分析子系统
电力需求侧管理平台重点企业用电分析子系统

续表

软件著作权
电力需求侧管理平台重点区域电力经济分析子系统
电力需求侧管理平台经济实时分析系统 V1.0
电力需求侧管理平台发电监测系统 V1.0
电力需求侧管理平台装机监测系统 V1.0
电力需求侧管理平台经济预测分析系统 V1.0
电力需求侧管理平台宏观经济综合分析系统 V1.0
电力需求侧管理平台经济景气分析系统 V1.0
国家电力需求侧管理平台分布式电源分析软件 V1.0
电力需求侧管理平台分布式电源分析软件 V1.0

（三）其他

2009 年至 2022 年 6 月，经过多年深耕细作，供需所积累了众多研究成果，获得业内广泛认可。

专著出版方面，合计出版 45 部中英文专著。其中，牵头出版 27 部专著，包括《中国电力供需分析报告》《中国节能节电分析报告》《全球能源分析与展望》《2050 中国经济发展与电力需求探索》等。

文章发表方面，围绕宏观经济运行、能源电力供需分析预测、节能节电等领域，公开发表SCI、EI、核心期刊、报纸等各类型文章488篇；同时，345篇国家电网专报、国家电网内参、研究专报等企业内部文章被国家电网公司录用。

接受媒体采访方面，接受央视新闻频道、摩根士丹利、中央电视台、中国纪检监察报、中国能源报等国内外新闻媒体采访近百次，行业内外影响力不断扩大。

决策建议采纳方面，相关研究成果及建议被国家发展改革委、国家能源局、国家电网公司采纳合计 89 次，有力支撑国家及国家电网公司发展。

人才培养方面，供需所为国家电网公司系统内外均培养了大量科研型人才。供需所(及其前身)原所长伍萱，现任全球能源互联网发展合作组织秘书长；供需所(及其前身)原所长周峰，现任国网档案馆馆长；原所长单葆国，现任国网能源院副院长，获得“国家电网公司规划计划专业领军人才”荣誉称号，享受国务院政府特殊津贴；供需所（及其前身）原所长李琼慧，现任国网能源院新能源与统计研究所所长；供需所（及其前身）原副所长韩新阳，现任国网能源院电网发展综合研究所所长。

第五节 电网发展综合研究所

电网发展综合研究所（简称“电网所”）成立于 2009 年，多年来致力于电网综合业务、智能电网研究，主要定位是服务国家电网公司电网发展规划需求，支撑电力行业高质量发展。电网所的业务范围不断拓展，业务能力不断提升，相关研究成果获得了政府行业主管部门、国家电网公司和社会的广泛认可，多次获得能源电力行业和国家电网公司的各类奖项。电网所坚持开拓创新、包容共享、锐意进取、突出价值的发展理念，在不断成长中力争为行业和国家电网公司的发展贡献智慧力量。

一、历史沿革

2009 年，国网能源院成立。根据业务发展需要，国网能源院成立智能电网研究所。核心业务为：电网与能源协调发展研究，电网发展战略研究，智能电网理论、体制机制及发展模式等重大问题研究，电网智能化规划研究，智能电网综合评估研究，以及智能电网政策研究。

2012 年，为适应“创建国内一流、国际知名的综合性能源研究咨询机构”的要求，智能电网研究所更名为“电网发展综合研究所”。核心业务为：在电网发展、智能电网等方面的研究基础上，增加了电网安全评价理论方法及安全策略、电动汽车及充电网络布局规划与政策等方面的研究。

近年来，随着国家“双碳”目标实施和国家电网公司高质量发展深入推进，电网所的核心业务增加了新型电力系统建设路径、电网形态演变及数智化转型、电网投资管理与后评价、电网应急体系、“双碳”指标体系与碳减排评估、源网荷储互动等方面的研究。

电网所在历任领导的带领下不断发展壮大。2009 年 11 月，智能电网研究所成立，张义斌任所长。2011 年 10 月，黄瀚任智能电网研究所副所长。2012 年 8 月，智能电网研究所更名为“电网发展综合研究所”，张义斌任所长、黄瀚任副所长。2016 年 3 月，韩新阳任电网所所长。2016 年 9 月，李立理任电网所副所长。2017 年 8 月，靳晓凌任电网所副所长。不同时期电网所的名称和领导人员分别见表 3-12 和表 3-13。

表 3-12　　不同时期电网所的名称

归属单位（时期）	国网能源院	
时间	2009—2011 年	2012 年起
名称	智能电网研究所	电网发展综合研究所

表 3-13　　不同时期电网所的领导人员

时间	2009—2011 年	2012—2015 年	2016 年	2017 年起
所长	张义斌	张义斌	韩新阳	韩新阳
副所长		黄瀚	李立理	靳晓凌

二、业务发展

（一）电网综合业务研究

电网综合业务研究以国家战略、能源转型、国家电网公司战略为目标，聚焦电网发展与安全，在电网安全、投资成效及监管等领域深耕细作，承担了国家电网公司本质安全、精准投资、高质量发展等多方面工作。

1. 电网安全研究

电网安全研究以总体国家安全观和能源安全新战略为指引，为中央和国家电网公司决策提供重要参考，为国家电网公司安全生产和电力安全可靠供应提供现实依据。

电网所在电网安全风险管控、国家电网公司安全管理体系建设、电网安全性评估、国外停电事故分析等领域取得了大量研究成果。“十二五”初期，国内外电力安全形势严峻，日本福岛核泄漏、美国加州“9·8”、韩国“9·15”、智利“9·24”等大面积停电事故频发。电网所在2012年开展了大电网发展趋势和安全管控战略研究，提出相适应的安全管控战略目标升级方案与支撑措施，撰写印度大面积停电事故研究专报，获得国家电网公司主要领导的批示。

2014年4月，习近平总书记在中央国家安全委员会第一次全体会议上首次提出“总体国家安全观”，6月在中央财经领导小组第六次会议上提出“四个革命、一个合作”能源安全新战略，引领我国能源行业发展进入新时代。为支撑国家电网公司适应新发展要求，电网所从全业务链出发，在电网风险辨识、风险预控机制等方面投入研究力量，总结国内外电网事故概况及原因，提出当前我国电网运行面临的安全风险和管控建议，成果固化形成专著《公司本质安全理论与实践》，为国家电网公司推动本质安全建设提供坚实支撑。

2016年10月，习近平对全国安全生产工作作出重要指示强调，坚持标本兼治、综合治理、系统建设，统筹推进安全生产领域改革发展。电网所承担国务院安委会专家咨询委员会能源专业委员会委托项目“电网安全风险管控专题研究”，全面掌握电力企业安全风险管控现状，分析风险形成主要诱因，有针对性地提出措施建议，提升我国电网安全事故预防和电网风险管控水平。

2019年，习近平总书记对安全生产的重要论述和指示批示以及《中共中央、国务院关于推进安全生产领域改革发展的意见》等重要文件对安全生产作出一系列新部署、新要求。为落实党和国家要求，创建世界一流示范企业，电网所配合国家电网公司安监部开展国家电网公司安全管理体系建设研究，提出国家电网公司安全管理体系总体架构，编制体系建设方案，加快推进国家电网公司安全治理体系和治理能力现代化，成果得到国家电网公司主要领导的高度认可。

2020年，在新冠肺炎疫情冲击背景下，电网所围绕重大突发事件下国家电网公司应急体系与能力建设，在模型工具、案例测算等方面实现新突破，获得国家电网公司领导的肯定；并在新冠肺炎疫情对电网安全影响、高层建筑应急供电保障、系统观下的电网安全等方面，撰写多篇研究专报，获得国家电网公司领导批示或圈阅。

2020 年 9 月，我国正式提出碳达峰碳中和目标。2021 年 3 月，习近平总书记在中央财经委员会第九次会议上强调要构建以新能源为主体的新型电力系统，明确了“双碳”背景下我国能源电力转型发展的方向。而近年来极端天气频发，我国电力供应面临严峻考验。2021 年，电网所聚焦极端天气对电网运行的影响，及时跟踪国内外电网安全保障动态，开展碳达峰碳中和对电力供应保障的影响研究，对美国得州、美国加州、巴基斯坦、印度、中国台湾等国家或地区的大停电事件或供电紧张问题开展研究，为国家电网公司保供电、电网安全运行提供重要支撑。3 月，电网所采用线上线下相结合的方式成功举办首期电网安全发展论坛——“新时代电网安全发展非常规场景的新挑战”，该论坛的举办是能源电力研究者在国家“双碳”目标指导下，深化研究统筹发展与安全、保证新时代电力系统安全稳定运行和可靠供电的具体体现。9 月，电网所继续聚焦电网安全热点问题，以“应急治理的真问题：实践后的反思与智库洞察”为主题，成功举办第二期电网安全发展论坛，提出构建“平安电网”体系，从国家安全的战略高度上广泛凝聚关于提升综合应急能力的共识。

电网所加强电力安全治理体系研究，深耕安全风险防控分析，承担国家电网公司科技项目“多维度安全保障目标下综合风险评估与管控关键技术研究及应用”“突发自然灾害电网多源要素耦合风险识别及管控策略研究”，针对电网、人因、设备、环境多维度风险，深入研究综合风险辨识技术、风险演化路径与量化分析技术、综合风险预警和分级管控技术及实践。持续深化极端情况下安全风险研究，对极端情况下电力基础设施安全风险防范及综合抵御能力提升开展系统研究，撰写多篇国家电网专报、研究专报，获得中央领导、国家电网公司领导批示。

2. 电网投资成效分析及监管研究

电网投资成效分析及监管研究以提升电网规划投资效率为目标，按照国家能源行业对电网投资成效监管要求，开展特高压交直流工程、输电网及配电网后评价，分析电网投资效率效益，并配合能源主管部门开展政策分析研究，为国家和国家电网公司电网投资决策提供重要参考。

电网所在电网资产效率分析、投资成效监管、电网工程后评价、电网投资效率效益评价等领域取得了大量研究成果。2013 年，国家能源局首次开展了典型电网工程投资成效监管工作，从我国电网企业选取近两年内竣工投产的输电网项目开展投资成效监管。这标志着国家对电网由注重发展速度与规模的阶段转入更为注重发展质量与效益的新阶段。2014 年，电网所开展“电网资产效率与投入产出效益的实用化分析技术研究及应用”研究，围绕提升电网发展质量与效益，着重电网资产效率综合模型（CUME）

等电网资产效率理论分析成果的深化和实用化技术研发。2015 年，开展了配售分开与投资多元化对配电网规划的影响及对策研究。在国家和国家电网公司持续加强电网投资效率效益的背景下，电网所在投资评价领域向纵深发展。2017 年，首次在国家电网公司发展部领导下开展 2017 年度典型电网工程投资成效监管工作，选取哈密南—郑州、溪浙特高压直流工程，以及浙福特高压交流工程等 10 项工程开展监管。电网所将电网投资成效监管正式作为单独的领域开展研究工作，为后续开展特高压工程后评价等相关咨询工作积累了重要经验。目前，该工作已成为电网所在支撑电网企业应对电网投资监管方面的常态化研究方向。2019 年，电网所承担国家能源局委托项目“电网规划投资管理研究”，研究规划、投资、电价的联动机制，分别提出电网投资闭环管理体系与流程的意见和建议。在课题研究过程中，国家电网公司发展部同时配套管理咨询项目“适应改革监管新形势的公司违规投资防控体系深化研究”，对当时我国电网投资面临的输配电价监管要求与能源主管部门电力规划涵盖范围不全面、投资审核程序要求不匹配的问题开展研究，研究推动出台了《关于加强和规范电网规划投资管理工作的通知》（发改能源规〔2020〕816 号）。2019—2020 年，电网所陆续承担了国家电网公司十大战略课题之一“配电网资产效率与投入产出效益提升研究”、管理咨询项目“配电网投资效率效益评价指标体系研究”等项目，从投资、管理、技术等角度提出配电网资产效率效益提升的途径，助力国家电网公司配电网高质量发展战略目标落地。2021—2022 年，在新型电力系统建设目标要求下，电网所持续深耕电网投资成效分析及监管研究工作，承担了国家能源局“电网规划投资管理深化研究”课题，以及国家电网公司科技项目“适应公司高质量发展的电网投资效率效益提升的关键技术研究”“构建新型电力系统下电网投资决策支持关键技术研究及应用”等研究任务，服务提升新型电力系统电网投资效率效益。

（二）智能电网研究

智能电网研究以电网智能化转型升级为指引，长期开展政策规划、发展战略、实施路径、效益评价等研究，并深入拓展电动汽车与充电基础设施、能源互联网与智慧能源、源网荷储互动等研究，为国家电网公司经营发展和电网转型升级提供了重要支撑。

1. 智能电网政策规划与综合评价

智能电网政策规划与综合评价研究主要起源于支撑我国智能电网概念和政策、规划的提出，深度结合国家电网公司智能电网建设发展需要，持续开展智能电网战略规划、发展路径、效益评价等研究，完成政府部门、国家电网公司、网省电力公司委托的多项课题研究，形成了完整的智能电网政策、规划与综合评价理论方法和模型工具。

电网所成立之初，支撑政府部门、国家电网公司开展智能电网顶层设计研究，提出适应国情网情的智能电网发展方向、路径、模式，完成“中国智能电网发展模式研究”“国家电网智能化发展规划研究”。“十二五”初期，围绕智能电网规划建设等关键问题，完成“坚强智能电网发展重大问题研究”“适应我国新能源发展的坚强智能电网发展策略研究”。“十二五”末，为高效推动智能电建设，深入开展智能电网效益评价、政策评估、发展策略等研究，承担“坚强智能电网政策评估与模拟分析关键技术及其应用研究”“智能电网支撑智慧城市发展策略研究”。“十三五”以来，围绕电网数字化、绿色化发展趋势，先后完成“国内外电网发展及新技术应用分析报告”“适应能源互联网发展的智能电网战略及规划研究”“新形势下电网智能化和通信网发展规划”“雄安新区电网规划”等课题研究，提出了新形势下电网智能化发展框架。

2. 电动汽车与充电基础设施

电动汽车与充电基础设施主要面向我国新能源汽车产业发展，聚焦电动汽车充电基础设施政策规划和充电运营服务等研究，完成政府部门、国家电网公司、网省电力公司、产业单位委托的多项课题研究，形成了电动汽车充电基础设施规划和运营服务策略等理论方法和模型工具。

新能源汽车产业发展初期，电网所围绕电动汽车发展趋势、充电网络建设、运营模式等内容开展系统性研究。2011 年，完成国家电网公司科技项目“电动汽车智能充换电服务网络建设运营体系关键技术研究与示范应用”。2012 年，为支撑电动汽车逐步开始规模化发展，以及为国家电网公司相关业务的开展提供理论基础，完成“国家电网‘十二五’电动汽车智能充换电服务网络发展规划研究”“电动汽车智能充换电服务网络发展战略支撑研究”，以及科技项目“电动汽车充换电设施全面建设实施策略研究”，并配合国家能源局开展“电动汽车充电基础设施综合性政策研究”。“十三五”以来，随着电动汽车充电基础设施需求和政策保障体系需求的增加，配合国家能源局开展了“我国电动汽充电基础设施政策体系的顶层设计研究”；同时，为了推动国家电网公司电动汽车充电业务发展，开展国家电网公司战略课题“电动汽车及充电网络发展研究”，以及科技项目“寒冷地区电动汽车充电设施温度适应性评价技术”“电动汽车广域充换电服务网络规划关键技术研究及应用”“基于能源互联网的电动汽车新一代充放电关键技术研究与示范”。另外，持续关注车联网、充换电、动力电池梯次回收等技术进展，撰写多篇内参专报。“十四五”以来，新能源汽车开始呈现规模化发展趋势，除了持续跟踪行业及基础设施建设进展以外，还开展了车网互动相关研究工作，完成科技项目“面向电动汽车移动储能应用的储能云关键技术研究及示范应用”和自研项目“车-桩-网发展对电网的影响研究”，并围绕充电基础设施发展、配套电网保障、车网互动等机制策略撰写多篇内参专报。

3. 能源互联网与智慧能源

随着能源信息物理融合技术和新业态新模式发展，国家电网公司积极布局能源互联网理念和战略规划研究。电网所先后支撑政府部门和国家电网公司开展能源互联网、综合能源系统、新业态新模式、智慧能源系统等研究，形成了较为完整的战略规划、运营模式、政策机制等理论方法。

“十三五”初期，电网所主要聚焦城市能源互联网、区域综合能源体系、新业态新模式研究，开展“以电为中心的城市能源互联网体系架构和实践路径研究”“区域综合能源系统的建设、运营和商业模式研究”“公司‘双创’体系建设与‘互联网+’新业态新模式”等研究。2018 年以来，重点聚焦雄安新区智慧能源系统战略、国家电网公司智慧能源服务系统建设，开展中国科学院委托项目“雄安新区智慧能源系统战略研究”，以及国家电网公司科技项目“雄安新区智慧能源系统规划建设关键技术研究及应用”“智慧能源服务系统关键技术研究及示范”，以及管理咨询项目“智慧能源服务系统业务体系、运营模式与应用推广策略深化研究”等。

4. 源网荷储互动

源网荷储互动研究主要聚焦解决高比例新能源电力系统面临的电网规划、调度运行和营销服务等问题，开展了源网荷储新技术、用户侧资源利用、精准负荷调控、源网荷储运行管理优化等研究，完成了政府部门、国家电网公司、网省电力公司委托的多项课题研究，形成了源网荷储互动技术、政策、市场、策略等理论方法。

源网荷储互动研究起源于国家电网公司战略课题研究需求。2018 年，承担国家电网公司战略课题“基于源网荷互动的用户侧资源利用问题研究”，提出用户侧资源的利用价值、发展潜力和保障措施。2019 年，承担国家电网公司战略课题“‘源网荷储’新技术应用关键问题研究”，提出了源网荷储新技术应用的内涵、发展现状和问题以及政策机制优化的方向，至此建立了一整套源网荷储互动的政策、机制、技术等体系。2020 年，承担国家电网公司科技项目“面向网荷协同的台区负荷精准调控与智慧用能关键技术研究及应用”，提出台区侧智慧能源系统的商业模式和关键技术。2021 年，源网荷储互动研究进一步深化拓展至二次能源和“双高双峰”电力系统，开展了国家电网公司战略课题“二次能源新技术发展应用及双高、双峰电力系统运行关键问题研究”，将源网荷储协同互动纳入新型电力系统建设的重要内容。2022 年，承担国家电网公司科技项目“新型电力系统下源网荷储运行管理优化关键技术与实证应用研究”，提出安全保供电源并网考核和信用评价技术、含分布式电源的配电网运行管理技术，以及海量负荷侧可调节资源的调度运行管理技术。

三、代表性成果

电网所经过 13 年的发展，取得了丰硕的研究成果。2009 年至 2022 年 7 月，累计承担项目近 700 项，其中包括重大战略课题 10 余项；累计发表论文文章近 300 篇；出版专著 10 余部；申请专利 22 项，其中 10 项已授权；获软件著作权 34 项；累计发表内参专报 170 余篇，其中获国家电网公司领导批示 26 篇。

（一）主要项目

2009 年以来，电网所的业务范围涵盖了电网综合业务、智能电网等领域。

电网综合业务。该项业务涉及电网安全、投资成效及监管等领域，对国家战略落地、服务国家电网公司高质量发展起到了有力推动作用。**电网安全方面，**承担国务院安委会委托项目“电网安全风险管控专题研究”，提出当前我国电网运行领域面临的主要安全风险和管控建议，“基于全业务链的电网风险辨识和风险预控机制研究”获得国家电网公司管理咨询优秀成果奖一等奖。开展本质安全研究，撰写专著《公司本质安全理论与实践》，“国家电网本质安全关键能力建设与评价创新实践”获得中国电力安全与应急管理创新成果奖一等奖，“现代电网企业本质安全关键能力建设与评价创新实践”获得中国能源研究会能源创新奖三等奖。开展电网企业安全管理体系相关研究，“以提升安全生产治理能力为目标的国家电网安全管理体系建设实践”获得中国电力企业联合会电力创新奖一等奖，“电网企业贯彻能源安全新战略的理论与实践研究”获得中国能源研究会能源创新奖（管理创新）二等奖。**电网投资成效及监管方面，**承担国家能源局委托项目“电网规划投资管理研究”，对当时我国电网投资面临的输配电价监管要求与能源主管部门电力规划涵盖范围不全面、投资审核程序要求不匹配的问题开展研究，推动出台了《关于加强和规范电网规划投资管理工作的通知》（发改能源规〔2020〕816 号），研究成果获得 2020 年度国家电网公司软科学成果奖二等奖。为支撑国家电网公司精准投资管理，开展电网效率提升的相关研究，电网所陆续承担了国家电网公司十大战略课题之一“配电网资产效率与投入产出效益提升研究”、管理咨询项目“配电网投资效率效益评价指标体系研究”，研究成果获得 2021 年度国家电网公司软科学成果奖一等奖、二等奖，“智能电网下电网资产效率模型研究及应用”获国家电网公司科学技术进步奖二等奖。

智能电网业务。该项业务涉及智能电网政策规划与综合评价、电动汽车与充电基础设施、能源互联网与智慧能源、源网荷储互动等方面。成立以来，**电网所在智能电网政策规划与综合评价方面**形成了一批优秀研究成果，很好地回答了我国和国家电网公司智能电网的顶层设计和实践落地问题。“我国智能电网发展模式及实施方案研究”“智能电网支撑智慧城市发展策略研究”获国家能源局软科学研究优秀成果奖二等奖，“关于促进智能电网创新发展的政策研究”获国家能源局软科学研究优秀成果奖二等奖、中国电力企业联合会电力创新奖（管理类）二等奖，“智能电网全面建设战略及应用研究”获中国电力科学技术奖三等奖，“智能电网顶层技术路线优化研究与综合建设工程应用”“适应坚强智能电网发展的电网技术、经济评价方法模型及应用研究”获国家电网公司科学技术进步奖二等奖。在**电动汽车与充电基础设施方面**形成了一批优秀研究成果，为电动汽车充电基础设施的政策体系、发展规划和运营服务提供了有力支撑。例如，“电动汽车智能充换电服务网络建设运营体系关键技术研究与示范应用”获国家电网公司科学技术进步奖一等奖，“我国电动汽车充电基础设施政策体系的顶层设计研究”获国家能源局软科学研究优秀成果奖二等奖，“公司智能充换电服务网络建设运营管理体制与运行机制研究”获国家电网公司管理咨询优秀成果奖一等奖，“国家电网‘十二五’电动汽车智能充换电服务网络发展规划研究”获国家电网公司科学技术进步奖三等奖。在**能源互联网与智慧能源方面**形成了一批优秀研究成果。例如，“雄安新区智慧能源系统战略研究”“雄安新区智慧能源系统规划建设关键技术研究及应用”，为雄安建成清洁、低碳、安全、高效发展的能源系统提供决策支撑；“公司‘双创’体系建设与‘互联网+’新业态新模式”“能源互联网下电力发展模式与业态创新关键问题研究”获国家电网公司软科学成果奖一等奖，提出了新形势下国家电网公司双创体系建设重点和“互联网+”业务创新路径；“以电为中心的城市能源互联网体系架构和实践路径研究”“面向能源互联网的未来智慧配电网形态研究”获国家电网公司软科学成果奖二等奖，“全球能源互联网技术路线、效益评价的方法与实践”获国家电网公司科学技术进步奖二等奖。在**源网荷储互动方面**形成了一批优秀研究成果。例如，“‘源网荷储’新技术应用关键问题研究”“基于源网荷互动的用户侧资源利用问题研究”“二次能源新技术发展应用及双高、双峰电力系统运行关键问题研究”，建立了源网荷储互动的政策机制和技术体系，对构建新型电力系统具有重要支撑作用；“适应源-荷多元化大规模发展的省域电网渐进规划关键技术及应用”“源网荷协同下电网低碳规划优化关键技术及应用”获国家电网公司科学技术进步奖二等奖。

（二）知识产权

2009 年至 2022 年 7 月，电网所共申请 22 项专利，其中 10 项获得授权；获得 32 项软件著作权。知识产权具体情况见表 3-14。

表 3-14　　知识产权具体情况

专利
一种区域配电网设备综合利用效率分析方法
一种坚强智能电网的综合评估方法（已授权）
一种基于电力系统的温室气体减排控制方法（已授权）
一种煤改电布局的优化方法
一种基于信息物理融合系统的家居能源调度方法（已授权）
一种电网规划建设精准投资方法（已授权）
一种基于形态分析的用户侧负荷特征聚类评价方法（已授权）
一种能源微网负荷频率控制方法、系统及相关产品（已授权）
一种基于多源数据挖掘的配电线路时变故障概率计算方法
一种基于用户行为的分布式电源用户负荷曲线建模方法（已授权）
一种基于实时电价的电力弹性负荷柔性调节方法
电动汽车对城市配电网影响量化分析的方法

续表

专利
一种配电网电动汽车时空充放电电价制定方法（已授权）
一种城市能源终端用能的评估方法
计及关键指标提升运行效果的配电网技术改造方法和系统
自备电厂参与可再生能源消纳的激励分析方法、系统及装置
燃煤耦合生物质发电容量规划方法、系统及装置
一种考虑再生能源混合发电的电力系统经济调度的方法
一种计及不同功能模块运行特性的多站融合优化方法
配电网的分级可靠性管理系统和方法
一种农村地区的燃煤和生物质发电容量规划方法（已授权）
一种电网户外作业人员热应激预警方法及系统（已授权）
软件著作权
智能电网技术与项目成熟度计算程序软件
智能电网区域智能化水平评估程序软件
电网资产效率综合模型（CUME）应用系统
基于灰色理论的电动汽车数量预测平台证书
智能电网效益评级分析模型软件
城市用户智能用电行为协调优化及服务模式创新软件
城市用户综合用能方式的效益分析和评估软件
含可控负荷电网电价优化计算程序
电动汽车规模预测和节能减排效益分析软件
车桩网源多层次互动模拟仿真软件
含可控负荷的配电网优化运行软件
具有多能互补、新能源微电网等多要素的增量配电业务效益测算系统 V1.0
电动汽车发展对电网影响模拟仿真软件 V1.0
配电网多元化负荷运行及特性研究软件 V1.0
电热联合系统最优潮流计算软件
电动汽车参与综合能源楼宇优化运行多场景仿真软件
基于知识图谱的大面积停电事故模型开发系统 V1.0
大面积停电事故知识图谱系统 V1.0
含分布式电源的日潮流计算软件 V1.0
含风电的电力系统随机潮流计算软件 V1.0
输变电工程经营效果评价分析软件 V1.0
输变电工程运行效果评价分析软件
多站融合项目优先业务筛选计算程序

续表

软件著作权
多站融合项目背景下的业务可拓展空间预测程序
计及光伏发电的电力系统潮流计算程序 V1.0
电网安全风险分析知识图谱系统
基于多维数据耦合的输电线路安全风险评估图像识别软件 V2.0
电网户外高温环境下作业人员热应激预测分析软件 V1.0
考虑经济性与韧性的多能耦合配电网移动储能优化配置软件
用能行为预测软件 V1.0
能源站配置和优化运行软件 V1.0
多站融合项目的综合效益计算软件

（三）其他

电网所的研究水平和研究成果得到业内的广泛认可。在研究领域，电网所出版了多部专著（包括译著），其中包括《国内外电网发展分析报告》《国内外电网发展及新技术应用分析报告》《智能电力》《日本智能电网图解》等。文章发表主要集中在电网发展规划、电网安全、源网荷储互动、电动汽车与充电设施等领域。例如，《美国得州 2·15 大停电事故分析及对中国电力发展的启示》《基于 CUME 模型的电网资产效率分析方法深化研究及应用》《基于全生命周期投入产出效益的电网规划精准投资方法》《利用用户侧资源提升电网规划运行效率的方法》等。2021 年 2 月 23 日，中央电视台《东方时空》栏目播出“得州电力危机”专题，国网能源院总工程师张全接受采访，电网所关于得州大停电深层次原因的研究成果的社会影响力不断扩大。

电网所为国家电网公司系统内外均培养了大量科研型人才。电网所原所长张义斌，现任全球能源互联网发展合作组织发展局副局长；电网所原副所长黄瀚，现任国家电网公司科技部副主任；现任所长韩新阳获得“国家电网公司劳动模范”“国家电网公司专业领军人才”荣誉称号。电网所在创新中发展、在发展中壮大，形成了一支专业素质过硬的复合型科研团队，不断为国家电网公司电网高质量发展贡献智库力量。

第六节 新能源与统计研究所

新能源与统计研究所（简称“新能源所”）成立于 2010 年，致力于新能源、分布式能源、储能、农村能源的政策管理、规划运行和技术经济研究，以及国际能源电力统计及转型分析研究。历经十余年磨砺，目前新能源所已在行业内具备较强的影响力和竞争力。新能源所研究成果获得了政府部门、国家电网公司、行业机构及相关企业的广泛认可，多次获得国家电网公司主要领导批示，为国家、行业和国家电网公司提供了有效的决策支撑，30 余次获得省部级和行业级以上科研成果奖励。新能源所秉承求真务实、开拓创新的工作态度，在创新中谋发展，在挑战中求机遇，持续产出重大成果，构建核心竞争力体系，力争在更高层次上助力国家、行业和国家电网公司的发展。

一、历史沿革

2009 年 2 月 4 日，国网北京经济技术研究院成立能源统计与分析研究所，主要负责国际能源与电力统计信息的采集、分析研究，国际能源与电力相关统计数据手册的编撰发行，国际能源与电力发展分析预测研究，国外大型能源及电力企业经营发展动态研究，相关适用理论研究与应用、模型及软件开发，以及完成领导交办的其他事项。

2009 年 11 月 19 日，国网能源研究院成立新能源研究所，主要负责新能源发展规划及政策研究、新能源并网技术经济研究、国家电网公司新能源管理平台和新能源月度会商会等工作。

2010 年 12 月 10 日，撤销新能源研究所、能源统计与信息研究所，成立新能源与统计研究所。主要负责新能源、可再生能源基础理论和方法研究，新能源、分布式能源、储能、电动汽车的技术经济特性及并网相关问题研究，新能源发展政策研究，国际能源与电力工业统计信息采集分析，国际能源与电力统计数据手册的编撰、发行，以及“能源观察网”运营管理等。

自 2010 年成立以来，新能源所所长职务一直由李琼慧担任，副所长职务先后由宋卫东、谢国辉、黄碧斌担任。新能源所研究队伍不断壮大，重大成果持续产出，影响力不断提升。不同时期新能源所的名称和领导人员分别见表 3-15 和表 3-16。

表 3-15　　不同时期新能源所的名称

归属单位（时期）	国网能源院	
时间	2009—2010 年	2010 年起
名称	新能源研究所	新能源与统计研究所

表 3-16　　不同时期新能源所的领导人员

时间	2009—2010 年	2010—2017 年	2017—2020 年	2020 年起
所长	李琼慧	李琼慧	李琼慧	李琼慧
副所长		宋卫东	谢国辉	黄碧斌

二、业务发展

新能源所业务范围主要包括新能源、分布式能源、储能、农村能源的政策管理、规划运行和技术经济研究，以及国际能源电力统计及转型分析等。目前新能源所内设新能源及统计研究室（简称“新能源室”）和分布式能源系统研究室（简称“分布式能源室”）。

（一）新能源及统计研究

新能源所从成立之初即持续开展新能源发展规划、政策、技术经济研究，以及能源统计和转型分析等关键问题研究，长期参与国家和国家电网公司委托的重大研究任务，提供了有效的决策支撑。随着能源转型持续深入、电力系统中新能源占比提升，以及我国电力改革的推进，新能源所积极拓展新能源运行消纳机制、新能源参与电力市场等研究领域，以适应新的形势，提升对国家和行业新能源发展以及国家电网公司服务新能源发展的支撑能力。

1. 新能源政策及发展战略规划研究

长期支撑国家发展改革委、国家能源局等国家能源主管部门开展能源电力发展、可再生能源配额制、可再生能源发展战略、清洁能源消纳长效机制等重大问题及政策研究。自 2009 年以来，新能源所先后支撑国家发展改革委、国家能源局开展“我国新能源优先发展领域及战略任务研究”“转变能源生产消费方式相关产业政策研究”“我国能源电力发展相关重大问题研究”“2035、2050 年可再生能源中长期发展战略研究”等项目；参与了《可再生能源法》《关于改善电力运行调节促进清洁能源多发满发的指导意见》（发改运行〔2015〕518 号）、《国家发展改革委　国家能源局关于建立健全可再生能源电力消纳保障机制的通知》（发改能源〔2019〕807 号）、《可再生能源发展“十三五”规划》等政策文件的讨论及起草工作。

针对我国大规模风电并网和消纳的问题，和丹麦维斯塔斯公司于 2010 年 2 月开展了“风电和电网协调发展综合解决策略”的研究，并联合出版了《风电与电网协调发展综合解决策略——国际经验和中国实践》专著。2011 年以来，每年编制出版《中国新能源发展分析报告》。

支撑国家电网公司开展新能源发展战略及规划、新能源政策等研究。自 2011 年起，每年支撑国家电网公司编写服务新能源发展白皮书，配合国家电网公司发展部每月编制新能源发展月度报告，支撑新能源发展规划相关重大战略课题研究。先后承担“新能源发电发展动态与政策法规研究”“新能源发展政策对电网发展影响研究”“新能源与电网协调发展规划研究”“可再生能源战略（2050）研究工作”“‘后补贴’时期新能源发展与电网适应性优化方案”“后补贴时代公司服务新能源消纳关键问题研究”“新能源发电跨越式增长对电力系统影响研究”等课题研究。

2. 新能源技术经济性研究

持续跟踪风电、光伏发电、太阳能热发电、生物质发电等技术发展及经济性，将技术进步与经济性分析作为单独板块纳入《中国新能源发展分析报告》。支撑国家电网公司发展部、营销部、国调中心等部门开展风电、光伏发电技术经济性测算分析。

建立新能源技术经济数据库，开发能源经济多维度分析软件（EMAP），支撑相关课题中的经济性专题研究。

随着新能源并网规模的增大，新能源对系统经济性的影响引起关注。自 2020 年起，研究消纳新能源产生的系统成本分析计算方法，支撑 2020、2021 年国家电网公司重大战略课题研究，并申请系统成本计算方法专利。支撑国调中心开展年度新能源经济性消纳规模测算工作。

3. 新能源并网运行调度技术及市场交易机制

2010 年以来，支撑国家发展改革委、国家能源局开展可再生能源优先调度、风火联合运行机制、中美新能源接入电网运行规则对比、新能源优先消纳机制及试点等研究工作，并在国际相关研讨会报告研究成果，相关研究工作获得美国波动性电源并网组织（UVIG）颁发的杰出贡献奖。

为适应电力改革和新能源发展消纳的新形势，自 2015 年我国启动新一轮电力体制改革以来，新能源所开展新能源参与电力市场模式、高比例新能源的市场消纳机制、新能源市场化交易相关技术研究工作，先后承担国家能源局、国家电网公司委托的“新能源参与电力市场竞争课题研究”“适应电力市场的新能源发电优先交易技术研究与开发”“促进我国高比例新能源消纳的市场机制研究”“电力改革发展演变趋势与关键机制研究”“电力市场服务新能源多目标要求的量化分析技术及应用研究”“大型风光基地协同调度模型及交易机制研究与应用”等课题。

长期支撑国调中心开展高比例新能源电力系统调度与运行、适应高比例新能源消纳的电力市场机制设计等研究工作，先后承担“风火打捆基地调度运行规则研究”“电力市场环境下的水电及新能源调度问题研究”“辅助服务市场与现货市场衔接相关问题研究”“德国分布式新能源运行及市场模式相关问题研究”“市场环境下县域分布式光伏管理模式研究”等课题。

4. 国际能源统计与能源转型研究

自 2010 年起，新能源所长期关注国际能源形势及热点问题，包括国际能源署（IEA）、国际可再生能源机构（IRENA）、全球风能理事会（GWEC）、世界能源理事会（WEC）、美国国家可再生能源实验室（NREL）等国际机构的研究动态以及其发布的国际能源统计数据，并以此为基础开展国际能源发展趋势及特点分析，开展国际能源电力统计分析及世界能源转型战略与能源转型路径研究等。受国家能源局委托每年编制《国内外能源数据手册》，受国家电网公司委托每年编制《国际能源与电力统计手册》等，每年出版《国内外能源与电力发展状况分析报告》，获得国家能源局、国家电网公司等好评。

（二）分布式能源系统研究

1. 分布式电源和微电网关键问题研究

支撑 2012 年国家电网公司党组安排的分布式电源专题研究，支撑出台分布式电源“两个意见、一个规定”，在行业内形成重大影响；支撑 2013 年和 2018 年分布式电源相关国家电网公司十项重大战略课题研究，以及 2014 年国家全面深化改革、2016 年增量配电改革相关国家电网公司十项重大战略课题研究，支撑电源接入和电网互联管理办法等文件编制。

支撑国家电网公司发展部开展了分布式电源并网管理研究、分布式光伏规模化接入影响深入研究、微电网发展关键问题研究、新型市场主体参与市场交易等专项课题，形成《国家电网有限公司电源接入和电网互联前期工作管理意见》《积极支持科学服务整县屋顶分布式光伏开发工作指引》《支持服务整县屋顶分布式光伏开发重点任务》等多项文件。

自主设计开发了配电系统分析和优化平台（DSAP），可进行连续 8760 小时的含新能源和储能的配电系统时序潮流分析，新能源、储能与配电网协同规划，含新能源、储能等灵活资源的配电网优化运营等。配电系统分析和优化平台（DSAP）平台已在浙江、江苏、湖北、河北等地推广应用，为科学评估新能源、储能等接入的综合经济效益，合理确定接入系统方案和电网改造方案，提高配电网运营效益提供了有力的软件工具支撑。

2. 储能关键问题研究

成功申报 2014 年国家电网公司十项前瞻性课题之储能课题研究，支撑 2018 年下半年以来近 20 项国家电网公司党组安排的储能相关重大研究任务，支撑政府部门和国家电网公司编制近 10 项储能相关文件。

完成多项国家电网公司科技项目，在储能技术研究方面不断突破。先后承担了“面向电网的储能电站优化配置及控制策略研究”“能源互联网背景下的分布式储能典型运营模式”“面向电力系统多时间尺度调节需求的电-热-氢储能匹配模式、运行策略及经济性研究”“面向新型电力系统的新型储能需求容量及综合供电成本评估技术研究”等近 20 项储能相关的国家电网公司科技项目。

承担了政府部门相关研究。2018 年，承担国家能源局课题“电网侧储能关键技术及应用研究”，提出的电网侧储能商业模式和政策机制建议被国家能源局充分认可并在《关于加快推动新型储能发展的指导意见》《“十四五”新型储能发展实施方案》等政策中予以采纳。2020 年，承担了国家能源局《能源互联网示范项目验收总结报告》的专题报告“储能在能源互联网中的应用”课题，支撑了对于储能典型应用场景的推广示范。2022 年，承担的国家能源局课题“电网功能替代性储能准入评估体系研究”，为争取相关政策提供了理论基础。

先后承担了国家电网公司领导批示和牵头的“电化学储能应用情况”“电化学储能经济性”“电网侧储能发展深化研究”“适用于电力系统的储能技术发展与应用综述”“电化学储能在电力系统中应用路线研究”“新型电力系统十大关键问题——储能专题研究”等重大专项，并获得时任主要领导的批示。支撑国家电网公司总部牵头主笔编制了《关于促进电化学储能健康有序发展的指导意见》《支持服务新型储能发展的实施意见》《电网侧替代性新型储能项目规划前期管理规范（暂行）》等管理文件。牵头承担国家电网公司《新型储能月度分析简报》，对新型储能的发展、调用、参与市场等情况进行持续跟踪分析。

（三）农村能源关键问题研究

支撑国家发展改革委、国家能源局委托的多项农村能源课题研究，受委托编制国家能源局对口扶贫县——江西信丰县的“十四五”能源规划，配合编制多份农村能源相关文件，与多个省市电力公司开展农村能源研究试点示范。随着脱贫攻坚和乡村振兴战略的提出，农村能源发展面临不同机遇和挑战。新能源所持续开展农村能源政策机制、规划运营、发展模式和实施路径等方面研究，支撑政府部门、国家电网公司开展了多项研究工作，与多个省市电力公司开展农村能源研究试点示范。

2016 年，国家推进实施脱贫攻坚战略，国家电网公司快速响应、主动作为，开展光伏扶贫方案研究。新能源所牵头支撑国家电网公司总部开展了光伏扶贫方案研究，并形成党组会材料，后续就安徽金寨、河北涞水等地光伏扶贫开展了多个项目研究。

随着国家能源生产消费革命的推进，农村地区能源发展逐渐成为关注重点。2018 年，完成国家发展改革委重点课题“实施乡村能源革命行动研究”，准确把握农村能源开发利用现状，围绕农村废弃物能源化利用、农村能源电气化、农村能源服务体系建设三个关键问题开展了研究，提出了实施乡村能源革命行动的目标、任务、路径和保障措施。

随着脱贫攻坚的全面胜利以及乡村振兴战略的加快推进，2020 年，完成国家能源局重点课题“能源领域脱贫攻坚与乡村振兴工作有机衔接政策研究”，研究成果有效支撑了国家政策文件《加快农村能源转型发展助力乡村振兴的实施意见》的编制；受委托编制的国家能源局对口扶贫县——江西信丰县的“十四五”能源规划，获得国家能源局和信丰县的充分肯定，国家能源局向国家电网公司发来感谢信。

随着国家“双碳”目标的持续推进，2022 年，承担国家电网公司管理咨询项目“乡村振兴和‘双碳’目标下农村能源电力发展关键问题研究”，该项目深入分析国家乡村振兴战略、“双碳”目标及能源电力要求，研究国家电网公司深化服务乡村振兴战略和推进农村能源清洁发展的思路、重点任务和工作建议。

2020 年以来，针对电力电量看经济、电动汽车下乡等，牵头形成多篇研究专报、国家电网专报等，并多次获得国家电网公司主要领导的批示和圈阅。

三、代表性成果

新能源所经过 10 余年的发展，取得了丰硕的研究成果。2010 年至 2022 年 7 月，累计承担项目近 400 项，其中包括重大战略课题 11 项；累计发表论文文章近 200 篇；出版专著 30 余部，行业数据手册 30 余本；申请专利 40 余项，其中近 20 项已获授权；获软件著作权 10 余项；累计发表内参专报 90 余篇，其中获国家电网公司领导批示超过 20 篇。

（一）主要项目

新能源所承担政府部门、中国工程院、国家电网公司委托的多项重大战略课题和科技项目，依托项目研究，为国家、行业和国家电网公司提供了有效的决策支撑，同时形成了包括报告、专著、专利、软件在内的多项研究成果，获得北京市科学技术奖、中国电力科学技术奖、国家能源局软科学研究优秀成果奖、中国可再生能源学会科学技术奖、国家电网公司科学技术进步奖等省部级或行业级奖项累计超过 30 项。

新能源及统计研究业务。新能源所长期开展新能源政策和技术经济、发展规划、调度运行和市场机制研究，以及国际能源电力统计及转型分析研究，形成丰硕成果。新能源研究作为部门核心业务，持续深化提升。参编国家发展改革委、国家能源局重要政策文件。例如，作为编写组成员，全程参与《国家发展改革委　国家能源局关于建立健全可再生能源电力消纳保障机制的通知》（发改能源〔2019〕807 号）文件及配套细则的编写，有力支撑相关文件出台。承担国家发展改革委、国家能源局委托的新能源重大咨询项目，如“2035、2050 年可再生能源中长期发展战略”“新能源参与电力市场竞争课题研究”等。承担国家电网公司重大管理咨询项目和科技项目，其中“新能源发展政策对电网发展影响研究”获得 2012 年度国家电网公司管理咨询项目奖、2012 年度国家电网公司科学技术进步奖，“大比例光伏发展及并网关键分析技术研究与应用”获得 2015 年度国家电网公司科学技术进步奖,“适用于电网的先进大容量储能技术系统价值评估关键技术与应用”获得 2020 年度中国电机工程学会中国电力科学技术进步奖，“面向新电改的新能源市场化交易优化关键技术及应用”获得 2021 年度国家电网公司科学技术进步奖。随着新能源在能源电力中的地位作用进一步凸显，新能源所也积极参与能源转型和改革发展研究，“公司发展方式转变理论实践关键问题研究与应用”获得 2013 年度国家电网公司管理咨询项目奖、2014 年度国家电网公司科学技术进步奖，“我国能源转型下电网创新发展研究及应用”获得 2017 年度国家电网公司软科学成果奖，“面向分布式光伏规模化开发利用的电网调度运行管理关键机制研究”获得 2022 年度国家电网公司软科学成果奖一等奖，“中国能源转型背景下电网发展模式创新研究”获得 2018 年度中国管理科学学会管理科学奖（学术类）特等奖，“面向新能源消纳的灵活资源配置及协同优化关键技术与应用相关研究”获得 2022 年度中国商业联合会科学技术奖一等奖。此外，新能源所还承担了多项国际合作项目，积极推进新能源国际合作交流。例如，与美国国家可再生能源实验室联合开展太阳能热发电效益分析，与德国能源署开展中德大比例光伏研究，因在推动中国可再生能源并网、优先调度等领域的研究工作，获得美国波动性电源并网组织颁发的杰出贡献奖。

分布式能源系统业务。新能源所长期开展分布式能源、储能、微电网和农村能源研究，形成丰硕成果。分布式能源研究在管理咨询和科技开发方面取得重大突破，具有较强竞争力。例如，“分布式供电系统及微电网对上海电网发展的影响研究”获得 2012 年度国家电网公司管理咨询项目奖，“小水电、天然气分布式发电发展趋势与对公司影响的调研”获得2013年度国家电网公司调查研究优秀成果奖，“分布式电源和微电网优化发展理论、分析技术研究与应用”“高渗透率分布式电源与配电网协调发展关键技术及应用”获得国家电网公司科学技术进步奖三等奖；2018年，“高渗透率分布式电源与配电网协调发展关键技术及应用”获北京市科学技术奖，这是国网能源院第二次牵头获得该奖项。随着储能技术的进步以及在电力系统中的应用前景，新能源所进一步关注储能发展研究。例如，“适用于电网的先进大容量储能技术系统价值评估关键技术与应用”获得2017年度国家电网公司科学技术进步奖、2020年度中国电力科学技术奖；“储能提升系统灵活性运行模式及市场机制研究”获得2020年度国家电网公司软科学成果奖一等奖。此外，农村能源研究逐步成为新能源所的研究品牌。受国家发展改革委、国家能源局委托开展了“实施乡村能源振兴行动研究”“能源领域脱贫攻坚与乡村振兴工作有机衔接政策研究”“我国能源转型路径下的农村能源网络规划与运营方法模型研究及应用”等项目。

（二）知识产权

2010年至2022年7月，新能源所共申请40余项发明专利，其中21项获得授权，其中含1项国际发明专利；获得10余项软件著作权。知识产权具体情况见表3-17。

表3-17　知识产权具体情况

已授权专利
一种确定中低压配电网接纳分布式电源能力的方法及装置
一种确定省级电网接纳分布式电源能力的方法及装置
一种分布式电源规划量的分配方法及装置
一种分布式电源接入配电网后的电网改造分析方法和装置
一种可再生能源发电的储能配置方法及系统
一种分布式电源对配电网的影响评估方法及系统
一种储能设备的工作状态控制方法、控制决策设备及系统
一种基于两阶段机组组合的新能源优先调度方法
一种太阳能热发电储热配比分析方法
提升配电网分布式光伏接纳能力的技术策略评估方法
一种配网友好的分布式电源并网案例库设计方法
Model predictive controller for autonomous hybrid microgrids
基于火电机组调峰能力报价的日前调峰资源优化调度方法
一种基于数据驱动的配电网动态重构方法
一种新能源电力系统中火电机组改造容量确定方法
一种适应大规模新能源并网消纳的储能容量优化配置方法
基于双层母线式结构的综合能源系统优化规划方法及装置

续表

已授权专利
一种全球大型风电基地开发潜力评估方法
灵活性提升量化分析方法、装置及系统
一种省级电网新能源弃电量影响因素分解的方法
一种全球大型风电基地开发潜力的评估方法
软件著作权
新能源电力系统运行模拟分析系统（REPSOAS）V1.0
基于系统成本效益最优的太阳能热发电储热配比分析软件（CSP-STOPM）V1.0
新能源电力系统运行模拟分析平台
新能源发展数据分析平台
国际能源电力统计分析平台
国际能源电力关键指标分析软件
国际能源电力统计数据库系统
国际能源电力综合分析与评价软件
国际能源电力综合预测软件
分布式光伏发电项目投融资模式分析软件
新能源弃电量影响因素的贡献度计算软件
全球大型风电基地发电出力特性计算软件
全球能源资源潜力分析模型软件
可再生能源补贴资金测算软件
新型能源发电技术经济性分析软件
配电网分界面投资效益软件
储能项目经济性分析软件
配电网优化运营软件
综合能源系统经济性分析软件

（三）其他

新能源所形成了覆盖全业务范围、具有较强影响力的软件工具体系。一是能源经济多维度分析平台（EMAP）。能够开展单个清洁能源发电、储能、电网、热网、热泵、电锅炉等以及在此基础上综合能源系统的经济性分析，计算项目全投资/资本金收益率、静态/动态投资回收期、经营期电价、度电成本等，并可一键测算全国各个省的经济性。二是新能源电力系统运行模拟分析平台（RESAP）。具有考虑新能源、储能、常规电源等的电力系统全年 8760 小时运行模拟，电力电量平衡和不同类型电源发电利用情况分析，新能源、储能、常规电源等发电策略及运行成本分析，新能源发电及弃电情况的全网及分区分析等功能。三是配电系统分析和优化平台（DSAP）。具有含新能源、储能的配电网时序潮流分析，新能源、储能与配电网协同规划，含新能源、储能等灵活资源的配电网优化运营等功能。上述软件均具有界面友好、使用灵活、功能丰富等特点，已通过国家信息中心的权威测试，实现广泛推广应用，有效支撑了政府部门、国家电网公司总部、省市电力公司、研究机构等开展项目量化投资分析。

新能源所公开发表诸多研究成果，得到业内的广泛认可。连续十年向社会公开发布年度报告《中国新能源发电分析报告》《国内外能源电力发展及转型分析报告》等。出版《中国分布式电源与微电网发展前景及实现路径》《重塑电力市场：低碳电力系统转型过程中的市场设计与监管》《中国分布式电源调度运行管理实践》等著作。连续支撑国家能源局编制《国内外能源数据手册》，支撑国家电网公司编制《国际能源与电力统计手册（上下册）》。在公开刊物发表论文、专访等近 200 篇，受邀参加高层次论坛演讲超过 100 人次。

新能源所为国家、行业和国家电网公司培养了大量科研人才。所长李琼慧是国务院国资委节能减排专家库专家、国家重点研发项目“可再生能源与氢能”组评审专家、中国科学技术协会科技人才奖评审专家、中国电机工程学会中国电力科学技术奖评审专家、中国电力企业联合会电力技术创新奖评审专家，获得国家电网公司专业领军人才、国家电网公司工程技术专家等荣誉称号，获得中国电机工程学会 2022 年度中国电力科技人物奖、电力优秀科技工作者奖；原副所长宋卫东现任党委组织部（人力资源部）主任；现任副所长黄碧斌担任国家重点研发项目“可再生能源与氢能”组评审专家，获得国家电网公司发展工作先进个人、国家电网公司优秀专家人才（后备）、中国电力企业联合会先进工作者等荣誉称号；现任主任工程师王彩霞担任国家重点研发项目“可再生能源与氢能”组评审专家，获得国家电网公司发展工作先进个人以及国网能源研究院优秀共产党员、青年岗位能手、青年英才、优秀课题负责人、先进工作者等荣誉称号。新能源所多次获得国家电网公司系统内外的多项集体奖，如国家电网公司先进班组、国家电网公司营销工作先进集体等。新能源所在创新中谋发展，在挑战中求机遇，形成了一支专业素质过强的科研团队，力求成为国家电网公司乃至国家新能源研究领域的中坚力量。

第七节　管理咨询研究所

管理咨询研究所（简称“管理所”）成立于 2010 年，长期开展理论创新、战略创新、管理创新与业务创新研究，为政府政策制定和能源电力行业发展提供咨询服务，为国家电网公司战略决策和运营管理提供智力支撑，为国家电网公司基层单位改革发展提供咨询建议。管理所坚持“以人为本、专业专注、求真创新、臻于至善”的科研工作理念，在企业运营管理、管理创新、人力资源管理等领域孜孜耕耘，取得了一系列重大研究成果。

一、历史沿革

2010 年 12 月，管理所成立，承接了原企业战略与管理咨询研究所管理咨询相关研究业务，负责企业管理基础理论与方法研究；受委托承担国家电网公司管理咨询项目策划和管理；承担企业运营管理实务研究咨询、人力资源管理和绩效评价理论与实务研究咨询、企业文化建设理论与实务研究咨询、企业管理标准和对标研究咨询，以及电力行业法律法规和政策研究等。2012 年 8 月，管理所与企业运营研究中心合署办公，更名为“管理咨询研究所（企业运营研究中心）”，在原有研究领域基础上，新增了科技创新管理理论与实务研究，负责为国家电网公司运营监测提供综合分析与后台支撑。2017 年 11 月，管理咨询研究所（企业运营研究中心）在机构设置上进行了调整，内设了企业运营管理研究室、人力资源管理研究室、管理创新研究室 3 个研究室。其中，企业运营管理研究室，主要负责国家电网公司综合计划与投资管理研究、能源大数据增值服务及能源互联网商业模式创新研究、产业发展及新业务商业模式创新研究，以及国家电网公司生产管理、物资大数据及物流管理研究。人力资源管理研究室主要负责国家电网公司人力资源战略与发展规划研究，薪酬福利、绩效考核及中长期激励机制研究，劳动组织与用工管理研究，以及人力资源开发与人才国际化研究。管理创新研究室主要负责国有企业改革与能源电力法律研究、国家电网公司经营发展模式与管理体制机制创新研究、科技创新管理理论与实务研究，以及基建项目管理与风险管理研究等。2019 年，企业运营研究中心撤销，管理所名称恢复为“管理咨询研究所”。在领导岗位设置方面，2010 年管理所成立时，李云峰任所长。2012 年 11 月，张勇任副所长。2015 年 7 月起，张勇任管理所所长，副所长先后由鲁刚、郭磊、石书德、王丹担任。

二、业务发展

（一）企业运营管理研究

企业运营管理研究业务重点围绕国家和国家电网公司的战略要求和发展需求，聚焦国家电网公司综合计划管理、物资设备管理、产业发展管理、新兴技术管理等研究领域。

1. 综合计划管理

管理所围绕落实国家电网公司战略、适应监管要求等问题，按照整体研究与专项研究相结合的原则，持续开展国家电网公司综合计划管理相关研究工作，在发挥集团优势、落实公司战略、促进公司发展、提高公司管控能力等方面发挥了重要作用。

2011 年，国家电网公司深入推进“两个转变”，加快实现“两个一流”“一强三优”现代公司目标。为保证对国家电网公司发展要求和战略规划的有效落实，管理所承担了“国家电网公司加强综合计划管理研究”等项目，从战略定位、管理模式、管理流程、指标体系、定量评估等方面系统提出了加强综合计划管理的对策和方案。

2016年，新一轮电力体制改革全面实施，综合计划资源投入能否被核定为有效资产直接影响着国家电网公司准许收入核定。基于此，管理所从电力改革政策与监管要求出发，对综合计划管理体系优化和发展投入策略进行研究，并提出调整方向。

2017年以来，综合计划管理研究主要集中在以下几个方面：一是综合计划管控模式优化研究。在国家电网公司精益管理理念要求下，管理所承担了“公司综合计划精益管控模式研究”等项目；为适应国资国企改革分类管控相关要求，研究提出“一级管控、两级决策、三级实施”的综合计划管控模式；结合国家电网公司“战略+运营”管控模式要求，研究综合计划管控模式落实优化的对策路径。二是综合计划指标体系研究。按照国家电网公司建设“具有中国特色国际领先的能源互联网企业”的战略目标，研究国家电网公司综合计划指标体系的调整优化，支撑完成《综合计划管理办法（修订版）》等编写。三是综合计划流程优化研究。按照国家电网公司“放管服”要求，将综合计划“三上三下”管理流程调整为“两上两下”，进一步提高市场响应速度和项目实施效率效益。四是投资管理研究。按照央企投资监管要求，研究提出国家电网公司投资管理和督导体系建设的重点任务及保障措施，支撑国家电网公司发展部制定《国家电网公司投资管理规定（修订版）》等规章制度；按照国家和地方关于电网投资建设配套政策要求，管理所承担了“争取地方资金和政策支持电网建设差异化激励机制研究”等项目。

2. 产业发展管理

产业发展是国家电网公司经营发展的重要支柱。管理所围绕国家电网公司产业发展规划、业务布局、产业协同、产业管控等方面开展相关研究，适应了国家改革和国家电网公司战略要求，为国家电网公司产业发展提供了常态化支撑。

2012年，国家电网公司“三集五大”体系建设全面推进，对促进直属产业集约管控和创新发展提出了要求。以此为出发点，管理所先后开展了“国家电网公司直属产业集约管控体系研究”“直属产业与公司电网业务协同发展管理优化研究”“公司直属产业运营情况综合管控体系研究”等课题，为直属产业强化管控、协同发展、优化运营提供了支撑。2017—2019年，新一轮国资国企改革深入推进，管理所围绕国资国企改革要求和国家电网公司发展形势变化，先后开展了“国资国企改革与公司产业发展研究”“新形势下公司直属产业转型发展关键问题研究”等课题，深入剖析产业发展困境，从产业定位、产业布局等方面提出进一步提高国家电网公司产业发展活力和市场竞争力的对策举措。2020年，结合国家和国家电网公司战略规划编制要求，管理所支撑国家电网公司产业部开展直属产业、省管产业、新兴产业等“十四五”发展规划、升级三年行动方案、升级专项行动实施方案等编制工作，明确国家电网公司产业发展定位、发展思路、各类产业业务具体发展路径以及产业协同发展重点举措等。2021年，为落实国家电网公司“一体四翼”发展布局的要求，管理所开展了重大战略课题“公司推进监管和非监管业务可持续发展重点问题研究”、管理咨询课题“产业升级背景下公司竞争性业务协同发展关键问题研究”，为国家电网公司业务可持续发展提供了研究支撑。

省管产业改革是国家电网公司产业改革发展的重要内容。2011 年起，国家多次出台文件推进厂办大集体改革工作，为国家电网公司集体企业改革改制指明了方向。在此背景下，管理所先后承担“国家电网公司厂办大集体改革问题研究”“公司集体企业深化改革实操问题研究”等多项课题及专项研究工作，就国家电网公司集体企业改革的形势要求、方式、路径等开展研究。随着国有企业改革三年行动方案的持续推进，国家电网公司加快推动省管产业改革（原称“集体企业改革”）。基于此，管理所开展了“适应改革发展新形势的省管产业监管体系优化研究”项目，配合国家电网公司体改办编写关于省管产业终极产权改革方式的建议，为国家电网公司省管产业改革发展提供研究支撑。

3. 物资设备管理

管理所长期支撑国家电网公司计划、技术、招标采购、质量监督、仓储物流等专业工作，为物资调配、物资采购模式与策略等专业领域提供研究支撑。2012 年，在深化“两个转变”、建设“三集五大”体系要求下，国家电网公司物资集约化管理加快推进。基于此，管理所积极开展物资调配相关研究，承担“公司物资调配中心建设研究”等多项课题，助推国家电网公司物资供应保障能力提升。2015 年，分析中国加入《政府采购协议》（GPA）后对电力行业发展产生的影响，承担了国家能源局“电网企业列入 GPA 出价方案研究”课题，研究提出电网企业列入 GPA 的出价策略方案，为决策部门制定谈判方案提供了重要参考依据。2018 年以来，物资管理研究领域快速拓展，聚焦采购模式、供应链管理、采购策略、质量管控等方面，承担了“公司辅助类、零购类物资采购模式创新研究”“适应电改新形势下与新兴技术发展的物资供应链优化提升关键技术研究”“公司管理咨询项目基于提升设备质量的物资采购策略及质量管控措施研究”多项课题，有力支撑国家电网公司物资管理创新和能力提升优化。

优化设备管理是保障电网安全、提升国家电网公司运营绩效的重要基础。管理所作为国家电网公司最早开展“资产全寿命周期管理”研究的团队之一，深入开展设备管理体系建设、设备质量管理优化等方面研究。2011—2018 年，围绕国家电网公司资产管理，管理所先后承担了“资产全寿命周期管理企业标准研究”“电网实物资产管理关键问题研究”“基于三流合一的公司资产管理关键技术研究”“基于电力体制改革影响的公司特色资产管理体系研究”等多项课题，深入研究了资产全寿命周期管理、评价指标体系及关键技术、特色管理体系构建等内容，为国家电网公司资产管理提供了有力参考。同时，伴随着国家电网公司管控要求的深入推进，管理所开展设备“大检修”体系的建设研究工作，承担了“适应特高压大电网发展要求的现代生产管理体系研究”“基于通航电力作业的大电网运维检修模式优化研究”等课题，系统研究了设备运维检修工作机制、检修业务模式、互联网+运检等内容。2019 年以来，伴随国家电网公司战略优化和组织调整，设备管理重点转向质量管理与体系建设两方面，管理所承担了“适应新战略体系下公司电网设备质量管理模式优化研究项目”“公司现代设备管理体系建设方案研究”课题，构建了“124”国家电网公司设备质量管理体系，并提出了“三全”“五化”的国家电网公司现代设备管理体系，获得国家电网公司领导高度认可。

4. 新兴技术管理

数据作为新型关键生产要素，对全球竞争、国家发展、能源革命的战略价值不断凸显。面对数据要素带来的行业新变动和发展新要求，管理所积极应变，拓展数据管理研究工作，以更好地应对国家电网公司数字化发展需求。2019 年，围绕数据发展顶层设计，管理所牵头开展重大专项“国家电网公司数据发展战略研究”，编制《国家电网公司数据发展战略纲要》，获得国家电网公司主要领导批示。同年，围绕大数据应用技术，开展国家电网公司科技项目“公司重点领域大数据应用技术与模型研究”，从数据质量监测、业务系统监测、用户分析、服务质量评价、电费电价管理等不同角度构建了大数据应用模型。自 2020 年 6 月起，管理所根据服务国家电网公司数据发展功能定位，先后承担国家电网公司互联网部重点专项“公司外部数据内部共享应用研究”“公司电力数据开放策略机制研究”“公司数据质量管理理论与方法研究”“公司数据资产运营重点问题研究”等，支撑了《公司“十四五”数据化发展规划》编写。

（二）管理创新研究

通过长期的研究和积累，管理所在企业管理创新领域形成了国资国企改革、国有企业治理、科技创新管理、能源电力法律、企业集团管控等主要研究方向，为国家电网公司和行业发展作出了积极贡献。

1. 国资国企改革研究

国有经济功能定位是国有企业改革研究的重要基础理论问题。管理所自 2017 年起就开始持续研究中国国有经济功能定位问题，并牵头开展了“国有经济活力、控制力、影响力、抗风险能力‘四力’指数构建与评价模型研究与应用”项目，构建了评价指数模型；承担了国务院国资委改革办“新时代新形势下国有经济功能定位研究”重大课题研究，研究成果获得了国务院国资委领导的肯定。同时，高质量完成了国务院国资委揭榜挂帅重大课题“做强做优做大国有资本和国有企业有关问题研究”，以及国家电网公司科技项目“国资国企改革背景下公司‘做强、做优、做大’发展理论与评价体系研究”，为深化做强做优做大国有资本和国有企业理论，构建适用于国家电网公司集团层面和省公司层面的“做强、做优、做大”评价模型提供了支撑。

2. 国有企业治理研究

党的十八大以来，全面推进依法治国与全面深化改革对建立健全中国特色现代企业制度提出了迫切要求。在此背景下，管理所自 2016 年起逐步开展国有企业治理研究，围绕国内外典型企业治理模式及国家电网公司集团治理结构与管控体系等，承担了“公司集团治理结构与管控体系研究”“基于深化国企改革和电力体制改革的公司治理模式研究”等项目，梳理了国内外典型企业公司治理实践，提出了深化集团公司法人治理结构和治理机制优化重点举措，为后续开展公司治理领域相关项目奠定了良好的研究基础。2017—2019 年，为落实习近平总书记在全国国有企业党的建设工作会议上提出的“两个一以贯之”要求，管理所开展了加强党的领导融入公司治理、规范董事会系列问题研究，承担了中组部委托专项课题“国有企业‘两个一以贯之’课题研究”，以及国家电网公司“全面加强国有企业党的建设创新研究”“适应国资国企改革的公司董事会运行机制研究”等项目，相关研究成果获得中组部、国务院国资委、国家电网公司的高度评价。

2020 年，为全面落实党的十九届四中全会精神，准确把握国家治理体系和治理能力现代化的时代背景、内涵特征，管理所承担了国家电网公司重大战略课题“公司在国家治理现代化进程中的角色定位、功能作用及实现方式研究”。同时，针对上市公司治理的相关问题研究，承担了“顺应公司改革发展的国有上市公司治理体系与治理能力现代化建设研究”项目，形成了适用于国家电网公司系统不同类型有限责任公司的治理体系建设的建议。2021 年，随着国有企业改革和电力体制改革的深入推进，国家电网公司二级单位面临进一步规范法人治理的要求。在此背景下，管理所开展了国家电网公司委托的“二级单位法人治理与公司新管控模式融合”，以及北京电力交易中心委托的“交易机构规范运作下法人治理体系深化建设研究”项目，将公司治理的研究进一步拓展至国家电网公司二级单位，提出建立健全二级单位法人治理的思路、目标、重点举措和对策建议。

3. 科技创新管理研究

科技创新是企业发展的原动力，也是企业生存与市场竞争的保障。管理所持续开展科技创新领域研究，重点对科技体制机制改革、企业创新战略及评价、创新生态建设等进行了持续跟踪和研究。

2013 年起，开展了央企科技体制改革方向的研究。管理所承担了国务院国资委委托项目“中央企业技术创新体系现状评价及问题研究”，中国工程院委托项目“中央企业技术创新体系建设研究”，国家电网公司委托项目“国家电网加快建设国际一流科技创新体系研究”，系统开展了中央企业技术创新体系现状评价研究，并对国家电网公司加强科技创新体系建设提出了工作建议。相关研究成果得到国务院国资委、中国工程院、国家电网公司的高度评价，为后续科技创新相关项目奠定了良好的研究基础。

2014—2015 年，开展了央企科技发展战略方向的研究。管理所在迈入“十三五”时期的重要节点上，研究谋划新时期科技创新的发展战略，承担了国务院国资委“中央企业‘十三五’科技创新战略研究”课题，以及国家电网公司“国家电网公司科技创新战略研究”项目，明确新时期科技创新的战略思路和方向，为中央企业“十三五”科技发展规划和国家电网公司科技创新战略管理工作提供参考。相关研究内容被国务院国资委科技创新局采纳，应用到中央企业“十三五”科技创新规划中，为适应新形势新任务新要求下国家电网公司科技战略优化提供了决策支撑。

2016年起，持续开展创新生态建设方向的研究。管理所先后承担了国务院国资委“国有企业创新发展问题研究”课题，科技部“‘十四五’增强企业技术创新主体地位的措施研究”课题，国家电网公司“公司科技创新体系与激励机制研究”“公司科技创新‘五链融合’的动力传递模型及评价指标体系研究”等项目，研究中国企业技术创新主体地位现状及问题，提出对不同主体实施不同的组合激励策略，深入研究了国家电网公司科技创新“人才链、创新链、技术链、价值链、资金链”融合的方法和策略。围绕国家电网公司创新机制优化方向，先后承担“公司科技创新驱动发展关键机制优化技术研究”“公司技术服务支撑体系构建及管理模式优化研究”课题，重点围绕科研管理机制、成果转化机制、科技创新激励机制等国家电网公司科技创新管理三大机制进行研究，构建了面向国际一流企业的国家电网公司科技创新评价指标体系。

4. 能源电力法律研究

管理所围绕能源电力行业立法、国有企业法治企业建设、国家电网公司合规管理等问题持续开展研究，为司法部、国家发展改革委、国家能源局，以及国家电网公司法律合规部、体制改革办公室等部门提供法律研究支撑和保障。

在配合国家立法方面，自2013年7月以来，管理所一直密切配合、全程跟踪《电力法》的修订工作，配合国家电网公司开展供电营业区专营制度、电力普遍服务等专项研究，提出了法律修改意见和建议。2015年，承担了国家电网公司“《电力法》修改电网公司需要修订的法律条款研究”，围绕《电力法》修改的关键问题开展全面系统的研究。2021年，支撑司法部、国家能源局、中国电力企业联合会等单位，针对《电力法》修订的关键焦点问题，开展了专项研究。在配合能源立法方面，自2015年能源法修订工作启动以来，一直支撑国家电网公司开展对能源法公开征求意见稿的研究，编写《关于能源法修订有关问题的建议》，反馈能源法公开征求意见稿的修改意见，参加了能源法修订历次专家研讨会。2020年，支撑国务院国资委、国家电网公司开展了《公司法》修订中国有企业专章的修订工作，编写了《“国有企业”概念演变及立法建议研究》。

在法治企业建设方面，2012年11月—2013年10月，管理所一直开展国家电网公司制度标准一体化建设工作。主要承担项目前期的访谈、调研，方案的设计、编写，通用制度模板编制，以及“三集五大”管理通则、第一批通用制度的编写、审核等工作。配合国家电网公司法律合规部编写《国家电网公司通用制度体系建设经验做法》《大型集团企业制度建设理论创新与实践》《公司制度体系建设成效统计分析与综合评估》等研究报告。2013年，前瞻性地开展了“售电侧放开的法律风险防范研究”，研究了售电侧改革后，电网企业、售电企业、电力用户等法律关系的变化，提出了法律风险防范举措。2015年，深入开展了“国家电网公司‘三全五依’法治企业建设研究”，研究了在法治国家、法治央企建设背景下，国家电网公司法治企业建设的目标、方向和重点任务，同时科学构建了法治企业建设的指标体系。2018年，承担了国务院国资委法规局“对标世界一流电网企业法治建设研究”项目，从公司治理、管理模式、法律业务、绩效激励、保障措施等方面与国际一流企业开展对标分析，提出完善建议，获得国务院国资委的肯定。2021年，落实国务院国资委《关于进一步深化法治央企建设的意见》的通知要求，管理所承担了国家电网公司法律合规一体化研究，深入研究法律合规管理与内控风管一体化、协同化的必要性，为国家电网公司法律合规建设提出了意见和建议。

5. 企业集团管控研究

良好的集团管控模式是企业发展的重要保障。管理所围绕国家电网公司战略需要，持续关注企业集团管控模式优化、管控效能评价、战略目标深化等研究方向，为国家电网公司不断提升集团管控效能、推动战略高效落地实施提供决策支撑。自2014年起，针对管控模式优化问题，先后承担国家电网公司重大战略课题“‘三集五大’体系全面建设成效评估和全面深化研究”“精益管理思想在电网运营全过程的应用研究”“基于总部‘放管服’的公司管控与运行模式优化研究”，实现了对“三集五大”体系建设成效的全面衡量，形成了一整套解决国家电网公司精益管理关键问题和进一步提升国家电网公司精益管理水平的思路、办法和举措，提出了增强基层活力、压实经营责任、提升服务水平，推动国家电网公司战略有效落地，提出了促进国家电网公司高质量发展的管控优化模式。2018年起，围绕能源互联网企业组织模式优化问题，承担了“适应能源互联网企业的公司电网业务组织管理优化关键技术及策略研究”科技项目，从适应能源互联网建设和国家电网公司战略需求的组织形态选择、管理模式完善、运行机制优化等方面提出了组织管理优化的思路和应对策略。

2021年，开展了集团管控效能评价方向的研究。管理所承担“公司集团管控效能评价与管理优化关键技术研究”，构建了一套符合国家电网公司发展实际、科学适用、精准有效的集团管控效能评价方法工具，并开展实证应用，评估国家电网公司“战略+运营”和“战略+财务”管控模式的效能，进而提出两类管控模式持续优化的重点领域和关键策略，为国家电网公司不断提升集团管控效能、推动战略高效落地提供决策支撑。

（三）**人力资源管理**

管理所人力资源团队长期支撑服务国务院国资委考核分配局，以及国家电网公司党组组织部、人力资源部等部门，深入开展人力资源战略规划、组织模式与定员管理、薪酬管理与激励机制、业绩考核管理、用工需求与计划管理、教育培训与福利管理、国有企业收入分配等领域研究。

2011年，国家电网公司“三集五大”体系建设的深入推进对供电企业岗位体系集约化管理提出了更高要求。管理所承担了“基于集团化运作的供电企业典型岗位设计及用工策略研究”项目，研究供电企业岗位体系的目标模式和劳动用工主要策略，提出供电企业典型岗位规范化设置方案以及各岗位适合的劳动用工策略；承担了“基于集约化管理模式的人力资源计划管理体系研究”项目，搭建了全面系统的人力资源计划管理框架，建立了集约化的计划管理体系。

2012 年，随着国家电网公司发展方式和电网发展方式的转变，如何规范各类劳动用工，不断深化员工入口和劳动用工管理，成为“三集五大”体系下加强国家电网公司劳动用工管理的重点。管理所承担了“基于集约化管理的电网企业劳动关系研究”项目，分析、诊断当前劳动用工面临的突出问题，提出“三集五大”体系下加强国家电网公司劳动用工管理的对策建议；同时，承担了“国家电网公司人力资源统计分析标准研究”项目，搭建了人力资源统计分析模型框架，设计了指标体系，支撑了统计分析模型维护流程与管理办法的制定。

2013 年，随着供电企业的劳动岗位体系发生变化，国家电网公司的用工策略和岗位体系亟待优化。管理所承担了“基于定员和岗位管理的用工策略优化机制研究”项目，研究构建适应国家电网公司“三集五大”体系要求的岗位体系、劳动关系运行状态评估指标体系和量化模型，提出有利于提高国家电网公司效率和效益的用工策略优化方案；承担了“基于员工职业发展的人才激励约束机制研究”项目，探索建立供电企业关键岗位任职资格体系以及员工职业发展体系，提出并构建多样化的激励约束机制；承担了“人力资源集约化管理及用工策略深化研究”项目，提出适应国家电网公司“两个转变”深入推进的人力资源管理深化方向与策略，提出农电用工和业务委托用工方式的优化重点。

2014 年，在人力资源集约化管理不断深入的背景下，国家电网公司亟须优化工资总额预算管理，提高工资总额计划的科学性和合理性。管理所承担了“国家电网公司薪酬总量分配模型与协调优化技术研究”项目，开发了覆盖电网企业、市场化产业单位、金融单位等板块，以及不同级别企业、不同用工形式的薪酬总量分配模型，提出了薪酬总量平衡优化技术，依托项目研究，开发形成《公司薪酬总额分配模型》软件，取得软件著作权一项。

2015 年，为满足“十三五”人力资源规划编制的技术模型需求，国家电网公司用工管理加快向结构管理和素质管理提升转变。管理所承担了“基于战略的公司人力资源需求预测模型深化研究与应用”项目，分类开发构建了供电单位、金融单位、产业单位用工总量、专业结构、素质能力“三位一体”的人力资源需求预测模型。依托课题成果，开发《人力资源需求预测》软件一套，取得软件著作权一项；承担了“市场化产业公司激励约束与劳动用工机制研究”项目，提出市场化产业公司企业负责人考核激励、工资总额、用工总量和核心员工激励机制，研判劳务派遣用工风险并提出应对策略。

2016 年前后，电力市场、金融和产业市场、国际市场、内部人力资源市场“四个市场”的变化，对国家电网公司人力资源管理提出了新要求。管理所开展了“适应‘四个市场’的人力资源管理机制研究”项目，设计了新形势下国家电网公司人力资源管理创新发展的总体思路与管理机制，支撑国家电网公司解决新形势下人力资源管理面临的突出问题和挑战。同时，开展了“供电企业劳动定员量化分析技术研究”项目，构建了供电企业劳动定员影响因素指标库和量化分析模型，探索构建了指标影响测度模型，完善了供电企业定员分析指标与技术。

2017 年，为支撑国家电网公司深入推进混合所有制改革和员工持股制度建设，围绕破解国家电网公司体制机制创新性不足、员工活力没有得到有效激发等问题，承担了“基于混合所有制改革的员工持股有关问题研究”项目，研究混合所有制企业实施员工持股的新形势、新政策与新进展，国家电网公司实施员工持股的必要性、可行性、难点问题、总体目标、基本原则、推进思路、实施路径方案、针对性管理策略等。

2018 年，随着国资国企改革和电力体制改革的持续深化，完善用工策略及管理机制，成为国家电网公司贯彻落实国家改革政策要求，支撑国家电网公司新时代战略目标的重大问题。管理所开展了“基于改革新形势下的用工策略及内部市场研究”项目，诊断分析当下国家电网公司用工管理面临的关键问题，并从选用育留用工策略及内部市场配置机制方面提出解决思路及重点举措。

2020 年，管理所开展了“世界一流企业关键核心人才中长期激励机制研究”项目，创新构建了国家电网公司中长期激励方式选择模型，建立了企业类、人资类输入指标和中长期激励方案的映射关系模型，系统识别了形成国有企业实施中长期激励面临的风险集，并依托课题成果形成专著 2 部；开展了“适应公司战略的人才供需分析模型及供给策略研究”项目，重点研究了适应国家电网公司战略的人力资源总量分析模型、关键人才盘点技术、关键人才开发及供给策略。

2021 年，为落实“一体四翼”发展布局的要求，开展了适应国家电网公司战略的市场化选人用人机制深化研究。

三、代表性成果

（一）主要项目

1. 企业运营管理

综合计划管理方面。2012 年，“聚焦战略，统筹全局，构建国家电网公司综合计划管控体系”获第三届中国管理科学学会管理科学奖专项奖。2013 年，“大型国企综合计划平衡优化模型”获中国产学研合作创新成果奖。2019 年，“新形势下公司综合计划管理体系及资源配置优化提升研究”获国家电网公司软科学成果奖一等奖。2020 年，“适应公司‘三型两网’发展战略的综合计划管理体系优化提升研究与实践”获国家电网公司管理创新成果奖三等奖。

产业发展管理方面。2015 年，“大型企业集团多元业务差异化管控创新实践探索”获中国产学研合作创新成果奖优秀奖。2019 年，“电工装备制造产业智能制造发展研究”获国家电网公司软科学成果奖一等奖。2020 年，“新形势下公司集体企业深化改革重大问题研究”和“新形势下公司直属产业转型发展关键问题研究”获国家电网公司软科学成果奖二等奖。

物资设备管理方面。2016 年，“电网企业资产全寿命周期管理框架体系研究”获全国设备管理创新成果奖一等奖。2019 年，“我国电工装备制造企业智能制造关键问题研究与应用”获中国设备管理创新成果奖一等奖。2020 年，“基于大数据的电网资产状态健康评价关键技术及创新应用研究”获全国设备管理与技术创新成果奖一等奖，“基于提升设备质量的现代供应链关键环节优化与应用”获全国设备管理与技术创新成果奖二等奖，“我国电工装备制造企业智能制造发展关键问题研究与创新应用”获中国能源研究会能源创新奖二等奖。

新兴技术管理方面。2017 年，“基于供应商大数据的电网企业产业链模式创新研究与应用”获中国物流与采购联合会科技进步奖一等奖，“大数据在信息报送工作中的研究与应用”获中国电力企业联合会电力创新奖（管理类）二等奖，“电网企业数据资产管理创新与应用体系建设”获中国能源研究会能源创新奖（管理创新）二等奖。2020 年，“能源区块链应用场景及公司发展策略研究”获国家电网公司软科学成果奖二等奖。

2. 管理创新

国资国企改革方面。2018 年，“适应国资国企改革的国有企业管理体制和经营模式研究”获中国管理科学学会管理科学奖入围奖，获中国企业改革发展优秀成果奖一等奖。2020 年，“新形势下国内外国有经济功能比较研究”获 2019 年度中央企业智库联盟重点课题（独立研究类）优秀研究成果奖二等奖。

国有企业治理方面。2018 年，“基于混合所有制改革的员工持股有关问题研究”获国家电网公司软科学成果奖二等奖。2020 年，“适应国资国企改革的公司董事会运行机制研究”获国资国企优秀课题成果奖及国家电网公司软科学成果奖一等奖。

科技创新管理方面。2012 年，“国际一流企业科技创新体系建设调研”获国家电网公司调查研究优秀成果奖一等奖。2014 年，“大型央企科技创新能力评价体系、方法及应用研究”获中国商业联合会科学技术奖二等奖。2016 年，“中央企业及公司科技创新战略研究”获国家电网公司软科学成果奖一等奖。2017 年，“新形势下国家电网公司科技创新战略优化提升”获中国电力企业联合会电力创新奖（管理类）二等奖，“公司科技创新体系与激励机制研究”获国家电网公司软科学成果奖一等奖。2018 年，“电网企业集团科技创新体系建设关键技术研究与应用”获中国产学研合作创新成果奖优秀奖。

企业集团管控方面。2010 年，“公司‘五大’体系建设调研”获国家电网公司优秀调研成果奖一等奖。2014 年，“大型企业集团管理创新成效评估模型”获中国产学研合作创新成果奖，“国家电网公司企业管理变革理论与‘三集五大’建设成效评估模型研究及应用”获国家电网公司科学技术进步奖一等奖。2015 年，“大型企业集团多元业务差异化管控创新实践探索”获中国产学研合作创新成果奖优秀奖。2016 年，“基于大数据技术的大型企业集团资源优化配置分析模型”获中国产学研合作创新成果奖二等奖，“大型企业集团经营发展决策全过程管控技术研究”获第五届中国管理科学学会管理科学奖（学术类）一等奖。

3. 人力资源管理

2011年，“国家电网公司职工民主管理研究”立足国企体制解决了国家电网公司民主管理面临的诸多问题，获得了国家电网公司管理咨询优秀成果奖一等奖、国家电网公司科学技术进步奖特别奖。2012年，“国家电网公司人力资源统计分析标准研究”获得国家电网公司管理咨询优秀成果奖二等奖，“国家电网公司人力资源集约化管理研究”获得国家电网公司管理咨询优秀成果奖一等奖，“大型电网企业‘双路径、三保障’的职工民主管理体系建设”获得国家级企业管理现代化创新成果奖，“国家电网公司所属建设队伍管理研究项目”获得国家电网公司管理咨询优秀成果奖优秀奖。2016年，“市场化产业公司激励约束与劳动用工机制研究”获得国家电网公司软科学成果奖二等奖。2017年，“适应‘四个市场’的人力资源管理机制研究”获得国家电网公司软科学成果奖二等奖。2018年以来，重点承担国有企业改革、能源互联网建设背景下的组织创新、员工激励与用工策略研究。2018年，“加快建设能源互联网任务下的班组建设创新模式研究”获得国家电网公司软科学成果奖三等奖，“基于混合所有制改革的员工持股有关问题研究”获得国家电网公司软科学成果奖二等奖。2019年，“基于改革新形势下的用工策略及内部市场研究”获得国家电网公司软科学成果奖二等奖，有力支撑了国家电网公司人力资源部、党组组织部的工作部署。

（二）其他

管理所密切服务中组部、国家能源局、国务院国资委、科技部、司法部、中国工程院等政府部委和单位近10个，常态化服务国家电网公司总部研究室、党组组织部、人力资源部、产业发展部、体制改革办公室、法律合规部等部门超过20个，支撑国家电网公司出台《公司综合计划管理体系优化完善总体细则》等管理制度办法20余项；服务国家电网公司系统内单位10余家，先后承担了国网山东省电力公司“四个最好”、国网北京市电力公司“五个一流”、国网辽宁省电力有限公司智库建设、国网福建省电力有限公司综合服务等横向课题10余项，落地应用成效显著，赢得广泛赞誉。

管理所自成立以来在《光明日报》等主流媒体以及知名杂志、会议上发表核心期刊论文230余篇，普通期刊及报纸论文近200篇，在能源变革、国企改革、企业创新、公司治理、运营管理与电力法律等方面形成了大量理论创新水平高、实践指导价值大的论文成果；在核心研究领域出版了能源与电力分析年度报告系列《国内外企业管理实践典型案例分析报告》（2014—2019）、《国企改革关键问题分析报告》（2020—2021）等多部专著，获得业内专家学者高度认可。管理所牵头完成报送《国家电网专报》《国网内参》《研究专报》《央企智库专报》108余篇，共获得批示次数39次。

管理所一直坚持以党建强根铸魂，不断提高政治站位，在科研攻坚中形成了不辞艰辛、顽强坚韧、锐意进取的意志品质。2010 年来，多次被评为国家电网公司“电网先锋党支部”、先进党支部、先进班组，多次获得“精神文明创新奖”“企业文化标杆”等荣誉，12 次获得国网能源院内先进党支部、优秀共产党员、优秀党务工作者等荣誉称号。坚持党建与科研深度融合，先后培养了国家电网公司劳动模范 1 人，专业领军人才 5 人，优秀专家 2 人，优秀专家后备 2 人，高级及以上职称 13 人。近五年来，先后有 5 人获得公司级荣誉称号，20 余人次获得国网能源院内优秀课题负责人、先进工作者、先进个人、青年岗位能手等荣誉称号。

第八节　财会与审计研究所

财会与审计研究所（简称“财审所”）成立于 2006 年，其前身最早可追溯至北京水利电力经济研究所（简称“水电经济研究所”）时期，多年来致力于财务管理与会计政策、能源电力价格、金融发展、审计与风险管理等领域研究，负责国家电网公司“经营与财务仿真实验室”建设运行，服务国家电网公司经营发展，并为国家制定电力行业相关政策提供重要参考支撑，研究水平和成果得到国家、专业机构和行业企业的广泛认可，多次获得政府、行业和国家电网公司的科研奖励。财审所秉承求真务实的工作作风，在创新中不断成长，力争在更高层次上助力国家和国家电网公司的发展。

一、历史沿革

1983 年，北京水利电力经济研究所水能利用研究室及经济研究室成立，业务为各室承担的相关研究工作。

1995 年，水电经济研究所更名为“北京动力经济研究所”（简称“动力经济研究所”），水能利用研究室与经济研究室合并，成立运行与经济研究室，其业务领域在水能利用研究的基础上，为适应电网建设的需要，拓展到城农网改造经济性评价、电价测算、国内外输配电价改革及政策研究。

1999 年，国家电力公司组建动经中心。为提高电网建设的经济性和加大对企业可持续发展的支撑能力，动经中心成立了电网经济研究所，开展了电网发展战略及规划，全国联网、电网项目经济和财务分析评价，电价改革和电价政策、电力市场等重点业务领域研究。

2002 年，国家电力公司改革重组后，动经中心划归国家电网公司，电网经济研究所成为支撑国家电网公司经营发展的重要研究力量。

2005 年，电网经济研究所和战略与规划研究所合并，成立了电网经济与管理研究所，业务进一步扩展到电力体制改革、电力监管及法规政策、企业管理、电网公司财务战略、财务管理和分析、抽水蓄能项目的经济和财务分析评价等领域研究。

2006 年，动经中心更名为“国网北京经济技术研究院”（简称“国网经研院”）。为进一步实现业务细分，国网经研院成立财会与审计研究所（简称“财审所”），职责及业务定位调整为财务管理与会计政策研究，协助国家电网公司财务资产部开展相关基础性工作，负责电价与能源价格机制、理论体系和政策研究，财政、税收理论和政策研究，金融理论与实务研究，审计理论与实务研究，以及《电力财务会计》杂志的编辑出版等工作。

2009 年，国网能源研究院成立。财审所职责及业务范围未变，并延续至今。

2013，根据国网能源院业务部门内设机构编制方案，财审所内设财务与审计研究室、电力与能源价格研究室和金融研究室。

财审所在历任领导的带领下不断发展壮大。在水电经济研究所时期，董子敖、赵连生分别任水能利用研究室、经济研究室主任，李英、张健、周贵安等任副主任。在动力经济研究所时期，李英任运行与经济研究室主任，孙镇西任副主任。1999 年 12 月，动经中心设立电网经济研究所，刘毓全任所长，李英任副所长。2001 年 2 月，李英任电网经济研究所所长，韩丰任副所长。2005 年 6 月，李英任电网经济与管理研究所所长，魏玢任副所长。2005 年 11 月，魏玢任电网经济与管理研究所所长，李成仁任副所长。2006 年 11 月，财审所成立，李英任所长，李成仁任副所长。2007 年 1 月，郑厚清任副所长。2009 年 11 月，郑厚清任所长，李成仁任副所长。2011 年 10 月，王学亮任副所长。2016 年 3 月，李成仁任所长。2017 年 8 月，王琳璘任副所长。2016 年起，财审所所长职务由李成仁担任；2017 年起，副所长职务由王琳璘担任。不同时期财审所的名称和领导人员分别见表 3-18 和表 3-19。

表 3-18　　不同时期财审所的名称

归属单位（时期）	水电经济研究所	动力经济研究所	动经中心		国网经研院		国网能源院
时间	1983—1995 年	1995—1999 年	1999—2005 年	2005 年	2006 年	2006—2009 年	2010 年起
名称	水能利用研究室、经济研究室	运行与经济研究室	电网经济研究所	电网经济与管理研究所	电网经济与管理研究所	财会与审计研究所	财会与审计研究所

表 3-19　　不同时期财审所的领导人员

时间	1983—1994 年	1995—1999 年	1999—2001 年	2001—2005 年	2005 年	2006—2008 年	2009—2010 年	2011—2012 年	2013—2015 年	2016—2017 年	2017 年起
所长（主任）	董子敖、赵连生	李英	刘毓全	李英	李英、魏玢	李英	郑厚清	郑厚清	郑厚清	李成仁	李成仁
副所长（副主任）	李英、张健、周贵安	孙镇西	李英	韩丰	魏玢、李成仁	郑厚清、李成仁	李成仁	李成仁、王学亮	李成仁		王琳璘

二、业务发展

（一）财务与审计研究

财务与审计研究以服务支撑国家电网公司和行业高质量发展为目标，长期致力于国家电网公司财务管理、财税政策、电力投资、绩效评价、审计与风险管理研究。

1. 企业财务管理研究

以电网财务的逻辑为研究起点，围绕财务一般规律与电网管制财务特色，开展财务集约化研究、世界一流财务管控体系研究、财务战略与发展规划研究、会计准则与财税政策研究，推动国家电网公司财务体制机制创新和精益管理。

在动经所与动经中心时期，开展了输电网及配电网财务评价研究、火电机组项目可行性财务评价导则制定，支撑国家电力公司、国家电网公司财务活动分析以及财务管理信息系统建设方案设计。在国网经研院与国网能源院时期，支撑国家电网公司 2009 年财务集约化方案设计，明确“六统一、五集中”措施，全面参与 2012、2013、2015、2017 年财务集约化深化应用、管理提升及创新发展工作。2011 年，完成科技项目“电网工程财务管理及基建标准成本研究”，构建了电网基建全过程财务管理理论、方法和流程，建立了 110～750 千伏电网基建标准成本体系。2013 年，完成科技项目“基于价值链与业务链协同的财务管理关键技术理论与应用研究”，构建多层次的财务业务双链协同价值链系统，推进财务管理体制机制创新。2014 年，完成国家电网公司十大战略课题之一“公司适应国资监管体制改革和电力市场监管的战略与策略研究”，设计了科学合理的国资监管与电力市场监管体系，提出了适应国资监管改革与电力市场监管改革的战略与策略。2016 年，完成国家电网公司十大战略课题之一“基层‘双创’潜力和激励机制研究”，提出基层创新的“一二三”模式和“孵化器+创业基金”双头创业模式，提升基层创新创业的积极性。2015 年，完成科技项目“以价值引领为核心的项目预算全过程闭环管控体系研究”，以项目预算全过程标准化、信息化、精益化管理为目标，构建项目管控“四大机制、九大关键”控制环节，实现项目资金一体化管控。2018 年，完成科技项目“深化改革背景下基于企业战略的‘十三五’财务战略与规划研究”，构建国家电网公司发展环境关键因子指标体系，确定国家电网公司财务发展战略，制定国家电网公司“十三五”财务规划和专业规划。2019 年，完成科技项目“适应新形势的电网预算精益管控关键技术研究”，设计了适用于电网、产业和金融单位的经营目标预测模型，构建了电网作业标准成本体系，在国家电网公司系统全面推广应用。

在支撑国家电网公司财务与经营创新发展的同时，支撑财政部开展国有企业经济活动分析，配合国务院国资委开展中央企业经营绩效评价工作以及世界一流企业财务管控体系研究，相关成果受到部委充分肯定与高度评价。

2. 审计与风险管理研究

以电网审计的逻辑为研究起点，探究电网审计规律与特点，明确审计方位与坐标，开展集团审计管理体系与功能定位研究、电网审计理论与方法研究、公司治理研究、全面风险管理研究、内部控制研究、数字化审计研究，推动国家电网公司依法治企与合规建设。

2008—2018 年，完成《外部审计案例选编》《内部审计案例选编》，提炼审计方法、审计思路，分析案例造成的影响及现实意义，印发国家电网公司审计系统以资借鉴。2009 年，完成国务院三峡工程建设委员会办公室委托项目“三峡工程资金监管总结性研究”，总结政府监管与企业管控相结合的三峡输变电工程资金监管模式，回答了国家专项投资工程资金“要不要监管、由谁监管、如何监管、为谁监管”的重大理论问题。2011 年，完成管理咨询项目“公司经济责任审计评价体系研究”，构建“分级分类，定性定量结合”的国家电网公司经济责任审计综合评价体系，在经济责任审计中试点应用。2012 年，完成国务院国资委委托项目“国有企业‘内外共治’监督机制探索与实践研究”，提出“以外促内，内外共治”的中央企业监督机制，被国务院国资委采纳。2017 年，完成管理咨询项目“新常态下激发公司审计效能的机制和路径研究”，提出激发国家电网公司审计效能的路径方法，设计两级审计监督联席会议制度、数字化审计机制。2018 年，完成科技项目“特大型企业集团远程在线审计关键技术研究”，提出了互联网条件下远程在线审计理论与方法，构建了远程在线审计技术框架与模型，支撑了审计信息化与数字化转型。自 2012 年起，配合国家电网公司完成《企业年度工作报告》，上报审计署与国务院国资委。

3. 世界 500 强研究

财审所对美国《财富》杂志公布的世界 500 强企业进行长期跟踪研究。自 2009 年以来，每年编写出版《世界 500 强电力企业比较分析报告》，总结世界 500 强企业发展规律，探寻世界经济发展和格局变迁。2017 年，成功举办《世界 500 强企业十年观察》报告发布会，对十年来世界 500 强上榜企业经营变化趋势，特别是电力企业转型和发展趋势进行系统总结和深入剖析，提出“观察十六条”，国务院国资委、中国企业联合会、国务院发展研究中心、中国电力企业联合会等单位多位领导专家出席会议并对报告给予高度评价。2021 年，成功举办“是荣光还是方向：世界 500 强的认知逻辑”研讨会，解析了中国经济、企业、能源电力的高质量发展道路，对世界 500 强企业的演进趋势进行了展望，实时在线观看人数突破 8.6 万，累计观看量逾 18 万人次。

4. 《电力财务会计》杂志

《电力财务会计》是中国会计学会电力分会会刊。2007 年 1 月，《电力财务会计》由国家电网公司财会研究中心迁入国网经研院，由财审所继续承办。2010 年 10 月，《电力财务会计》完成总第 119 期编辑出版发行后，随中国会计学会电力分会停止活动而停刊。

办刊期间，完成《电力财务会计》出版发行 24 期，最高发行量突破 11000 余册，差错率低于万分之二，办刊质量得到了国家电网公司、中国会计学会电力分会有关领导的多次表扬。《电力财务会计》读者遍布电网、发电、辅业集团各级单位，成为全国电力财会人员心目中具有较大影响力的学术期刊、交流园地。

（二）电力与能源价格研究

从 20 世纪 90 年代开始，电力与能源价格研究致力于为政府电价改革和国家电力公司、国家电网公司电价管理提供有力支撑，从监管与市场电价两大方向，形成了一系列标志性成果。电价研究历经近 40 年，从起步、工具开发、筑牢理论基础到向监管和市场价格的全面扩展深化，凝结了一代代电价专家的心血。国网能源院的电价研究历史就是我国电价改革的历史，大体分为三个阶段：2002 年之前，电价研究从起步到强化理论基础，探索了三段式电价，构建了电价测算模型，为电价改革起好步提供重要基础。2002 年厂网分开，电价研究更加紧扣改革需求，全面支撑相关电价政策出台：一是参与国家发展改革委组织的“西电东送电价研究”，参与《电价改革方案》以及上网、输配和销售电价三个电价管理暂行办法的编写，为奠定我国三段式电价改革方向作出了重要贡献，特别是李英、李成仁负责和参与了其中输配电价改革的研究工作，为该项改革做出了开拓性工作；二是为落实三段式电价改革，对上网、输配、销售各环节电价开展系统研究，支撑了许多政策的出台，如抽水蓄能电价、煤电标杆电价、跨区输电价、销售电价结构调整等。2015 年新一轮电力市场改革至今，电价研究工作进入了全面深化阶段，从电价监管和电力市场价格机制两大方向全面深化，进一步助力改革落地见效。到目前为止，财审所最主要的贡献是，对输配电价成本监审、省级电网输配电价、区域和跨区电网输电价的研究成果陆续在有关国家政策中得到体现，为我国输配电价改革发挥了重要作用，支撑了这一时期的成本监审工作和输配电价制定工作；市场电价研究工作支撑了煤电上网电价、工商业用户电价全面放开工作，以及电网代理购电等工作。

1. 上网电价研究

水电电价政策研究。自 1999 年开始，国家推进西部大开发战略。为支撑国家计委相关工作，考虑发电侧市场环境及电价竞争力，相继开展了“黄河上游水电资源梯级开发方案及价格测算”“三峡、葛洲坝等电站上网电价测算”等研究，开发了水电上网电价测算模型，支撑了“积极开发水电”这一国家产业政策的落地。

煤电价格政策研究。自 2001 年以来，针对煤电价格矛盾，持续开展了“煤电价格改革”“完善煤电价格联动机制”等研究，广泛收集国外经验，提出煤电价格联动的具体操作办法、配套措施等，推动了煤电价格联动机制的出台以及后续的不断完善。自 2020 年以来，持续跟踪煤电价格变化趋势，开展了电价机制及政策研究，有力推动了煤电上网电价市场化改革和电网代理购电等政策的出台。

抽水蓄能价格政策研究。自 2004 年以来，持续开展了“抽水蓄能电站的经营管理体制及相关政策研究”“抽水蓄能电站经济效益的实现途径研究”，以及“电网公司对抽水蓄能电站投资建设经营的主体地位和抽水蓄能电站成本的疏导方式”研究，成果有力支撑了抽水蓄能电站一系列价格政策的出台。新一轮电力市场化改革以来，完成了国家能源局委托的“抽水蓄能中长期发展运营机制政策研究”，提出了现阶段和市场化条件下我国抽水蓄能成本回收机制和传导机制，为国家出台完善抽水蓄能价格政策[《关于进一步完善抽水蓄能价格形成机制的意见》（发改价格〔2021〕633号）]、加强政策宣传提供了重要支撑。

核电、天然气、可再生能源发电标杆电价研究。分别开展了核电、天然气发电、风光可再生能源等标杆电价理论及模型测算研究，提出了不同类型电站定价原则和方法，以及标杆电价制定的参数和水平，支撑了标杆电价政策在我国的实施。

2. 输配电价研究

输配电成本监审。从20世纪90年代末开始，为配合国家第一轮电力市场化改革，相继开展了“电网成本监管”“电网成本规则研究”等课题研究，为我国输配电成本监审奠定了理论基础。自2003年起，配合国家形成了《输配电成本核算办法（试行）》《企业产品成本核算制度——电网经营行业》。2007—2015年，在“监管中间、放开两头”的框架下开展输配电成本监审前瞻性研究，通过“电网有效资产核定、合理回报确定及输配电价成本监审办法”和“输配电定价成本监审”有关课题研究，逐步建立起区分增量和存量成本的监审方法。以上工作为国家在2015年出台《输配电定价成本监审办法（试行）》提供了坚实的理论支撑。2015年后，主要结合成本监审实践，开展“输配电成本监管模式下电网企业成本核定技术”等研究与应用，为国家电网公司主动适应和服务成本监审提供技术支持。

省级电网输配电定价。2004年，受亚洲开发银行和国家电力监管委员会委托，开展了“电力定价及策略研究”，设计了输配电边际成本计算方法。2005年，第一轮电力市场改革启动，持续开展了“南方电网电价形成机制”“输配电价形成机制”等研究，深入探索了输配电价制定总体思路，同时配合华东、华北、广东、上海、海南等分部和网省公司开展输配电价改革方案研究工作。2010年，完成《输配电价理论与实务》著作出版工作。2011—2015年，继续深化输配电价理论研究，先后完成“电网输配电价传导机制”“电网输配电价的基本理论方法”“区分增量和存量资产的输配电价测算理论与方法”等课题。2015年，进入输配电价改革实操阶段，相继开展了“电网电价定价关键技术及评价方法”“分电压等级、分用户对象输配电成本归集、核算、分配方法”“输配电价改革后评估研究”“新电改下我国输配电价实现有效激励的理论、模型”等研究，为进一步完善输配电定价机制提供支撑。

跨区电网输电定价。随着远距离输电通道建设步伐的加快，较早开始了相关输电价格的标准设计。1997—1999年，完成了“葛沪直流过网费方案及测算”“电网输配电价传导机制研究”等课题，提出了关于安全价与输电价、安全价在省间的多种分摊方法，得到了广泛应用。2009 年至新一轮电力改革之前，进一步开展了“跨区跨省输电价传导机制及应用”“三华同步电网跨省区输电定价技术”研究，提出了适应我国的跨区输电价格核价方式与价格执行方式。自 2015 年开始，跨区输电定价研究更侧重对效益评价的科学性、模型与参数的合理性方面。2017 年，完成“特高压输电定价模式和电价传导机制”课题研究，系统提出了我国特高压输电定价体系、形成机制、传导方式及调整机制。

3. 销售电价研究

销售侧电价政策研究。自 2000 年起，为引导用户合理用电，开展了“两部制电价机制研究”“销售电价结构调整研究”课题研究，建立了分电压等级和用户类别的销售电价合理比价分析模型、交叉补贴的分析和评价模型以及销售电价结构调整模型。该课题在国内首次对销售电价交叉补贴情况进行了定量研究，作为一项重要研究成果在国家发展改革委 2008 年度电价工作会议中作为材料下发与会单位。2008 年，开展了“居民生活用电实行阶梯电价政策”研究，有力支撑了居民阶梯电价政策的出台。近年来，开展了“用户可选择销售电价研究”“分时电价研究”“分布式电价研究”“综合能源服务价格研究”“电动汽车充电服务价格研究”等课题。2021 年，随着我国“双碳”目标的提出，开展了“环保电价政策”研究，推动国家出台了绿色电价政策。

电价承受力研究。自 2010 年以来，开展了“电价调整对国民经济和社会影响”“电价与物价指数关系研究”以及“基于可计算一般均衡模型的电价对我国经济社会影响理论与模型研究”等课题，形成了有关能源与电力价格管理理论、方法和量化模型软件等成果。

4. 综合性电价研究

从 20 世纪 90 年代初开始就致力于探索研究综合性电价机制，最早开展三段式电价研究，为我国分环节电价管理奠定了重要理论基础。随后，配合国家西电东送等重大战略实施，受国家计委委托，开展“西电东送”价格研究。近年来，围绕促进资源优化配置，科学合理推进价格改革，开展了综合性电价机制研究，如 2011 年完成战略课题“促进资源优化配置和高效利用的科学电价体系研究”，提出了我国电价改革的方向、路线图和主要任务。

5. 市场电价研究

市场化电价理论研究。随着电力市场化改革的推进，从 20 世纪 90 年代开始就致力于探索市场化条件下的电价理论问题，如“河南电力市场研究”“云南电力市场预测及小湾电站合理投产时机研究”“广核电力市场竞争能力分析”等。2006—2012 年，完成了“售电侧市场开放”“大用户直购电研究”“华东区域电力市场阻塞管理”“电力市场条件下三峡电力消纳模式”“市场定价条件下上网电价理论与应用研究”等项目，形成了大量市场化价格研究经验。2015 年，新一轮电力改革后，进一步加大对市场化电价的研究力度，相继完成电力市场改革条件下的“电力市场监管”“辅助服务市场”“电能量市场”“零售电价政策”“跨区域电力交易价格机制”等相关研究，形成了系统的电力市场化价格研究体系。

电力市场电费结算研究。电力市场化推进背景下，电网企业电费结算方式发生根本性改变。自2016年开始，系统地梳理了电力市场电费结算的国际经验，开展了“我国现货市场清分结算系统研究”项目，配合编制了《国家电网公司电力批发市场价格规则与结算规则研究工作方案》和《全国统一电力市场电费结算系统建设方案》，为国家电网公司电力市场下电费结算管理提出了有效方案建议；全文翻译了英国《电力市场结算规则》，为国家电网公司建设新一代电费结算系统提供了理论与经验支撑。

6. 国际价格机制与水平研究

自2002年厂网分开后，我国越来越重视国际经验的梳理与总结。2006年，开展中哈电力合作项目、中俄电力合作项目、俄罗斯向中国供电项目第二阶段电价分析，提出投资方式和经营模式。自2009年起，每年出版《国际能源与电力价格分析报告》，对国内外石油、天然气、煤炭、电力价格开展系统跟踪。2010—2016年，配合电价改革，开展了“国外电价监管”“国外自备电厂管理”“国际化业务价格与监管政策”等研究。近年来，积极开展国际交流合作：一是联合英国巴斯大学、帝国理工学院等获得英国繁荣基金项目，梳理欧洲相关经验；二是与英国商业、能源和产业战略部（BEIS）开展交流，探讨电力市场化价格相关机制；三是与法国电力集团合作开展售电套餐定价方法、输配电价监管、企业合规经营等系列研究。

7. 经营管理策略研究

2000年前，根据1998年电力工业部颁布执行的《电网建设项目经济评价方法（暂行）》，与水规总院技经处合作编写7个经济评价软件，推广到20多个网省公司和电力设计院；开展了“电力投资结构分析与优化”等课题研究，参与制定《国家电力公司投融资计划编制办法》，为开展基于电价改革的经营管理策略研究打下坚实基础。2010年以来，结合输配电价改革要求，完成了“电网企业成本管理模式与方法”“输配电价改革后评估及优化公司经营管理策略研究”等课题，多维度分析改革影响，提出优化创新机制，成果获得国家电网公司充分肯定。自2017年起，连续4年深度参与国家电网公司优化经营管理策略方案和报告编制，为国家电网公司主动适应和服务改革提供了重要支撑。

（三）金融研究

金融研究是服务国家电网公司发展的重要核心能力，主要开展金融理论、政策与实务研究，产融结合研究，公司资金资产管理研究，以及财务信息化应用和金融新业务创新研究。

1. 产业金融研究

深入研究产业金融的发展定位、发展逻辑、发展边界、发展模式、管控方案等重大问题，提高金融服务国家电网公司产业链的精准度，按照有进有退有所为有所不为的原则，加强主业、产业和金融服务之间的协同运作研究。

2010 年，完成金融资产管理部委托项目“国网金融平台同业对标研究”，建立了一套较为完整的金融同业对标指标体系和可行方案，在金融资产管理部 2008—2010 年对标工作中得到应用；2012 年，圆满完成“金融控股集团内外协调战略研究”，在对国家电网公司系统内单位进行大量调研和访谈的基础上，首次完成《金融资源手册》，构建了基于“协同 135 工程”的内外协同战略框架和实施路径，并撰写出版了《金融控股集团内外协同战略研究》专著，实现了重要的理论创新和实践创新。2015 年，完成国家电网公司重大战略课题“公司金融创新发展重大问题研究”，获得国家电网公司领导高度评价。2016 年，完成“产业链金融服务的政策环境及服务模式研究”，成果受到中国人民银行、中国银监会等部委专家的高度肯定，形成《关于大型企业集团产业链金融业务比较分析及相关建议的汇报》专报上报国家电网公司领导；完成《中央企业产融结合有关问题及政策建议》，形成央企智库联盟专报上报国务院国资委领导并获得认可。2018 年，完成科技项目“公司金融业务资本运作及管控支撑技术研究”，首次明确提出产融有序结合和无序结合的概念和判定标准，为国务院国资委、中国人民银行等监管部门客观评价企业产融结合程度和效果提供了方法论，也为国家电网公司加强金融资本管理，实现金融业务科学进退、滚动发展提供了重要决策支撑。2021 年，完成“公司数字化产业链金融平台发展模式创新与优化研究”，对数字化产业链金融服务平台电 e 金服的发展理念、技术、工具、模式等进行了全方位升级设计和创新应用。

2. 资金管理及金融风险研究

落实集约化、精细化金融管理要求，推进资产和资金管理同业对标分析，优化管理体系建设。2013 年，完成国家电网公司科技项目“公司资金安全预警技术、分析模型与系统开发”，构建了多维度、大纵深、精加工的公司资金安全预警分析模型，开发了“全天候 24 小时”公司资金安全风险预警系统。2017 年，完成科技项目“利率市场化下公司内部资本市场定价模型及资金管理机制创新研究”，构建了适用于多元化大型企业集团资金池的内部资本市场转移定价模型，并首次采用以内部收益率曲线为核心的期限匹配定价技术实现对市场利率变化的实时反映，有效提升了国家电网公司内部资金配置运作的科学性和精准性；完成国家电网公司财务资产部《公司境外资金集中管理方案》的编制，形成境外资金集中监控工作实施方案并下发。2018 年，完成国家电网公司管理咨询项目“公司资金管理体系优化研究”，提出包含一套公司级集团账户、建立两个结算池、融通三个市场、构筑三维立体安全防线的“1233”新型资金管理体系，成果达到了国际领先水平。2019 年，完成国家电网公司科技项目“金融经济与公司经营发展关系仿真技术研究”，构建了符合我国国情的动态金融可计算一般均衡模型（FCGE），并基于系统动力学（SD）技术构建金融与公司经营仿真系统模型，开发可视化模拟平台，为量化分析宏观金融政策对国家电网公司经营、投融资和产业战略的影响提供了决策支撑工具。2021 年，完成科技项目“公司利率汇率预测及风险管控技术研究”，基于 Lasso 变量筛选和 Dropout 方法构建短期利率预测模型，基于贝叶斯模型平均方法构建中长期利率预测模型，建立了人民币对美元汇率预测的变量自筛选模型，研究了利率预测模型及其在国家电网公司资金管理中的应用、汇率预测模型及其在国家电网公司国际化业务决策中的应用，以及利率汇率风险评估及管控技术。

3．资本运营研究

结合新时期、新战略下国家电网公司资本运营所承载的新战略定位，形成具有前瞻性及战略功能的研究成果。2007 年，开展“国际能源电力企业资产重组与资本运作研究”及“公司资产重组及资本市场运作研究”。2008 年，完成“国家电网公司整体上市框架方案研究”，最早完成国家电网公司整体上市系统性方案设计。2016 年，完成科技项目“混合所有制改革下民间资本引入模式及估值定价技术研究”，提出了国家电网公司资本参与混改的有效模式。2019 年，完成十大战略课题之一“公司资本运营管理与股权多元化研究”，分板块研究了电网、金融、新兴产业、国际业务、装备制造以及集体企业资本运营的战略需求及重点路径，提出了混改、股权多元化和资本运营的新趋势和策略，以及股权多元化后需要面对的管控治理和风险问题。2019 年，完成管理咨询项目“公司资本运营管理规划研究”，提出“公司资本运营规划编制”“资本运营蓝图设计”等重要成果。

4．金融新业态研究

结合互联网技术的发展，以及数字经济及国家“节能减排和环境保护”战略的推进，研究金融新业态的发展特征、政策环境及国家电网公司发展策略。2018 年，完成“绿色金融研究”，提出了绿色信贷、绿色金融债券和绿色资产证券化等绿色金融产品创新的发展策略。2020 年，完成专报《透过“蚂蚁事件”看金融科技监管趋势对公司产业链金融业务的影响分析》，研判了金融科技监管对国家电网公司产业链金融业务的影响并提出相关建议。2021 年，完成“电力金融产品设计与定价技术研究”，设计符合我国国情的电力金融衍生产品和电力金融衍生品定价模型，提出我国电力金融市场的框架体系和实现路径；完成“央行法定数字货币在国家电网公司的应用及影响策略研究”，构建了数字人民币基本理论框架体系，创新性设计了国家电网公司应用数字人民币的现实场景、技术要点和实施路径；完成“金融服务国网公司‘双碳’目标的关键技术和产品创新研究及应用”，构建了一套能源电力行业绿色金融评估方法论，形成了金融服务国家电网公司“双碳”目标的“三库一方案”，设计了碳中和指数、新型电力系统等系列股票指数。

（四）公司经营与财务仿真实验室

公司经营与财务仿真实验室成立于 2008 年，并于 2010 年通过国家电网公司级实验室认证，定位于国家电网公司经营决策支撑平台，实时动态仿真集团型企业经营运行及国家政策影响。该实验室以“两点一线双反馈”仿真模拟流程为主线，以国家电网公司量化决策等“八大关键技术”为基础，以数据信息平台等“四个平台”为保障，实现外部政策影响因素模拟、电力企业决策影响模拟、专项研究、数据分析与应用、专家研讨厅、系统管理六大功能。依托该实验室设计开发了输配电价核价模型、经营目标联动预测模型、电网投资能力测算模型、CGE 模型等量化分析工具，开展电价、投资、资产负债率、利润等关键经营指标分析，为国家电网公司经营决策提供了重要技术支撑。

三、代表性成果

财审所经过近 40 年的发展，取得了丰硕的研究成果。2011 年至 2022 年 7 月，累计承担项目 1200 余项，其中国家电网公司科技项目 100 余项；累计发表论文文章 280 余篇，其中核心期刊近 115 篇；出版专著 34 部；申请专利 25 项，其中 4 项已获授权；获软件著作权 28 项；累计发表内参专报 110 余篇，其中获国家电网公司领导批示 35 篇。

（一）主要项目

财务与审计业务。财审所适应行业及国家电网公司发展要求，深化世界一流企业财务管控体系研究与财务集约化、精益化管理研究，形成了一大批创新研究成果。“国家电网公司财务管控模式研究”“国家电网公司财务集约化管理体系研究与应用”“电网工程财务管理及基建标准成本研究”“‘一键式’会计模式研究与应用”“电网基建财务关键技术研究及应用”“以价值引领为核心的项目预算全过程闭环管控体系研究与应用”分别获 2009 年、2011—2015 年度国家电网公司科学技术进步奖一等奖。“公司可持续发展关键财务问题研究”获 2010 年度国家电网公司管理咨询优秀成果奖一等奖。“面向输配电价改革的工程财务应对策略研究”获 2016 年度国家电网公司软科学成果奖二等奖。“集约化管控环境下公司财务内部控制体系与应用研究”获 2012 年度国家电网公司科学技术进步奖三等奖。“以价值引领为核心的项目预算全过程闭环管控体系研究与应用”获 2018 年度中国电力企业联合会电力创新奖（管理类）一等奖。“中央企业高质量发展与杠杆管控平衡机制研究”获 2019 年度中央企业智库联盟重点课题（独立研究类）优秀研究成果奖一等奖。“中央电力企业双创模式与激励机制设计”获 2017 年度中国能源研究会能源创新奖（管理创新类）三等奖。“智能持续审计方式方法实践与示范”获 2018 年度中国电力企业联合会电力创新奖（管理类）二等奖。“信息化环境下公司智能持续审计关键技术研究及应用”获 2018 年度国家电网公司科学技术进步奖三等奖。《风险导向固定资产投资审计理论与实务研究》《国有企业经济责任审计评价体系研究》被评为中国内部审计协会 2010 年、2011 年二等奖论文。2019 年，支撑国家电网公司完成审计署课题“深化国有企业和国有资本内部审计研究”，研究成果获中国内部审计协会审计理论研究一等奖。“新形势下电网建设投入和产出模型研究及应用”获 2020 年度国家电网公司软科学成果奖三等奖。

电力与能源价格业务。财审所面对电价改革遇到的重点、难点问题，长期不懈地进行电价理论和机制探索创新，取得了丰富的创新成果。在行业发展上，支撑电价改革的推进，开展输配电价改革基础性研究，协调解决了一系列瓶颈问题。“科学的能源价格理论、机制水平及改革影响研究”获2012年度国家能源局软科学研究优秀成果奖三等奖。“电价机制改革研究”获中国电力科学技术奖二等奖。“与智能电网相适应的用户可选择销售电价理论模型研究与应用”“输配电价改革模式的量化分析模型和实证研究”“电网电价定价关键技术及评价方法研究与应用”等获中国电力科学技术进步奖三等奖。《跨省区送电价格政策评估与改革》《输配电定价成本监审理论及实证研究》《分电压等级分用户对象输配电成本归集、核算、分配方法研究》研究报告获“薛暮桥价格研究奖”论文奖；《输配电价理论与实务》获“薛暮桥价格研究奖”著作奖。“华东电网输配电价和销售电价改革研究”“我国政策性交叉补贴的解决机制及管理模式研究”“基于电改模式下的输配电价调整机制和‘平衡账户’管理问题研究”获中国电力企业联合会电力创新奖二等奖。在公司管理层面，基于我国电网结构发展特点，推动智能电网可选择销售电价应用研究，适应输配电价改革进程，开展输配电价改革的量化评价，以电价机制深化研究为基础，支撑了系统性的省级电网、跨区跨省及特高压电网输配电价改革方案，形成了市场化改革下的电价体系创新。“电价机制改革研究”获2008年度国家电网公司科学技术进步奖一等奖。“与智能电网相适应的用户可选择销售电价理论、模型研究与应用”获2013年度国家电网公司科学技术进步奖一等奖。“输配电价改革模式的量化分析模型和实证研究”获2016年度国家电网公司科学技术进步奖一等奖。“电网电价定价关键技术及评价方法研究与应用”获2017年度国家电网公司科学技术进步奖一等奖。“电网输配电价改革探索与实践”获2018年度国家电网公司管理创新成果奖特等奖。“我国政策性交叉补贴机制及管理模式研究”获2018年度国家电网公司软科学成果奖一等奖。“我国电力市场化改革条件下的电力价格机制和结算研究及应用”获2020年度国家电网公司软科学成果奖一等奖。“电网输配电价传导机制研究”“输配电定价成本监审理论及实证研究”等获国家电网公司科学技术进步奖二等奖。“电价调整机制及应用研究”“中俄电力合作投资方式和经营模式研究”“电价与物价指数关系研究”“能源与电力价格数据库及分析预测关键技术研究”“公司财务分析基础数据库建设、应用及分析工具研究”“电价对我国经济社会影响的理论模型与应用研究”“新电改下跨区跨省输电定价机制及模型研究与应用”等获国家电网公司科学技术进步奖三等奖。“能源安全新战略下公司推进电网转型发展的理论和若干关键问题研究”获2021年度国家电网公司软科学成果奖一等奖。

金融业务。财审所以更好服务国家电网公司主业和行业发展、做优做强国家电网公司金融产业为目标，多方面开展金融创新研究。在产业金融方面，形成金融控股集团对实体产业协同发展支撑战略，成果得到业内积极肯定，其中“金融控股集团内外协同战略研究”获2013年度电力行业企业管理创新成果奖优秀奖、国家电网公司管理咨询优秀成果奖一等奖、国家电网公司科学技术进步奖三等奖、国家电网公司十大“管理创新贡献奖”之一。开展国家电网公司新型资金管理体系顶层设计及体系建设，其中“资金优化配置管理模式创新与应用”获2013年度电力行业企业管理创新成果奖二等奖，“公司资金安全预警技术、分析模型与系统开发”获2016年度国家电网公司科学技术进步奖二等奖，“利率市场化下公司内部资本市场定价及资金管理机制创新研究”获2017年度国家电网公司科学技术进步奖三等奖，“国家电网有限公司‘1233’新型资金管理体系构建与实施”获2019年度中国电力企业联合会电力创新奖（管理类）一等奖。在资本运营方面，为适应国家电网公司金融业务发展，持续深化专业支撑能力，提出了多项系统性的金融管理领先成果，其中“公司资本运营战略及实施路径研究”获2010年度国家电网公司软科学成果奖一等奖。在金融创新方面，持续跟踪研究金融新形态、新模式、新产品发展，“国家电网有限公司数字化产业链金融服务平台——电 e 金服的实施与应用”获2021年度中国电力企业联合会电力科技创新奖一等奖，“基于产融协同、科技赋能的数字化线上产业链金融平台构建与实施”获2020年度国家电网公司管理创新成果奖一等奖，“公司数字化产业链金融平台发展模式创新与优化研究”获2022年度国家电网公司软科学成果奖一等奖。

（二）知识产权

2011年至2022年7月，财审所共申请24项专利，其中4项获得授权；获得28项软件著作权。知识产权具体情况见表3-20。

表 3-20　　知识产权具体情况

专利
电价评估仿真方法及系统（已授权）
获取电力需求的预警参数的方法及装置（已授权）
一种特高压交流电网节点输电价的计算方法及装置（已授权）
一种电力系统发电侧资源配置优化方法（已授权）
基于交直流混合潮流计算的跨省区输电费传导方法及系统
一种电力系统备用需求的预测方法及装置
一种按电压等级及用户类别输配电价的预测方法
基于区块链的分布式能源费用结算系统和方法
一种基于改进粒子群算法的供电套餐的优化方法
一种基于有效市场理论的保障性用户电价设计方法
一种电网公司工程项目投资预测方法
一种基于 K-means 聚类的电力居民用户分类方法
一种电网企业成本先进性评估的方法及系统
一种基于电力需求预测的国际电网投入决策方法
一种基于直接分摊的输配电成本归集和分摊方法

续表

专利
综合能源系统能量模拟与优化调度方法、系统及设备
一种工商业用户零售电价套餐的量化方法和系统
一种考虑用户需求响应的电价套餐成本风险测度方法及计算设备
抽水蓄能电站报价报量确定方法、系统及装置
一种抽水蓄能参与电能量现货市场竞价的优化方法
一种综合能源服务价格体系适应性评价方法及计算设备
基于健康状态的企业财务评价管理方法、系统、设备及存储介质
一种新能源利用成本评估方法
电力线损累计计算系统及方法
软件著作权
财税风险预警监控信息系统 V1.0
财务共享服务信息系统 V1.0
基于粒子群-梯度下降混合神经网络的上网电价预测软件 V1.0
信息反映应用工具软件 V1.0
数据治理工具软件 V1.0
企业一体化财力评价模型软件
光伏结算协同系统 V1.0
配电网投资管控优化的信息系统 V1.0
辅助服务供应商市场模拟决策支持系统
电力企业税负模拟分析系统 V1.0
电力企业税负管控系统 V1.0
天然气发电成本预测软件 V1.0
能源电力比价分析软件（iOS 版）
能源电力比价分析软件（安卓版）
天然气发电价格决策软件 V1.0
配网投资收益测算系统 V1.0
金融政策对宏观经济影响模拟仿真系统平台 V17.0
考虑负荷特性的用户用电行为分析平台
利率趋势和波动性量化分析模拟系统 V1.0
汇率趋势和波动性量化分析模拟系统 V1.0
配网投资经济效益评价及算例分析管理系统 V1.0
分布式结算系统 V1.0
分布式物资协同应用系统 V1.0

续表

软件著作权
中央企业监督检查统一信息平台
分电压等级输配电成本归集分摊和交叉补贴测算模拟系统 V2.0
基于不同监管方式的输配电定价模拟系统 V2.0
综合能源系统优化调度仿真分析软件 V1.0
综合能源服务利润最优决策支撑系统 V1.0

（三）其他

财审所以支撑国家电网公司改革和发展为引领，高度重视专业创新团队建设，为科研专业能力提升和人才培养营造了良好的成长环境。2017 年，组建国家电网公司能源电力价格理论与预测技术科技攻关团队，多年来依托该团队解决了我国电价改革和电网高质量发展关键问题，取得数十项技术创新成果。2021 年，成立李成仁劳模创新工作室，借助团队专业优势，通过研究成果展示、学习园地交流等活动，激励科研创新和管理创新，提升创新能力和活力，形成了多项重要创新成果。2018 年 1 月，国网能源院命名成立财务与投融资创新研究团队，加强电网财务与投融资理论创新研究，深化跨专业协作，提高了财务战略研究与投融资决策支撑水平。

财审所培养了多名专家型管理人才。财审所原所长李英，曾任国网能源院副院长，是美国康奈尔大学访问学者、中央统战部党外知识分子建言献策专家组工业组成员、中国价格协会专家咨询委员会委员、国家发展改革委电价改革小组成员；原所长郑厚清，现任国网能源院副总工程师，为国家电网公司优秀专家人才、国家电网公司应急管理专家、中国价格协会能源和供水分会理事、中国成本研究会理事、首都经贸大学兼职硕士生导师；现任所长李成仁获得国家电网公司劳动模范荣誉称号，是国家电网公司优秀专家人才、中国价格协会能源和供水分会专家；原副所长王学亮，获得国家电网公司优秀共产党员、国家电网公司杰出青年岗位能手荣誉称号；现任副所长王琳璘获得国家电网公司科技工作先进个人、信息工作先进个人荣誉称号；现任主任经济师尤培培获得国家电网公司工作先进个人等荣誉称号；现任财审室主任李有华为国家电网公司财务审计专业领军人才和优秀专家人才；财审所集体获得国家电网公司“电网先锋党支部”荣誉称号。财审所致力于专业领域的深化研究和自身建设，形成了一支专业素质过强的科研团队，力求成为国家电网公司财务、电价和金融研究领域的中坚力量。

第九节　能源数字经济研究所

能源数字经济研究所（简称“数字所”）成立于 2019 年 7 月 10 日，其前身为响应国家高端人才引进政策于2012年设立的能源决策支持技术研发中心。多年来，数字所在决策支撑技术研发、数字化转型、数据管理与数据治理、电力大数据应用、企业品牌建设、城市和农村能源等领域持续深耕，取得了一批广受好评的研究成果，为国家电网公司、能源电力行业和相关政府部门开展决策分析提供了重要支撑，业务水平得到了国家电网公司系统内外单位的一致认可，社会影响力稳步提升，多项人均指标处于全院领先水平。

一、历史沿革

根据国家电网公司关于《引进海外高层次人才工作和生活待遇实施意见》有关精神，国家电网公司积极响应国家高端人才引进政策，国网能源院设立能源决策支持技术研发中心（简称“研发中心”）。主要职责为：负责清洁能源发展战略决策支持和智能电网战略实施决策支持领域的关键技术研发和应用研究；负责建设“清洁能源发展战略决策支持系统”“智能电网战略实施决策支持系统”两个系统；负责建设“清洁能源和智能电网信息平台”“清洁能源和智能电网国际交流平台”两个平台；完成领导交办的其他事项。

2017年，为积极响应国家大数据发展战略，以及根据业务发展需要，研发中心对部门进行了重新定位，并相应调整了部门的主要职责。变更后的主要职责为：负责数据管理前沿理论研究与大数据应用管理研究；负责运营监测管理体制建设研究；负责清洁能源发展战略决策支持和智能电网战略实施决策支持研究与应用；承担城市能源相关政策研究；承担国家电网公司生态系统和品牌建设相关领域研究；完成领导交办的其他事项。

2018年，为更好地发挥对国家电网公司总部的决策支撑作用，并根据业务发展的实际需要，研发中心对部门职责进行了细化和完善。调整后的主要职责为：负责企业数据管理前沿理论研究；负责数字化企业运营实践经验研究；负责国家电网公司数据管理顶层设计、大数据及人工智能相关应用研究；负责企业与能源运营监测业务的理论及实践研究；承担电能替代及清洁取暖相关咨询研究；承担国家电网公司生态系统和品牌建设相关领域研究；参与城市能源理论、规划及实践方案研究；完成领导交办的其他事项。研发中心设立2个研究室，分别是数据管理创新研究室（简称“数据室”）和能源运营监测研究室（简称“运监室”）。其中，数据室的主要职责为：负责企业数据管理前沿理论研究；负责数字化企业运营实践经验研究；负责国家电网公司数据管理顶层设计和全生命周期相关环节策略研究；负责国家电网公司大数据及人工智能相关应用研究；完成领导交办的其他事项。运监室的主要职责为：负责企业与能源运营监测业务的理论及实践研究；承担电能替代及清洁取暖相关咨询研究；负责国家电网公司品牌建设研究，以及国内外媒体相关热点报道的分析研判；参与城市综合能源系统理论、规划及实践方案研究；完成领导交办的其他事项。

2019 年，为顺应能源革命和数字革命加快融合发展的趋势，更好地支撑国家电网公司推进“三型两网、世界一流”新时代发展战略，研发中心更名为“能源数字经济研究所”。数字所的主要职责为：负责企业与能源数据管理领域前沿理论和先进技术研究；负责企业数字化战略与顶层设计研究；负责数据增值与大数据应用理论与方法研究；负责企业品牌策划和全媒体大数据分析方法与应用研究；完成领导交办的其他事项。下设的 2 个研究室分别变更为数据创新研究室（简称“数据创新室”）和能源数字应用研究室（简称“数字应用室”）。其中，数据创新室的主要职责为：负责企业数据管理领域前沿理论和先进技术研究；负责国家电网公司数据资产管理与数据价值开发顶层设计及新模式、新方法、新业态研究；负责大数据、人工智能、区块链、知识图谱等数据技术开发咨询；完成领导交付的其他事项。数字应用室的主要职责为：负责数据变现与数据增值理论和方法研究；负责企业与能源大数据应用技术开发咨询；负责企业品牌建设理论、方法研究及全媒体大数据分析；负责城市与农村数字能源系统理论、规划及实践研究；完成领导交办的其他事项。

数字所在历任领导的带领下不断发展壮大。2012 年 4 月 13 日，国际智能电网领域知名学者赖来利被聘任为研发中心主任。2016 年 1 月 26 日，免去赖来利的研发中心主任职务；3 月 16 日，聘任郑厚清为研发中心主任。2017 年 3 月 23 日，聘任郑厚清为国网能源院副总工程师兼研发中心主任；聘任孙强为研发中心主任工程师；6 月 9 日，免去孙强的研发中心主任工程师职务；8 月 17 日，聘任贾德香为研发中心主任工程师。2018 年 12 月 3 日，聘任孙艺新为研发中心主任工程师。2019 年 9 月 2 日，聘任郑厚清为国网能源院副总工程师兼数字所所长；聘任贾德香为数字所主任工程师兼数字应用室主任；聘任孙艺新为数字所主任工程师兼数据创新室主任。2020 年 5 月 25 日，聘任孙艺新为数字所副所长。不同时期数字所的名称和领导人员见表 3-21 和表 3-22。

表 3-21　　不同时期数字所的名称

归属单位（时期）	国网能源院	
时间	2012—2019 年	2019 年起
名称	能源决策支持技术研发中心	能源数字经济研究所

表 3-22　　不同时期数字所的领导人员

时间	2012—2016 年	2016—2019 年	2020 年起
所长（主任）	赖来利	郑厚清	郑厚清
副所长			孙艺新

二、业务发展

（一）数据创新研究

1. 数字化转型理论与方法研究

数字所在数字化转型理论与方法研究方面投入大量的科研力量，深度参与国家电网公司数字化转型的顶层设计，有效支撑国家电网公司和政府部门开展分析决策工作。

2018 年，完成国家电网公司重大战略课题“数字化支撑公司管理变革和转型升级研究”，为国家电网公司把握数字化机遇、挖掘数字资产价值、运用数字化促进管理变革、推动转型升级提供全景蓝图与决策实施参考。

2019 年，深度参与国家电网公司“十四五”规划研究，牵头国家电网公司“十四五”数字化转型专题研究。综合利用大数据、人工智能、区块链、5G、融媒体等新技术，开展电力数据征信、数据增值服务、品牌价值评估、区块链保险应用落地、数字生态建设等新业务、新业态创新研究与应用，报告获得国家电网公司主要领导高度肯定。

2020 年，牵头支撑国家电网公司互联网部开展“公司数字化转型战略纲要”“‘十四五’数字化规划”“‘十四五’数字化转型重大问题研究”等项目。应国务院国资委、国家电网公司互联网部要求，配合支撑国家电网公司总部开展能源互联网技术框架、2021 年决策支持组八大领域关键技术研究，与互联网部一起开展电力大数据征信业务商业模式及应用落地研究，牵头编写《公司数字化转型指数》《区块链评估方案》；承接国家电网公司区块链技术研究与试点应用 2020 年工作方案等多项工作。承接国务院国资委“一把手谈数字化转型”主题文章编写工作；牵头负责的国有企业数字化转型研究课题，在国务院国资委组办的中央企业数字化转型峰会上获得“优秀课题”荣誉。

2021 年，支撑国家电网公司互联网部完成数字化发展指数构建研究，成果被互联网部采纳，相关指数计算结果纳入国家电网公司“两会”董事长讲话文件；支撑国家电网公司互联网部开展数字化规划评审、数字化战略纲要宣贯等工作，相关成果纳入国家电网公司领导在数字中国建设峰会、世界智能大会的发言材料；牵头编制数字化支撑新型电力系统设计框架，承接互联网部数字化促进“双碳”发展支撑体系框架设计、数字经济平台建设方案、基层互联网工作动态总结等多项工作。参与国务院国资委揭榜挂帅项目“国有企业数字化转型路径研究”，中标国务院国资委科技创新局项目“国有企业数字化转型企业试点研究服务”；支撑国务院国资委编制《国有企业数字化转型三年行动计划》，成果向各地方国资委及中央企业发布。

自 2018 年以来，连续四年编写《国内外能源电力企业数字化转型分析报告》，提升了数字所在数字化转型研究领域的影响力。

2. 数据管理、数据治理理论与技术研究

自 2016 年起，数字所（及其前身）开始对国家电网公司运营监测业务提供全方位

决策支撑，相关工作涉及数据管理、数据治理、运营监测业务体系等方面的理论与方法研究、模型设计、平台开发。

2016 年，为了全面支撑国家电网公司运营监测业务发展，根据运营监测中心要求，开展“运营监测（控）工作创新发展研究”工作，全面评估运营监测中心的业务现状，并提出运营监测业务下一步发展的任务措施、发展规划和保障机制，为国家电网公司运营监测业务发展提供纲领性指导，获得运营监测中心领导高度评价；协助运营监测中心拟定《公司数据管理办法》，落实运营监测中心的数据管理职责。

2017 年，高质量完成国家电网公司信息化项目“运营监测（控）离线研究分析平台研发”的研发和实施工作。项目验收专家对该项目在系统运行、材料完备性、项目规范性以及功能模块有效拓展专业部门研究工作的深度、广度和准确度等方面取得的工作成果给予积极评价。承担国家电网公司运营监测中心重大项目“公司数据化转型战略研究”“公司业务数据体系研究”等，配合开展国家电网公司主营业务体系梳理工作、运营监测中心专题监测的选题和设计工作等。

2018 年，承担了国家电网公司运营监测专业提升方案、“一六八”运营监测子战略提升方案在内的大量顶层设计、具体方案设计工作，开展包括外部视角分析、战略运营地图分析、营商环境监测、95598 监测、光伏扶贫监测等在内的多项专题监测与分析工作。同时，牵头开展运营质量评价等重点工作，构建包含战略目标评价、运营能力评价和企业价值评价的国家电网公司三级运营评价体系，为运营监测中心未来两年的重大分析专题提供技术支持。

2019 年，国家电网公司科技项目“公司运营监测数据挖掘工具库研究与应用”高分通过验收。依托课题研发的数据检核评估、数据清洗等专项工具在国家电网公司客户服务中心部署试用，可有效改善数据质量、简化人员工作量，试用取得积极效果；同时，基于课题成果形成电网大数据分析模型评价准则，分别在国网上海市电力公司和国网冀北电力有限公司试点应用，可有效提升数据发掘、数据资产价值及精益化管理水平。国家电网公司科技项目“基于自关联架构的电网企业智能监测关键技术研究”验收通过并获得好评。项目组针对电网企业智能监测关键技术架构、适用于电网企业智能监测的自关联挖掘技术、自关联架构技术等关键技术开展研究，形成了涵盖 11 个主题、12 个组合分析、80 个分析视角的常态监测体系，项目研究成果在国网辽宁省电力有限公司、国网浙江省电力有限公司落地应用，有效提升了省公司数据资产治理管理体系，促进了企业管理决策的数据化转变。国家电网公司科技项目“基于公司运监业务的数据融合关键实施路径及应用研究”落地成效显著。项目组对国家电网公司业务体系、数据融合实施路径、关键技术和落地方案开展研究，研究成果在国网浙江省电力有限公司衢州供电公司开展配电网建设项目态势智能感知场景落地实践，对跨专业、跨部门的 30 余个关键环节、40 余张工作表、200 余个数据点进行深度融合，总结出 27 张数据表中的 51 个能体现配电网项目管理状态的业务字段，对配电网项目工程进度、资金成本和物资供应三个维度的及时性、合规性进行了在线监测和动态展示，实现了配电网项目信息全维度收集、项目全过程追踪和数据全方位共享。

2020 年，开展企业数据管理领域前沿理论和先进技术研究；开展国家电网公司数据资产管理与数据价值开发顶层设计及新模式、新方法、新业态研究；承接国家电网公司运营监测大厅展示指标设计方案。

2021 年，开展电力数据要素市场关键问题研究，《中国数据要素市场发展报告（2020—2021）分析及对公司的启示建议》专报获得国家电网公司领导批示；在国家电网公司互联网部组织下，牵头多家省公司开展数据权属、数据资产定价和政企合作模式专项研究；支撑开展《公司大数据应用管理办法》编制、国家电网公司总部大屏展示优化方案、国家电网公司数据分析服务目录建设等研究。

3. 电力数据应用研究

数字所（及其前身）在电力数据变现与数据增值理论与方法、能源电力大数据应用等方面进行了深入研究，报送数据类内参、专报 20 余篇，其中《从电力大数据看前三季度经济运行的态势、问题以及未来走势》《从电力数据看脱贫县脱贫成果的巩固》等专报同时报送中共中央办公厅、国务院办公厅等，多次获得国家电网公司领导的批示肯定。

2017 年，完成管理咨询项目“服务地方经济发展状况评估的电力大数据应用策略研究”。

2018 年，牵头国家电网公司大数据顶层设计工作，组织编写《公司大数据应用发展规划》，参与《公司大数据应用项目评价》和《公司大数据白皮书》编写、《公司数据超市建设运营方案》编制、《公司数据分析服务目录建设方案》设计等工作。

2019 年，开展战略课题“电力数据资源开发利用和价值挖掘深化研究”，研究成果得到国家电网公司领导充分肯定，依托课题成果形成《实施“绿电 15 日”打造清洁能源“青海样本”》专报并获得国务院国资委肯定，为政府决策提供重要信息支撑；同时，课题关于中台建设、数字生态圈建设的研究成果编入国家电网公司《泛在电力物联网白皮书 2019》。

2020 年，牵头承担国家电网公司级电力看经济大数据应用工作，在长三角一体化、中部崛起等区域经济协同发展方面贡献价值，在夜经济、新经济领域开展新趋势分析研判；承担《公司电力大数据应用行动方案》编制，配合国家电网公司完成对“电力大数据优秀应用创新成果”评选的再遴选工作。

2021 年，牵头承担电力看宏观经济、电力看区域经济大数据应用研究工作，形成一系列电力大数据应用专报成果，支撑国家电网公司开展三期季度优秀大数据成果评选及成效评价工作，第一、二季度优秀成果呈报件分别获得国家电网公司主要领导批示。

（二）能源数字应用研究

1．品牌文化与社会责任理论与方法研究

数字所（及其前身）在品牌建设、企业文化、社会责任、新闻传播、舆情动态等领域开展了系统、深入的理论和方法研究，为国家电网公司党组宣传部（对外联络部）及中宣部、国务院国资委等开展工作提供重要支撑。

2017 年，完成战略课题“公司生态系统和品牌建设深化研究”，针对生态系统建设和品牌价值提升等方面提出的建议得到国家电网公司领导肯定，并应用于相关专业部门；支撑国家电网公司党组宣传部编制《2017 社会责任报告》。

2018 年，管理咨询项目“‘一带一路’背景下公司国际化传播战略研究”完成验收，并获得验收专家好评。承担了定期分析国家电网公司新闻宣传情况、研判社会舆论对国家电网公司关注热点、参与修订《公司新闻发布工作管理办法》、筹备创建国家电网公司品牌实验室、编制中宣部组织的百企调研报告、参与国务院国资委中央电网企业品牌建设战略研究、参与组织国务院国资委“中央企业一流品牌创建工程”、配合组织筹备国务院国资委主办的第二届中国企业改革发展论坛分论坛和国家电网公司季度新闻发布会、支撑编制国家电网公司《2018 社会责任报告》等多项重点任务。

2019 年，响应新中国成立 70 周年及国家电网公司党组决策安排，牵头承担国家电网公司党组部署重点任务“电力精神”研究工作。课题组前往中国航天科技集团有限公司、中国石油天然气集团有限公司、中国电力企业联合会等单位开展多次调研和集中研讨工作，全面收集新中国成立以来电力工业发展的历史资料，广泛发动国家电网公司系统内 2000 余名干部员工，征集电力精神表述语，形成电力精神内涵、电力工业经典故事、表述语推荐方案、宣传片、理论支撑等系列成果。电力精神内涵分析及推荐方案获国家电网公司党组高度认可，并在国家电网公司系统内部进行推广应用。开展管理咨询项目“公司品牌国际对标研究”，结合国家电网公司品牌形象的社会认知情况开展国内外调研，统计并评估国家电网公司当前所有类型品牌建设情况，提出国家电网公司品牌发展框架及重点任务，构建国家电网公司复合式品牌架构体系与子品牌贡献度评估体系运算模型，为完善国家电网公司品牌建设指导意见提供支撑。依托课题研究成果形成《联合国贸易与发展世界投资报告 2019》专报，扩大国家电网公司国际影响力。主导编写《公司品牌发展专项规划（2019—2021）》。配合参与国务院国资委世界一流品牌典型案例以及中央企业品牌故事大赛等活动，配合国家电网公司开展外宣等系列工作，支撑编制国家电网公司《2019 社会责任报告》，配合编制《公司总部海外社交媒体账号工作方案（2019）》《公司 2019 年外宣工作要点》等文件以及筹备外宣月度策划例会。

2020 年，参与国家电网公司党组宣传部品牌“十四五”规划研究，撰写国家电网公司冬奥传播与品牌推广规划，配合编写国家电网公司《2020 社会责任报告》、品牌月报、海外抗击新冠肺炎疫情宣传等材料。

2021 年，完善国家电网公司品牌“十四五”专项规划，参与编写国家电网公司品牌建设典型案例，被评为国务院国资委中央企业品牌建设最佳案例。该研究所提出的央企外宣规律及央企外宣体系评估模型相关研究成果被国家电网公司党组宣传部采纳，在中宣部调研国家电网公司国际传播工作、国务院国资委组织召开的央企外宣研究成果交流会上得到交流汇报。支撑国家电网公司舆情工作相关制度文件制定，完善国家电网公司舆情应急工作管理办法与国家电网公司舆情应急预案，支撑编制国家电网公司《2021 社会责任报告》。

2022 年，完成战略课题“国有特大型电网企业在党和国家事业中价值作用、实现途径及话语体系构建研究”，承担国家电网公司科技项目“适应‘一体四翼’布局的公司品牌影响力评估与监测关键技术研究及应用”。承担管理咨询项目“公司公益项目品牌影响力要素及生成路径研究”和“全媒体时代中央企业新闻应急机制研究”，为国家电网公司制定公益品牌发展战略、强化舆情风险防范等工作提供决策支撑。支撑党组宣传部编写国家电网公司对外文化推广工作情况总结报告和国家电网公司《2022 社会责任报告》，围绕国家电网公司品牌传播创新编写国家电网公司宣传工作国企改革行动实践典型案例等。

2. 数字能源系统理论、规划及实践研究

数字所（及其前身）在数字能源系统理论、规划及实践等方面开展了扎实研究，相关成果支撑国家电网公司市场营销部、物资管理部等总部部门，以及国家能源局等政府部门。

2017 年，完成管理咨询项目“全球能源互联网发展情景下的城市能源管理研究”。支撑国家能源局开展“北方清洁取暖‘煤改气’经济性、环境性比较研究”。支持苏州分院建设工作，协助完成“新城城市能源系统支撑雄安新区建设”“国网雄安新区电网规划工作”等研究工作。

2018 年，编制国家电网公司科技项目“‘全能型’乡镇供电所数据集成模型优化研究”。围绕涉及全能型乡镇供电所的业务融合方法、资源优化配置、数据融合集成、系统功能应用等重点内容进行深入研究，为国家电网公司推进“全能型”乡镇供电所建设提供理论指导。

2019 年，编写营销“十四五”规划报告大纲，研究终端能源市场开拓方案和自备电厂清洁替代方案，指导各省公司编制本省自备电厂清洁替代方案等。

2020 年，编写市场营销部组织的科技项目指南《终端能源市场开拓快速预测、政策模拟、商业模式设计》；牵头国家电网公司重大攻关方向“公司终端电能消费拓展与柔性互动框架下电能消费拓展市场机制研究”，是国网能源院当年牵头的唯一攻关项目。

2021 年，承担市场营销部的框架类科技项目三项，其中牵头一项，参与两项。研究市场营销部终端能源市场开拓方案和自备电厂清洁替代方案，研究能源电商、电动汽车

新业务拓展方案和商业模式。完成一项能源电商领域科技项目验收。

2022 年，支撑市场营销部开展省级智慧能源平台建设推进工作；参与研讨国家电网公司项目“基于绿色国网-省级智慧能源服务平台融合的用户侧智慧能源服务技术研究及示范应用”等。

三、代表性成果

数字所成立至 2022 年 7 月，累计承担各类科研任务 714 项；累计发表内参、专报 104 余篇；发表论文、文章 237 余篇；申请专利 29 项，其中 8 项已获授权；获软件著作权 13 项；获得各类奖励 277 项，其中省部级奖励 10 项，公司级奖励 31 项，国网能源院级奖励 178 项。

（一）主要项目

数字所围绕数字化转型、数据管理与数据治理、电力数据应用、品牌建设等重点领域开展了一系列理论创新和方法攻关，研究成果屡次获得国家电网公司系统内外的各级、各类奖项，人均合同额连续多年位居全院第一。

数字化转型方面。2019 年，作为核心成员负责完成的“链无忧——基于区块链技术的故障停电险”研究，成果获得国家电网公司第五届青年创意大赛金奖。

数据管理、数据治理方面。2019 年，“输配电价改革背景下公司经营优化模型及风险管控关键技术与应用”和“企业运营监测多维量化分析关键技术及应用”均获国家电网公司科学技术进步奖三等奖。2020 年，“基于区块链和大数据的电网企业运营多维分析关键技术及应用”2 项成果分获福建省、上海市科学技术进步奖三等奖，成为 2019 年和 2020 年国网能源院内唯一所获省部级奖项；“基于公司新战略和自关联的智能运营分析与回溯关键技术与应用研究”2 项成果分获 2020 年度国家电网公司科学技术进步奖二等奖、三等奖。2021 年，“面向公司战略的综合业务支撑平台构建关键技术与应用”和“公司数据融合与大数据智能分析关键技术及应用”分获国家电网公司科学技术进步奖二等奖、三等奖。

电力大数据应用方面。2021 年，作为主要完成单位“面向大型能源互联网企业转型升级的大数据应用体系研究及实践”“数字时代下电力央企大数据平台与分析挖掘关键技术及应用”两个项目，研究成果分获 2021 年度中国电力企业联合会电力创新奖一等奖、二等奖；“公司大数据应用体系研究与应用”获 2020 年度国家电网公司管理创新成果奖一等奖。

品牌建设方面。2019 年，牵头完成的“‘一带一路’背景下公司国际传播战略及评估应用”获中国电力企业联合会电力创新奖二等奖。2021 年，“基于国际对标的世界一流品牌战略路径及评估体系研究应用”获中国能源研究会能源创新奖（管理创新）二等奖，“多维度视角下的央企外宣规律研究及公司外宣体系设计与评估应用”获国家电网公司软科学成果奖三等奖。

城市与农村能源方面。2020 年，“新形势下公司变电运维管理模式优化研究与应用”获中国电力企业联合会电力创新奖一等奖和国家电网公司管理创新成果奖三等奖，“基于现代设备管理体系的集中监控模式和智慧变电站设计与应用研究”获国家电网公司软科学成果奖二等奖。

其他方面。2019 年，“输配电价改革下电网公司产出预测及财务风险管控和模拟技术与应用”获福建省科学技术进步奖三等奖；“基于统一身份编码的企业实物资产管理模式研究及深化应用”获中国设备管理协会全国电力行业设备管理与技术创新成果奖一等奖。2021 年，“新发展阶段下公司战略深化实施若干重大问题研究”获国家电网公司软科学成果奖一等奖。

（二）知识产权

数字所自成立以来，共申请专利 29 项，其中 8 项已获授权；获得软件著作权 13 项。知识产权具体情况见表 3-23。

表 3-23　　知识产权具体情况

专利
电力需求响应交易补贴计算方法、系统及装置
一种基于博弈的电力征信定价方法
一种基于顾客效用的电力数据征信产品定价方法
面向成本关联抗效益偏差神经网络的高效训练方法及装置（已授权）
一种构建元数据标签库的方法及装置
一种无线能量驱动传输方法及装置（已授权）
一种基于同构多链系统的交易方法、系统及存储介质
一种公司形象提升系统的数据监测分析系统
一种公司形象提升系统的用户情感分析和预判系统
一种公司形象提升系统的社交网络数据提取方法及系统
一种公司形象提升系统的社会网络模型构建模块
一种公司形象提升系统的数据关联匹配系统
一种基于社交媒体大数据的公司形象提升系统架构
一种基于电力供需指数的电网项目库排序方法
一种省级低碳能源规划的分析方法
一种煤改电布局的优化方法
一种基于电力供需指数评价的电网规划库优选排序方法
一种终端能源消耗量预测方法及装置
一种无线能量驱动传输方法及装置（已授权）

续表

专利
企业运营分析预警系统的预警分析方法（已授权）
一种电网数据文件存储方法、装置、电子设备
一种电网数据交易方法、系统
一种基于区块链的数据资产价值评估装置方法、装置
一种基于区块链的数据资产可信度评估方法、装置
一种能源电力运营评价指标的筛选方法及装置
电价评估仿真方法及系统（已授权）
一种用于评估配电网接纳分布式光伏能力的方法（已授权）
基于电力系统与通信系统联合模拟的同步控制方法及装置（已授权）
基于电力系统与通信系统联合模拟的步长调节方法及装置（已授权）
软件著作权
一种能源电力企业运营能力评价原型系统
一种企业运营评价体系模型系统
基于区块链的电网公司数据资产管理系统
区块链大数据可视化分析服务管理平台
区块链商业应用案例库系统 V1.0
基于情感分析及分词的文本可视化系统 V1.0
用户重要性及关联挖掘系统 V1.0
可信度视角下的项目管理数据价值挖掘系统 V1.0
数据资产化运营视角下的政策数据知识图谱分析系统 V1.0
数据资产化运营视角下的主题文本价值挖掘大数据分析系统 V1.0
基于大气污染防治和能源价格影响的煤改电优化布局模型软件 V1.0
基于碳减排的省级能源规划辅助软件
一种分布式光伏出力数据综合清洗软件 V1.0

（三）其他

数字所赶上了“能源革命”和“数字革命”融合发展的历史大势，部门各项业务发展迅速，成效显著，整体研究水平得到了国家电网公司系统内外的一致认可，影响力稳步提升，多项人均指标已处于全院领先水平。

内参、专报发表方面。发表内参、专报数量屡创新高，多项成果获国家电网公司领导批示。编写研究专报《电力数据看农业产业链发展分析》和《中国数据要素市场发展报告（2020—2021）分析及对公司的启示建议》，获得国家电网公司领导批示；参与编写研究专报《关于公司全要素发力关键问题研究及对公司建议的汇报》《关于数据中心发展趋势及对公司影响分析分析的汇报》，获得国家电网公司主要领导圈阅等。

论坛举办方面。以数字所为主办部门，持续发展壮大“能源数字经济论坛”品牌。自 2019 年 7 月—2022 年 7 月，成功主办 14 期“能源数字经济论坛”，就能源数字经济理论与认识、能源数据应用、人工智能、复杂网络、国网新能源云等内容与各方开展深度研讨，近 1000 人次参与，发布创新性成果 20 余项；与国务院发展研究中心、国家发展改革委宏观经济研究院、中国信息通信研究院等 20 余个系统外单位建立合作交流机制，研究生态体系不断壮大，取得良好社会效果。

实验室建设方面。成立国内能源电力行业首个企业集团级的品牌实验室，致力于打造国家电网公司品牌建设理论研究和实践创新平台、品牌资产管理与价值评价中心、人才交流培养平台和成果展示重要基地。与国网浙江省电力有限公司、全球能源互联网研究院有限公司、国网（苏州）城市能源研究院有限责任公司、天云融创数据科技（北京）有限公司等单位联合组建数据智能分析实验室，以共建共创促合作共赢，向数字技术应用拓展和数字产业孵化迈出坚实步伐。建设“能源数字经济创新实验室”，依托平台开展大数据征信、数据关联分析，区块链技术等多项研究与应用。

标准制定方面。编写《分布式可再生能源发电运营监测指标》，进一步提升了国网能源院作为智库的行业影响力。

专著撰写方面。围绕主要业务领域相继出版了多部专著，包括《国内外能源电力企业数字化转型分析报告》《能源数字化转型白皮书》《电力企业资产全寿命周期管理体系建设与评价》等。

人才队伍建设方面。数字所自成立以来逐渐形成了一支专业素质过硬的科研团队，2 人获得国家电网公司专业领军人才荣誉称号，3 人获得优秀专家人才荣誉称号，多名员工获得劳动模范、优秀科研项目负责人、优秀青年岗位能手、研究咨询先进个人、先进工作者、优秀课题负责人、优秀共产党员等荣誉称号。

展望未来。数字经济在我国整体经济中的比重预计很快将超过一半，以数字经济作为业务“基石”的数字所将坚持开拓创新，锐意进取，不断为国家电网公司、行业和政府部门的发展贡献智慧和力量，前途似锦。

第四章

特色发展

第一节 《中国电力》杂志社

《中国电力》杂志社主要负责《中国电力》期刊的策划、编辑、出版、发行等业务。《中国电力》创刊于1956年，现由国家电网有限公司主管，国网能源研究院有限公司、中国电机工程学会、国网智能电网研究院有限公司主办。《中国电力》是中文核心期刊、中国科技核心期刊、中国科学引文数据库核心（CSCD-C）期刊和武汉大学中国科学评价研究中心（RCCSE）中国核心学术期刊（A），获第三届国家期刊奖，被评为中国期刊方阵“双效”期刊，被DOAJ国际数据库、英国《科学文摘》（SAINSPEC）、俄罗斯《文摘杂志》（AJ of VINITI）、美国《剑桥科学文摘》（CSA）收录，是中国科技论文统计源期刊、中国科技文献数据库收录期刊、中文科技期刊数据库收录期刊、中国期刊网收录期刊、中国电力报刊协会优秀期刊。

一、历史沿革

1956年，《中国电力》的前身《电业技术通讯》由《人民电业》分出创刊。

1959年，《电业技术通讯》更名为《电力技术》。1966年7月—1978年6月，《电力技术》停刊。

1978年7月，《电力技术》复刊。

1990年12月14日，《电力技术》编委会正式成立并在北京召开了第一次会议，能源部副部长史大桢担任主任委员，陆延昌、都兴有、王建忠、孙嘉平担任副主任委员。

1992年9月22日，为了适应电力工业改革开放形势的需要，经编委会研究审议、能源部批准，自1993年第1期起，《电力技术》正式更名为《中国电力》。

1993—2012年，《中国电力》的主办单位历经电力部科学技术情报研究所、中国电力信息中心、国电信息中心、国网信息通信公司、中国电力科学研究院。

2012年4月，按照国家电网公司党组决策部署和进一步推进国家电网公司宣传资源优化整合工作的目标要求，以科研单位为依托，为集中力量，将期刊办好办优，突出专业特色，将国网能源院调整为《中国电力》第一主办单位。

为进一步集聚主办单位的科研实力与办刊资源，促进《中国电力》更好发展，2018年1月《中国电力》启动增加全球能源互联网研究院有限公司作为第三主办单位，推选汤广福院士为《中国电力》主编；2018年5月，国家电网公司批复同意增加第三主办单位；2019年6月，通过国家新闻出版署的变更批复。目前《中国电力》由国家电网有限公司主管，国网能源研究院有限公司、中国电机工程学会、国网智能电网研究院有限公司主办。

2012年以来，胡兆光（2012年7月—2015年8月）、白建华（2015年9月—2016

年3月)、邱忠涛（2016年4月—2017年6月)、王耀华（2017年7月—2021年8月)、单葆国（2021年9月起）等国网能源院领导曾分别兼任《中国电力》主编。

自2019年1月开始，《中国电力》实行双主编，分别为：汤广福（全球能源互联网研究院有限公司)、王耀华（国网能源院)；副主编：康重庆（清华大学电机工程与应用电子技术系)、朱法华（国家能源集团科学技术研究院有限公司)、李琼（常务副社长)。自2020年1月开始，《中国电力》杂志主编：汤广福（全球能源互联网研究院有限公司)、王耀华（国网能源院)；副主编：康重庆（清华大学电机工程与应用电子技术系)、朱法华（国家能源集团科学技术研究院有限公司)、方彤（常务副社长)、李琼。自2021年9月开始，《中国电力》杂志主编：汤广福（全球能源互联网研究院有限公司)、单葆国（国网能源院)；副主编：康重庆（清华大学电机工程与应用电子技术系)、朱法华（国家能源集团科学技术研究院有限公司)、方彤（常务副社长)、李琼。

二、期刊定位与栏目设置

《中国电力》作为历史悠久的电力行业核心科技期刊，一直秉承“百花齐放，百家争鸣”的方针，面向能源电力行业，注重理论的超前研究和技术的创新应用，重点报道和展示发电、输电、配电、用电等领域理论研究和技术应用的先进成果，致力于搭建国内外广大专家学者的交流平台，分享和传播能源电力前沿研究成果，为政府电力主管部门、电网企业、发电企业、科研单位、高等院校等提供服务。

《中国电力》着眼于反映整个电力行业的动态、变革和前沿科技，贴近生产一线，注重科技推广，突出理论研究与实际应用的结合，准确报道电力工业取得的新成就、新进展。在《中国电力》的发展历程中，排版印刷方式、选题内容、栏目设置持续调整和改进。2000年，《中国电力》由黑白印刷改为全彩色印刷。《中国电力》在继承和保留《电力技术》原有特色的基础上，以“发电技术、输配电、电力系统、电力自动化、环境保护”等栏目为主，以“讨论与建议、经验交流、新产品新技术”等栏目为辅，同时紧密结合电力工业的发展形势，陆续增设了“电力信息化、新能源、智能电网、电力与经济”等栏目。2011年，《中国电力》对栏目进行了调整，常设“发电、电网、新能源、信息与通信、节能与环保、电力经济”等栏目。2012年，《中国电力》与《能源技术经济》合并办刊后，为发挥两刊各自优势，保留《中国电力》“发电、电网、新能源、信息与通信、节能与环保”栏目，增设“电力规划”，并将“电力经济”调整为“技术经济”。

多年来，《中国电力》得到了上级主管部门、主办单位、高校和科研院所的大力支持。国家电网公司刘振亚、舒印彪等领导，卢强、韩英铎、韩祯祥、郑健超、陈维江、郭剑波、黄其励、余贻鑫、刘吉臻、王锡凡、杜祥琬、岳光溪、汤广福、王成山、饶宏等院士，国网能源院张运洲、王耀华、单葆国等领导，相关高校和科研院所的曾嵘、康重庆、夏清、朱法华、王伟胜等专家学者在不同时期就特高压输电、智能电网、电力可靠性、电力市场、柔性直流输电、能源互联网、节能减排、低碳转型、风力发电等撰写了文章，对提升《中国电力》的影响力发挥了积极作用。1999—2022年《中国电力》刊发部分重点文章详见表4-1。

表4-1　　1999—2022年《中国电力》刊发部分重点文章

序号	作者	论文题目	刊期
1	卢强、梅生伟	现代电力系统灾变防治和经济运行若干重大基础研究	1999年第10期
2	王锡凡	我国电力市场竞价模型框架探讨	2000年第11期
3	邬炜、黄志刚、韩英铎	联网环流问题及其可控移相器解决案例研究	2003年第10期
4	王晓蓉、王伟胜、戴慧珠	我国风力发电现状和展望（英文）	2004年第1期
5	舒印彪	我国特高压输电的发展与实施	2005年第11期
6	刘振亚	加快建设坚强国家电网　促进中国能源可持续发展	2006年第9期
7	黄斌、刘练波、许世森	二氧化碳的捕获和封存技术进展	2007年第3期
8	谢开、刘永奇、朱治中、于尔铿	面向未来的智能电网	2008年第6期
9	夏清、郭炜	协调运行的电力市场交易体系	2009年第1期
10	于群、郭剑波	自组织临界性与大停电事故预测	2011年第7期
11	卢强	充分利用可再生能源　中国不会有能源危机	2011年第9期
12	葛少云、冯亮、刘洪、王龙	电动汽车充电站规划布局与选址方案的优化方法	2012年第11期
13	莫华、朱法华、王圣、易玉萍	湿式电除尘器在燃煤电厂的应用及其对PM2.5的减排作用	2013年第11期
14	惠贺龙、朱逢豪、黄其励、王淑娟、舒新前、徐旭常	中国动力煤洗选调查与技术经济分析	2014年第3期
15	周海明、刘广一、刘超群	能源互联网技术框架研究	2014年第11期
16	刘吉臻、刘涛、崔超	基于风电成本和火电利润的风电定价机制	2015年第7期
17	岳光溪、吕俊复、徐鹏、胡修奎、凌文、陈英、李建锋	循环流化床燃烧发展现状及前景分析	2016年第1期
18	张运洲、单葆国	中国电力系统发展运营面临的挑战和对策	2017年第1期
19	杜祥琬	“十三五”中国能源低碳转型的关键期	2017年第2期
20	朱法华	燃煤电厂烟气污染物超低排放技术路线的选择	2017年第3期
21	马莉、黄李明、薛松、范孟华、张晓萱	中国新一轮电力市场改革试点有序运行关键问题	2017年第4期
22	王耀华、栗楠、元博、张富强、冯君淑	含大比例新能源的电力系统规划中“合理弃能”问题探讨	2017年第11期
23	汪宁渤、马明、强同波、吕清泉、谭洪斌	高比例新能源电力系统的发展机遇、挑战及对策	2018年第1期
24	高峰、曾嵘、屈鲁、张靖	能源互联网概念与特征辨识研究	2018年第8期

续表

序号	作者	论文题目	刊期
25	代红才、张运洲、李苏秀、张宁	中国能源高质量发展内涵与路径研究	2019 年第 6 期
26	黄碧斌、张运洲、王彩霞	中国“十四五”新能源发展研判及需要关注的问题	2020 年第 1 期
27	张运洲、鲁刚、王芃、翁玉艳、伍声宇、刘俊、张成龙	能源安全新战略下能源清洁化率和终端电气化率提升路径分析	2020 年第 2 期
28	陈龙龙、徐飞、魏晓光、汤广福、崔翔、高冲、陈骞	大容量可控关断的直流输电用电流源型换流器研究综述	2021 年第 1 期
29	张运洲、张宁、代红才、张丝钰、吴潇雨、薛美美	中国电力系统低碳发展分析模型构建与转型路径比较	2021 年第 3 期
30	周原冰、杨方、余潇潇、江涵	中国能源电力碳中和实现路径及实施关键问题	2022 年第 5 期

在做精常设栏目的同时，针对行业发展和技术研究热点方向，积极邀请业内相关领域知名专家作为特约主编，组织策划专栏和专稿。重点围绕“双碳”目标下的新型电力系统、能源互联网、柔性直流电网、综合能源系统、可再生能源消纳、远海风电送出关键技术、氢能综合利用技术等热点研究方向，策划推出了关注度高、文章质量高的多项专栏。2018—2022 年策划的部分专栏情况详见表 4-2。

表 4-2　　2018—2022 年策划的部分专栏情况

序号	专栏名称	序号	专栏名称
1	高比例可再生能源并网及消纳技术	16	电能质量及其治理技术
2	新能源电力系统源网荷储协调运行技术	17	电力传感技术及应用
3	能源互联网关键技术及应用	18	柔性直流电网技术、装备与工程
4	5G 等新一代信息技术在能源互联网中的应用	19	直流电网故障电流抑制技术
5	分布式能源系统与综合需求响应互动关键技术	20	柔性交流输配电技术
6	综合能源关键技术	21	远海风电送出关键技术
7	面向统一能源系统的氢综合利用技术	22	高压电缆及附件关键技术
8	区域综合能源系统规划与运行技术	23	高压碳化硅器件及应用技术
9	城镇地区分布式多能互补能源系统关键技术	24	智能配电网的规划理论与实践
10	综合能源配用电关键技术	25	中低压直流配用电关键技术
11	能源安全新战略路径设计与规划推演关键技术	26	基于电力电子装备的配电网运行控制与形态演变
12	信息物理电力系统（CPPS）	27	低碳转型背景下的电力系统恢复控制新技术
13	先进计算与人工智能技术	28	双碳目标下多能互补促进新能源消纳关键技术
14	电力现货市场运行分析与机制设计	29	含大规模储能的高比例新能源电力系统协调规划与优化调度技术
15	电力市场建设及运行机制	30	新型电力系统信息安全：理论、技术与应用

三、期刊数字化建设

近年来，随着网络技术、通信技术和信息技术的迅猛发展和广泛应用，科技期刊也迈入了数字化时代。为了实现科技知识信息资源的共建共享，《中国电力》重点围绕期刊网站、自媒体平台、网络首发、在线排版等方面加快科技期刊的数字化建设。

（一）重视期刊网站建设，持续优化功能布局

2004 年，《中国电力》网站开通，从此成为宣传展示期刊品牌形象的重要窗口。2012 年，《中国电力》对采编系统模块进行调整完善，通过网站接收投稿，改变了仅由电子邮件接收稿件的局面，有效拓展了作者的投稿渠道。2015 年，为提高稿件处理和办公效率，从期刊定位出发，进一步优化功能布局，《中国电力》网站实现作者在线投稿、专家在线审稿、编辑在线办公、读者在线浏览期刊原文和了解期刊最新动态等服务功能。2019 年，《中国电力》网站实现百度搜索官网认证，为作者投稿、专家审稿和读者阅读提供了有力支撑。2021 年，《中国电力》网站进一步优化采编流程，打造具有特色的中文网站；同时，根据国际科技期刊检索要求，建设期刊英文网站，为国际数据库收录和广大学者提供便捷服务，为提高期刊国际影响力奠定了坚实基础。

（二）着力打造“中国电力”微信公众号自媒体平台，全方位、多角度宣传智库成果

自 2016 年 11 月“中国电力”微信公众号注册认证后，一方面，为适应新时代大众的阅读方式，充分利用与新兴媒体的融合发展，通过推送已刊发的论文，扩大传播力；另一方面，结合国网能源院研究特色，策划推出“专家之声”等精品栏目，积极宣传国网能源院智库成果和专家观点，营造良好的交流研讨氛围。在全院的大力支持下，自媒体平台宣传成效显著，截至 2021 年底，“中国电力”微信公众号推送微文超 5000 篇，阅读总量 50 余万次，粉丝数 3.3 万人，实现了智库影响力和期刊知名度的双提升。

（三）联合中国知网实现论文优先出版，全面贯彻落实稿件网络首发制度

自 2017 年 11 月起，稿件一经录用就通过中国知网完成网络首发，充分利用互联网平台快速传播共享特点，极大缩短学术成果公布周期，抢占优秀学术成果首发时间窗口，有力提高论文快速检索引用效果和作者满意度。

（四）适应移动端阅读、数字出版和大数据分析等需求，积极采用 XML 在线排版系统

自 2018 年 1 月起，开始采用 XML 在线排版系统。XML 文件可以直接生成 HTML 多媒体论文，为《中国电力》官网便捷的全文阅读功能提供了技术支撑，有效提高了文章浏览和分享数量。

四、期刊对外宣传与交流

通过协办会议和参会、密切联系高校和科研院所以及期刊评价机构等多种渠道，扩大《中国电力》的受众面，提高被关注度。

（一）积极联合学会、协会举办学术会议

加强与中国电机工程学会、中国自动化学会、中国可再生能源学会、中国电力技术市场协会、中国核学会等联系，共同举办中国发电自动化技术论坛、可再生能源并网技术与政策论坛、中国电力设备状态检测与故障诊断技术高峰论坛等多项专题会议，并依托论坛加强组稿策划，提升期刊影响力。

（二）坚持“走出去”与“请进来”相结合，密切与高校及相关学术团队的联系

积极参加一年一度的中国高校电力系统及其自动化专业学术年会，扩大《中国电力》在高校的知名度；紧密联系清华大学、华北电力大学、东南大学、四川大学、合肥工业大学等高校，关注学术团队的研究进展，提高编辑学术素养和热点判断能力；邀请高校专家学者担任特约主编，结合热点研究方向策划专栏，吸引高质量论文。

（三）加强与期刊评价机构的交流合作

积极与中国知网、中国科学引文数据库、维普网、万方数据知识服务平台等的交流联络，借助数据库用户面广、推广经验丰富等优势，拓宽数字出版途径，扩大发行范围，提升期刊传播力。加强与北京大学图书馆、中国科学技术信息研究所、中国科学文献计量评价研究中心等评价机构的交流，深入了解期刊评价指标体系，提高期刊评价水平。

（四）推动期刊双语出版，促进期刊国际化进程

积极参与中国知网双语出版工程（中文精品学术期刊外文版数字出版工程），自 2017 年第 1 期开始，从《中国电力》每期刊出的中文文章中选取部分高质量的研究论文翻译成英文，进行双语在线出版（中英文对照版为同一篇文章，具有相同的 DOI 号），以提高期刊的国际影响力，促进期刊的国际化进程。

五、工作业绩

近年来，《中国电力》连续入选北大中文核心、中国科技核心、中国科学引文数据库等核心数据库，入选中国电机工程学会《能源电力领域高质量科技期刊分级目录》，入选《科技期刊世界影响力指数（WJCI）报告》，期刊评价指标和影响力稳步提升。

（一）积极参加优秀期刊和论文评选

《中国电力》获得第三届国家期刊奖、中国期刊方阵“双效”期刊、庆祝中华人民共和国成立 70 周年精品期刊等多项荣誉，多篇论文获中国电机工程学会组织评选的优秀论文。《中国电力》获得的期刊荣誉及获奖优秀论文详见表 4-3。

表 4-3 期刊荣誉及获奖优秀论文

序号	获奖年份	获 奖 名 称	颁 发 部 门
一、期刊荣誉			
1	1992	1992 年全国优秀科技期刊评比三等奖	国家科委、中宣部和新闻出版署
2	2001	中国期刊方阵“双效”期刊	新闻出版总署
3	2005	第三届国家期刊奖	新闻出版总署
4	2019	庆祝中华人民共和国成立 70 周年精品期刊	中国期刊协会
二、期刊获奖优秀论文			
1	2018	循环流化床燃烧发展现状及前景分析	国家电网公司科技部
2	2018	宜宾±800kV 换流站接地极线路断线故障分析	国家电网公司科技部
3	2018	中国新能源弃风弃光原因分析及前景探究	国家电网公司科技部
4	2018	从电力发展“十三五”规划看新能源发展	国家电网公司科技部
5	2018	中国电力系统发展运营面临的挑战和对策	国家电网公司科技部
6	2018	经济新常态下中国电力需求增长研判	国家电网公司科技部
7	2018	循环流化床燃烧发展现状及前景分析	中国电机工程学会
8	2018	基于实测的超低排放燃煤电厂主要大气污染物排放特征与减排效益分析	中国电机工程学会
9	2018	电网瞬时故障时汽轮机汽门快控误动作原因分析	中国电机工程学会
10	2018	低低温电除尘关键技术研究与应用	中国电机工程学会
11	2018	储能技术在电力系统中的应用现状与前景	中国电机工程学会
12	2018	中国电力“十三五”及中长期发展的重大问题研究	中国电机工程学会
13	2019	燃煤电厂烟气污染物超低排放技术路线的选择	中国电机工程学会
14	2019	高速混床树脂分离与输送过程的智能监控	中国电机工程学会
15	2019	经济新常态下中国电力需求增长研判	中国电机工程学会
16	2020	IGCC 电站单一煤种运行试验的研究	中国电机工程学会
17	2020	“十三五”电力规划中新能源大规模外送的安全稳定问题	中国电机工程学会
18	2020	燃煤电厂脱硫废水预处理装置设计与中试研究	中国电机工程学会
19	2021	多特高压直流参与受端“强直弱交”电网安全防线的协调控制技术	中国电机工程学会
20	2021	基于 CO_2 排放达峰目标的中长期能源需求展望	中国电机工程学会
21	2021	电力电子化电力系统的调频挑战与多层级协调控制框架	中国电机工程学会
22	2021	SCR 催化剂低负荷运行硫酸氢铵失活研究	中国电机工程学会
23	2021	IGCC 电厂水分级利用与零排放方案研究	中国电机工程学会
24	2022	中国“十四五”新能源发展研判及需要关注的问题	中国电机工程学会
25	2022	中国电力市场建设路径及市场运行关键问题	中国电机工程学会
26	2022	含风电制氢装置的综合能源系统优化运行	中国电机工程学会

（二）积极刊载国网能源院智库标志性研究成果，并通过微信、网站等多种渠道大力宣传，提升期刊阅读量和被引量，有效促进期刊水平和国网能源院智库影响力的共同提升

2012—2021 年，《中国电力》刊发国网能源院专家撰写的文章约 180 篇，并呈逐年增多趋势。2015—2022 年国网能源院在《中国电力》发表的 20 篇代表性论文见表 4-4，主要包括各类获奖优秀论文和下载引用排名居前的文章。

表 4-4　　2015—2022 年国网能源院在《中国电力》发表的 20 篇代表性论文

序号	作者	论文题目	刊期
1	张运洲、程路	中国电力“十三五”及中长期发展的重大问题研究	2015 年第 1 期
2	张运洲、单葆国	中国电力系统发展运营面临的挑战和对策	2017 年第 1 期
3	单葆国、孙祥栋、李江涛、王向、马丁	经济新常态下中国电力需求增长研判	2017 年第 1 期
4	李琼慧、王彩霞	从电力发展“十三五”规划看新能源发展	2017 年第 1 期
5	马莉、黄李明、薛松、范孟华、张晓萱	中国新一轮电力市场改革试点有序运行关键问题	2017 年第 4 期
6	王耀华、栗楠、元博、张富强、冯君淑	含大比例新能源的电力系统规划中“合理弃能”问题探讨	2017 年第 11 期
7	霍沫霖、赵佳、徐朝、单葆国、贾德香	中国散烧煤消费地图及影响因素研究	2018 年第 1 期
8	刘林、张运洲、王雪、姜怡喆、左新强、代红才	能源互联网目标下电力信息物理系统深度融合发展研究	2019 年第 1 期
9	张宁、代红才、胡兆光、沈波	考虑系统灵活性约束与需求响应的源网荷协调规划模型	2019 年第 2 期
10	代红才、张运洲、李苏秀、张宁	中国能源高质量发展内涵与路径研究	2019 年第 6 期
11	张成龙、谭显东、翁玉艳、单葆国	“十三五”以来电力消费增长原因分析及中长期展望	2019 年第 8 期
12	黄碧斌、张运洲、王彩霞	中国“十四五”新能源发展研判及需要关注的问题	2020 年第 1 期
13	张运洲、鲁刚、王芃、翁玉艳、伍声宇、刘俊、张成龙	能源安全新战略下能源清洁化率和终端电气化率提升路径分析	2020 年第 2 期
14	单葆国、张成龙、王向、姚力、刘青、谭显东	中国电力弹性系数与工业化阶段关系	2020 年第 7 期
15	时智勇、王彩霞、李琼慧	“十四五”中国海上风电发展关键问题	2020 年第 7 期
16	张运洲、代红才、吴潇雨、陈睿、张宁	中国综合能源服务发展趋势与关键问题	2021 年第 2 期
17	张运洲、张宁、代红才、张丝钰、吴潇雨、薛美美	中国电力系统低碳发展分析模型构建与转型路径比较	2021 年第 3 期
18	谭显东、刘俊、徐志成、姚力、汲国强、单葆国	“双碳”目标下“十四五”电力供需形势	2021 年第 5 期

续表

序号	作者	论文题目	刊期
19	张运洲、陈宁、黄碧斌、王彩霞、李江涛	基于系统成本的新能源等效上网电价计算方法及应用	2022 年第 2 期
20	冯凯辉、李琼慧、黄碧斌、闫湖、张红宪	中国农村能源发展关键问题	2022 年第 6 期

（三）有力支撑国家电网公司科技期刊体系建设

《中国电力》杂志社在办好刊物的同时，积极主动支撑国家电网公司科技期刊体系建设工作，高质量完成了国家电网公司首项期刊建设相关管理咨询项目“面向世界一流的公司科技期刊体系建设与发展研究”，获得国家电网公司软科学成果奖三等奖，支撑编制《关于进一步加强公司科技期刊体系建设的指导意见》，获得了国家电网公司科技部的充分认可。通过期刊建设研究工作，有效增强了青年骨干编辑的科研能力，拓宽了期刊业务领域。

第二节 国网科技项目咨询中心

国网科技项目咨询中心（简称“项目中心”）自成立以来，始终在科技管理方面为国家电网公司科技部提供支撑服务工作，包括国家电网公司总部科技项目的立项、过程、验收，国家自然科学基金委员会—国家电网公司智能电网联合基金、国家电网公司实验室、科技攻关团队、科技统计、新技术推广等管理工作，同时围绕国家电网公司科技政策、科技资源优化布局、管理制度、科研辅助管理工具开发进行研究，向国家电网公司科技部提供咨询建议。

一、历史沿革

项目中心最早的机构雏形可追溯到 2007 年，以临时人员不定期地为国家电网公司科技部提供总部科技项目立项评审支撑服务等工作。随着国家电网公司总部科技投入的加大，迫切需要一个相对独立的专业化机构从事国家电网总部科技项目的管理和评价。2009 年 11 月 3 日，国家电网公司下发《关于国网能源研究院机构设置和人员编制的批复》（国家电网人资〔2009〕1201 号），项目中心正式成立，设在能源战略与规划研究所下，由能源战略与规划研究所所长白建华兼任项目中心主任，中心未设置内部机构。

2014 年，陈伟担任项目中心副主任。

2015 年 3 月，陈伟借调到国家电网公司科技部，陈立斌调入项目中心任常务副主任，全面负责项目中心管理工作。

2015 年 7 月 13 日，国网能源院聘任黄瀚为项目中心主任。

2016 年 9 月 22 日，国网能源院聘任王耀华为项目中心主任（兼）。

2018 年 12 月起，徐翀担任项目中心常务副主任，全面负责项目中心管理工作。

二、业务范围

（一）科技项目管理支撑服务

1. 科技项目立项管理

项目中心围绕科技项目立项管理，开展国家电网公司总部科技项目和各单位科技项目的组织策划和立项评审支撑工作。

2009—2011 年，国家电网公司总部科技项目立项采用各单位“自下而上”的自由申报方式，项目中心主要完成统计汇总所有可行性研究报告、组织会议评审、统计分析评审结果、出具可行性研究论证批复意见、编制并调整研究开发费专项计划及项目经费分摊计划、下发任务书、组织各单位完成合同签订等支撑工作。自 2009 年起，项目中心配合国家电网公司科技部组织公司下属各单位编制自管项目储备计划，确定各单位投入规模，开展各单位项目重复性排查以及立项流程的合规性审查。

2012 年，国家电网公司科技部对总部科技项目立项方式进行创新变革，由原来“自下而上”的自由申报方式转变为“自上而下，顶层策划”的模式，项目中心新增的工作包括征集研究需求、组织领域专家编制项目指南、组织评审指南、发布指南、组织项目申报和可行性研究评审等。此外，项目中心协助国家电网公司科技部开展各类长线框架、国家电网公司重大科技攻关任务的项目组织策划支撑工作。

2015 年，为保证项目预算和科研目标的相关性、政策相符性、经济合理性，项目中心配合国家电网公司科技部开展总部科技项目技术经济性审查。

2. 科技项目过程管理

为加强项目过程监督管控，项目中心配合国家电网公司科技部开展年度在研公司重点科技项目（含国家级项目）管理，按季度编制公司重点科技项目进展情况简报；组织开展国家电网公司在研总部管理科技项目系统立项及研发季报填报工作，编制在研项目进展情况分析报告；组织开展重点项目专家督导工作。

2009—2012 年，国家电网公司总部采取中期检查协调会方式开展科技项目过程管理，项目中心配合完成项目选取及会议组织等工作。

2013 年，根据国家电网公司科技部制定的分层分类管理原则，项目中心负责编制总部管理项目年度过程管理工作方案，按季度分片区组织各单位牵头总部项目执行进展汇报会；配合开展国家电网公司重点项目专题检查；初步探索项目过程管理专家咨询制度；配合完成科技项目变更管理工作。

2014 年，国家电网公司科技部采用督导模式开展项目过程管理。项目中心主要负责国家电网公司总部科技项目年度督导计划编制、专家督导工作组织协调及督导通报发布等工作。同年，开始配合国家电网公司在研国家级科技计划项目执行情况检查工作。

2015年，项目中心开始配合开展在研国家科技计划项目督导及科技咨询专家库管理相关工作。

2020年，国家电网公司对重点科技项目管理进一步加强，项目中心扩充了公司重点科技项目（含国家级项目）管理范围，开始按季度编制公司重点科技项目进展情况简报。同时，组织开展国家电网公司在研总部管理科技项目系统立项及研发季报填报工作，编制在研项目进展情况分析报告，实现了国家电网公司在研科技项目过程管理全覆盖。

3. 科技项目验收管理

自2009年起，国家电网公司总部科技项目验收采用信息化管理方式，项目中心负责开展总部科技项目验收全流程管理和协调工作。主要工作：编制年度总部管理科技项目验收计划；联系各项目牵头单位，草拟验收通知，审核改进专家名单，下发正式验收通知，根据专家联系情况增补验收专家，组织并主持部分验收会议；编制年度总部管理科技项目验收情况通报；对通过验收的项目材料进行审核、盖章归档。

2012年，为加强资料审查，项目中心在原有验收工作职责的基础上，按月牵头组织开展项目验收资料的集中审查，并将意见反馈至各单位，督促、协助各单位针对意见进行整改。资料审查结果作为正式验收评审开展的前置条件。

2017年，为进一步规范、明确项目验收管理流程，项目中心在原有验收工作职责的基础上，牵头编制年度国家电网公司总部管理科技项目验收工作指南，由国家电网公司科技部统一下发。

2020年，为进一步规范科技项目财务执行情况管理，项目中心在原有验收工作职责的基础上，按月牵头组织开展财务资料抽查；编制年度国家电网公司总部科技项目视频验收审查会有关事项说明，规范视频会议评审流程与要求。

4. 科技成果共享管理

为系统总结国家电网公司科技创新工作，加强信息共享，促进成果推广应用，2013—2015年，项目中心配合国家电网公司科技部，按公司“十二五”科技规划确定的15个技术领域组织开展《国家电网公司年度科技报告》的编制与审核工作。

2016—2020年，在各年度领域报告基础上，组织编制《国家电网公司年度科技报告》合订本，通过国家电网公司年度科技工作会议对内共享资料并在对外交流中使用。

5. 智能电网联合基金管理

为扩大国家电网公司在电力行业的影响力，充分调动社会科研资源，激发创新活力，2017年，国家自然科学基金委员会与国家电网有限公司签署成立执行期为5年的“国家自然科学基金委员会—国家电网公司智能电网联合基金”。项目中心受国家电网公司科技部委托，负责智能电网联合基金支撑服务工作，主要工作包括组织年度指南需求征集、年度联合基金指南编制、组织年度联合基金联席会议立项评审、管委会会议和中期评估等。

2022年，在第一期5年的联合基金完成后，国家电网有限公司与国家自然科学基金委员会完成了续签，并将联合基金名称改为“企业创新发展联合基金”，项目中心继续支撑该基金的日常管理工作。

6. 实验室管理

为提升国家电网公司实验室建设能力，自2009年起，项目中心受国家电网公司科技部委托对其直接管理的公司级实验室的规划命名、申报评估、建设运行与资源开放共享、统筹国家级实验室申报等进行支撑服务工作。

2009—2016年，项目中心采用各单位根据自身实验能力自由申报的方式，完成了国家电网公司第二批至第四批实验室命名工作。

2017年，为进一步完善国家电网公司实验研究能力建设，补全实验能力短板，项目中心采用由国家电网公司科技部“自上而下”下发申报指南的方式完成了第五批、第六批实验室命名。

7. 科技攻关团队管理

为凝聚和培养具有国际一流水平、创新能力突出的学术带头人和科技骨干人才，带动国家电网公司科技人才队伍整体实力和自主创新能力的提升，自2010年起，项目中心负责协助国家电网公司科技部开展科技攻关团队的命名和后评估工作。具体包括：组织并参与攻关团队布局分析、提出攻关团队组建时序建议；制定并优化攻关团队命名方案、评价标准和评审流程；制定攻关团队后评估工作方案，组织现场检查和专家评审会，完成攻关团队命名和后评估。

8. 科技统计

为满足各年度国家电网公司科技统计分析的专业化管理要求，自2009年起，项目中心全面配合国家电网公司科技部开展科技统计工作，主要包括科技统计信息调查与分析、科技统计工作管理办法制定修订，以及开展科技统计系统需求分析及系统维护等。

2009—2010年，开展研究开发费计划投入、科技投入季度/年度科技统计上报工作。

2011年，开展国家电网公司综合计划执行情况、国家电网公司综合统计报表—科技投入情况月度/年度统计上报工作。

2018年，开展技术投入比指标分解及统计分析工作。

2020年，根据北京市统计局研发统计报表要求，为适应国家统计制度、国务院国资委财务决算要求的变化，国家电网公司对研发经费投入统计口径进一步规范，项目中心配合国家电网公司科技部开展科技统计考核指标顶层设计及统计数据数字化等工作。

（二）科技咨询业务发展

1. 编写与修订国家电网公司科技管理办法

为优化国家电网公司科技创新体系、有效调动内外部科研资源、激发创新活力、规范科研行为、提高科技管理水平和研究质量、保障研究开发费的有效投入，自 2010 年起，项目中心积极配合国家电网公司科技部围绕科技项目立项、预算编制、实施与验收、实验室、科技统计等方面制定相关管理办法，并依据国家电网公司科研管理内外部形势变化完成了多轮滚动修编。

2. 牵头承担国家电网公司总部科技项目情况

为提高科研管理质量和效率，项目中心围绕科技项目管理，积极牵头承担国家电网公司总部科技项目。

2011 年，国家电网公司科技创新处于起步阶段，各项保障机制尚不成熟，项目中心先后在科技管理体制机制、成果评价等方面开展了研究。

2017 年，为实现国家电网公司创新能力由单项突破到整体突破的转变，充分利用信息化手段支撑科技项目管理，项目中心先后在优化科技项目评审模式、部署科技管理辅助决策系统等方面开展了研究。

3. 科技项目管理辅助支撑工具

科技项目管理辅助系统部署及应用。随着国家电网公司科技投入的不断加大，项目涉及的学科领域也越来越多样化。为加强国家电网公司科技项目精细化管理，项目中心联合有关科研院所、高校，利用文本挖掘、机器学习、知识图谱等人工智能技术，分阶段开发应用了一系列科技项目管理辅助系统工具。

2017 年，利用文本挖掘等人工智能技术建设开发了“科研项目申报查重系统”，通过科技项目查重算法研发，改变了项目人工查重方式。

2019 年，针对项目申报主体的竞争力评价，开发了“科技项目立项管理辅助决策系统”，为科技项目立项提供决策建议。

2020 年，为高效、准确地从大量专家的信息中遴选出专业符合的专家，在科技项目全生命周期管理中提供咨询，利用机器学习、知识图谱技术开发了“电力科技咨询专家优选系统”，实现了专家智能优选，并在科技项目全过程评审管理中投入实施，有效地提升了管理效率。

国家电网公司总部科技工作管理系统的应用及优化。国家电网公司总部科技工作管理系统采用“一网站一系统”的建设模式。自 2009 年起，项目中心以精细化管理为目标，负责科技工作管理系统的科技项目管理、技术服务管理、实验室管理、攻关团队管理、统计管理等应用模块的应用工作。

2013—2014 年，以促进数据共享和业务融合为目标，项目中心督促系统开发人员完成了系统升级优化及数据迁移合并，优化完善系统功能并推广应用。

2020 年，针对系统架构老旧的问题，项目中心持续推进系统优化，采用全新的底层设计，建立了一套业务覆盖全面、技术路线先进、安全性高、用户体验佳的科技业务管控系统。

三、工作业绩

自2009年起，项目中心对国家电网公司科技管理创新与发展的支撑工作取得了丰硕的成果，主要体现在：组织完成了各年度的国家电网公司总部管理科技项目申报指南编制及下发；完成了6671项国家电网公司总部管理科技项目的立项评审、研究开发费计划编制、各年度督导及验收计划的编制并执行；完成了2013—2020年《国家电网公司年度科技报告》的编制；完成了各年度国家电网公司总部及国务院国资委、国家发展改革委、国家能源局、北京市统计局、中国电力企业联合会等不同口径的科技数据统计与分析；参与编制并修订了14项国家电网公司科技管理规章制度；完成了4批次共86支攻关团队的命名及后评估；完成了第二批至第六批共96个实验室的命名，完成了14个国家级实验平台的申报，推动了100个实验室向社会开放共享工作；围绕科技项目管理体制机制、科技项目成果评价、科技项目评审模式、科技管理辅助决策工具等开展了10余项科技项目及管理咨询项目研究，共形成团体标准2项、发明专利1项、软件著作权2项，获中国企业改革发展优秀成果奖一等奖1项，研发了“科研项目申报查重系统”“电力科技咨询专家优选系统”等软件。

全面支撑国家电网公司科技项目评审提质增效。项目中心经过多年发展，逐年完善了科技项目评审的组织策划方案。为辅助评审管理，开发了“科研项目申报查重系统”及“电力科技咨询专家优选系统”；为提高评审效率，搭建了电子化打分系统和视频答辩系统，并针对线上评审规范了工作流程及要求；联合中国电力企业联合会发布了《电力科技项目立项评价导则》（T/CEC 268—2019）和《电力科技项目后评估导则》（T/CEC 267—2019）两项团体标准，扩大了国家电网公司科技项目评审模式在行业的影响力。

全面支撑国家电网公司科技项目管理制度完善。为全面落实国家电网公司科技发展战略，加强国家电网公司科技项目的规范化、精益化管理，提高项目管理的质量和效率，项目中心配合国家电网公司科技部编制了《国家电网公司科技项目管理办法》和《国家电网公司科技项目储备库管理细则》《国家电网公司科技项目预算编制实施细则》《国家电网公司科技项目专家咨询管理细则》《国家电网公司应急科技项目立项管理细则》《国家电网公司海外高层次引进人才专项科研经费管理细则》《国家电网公司海外研究院科技项目管理细则》《国家电网有限公司研究框架项目立项管理暂行规范》《国家电网有限公司基础性、前瞻性研究管理办法》《国家自然科学基金委员会—国家电网公司智能电网联合基金项目管理费使用办法》《国家电网有限公司与高校联合研究机构科技项目管理暂行规范》《国家电网有限公司总部管理科技项目实施及验收管理工作实施细则》《国家电网有限公司科技项目归档工作操作指引》《国家电网有限公司验收不通过原则清单》《国家电网公司科技统计工作制度》等，并按照国家和国家电网公司要求，结合科技管理的工作实际，逐年完成了以上管理办法的滚动修编。

全面支撑联合基金管理创新发展。2018 年和 2020 年，项目中心两度牵头承办了智能电网联合基金、核技术创新联合基金、中国汽车产业创新发展联合基金、深圳机器人基础研究中心项目、地震科学联合基金、雅砻江水电开发联合研究基金等多家联合基金的联席会议评审工作。项目中心配合国家自然科学基金委员会编制了联合基金会议评审手册和联合基金会议工作指南，总结基金会议的会议承办特点，规范工作流程。2022 年，受国家自然科学基金委员会邀约，总结了近 5 年智能电网联合基金评审管理经验，撰写并发表了《智能电网联合基金执行情况分析与展望》一文。

全面支撑国家电网公司科技攻关团队实施运行。项目中心配合国家电网公司科技部，在国家电网公司科技攻关团队命名工作中不断摸索和完善命名评价标准和申报模板，分别于 2010 年（15 支）、2013 年（15 支）、2015 年（23 支）和 2021 年（33 支），完成 86 支团队的命名工作，覆盖电网安全与控制、输变电技术、配用电技术、基础和共性技术、决策支持技术六大科研领域，并定期开展后评估工作。

全面支撑国家电网公司实验能力建设并推动开放共享。项目中心协助国家电网公司科技部完成了第二批至第六批近 400 个实验室的申报评审工作，其中 96 个实验室获得国家电网公司实验室命名；完成了国家电网公司第一批至第五批共 111 个实验室的后评估/中期检查，并对其中 45 个实验室的研究方向进行了优化调整；协助国家电网公司完成了 14 个国家级实验平台的申报，其中 5 个实验室已获得国家企业重点实验室称号；协助国家电网公司成立实验室协助组，完成了 100 个实验室向社会开放共享工作，并分别于 2014 年和 2017 年协助国家电网公司科技部出版了《国家电网公司实验室资源共享指南》。

围绕提升科技管理能力开展项目研究。2011—2022 年，为提高科研管理质量和效率、发挥科技创新潜力，深度配合国家电网公司开展科技项目体制机制创新研究工作，项目中心共牵头承担国家电网公司总部科技项目 10 项，见表 4-5。

表 4-5　　项目中心牵头承担国家电网公司总部科技项目

立项年份	项　目　名　称
2011	国家电网公司科技项目科学管理工具与方法研究
2012	公司科技项目前期组织模式优化及科技规划年度实施方案研究
2013	公司科技项目策划组织模式优化研究 国家电网公司科技咨询专家管理机制
2014	面向科技成果培育全过程管理的多维度量化评价方法与技术研究 公司科技项目策划组织支撑技术研究 公司专利价值评估及分级管理体系研究与建设
2017	科研项目申报查重关键技术研究和系统研发
2018	公司科技项目评审管理模式优化及应用研究
2020	基于知识图谱的电力科技咨询专家智能优选技术研究

在科技项目管理体制机制方面，研究提出了大科研创新体系的定义和内涵，给出了研发组织模式建议和差异化的项目管理模式，提出了一种由国家电网公司统一管控的自上而下策划方式和一种适用于国家电网公司发展的经费审核管理模式。研究成果有力支撑了国家电网公司总部科技项目管理体制机制顶层设计，合理优化了国家电网公司科研的投入产出。

在科技项目成果评价方面，研究提出了多维项目相似度分析算法和软件工具，以及项目—专家的相关性分析系统工具，提出了后评估的指标体系和评估工作流程，开发了专利案件抽样、智能数据解析及计算、在线集中评估分析等功能。项目成果为科技项目成果的评估和专利分级提供了技术手段。

在科技项目评审模式方面，研究建立了电力行业科技评价管理标准，形成了科技项目参与主体的信用评价机制和闭环管理机制。联合中国电力企业联合会发布了《电力科技项目立项评价导则》（T/CEC 268—2019）和《电力科技项目后评估导则》（T/CEC 267—2019）两项团体标准。项目成果在促进科技评价标准化、提高科技管理决策水平、优化资源配置、监督问责等方面起到了积极作用。

在科技管理辅助决策系统方面，研究开发了“科研项目申报查重系统”和“电力科技咨询专家优选系统”。项目成果在 2017—2022 年间对 8000 余项国家电网公司系统内科技项目开展查重工作，剔除重复需求，优化项目经费投入，为国家电网公司立项评审工作提供了重要决策参考；专家智能优选工具的投入使用为各类科技咨询的专家遴选工作提供了有力支撑。

第三节　国网人才交流服务中心有限公司

国网人才交流服务中心有限公司（简称“人才中心”）是国家电网公司全资子公司，注册资本 5000 万元，具有独立的法人资格，前身是 1994 年成立的电力工业部人才交流服务中心，曾用名有“国家电力公司人才交流服务中心”“国家电网公司人才交流服务中心”。人才中心是国家电网公司的人力资源服务支撑机构，接受国家电网公司人资部的业务指导，由国网能源院代管。

人才中心是中国人才交流协会副秘书长及国家机关人力资源机构和企事业单位分会常务理事单位与副会长兼秘书长单位、北京人力资源服务行业协会监事长单位。2022 年，人才中心被北京人力资源服务机构等级评定委员会评为 AAAAA 级单位。

一、历史沿革

（一）机构设置和职能

伴随国家电力体制改革，人才中心经历了三个阶段的机构设置和职能范围调整。人才中心名称演变过程详见表 4-6。

表 4-6　人才中心名称历史演变过程

时　　间	名　　称	批 准 文 件
1994 年 9 月 7 日	电力工业部人才交流服务中心	电人教函〔1994〕110 号
1998 年 3 月 19 日	国家电力公司人才交流服务中心	电人〔1998〕212 号
2003 年 6 月 9 日	国家电网公司人才交流服务中心	国家电网人资〔2003〕188 号
2019 年 4 月 23 日	国网人才交流服务中心有限公司	国家电网财〔2019〕388 号

1. 电力工业部时期

1994 年 3 月 12 日，根据电力系统人事制度改革和政府转变职能的需要，电力工业部人事教育司向史大桢部长签报《关于组建电力工业部人才交流服务中心的报告》。8 月 30 日，电力工业部人事教育司向部党组提报《关于成立电力工业部人才交流服务中心的可行性报告》。9 月 7 日，为建立社会主义市场经济体制和电力工业改革与发展需要，培育电力系统人才市场，促进人才流动，开发、利用电力系统的人力资源，满足电力工业发展对人才的需求，电力工业部下发《关于成立电力工业部人才交流服务中心的通知》（电人教函〔1994〕110 号），决定成立电力工业部人才交流服务中心，全资注入资金 70 万元，为全民所有制事业单位，实行差额拨款，独立核算。电力工业部人才交流服务中心为副司局级单位，设主任 1 名，副主任 1 名，由电力工业部任免和管理，人员编制 15 人，除主任、副主任外，人员均实行聘任制。电力工业部人才交流服务中心办公地点在白广路二条 1 号。1995 年 6 月 1 日，中央编办批复机构和编制（中编办字〔1995〕110 号文件），人员编制 15 人，经费实行差额补贴。

电力工业部人才交流服务中心主要职能包括：负责毕业生就业指导工作，编制毕业生就业计划；收集人才供需信息，建立人才供需数据库，提供人才流动咨询服务；管理辞聘、解聘、辞职人员和新就业未转正的大中专毕业生档案材料；管理电力工业部机关及部属在京单位的下岗和编外人员，为其推荐工作，提供必要的培训和学习机会、为再就业创造条件；为电力系统内外单位提供人才招聘、推荐、考试（考核）服务，推荐安置军转干部；开展智力援藏服务；引进智力，为留学回国和来华专家介绍推荐工作。

电力工业部人才交流服务中心下设综合管理部、人才流动部和开发培训部。电力工业部人事教育司将干部调配处的部分工作人员及职能转至人才流动部，将专业技术干部处的部分工作人员及职能转至开发培训部。电力工业部人才交流服务中心组织机构详见图 4-1。

2. 国家电力公司时期

1997 年 3 月 5 日，根据《国务院关于组建国家电力公司的通知》（国发〔1996〕48 号）确定的原则，电力工业部下发电人教〔1997〕112 号文件，电力工业部人才交流服务中心划归国家电力公司管理。1998 年 3 月 19 日，依据《关于变更冠“电力工业部”单位名称的通知》（电人〔1998〕212 号）要求，电力工业部人才交流服务中心更名为“国家电力公司人才交流服务中心”。

国家电力公司人才交流服务中心主要职能包括：指导协调国家电力公司系统各单位人才交流服务机构的建设和业务工作，分步骤、分层次建设覆盖全国的电力人才交流服务网络，培育并管理电力人才市场；运用现代人力资源开发技术，为国家电力公司系统用人单位及其他受委托代理的企业提供各项人事代理服务；负责国家电力公司系统专业技术资格评定工作，研究建立符合社会化方向的专业技术资格考评机制并组织实施，推进科学的人才评价体系建设；调整、规范国家电力公司系统专家管理，按专业、分层次构建以专家队伍为主体的国家电力公司系统专业技术队伍；协调国家电力公司系统人才流动的有关工作，研究建立符合市场化方向的人才资源配置机制，指导协调大中专毕业生和毕业研究生的就业；开辟国家电力公司系统引进高级人才的渠道，开展国际人才交流与合作，引进国外智力；推荐安置部队转业干部；配合有关部门开展人才援藏与支边；制定国家电力公司系统重组人员、短缺急需人才和人才服务工作者的培训规划并组织实施。

国家电力公司人才交流服务中心下设综合处（与人事处、人事代理部合署办公）、人才流动处和开发培训处。国家电力公司人才交流服务中心组织机构详见图 4-2。

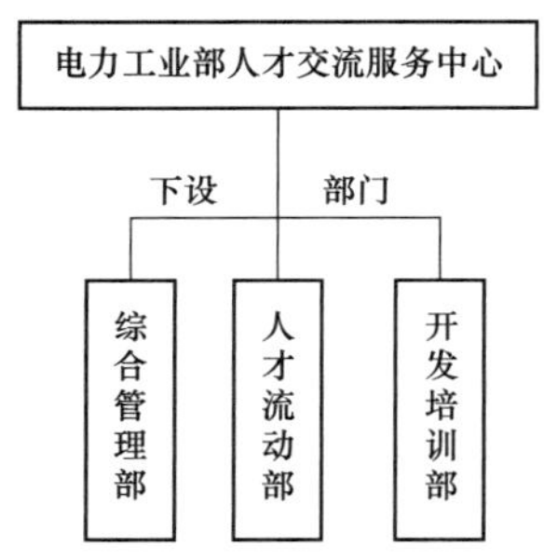

图 4-1　电力工业部人才交流服务中心组织机构

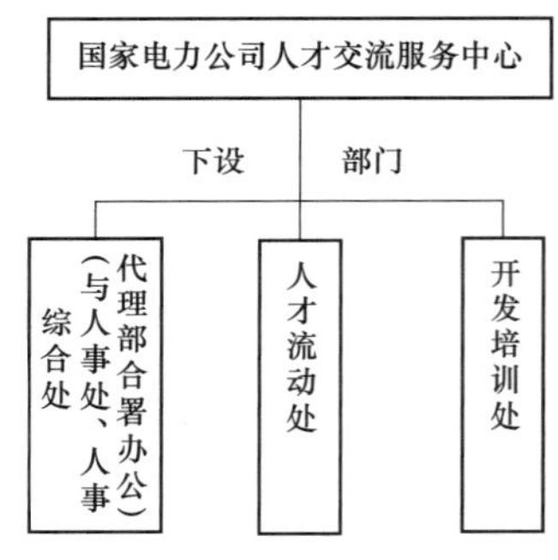

图 4-2　国家电力公司人才交流服务中心组织机构

3. 国家电网公司时期

2003 年，根据国务院已批准的《国家电网公司组建方案》和《国家电网公司章程》要求，国家电力公司人才交流服务中心划入国家电网公司管理。2003 年 6 月 9 日，依据《关于部分冠“国家电力公司”名称的单位相应更名的通知》（国家电网人资〔2003〕188 号）要求，国家电力公司人才交流服务中心更名为“国家电网公司人才交流服务中心”，并于 2004 年 6 月 24 日获中央编办批复（中央编办复字〔2004〕90 号）。

2005 年 1 月 18 日，为适应建设“一强三优”现代公司的需要，进一步加强人才评价工作，推进其市场化进程，经国家电网公司党组决定，将国家电网公司人才交流服务中心交由动经中心管理，并将国家电网公司人才交流服务中心更名为“国网人才评价中心”，要求相应做好更名和事业单位的变更登记工作。同年，中央编办未同意事业单位法人变更登记申请，国家电网公司人才交流服务中心一直保留，直至2021年事业单位法人注销。

国网人才评价中心交由动经中心管理后，继续为国家电网公司提供人才交流和人才信息等服务，并受委托承担系统各类专业技术支撑的评价工作，同时面向市场，积极开展人才中介和人事代理等业务，并实行独立核算。其日常管理工作由动经中心负责，从事的国家电网公司系统各类专业技术职称评价工作，接受国家电网公司人资部业务指导。

2014年12月12日，根据《中央编办关于国家电网公司所属事业单位分类意见的复函》（中编办函〔2014〕260号）文件，明确国家电网公司人才交流服务中心为生产经营类事业单位，并要求按照《中共中央、国务院关于分类推进事业单位改革的指导意见》（中发〔2011〕5号）文件及其配套文件要求，做好分类推进事业单位改革的前期准备。

2017年8月22日，国家电网公司向中央分类推进事业单位改革工作部际联席会议办公室提报《关于报送所属从事生产经营活动事业单位改革工作方案的函》（国家电网体改〔2017〕672号），申请国家电网公司人才交流服务中心转制为企业，建议成为国家电网公司独资子公司，继续授权职称评审资质，承担国家电网公司系统专业技术资格的评审工作，延续目前职称管理工作。

2018年5月30日，中央编办、财政部、人力资源和社会保障部联合发文（中央编办复字〔2018〕68号）批复，原则同意国家电网公司人才交流服务中心转制为企业。按照国家电网公司工作部署，国家电网公司人才交流服务中心启动转企改制工作。

2019年4月23日，国家电网有限公司同意注册成立国网人才交流服务中心有限公司，注册资本5000万元，由国家电网公司总部注资解决。同时，注销国家电网公司人才交流服务中心，清算剩余财产，其中5000万元以现金方式收归国家电网公司总部；其他资产及债权债务划转至改制后的企业继承，划转金额以中介机构出具的清算审计报告为准。国网能源研究院有限公司作为其代管单位。

2019年4月24日，国家电网有限公司批复核准国网人才交流服务中心有限公司企业章程，明确其为国家电网有限公司全资子公司。同时，要求做好工商注册登记有关工作，并在完成企业注册后，按程序核销事业编制，办理事业单位法人注销登记，做好事改企工作的组织实施，确保改革工作平稳顺利完成。

2019年4月29日，国网人才交流服务中心有限公司在北京市市场监督管理局完成工商注册登记，取得企业营业执照。

2019年5月31日，国家电网有限公司一次性向国网人才交流服务中心有限公司注资5000万元，完成注册资本认缴。

2021 年 2 月 2 日，中央编办撤销国家电网公司人才交流服务中心，核销其 15 名财政补助事业编制。4 月 19 日，全面完成国家电网公司人才交流服务中心事业单位法人注销。

2021 年 12 月 19 日，国网人才交流服务中心有限公司办公地点从北京市白广路二条 1 号搬迁至北洼路 25 号院 2 号。

截至 2022 年 6 月，国网人才交流服务中心有限公司内设 2 个职能部门，分别为综合管理部、财务资产部；3 个业务部门，分别为人才评价部、人才开发部、教育培训部。截至 2022 年国网人才交流服务中心有限公司组织机构详见图 4-3。

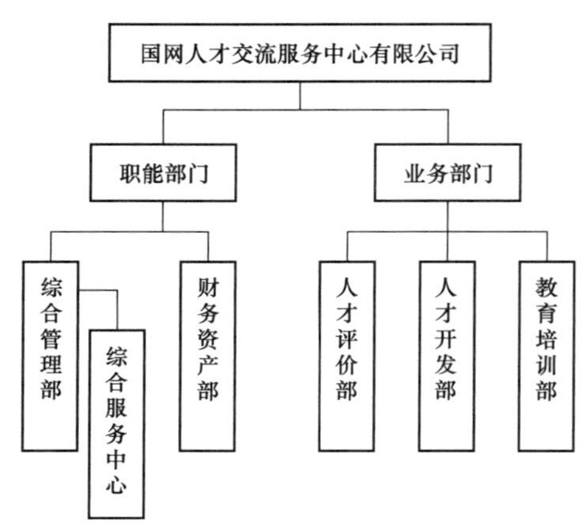

图 4-3　截至 2022 年国网人才交流服务中心有限公司组织机构

国网人才交流服务中心有限公司主营业务包括：从事能源电力领域的人力资源服务工作，重点承担国家电网公司系统各类专业技术职称评价、专家选拔和管理、毕业生招聘考试等；同时，积极开拓电力人才市场，开展人才测评、人事代理、人才招聘、人才教育培训、人力资源咨询、校企合作等服务业务，为国家电网公司构建运营人力资源市场提供服务支撑。

（二）领导更迭

1996 年 2 月 2 日，吴志远任电力工业部人才交流服务中心主任、法定代表人，曲怀生任常务副主任。

2005 年 2 月 7 日，张虎林任国网人才评价中心副主任。

2005 年 3 月 23 日，赵庆波任国家电网公司人才交流服务中心主任，免去曲怀生国家电网公司人才交流服务中心常务副主任职务。

2005 年 6 月 15 日，赵庆波任国网人才评价中心主任，张虎林、果强任国网人才评价中心副主任。

2005 年 11 月 11 日，王东任国网人才评价中心主任助理（副处级）。

2006 年 1 月 4 日，赵庆波任国家电网公司人才交流服务中心法定代表人。

2006 年 9 月 28 日，果强任国网人才评价中心常务副主任，王东任国网人才评价中心副主任。

2007 年 1 月 11 日，张运洲任国家电网公司人才交流服务中心主任，免去赵庆波国家电网公司人才交流服务中心主任职务。

2007 年 1 月 12 日，张运洲任国家电网公司人才交流服务中心法定代表人。

2010 年 1 月 11 日，牛忠宝任国家电网公司人才交流服务中心主任、法定代表人，免去张运洲国家电网公司人才交流服务中心主任职务。

2012 年 9 月 4 日，牛忠宝不再兼任国网人才评价中心主任职务，果强任国网人才评价中心主任。

2015 年 12 月 28 日，岳远渠任国网人才评价中心副处级干部。

2016 年 1 月 4 日，国网能源研究院党组成员、纪检组组长、工会主席李连存协助院长管理国网人才评价中心。

2017 年 3 月 23 日，王东任国网人才评价中心主任，岳远渠、王丹任国网人才评价中心副主任；聘任果强为国网人才评价中心正处级调研员，免去其国网人才评价中心主任职务。

2017 年 10 月 18 日，国网能源研究院有限公司党委委员、纪委书记、工会主席李连存作为上级单位联系国网人才评价中心。

2018 年 12 月 17 日，柴高峰任国网人才交流服务中心有限公司执行董事、法定代表人，王东任总经理。

2019 年 1 月 9 日，刘小乐任国网人才交流服务中心有限公司监事。

2019 年 7 月 9 日，柴高峰任国网人才交流服务中心有限公司执行董事、法定代表人，王东任总经理，岳远渠任副总经理、杨瑛任总经理助理。

2019 年 10 月 31 日，杨尚东任国网人才交流服务中心有限公司副总经理。

人才中心（及其前身）历任处级以上行政领导人员名录见表 4-7。

表 4-7　　　　人才中心（及其前身）历任处级以上行政领导人员名录

姓　　名	职　　务	任职时间
吴志远	主任	1996 年 2 月—2005 年 3 月
曲怀生	常务副主任	1996 年 7 月—2005 年 3 月
赵庆波	法定代表人、主任	2005 年 3 月—2007 年 1 月
张虎林	副主任	2005 年 2 月—2005 年 7 月
果强	副主任	2005 年 6 月—2006 年 9 月
王东	主任助理（副处级）	2005 年 11 月—2006 年 9 月
果强	常务副主任	2006 年 9 月—2012 年 9 月
王东	副主任	2006 年 9 月—2017 年 3 月
张运洲	法定代表人、主任	2007 年 1 月—2010 年 1 月
牛忠宝	法定代表人、主任	2010 年 1 月—2012 年 9 月
果强	主任	2012 年 9 月—2017 年 2 月
岳远渠	副处级干部	2015 年 12 月—2017 年 3 月
王东	主任	2017 年 3 月—2018 年 12 月
岳远渠	副主任	2017 年 3 月—2019 年 7 月
王丹	副主任（挂职）	2017 年 3 月—2018 年 12 月

续表

姓　　名	职　　务	任职时间
杨瑛	主任助理（班子成员）	2017 年 3 月—2019 年 7 月
果强	正处级调研员	2017 年 2 月—2019 年 3 月
柴高峰	法定代表人、执行董事	2018 年 12 月起
王东	总经理	2018 年 12 月起
刘小乐	监事	2019 年 1 月起
岳远渠	副总经理	2019 年 7 月起
杨瑛	总经理助理（班子成员）	2019 年 8 月—2022 年 3 月
杨尚东	副总经理	2019 年 10 月起

二、业务范围

（一）职称工作

从 1994 年成立起，人才中心一直从事电力行业职称评定工作，是国家电网公司及其前身的职称评定机构。二十几年来，经不断调整完善，职称评定专业范围涵盖人力资源和社会保障部授权的工程、经济、会计、技工院校教师、档案、卫生、新闻 7 个系列，以及国务院国资委授权的副高级及以下政工系列，形成了独具国家电网公司特点且全国领先的职称评定工作模式。自 2016 年起，国家电网公司系统参评人数每年在 5 万人以上，服务国家电网公司总部及 6 个分部、27 家省公司、40 余家直属单位。同时，承担社会责任，每年服务国家各电力企事业单位、各电力行业协会、电力系统外其他单位委托评审 3 千余人。

目前，职称评定工作全过程使用“国网人才评价中心专业技术资格管理系统”，并实行网上申报。正高级职称实行“面试答辩”和评委会评审的评定方式，副高级职称实行“业绩积分”与评委会“网上评审”得分的加权评定方式，中级职称实行“业绩积分”与“专业与能力考试”（以考试代替评委会评审）成绩的加权评定方式。

重要事件如下：

1994 年 11 月，人才中心在无锡召开“电力工业部职称工作座谈会”，并印发了会议纪要，提出在全国电力系统深化职称改革的思路。

1995 年 1 月，人才中心召开量化《电力工程中、高级技术职称评审条件（试行）》制定工作的第一次会议，为电力工业部、人事部联合下发“评审条件”确定了初步方案。1996 年 5 月，《电力工程中、高级工程师评审条件（试行）》在电力工业部副部长陆延昌的主持下通过终审。

1996 年 3 月 14 日，人才中心颁发《关于统一组织电力系统专业技术职务评聘外语考试实施办法》。1997 年 7 月，仿照全国外语统考（试点）的模式，首次组织国家电力公司系统职称外语统一考试。

1997 年 1 月 25 日，人才中心颁发《关于电力系统专业技术人员计算机水平考试工作的实施办法》。1997 年 5 月，首次举行电力系统专业技术人员计算机水平考试。

1997 年 4 月，人才中心召开“深化职称改革研讨会”，全面启动除工程外的经济、会计、统计、政工、新闻、翻译等系列评审条件的量化工作。

1998 年初，人事部批准国家电力公司作为全国唯一的企业完善专业技术职务聘任制度的试点单位。2 月 26 日，电力工业部、人事部联合下发《电力工程中、高级专业技术资格评审条件（试行）》。确定中国华中电力集团公司七个不同类型单位作为国家电力公司完善专业技术职务聘任制度的主要试点单位。

1999 年 8 月 26 日，人才中心颁发《关于深化职称改革、完善专业技术职务聘任制度的意见》，确定了“专业技术资格统一评定，专业技术职务自主聘任”的职称管理办法，标志着国家电力公司系统从 1999 年开始按照新的职称工作管理办法运作职称工作，全面完成人事部批准的企业深化职称改革试点任务。

1999—2000 年，根据人事部关于全面深化职称改革有关精神，人才中心将资格的评审工作由用人单位等多层评审转变为由国家电力公司设立的人才评价指导中心统一负责组织专业技术资格评定，取消专业技术资格的数量和是否在职的限制，排除论资排辈、迁就照顾以及地区差别等因素，向用人单位提供优质的人才评价服务。

2003—2009 年，人才中心在各级别、各专业系列均实行评委会开会评审方式，研究制定并实施《专业技术资格量化评审打分标准》，用以指导评委专家严格执行评审标准。其中，2006 年前，申报者采用纸质材料进行申报；2006—2012 年，申报者下载软件进行离线申报；自 2013 年起，申报者采用在线网上报名方式。资格审查和申报材料由所在单位初审，省公司（省级评价中心）进行复审，人才中心审查后，提交评委会评审。同时，当年度评委会评委专家由人才中心在专家库中随机抽取组成。

2005 年 3 月 18 日，人才中心收到国务院国资委《关于同意国家电网公司组建高级政工师任职资格评审委员会并授予评审权和审批权的批复》（国资政职〔2005〕1 号）。

2009 年以来，人才中心负责组织国家电网公司专业技术人员电力英语、计算机水平考试工作，每年参考人数约 3 万人，同时出版发行相应考试教材。

2018 年 12 月 13 日，人力资源和社会保障部发布《关于高级职称评审委员会备案的函》（人社专技司函〔2018〕240 号）文件，明确国家电网公司具备工程（正高、副高）、经济（副高）、会计（副高）、技工院校教师（副高）、档案（正高、副高）、卫生（正高、副高）、新闻（正高、副高）系列职称评审权。

2019 年 5 月 8 日，人才中心协助国家电网公司人资部制定印发《国家电网有限公司职称评定管理办法》（国家电网企管〔2019〕428 号）。同时，按照“放管服”改革工作要求，逐步下放中级职称评审权限。

2019 年 11 月 27 日，人力资源和社会保障部发布《关于高级职称评审委员会备案的函》（人社专技司函〔2019〕236 号）文件，明确国家电网公司具备经济（正高）、会计（正高）、技工院校教师（正高）系列职称评审权。

2020 年 12 月底，人才中心重新向人力资源和社会保障部备案了工程、经济、会计、技工院校教师、档案、卫生和新闻 7 个系列评审委员会，有效期三年，实现统一备案时间。

2021 年 8 月 31 日，人才中心协助国家电网公司人资部印发《国家电网有限公司中级职称自主评审工作规范》（人资培〔2021〕37 号）。

2022 年 3 月 10 日，人才中心组织完成《电力系统及其自动化》《输配电及其用电工程》《热能动力工程》《水能动力工程》职称考试辅导用书的编写、出版发行工作。

2022 年 3 月 22 日，为加强国家电网公司专业技术人才队伍培养，改进人才评价方式、提高人才评价的科学性和客观性，首次开展工程、档案、政工系列副高级职称考试工作。

（二）专家管理工作

从 1994 年成立起，人才中心就一直从事国家电网公司及其前身的专家人才管理工作，目前主要协助国家电网公司人资部完成国家级、省部级、公司级等各级人才遴选工作。国家级人才遴选主要包括国务院政府特殊津贴人员推荐、“百千万人才工程”国家级人选推荐、国家高层次人才特殊支持计划科技创新领军人才人选推荐、国家高层次人才特殊支持计划青年拔尖人才推荐、文化名家暨“四个一批”人才推荐、宣传思想文化青年英才推荐、国家高层次人才特殊支持计划人选推荐、全国杰出专业技术人才和专业技术人才先进集体推荐、中国青年女科学家奖与未来女科学家计划候选团队和个人推荐等；省部级人才遴选主要包括电力行业技能人才培育突出贡献单位和个人推荐、中国电机工程学会会士推荐、中国电机工程学会青年人才托举工程人选推荐等。

截至 2021 年，人才中心协助国家电网公司人资部完成国家电网公司四级四类近 1 万名人才的考评和推选工作。其中，国家级人才 404 名，包括两院（中国科学院和中国工程院）院士 7 名，国家有突出贡献的中青年专家 13 名，享受国务院政府特殊津贴专家 158 名，百千万人才工程国家级人选 28 名，国家高层次人才特殊支持计划 15 人，创新人才推进计划 6 名，中青年科技创新领军人才 11 人，中华技能大奖获得者 5 名，全国技术能手 68 名，全国青年岗位能手 65 名，其他专家 28 名；公司（省部、行业）级人才 8000 余名。

重要事件如下：

1995 年 8 月，人才中心首次推荐中国科学院、中国工程院院士候选人并获得成功，郑健超、薛禹胜、李鹗鼎、谢鉴衡 4 位专家当选中国工程院院士。

2011年前，人才中心调整、规范电力系统专家管理，按专业、分层次构建以专家队伍为主体的专业技术队伍。

2011年6月，国家电网公司下发《国家电网公司2011—2020年人才发展规划》，为全面落实《国家中长期人才发展规划纲要（2010—2020年）》，全面贯彻国家电网公司党组关于加强队伍建设的要求和部署，统筹规划人才队伍建设，为建设世界一流电网、国际一流企业提供强有力的人才支撑，首次以纲领性文件明确了“人才”的内涵，指出：在经营、管理、技术人员中，主要指具有中级及以上专业技术资格或专科及以上学历的人员；在技能人员中，主要指具有高级工及以上职业资格或具有专业技术资格的人员，为人才工作标准化、人才评价定量化奠定了基础。提出了“5312人才培养计划”，即新增50名左右的国家级优秀人才、3000名左右的紧缺专项人才、1000名左右的公司级优秀专家人才、2000名左右的公司级优秀技能人才。

2012年，国家电网公司下发《关于规范公司系统人才分级分类管理的意见》（人资〔2012〕684号），主要解决人才管理体系不规范，称号不统一，专业划分不清晰，人才选拔培养和晋级渠道不畅通等，首次明确四级四类人才定义：国家电网公司人才分为国家级、公司级、省公司（直属单位）级、地市公司级四个层级。国家级人才是指由国务院和国家有关部委组织评选产生、授予国家级人才称号的专家人才。公司级人才是指由国家电网公司总部统一组织，通过评选、考试、竞赛等方式选拔产生，授予公司级人才称号的专家人才。省公司级人才是指由省公司（直属单位）组织，通过评选、考试、竞赛等方式选拔产生，授予省公司（直属单位）级人才称号的专家人才。地市公司级人才是指由省公司（直属单位）负责统一组织，通过评选、考试、竞赛等方式选拔产生，授予地市公司级人才称号的专家人才。

2012—2014年，人才中心协助国家电网公司人资部组织选拔公司级科技领军人才、专业领军人才（第一批）、优秀专家人才、优秀专家人才后备、专业领军人才（第二批），在经过相应的培养期后，对各类专家人才进行年度考核评价。

2014年，国家电网公司制定《国家电网公司专业领军人才管理办法》《国家电网公司优秀专家人才管理办法》《国家电网公司优秀专家人才后备管理办法》等规定。

2021年9月26日，为全面贯彻中央人才工作方针，根据《中共国家电网有限公司党组关于加快人才高质量发展的意见》（国家电网党〔2020〕57号）要求，修订印发《国家电网有限公司专家人才管理办法（暂行）》（国家电网企管〔2021〕487号）。专家人才分为“三类五级”，其中“三类”指科技研发类、生产技能类和专业管理类；“五级”指公司级设中国电科院院士、首席专家，省公司级设高级专家，地市公司级设优秀专家，县公司级设专家。

2021年，协助国家电网公司科技部完成国家电网公司首批中国电科院院士、首席专家评选工作，推选国家电网公司首席专家35名，中国电科院院士3名。

（三）高校毕业生工作

从 1994 年成立起，电力工业部赋予人才中心负责毕业生就业指导工作和编制毕业生就业计划的职能，为电力行业人才输送工作持续提供智力支撑和技术保障。

自 2012 年以来，人才中心协助国家电网公司人资部开展高校毕业生统一招聘考试工作，承担历年国家电网公司高校毕业生招聘考试命题、考试大纲和行业与企业常识题库修订以及在京直属单位笔面试考务工作，全力服务国家电网公司人才队伍建设高质量发展，累计为国家电网公司选拔出 10 多万优秀员工。

从 2016 年起，考试命题由按专业成套命题转为“分模块命题、分试卷审核”的方式，实现组织精细化、管理数据化、命题规范化。

从 2017 年起，纸笔考试转变为上机考试，采用内网机考和外网机考两种形式，实现全部机考和标准化考场设置。

自 2020 年以来，人才中心全面贯彻落实国家电网公司“要把公开招聘与疫情防控要求统筹协调好”的重要批示，精准掌握疫情防控要求，采用“网省协同+异地借考”考点模式，全力保障考生“应考尽考”；坚持“人防和技防”并举、“严防和严打”并重，强化考务过程管理，增强监督检查力度，使公平公正贯穿高校毕业生招聘全流程。

历年高校毕业生考试情况详见表 4-8。

表 4-8　　历年高校毕业生考试情况

年份	批次	考试时间	考试形式	考试科目	备注
2013	1	2012 年 12 月 22 日至 24 日	纸笔考试为主，在京直属单位为内网机考	21	6 类 21 科，其中电工类分为电力系统及其自动化、高电压与绝缘技术、电力电子与电子传动，电子信息类分为信息与通信工程、电子科学与技术、计算机科学与技术，金融财会类分为金融学、保险精算、会计学，管理类分为人力资源管理、技术经济及管理、工程管理、其他管理专业，其他工学类分为材料学、机械工程、其他工学专业，其他专业类分为法学、内科学、外科学、影像医学与核医学、其他文理科专业
	2	2013 年 3 月 17 日		13	4 类 13 科，其中电工类分为 985、211 工程院校本科、独立学院本科、其他院校本科和专科，电子信息类分为计算机、通信、电子科学与技术、自动化，金融财务类分为金融和财务，其他类分为其他工学类、管理类和其他专业
	3	2013 年 5 月 25 日		6	电工类、计算机类、通信类、金融类、财会类、其他类（其他工学类、管理类和其他专业）
2014	1	2013 年 12 月 7 日	纸笔考试为主，内网机考为辅；在京直属单位为外网机考	8	电工类（研究生、本科、专科）、计算机类、通信类、金融类、财会类、综合类（其他工学类、管理类和其他专业）
	2	2013 年 3 月 22 日		8	

续表

年份	批次	考试时间	考试形式	考试科目	备　注
2015	1	2014 年 12 月 6 日	纸笔考试为主，内网机考为辅；在京直属单位为外网机考	9	电工类研究生、电工类本科、计算机类、通信类、金融类、财会类、其他工学类、管理类和其他专业，第一批不组织电工类专科考试
	2	2015 年 3 月 29 日		10	同上年度
	3	2015 年 5 月 31 日	内网机考为主，外网机考为辅	10	同上年度
2016	1	2015 年 12 月 6 日		9	命题组织方式由按专业成套命题转为分模块命题、分试卷审核
	2	2016 年 3 月 27 日		10	同上年度
	3	2016 年 5 月 29 日		10	同上年度
2017	1	2016 年 12 月 11 日	内网机考和外网机考相结合	10	同上年度
	2	2017 年 3 月 26 日		10	同上年度
2018	1	2017 年 12 月 10 日		15	其他工学类拆分为土木建筑类、机械动力类、自动控制类和环化材料类，管理类拆分为人力资源类、经济学类和管理科学与工程类
	2	2018 年 4 月 1 日		15	
2019	1	2018 年 12 月 9 日		16	其他专业拆分为法学类和直属单位小语种类
	2	2019 年 4 月 14 日		18	其他专业拆分为法学类、数学类、文学哲学类、直属单位小语种类
2020	1	2019 年 12 月 1 日		10	小专业合并为其他工学类、管理类和其他专业
	2	2020 年 7 月 5 日		10	同上年度
2021	1	2020 年 12 月 6 日		10	同上年度
	2	2021 年 4 月 18 日		10	同上年度
2022	1	2022 年 1 月 2 日		10	在京直属单位采用“网省协同+校企联动”考点模式，分散设立 20 个考点
	2	2022 年 7 月 4 日		10	首次在国家电网公司经营区域的 26 个省（区、市）采用考生就近借考形式

（四）订单培养

人才中心承担国家电网公司艰苦边远地区高校学生订单培养选拔考试的实施工作，督导高校实施电工类核心课程的教学培养方案，深入基层一线调研，掌握订单学员的工作状况。自 2014 年以来，依托东北电力大学、三峡大学、上海电力大学和长沙理工大学等高校，面向大四电工类、大三其他工学类和电子信息类本科生开展校园宣讲和选拔考试工作，为国网四川、蒙东、黑龙江、甘肃、青海、新疆、西藏电力等单位，累计选拔优秀人才近 400 人，扎根艰苦边远地区生产一线，为当地电网发展提供人力资源保障。作为校企合作的重要形式，国家电网公司订单培养工作对解决艰苦边远地区人才紧缺问题，起到了一定积极作用。

（五）教育培训

人才中心承担国家电网公司会计人员继续教育和专业技术人员继续教育学时折算工作，并积极开展职称评定政策及实务培训工作。

自 2020 年以来，人才中心共开展 19 家省公司职称评定政策及实务培训项目工作，培训学员近 10 万人。

2021 年 4 月，人才中心被国家机关事务管理局授予中央国家机关会计专业技术人员教育培训机构备案资质，成为国家电网公司会计人员继续教育的牵头管理单位，组织开展国家电网公司会计人员继续教育面授和网络培训工作，并完成国家电网公司经营区域省（区、市）内训备案工作。创新打造直播和学习交流平台，培训内容统一标准、按需施教，实现履职能力与国家电网公司经营战略深度融合，覆盖系统内 3000 余家单位 2.6 万财会人员，实现会计人员继续教育"内训资格、培训人员和培训内容"三个全覆盖工作目标，工作成效得到国家机关事务管理局高度认可。

2022 年，人才中心推进国家电网公司 3.3 万余名专业技术人员近三年继续教育学时折算工作，实现国家电网公司继续教育结果与职称评审对接。

（六）招聘选拔

人才中心积极、高效协助国家电网公司做好各类各级人才招聘工作，除承担国家电网公司全球高层次人才引进、总部竞聘、专业领军人才和优秀专家选拔及分部公开招聘工作外，还承担了部分省级电力公司、直属单位和地市公司内部竞聘工作的方案设计、笔/面试试题编制等，运用评价中心技术，累计完成 70 余个招聘选拔项目，服务人数近 5 万人。

历年招聘选拔重点项目情况详见表 4-9。

表 4-9　　历年招聘选拔重点项目情况

序号	项目名称	项目实施时间	工作内容
1	公司总部招聘特高压电网建设人才	2008 年 3—5 月	简历筛选、试题命制
2	公司招录北京奥组委工作人员	2008 年 9—11 月	信息发布、简历筛选、试题命制、考试通知、笔/面试实施
3	公司面向海内外招聘高层次人才	2009 年 2—5 月	信息发布、简历筛选、试题命制、考试通知、笔/面试实施
4	国网天津电力复员军人招聘	2009 年 11—12 月	试题命制
5	英大信托公司金融人才招聘	2010 年 7—8 月	信息发布、简历筛选、试题命制、考试通知、笔/面试实施
6	国电电力公推比选	2011 年 3—4 月	试题命制、笔/面试实施
7	总部面向公司系统公开招聘办公厅工作人员	2011 年 7—8 月	信息发布、简历筛选、试题命制、考试通知、笔/面试实施

续表

序号	项目名称	项目实施时间	工作内容
8	总部面向海内外招聘引进法律、金融领域高层次管理、专业人才	2011 年 7—10 月	信息发布、简历筛选、试题命制、考试通知、笔/面试实施
9	公司十大专业领军人才选拔	2012 年 3—5 月	经历业绩评价、试题命制、笔/面试实施
10	中国电力企业联合会公开招聘	2012 年 5—7 月	试题命制、笔/面试实施
11	公司优秀专家人才考试	2013 年 10—12 月	经历业绩评价、试题命制、笔/面试实施
12	面向公司系统公开招聘客户服务中心工作人员	2014 年 1—4 月	信息发布、简历筛选、试题命制、考试通知、笔/面试实施
13	公司中级专业技术资格考试	2015 年 5 月—2022 年 7 月	试题命制、笔试实施
14	国网西南分部面向公司系统公开招聘	2016 年 7—10 月	信息发布、简历筛选、试题命制、考试通知、笔/面试实施
15	国网湖北电力公开选拔考试	2018 年 6—9 月	试题命制、笔/面试实施
16	中国电机工程学会面向国网系统内、外公开招聘	2019 年 12 月—2020 年 6 月	信息发布、简历筛选、试题命制、考试通知、笔/面试实施
17	国网福建电力供电服务公司公开招聘	2020 年 7—9 月	试题命制
18	公司纪检中心岗位公开选拔考试	2021 年 6—8 月	试题命制、考试通知、笔/面试实施
19	公司五大分部系统内公开招聘	2021 年 10 月—2022 年 1 月	试题命制、考试通知、笔试实施

（七）管理咨询

人才中心专注电力系统人力资源研究，承担电力及相关企业人力资源科研和咨询项目，致力于专业化、定制化的人力资源咨询服务。自 2008 年起，结合国家电网公司战略定位和企业文化，自主研发了具有行业领先性的“国家电网公司现代企业选人用人管控平台”，有效改善和促进企业人力资本的开发，提升企业人力资源管理操作的效率和效果，提高企业管理水平和发展方式转变；建立了骨干通用胜任力模型和中层管理人员通用胜任力模型，并依据两层级通用胜任力模型自主研究“职业生涯在线诊断”和“管理序列差异化培训体系标准”科技项目及其后续推广应用方案，有效解决了招聘实施过程中的人为干扰，两层级的通用胜任力模型落地于省级电力公司各管理部门及岗位，以及时、科学、准确地为招聘与选拔提供量化的决策依据，实现人力资源的集约化管理，提高人力资源利用效益。项目科技成果已多次应用于国家电网公司高校毕业生招聘与各省公司及直属单位的招聘和干部竞聘项目。截至 2021 年，人才中心共为国网上海、浙江、天津、蒙东、甘肃、西藏等省级公司定制化开发 20 余项人才管理咨询项目，为各省公司专家人才梯队建设、专业知识考试题库建设、“青马工程”培养体系建设、管理职级与技术能级建设提供人力资源智库支撑。

（八）人才招聘会

人才中心发挥行业特点，打造“国家部委人才联合招聘会”品牌。自2006年起，人才中心与工业和信息化部人才交流中心等国家部委人才机构联合主办和协办了13届国家部委人才联合招聘会，以满足电力、建设、科技、电子、汽车等行业人才招聘需求，促进专业技术人才合理流动。

人才中心勇担社会责任，开展校园专场招聘工作。自2007年起，已连续举办了19届全国电力人才招聘大会，设置12所校园招聘基地（华北电力大学、东北电力大学、上海电力学院、武汉大学、三峡大学、山东大学、南京工程学院、西安理工大学、北京交通大学、重庆大学、长沙理工大学、福州大学），17个高校巡回站点，参会单位共计5000家次，参会代表8000多人次，发布毕业生招聘岗位55000多个，合计吸引近20万学生现场投递简历，构建了涵盖开设电力相关专业的高校密集城市的全国电力人才大市场，为电力企业、高校和应聘者搭建了良好的沟通渠道和人才供需平台。

（九）人事档案管理

人才中心承接单位委托存档相关业务。1995年3月，颁发《电力系统人才交流暂行规定》和《电力系统流动人员人事档案管理的暂行规定》。自2014年起，开展人事档案整理、专项审核业务，为多家委托存档单位分类整理人事档案1800多份，专项审核1000余份。截至2019年6月，共有委托存档单位70家，存放3000余份人事档案，服务多家单位及个人的户口迁入转移工作。2019年，人才中心事改企后，暂停本业务。

（十）人才派遣

2008年起，人才中心承接委托单位人才派遣相关业务，累计服务20多家单位、500多人，包括新员工入职签订劳务合同、办理离职手续、社保代缴、工资核算代发等相关服务。因工作调整，于2017年6月暂停本业务。

（十一）校企合作

2007年1月，人才中心联合华北电力大学、东北电力大学、三峡大学、上海电力学院发起成立了“电力人才网络联盟”，搭建电力人才供需交流平台，推动校企融合发展，实现校企共赢。自2019年起，电力人才网络联盟更名为“电力人才就业论坛”，现有国家电网公司系统内单位、发电集团下属单位等36家企业，以及清华大学、华北电力大学等45家高校，共计81家单位，基本覆盖全国主要电力企业和开设电力相关专业的高校。截至2022年，人才中心已主办了17届电力人才就业论坛及毕业生供需信息交流会，构建了校企双方紧密合作的育人、选人、用人、留人新机制，成果得到人力资源和社会保障部、教育部的充分肯定。

历届电力人才就业论坛及毕业生供需信息交流会情况详见表4-10。

表 4-10 历届电力人才就业论坛及毕业生供需信息交流会情况

名称	论坛会	时间	地点	承办方	协办方	会议主题	关键词
首届论坛	正式会	2007 年 1 月 16—17 日	北京	华北电力大学		探讨人才开发、人才培养和人才使用的新模式	重逢
第二届论坛	正式会	2007 年 12 月 20—22 日	上海	上海电力学院		成立“电力人才网络联盟”	平台
第三届论坛	预备会	2008 年 6 月 12—14 日	吉林	东北电力大学		确定“电力人才网络联盟”章程	章程
	正式会	2008 年 11 月 5—7 日	宜昌	三峡大学	国网湖北电力		
第四届论坛	预备会	2009 年 6 月 12—13 日	南京	南京工程学院		公布首批“电力人才网络联盟”校园招聘基地	校园招聘基地
	正式会	2009 年 11 月 5—7 日	济南	山东大学	国网山东电力		
第五届论坛	预备会	2010 年 6 月 11—12 日	长沙	长沙理工大学		行业发展战略和人才的选拔与使用	校园招聘巡回
	正式会	2010 年 10 月 20—22 日	吉林	东北电力大学	国网吉林电力		
第六届论坛	预备会	2011 年 5 月 26—27 日	西安	西安理工大学	国网陕西电力	创新电力人才培养模式 提升电力企业新竞争力	信息系统
	正式会	2011 年 10 月 26—28 日	北京	北京交通大学	国网北京电力		
第七届论坛	正式会	2012 年 10 月 26—27 日	长春	长春工程学院	国网吉林电力	创新电力人才培养模式 开展“安培人才教育培养计划”	培养模式
第八届论坛	预备会	2013 年 7 月 12—13 日	鄂尔多斯	鄂尔多斯电业局	内蒙古电力（集团）	扎根基层历练 促进供需双赢	扎根基层
	正式会	2013 年 10 月 25—26 日	沈阳	沈阳工程学院	国网辽宁电力		
第九届论坛	预备会	2014 年 7 月 10—12 日	乌鲁木齐	国网新疆电力		推进校企联合培养 打造学生实训基地	联合培养
	正式会	2015 年 1 月 8—10 日	广州	华南理工大学			
第十届论坛	预备会	2015 年 7 月 9—11 日	南昌	国网江西电力		推动“互联网+就业”的校企合作新模式	互联网+就业
	正式会	2015 年 10 月 22—24 日	太原	山西大学	国网山西电力		
第十一届论坛	预备会	2016 年 7 月 20—22 日	满洲里	国网蒙东电力		创新精准就业方式 合力促进校企联动	精准就业
	正式会	2016 年 10 月 12—14 日	福州	福州大学	国网福建电力		

续表

名称	论坛会	时间	地点	承办方	协办方	会议主题	关键词
第十二届论坛	发展与规划研讨会	2017 年 4 月 27—28 日	连云港	国网江苏电力		推动校企合作深度融合	入企实训
	正式会	2017 年 10 月 13—14 日	南京	南京工程学院	国网江苏电力		
第十三届论坛	预备会	2018 年 7 月 20—21 日	西宁	国网青海电力		深化产教融合 校企协同育人	《能源互联网时代人才招募白皮书》
	正式会	2018 年 10 月 15—16 日	长沙	长沙理工大学	国网湖南电力		
第十四届论坛	预备会	2019 年 7 月 26—27 日	成都	国网四川电力		基于泛在电力物联网建设推进产教融合人才培养	智力支撑
	正式会	2019 年 10 月 11—13 日	宜昌	三峡大学	国网湖北电力		
第十五届论坛	预备会	2020 年 9 月 15—16 日	呼和浩特	国网蒙东电力		基于“六稳”“六保”稳岗扩就业新形势，谋新篇开新局	“六稳”“六保”
	正式会	2020 年 10 月 23—24 日	西安	西安理工大学	国网陕西电力		
第十六届论坛	预备会	2021 年 7 月 23—24 日	林芝	国网西藏电力		深入贯彻新发展理念 服务新发展格局 推动人才高质量发展	专项调研

（十二）《电力人力资源》杂志

《电力人力资源》（原名《人事劳动教育工作信息》）创刊于 1994 年 2 月，系电力系统人事劳动教育工作指导刊物，由当时的电力工业部人事劳动教育司、电力系统人才研究会和电力工业部人才交流服务中心共同主办，日常编印由电力工业部人才交流服务中心负责。2003 年电力体制改革后，该杂志改由国家电网公司、南方电网公司、五大发电集团、国家电投、中国电建、中国能建、电力系统人才研究会和国家电网公司人才交流服务中心等联合主办。2008 年第六期起更名为《电力人力资源》，前后刊名均由电力工业部史大桢部长题写。《电力人力资源》以国家人力资源工作的方针、政策为主导，定位系统内人力资源工作，聚焦专业前沿理论和管理实践，传播电力企业人力资源开发与管理的创新思路、新举措和丰硕成果，提供行业人力资源全新管理理念和解决方案。

三、工作业绩

1999 年 3 月，被北京市人才交流协会评为 1998 年度先进集体。

2013 年 11 月，被北京人力资源服务行业协会评为北京市人力资源诚信服务示范单位。

2014 年，被北京人才服务机构等级评定委员会评为 AAA 级单位。

2015 年，被北京人力资源服务行业协会评为北京市市级“枢纽型”社会组织。

2015 年 11 月 6 日，《中国电力人才网 IT 运维自动化系统的研究与应用》荣获国家电网公司职工技术创新优秀成果奖三等奖。

2016 年，荣获全美在线（ATA）中国企业选才大奖：卓越选才单位 TOP50、最佳企业人才发展奖。

2017 年 8 月，被国家电网公司党组授予国家电网公司文明单位（2014—2016 年度）荣誉称号。

2018 年，被评为国网能源研究院有限公司企业文化建设示范点；被中共国网能源研究院有限公司委员会授予“职能管理党员先锋岗”荣誉称号；荣获 ATA 中国选才大奖：最具影响力大奖。

2019 年 10 月，被评为国家电网公司企业文化建设示范点并通过验收。

2020 年，被国家电网公司办公室授予国家电网有限公司“十三五”档案工作突出集体荣誉称号。

2021 年，被国家电网公司党组授予国家电网公司文明单位（2017—2020 年度）荣誉称号。

2022 年，荣获国网能源院“我心中的清正廉洁”主题文化作品活动最佳组织奖和 5 个优秀作品单项奖。

第四节 国网（苏州）城市能源研究院有限责任公司

国网（苏州）城市能源研究院有限责任公司（简称“城市能源院”）于 2017 年 8 月正式挂牌成立，是我国首个城市能源研究院。城市能源院按照国家电网公司党组确定的“高端智库、技术研发、市场示范、产业孵化、国际合作”五项职能定位，以高端智库与国际合作双重驱动的能源产业创新孵化平台为目标，加快建设高端智库平台、产业孵化平台、国际合作平台。

一、历史沿革

2016 年 6 月至 10 月，国网能源研究院受国网江苏省电力公司和苏州市人民政府的委托，开展“苏州建设国际能源变革发展典范城市”相关研究。10 月，在第二届国际能源变革论坛召开期间，苏州市人民政府、国网江苏省电力公司、国网能源研究院联合公开发布《苏州建设国际能源变革发展典范城市战略构想白皮书》。11 月，苏州市人民政府向国家电网公司发函，邀请在苏州设立城市能源高端专业机构，进一步支持苏州建设国际能源变革发展典范城市。

2017 年 2 月，国网江苏省电力公司、国网能源研究院联合向国家电网公司提交《关于开展国网（苏州）城市能源研究院（国网能源研究院苏州分院）筹建工作的请示》。国家电网公司董事长舒印彪原则同意并作出相关批示。国家电网公司副总经理王敏组织召开专题协调会，明确了国网（苏州）城市能源研究院（国网能源研究院苏州分院）采用“长远定位、分期建设、依法设置、委托管理、市场运营”的发展原则。

2017 年 3 月 9 日，国家电网公司董事长舒印彪主持召开国家电网公司 2017 年第八次党组会议，原则上通过国网（苏州）城市能源研究院有限责任公司（国网能源研究院苏州分院）筹建工作方案。4 月 17 日，国家电网公司下发《国家电网公司关于设立国网（苏州）城市能源研究院有限责任公司、国网能源研究院苏州分院的通知》（国家电网人资〔2017〕319 号），明确城市能源院注册方式、出资比例、治理结构、工作职责、机构编制和用工方式，其中国网江苏省电力公司股权占比 45%、国网能源研究院股权占比 35%，苏州市人民政府股权占比 20%，国网能源研究院是城市能源院的委托管理单位，在国网江苏省电力公司采用计划单列方式并表。

2017 年 4 月 27 日，国家电网公司下发《关于推荐国网（苏州）城市能源研究院有限责任公司董事长、总经理人选的意见》（国家电网任〔2017〕45 号），推荐国网能源研究院院长张运洲为国网（苏州）城市能源研究院有限责任公司董事、董事长（法定代表人）人选，国网能源研究院副院长李伟阳为总经理（院长）人选。国网江苏省电力公司党委推荐公司副总经理张龙、公司副总经理兼国网苏州供电公司总经理韩冰为董事人选。

2017 年 5 月 3 日，苏州市人民政府与国网江苏省电力公司、国网能源研究院签署关于共同组建国网（苏州）城市能源研究院有限责任公司的合作协议。同日，国网（苏州）城市能源研究院有限责任公司召开第一次股东大会和一届一次董事会。选举张运洲担任公司董事长，选举张龙担任公司副董事长；聘任李伟阳为城市能源院总经理（院长）；聘任陆惠斌担任常务副总经理（常务副院长），聘任郭磊担任副总经理（副院长），聘任奚巍民担任副总经理（副院长）。

2017 年 5 月 8 日，国网（苏州）城市能源研究院有限责任公司、国网能源研究院苏州分院在苏州高新区注册。

2017 年 8 月 10 日，在苏州召开国网（苏州）城市能源研究院有限责任公司、国网能源研究院苏州分院成立大会。国家电网公司董事长舒印彪和中共江苏省委常委、苏州市委书记周乃翔共同揭牌。

城市能源院成立初期，根据《国家电网公司关于设立国网（苏州）城市能源研究院有限责任公司、国网能源研究院苏州分院的通知》（国家电网人资〔2017〕319 号），编制了《国网（苏州）城市能源研究院有限责任公司组织机构设置方案》，设置职能部门 1 个、业务所 2 个，分别是综合管理部、城市能源战略与规划研究所、能源产业与国际合作研究所，见图 4-4。

2017 年 6 月 2 日，经城市能源院一届二次董事会审议通过，聘任王平为城市能源院副总经理（副院长）；聘任郭磊任城市能源战略与规划研究所所长（兼）；聘任奚巍民任能源产业与国际合作研究所所长（兼）；聘任金颋任综合管理部主任兼财务负责人；聘任孙强任城市能源战略与规划研究所副所长；聘任杨尚东任能源产业与国际合作研究所副所长。

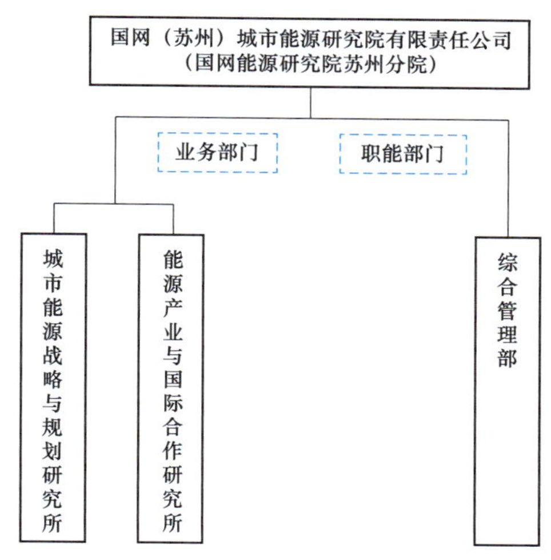

图 4-4　2017 年国网（苏州）城市能源研究院有限责任公司机构设置

2018 年 10 月 26 日，为促进城市能源院快速发展，进一步聚焦研究领域、强化科研管理、加快人才培养，城市能源院决定在研究所下设业务中心，分别为城市能源战略研究中心、城市能源数据研究中心、城市能源规划咨询中心、城市能源产业技术中心和综合能源服务设计中心，见图 4-5。

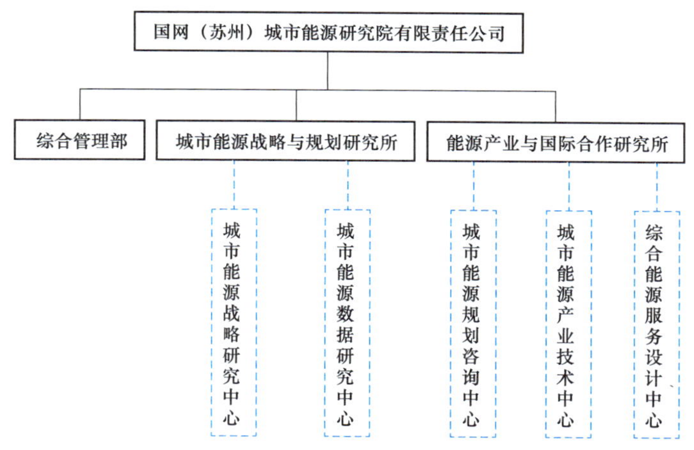

图 4-5　2018 年国网（苏州）城市能源研究院有限责任公司机构设置

2018 年 12 月 28 日，聘任陈辉任能源产业与国际合作研究所副所长，杨尚东任能源战略与规划研究所副所长，孙强任能源产业与国际合作研究所副所长。

2019 年 4 月 11 日，城市能源院收购国网江苏电力设计咨询有限公司 49%股份，国网江苏电力设计咨询有限公司成立苏州综合能源规划设计分公司，分公司委托城市能源院管理。

2020 年 8 月 27 日，城市能源院的股东按照原有比例，增加注册资本至 2.07 亿元。2020 年 8 月 28 日，城市能源院举办成立三周年工作会，开启高端智库与产业孵化并重的新征程。

2021 年 1 月 13 日，城市能源院取得电力行业（送电工程、变电工程）设计与总包资质；2 月 24 日，通过苏州市瞪羚培育企业认定；11 月 30 日，获得国家高新技术企业认定。2022 年 1 月 20 日，通过能力成熟度模型集成（CMMI）国际软件标准化体系三级认证。

2021 年 7 月 2 日，为了适应新阶段发展需要，建立更为灵活高效的业务组织模式，城市能源院优化了业务中心设置以及人员安排。在综合管理部下设置两个中心，分别为品牌发展中心和财务管理中心，城市能源战略与规划研究所下原业务中心调整为城市能源战略研究中心、城市能源产业孵化中心，能源产业与国际合作研究所下原业务中心调整为城市能源规划咨询中心、城市能源产业技术中心、综合能源设计研究中心，见图 4-6。

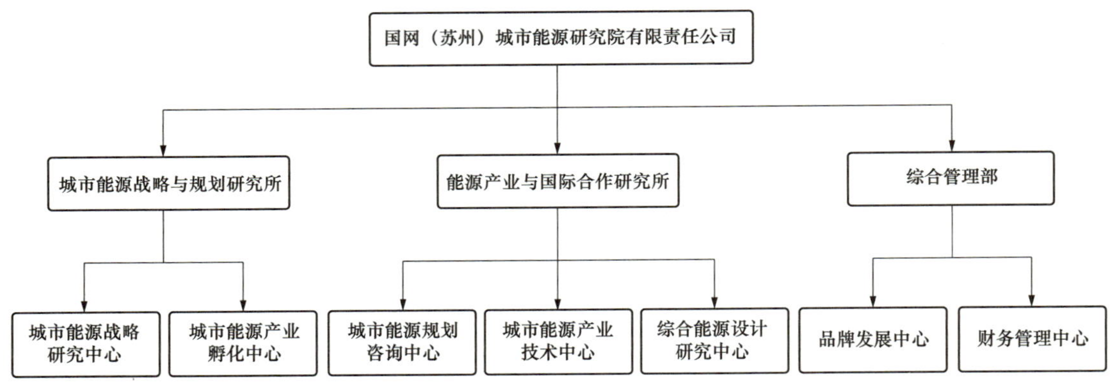

图 4-6　2021 年国网（苏州）城市能源研究院有限责任公司机构设置

2022 年 8 月 3 日，根据国家电网有限公司《关于调整国网（苏州）城市能源研究院管理模式的通知》（国家电网人资〔2022〕474 号），城市能源院交由国网江苏省电力有限公司管理。

2023 年 6 月，国网能源研究院有限公司苏州分院注销。

二、业务范围

（一）研究咨询业务

城市能源院聚焦城市能源革命整体解决方案战略倡导者、规划引领者、实践推动者的定位，主要研究业务包括城市级能源发展战略规划、区县和园区级综合能源规划、行业级综合能源服务解决方案咨询。

城市级能源发展战略规划业务。具体包括城市能源发展规划研究、城市碳达峰碳中和路径战略研究、城市能源互联网规划研究、城市新兴能源产业发展战略研究、综合能源服务战略研究、能效与电能替代研究等。承担的主要项目包括国家能源局委托重点咨询项目“城市与农村能源革命模式与路径研究”“雄安新区智慧能源系统规划建设关键技术研究及应用”，苏州市人民政府委托项目“苏州市‘十四五’综合能源规划”“2050 年苏州净零排放路径研究”，昆山市人民政府委托项目“昆山市‘双碳’路径研究”等。

区县和园区级综合能源规划咨询业务。具体包括区县综合能源系统规划、园区综合能源系统规划、新型电力系统研究、配电网发展规划、城市电动汽车充电设施规划，以及相关的规划工具研发和应用。承担的主要项目包括“江苏新型电力系统发展战略研究”“汾湖高新区‘十四五’综合能源规划研究”“吴中区‘十四五’能源综合利用发展规划”“苏州相城区高铁新城能源互联网规划研究”“电动汽车发展态势评价及对能源电力供需影响分析方法研究”等。

行业级综合能源服务解决方案研究。具体包括公共建筑、高校、医院、港口等典型行业综合能源服务解决方案研究，以及工业余热梯级利用解决方案研究、新型储能解决方案研究、分布式能源站解决方案研究等。承担的主要项目包括“大工业用户储能系统应用潜力及业务模式研究”“公共建筑能效评价体系研究”“用户侧冷热电综合储能经济性建模分析研究”“港口智慧能源顶层设计研究”“医院综合能源服务整体解决方案研究”等。

（二）综合能源设计业务

为了将城市能源革命的主要思想和设计理念贯穿到基础理论研究、整体方案研究、示范项目实施的全过程，城市能源院从 2021 年逐步开展综合能源设计业务。设计业务的方向是在新型基础设施、绿色建筑、智慧交通、生产生活等方面展示新一代社会用能形态，主要业务领域涵盖工程咨询、工程设计以及设计—采购—施工（EPC）总承包。

工程咨询与设计业务。具体包括综合能源服务工程、新能源工程、新型基础设施建设工程、绿色建筑工程、智慧交通工程等相关咨询与设计工作。承担的项目包括“利星行零碳智慧园区用户侧储能示范项目设计咨询”“昆山南星渎绿能 E 站设计”“昆山利星行低碳智慧能源设计”“姑苏实验室综合能源系统设计”等。

EPC 总承包业务。具体包括综合能源服务工程总承包、送变电工程总承包、新能源及分布式能源工程总承包、电能替代工程总承包、智慧能源工程总承包。承担的项目包括“狮山公寓变电所改造提升工程 EPC 总承包”等。

（三）产业孵化业务

城市能源院以吸引、集聚、放大社会创新资源为主要方式，积极开展能源产业创新孵化赛道布局，通过与高校、科研单位、社会企业、金融机构等成立创新载体，积极探索股权投资、合资合作等多种孵化模式，主要以参股方式跟踪、引导、推动高端能源技术装备升级。已开展的孵化工作包括合资成立中碳峰和（江苏）信息科技有限公司，与深圳芯能半导体技术有限公司签订战略合作协议，与英大资本管理有限公司、贵阳市城市建设投资有限公司等多家能源企业签订战略合作备忘录等。

紧密围绕新型电力系统建设，城市能源院在大规模储能、大功率半导体核心组件、能源数字化产品等赛道，储备一批孵化企业和孵化项目。围绕低品位热能高质量利用、光伏建筑一体化、能源互联网与工业互联网融合等方向，牵头实施沙钢余热发电、东吴黄金光储直柔、北京临空经济区电热协同等一批示范项目。

三、工作业绩

城市能源院自成立以来，积极探索实践“四个革命、一个合作”能源安全新战略在城市落地，推动各项任务扎实落地，高端智库建设成果丰硕。

截至 2021 年底，城市能源院累计开展研究项目近 200 项，包括国家自然科学基金项目、国家能源局重大规划课题、科技部中德合作项目、中国科学院重大战略咨询项目等国家级课题 6 项，国家电网公司重大科技示范项目、重大战略课题、科技项目等 10 项，与美国劳伦斯伯克利国家实验室、美国国家可再生能源实验室、德国国际合作机构、国际可再生能源署、世界银行等共同开展国际合作研究项目 8 项。发表学术论文 104 篇，专业文章 200 余篇，其中 SCI 索引 1 篇、EI 索引 11 篇、中文核心期刊 12 篇；申请专利受理 46 项，获得发明专利授权 3 项，实用新型专利授权 7 项；软件著作权授权 17 项；发表专著 4 本。

（一）形成整体解决方案

按照“城市能源革命整体解决方案的战略倡导者、规划引领者、实践推动者”的高端智库定位，建立了包括城市级、区县级、园区级、行业级的城市能源变革整体解决方案。在城市层面，形成了能源革命驱动城市高质量发展战略框架、城市综合能源系统规划、城市能源互联网规划框架、城市“双碳”路径规划等战略研究咨询产品，受各级地方政府委托承担了多项战略规划项目。在区县和园区层面，形成了综合能源系统规划设计方案，完成了 8 个园区的综合能源规划设计，开发了园区综合能源系统规划工具。在行业层面，形成高校、医院、公共建筑、港口等行业级综合能源服务整体解决方案，提出了覆盖工业、建筑、交通、新型能源基础设施的综合能源服务示范项目建设方案，策划实施了光储直柔一体化、工业余热利用等示范项目，持续开发综合能源系统规划工具、城市重要负荷分析、城市碳流分析等多个软件，实现园区综合能源系统规划在江苏省电力有限公司能源云网的部署。

（二）强化成果落地转化

受南京、苏州、常州、无锡等地方政府委托，牵头编制《苏州市能源发展“十四五”规划》《吴中区“十四五”能源综合利用发展规划》等多项政府规划文件，受托开展了“相城区高铁新城能源互联网规划研究”“昆山‘双碳’路径研究”等专项研究 12 项，部分研究成果已由政府公开发布。

（三）公开发布重要报告

向社会公开发布国内首份《中国城市能源报告》，与中国能源报联合发布《中国城市能源变革指数》，联合常州市人民政府发布《常州高铁新城能源互联网规划方案》，与中国社会科学院联合编制《能源蓝皮书（2021）：中国能源发展前沿报告》。

（四）建立国内外合作网络

支撑苏州市人民政府联合筹办两届国际能源变革论坛，主办城市能源分论坛。2021年，苏州市人民政府在城市能源院设立国际能源变革论坛承办办公室，城市能源院将持续开展国际能源变革论坛的品牌化运作。通过签署合作备忘录、组建联合研究团队等方式，与美国劳伦斯伯克利国家实验室、美国国家可再生能源实验室、德国能源署、德国国际合作机构等国际组织建立了良好的合作关系。与人民日报社《中国能源报》联合倡议发起中国城市能源变革产业发展联盟。

城市能源院代表性成果获奖情况、知识产权具体情况见表4-11和表4-12。

表4-11 代表性成果获奖情况

序号	获奖年份	项 目 名 称	获 奖 情 况
1	2020	城市能源互联网功能形态及枢纽作用研究	国网能源院科技进步奖（管理咨询类）一等奖
2	2020	以智能电网为核心的同里新能源系统规划及能源智慧化管理顶层设计	江苏省电力科学技术进步三等奖
3	2021	基于大数据和人工智能的城市能源系统监测和管理技术及示范应用	国网能源院科技进步奖（科技开发类）二等奖
4	2022	城市能源互联网模拟分析模型与综合评价技术研究	国网能源院科技进步奖（科技开发类）特等奖

表4-12 知识产权具体情况

专利
一种考虑灵活性的城市配电网双层规划方法
一种考虑不确定因素的智能配电网网架规划方法
一种城市电能替代量预测方法及装置
一种基于实时电价的电力弹性负荷柔性调节方法
包含双级需求侧响应的园区综合能源系统优化运行方法
一种考虑多类型热泵的多能微网效率效益评估方法
一种区域综合能源服务系统投资潜力评估方法
并网型甲醇重整氢燃料电池系统（已授权）
基于K-Means聚类算法的工业用户储能建设研判方法
一种甲醇水重整制氢的测试平台（已授权）
一种甲醇和水蒸气重整制氢气装置（已授权）

续表

专利
一种智慧城市照明灯杆（已授权）
一种家用智能开关装置（已授权）
一种基于可再生能源的城市智慧停车装置
一种智慧能源管理控制装置（已授权）
一种智能化电动汽车充电桩
一种资源预留备用池构建方法及构建系统
建筑群内多类型电力弹性负荷联合调节方法
电力负荷预测方法
非侵入式负荷监测方法
抑制甲醇重整氢燃料电池并网自启动冲击电流的控制方法
一种富余电网资源支持气网调度的决策支持系统及方法
基于放宽约束的电网扩容规划系统及方法
一种计及热网动态特性的城市热电综合能源系统调度方法
一种城市综合能源集群用户响应能力的确定方法及系统
一种考虑网络多能流的电、热、气耦合园区综合能源系统运行优化方法
通用暖通空调设备模型自动化辨识方法及系统
用于支撑多格式统计年鉴数据抓取的映射表格计算方法
基于时间相关性的工业系统时延确定及受控量预测方法
基于改进物元可拓模型的区域能源互联网综合评价方法
一种综合刻画源荷两侧不确定性的二维分箱方法
动态评估系统备用需求的评估方法及系统
基于单层 LMDI 的省级碳排放量影响因素评估方法
一种光储直柔建筑电热协同控制方法
一个考虑源荷侧双重不确定性的跨区域功率与备用协同优化模型
一种冷热电联供型微电网动态环保经济方法
一种基于 PDCA 循环模型的能源企业碳资产管理框架
一种基于管理活动的能源企业碳资产管理策略
一种数据中心蓄冷蓄热综合节能系统及其调控方法
一种基于数据中心的余热利用系统
一种分体式空调集群智能节能控制方法及系统
一种城市级电动汽车充电基础设施规划方法及系统
一种典型园区能源互联网项目二氧化碳排放测算及二氧化碳排放预测方法
一种园区综合能源系统多类型储能设备协调运行策略优化方法

续表

软件著作权
基于灰色理论的电动汽车数量预测平台 V1.0
城市用户综合用能方式的效益分析和评估软件 V1.0
城市用户智能用电行为协调优化及服务模式创新软件 V1.0
国网（苏州）城市能源 K-Means Clustering 负荷聚类软件 V1.0
园区综合能源系统运行优化仿真程序软件 V1.0
多类建筑群负荷柔性调节仿真软件 V1.0
国网城市能源综合储能系统优化配置软件 V1.0
城市能源需求预测及能源系统优化 V1.0
考虑配用电新业务容纳能力的关联分析系统 V1.0
城市多源数据接入及融合预测平台 V1.0
城市能源互联网运行模拟系统 V1.0
城市能源互联网效益综合评估系统 V1.0
综合能源系统优化规划平台 V1.0
国网建筑冷暖系统设计分析软件
空调智慧节能管理系统软件
综合能源系统优化规划平台
城市重要负荷能源系统分析软件

第五节 研究成果转化应用

一、研究成果转化

（一）《能源研究观点·专报》

国网能源院立足企业高端智库定位，持续聚焦国家电网公司改革创新、能源电力转型发展等重大课题，深入开展研究论证和量化分析，以高质量成果服务国家电网公司和能源电力行业科学发展。国网能源院充分发挥专业优势和专家优势，及时将研究成果以论文、文章等形式发表，配合媒体解读能源和电力行业热点、焦点问题。为集中展示国网能源院的专业观点，国网能源院定期编辑发放《能源研究观点·专报》。

《能源研究观点·专报》创刊于 2009 年，由国网能源院办公室主办，作为内部刊物不定期印刷发放，至 2022 年 7 月已印发 150 余期。

《能源研究观点·专报》文章的研究领域主要包括能源电力发展与能源经济、能源体制机制与政策、电网发展与管理决策、企业发展与管理决策等。主要栏目包括“能源观察”“行业分析”“媒体关注”“经营管理”“海外视野”“能源院工作动态”等。《能源研究观点·专报》发送单位包括中共中央办公厅、国务院办公厅、国家能源局等国家行政机关，以及国家电网公司总部、各网省公司及各直属单位，为传播、宣传国家电网公司观点、国家电网公司声音作出了积极贡献。

（二）能源观察网

能源观察网是国网能源院立足能源研究智库和交流平台的功能定位，依托多年积累的研究优势和信息优势，建设的一个专业性、非营利性网站。2010 年正式上线运行“能源观察”，2019 年 3 月更名为“能源观察网”。目前，能源观察网由能源互联网研究所负责网站编辑与维护，国网能源院各实验室、青年研究团队、杂志社各有一名联络人进行协助。

2010 年“能源观察”上线运行，其主要内容包括能源经济政策、国内外能源行业趋势与热点问题信息采编，辅以国网能源院专家观点文章，为政府部门、研究/投资机构、能源企业、专家学者及关注能源行业发展的各界人士提供有价值的信息参考。

2017 年，为打造世界一流能源智库提供支撑，国网能源院研究决定完善“能源观察”功能架构，积极适应新型智库和新媒体的发展特点，创新运营机制，制定可持续的运维方案，以保障能源观察网高效稳定运营，使其成为国网能源院提高智库影响力的重要渠道。按照新的发展思路，立足专业化定位，加大对国网能源院研究成果和专家观点的宣传力度，完成了首页版面的调整。网站调整完善从新型智库特点出发，适应新媒体特点，以平台化、一体化、议题化为运营思路，借鉴能源观察网以往的建设运维经验，提高网站的可阅读性、可持续性，提升运维和使用人员的积极性。具体做法：

一是平台化构建。能源观察网运营内容主要是建立观点、信息的编辑、审核、发布工具及相关机制，提供便捷的观点发布渠道，使科研人员可以很方便地利用能源观察网发布研究成果。

二是一体化应用。网站内容以国网能源院内相对成熟且流程化的成果为素材，从已有工作中提取发布内容，形成研究、宣传一体化。

三是议题化运营。以热点议题集中发声需求为网站运营的内生动力，集中组织编排，发出智库声音，扩大影响力。

调整后，网站定位更加突出国网能源院对外发声和交流的功能，成为国网能源院对外宣传研究成果、推广智库软实力的主要渠道，国网能源院专家学者对外展现思想、回应热点问题的重要平台，以及国网能源院内研究平台、实验室、智库产品的对外展示及推广门户。网站主要内容包括：一是专家观点，主要内容包括国网能源院研究人员在期刊报纸发表的文章、采访与论坛发言、能源热点问题评述、研究成果主要观点等；二是行业新闻，主要内容包括能源电力行业发展、企业发展、政府政策动态；三是能源论坛，主要内容包括国网能源院组织或参加的各类学术会议、论坛、沙龙等情况，提供会议信息及会议简讯。

（三）《国网内参》《国家电网专报》和《研究专报》

专报、内参是智库研究成果转化的重要途径，也是彰显智库决策支撑价值的重要载体。按报送途径分，主要包括办公室归口管理的《国家电网专报》和《国网内参》，以及办公室、科研发展部分头归口管理的《研究报告》等。

其中，《国家电网专报》通过国家电网公司办公室上报中共中央办公厅、国务院办公厅、国务院国资委等，重点围绕党中央、国务院及其他上级部门关注的重点，开展能源电力行业重大问题研究；围绕国家电网公司改革发展取得的成效、面临的问题，提出相关意见建议。《国网内参》通过国家电网公司办公室报送公司党组及相关领导，重点开展国家和地方重要政策、法规、文件解读分析，宏观经济形势分析和动态研判，能源领域发展情况及趋势研究等，为国家电网公司改革发展提供建议和策略。科研发展部归口管理的《研究专报》通过国家电网公司研究室报送公司党组及相关领导，主要依托重大战略课题，及时提炼上报相关研究成果；办公室归口管理的《研究专报》，直接报送国家电网公司分管领导，主要依托国网能源院开展的重大研究，为国家电网公司党组提供参考信息和决策建议。

截至 2020 年底，配合完成《国家电网专报》200 余篇；撰写或配合完成《国网内参》近百篇；撰写报送《研究专报》200 余篇，基本获得国家电网公司领导批示或圈阅。信息工作总积分常年位列国家电网公司系统前茅，为国家电网公司决策部署、向政府部门反映成绩和诉求、争取有利政策支持提供了有力支撑。

二、研究成果推广应用

（一）举办“能源·电力·发展”论坛

2010 年 1 月 30 日至 31 日，国网能源院在北京举办首届“能源·经济·发展”论坛，150 多名领导、专家和代表围绕电网与新能源发展主题，共同探讨能源及电力工业科学发展的重大问题。国家能源局副局长吴吟，国家电网公司副总经理、党组成员舒印彪出席会议并讲话。国家能源局发展规划司司长江冰作了题为《推动我国能源科学发展的几点思考》的主旨发言、清华大学低碳能源实验室主任、清华大学副校长何建坤作了题为《全球应对气候变化形势下的能源技术创新》的主旨发言。

2010 年 10 月 30 日，国网能源院在北京举办第二届“能源·经济·发展”论坛，这次论坛的主题是“‘十二五’电力及能源发展方式转变”。近 300 名领导、专家和代表出席论坛，共同研究探讨“十二五”能源电力领域的重大问题，深入交流相关研究成果和专家见解。国家能源局副局长吴吟，国家电网公司副总经理舒印彪、王敏出席论坛，吴吟副局长、舒印彪副总经理在主论坛分别作主旨演讲，王敏副总经理致开幕词。

2011 年 10 月 23 日，国网能源院在北京举办第三届“能源·经济·发展”论坛，这次论坛的主题是“能源新格局与电力角色”。170 多名领导、专家和代表出席论坛，共同分析未来我国能源电力发展面临的新形势，探讨热点、难点问题和应对思路，深入交流研究成果和专家观点。国家能源局副局长吴吟出席论坛并讲话，国家电网公司副总经理王敏出席论坛并致辞。

2012 年 11 月 25 日，国网能源院在北京举办第四届“能源·电力·发展”论坛，这次论坛的主题是“把脉转型中的能源电力增长”。近 200 名领导、专家和代表出席论坛，围绕我国能源电力发展形势、能源格局变化和促进新能源发展等内容进行探讨和交流，为推进能源电力转型、促进行业可持续发展建言献策。国家电网公司副总经理、党组成员王敏出席论坛并致辞。国家能源局政策法规司司长曾亚川致辞。

（二）打造基础研究年度发布会

2011 年 7 月 22 日，国网能源院在北京召开电力科学发展研讨会暨 2011 年基础研究年度报告发布会。来自国家发展改革委、国家能源局、国务院国资委、国务院研究室、国务院发展研究中心以及国家电网公司总部等单位的领导和专家出席研讨会。国网能源院院长张运洲作了主旨发言，副院长胡兆光介绍了 2011 年第一批共 7 本基础研究年度报告和专著《2050 中国经济发展与能源需求》的主要内容。国务院研究室工交贸易司司长唐元、国务院国资委发展规划局局长王晓齐、国家能源局发展规划司司长江冰等领导分别作了精彩发言。与会的领导专家从研究水平、研究视野和研究成果的系统性等多个方面，对国网能源院综合研究实力和发布的研究成果作出了高度评价。

2012 年 8 月 4 日，国网能源院在北京举办中国电力与能源研讨会暨 2012 年基础研究年度报告发布会。国务院国资委、国务院研究室、国务院发展研究中心、国家发展改革委、财政部、国家能源局以及权威研究机构、著名高校、发电集团及电网公司等单位的领导和专家学者出席了会议。会议还邀请了中国科学院、中国工程院院士参加。会议介绍了国网能源院 2012 年第一批共 7 部基础研究年度报告、专著《输配电价理论与实务》《电力发展规划研究与实践探索》、译著《智能电力》的主要内容。出席会议领导、专家分别作了精彩发言，充分肯定了国网能源院长期以来在能源电力重大问题研究方面作出的贡献，对国网能源院综合研究实力和发布的研究成果给予高度评价，希望国网能源院能够进一步发扬成绩，为国家能源战略优化、电力行业和国家电网公司科学发展作出新的更大贡献。

2013 年 9 月 15 日，国网能源院在北京发布 2013 年基础研究年度报告。国务院国资委、国务院研究室、国务院发展研究中心、国家发展改革委、财政部、国家能源局，以及权威研究机构、著名高校、发电集团及电网公司等单位的领导和专家学者出席了会议。会议介绍了 2013 年第一批 8 部基础研究年度报告、2 部专著《中国非化石能源发展目标及其实现路径》《电力经济学引论》、2 部译著《综合资源战略规划与需求侧管理：理论方法与实践》《2050 中国经济发展与电力需求探索》的主要内容。出席会议的领导和专家，围绕能源战略转型、分布式能源发展、智能电网和新能源技术等重大问题发表了观点，同时对国网能源院的研究成果和研究实力给予高度评价。

2014年11月15日，国网能源院在北京举办2014年基础研究年度报告发布会。国家发展改革委、国家能源局、国务院国资委和权威研究机构、著名高校、能源企业的专家，以及国家电网公司总部有关部门负责人、有关省市电力公司代表出席了会议。会议发布了2014年第一批8部基础研究年度报告。出席会议的领导和专家进行了点评发言，对国网能源院的研究成果和研究实力给予高度评价。

2015年12月26日，国网能源院在北京举办2015年基础研究年度报告发布会。国家发展改革委、国家能源局、国务院国资委和权威研究机构、著名高校、能源企业的专家，以及国家电网公司总部有关部门负责人、有关省市电力公司代表出席了会议。会议发布了2015年10部基础研究年度报告。出席会议的领导和专家，围绕电力体制改革、能源结构调整、大气污染防治、电力价格、大数据研究等方面发表了观点，同时对国网能源院的研究成果和研究实力给予高度评价，充分肯定了国网能源院在承担政府课题、服务政策制定方面所做的努力。

2016年12月24日，国网能源院在北京召开2016年基础研究年度报告发布会暨专家研讨会。国家发展改革委、国家能源局、国务院国资委和权威研究机构、著名高校、能源企业的专家，以及国家电网公司总部有关部门负责人、有关省市电力公司代表出席了会议。会议发布了2016年10部基础研究年度报告，并作了题为《我国新能源消纳问题探讨专题报告和2017年我国电力供需形势预测分析》的专题报告。出席会议的领导和专家，围绕电力体制改革、能源结构调整、能源战略转型、新能源发展等方面发表了观点，同时对国网能源院的研究成果和研究实力给予高度评价。

2017年8月11日，国网能源院在北京召开电力供需与新能源发展研讨会暨2017年第一批基础研究年度报告发布会。政府部门、权威研究机构、著名高校的专家，以及国家电网公司总部有关部门负责人出席了会议。会议发布了国网能源院2017年第一批3部年度报告，包括《中国电力供需分析报告》《中国新能源发电分析报告》和《中国电源发展分析报告》。出席会议的领导和专家对国网能源院的研究成果和研究实力给予高度评价，充分肯定了国网能源院在承担政府课题、服务政策制定方面所做的努力，并围绕电力供需形势、新能源消纳、发电能源与电源发展状况等发表了观点。

2017年11月26日，国网能源院在北京召开“国网能源研究院成果发布暨能源转型发展研讨会”。会议由国网能源院主办，由国家发展改革委能源研究所、中国电机工程学会用电与节电专业委员会、中国电机工程学会动能经济专业委员会和《中国电力》杂志社协办。国家发展改革委、国家能源局、国务院国资委等政府部门，权威研究机构、著名高校、能源企业的专家，以及国家电网公司总部有关部门负责人、相关省公司代表共约100人出席了会议。国网能源院发布了《全球能源分析与展望》《中国能源电力发展展望》2本专著和2017年10部基础研究年度报告。8位行业知名专家围绕能源电力发展中存在的难点和热点问题作了专题报告。

2018 年 6 月 30 日，国网能源院在北京召开“国网能源研究院有限公司 2018 年第一批基础研究年度报告发布会暨我国电力形势发展研讨会”。国家发展改革委、国家能源局和权威研究机构、能源企业、行业协会的专家，以及国家电网公司有关领导共 30 余人出席会议。会议发布了国网能源院 2018 年第一批 3 部基础研究年度报告，包括《中国电力供需分析报告》《中国电源发展分析报告》和《中国新能源发电分析报告》。出席会议的领导和专家进行了点评发言，并围绕电力供需形势及趋势、新能源消纳、发电能源与电源发展状况等发表了观点。

2018 年 12 月 1 日，国网能源院在北京召开“国网能源研究院 2018 年成果发布暨能源转型发展研讨会”。会议主办单位为国网能源院，指导单位为国家能源局和国家电网公司，协办单位涵盖电力行业协会、系统内科研机构等。大会主题为“能源转型与再电气化”。来自政府、研究机构、能源电力企业的代表共 200 余人出席了会议。会议上午为主会场，6 位国内外知名专家围绕能源电力发展中存在的难点和热点问题作了主旨演讲。国网能源院发布了《中国能源电力发展展望》《全球能源分析与展望》和 2018 年 12 部基础研究年度报告。下午有 3 个分会场，分别为“经济高质量发展与能源电力增长”主题分会场、“新能源发展与产业政策”主题分会场和“能源互联网与综合能源服务”主题分会场。

2019 年 6 月 29 日，国网能源院在北京召开 2019 年第一批基础研究年度报告发布会。来自政府部门、科研机构、能源企业、行业协会和高校的专家，以及国家电网公司有关领导和省电力公司代表出席了会议。会议发布了 2019 年第一批 3 部年度报告《中国电力供需分析报告》《中国电源发展分析报告》和《中国新能源发电分析报告》。来自国家能源局、国家电网公司、中国电力企业联合会、中国华能集团有限公司、电力规划设计总院的 5 位专家分别就报告内容作了点评发言。

2019 年 11 月 30 日—12 月 1 日，国网能源院在北京举办“能源转型发展论坛暨国网能源院 2019 年成果发布会”。主办单位为国网能源研究院有限公司、国家电网有限公司能源互联网经济研究院、国网（苏州）城市能源研究院有限责任公司，指导单位为国家能源局和国家电网有限公司，协办单位涵盖电力行业协会、系统内科研机构等。论坛主题为“能源转型：‘十四五’电力发展之路”。来自政府、研究机构、能源电力企业的代表共 300 余人出席了会议。11 月 30 日全天为主论坛，6 位国内外知名专家围绕能源电力发展中存在的难点和热点问题作了主旨演讲，参与两轮圆桌对话的 12 位专家就“电力清洁发展”和“泛在电力物联网应用前景”两个主题发表了真知灼见。国网能源院发布了《中国能源电力发展展望》《全球能源分析与展望》和 13 部基础研究年度报告。12 月 1 日上午有 3 个分论坛，分别为“宏观经济与能源电力需求”主题分论坛、“电力系统转型发展暨国网能源研究院 GESP、NEOS 软件发布”主题分论坛和“泛在电力物联网与能源数字经济展望”主题分论坛。专家学者通过专题报告和圆桌对话，进行了充分的交流研讨。

2020 年 7 月 5 日，国网能源院在线上召开了 2020 年第一批基础研究年度报告发布会。会议首次采用网络视频会议形式进行报告发布。国家发展改革委、国家能源局等政府部门，科研院校、能源企业、行业协会，以及国家电网公司总部相关部门、部分省电力公司等近 180 位代表参加了会议。会议发布了 2020 年《中国电力供需分析报告》《中国电源发展分析报告》《中国新能源发电分析报告》和《国内外电力市场化改革分析报告》。来自国家能源局、国家电网公司、国务院发展研究中心、中国宏观经济研究院、中国电力企业联合会等单位的 5 位专家分别就报告内容作了点评发言。

2020 年 11 月 28—29 日，国网能源院在北京举办“2020 年能源转型发展论坛暨国网能源研究院成果发布会”。论坛主办单位为国网能源院，指导单位为国家能源局和国家电网公司，协办单位涵盖电力行业协会、系统内科研机构等。论坛主题为“构建新发展格局下的能源互联网”。论坛以线下线上相结合的方式举行，来自政府、研究机构、能源电力企业的代表近 300 人现场参会。11 月 28 日全天为主论坛，8 位国内外知名专家围绕碳中和愿景、能源转型、能源互联网、“十四五”电力发展等热点议题作了主旨演讲。在嘉宾对话环节，7 位专家就“能源互联网发展的机遇与挑战”发表了针对性观点。国网能源院发布了《中国能源电力发展展望》《全球能源分析与展望》和 13 部基础研究年度报告。11 月 29 日上午设“能源互联网下的综合能源发展”“数字化转型：加速迈向智慧能源新时代”“促进能源革命和能源互联网建设的电力市场机制”3 个分论坛，专家学者通过专题报告和圆桌对话进行了交流研讨。

2021 年 7 月 31 日，国网能源院在北京召开 2021 年第一批基础研究年度报告发布会。来自政府部门、能源企业、行业协会、科研院校、国家电网公司总部相关部门及部分省电力公司、直属单位等近百位代表参加了会议。会议发布了 2021 年第一批 4 部年度报告，包括《中国电力供需分析报告》《中国电源发展分析报告》《中国新能源发电分析报告》和《国内外电力市场化改革分析报告》。国网能源院董事长、党委书记张运洲致辞，年度报告主笔人分别发布了报告主要内容。国网天津市电力公司和国网浙江省电力有限公司的两位代表结合本省市“双碳”及新型电力系统落地实践作了经验交流。国家能源局新能源和可再生能源司副司长任育之、国家电网公司总经理助理赵庆波、中国电力企业联合会原专职副理事长王志轩、国家信息中心经济预测部副主任牛犁、华北电力大学现代电力研究院院长张粒子 5 位领导专家分别作了点评发言。

2021 年 12 月 4 日，国网能源院举办以“构建新型电力系统　统筹低碳安全保供”为主题的 2021 年能源转型发展论坛暨成果发布会。国家电网公司副总经理、党组成员庞骁刚参加并致辞。中国工程院院士杜祥琬、汤广福等专家学者发表主旨演讲。国网能源院发布《中国能源电力发展展望》《全球能源分析与展望》报告及 2021 年能源与电力分析系列年度报告。论坛以线上线下相结合的方式举行，来自政府部门、科研院所、行业协会、电力企业的专家学者参加了论坛。

（三）参加或举办的其他重要学术活动

1．举办能源治理论坛

2020 年 1 月 16 日下午，国网能源院在北京举办能源治理论坛（第一期）。此次论坛主题为“推进能源治理的体制机制‘破’与‘立’”，由国网能源院管理咨询研究所主办。论坛为线下闭门论坛，有来自国网河南省电力公司、国网浙江省电力有限公司、国网山东省电力公司以及国网能源院等单位的近三十位专家学者参加了会议。

2020 年 2 月 26 日下午，国网能源院在北京举办能源治理论坛（第二期）。此次论坛主题为“疫情大考下能源企业的应急管理‘面面观’”，由国网能源院管理咨询研究所主办。论坛为线上闭门论坛，有来自中国科学院、中核战略规划研究总院有限公司、全球能源互联网研究院有限公司、国网湖北省电力有限公司、国网四川省电力公司、中国电力科学研究院有限公司以及国网能源院等单位的近八十位专家学者参加了会议。

2020 年 7 月 9 日上午，国网能源院在北京举办能源治理论坛（第三期）。此次论坛主题为“价值的进取选择：数据资源有限性与分析能力无限性”，由国网能源院管理咨询研究所主办。论坛为线上闭门论坛，有来自北京大学与国网能源院等单位的近三十位专家学者参加了会议，北京大学国家发展研究院王敏副教授作了题为《电力数据与能源经济问题研究》主旨演讲。

2020 年 12 月 24 日下午，国网能源院在北京举办能源治理论坛（第四期）。此次论坛主题为“气候治理下能源的清醒与担当：实事求是的坚持”，由国网能源院管理咨询研究所主办，新能源与统计研究所协办。论坛为闭门论坛，有来自生态环境部环境与经济政策研究中心、中国能源研究会可再生能源专业委员会、国网青海省电力公司、全球能源互联网发展合作组织以及国网能源院等单位的近三十位专家学者参加了会议。

2021 年 2 月 5 日下午，国网能源院在北京举办能源治理论坛（第五期）。此次论坛主题为“能源企业的新时代与新时代的能源企业：并非一成不变的等价命题”，由财会与审计研究所和管理咨询研究所共同主办，采用线上、线下相结合方式，来自国家开发投资集团有限公司、中国人民大学、北京师范大学、清华大学、国网北京经济技术研究院以及国网能源院等单位的近六十位专家学者参加了会议。

2．其他重要学术活动

2017 年 11 月 18 日，国网能源院成功召开《世界 500 强企业十年观察》研究成果发布会。这是国网能源院首次公开发布世界 500 强观察报告，也是业内首次针对财富世界 500 强排行榜进行的长期、深入的跟踪分析观察。发布会由国网能源院副院长李伟阳主持，总经理王广辉致辞，国务院国资委改革办副主任季晓刚、国务院国资委研究中心主任李明星、中国企业联合会副理事长李建明等出席会议并对报告进行点评，《中国企业报》《企业观察报》《中国经营报》等多家媒体记者出席发布会。财会与审计研究所所长李成仁代表项目组详细介绍十年观察报告世界篇、中国篇、中国电力篇研究成果，李有华专家及项目组成员与现场参会者真诚沟通交流。与会专家对报告给予高度评价，认为报告适逢其时，对培育世界一流企业具有重要参考价值，特别是对电力能源企业具有很好的引导作用，充分肯定了国网能源院作为国内能源研究企业战略领域一支重要智库力量的价值。

2018 年 4 月 11—13 日，国网能源院参加国际能源署风电工作组（IEA Wind Task 25）研讨会。IEA Wind Task 25 是国际能源署风能实施协议（IEA Wind IA）目前在研的 15 项关于风能影响问题的科研工作组之一，于 2005 年 9 月设立，主要供各国专家学者交流大规模风电并网规划、运行、模拟及市场等领域的研究成果，并组织参与机构联合撰写期刊文章和出版成果报告。IEA Wind Task 25 2018 年春季学术研讨会在葡萄牙里斯本召开，来自中国、美国、英国等数十个国家以及国际能源署（IEA）、国际可再生能源署（IRENA）、美国波动性电源并网组织（UVIG）、欧洲风能协会（Wind Europe）等国际组织的二十余位专家代表出席，国网能源院作为中方代表参加会议。会上，国网能源院专家张富强博士、焦冰琦博士作了题为《中国推动风电并网的探索与实践》的主题发言，介绍了我国近期风电发展及消纳现状、影响风电消纳的制约因素以及推动风电消纳的实践措施及改善效果等研究成果，并就国家电网公司实现“双降”的重点举措及经验同与会专家进行了交流讨论。

2020 年 10 月 30 日，在电气电子工程师学会电力与能源协会（IEEE PES）中国区委员会和中国技术理事会的支持下，IEEE PES 电力系统运行、规划与经济技术委员会（中国）在武汉召开了成立大会，同步成立八个技术分委员会，其中能源电力技术经济分委员会秘书处单位设在国网能源院，会上举行了能源电力技术经济分委员会成立仪式。国网能源院副总经理（副院长）蒋莉萍出席会议，并以技术委员会副主席及能源电力技术经济分委员会主席身份发表讲话。IEEE PES 中国区名誉主席薄志谦，技术委员会主席、国网经济技术研究院有限公司总经理郭铭群，南方电网数字电网研究院有限公司副总经理张文瀚，中国华能集团有限公司能源研究院副院长王文生等出席了会议。来自国家电网公司、南方电网公司、高等院校、科研院所的三百余名嘉宾和代表参加了会议。

2021 年 1 月 26 日，国网能源院采用线上线下同步方式成功举办“是荣光还是方向：世界 500 强的认知逻辑”研讨会。此次会议从世界 500 强视角解析了中国经济、企业、能源电力的高质量发展道路，对世界 500 强企业的演进趋势进行了展望。会议由财会与审计研究所组织发起，国网能源院副院长李伟阳主持，财会与审计研究所所长李成仁、高级研究员李阳详细解读报告内容，特邀中国企业管理研究会理事长黄速建、中央财经大学国际企业研究中心主任崔新健等专家进行现场点评，邀请环球网及《中国能源报》《中国电力报》《国家电网报》《中国电力》等媒体全程参与并进行报道，研讨会通过网络直播方式进行，在线观看量突破 8.6 万人，进一步提升了国网能源院的社会影响力。

第六节　研究平台和重点实验室

一、全球能源研究统一平台

全球能源研究统一平台是国家电网公司委托建设的高端智库研究平台，旨在建成以大型数据库、专业模型工具和智能分析应用软件系统为主体，拥有完全自主知识产权、具备世界一流水准的中国和全球经济、能源、电力、环境、企业（5E）可持续发展重大问题研究和决策支撑平台，全方位支撑国际领先智库建设。全球能源研究统一平台界面见图 4-7。

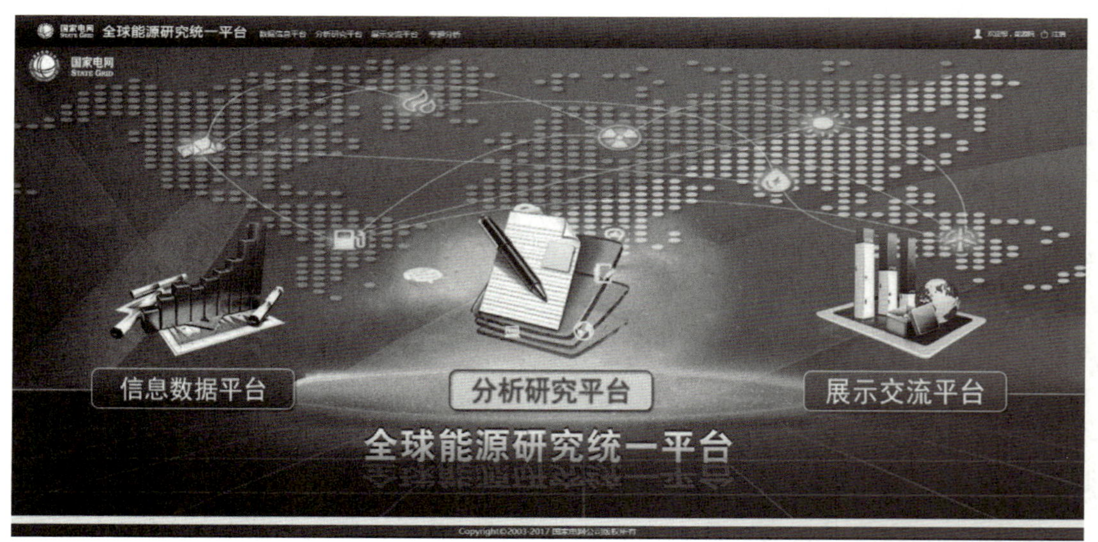

图 4-7　全球能源研究统一平台界面

（一）建设背景

为落实国家《关于加强中国特色新型智库建设的意见》，提升战略研究能力、建设世界一流企业智库，根据《国家电网公司推进高端智库建设的工作意见》（国家电网研〔2015〕754 号），国网能源院作为高端智库建设主体，于 2016 年开始基于已有模型工具打造新一代智库研究平台。

（二）发展历程

按照整体规划与分步实施相结合的原则，平台分顶层设计、建设投运和提质推广三个阶段有序推进。现已完成第一、第二阶段的工作内容，正在开展第三阶段工作。

2016 年是平台建设的顶层设计阶段。该阶段的工作主要是建立平台研发团队，提出平台建设方案，完成系统概要设计，基本建成数据信息平台。2017—2018 年是平台建设投运阶段。该阶段的工作主要是依托国家电网公司科技项目“全球能源研究统一平台模型体系研究与系统研发”，建成平台全部功能，上线投运试用，完成项目一期验收，专家对成果给予高度肯定。2019—2021 年是平台提质推广阶段。该阶段的工作主要是依托国家电网公司科技项目“智库研究平台领域一体化仿真方法与实用技术研究”，面向能源电力转型发展新形势，支撑国家电网公司战略目标落地实施，开展平台二期建设，持续不断优化功能体系，在国家电网公司和行业内推广应用。

（三）主要功能

全球能源研究统一平台由数据信息平台、分析研究平台、展示交流平台三部分构成。数据信息平台是基于数据资源仓库和各类应用功能的集成系统，其中数据资源仓库包括结构化数据和非结构化数据，应用功能分为数据采集、智能化检索等 8 个方面，主要实现数据信息的高效采集、存储、管理及大数据处理功能，为研究分析和成果展示提供基础支撑。分析研究平台由经济与社会、能源与电力、气候与环境、企业战略与运营、体制机制与政策模拟五大系统组成，依托数据库、模型库、算法库，实现对经济社会、能源电力、气候环境、企业战略运营以及政策机制的量化分析和综合研究。展示交流平台以数据信息平台和分析研究平台为基础，通过内网、外网门户、移动客户端和展示大屏等方式，围绕趋势与问题等主题，实现信息成果展示、专家研讨会商、对外交流与研究协作等功能。全球能源研究统一平台主要功能见图 4-8。

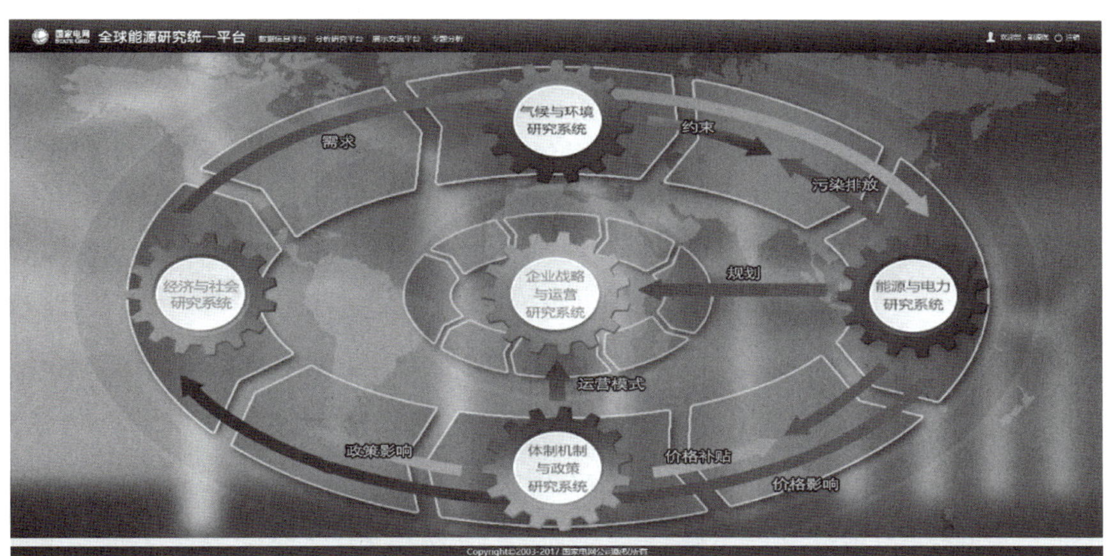

图 4-8　全球能源研究统一平台主要功能

（四）应用情况

一是支撑国家政策制定，服务行业创新发展。基于平台数据和模型，开展“十四五”能源规划、“电力看经济”和“一带一路”等重大问题研究，研究成果以《国家电网专报》形式通过国家电网公司上报，为科学研判电力需求走势提供重要参考。**二是支撑国家电**

网公司战略决策，服务运营管理。依托平台开展国家电网公司战略目标深化研究，推出了一批理论创新、管理创新和商业模式创新成果，支撑国家电网公司战略目标落地实施，服务国家电网公司提质增效，促进研究成果落地推广。平台支撑了国家电网公司战略目标深化研究报告、“十四五”规划等的编写，提供了能源电力企业演变和转型、电力经济关系等方面的决策咨询建议。**三是推动交流合作，扩大品牌影响**。通过协同研究、联合成果发布等方式，初步形成了平台立体化的影响力，有力支撑了世界一流智库建设。与国际能源署、上海社会科学院、国家发展改革委国家气候变化战略中心、中国石油集团经济技术研究院等单位开展交流研讨，研究平台获得高度评价，助力国网能源院提升全球智库排名。**四是支撑研究咨询工作，提高研究效率和水平**。借助信息自动收集、智能文档编辑、观点整合等人工智能手段，使研究人员摆脱重复性工作，能够聚焦核心问题思考，为提升能源智库研究质量和效率提供强有力的数据和工具支撑。

二、国家电力需求侧管理平台

国家电力需求侧管理平台是国家发展改革委委托国家电网公司建设的国家级平台，旨在搭建电力经济大数据库，构建综合性、专业化、开放式的网络应用平台，向政府有关部门、电力企业、电力用户、电能服务商等各类群体提供最全面、最权威的决策支撑和技术服务。

（一）建设背景

2010 年，国家发展改革委、财政部等 6 部委联合印发《电力需求侧管理办法》（发改运行〔2010〕2643 号），明确了国家发展改革委、各级政府电力运行主管部门、电网企业、第三方中介机构、用户等开展电力需求侧管理工作的相关要求，为加快我国电力需求侧管理工作的开展奠定了基础。

2011 年，根据国家发展改革委等部门《关于印发〈电网企业实施电力需求侧管理目标责任考核方案（试行）〉的通知》（发改运行〔2011〕2407 号），明确各类项目应通过网上填报和纸质报表两种方式报送到国家电力需求侧管理数据平台，并逐步实现对有关用户用电的在线监测。

2013 年 4 月，国家发展改革委正式委托国家电网公司、南方电网公司、江苏经信委等单位承建国家电力需求侧管理平台，平台将在支撑国家经济决策、保障电力安全供应、推动 DSM 工作开展、提升全社会能效水平等方面发挥重要作用。国家电网公司安排国网能源院承担国家电力需求侧管理平台建设，具体由单葆国、吴鹏等负责开展具体研发工作。

（二）发展历程

从 2013 年至 2022 年 7 月，开展了 3 次重要的建设工程。第一次，依托国家电网公司信息化项目“国家电力需求侧管理平台设计开发与实施”（2013—2014 年），初步建成

B/S 架构的国家电力需求侧管理平台，实现了宏观经济分析、电力供需形势分析、需求响应、DSM 目标责任考核等基本功能。第二次，依托国家电网公司信息化项目“国家电力需求侧管理平台（二期）设计开发与实施”（2014—2017 年），对平台功能进行升级改造，增加了有序用电管理、企业在线监测、市场主体信息公示三个一级功能模块，经济景气分析、经济运行态势分析、城镇化分析以及经济走势研判等 20 多项二级功能，拓展了平台功能的深度和广度。第三次，依托国家电网公司信息化项目“国家电力需求侧管理平台（三期）设计开发与实施”（2018 年以来），完善可视化展示系统，利用大数据技术，深入分析挖掘电力与经济增长的关系，利用平台收集的用电量、负荷、气象、经济等全量数据，深入挖掘电力经济规律，提升平台对国家发展改革委和国家电网公司决策的支撑能力。

（三）主要功能

国家电力需求侧管理平台的主要功能：一是门户网站，面向社会公众开放，整合和发布电力需求侧管理相关信息，包括平台简介、新闻中心、政策法规、有序用电管理公告及预警信息、电力供需形势、电力负荷和用电增长、节能案例与节能知识、省级平台、测评机构、电能服务企业、资源图谱、市场主体信息公示等子模块；二是宏观经济分析，分析研判电力需求与经济发展之间关系，分析预测全国、各地区、各行业经济运行，包括经济实时分析、宏观经济综合分析、经济景气分析、重点区域电力经济分析、行业产业用电分析、居民用电分析、重点企业分析等子模块；三是电力供需形势分析，分析全国及各地区的发电能力、跨区输电能力、用电负荷及负荷特性，分析预测全国及各地区电力供需形势，包括发电监测、清洁能源消纳分析、输电监测、电力负荷特性分析、电力供需形势等子模块；四是有序用电管理，审核和发布有序用电方案，发布和查询有序用电预警信息，查询信息日报，统计、汇总有序用电执行效果，包括有序用电方案、有序用电预警信息、有序用电日报、有序用电执行效果等子模块；五是目标责任考核 DSM，辅助制定和下发电网企业 DSM 考核指标，跟踪执行情况，对 DSM 项目进行全过程管理，对电网企业进行责任考核，分地区展示历史考核指标、完成情况以及当前考核目标；六是需求响应，汇总分析全国各地区电价型、激励型需求响应的实施效果，测算全国及各地区重点行业的需求响应潜力，包括需求响应实施情况与需求响应潜力两个子模块；七是企业在线监测，对当前全国范围（各省区市、各地市）内开展在线监测用户规模、用电量、节能潜力进行整体把握，形成对在线监测工作形势的宏观掌控，便于管理部门对后续在线监测工作的难点、突破点进行预判和决策；八是大数据分析，通过高性能计算、数据挖掘、统计分析、数据可视化等电力大数据技术对电力经济主要指标进行观察和分析，包括指标关联分析、模型孵化器和电力消费地图子模块；九是知识服务中心，建构一个全面、友好的知识体系，使用电企业或社会公众了解所需知识，便于企业做出正确决策或社会公众掌握相关资讯与知识。

（四）应用情况

目前该系统主要面向国家电网公司总部、国家发展改革委运行局、国网能源院，在国家宏观经济实时分析、推动能源消费革命、落实供给侧结构性改革战略等方面发挥了重要作用。

平台架构和功能设计在省级平台及国家电网公司系统电能服务平台得到推广应用。与省级平台构成全国需求管理体系，实时动态展示各地区电力供需状况，及时反映电源、电网与用电的协调匹配关系，优化资源配置，提升了电力安全供应保障能力；对全国及各地区需求响应潜力进行科学评估，有力支撑了国家需求响应试点工作开展；实现了有序用电方案的在线发布、审核、查询，预警信息的发布，有序用电管理执行情况的监测、统计和评价，有效提升了政府和国家电网公司的有序用电管理水平。

成为国家发展改革委运行局开展经济运行分析的重要支撑平台。有效利用平台功能和汇集的电力大数据，充分发挥电力数据实时、准确、前瞻等优势，通过分析电力需求景气指数、用电景气指数、行业景气指数、企业开工率等指标，动态开展电力经济运行分析，实现"透过电力看经济"，为政府及时了解和把握宏观经济运行提供重要依据。

为电力需求侧管理目标责任考核工作提供信息化支撑。平台利用信息化技术实现了电力需求侧管理目标责任考核指标的在线制定和分解，节能项目立项、实施、验收、评价以及节能量的统计认证等全流程闭环管理，并实时监测指标的完成情况，为国家发展改革委和国家电网公司高效开展电力需求侧管理目标责任考核工作提供了有力支撑，大大提高了工作效率。

依托平台的研究成果定期上报国家发展改革委。从平台建设至今，依托平台定期编制企业开工率分析、住房空置分析、电力看经济运行等材料，并报送国家发展改革委运行局。

三、国家电网公司电力供需研究实验室

国家电网公司电力供需研究实验室是国家电网公司重点实验室，是国家电网公司系统开展电力供需分析预测的技术平台，是国内唯一的电力经济软科学实验室，在全国电力供需分析预测领域具有较强的影响力。

（一）建设背景

电力供需分析预测是做好能源电力规划的基础性工作，也是国家电网公司制定生产经营计划的一项重要工作，对国家电网公司的规划、计划、生产运行等具有重要的意义。

为全面跟踪分析宏观经济运行情况，分析能源、电力供需与经济社会发展之间的关系，为国家电网公司电力供需分析预测工作提供统一的数据和模型工具支撑，不断提高电力供需分析预测的前瞻性、准确性和权威性，国家电网公司在2006年启动建设了电力供需研究实验室。

（二）发展历程

从2006年至2022年7月，开展了3次重要的建设工程。第一次（2006—2009年），依托国家电网公司科技项目“电力供需实验室的开发与建设”，初步建成C/S架构的电力供需研究实验室，实现了经济预测、电力供需、政策评价、电力经济关系、数据库等基本功能。第二次（2014—2017年），依托国家电网公司信息化项目“电力供需研究实验室升级扩展（一期）”，将实验室从C/S架构改版为B/S架构，将实验室部署到数据中心，增加了能源需求预测、专题分析等20多项功能，提高了平台性能，提升了研究的深度和广度。第三次（2018年至今），依托国家电网公司信息化项目“电力供需研究实验室升级扩展（一期）”，增加基于大数据的电力需求预测、基于夜间灯光数据的能源消费反演方法等10多项功能，将研究能力由全国、各省延伸到地级市。

（三）主要功能

国家电网公司电力供需研究实验室的主要功能：一是宏观经济预测功能，分析预测全国、各地区季度、年度和中长期经济走势；二是能源供需分析预测功能，分析预测全国、各地区能源供需的总量及结构变化趋势，绘制能流图；三是电力需求分析预测功能，分析预测全国、各地区月度、年度和中长期电力需求走势，分析各电网日、月、年负荷特性，测算降温负荷以及与气温之间的定量关系；四是电力供应分析预测功能，分析预测全国、各地区月度、年度和中长期电力供应增长走势；五是电力电量平衡分析功能，对全国及各地区月度、年度电力供需形势进行分析预测，测算电力供需指数；六是展示交流共享功能；七是建模功能，可以根据研究需要，灵活地新建、改进、删除模型；八是数据库功能。国家电网公司电力供需研究实验室主要功能见图4-9。

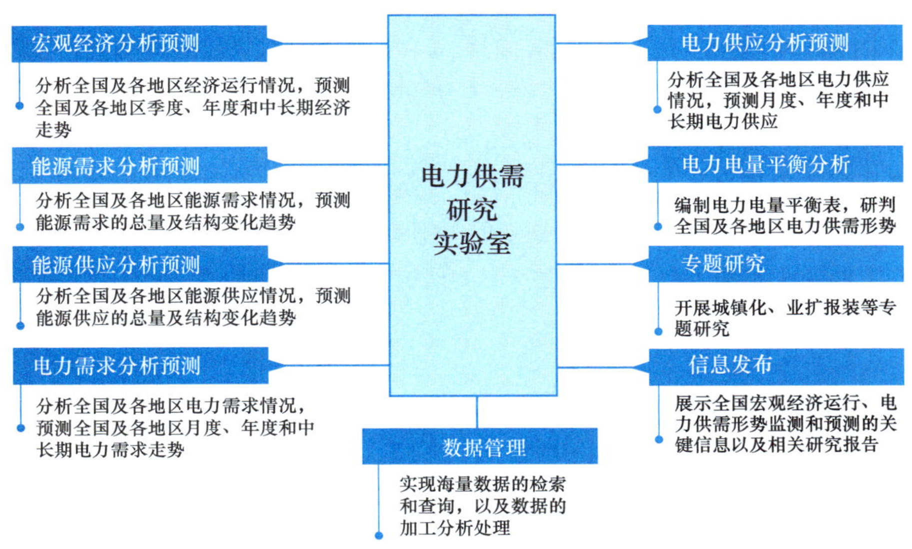

图4-9 国家电网公司电力供需研究实验室主要功能

该系统关键实验指标包括全国及各地区宏观经济、能源、电力、气候来水、宏观政策等数据，以及世界主要国家能源电力相关数据；拥有专用模型 46 个，通用方法 100 多个，行业细分程度以 27 行业为主，打通了经济运行—能源供需—电力供需的研究链条；一般运算的速度小于 3 秒，大型模型计算速度小于 3 分钟，预测精度大于 95%。

（四）应用情况

目前该系统主要面向国家电网公司总部、省电力公司、省公司经研院、国网能源院。系统运行安全、稳定，有效支撑了国家电网公司系统电力供需分析预测相关工作。

支撑国家电网公司战略规划工作。承担“经济新常态下能源电力市场新特征及应对研究”等 10 项战略课题研究，开展“我国能源发展‘两个 50%’目标及实现路径研究”等多项重大专题研究，为国家电网公司战略决策提供建议；承担或参与主网规划、配电网规划、电能替代规划、营销规划等各类五年规划和年度滚动修编。

支撑国家电网公司计划制定和生产经营工作。形成《电力市场分析预测报告》《公司经济活动分析》《全国电煤供需形势分析》《电力电量平衡预测》《国家电网电力景气指数分析》《统计快报》等 37 项常态化研究产品，支撑国家电网公司发展、营销、调度、交易、运营监测等业务。其中，在“全国电力市场分析与研究”方面，形成《全国电力市场分析预测》春（秋）季、半年、年度、迎峰度夏（冬）等系列报告，在国内电力行业享有较高的知名度，其研究成果和关键结论在业内有较高的权威性。

支撑高端企业智库建设。该实验室已经成为国网能源院开展重大技术攻关、服务国家电网公司发展的重要技术平台，为相关研究提供了数据、模型、成果等方面的有力支撑。

支撑国家电网公司重要平台建设。构建了国家电网公司统一统计指标体系，提出了国家电网公司统计“一库三中心”平台建设思路，并提供了电力需求预测模型方法；承担国网新能源云的电力供需子平台建设；能源供需预测模型、负荷特性分析模型纳入了全球能源统一研究平台；承建了陕西、山东、辽宁、福建等省电力公司实验室建设。

支撑系统内各单位开展课题研究。承担“新常态下陕西能源电力供需格局演变及其对陕西电网规划影响研究”“新疆中长期能源消费结构及电力需求预测”“经济新常态下辽宁用电结构变化趋势及其对公司运营影响研究”“山东能源电力改革咨询研究”等 10 余项研究项目。

四、国家电网公司经营与财务仿真实验室

国家电网公司经营与财务仿真实验室以国家电网公司生产经营为核心，集成国家电网公司系统及相关单位经营与财务信息，建立经营与财务数据库，开发量化分析工具与模型，对国家电网公司生产经营决策和外部环境变化影响进行模拟推演，提高决策的科学水平，提升经营效率效益，防控经营风险。

（一）建设背景

随着经济体制改革的深入、宏观经济的变化以及国家电网公司发展的加快，国家电网公司经营面临诸多挑战。具体包括缺乏政策效果模拟工具和实时决策支撑工具，适应外部政策环境变化的能力不足；尚未建立生产经营决策与经营效益、财务评价的联动机制；缺乏有效的风险评估、风险预警工具，抗风险能力需要加强；缺乏为政府和社会认可的电价测算与定量影响分析工具，电价政策争取困难。因此，国家电网公司于 2007 年底决定开展国家电网公司经营与财务仿真实验室的建设，建立国家电网公司经营决策支撑平台，为国家电网公司经营管理提供系统、定量的决策支撑，提高科学决策水平。

（二）发展历程

国家电网公司经营与财务仿真实验室创建于 2008 年，2010 年 4 月被认证为国家电网公司实验室，建立初衷在于打造国家电网公司领域决策支撑平台，为国家电网公司经营管理提供系统、定量的决策支撑，提高国家电网公司科学决策水平，是国内唯一能够全面模拟企业集团经营与财务仿真的实验室。实验室运行维护及日常管理由国网能源院财会与审计研究所负责。

国家电网公司经营与财务仿真实验室位于国家电网公司北京市未来科学城园区内，运行管理实行主任负责制，内部设立实验室专业技术委员会和科技攻关团队，并建立导师帮带机制。实验室根据专业设置财务审计、电价及金融科研攻关团队共 26 人，硕博以上人员占比 100%，35 岁以下成员占比 2/3 以上，队伍年轻化、后劲足，研究能力强，工作热情高。

（三）主要功能

一是围绕“两点一线双反馈”，打造研究闭环。实验室以国家电网公司经营与财务、电价、金融研究为核心，面向国家电网公司总部，整合、完善公司系统及相关单位经营与财务、电价、金融信息资源，通过对公司内部生产经营决策和外部环境变化对公司的影响进行模拟、评价，为增强公司生产经营决策对外部环境的适应能力，提高公司经营效益、有效控制经营风险、争取公司良性发展需要的价格政策和促进公司可持续发展提供决策依据。在工作路径上，实验室利用实验经济学仿真技术，按“两点一线双反馈”的工作原理对国家电网公司的经营与财务进行模拟。“两点”指输入外部环境和内部决策信息，可相对独立，也可同时考虑；“一线”指模拟国家电网公司财务指标，输出经营绩效与风险状况；“双反馈”指通过方案设计反馈政策需求和国家电网公司决策建议。实验室“两点一线双反馈”工作原理见图 4-10。

二是依托四个平台，实现模拟仿真高效运行。基础硬件平台是实验室数据信息存储、交换、展示的载体，主要包括网络系统、数据库服务器、应用服务器、采集接口设备和演示输出设备等。数据信息平台由专业数据库、成果数据库、文档数据库组成，为模拟测算和数据分析提供全面的数据支撑。支撑工具平台主要为应用平台的各项功能提供支撑，由模型库、方法库和软件平台构成。基础研究与应用平台用以满足专业研究人员、管理层、决策层与普通用户等不同层次的要求。实验室基础硬件平台示意图见图 4-11。

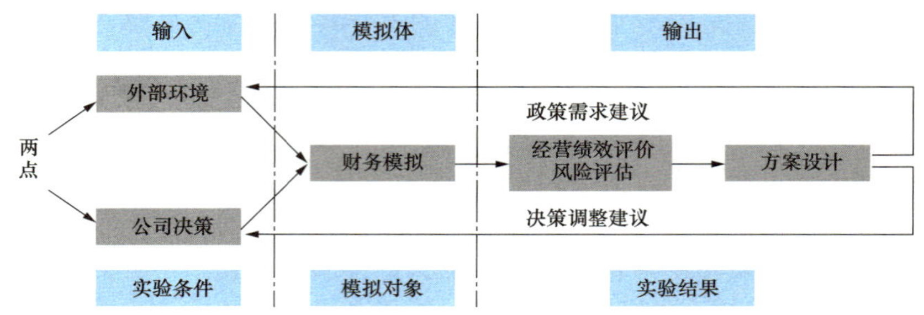

图 4-10 实验室“两点一线双反馈”工作原理

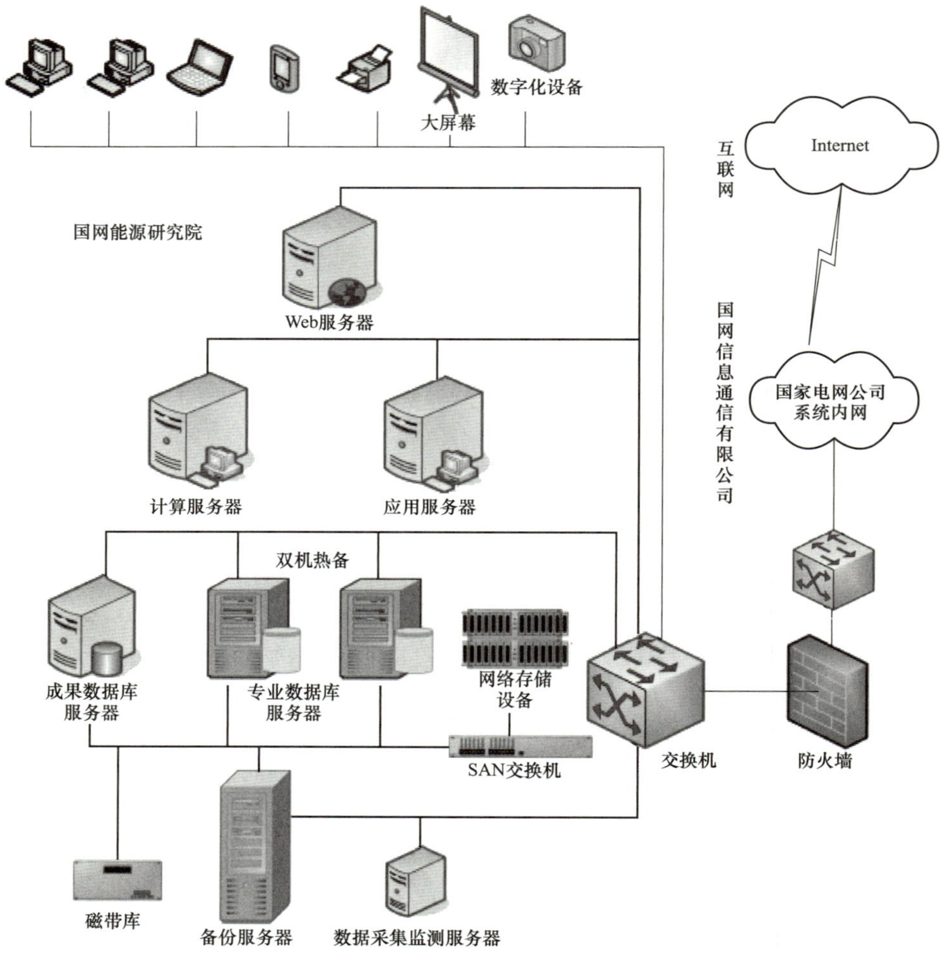

图 4-11 实验室基础硬件平台示意图

三是聚焦四大专业功能，赋能业务发展。实验室紧密联系科研及决策支持需要，主要包括 4 大专业功能。实验室框架结构示意图见图 4-12。

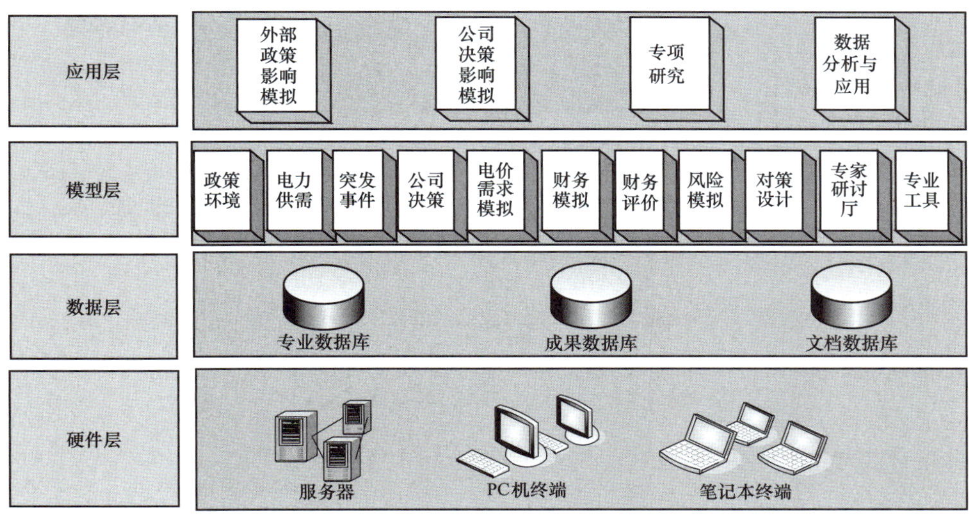

图 4-12 实验室框架结构示意图

（四）应用情况

国家电网公司经营与财务仿真实验室产出硕果累累。以实验室相关模型功能为抓手，充分支撑国家电网公司财务、电价、金融及审计等专业领域研究工作，承担政府项目和国家电网公司科技项目、战略课题、管理咨询课题，以及行业横向课题近千项。其中，相关研究成果获得国家部委、行业协会、国网科技类特等奖 23 项目，一等奖 58 项，其他奖励数百项。国网能源院财会与审计研究所依托实验室仿真功能，充分发挥决策支持能力，撰写专报内参上百篇，其中多篇获国家电网公司领导批示，充分体现“智库”担当，在支撑国家电网公司财务、电价与金融领域决策分析中发挥了重要作用；发表三大检索及中文核心期刊 200 余篇，推动研究成果转化，产生了良好的社会效应。

五、能源电力规划实验室

国网能源院高度重视自主创新和基础能力建设，能源战略与规划研究所于 2016 年 1 月在国家电网公司支持下成立能源电力规划实验室。该实验室是国家电网公司能源电力规划领域唯一的软科学研究支撑实验室。近年来，能源战略与规划研究所将实验室建设和各领域重大研究任务紧密结合，以能源转型理论认知创新和模型工具建设为两翼，打造能源、电力、环境、数字化四大软件工具模块，面向政府、企业、研究机构等社会主体提供宏观政策、发展规划、运行管理、商业运营的全套解决方案，打造创新驱动型能源软科学研究平台。能源电力规划实验室示意图见图 4-13。

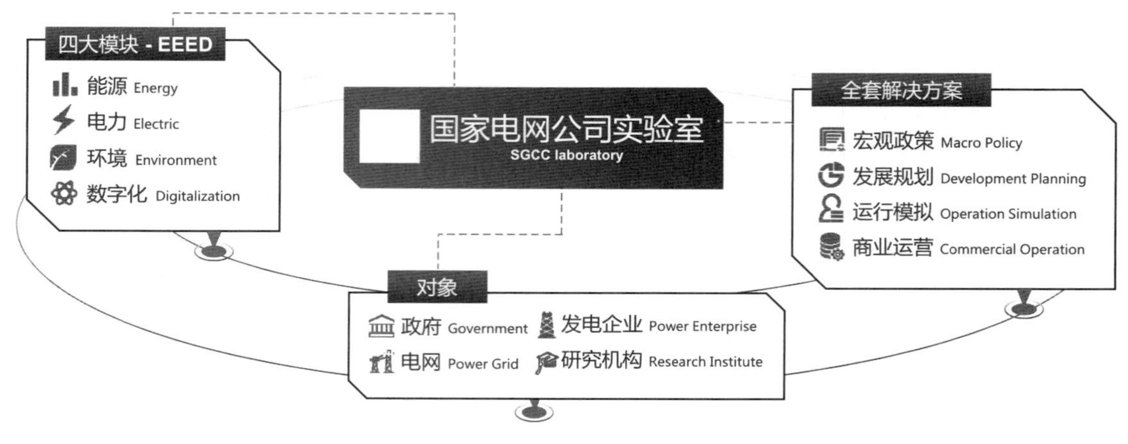

图 4-13　能源电力规划实验室示意图

（一）建设背景

随着多能源品种开发与利用的耦合性逐步增强、大规模可再生能源并网对电力系统提出更高要求、大气污染控制及应对气候变化成为能源电力发展的硬约束，能源电力的转型发展迫在眉睫。通过树立大能源观的视角，凸显电力在能源体系中的中心地位，在全国范围内统筹能源布局和电力规划。紧密跟踪国家经济发展形势、经济能源政策，研究能源战略、电力发展战略、电力规划、清洁能源与常规电源发展规划，分析电力发展对促进区域经济协调发展的作用、电力行业应对节能减排和温室气体减排的策略，以及电网发展面临的其他经济政策、上下游外部环境问题，为政府部门及国家电网公司提供及时、准确、有效的决策支撑服务，推动电网发展方式转变，推进能源资源在全国范围内的优化配置，服务节能减排及经济转型发展，为国家能源与经济、国家电网公司和电网健康可持续发展提供决策参考。

（二）发展历程

能源电力规划实验室坚持自主创新之路，结合科研项目和规划实践经验，形成具有自主知识产权、国际一流水准的能源电力研究与决策支撑平台，主要包括全场景电力规划运行决策平台和能源经济环境政策评估系统。

1. 全场景电力规划运行决策平台

自主研发适应规划、运行仿真、技术选型到社会和经济效益评估等不同应用场景的全场景电力规划运行决策平台，以多区域电源与电力流优化系统（GESP）和全景电力系统运行模拟分析系统（NEOS）为核心，以技术经济评价为特色，在支撑政府决策、电网发展和科学研究层面取得了良好的实践应用效果。能源电力规划实验室主要实验工具见图 4-14。

GESP®是以电源和电网容量扩展模型为核心的电力规划软件包，核心功能是为规划者提供电力系统电源和电力流扩展的优化方案，以及与之有关的详细电力系统技术经济

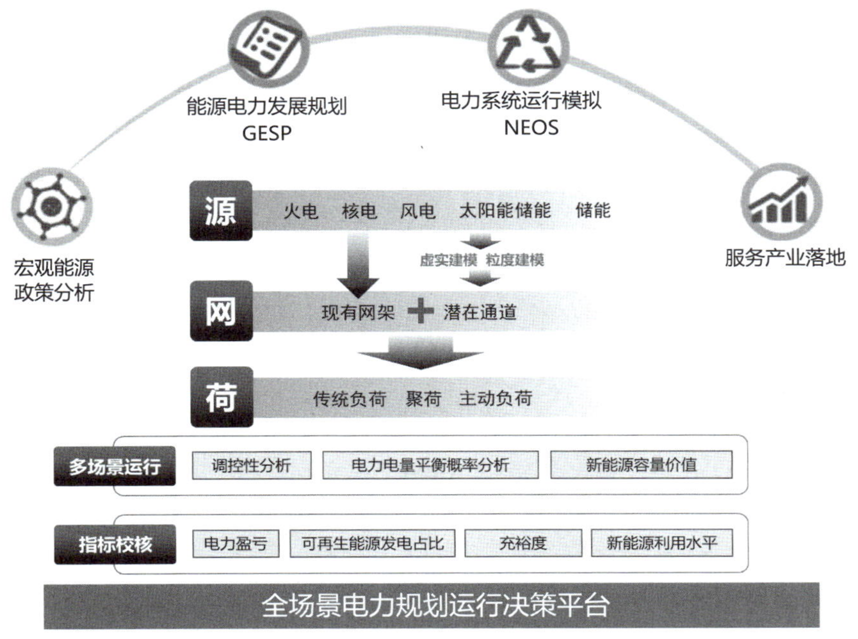

图 4-14 能源电力规划实验室主要实验工具

预测数据与信息。1985 年，国网能源院的前身北京水利电力经济研究所联合国际能源署（IEA）完成 GESP 1.0 的开发，可在 IBM 4381、IBM 4341 及 CYBLE-930 等机型上运行；1990 年，完成微机化工作，推出 GESP 2.0 版本；2003 年，升级至 GESP 3.0 版本，添加了环保规划功能，可考虑碳排放、各类污染物排放及电厂环保改造；2014 年，推出 GESP 4.0 版本，添加了新能源发电模型，升级了用户交互界面，操作模式由 DOS 界面下填写数据包升级为 B/S 架构的网络版，操作更加人性化；自 2016 年起，基于数个研发项目和规划实践工作的成果转化和数据积累，应用全新编程语言和软件架构重构了 GESP 核心模型和底层代码，实现了规划模型由持续曲线向时序曲线的转变，并添加了电储能、需求侧资源等新技术模型，加入了新能源多情景模拟、新能源容量置信度评估等模块，进一步完善了高比例可再生能源并网的电力系统规划和运行理论研究，并于 2019 年底在国网 能源院能源转型发展论坛上正式对外发布 GESP 5.0 版本；2021 年初，为适应碳达峰碳中和研究需要，软件升级至 GESP 5.2 版本，增加了火电厂碳捕获、利用与封存（CCUS）改造、电厂延寿、光热发电、氢能、电动汽车等模型。目前，GESP 有网络版和单机版两个版本，并实现了数据互通。GESP 发展历程见图 4-15。

NEOS®是电力系统生产模拟软件，核心功能是通过构建多区域等效模型，对电力系统进行 8760 小时或更细时间尺度的逐时刻生产模拟，实现对任意时间段内每个时间断面电力系统运行情况的分析，并在此基础上实现电力电量供需平衡、系统运行成本、新能源消纳、生态环保分析、电力市场模拟、项目技术经济性评价等一系列高精度量化分析功能。NEOS 于 2019 年底正式对外发布，作为消纳评估模块的核心工具已接入国网新能源云平台。NEOS 软件平台示意图见图 4-16。

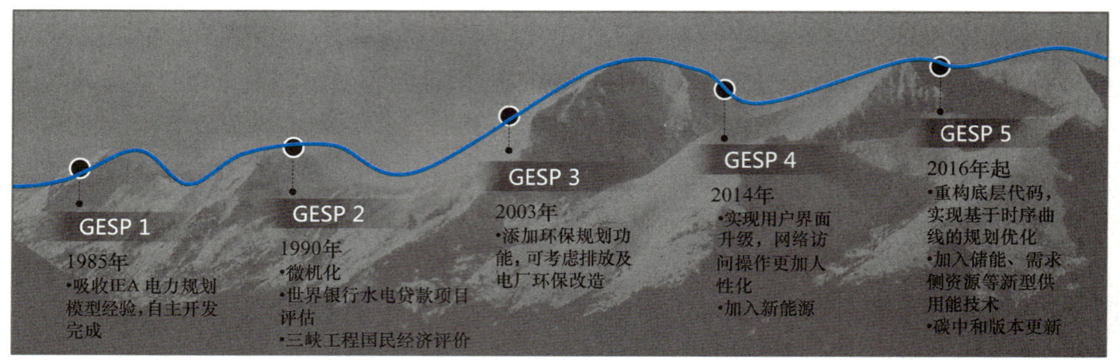

图 4-15　GESP 发展历程

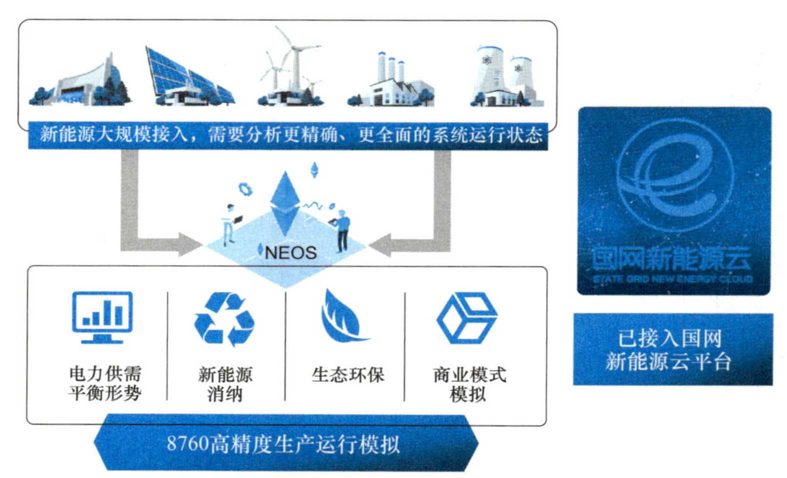

图 4-16　NEOS 软件平台

通过长期大量迭代测试和实证分析，GESP 和 NEOS 已经达到较为实用和成熟的水平。2021 年，经鉴定为“项目总体达到国际先进水平，在高比例新能源电力系统全景运行模拟、多区域电源与电力流优化规划模型及方法方面达到国际领先水平”。从历史来看，GESP 软件曾被水利电力部选为国务院电子振兴小组 1986 年举办的全国首届计算机应用成果展览会的参展项目，多次应用于包括三峡工程在内的电力项目论证、“十三五”和“十四五”电力规划研究，并经世界银行有关专家审查推荐用于世界银行贷款水电项目和储能项目的经济分析，作为项目评估的重要依据之一。此外，法国电力公司（EDF）及加拿大兰万灵（LAVALIN）集团公司对 GESP 软件包的计算结果都进行过审核，认为是可信的。近年来，GESP 软件包广泛应用于国家能源局煤电峰值研究、中国核电发展中心核电发展规划研究、中国石化石油工程技术研究院重大战略咨询专项天然气发电发展战略研究，以及世界银行储能发展等研究工作。

2. 能源经济环境政策评估系统

构建自上而下能源经济模型与自下而上能源技术模型相结合的能源经济环境政策评估系统。2008 年，能源经济环境所与国务院发展研究中心根据电网发展格局联合开发多区域能源电力经济可计算一般均衡模型（CGE），开展电力布局与区域协调发展研究，此后能源战略与规划研究所滚动更新全国动态可计算一般均衡模型，用于分析研究能源环境政策、大规模可再生能源发展以及电网投资对经济社会的影响。2017 年，能源战略与规划研究所依托 TIMES 软件构建了全国以及多区域能源技术模型，主要用于高比例可再生能源发展分析等。通过经济发展、能源系统的交互，建立可计算一般均衡模型与 TIMES 模型的软连接，形成可用于政策量化分析的能源经济环境评估系统。2018 年，开展城市能源规划模型工具的开发研究，经过多轮迭代，形成了“经济—环境—能源—资源”相互融合的一体化城市能源规划决策支持系统，涵盖城市能源系统综合规划模块和评价模块，可解决不同空间维度下的城市能源供需与能源技术方案优化问题，以及城市能源系统如何支撑城市高质量发展的评价问题，模型和相关研究成果有力支撑首本《城市能源“碳达峰、碳中和”》蓝皮书发布。

能源战略与规划研究所持续推动能源电力战略问题研究基础能力建设。2019 年，开展国家电网公司科技项目“新一代能源发展战略评估推演关键技术及应用研究”；2021 年，开发完成新一代能源战略推演系统 1.0 版本，并向中财办汇报。在国网能源院高度重视与支持下，能源战略与规划研究所继续迭代升级能源战略推演模型，深化分析能源与政治、地缘、经济、环境等系统的复杂影响和多维度耦合特征，创新深化能源电力战略问题研究方法。

为进一步增强实验室技术能力、扩大平台共享范围，积极推动实验室开放合作，与国网四川省电力公司经济技术研究院以联合共建国网能源电力规划实验室为载体，共同组建成立国网能源电力规划实验室西南分中心，在能源电力规划、清洁能源发展、新型电力系统构建等各领域开展广泛深入的合作研究，共同培育重大成果。双方力争将西南分中心建设成为在西南地区具有重要影响力的高端能源智库和新型电力系统研究平台，以此为试点探索能源电力规划实验室研究能力提升的新途径。

（三）主要功能

在能源电力规划方向，主要是针对大型能源基地建设和可再生能源消纳开展研究，构建能源综合运输体系，开展电力流规划、调峰电源规划等方面研究；在电力系统分析方向，着重研究高比例新能源发电并网情景的电力系统生产模拟，分析新能源并网后对常规火电机组运行状态、跨区输电线路优化运行、跨区域优化配置灵活性资源等方面的影响；在政策模拟分析方面，重点分析国家相关政策对电力行业发展与规划的影响，包括城市和园区级综合能源规划、主体功能区规划、大气污染控制和节能减排等政策，模拟相关政策的变化对电力流规模、电网网架规划、电网投资策略等的影响，评估不同电力发展情景下的经济、环保等方面的综合效益。

（四）应用情况

实验室近五年承担项目合计 98 项，科研经费共 1.11 亿元，其中国家级项目 3 项，省部级项目 8 项，公司级项目 65 项，自研及其他项目 22 项。依托实验室研究成果获得发明专利授权 12 项，软件著作权 17 项，发表专著 18 部，论文 201 篇，其中 EI 收录 59 篇，核心期刊 126 篇。研究成果获省公司级以上奖励 125 项，包括行业级 22 项，省部级 8 项，公司级 23 项，获得各科特等奖 21 项，一等奖 27 项。完成国家电网公司专报、内参等政策参考文件 39 份。经国家电网公司上报中共中央办公厅、国务院办公厅，并收到多封来自国家能源局等单位的感谢信。

一是支撑国家电网公司发展和经营管理。实验室为国家电网公司发展部、调控中心、科技部、产业部、营销部、水新部日常工作和专题研究提供技术支撑。聚焦规划热点和重点问题，NEOS 软件包在“十三五”“十四五”国家电网公司各区域及省级电网发展规划、新能源消纳形势滚动评估、调峰供需分析等研究中得到应用，并作为第一批试点推广功能接入国网新能源云平台，在 27 家网省公司的消纳分析工作中落地应用并得到广泛好评。2021 年，GESP 和 NEOS 软件包应用于中国工程院重大战略咨询专项“电力碳达峰碳中和路径研究”，量化分析“双碳”目标下我国电力发展路径，成果得到院士、专家的认可。应用能源经济环境政策评估系统，于 2021 年完成智能投资推演沙盘初步开发，并作为国家电网公司项目管理业务中台的主要应用场景之一，支撑了项目中台的顺利发布。2022 年，作为项目中台的试点之一，开展投资战略决策与价值分析实验室建设，进一步支撑项目中台建设和推广应用。

二是为国家能源发展提供决策支持。支撑政府部门中长期电力规划发展决策工作，为政府能源政策制定建言献策，多项研究成果获国家能源局感谢信。近年来，GESP、NEOS 等实验室产品在国家能源局电力司、规划司咨询项目“未来电网发展格局”“煤电峰值发展研究”“构建我国新一代电力系统”“碳达峰碳中和进程中和煤炭路径选择及政策保障研究”“构建以新能源为主体的新型电力系统研究”等重要课题研究中得到应用，支撑政府部门中长期电力规划发展决策工作。

三是服务行业发展与地方能源革命。实验室软件已用于支撑山西、内蒙古、甘肃、青海等地方能源革命思路研究，研究成果获有关省委主要领导的好评。基于实验室平台开展的“青海清洁能源示范省发展战略研究”已被青海省人民政府和国网青海省电力公司采纳，将作为青海省建设清洁能源示范省的实施方案面向全社会公布。在世界银行储能项目资助计划、山西煤电发展控制研究分析、华电山西集团平鲁平价上网光伏基地项目消纳前景分析、中国广核集团有限公司核电发展研究、冀北新能源大数据分析与应用中心平台设计与规划等工作中均有应用。

第五章

专业委员会

第一节　中国电机工程学会动能经济专业委员会

中国电机工程学会动能经济专业委员会（简称“动经专委会”），于1983年经中国电机工程学会批准成立，挂靠在电力科学研究院动能经济研究所，后随电力科学研究院动能经济研究所的大部分人员划转挂靠到北京水利电力经济研究所，而后又随机构变动和更名，现挂靠在国网能源研究院有限公司。动经专委会是中国电机工程学会直接领导下的一个群众性学术团体，主要研究能源与电力领域的有关技术、经济问题，如能源与电力的发展战略、规划理论与创新、经济政策等，具有宏观性、综合性和跨学科、跨行业的特点。动经专委会广泛团结能源经济领域的专家、技术和科研人员进行学术交流，以不断提高能源战略规划水平、促进能源工业健康发展。

动经专委会成立大会于1983年3月8日在北京召开，出席成立大会的有水利电力部副部长李鹏，中国电机工程学会理事长毛鹤年、副理事长兼秘书长齐明（水利电力部技术委员会主任），水利电力部计划司领导吴敬儒、陈定坤、杜星堂等，各电管局计划处处长，电力大专院校老师等，共计40人左右。大会由水利电力部财务司副司长兼动能经济研究所所长雷树萱主持。李鹏在会上作了重要讲话，并指出电力工业发展到了新时期，百废待兴。动能经济工作要从国家长远发展的全局来研究电力发展，要宏观研究电力发展适应国家的需要；要多做调查研究，利用学会的力量，组织各方面的专家，对国外电力发展的历史和当前的动态也要分析研究，总结我国电力系统有益的经验和吸取的教训。李鹏强调了动能经济研究工作的重要性，对动经专委会的成立表示祝贺并提出希望。

一、历史沿革

1983年成立第一届专委会，挂靠单位为电力科学研究院动能经济研究所，主任委员为雷树萱，副主任委员为李正和游吉寿，秘书长为孙戎立。

1988年换届成立第二届专委会，挂靠单位为北京水利电力经济研究所，主任委员为李正，副主任委员为雷树萱和吴迁，秘书长为孙戎立。

1992年换届成立第三届专委会，挂靠单位为北京水利电力经济研究所，名誉主任为雷树萱，主任委员为李正，副主任委员为张玉书和葛正翔，秘书长为孙戎立。

1998年换届成立第四届专委会，挂靠单位为北京动力经济研究所，主任委员为冉莹，副主任委员为肖俊、王信茂、张廷克、毛晋、梅宗华、邓建利，秘书长为阎秀文，副秘书长为孙戎立。

2003年换届成立第五届专委会，挂靠单位为国家电力公司动力经济研究中心，主任委员为冉莹，副主任委员为邓建利、梅宗华、王信茂和肖俊，秘书长为阎秀文和柴高峰，副秘书长为孙戎立和魏玢。

2007年换届成立第六届专委会，挂靠单位为国网北京经济技术研究院，主任委员为胡兆光，副主任委员为潘尔生和王运丹，秘书长为王耀华。

2012年换届成立第七届专委会，挂靠单位为国网能源研究院，主任委员为胡兆光，副主任委员为潘尔生、杨家朋和张正陵，秘书长为王耀华。

2017年换届成立第八届委员会，挂靠单位为国网能源研究院有限公司，主任委员为柴高峰，副主任委员为潘尔生和张正陵，秘书长为王耀华。

2020年开展部分委员调整工作，调整后副主任委员变更为张正陵和文卫兵，秘书长变更为郑海峰。

2022年换届成立第九届委员会，挂靠单位为国网能源研究院有限公司，主任委员为柴高峰，副主任委员为张正陵和魏玢，秘书长为马莉，副秘书长为魏哲。

二、重要学术活动

动经专委会自成立以来，开展了一系列的活动，组织了多次具有一定影响的、意义深远的学术会议，并多次得到有关领导的肯定，在动能经济领域内具有一定的影响力，是该领域内公认的一个具有较高层次的专委会。

动经专委会自成立以来开展的重要学术活动如下：

1983年，在山西五台山召开电力弹性系数学术研讨会。

1985年，在南宁召开电力负荷预测学术研讨会。

1987年，在北京召开缺电对策研讨会。

1992年，在北戴河召开能源及电力经济研讨会。

1997年，在南京召开“燃气-蒸汽联合循环发电在中国发展前景”学术研讨会。

1998年，在烟台召开“中国电力市场发展、能源供需形势、电价”学术会议。

1999年11月，在西安召开“面向21世纪电力可持续发展”学术研讨会。

2000年5月，在北京召开“十五”电力规划编写研讨会。

2001年12月，在南宁召开“电力规划理论与方法”研讨会。

2003年12月，在北京召开换届及能源领域学术交流会。

2004年12月，在北京召开年会及“中国能源未来发展与规划研讨会”。

2006年12月，在北京举办2006学术年会，主题为“能源发展与和谐社会建设”。

2007年11月20日，在广东举办第六届专委会成立大会及年度学术交流会，主题为“电力能源经济”。

2008年10月28日，在北京举办“电力与经济关系”研讨会，主要围绕我国电力供需形势、经济发展等热点问题进行研讨、交流。

2009年6月12日，在青岛举办2009年学术研讨会，主要围绕经济发展与电力供需形势、节能减排与电力发展、发电能源供应机制与电源建设、电力市场化改革及电价改革等问题进行研讨和交流。会议由青岛科技大学协办。

2010 年 7 月 6 日，在北京举办专家座谈会，会议主要围绕动经专委会的发展历史沿革和未来发展进行研讨座谈。

2010 年 8 月 12 日，在长春举办“清洁能源与低碳发展学术研讨会”，主要围绕清洁能源和低碳经济发展模式下，电力行业所面临的电网发展方式、路径、政策等有关问题进行研讨、交流。

2011 年 10 月 14 日，在北京举办 2011 年学术研讨会，主要围绕电力与经济关系、新能源发展、智能电网发展等问题进行探讨、交流。

2012 年 11 月，参加中国工程学会年会并承办“能源与电力经济专题研讨会”。

2012 年 12 月 14 日，在北京举办第七届专委会换届会议暨 2012 年学术研讨会。会议组织完成第七届专委会换届工作，并围绕能源电力发展、电力供需、风电消纳及电能存储等内容作了一系列专题报告。

2013 年 10 月 24 日，在内蒙古举办 2013 年学术研讨会，主要围绕我国经济转型与电力发展面临的挑战，太阳能、风能等新能源发展热点问题进行探讨、交流。会议由国网内蒙古东部电力有限公司协办。

2014 年 9 月 19 日，在上海举办 2014 年学术研讨会，主要围绕电力与经济关系、新能源发展、电力工业发展等有关问题进行研讨、交流。会议由国网上海市电力公司经济技术研究院协办。

2015 年 8 月 21 日，在长春举办 2015 年学术年会暨风电消纳运行研讨会，主要围绕国外风电消纳情况、吉林风电现状及存在问题、国内风电发展等问题进行探讨、交流。

2016 年 9 月 12 日，在青岛举办 2016 年学术研讨会暨经济新常态与能源电力发展研讨会，主要围绕经济新常态、能源绿色低碳转型发展、电力与经济关系、“十三五”电力规划、节能与能效、风电供热、常规电源调峰等热点问题进行探讨、交流。会议由青岛市节能协会协办。

2016 年 11 月 15 日，在 2016 年中国电机工程学会年会期间，能源系统工程专委会和动能经济专委会联合组织召开电力供给侧改革与电力市场论坛，论坛主题为“电力改革与电力规划”。

2017 年 7 月 7 日，在北京举办 2017 年学术年会暨第八届专委会换届会议。会议组织完成第八届专委会换届工作，并围绕电力改革、煤电发展、电力经济、新能源消纳等热点问题进行研讨交流。

2018 年 5 月 18 日，在北京举办 2018 年春季研讨会，主要围绕综合能源服务、可再生能源发展及并网、宏观经济、电力改革等热点问题进行探讨、交流。

2019 年 11 月 29 日，在北京举办 2019 年学术研讨会，主要围绕电气化发展、泛在电力物联网、城市能源互联网等热点问题进行探讨、交流。

2019年，专委会编著的《动能经济专业发展报告》在《中国电机工程学会专业发展报告（2018—2019）》中正式发布。

2020年9月25日，在广州举办2020年学术年会暨“十四五”能源电力发展展望研讨会，主要围绕“十四五”能源电力发展规划面临的重点、难点问题进行探讨、交流。会议由南方电网能源发展研究院有限责任公司协办。

2021年5月13日，在上海举办2021年春季研讨会，主要围绕碳达峰碳中和等关键问题进行探讨、交流。会议由国网上海市电力公司和国网上海市电力公司经济技术研究院协办。

第二节　中国电机工程学会智慧用能与节能专业委员会

中国电机工程学会智慧用能与节能专业委员会（简称“智慧用能与节能专委会”）成立于1983年8月27日，前身为用电与节电专业委员会，于2018年3月9日正式更名。2012年，专委会秘书处工作由国网辽宁省电力公司转至国网能源研究院，以提升能源消费智能化程度、推动节能减排为己任，致力于加强综合能源、电力需求侧管理、电能替代、电动汽车、分布式电源、储能及能源互联网等领域的联合与协作，团结国内外优秀学者及企业，搭建智慧用能与节能领域交流平台，研究智慧用能与节能先进理论与技术，组织举办高水平的学术交流活动，编制高水准的行业标准，提供优质的科研咨询服务，开展丰富多彩的科普活动。专委会成功举办数十次具有国际影响力的论坛及学术会议，并多次承担中国电机工程学会总会研究项目及企业咨询项目，已成为智慧用能与节能领域的中坚力量，为推动我国电力能源事业高质量发展提供有力支撑。

一、历史沿革

2012年11月15日，按照中国电机工程学会换届程序选举产生第五届智慧用能与节能专委会并获得总会批复，主任委员为张运洲，副主任委员为马力克、王芝茗、郭炳庆、李铁男，秘书长为单葆国。

2017年9月25日，按照中国电机工程学会换届程序选举产生第六届智慧用能与节能专委会并获得总会批复，主任委员为张运洲，副主任委员为徐阿元、李雪亮、郭炳庆、单葆国，秘书长为单葆国。

2019年6月14日，智慧用能与节能专委会进行部分委员调整，徐阿元不再担任智慧用能与节能专委会第六届副主任委员，增补董振斌为智慧用能与节能专委会第六届副主任委员。

2021年4月22日，智慧用能与节能专委会进行部分委员调整，郭炳庆不再担任智慧用能与节能专委会第六届副主任委员，增补覃剑为智慧用能与节能专委会第六届副主任委员。

二、重大项目情况

2015 年，主持完成科研咨询服务项目“河南电力景气指标体系研究”“基于用电信息智能采集的用户负荷特性研究”“新形势下陕西能源开发利用与电网发展研究”。

2016 年，发布《2015—2016 用电与节电专业发展报告》并被评为年度优秀专业发展报告，受邀在 2016 年度中国电机工程学会学术建设发布会上作了报告。

2017 年，主持完成科研咨询服务项目“山东能源电力改革咨询研究”。

2019 年，承担中国电机工程学会自立项目“面向综合能源系统的节能新技术研究”和“2035、2050 电力科技重大发展方向研究（储能和用户侧综合能源系统组分报告）”，研究成果在 2019 年中国电机工程学会年会上发布，得到相关院士、专家的高度评价。

2019 年，主持完成科研咨询服务项目“适应新旧动能转换的公司和电网发展战略咨询”“基于用户大数据挖掘的细分行业负荷特性分析技术咨询”。

2020 年，编著的《2019—2020 年度智慧用能与节能专业发展报告》在中国电机工程学会年会上正式发布。

2021 年，承担中国电机工程学会自立咨询课题“电能占终端能源消费比重变化趋势及政策研究”。

三、重要学术活动

2013 年 9 月 12—13 日，在武汉举办 2013 年用电与节电技术学术年会。

2014 年 10 月 17 日，在北京召开 2014 年用电节电技术研讨会。

2015 年 5 月 8 日，在北京召开中国电机工程学会“十三五”电力科技规划专题研讨会。

2015 年 6 月 10—12 日，在北京举办 2015 年配电网接地技术与故障处理研讨会。

2015 年 11 月 13 日，在北京主办 2015 年智能用电与节电技术研讨会。

2015 年 12 月 19 日，在北京举办 2015 年年终工作会议。

2016 年 6 月 16—17 日，在北京主办 2016 年配电网接地技术与故障处理研讨会。

2016 年 11 月 4—5 日，在北京举办 2016 年全国用电与节电技术研讨会。

2017 年 7 月 5—7 日，在北京举办 2017 年全国配电网接地技术与故障处理暨纪念消弧线圈诞生百年发展论坛。

2017 年 11 月 15—17 日，在北京举办 2017 年全国用电与节电技术发展论坛。

2018 年 1 月 21—22 日，在北京召开 2018 年中国电机工程学会用电与节电委员会工作会议。

2018 年 3 月 5—6 日，在广州召开用电与节电专业标准体系框架研讨会。

2018 年 6 月 10—13 日，在北京召开 2018 年全国配电网接地技术与故障处理发展论坛。

2018 年 10 月 25—27 日，在北京召开 2018 年全国用电与节电技术发展论坛。

2019 年 5 月 9—10 日，在厦门举办 2019 年全国配电网接地故障快速处置技术论坛。

2019 年 8 月 27—28 日，在天津举办 2019 年配电网接地故障消弧消谐及其选线定位新技术专题论坛。

2019 年 12 月 13—14 日，在北京举办 2019 年全国智慧用能与节能技术发展论坛。

2020 年 7 月 15 日，以在线视频会议形式召开 2020 年智慧用能与节能专委会工作会议。

2020 年 10 月 28—30 日，在北京举办 2020 年全国智慧用能与节能技术发展论坛。

2021 年 5 月 18—19 日，在昆明举办 2021 年全国配电故障快速处置与公共安全技术论坛。

2021 年 5 月 28 日，在北京召开智慧用能与节能专委会 2021 年工作会议。

2021 年 8 月 27 日，以在线视频会议形式举办碳达峰碳中和路径研讨会。

2021 年 9 月 3—4 日，在北京举办“双碳”目标下交通能源融合发展研讨会。

2021 年 11 月 7 日，以在线视频会议形式举办 2021 年全国智慧用能与节能技术发展论坛。

2022 年 4 月 15 日，以在线视频会议形式召开中国电机工程学会智慧用能与节能专委会 2022 年工作会议暨构建现代能源体系专题论坛。

四、重要荣誉情况

2016 年 3 月，获“2014—2015 年度中国电机工程学会先进集体”荣誉称号。

2017 年 3 月，获中国电机工程学会“团体标准工作优秀组织奖（2016 年度）”。

2018 年 2 月，获“2016—2017 年度中国电机工程学会先进集体”荣誉称号。

2019 年 3 月，获“2018 年度中国电机工程学会先进集体”荣誉称号。

2020 年 6 月，获“2019 年度中国电机工程学会先进集体”荣誉称号。

2021 年 5 月，获“2020 年度中国电机工程学会先进集体”荣誉称号。

2022 年 3 月，获“2021 年度中国电机工程学会先进集体”荣誉称号。

第三节　中国可再生能源学会可再生能源发电并网专业委员会

中国可再生能源学会可再生能源发电并网专业委员会（简称“并网专委会”），成立于 2014 年 6 月 4 日，是中国可再生能源学会下属的专业委员会，也是我国专注于可再生能源并网政策与技术研究的专业委员会。并网专委会的工作宗旨是：为可再生能源发电并网相关企业及从业人员提供交流和研讨平台，组织开展可再生能源发电并网重大问题的学术研讨和经验交流，推动相关标准和政策的完善，开展可再生能源发电并网知识科普及行业发展成果展示，开展符合中国可再生能源学会宗旨的非营利性和经营活动。并网专委会挂靠于国网能源研究院。并网专委会自成立以来，为促进我国可再生能源发电并网领域的行业交流与科学发展、人才培养与知识普及作出了积极贡献。

一、历史沿革

2014 年 6 月，第一届领导成员：主任委员为张运洲，副主任委员为张正陵、白建华、候佑华、董旭柱、张宝全、高虎，秘书长由白建华兼任，副秘书长为张栋。

2017 年 3 月，第二届领导成员：主任委员为张运洲，副主任委员为张正陵、周原冰、佟明东、侯佑华、董旭柱、白建华、魏胜民、王旭，秘书长为王耀华，副秘书长为张栋。

2019 年 9 月，第二届领导成员中期调整：主任委员为张运洲，副主任委员为张正陵、周原冰、王耀华、佟明东、白建华、魏胜民、吴宝英，秘书长为张栋。

2021 年 7 月，新一届领导成员：主任委员为张运洲，副主任委员为张正陵、王耀华、佟明东、李伟阳、吴宝英、裴哲义、张长江，秘书长为吴静，副秘书长为张栋。

二、重大研究情况

2014 年，参与美国能源基金会、国网青海省电力公司经济技术研究院委托中国可再生能源学会的两项课题“电力系统规划及电力系统生产模拟数据标准化研究”和“青海新能源发电特性与市场消纳研究”。

2017 年，参与国网江苏省电力有限公司委托中国可再生能源学会的课题“江苏电网促进可再生能源消纳及未来发展研究”。

2021 年，参与国网河南省电力有限公司委托中国可再生能源学会的课题“后补贴时代河南省新能源优化发展与消纳策略研究”。

2022 年，牵头撰写完成中国科学技术协会专报《“双碳”目标下加强风光电与电力系统调节保障能力协同发展的建议》，参与中国可再生能源学会承担的“银川市建设‘中国新硅都’战略研究”项目。

三、重要学术活动

并网专委会自成立以来，开展了一系列活动，很好地践行了并网专委会宗旨中的交流平台作用，提升了并网专委会的行业影响力。并网专委会自成立以来开展的重要学术活动如下：

2014 年 6 月，召开可再生能源发电并网专题研讨会暨并网专委会成立大会。

2015 年 3 月，召开 2014 年终总结会暨“可再生能源发电大比例高效率并网理论与方法”学术研讨会。

2016 年 4 月，召开 2015 年终总结会暨“可再生能源发展消纳政策与形势”学术研讨会。

2016 年 10 月，召开“可再生能源发展政策、规划、挑战与对策”专题研讨会。

2017 年 3 月，召开 2016 年终总结会暨“可再生能源发展消纳政策与形势”学术研讨会。

2017 年 9 月，召开第一届可再生能源并网技术与政策论坛，论坛以“新能源与电网协调发展”为主题。

2018 年 8 月，承办 2018 中国可再生能源学术大会的并网分会场暨第二届可再生能源发电并网技术与政策论坛，主题为“可再生能源与新一代电力系统”。

2019 年 10 月，召开第三届可再生能源并网技术与政策论坛，主题为“面向平价上网的新能源新机遇”。

2020 年 8 月，承办 2020 中国可再生能源学术大会的并网分论坛暨第四届可再生能源发电并网技术与政策论坛，主题为“‘十四五’新能源与电网发展展望”。南方电网能源发展研究院有限公司为联合承办单位。

2021 年 1 月，协办 2020 年能源转型发展论坛暨国网能源院成果发布会。

2021 年 9 月，召开第五届可再生能源并网技术与政策论坛，主题为“构建新型电力系统的探索”。

四、交流与合作

2014 年，参加中国可再生能源学会举办的海上风电、智能电网、可再生能源发电运维等研讨会。

2015 年，赴甘肃兰州调度中心、酒泉风电基地、新疆哈密风电和太阳能发电基地、哈郑直流换流站交流调研；参加中国可再生能源学会举办的丹麦风电发展研讨会。

2016 年，组织青海可再生能源发展与并网调研；参加中国可再生能源学会组织的上海《低压电器》杂志社组织的“艾唯奖”活动，以及参加光伏专委会的相关活动。

2017 年，邀请澳大利亚电力市场专家刘东胜博士，举办“澳大利亚电力与可再生能源市场——电力市场化改革的成功案例”讲座。

2018 年，赴四川和重庆开展“西南地区分布式电源和配电网发展情况调研”；参加由亚洲开发银行支持，蒙古国能源局牵头开展的东北亚电网互联研究项目的成果研讨会。

2019 年，赴白城开展实地调研与座谈交流，赴南方电网公司进行调研；参加全球可持续电力合作组织（G-SEP）、全球能源互联网智库联盟、美国国家可再生能源实验室

（NREL）、国际可再生能源署（IRENA）等机构组织的国际交流活动。

2020 年，赴重庆开展风光发电接入薄弱电网调研；参加电气电子工程学会（IEEE）协办、EI 检索的国际会议并作发言。

2021 年，组织重庆大规模客户侧储能应用关键技术及价值交流会，赴国网新能源公司调研小型抽水蓄能发展前景，赴中关村储能联盟调研电化学储能发展前景等。

第四节　中国电机工程学会热电专业委员会

中国电机工程学会热电专业委员会（简称“热电专委会”），于 1990 年经中国电机工程学会批准成立，秘书处设在北京水利电力经济研究所，后随北京水利电力经济研究所的几度机构变动和更名，于 2009 年国网能源研究院与国网北京经济技术研究院分立后，热电专委会秘书处工作归属国网北京经济技术研究院。热电专委会致力于服务国家发展改革委、国家能源局等热电领域工作，支撑国家相关产业政策制定。热电专委会先后发布热电投资估算导则、技术规定和财务评价标准软件，该软件随后作为电力工业财务评价标准软件之一由国家统一发布。

一、历史沿革

1990 年，热电专委会成立之初，主任委员为能源部总工程师秦中一，秘书长为王振铭（曾任北京水利电力经济研究所热化室主任）。

1994 年 3 月 29—30 日，热电专委会一届四次会议在北京召开，电力工业部周小谦当选为主任委员，岳鹿群等为副主任委员。

2001 年 12 月 20 日，郁刚任热电专委会秘书长。

二、重大项目情况

1990 年 9 月 20—22 日，国家计委资源节约和综合利用司与能源部节能司联合召开的《热电联产技术要求》等文件审查会在南京召开，与会代表对《热电联产技术要求》《内容深度》《计标方法》《投资估算方法》《经济评价方法》5 份文件进行深入讨论，修改后的报批稿上报待批。为满足 1991 年节能热电项目送审的迫切需求，国家能源投资公司节能公司委托热电专委会将上述 5 个文件的主要内容编写成《小型热电项目投标书填写说明》供送审工程使用，这是我国第一份由国家层面出台的热电项目建设的系统性的技术性文件。

1991 年 4 月 17—27 日，受国家能源投资公司节能公司委托，热电专委会组织召开 1991 年小型节能热电项目审查会，送审项目共 36 个，来自 18 个省市。上报项目共有锅炉 68 台，合计 3905 吨/小时；汽轮机 55 台，合计 43 万千瓦。

1992 年，国家计委、国务院生产办公室和能源部发布《关于印发〈小型节能热电项目可行性研究技术规定〉》（计资源〔1991〕2186 号）。《小型节能热电项目可行性研究技术规定》由热电专委会与有关单位共同编制，时至今日一直被热电规划人员作为开展工作的基本指导。

1994 年 12 月 8—14 日，受国家计委节能局、建设部城建司委托，热电专委会和中国建筑科学研究院在石家庄召开城市热力规划研讨会，会后出版九份资料，重新起草《城市热力规划的技术要求》《城市热力规划的内容深度》，并向全国发布。

1996 年 1 月 8—14 日和 1 月 18—23 日，热电专委会组织在北京和杭州分别进行 1996 年节能热电审查会，共审查 31 个工程，总装机 45.3 万千瓦。

1998 年，热电专委会等单位支撑国家计委、国家经贸委、电力工业部、建设部发布《关于发展热电联产的若干规定》（计交能〔1998〕220 号）。该规定首先提出了热电比和热效率指标及控制性建设标准，自此成为我国热电发展的基本指导。

2000 年，受国家计委委托，支撑起草《关于发展热电联产的规定》（急计基础〔2000〕1268 号）。这是我国因地制宜推动分布式冷热电发展的第一份国家级指导性文件，文件中关于热电联产的基本建设条件和基本概念沿用至今。

2008 年，国家能源局电力司组织热电专委会等单位，共同研究制定发展热电联产的产业政策，提出了新的关于发展热电联产的技术规定及规划报告附件要求，以向各省印发相关技术资料并要求按此执行的方式重新定义了我国热电发展模式。

三、重要学术活动

热电专委会自成立以来，组织开展了一系列的学术活动，多项研讨成果和学术建议呈报国家有关部委，并多次得到有关领导的肯定。热电专委会自成立以来组织开展的重要学术活动如下：

1991 年 5 月 31 日，热电专委会学术交流会在杭州召开，会议期间代表们提出了多项发展热电联产的建议，秘书处整理成十条建议，呈报给国家计委等部委。

1993 年 6 月 8—10 日，热电专委会和中国城镇供热协会在郑州联合组织召开热价学术讨论会，93 位代表参会。

1996 年 5 月 31 日—6 月 12 日，热电专委会承办在华盛顿召开的中美热电交流与热电项目建设研讨会，以中国节能投资公司为团长的中国热电代表团一行 16 人出席，并考察美国的部分能源机构和三个热电厂。

1996 年 10 月 28 日—11 月 7 日，应俄罗斯燃料电力部节能与小火电站局格隆莫夫局长的邀请，经电力工业部批准，热电专委会组成 8 人代表团赴俄罗斯进行热电联产的技术交流和考察。

2004 年 10 月 27—28 日，热电专委会在北京组织召开第五届国际热电联产分布式能源联盟年会，20 余个国家的代表 80 余人以及国内热电领域的代表近 400 人参会。

2005 年，热电专委会召开热电联产行业生存现状与前景情况通报会，近百人参会。

四、重要荣誉和成果

1992 年 2 月，汤惠芬、范季贤（曾任北京水利电力经济研究所热化研究室主任）编写的《城市供热手册》由天津科学技术出版社出版。

1993 年 2 月，“八五”电力部科技项目“我国热价设计理论、方法及软件研制”获电力部科技进步奖二等奖。

1996 年 11 月，范季贤、汤蕙芬、张伏生编写的《供热制冷设备手册》由天津科学技术出版社出版。

2004 年，中国电机工程学会成立 70 周年大会在北京召开，热电专委会被评为先进专委会，热电专委会秘书处三人获得中国电机工程学会先进工作者荣誉称号，热电专委会的“海峡两岸第二届热电联产汽电共生学术交流会”被评为优秀学术会议。

大　事　记

1980—1998年

1980年初，电力工业部在电力科学研究院设立动能经济研究所。电力工业部财务司副司长雷树萱兼任所长，逄白山任党支部书记，刘倜任副所长。

1983年3月8日，中国电机工程学会动能经济专业委员会成立大会在北京召开。水利电力部副部长李鹏以及中国电机工程学会理事长毛鹤年、副理事长兼秘书长齐明出席大会，水利电力部财务司副司长兼动能经济研究所所长雷树萱主持会议。

1983年8月13日，根据教育部《关于筹建北京水利电力经济管理学院的通知》（〔83〕教计字143号），同意在水利电力部干部进修学院的基础上筹建北京水利电力经济管理学院。

1983年9月10日，根据水利电力部《关于筹建北京水利电力经济管理学院的通知》（[急件]〔83〕水电教字第81号），明确北京水利电力经济管理学院筹建事项，校址在北京市东郊定福庄，筹建处办公地点暂在西单文华胡同21号。

1983年9月24日，水利电力部党组决定将电力科学研究院动能经济研究所并入北京水利电力经济管理学院，成立北京水利电力经济研究所。北京水利电力经济研究所作为北京水利电力经济管理学院的下属单位，随北京水利电力经济管理学院同时启动筹建工作。中国电机工程学会动能经济专业委员会秘书处工作随电力科学研究院动能经济研究所一同并入北京水利电力经济研究所。

1983年9月26日，根据北京水利电力经济管理学院筹建处《关于北京水利电力经济管理学院机构设置的报告》（〔83〕水电经院字第003号），明确北京水利电力经济管理学院机构设置、人员编制的具体方案，北京水利电力经济管理学院编制总数近期900人（包括电力科学研究院动能经济研究所100人），长远1060人。

1983年12月27日，根据教育部《关于批准成立北京水利电力经济管理学院和长沙水利电力示范学院的通知》（〔83〕教计字203号），同意成立北京水利电力经济管理学院，并于1984秋季开始招生。北京水利电力经济管理学院副院长李正兼任北京水利电力经济研究所所长，副所长分别为刘倜（兼任党支部书记）、梁永爱、董子敖。

1990年2月，能源部部长黄毅诚为北京水利电力经济研究所题词："以严谨的科学的态度，积极推进动能经济的研究工作，为发展我国能源事业作贡献"。

1990 年 2 月，能源部副部长史大桢为北京水利电力经济研究所题词："为能源的开发利用和节约而奋斗"。

1990 年 2 月，能源部副部长史大桢到北京水利电力经济研究所调研并参观计算中心主机房。

1990 年 3 月，中国电机工程学会热电专业委员会经中国电机工程学会批准成立，秘书处设在北京水利电力经济研究所。

1991 年 6 月 4 日，根据能源部《关于北京水利电力经济研究所对外相对独立的批复》（能源人〔1991〕476 号），同意北京水利电力经济研究所在仍属北京水利电力经济管理学院领导的前提下，对外相对独立开展工作，北京水利电力经济研究所的业务由能源部综合计划司归口领导。

1995 年 9 月 26 日，根据电力工业部《关于明确北京动力经济研究所管理体制的通知》（电人教〔1995〕574 号），电力工业部委托电力规划设计总院领导和管理，北京水利电力经济研究所更名为"北京动力经济研究所"，科研性质和任务不变，业务上仍接受电力工业部有关司局的指导。毛晋任所长，刘毓全、葛正翔、王磊平任副所长。

1999 年

4 月 1 日，国家电力公司通过了《关于贯彻落实党组决定组建国家电力公司动力经济研究中心的原则意见》，同意组建国家电力公司动力经济研究中心（简称"动经中心"）筹备领导小组，由国家电力公司计划投资部主任王信茂任组长。

4 月 14 日，根据国家电力公司《关于组建国家电力公司动力经济研究中心的通知》（国电人资〔1999〕189 号），明确由国家电力公司出资设立动经中心，同时明确动经中心的职责和定位。

4 月 15 日，国家电力公司召开动经中心筹备领导小组会议和干部会议，宣布国电人资〔1999〕189 号文件，动经中心的筹建工作全面启动。

7 月 14 日，动经中心筹备领导小组将动经中心（国电动经公司）组建方案、章程以动经（筹）〔1999〕01 号文件行文呈报国家电力公司审批。

8 月 12 日，根据国家电力公司《关于成立国电动力经济咨询有限公司的通知》（国电人资〔1999〕415 号），批复同意《国电动力经济咨询有限公司章程》，同意据此到工商行政管理部门办理注册登记手续。

10 月 19 日，根据国家电力公司《关于委派国电动力经济咨询有限公司董事、监事的通知》（国电任〔1999〕75 号），王信茂任国电动力经济咨询有限公司董事长，邓建利、姜绍俊、张晓鲁任国电动力经济咨询有限公司董事，贺华任国电动力经济咨询有限公司监事。

10 月 19 日，根据国家电力公司《关于推荐国电动力经济咨询有限公司总经理、副总经理等人选的函》（国电任〔1999〕76 号），推荐王信茂为国电动力经济咨询有限公司总经理人选，邓建利、李扬为国电动力经济咨询有限公司副总经理人选，胡兆光为国电动力经济咨询有限公司总经济师人选。

10 月 19 日，根据国家电力公司《关于同意推荐国电动力经济咨询有限公司职工董事、监事人选的函》（国电任〔1999〕79 号），同意葛正翔为国电动力经济咨询有限公司董事会中的职工代表人选，王新民为国电动力经济咨询有限公司监事人选。

10 月 20 日，根据国家电力公司国电任〔1999〕98 号文件，王信茂任国家电力公司动力经济研究中心主任，邓建利、李扬任副主任，胡兆光任总经济师。

10 月 27 日，根据国家电力公司国电人资〔1999〕581 号文件，同意《国电动力经济咨询有限公司暨国家电力公司动力经济研究中心组建方案》，国家电力公司动力经济研究中心和国电动力经济咨询有限公司按照“两块牌子、一套领导班子”的模式，分别独立核算。

11 月 13 日，动经中心（国电动经公司）召开第一届董事会第一次会议，会议审议并通过了国电动力经济咨询有限公司章程和董事会议事规则，审议并通过了“关于聘任王信茂为动经公司总经理、邓建利和李扬为动经公司副总经理、胡兆光为国电动经公司总经济师”的提案。

12 月 8 日，动经中心（国电动经公司）经国家工商行政管理局正式登记注册并取得了营业执照。

12 月 22 日，召开国家电力公司动力经济研究中心暨国电动力经济咨询有限公司成立大会，国家电力公司副总经理赵希正代表国家电力公司党组和总经理到会祝贺并讲话。

12 月 31 日，根据中共国家电力公司党组国电党任〔1999〕70 号文件，王信茂、邓建利、李扬任中共国电动力经济咨询有限公司（动经中心）临时委员会委员，王信茂任临时委员会书记。

2000 年

1 月 13 日，动经中心印发《关于机构设置、人员编制及各部门职责与业务范围的通知》（动经中心人〔2000〕05 号），明确动经中心机构设置、人员编制、各部门职责及业务范围。

2 月 2 日，国家电力公司赵希正副总经理一行到动经中心（国电动经公司）看望全体职工，充分肯定动经中心（国电动经公司）1999 年的工作，希望动经中心（国电动经公司）办成国际一流的咨询机构。

3 月 8 日，动经中心（国电动经公司）召开“智能实验室可行性报告”咨询会。

3 月 10 日， 动经中心（国电动经公司）召开国电动经公司第一届董事会第二次会议，审议通过国电动经公司 2000 年经营目标和主要任务。

3 月 24 日， 国电动经公司召开 2000 年工作会议，总结 1999 年工作，明确 2000 年工作思路。

4 月 10 日， 国家电力公司赵希正副总经理主持召开办公会议，明确将动经中心的体制改革纳入科研单位体改序列，由科技部负责组织拟定改革方案。

5 月 17 日—6 月 4 日， 动经中心（国电动经公司）主任王信茂随同国家电力公司副总经理赵希正参加第一届世界能源管制论坛，并对加拿大、挪威、比利时等国的电力体制改革情况进行了考察。

8 月 12 日—9 月 3 日， 动经中心（国电动经公司）派出考察团，赴美国、澳大利亚、新西兰进行考察，与世界多个能源类研究、咨询机构建立了联系。

8 月 24 日， 根据国家电力公司国直工〔2000〕12 号文件，批复成立动经中心（国电动经公司）工会，马庆安为工会主席。

10 月 19 日， 经动经中心（国电动经公司）主任会议研究决定，将天然气发电与新能源研究所、节能与环境经济研究所合并为新能源与环境经济研究所。

12 月 13 日， 动经中心（国电动经公司）召开第一届董事会第三次会议，动经中心（国电动经公司）主任王信茂主持会议。

2001 年

1 月 18 日， 国家经贸委电力司与动经中心举办新春座谈会，电力司司长史玉波对动经中心成立一年来的工作给予肯定。

1 月 19 日， 国家电力公司顾问何璟到动经中心（国电动经公司）慰问员工。

2 月 1 日， 国家电力公司副总经理刘振亚到动经中心（国电动经公司）慰问员工。

2 月 13 日， 中国天然气集团公司研究发展部到动经中心（国电动经公司）调研科研事转企工作。

2 月 19—20 日， 动经中心（国电动经公司）举办美国加州电力市场国际研讨会。

2 月 27 日， 动经中心（国电动经公司）与美国 PA 咨询集团签署合作备忘录。

3 月 1 日， 动经中心（国电动经公司）召开专家委员会成立大会暨第一次全体会议，国家电力公司副总经理刘振亚出席。

3 月 2 日， 动经中心（国电动经公司）召开第一届董事会第四次会议。

3 月 11 日， 动经中心（国电动经公司）副主任邓建利参加南方四省（区）能源战略规划 SEP 项目扩展期第二次技术考察团，赴加拿大进行考察。

3 月 24 日， 动经中心（国电动经公司）主任王信茂参加中国电力企业联合会第三届理事会第三次会议。

4月1日，动经中心（国电动经公司）召开2001年度工作会议，部署2001年动经中心（国电动经公司）的经营目标和主要任务。

4月9日，动经中心（国电动经公司）主任王信茂参加国家电力公司战略规划部西电东送课题调研会。

4月20日，动经中心（国电动经公司）主任王信茂参加“十五”电力建设资金筹集调查研究工作座谈会。

4月25日，根据国家电力公司国电任〔2001〕62号文件，王信茂不再担任国电动力经济咨询有限公司董事长、董事、总经理，姜绍俊不再担任国电动力经济咨询有限公司董事。

5月8日，动经中心（国电动经公司）主任王信茂参加热电专业委员会组织的国际热电联产会议。

5月29日，根据国家电力公司人董部通知，动经中心（国电动经公司）由董事、副总经理邓建利主持工作，并承担法人代表的义务和责任，办理法人代表变更手续。

6月7日，国家电力公司华东分公司总经理邵世伟到动经中心（国电动经公司）商议合作事宜。

6月8日，国家电力公司副总经理赵希正、战略规划部主任姜绍俊到动经中心（国电动经公司）检查指导工作，听取规划工作有关情况的汇报。

6月11日，动经中心（国电动经公司）副主任邓建利、高级咨询委员王信茂参加国家电力公司规划高层会议。

6月18日，动经中心（国电动经公司）总经济师胡兆光参加第四次中国—欧洲联盟能源合作大会。

10月21日，动经中心（国电动经公司）总经济师胡兆光参加世界能源大会。

11月1日，动经中心（国电动经公司）高级咨询委员王信茂参加“东北亚电力峰会”，并作题为《21世纪的中国电力工业》的专题报告。

11月4日，动经中心（国电动经公司）副主任李扬参加国电第八期大型企业领导干部工商管理考察团，赴澳大利亚调研考察。

11月13日，国家电力公司刘振亚副总经理到动经中心（国电动经公司）考察指导工作。

12月17日，动经中心（国电动经公司）召开干部大会，国家电力公司人董部宣布动经中心（国电动经公司）新领导班子，邓建利任动经中心主任、党委书记，葛正翔任动经中心副主任。

12月18日，国家电力公司监察局到动经中心（国电动经公司）进行党风廉政建设考核。

2002年

1月10日，国家电力公司农电部主任李振生到动经中心（国电动经公司）检查指导工作。

1月29日，动经中心（国电动经公司）召开第一届董事会第七次会议，宣布国家电力公司《关于委派国电动力经济咨询有限公司董事长的通知》和《关于更换国电动力经济咨询有限公司监事的通知》参加人员。

1月30日，国家经贸委电力司司长史玉波到动经中心（国电动经公司）检查指导工作。

2月8日，国家电力公司副总经理刘振亚到动经中心（国电动经公司）检查指导工作并慰问员工。

4月2日，动经中心（国电动经公司）召开第一届董事会第八次会议，审议《国电动力经济咨询有限公司2001年工作总结和2002年工作安排的报告》。

4月5日，动经中心（国电动经公司）主任邓建利向国家电力公司体制改革领导小组汇报动经中心对体制改革的意见和建议，国家电力公司副总经理赵希正及有关领导听取了汇报。

4月8—12日，动经中心（国电动经公司）总经济师胡兆光参加“住美丽春城用清洁能源”电炊电热发展论坛。

4月11日，动经中心（国电动经公司）召开《电力技术经济》杂志社理事会成立会议。

4月22日，动经中心（国电动经公司）总经济师胡兆光参加国家经贸委电力司主办的电力需求侧管理座谈会。

4月25日，动经中心（国电动经公司）主任邓建利参加国家电力公司战略规划部召开的南方四省（区）能源战略规划项目扩展期成果汇报会。

4月26日，动经中心（国电动经公司）主任邓建利、总经济师胡兆光参加国家电力公司战略规划部召开的2002年一季度预警分析会。

5月15日，国家电力公司副总经理谢松林到动经中心（国电动经公司）检查指导工作。

5月16—18日，动经中心（国电动经公司）副主任葛正翔参加第二届海峡两岸热电联产学术交流会。

5月27日，动经中心（国电动经公司）总经济师胡兆光参加国家电力公司战略规划部召开的全国电力供需监测预警研讨会。

8月5日，动经中心（国电动经公司）总经济师胡兆光赴兰州参加国家电力公司2002

年上半年电力市场分析预测工作会议。

8月19日，动经中心（国电动经公司）副主任李扬、葛正翔会见台湾汽电共生协会考察团。

8月27日，动经中心（国电动经公司）召开动力经济论坛暨国家电力公司动力经济研究中心专家委员会第二次会议。

9月26—27日，动经中心（国电动经公司）副主任葛正翔赴合肥出席国家电力公司系统实施“走出去”战略经验交流会。

11月22日—12月1日，动经中心（国电动经公司）受台湾汽电共生协会邀请，副主任葛正翔带队赴台湾调研考察。

12月12日，动经中心（国电动经公司）主任邓建利出席国家电网公司筹备组召开的专家座谈会。

12月29日，动经中心（国电动经公司）主任邓建利参加中国电力新组建（改组）公司成立大会。

2003年

1月6日，动经中心（国电动经公司）主任邓建利赴中国电力投资集团公司调研交流，中国电力投资集团公司总经理王炳华、副总经理孟振平参加，双方围绕保持长期合作、建立战略伙伴关系等事宜进行交流。

1月11—18日，动经中心（国电动经公司）主任邓建利参加国家电网公司领导基层调研团，赴四川、重庆调研。

1月22日，国家电力监管委员会副主席史玉波到动经中心（国电动经公司）参加电力监管研讨会。

1月29日，国家电网公司副总经理陈进行到动经中心（国电动经公司）检查指导工作并慰问员工。

4月14日，动经中心（国电动经公司）向国家电网公司报告“非典”疫情，部署“非典”防控工作。

9月8—9日，动经中心（国电动经公司）副主任葛正翔参加中国电力企业联合会主办的“2003中国电力论坛”。

9月10日，动经中心（国电动经公司）主任邓建利出席国家电网公司发展高层论坛。

9月12—27日，动经中心（国电动经公司）主任邓建利参加国家电网公司联网运作机制和直流输电技术考察团，赴南非、巴西进行实地考察。

9月17—18日，动经中心（国电动经公司）副主任葛正翔参加国家电力监管委员会主办的“中国电力监管国际研讨会”。

10 月 31 日，动经中心（国电动经公司）召开专家委员会第三次会议暨动经论坛会议。

12 月 19 日，国家电力监管委员会史玉波副主席到动经中心（国电动经公司）慰问员工。

2004 年

1 月 8 日，国家电网公司副总经理陈进行到动经中心（国电动经公司）检查指导工作并慰问员工。

3 月 24 日，国家电网公司体改办主任王广辉到动经中心（国电动经公司）检查指导工作。

4 月 7—22 日，动经中心（国电动经公司）主任邓建利参加国家电网公司区域电网联网考察团，赴英国、法国、德国、意大利进行考察调研。

4 月 16 日—5 月 7 日，动经中心（国电动经公司）总经济师胡兆光参加国网河北省电力公司需求侧管理项目考察团，赴德国考察调研。

5 月 20 —21 日，国家电网公司人事董事部考核动经中心（国电动经公司）领导班子。

6 月 3 日，国家电网公司任命胡兆光为动经中心副主任兼总经济师，雷体钧为动经中心副主任。

6 月 15 日—7 月 3 日，动经中心（国电动经公司）副主任雷体钧参加国家电网公司工商管理高级培训班，赴法国、西班牙、意大利进行考察调研。

7 月 25 —28 日，动经中心（国电动经公司）主任邓建利赴内蒙古考察电力建设和规划。

7 月 31 日—8 月 2 日，动经中心（国电动经公司）主任邓建利参加国家发展改革委组织的东北电力建设和规划会议。

8 月 12—19 日，动经中心（国电动经公司）主任邓建利赴西北电网调研。

8 月 25—30 日，动经中心（国电动经公司）副主任兼总经济师胡兆光赴瑞典参加欧洲科技论坛。

9 月 13—17 日，动经中心（国电动经公司）主任邓建利赴山西、上海调研。

10 月 13 日，动经中心（国电动经公司）召开第二届专家委员会第一次会议暨动经论坛，国家电网公司副总经理陈进行出席会议。

10 月 17 —22 日，动经中心（国电动经公司）副主任兼总经济师胡兆光参加第 15 届亚太电力工业协会大会。

11月2—6日，动经中心（国电动经公司）主任邓建利参加2004年世界工程师大会。

11月9日，国家电网公司党风廉政建设考核小组到动经中心（国电动经公司）考核党风廉政建设情况。

11月20—24日，动经中心（国电动经公司）副主任兼总经济师胡兆光参加中国科协2004年学术年会电力分会场暨中国电机工程学会2004年学术年会。

12月18日，动经中心（国电动经公司）主任邓建利、副主任兼总经济师胡兆光参加中国电机工程学会动能经济专业委员会2004年年会。

2005年

1月14日，国家电网公司总经理助理舒印彪、发展策划部副主任杜至刚（主持工作）、副主任张运洲到动经中心（国电动经公司）检查指导工作。

1月18日，根据《关于将国家电网公司人才交流服务中心交由国电动力经济研究中心管理的通知》（国家电网人资〔2005〕27号），国家电网公司人才交流服务中心交由动经公司（国电动经中心）管理，并将国家电网公司人才交流服务中心更名为“国网人才评价中心”。

1月18日，动经中心（国电动经公司）主任邓建利与国网运行公司副主任张贺会谈开展发展战略等课题合作。

1月25日，动经中心（国电动经公司）副主任葛正翔参加国家电网公司特高压输变电工程可行性研究启动会议。

1月28日，动经中心（国电动经公司）邀请国家电力监管委员会副主席史玉波到动经中心作电力监管专题报告。

2月7日，根据《关于张虎林等同志任免的通知》（动经中心人〔2005〕25号），变更国网人才评价中心法人为赵庆波，聘任张虎林为国网人才评价中心副主任（正处级，主持工作），聘任果强为国网人才评价中心评价处处长，任期三年；聘任杨铁军为国网人才评价中心综合处副处长（副处级，主持工作），任期三年；聘任朱萍为国网人才评价中心综合处副处长，任期三年。

3月2日，国家电网公司总经理助理舒印彪、人事董事部副主任俞学豪到动经中心（国电动经公司）宣布国家电网公司任免通知，赵庆波任动经中心副主任（主持工作）、党委副书记（主持工作）。

3月23日，根据动经中心人〔2005〕33号文件，赵庆波任国家电网公司人才交流服务中心主任，免去曲怀生国家电网公司人才交流服务中心主任职务。

3月25日，动经中心（国电动经公司）召开南方电网公司国际化经营战略研究课题启动会，南方电网公司副总经理肖鹏出席会议。

4 月 22 日，动经中心（国电动经公司）副主任兼总经济师胡兆光参加中国电机工程学会能源专业委员会会议。

4 月 22 日，动经中心（国电动经公司）副主任雷体钧参加国家发展改革委“十一五”十大重点节能工程实施方案编制工作会议暨十大重点工程启动会议。

5 月 9 日，动经中心（国电动经公司）撤销电力系统研究所，成立电网规划分析处与电网项目论证处。

5 月 10 日，根据国家电网人资〔2005〕306 号文件，国家电网公司电力前期工作周转金管理中心移交动经中心（国电动经公司）管理。

5 月 13 日，国家电网公司副总经理舒印彪、人事董事部副主任俞学豪到动经中心宣布国家电网公司任免通知，赵庆波任动经中心主任以及国电动力经济咨询有限公司董事长、总经理。

5 月 29 日—6 月 5 日，动经中心（国电动经公司）副主任兼总经济师胡兆光赴法国参加欧洲能效经济研讨会。

6 月 8—9 日，动经中心（国电动经公司）主任赵庆波、副主任葛正翔参加西藏电力发展规划咨询会议。

6 月 15 日，国电动经公司设立了办公室、人事处、财务与资产管理处、战略规划与科研开发处等四个职能部门，成立了电网规划分析处和电网项目论证处，重组成立了电力市场、电网经济与管理、能源与环境经济三个研究所。

6 月 28 日，动经中心（国电动经公司）主任赵庆波参加国家电网公司重点城市电网建设改造和安全供电工作会议。

7 月 24—27 日，动经中心（国电动经公司）副主任葛正翔赴印度尼西亚参加联合国电网管理研讨会并作专题发言。

8 月 2 日，动经中心（国电动经公司）副主任葛正翔参加华中电网全面提高现有输送能力工作方案审查会。

8 月 4 日，动经中心（国电动经公司）副主任葛正翔参加东北电网全面提高现有输送能力工作方案审查会。

8 月 6 日，动经中心（国电动经公司）副主任兼总经济师胡兆光参加西北电网全面提高现有输送能力工作方案审查会。

8 月 10 日，动经中心（国电动经公司）副主任葛正翔参加亚洲开发银行支援中国加强电网规划能力项目工作组会议。

8 月 12 日，动经中心（国电动经公司）召开贯彻落实国家电网公司年中工作会议精神座谈会，国家电网公司舒印彪副总经理到动经中心指导工作。

9 月 21—30 日，动经中心（国电动经公司）副主任兼总经济师胡兆光赴德国参加

“柏林亚太周”亚洲能源论坛交流活动。

9 月 22—23 日，动经中心（国电动经公司）主任赵庆波参加交流特高压输变电工程可行性研究总报告评审会议。

9 月 27 日，国家电网公司副总工程师兼科技部主任吴玉生到动经中心（国电动经公司）检查指导工作。

10 月 14 日，动经中心（国电动经公司）副主任兼总经济师胡兆光参加交流特高压直流项目可行性研究设计工作汇报会。

10 月 17—18 日，动经中心（国电动经公司）副主任兼总经济师胡兆光参加中欧能源论坛。

10 月 20 日，动经中心（国电动经公司）副主任葛正翔参加国家电力市场建设座谈会。

10 月 27 日，动经中心（国电动经公司）副主任兼总经济师胡兆光参加国家发展改革委电力、钢铁、建材、华工等重点用煤行业“十一五”发展与煤炭需求预测汇报座谈会。

10 月 27—28 日，动经中心（国电动经公司）副主任葛正翔参加特高压直流工程可行性研究设计总报告评审会。

11 月 2 日，动经中心（国电动经公司）副主任葛正翔参加国家电网公司“十一五”通信规划和调度规划、科技规划和信息规划、国家电网“十一五”规划编制情况汇报会。

11 月 7—11 日，动经中心（国电动经公司）副主任兼总经济师胡兆光参加全国政协节电调研。

11 月 10—11 日，动经中心（国电动经公司）副主任葛正翔参加水电竞争规则研究报告评审会。

11 月 18 日，动经中心（国电动经公司）副主任葛正翔参加三峡三期工程验收领导小组第一次会议及三峡输变电工程总结大纲审查会议。

12 月 14 日，日本电力系统利用协会访问团到访动经中心（国电动经公司），动经中心（国电动经公司）副主任葛正翔参加。

2006 年

1 月 18 日，国家电网公司副总经理舒印彪到动经中心（国电动经公司）慰问职工，国家电网公司发展策划部主任杜至刚、建设运行部主任喻新强出席，动经中心（国电动经公司）主任赵庆波、副主任葛正翔、胡兆光、雷体钧参加。

2 月 8 日，动经中心（国电动经公司）召开 2006 年工作会议，国家电网公司副总经理舒印彪出席并讲话。

4 月 28 日，根据国家电网公司《关于明确直属科研单位功能定位及相应变更名称的通知》（国家电网人资〔2006〕305 号），动经中心（国电动经公司）更名为“国网北京经济技术研究院”，简称“国网经研院”。

5 月 24 日，国家电网公司财务部下发《关于对国电动力经济研究中心增资的通知》（财资〔2006〕39 号），增资 3000 万元。

7 月 3 日，国家电网公司党组下发《赵庆波同志任职》（国家电网党任〔2006〕42 号）文件，赵庆波任中共国网北京经济技术研究院临时委员会书记；国家电网公司下发《赵庆波等任职》（国家电网任〔2006〕93 号）文件，赵庆波任国网北京经济技术研究院院长，葛正翔任副院长，胡兆光任副院长、总经济师，雷体钧任副院长。

7 月 26 日，国网经研院召开 2006 年年中工作会议，国网经研院院长赵庆波作题为《全面加强基础能力建设，更紧密服务公司发展战略》的工作报告。

8 月 9 日，国网北京经济技术研究院举办揭牌仪式，国家电网公司党组成员、副总经理舒印彪出席揭牌仪式并为国网北京经济技术研究院揭牌。

9 月 26 日，根据《关于国网人才评价中心定岗定编的通知》（经研院人〔2006〕24 号），国网人才评价中心人员编制数 15 人（不含国网人才评价中心主任），并对每个岗位设定了编制数量。

11 月 14 日，国网北京经济技术研究院召开干部大会，国家电网公司副总经理舒印彪出席会议，张运洲任国网北京经济技术研究院（国电动力经济咨询有限公司）院长（总经理）、中共国网北京经济技术研究院（国电动力经济咨询有限公司）临时委员会副书记；葛正翔任中共国网北京经济技术研究院（国电动力经济咨询有限公司）临时委员会书记；韩丰任国网北京经济技术研究院（国电动力经济咨询有限公司）总工程师；李英任国网北京经济技术研究院（国电动力经济咨询有限公司）总经济师。

11 月 28—29 日，国网经研院院长张运洲参加“2006 年特高压输电技术国际会议（UHV 2006）”，并作题为《特高压交流输电的经济性》的专题报告。

12 月 23 日，国网经研院与中国电机工程学会动能经济专业委员会共同举办“2006 学术年会暨动经论坛”，国网经研院院长张运洲、党委书记葛正翔，中国电机工程学会常务副秘书长李若梅参加。

2007 年

1 月 11 日，根据经研院人〔2007〕7 号文件，任命张运洲为国网人才评价中心主任职务，免去赵庆波国家电网公司人才交流服务中心主任职务。

1 月 16 日，国网人才评价中心召开首届电力人才就业论坛，搭建电力行业校企沟通桥梁。

1 月 25 日，国网人才评价中心举办首届全国电力人才招聘大会。

1 月 27 日，国网经研院召开 2007 年工作会议，国家电网公司副总经理、党组成员舒印彪出席会议并讲话。

3 月 5—7 日，国家电网公司召开“信息化工作会议”，国家电网公司副总经理舒印彪，总经济师杜至刚出席会议，国网经研院被授予“国家电网公司信息化工作先进集体”荣誉称号。

3 月 15 日，国家电网公司副总经理、党组成员舒印彪在国网经研院听取了电力供需实验室建设第一阶段工作情况的汇报，对实验室阶段建设成果给予肯定，要求国网经研院把电力供需实验室建成国家能源研究领域的权威平台，建设成“国际一流”的国家级重点实验室。

3 月 27—28 日，国家电网公司召开“2007 年科技工作会议”，国家电网公司副总经理陆启洲出席会议。在本次会议上，国网经研院建设的电力供需研究实验室被命名为“国家电网公司重点实验室”。

4 月 6 日，国家电网公司信息办副主任吴杏平到国网经研院检查指导工作，参观了国网经研院电力供需研究实验室。

7 月 26 日，国网经研院召开 2007 年年中工作会议，院长张运洲作题为《培养人才梯队，提升研究层次，确保实现全年工作目标》的工作报告。

11 月 2 日，英国牛津能源研究所所长 Christopher Allsopp 到访国网经研院，国网经研院胡兆光副院长参加。

11 月 22 日，国网经研院举办“第三届专家委员会会议暨动经论坛”，国家电网公司副总经理舒印彪出席，国网经研院院长张运洲主持论坛。

12 月 10 日，国家发展改革委发布 2006 年第二批工程咨询单位资格名单（2007 年第 86 号公告），国网经研院在火电、水电和新能源三个专业的前期与工程项目管理咨询服务领域获得甲级资质。

12 月 27 日，国网经研院成立翻译中心并召开座谈会，国家电网公司国际合作部主任孙金平出席，国网经研院院长张运洲、党委书记葛正翔参加。

2008 年

1 月 10 日，国家电网公司信息化工作部主任李向荣到国网经研院检查指导工作，听取了国网经研院关于信息化工作情况汇报。

1 月 15 日，国网经研院聘任英国皇家工程院院士宋永华为特聘研究员。

1 月 23 日，根据国家电网党任〔2008〕9 号文件，牛忠宝任中共国网北京经济技术研究院（国电动力经济咨询有限公司）临时委员会委员、副书记，中共国网北京经济技术研究院（国电动力经济咨询有限公司）纪律检查委员会书记，国网北京经济技术研究院（国电动力经济咨询有限公司）工会主席。

1月26日，国网经研院召开2008年工作会议，院长张运洲作题为《开拓创新，当好智囊，助力公司发展再上新台阶》的工作报告。

2月19日，根据《关于成立国网北京经济技术研究院党群工作处等有关问题的通知》（经研院人〔2008〕36号），成立国网经研院党群工作处，定位为管理部门，简称“党群处”。撤销党委办公室，原党委办公室的工作由党群处负责，国网经研院办公室的其他职责不变。

2月19日，根据《关于成立中共国网北京经济技术研究院党组、党组纪律检查组及张贺等同志职务任免的通知》（国家电网党任〔2008〕117号），成立中共国网北京经济技术研究院党组，张贺、张运洲、牛忠宝、胡兆光、雷体钧、盛大凯任中共国网北京经济技术研究院党组成员；张贺任书记，张运洲、牛忠宝任副书记。成立中共国网北京经济技术研究院党组纪律检查组，牛忠宝任组长。以上同志在中共国网北京经济技术研究院（国电动力经济咨询有限公司）临时委员会、临时纪律检查委员会的职务随党组织机构调整自然免除。

3月19日，国网经研院向国家电网公司报送《国网北京经济技术研究院发展战略与规划》，提出“一个机构，三个中心”的发展定位，即成为国家电网公司的“电力科研与工程设计咨询机构，软科学研究咨询中心、电网规划与勘测设计研究中心、项目评审中心”。

3月21日，根据《关于成立中共国网北京经济技术研究院（国电动力经济咨询有限公司）临时纪律检查委员会的通知》（网直党〔2008〕11号），经国家电网公司直属党委研究，同意成立中共国网北京经济技术研究院（国电动力经济咨询有限公司）临时纪律检查委员会。临时委员会由牛忠宝、魏权华、曹明月、李连存、王庆五位同志组成，牛忠宝同志任书记。

4月19日，国网经研院在北京举办2008动经论坛（春季）。国家电网公司副总经理、党组成员舒印彪出席论坛并讲话。

4月22日，国网经研院与华北电力大学签署联合培养硕（博）士学位研究生协议，国网经研院院长张运洲和华北电力大学副校长安连锁代表双方在协议上签字。

4月28日，美国能源基金会副主席杨富强和电力监管援助计划主任David Moskovitz到访国网经研院，参观电力供需研究实验室建设情况，国网经研院副院长胡兆光参加。

5月9日，国家电网公司召开直属科研单位重组整合动员和工作布置会议，明确了直属科研单位重组整合框架方案，要求“经研院在原有软科学研究业务的基础上，加强和扩展电网规划和勘测设计职能”。

5月15日，日本能源经济研究所常务理事、亚太能源研究中心所长小林健二到访国网经研院，国网经研院总工程师韩丰参加，双方围绕中国及日本能源、电力领域的研究成果进行了交流。

7月18日，国网经研院召开2008年年中工作会议，院长张运洲作题为《发挥优势，扩展职能，为完成全年工作任务而奋斗》的工作报告。

7月21日，国家电网公司党组会议审议通过了国家电网公司产业部提交的《关于经研院扩展业务职能等问题的重组整合方案》。

7月30日，英国工程技术学会（IET）主席、英国能源研究中心（UKERC）主任、英国皇家工程院（RAE）院士 John Loughhead 到访国网经研院，国网经研院院长张运洲、副院长胡兆光，国网经研院特聘研究员、英国皇家工程院院士宋永华参加。

8月1日，国家电网公司副总经理舒印彪到国网经研院检查指导工作，听取了国网经研院关于电力供需研究实验室建设情况的汇报，对实验室建设成果给予肯定。

8月8日，国家电网公司产业部批复《国网北京经济技术研究院重组整合实施方案和工作计划》。

8月21日，国网经研院向国家电网公司报送《国网北京经济技术研究院重组方案》《国网北京经济技术研究院章程》。

8月28日，国家电网公司下发《关于国网北京经济技术研究院组建方案和章程的批复》（国家电网人资〔2008〕862号）。

9月10日，国网经研院组织召开“国家电网公司系统部分设计院院长座谈会”，国家电网公司发展策划部副主任刘开俊、基建部副主任郭日彩出席座谈会，国网经研院院长张运洲主持会议，国家电网公司系统内13个省（市）电力设计院院长参加会议。

9月10日，国网经研院向国家电网公司报送了《关于国网北京经济技术研究院机构设置与人员编制方案的请示》。

9月16日，国网经研院组织召开“2008年宏观经济与电力供需分析座谈会”，国家电网公司发展部副主任潘尔生、国家能源局电力司赵一农出席，国网经研院副院长胡兆光参加。

9月26日，国际能源署（IEA）电力需求侧管理项目执行主席 Hans Nilsson 到访国网经研院，国网经研院副院长胡兆光、国家发展改革委运行局处长鲁俊岭参加。

10月7日，国家能源局发展规划司司长江冰、副司长李福龙到访国网经研院，国网经研院院长张运洲、党委书记葛正翔参加。

10月15日，国家电网公司下发《关于划转徐州电力勘察设计院股权的通知》（国家电网财〔2008〕996号），将国网江苏省电力公司持有的徐州电力勘察设计院100%股权划转至国网经研院。

10月28日，国家电网公司下发《关于成立国家电网公司规划设计管理委员会的通知》（国家电网人资〔2008〕1014号），成立“国家电网公司规划设计管理委员会”，在国网经研院设置委员会日常办事机构“规划设计管理办公室”。

11 月 5 日， 国家电网公司下发《关于国网北京经济技术研究院机构设置和人员编制的批复》(国家电网人资〔2008〕1070 号)，明确国网经研院重组整合后的机构设置、人员编制等有关事项。

11 月 6 日， 洛桑联邦理工学院能源研究所所长 Edgard Gnansounou 到访国网经研院，国网经研院副院长胡兆光参加。

11 月 6 日， 国网经研院召开会议，审议通过了徐州勘测设计中心的机构设置和干部调整聘任事项。

11 月 12 日， 国网北京经济技术研究院徐州勘测设计中心成立。国网经研院与国网江苏省电力公司共同签署《国网北京经济技术研究院重组整合徐州电力勘察设计院有关事宜的协议》和《股权无偿划转协议》。

11 月 14 日， 国网北京经济技术研究院召开干部大会，国家电网公司总会计师李汝革出席会议，张贺同志任国网北京经济技术研究院（国电动力经济咨询有限公司）临时委员会书记、副院长（副总经理)，盛大凯同志任国网北京经济技术研究院（国电动力经济咨询有限公司）临时委员会委员、副院长（副总经理)，免去葛正翔的国网北京经济技术研究院（国电动力经济咨询有限公司）临时委员会书记、副院长（副总经理）职务。

11 月 14 日， 国网经研院完成徐州电力勘察设计院的注销工作。

11 月 25 日， 国家电网公司“重组整合回头看”调研组到国网经研院检查指导工作，产业部副主任全晓华出席。

12 月 24 日， 国网经研院召开干部会议，张贺、张运洲、牛忠宝、胡兆光、雷体钧、盛大凯任国网经研院党组成员，张贺任党组书记，张运洲、牛忠宝任党组副书记，牛忠宝任国网经研院党组纪律检查组组长。

2009 年

1 月 8 日， 根据《关于成立中共国网北京经济技术研究院（国电动力经济咨询有限公司）直属临时委员会和直属临时纪律检查委员会的通知》(网直党〔2009〕1 号)，经直属党委研究，同意成立中共国网北京经济技术研究院（国电动力经济咨询有限公司）直属临时委员会和直属临时纪律检查委员会。直属临时委员会由牛忠宝、魏权华、李连存、周原冰、王庆五名同志组成，牛忠宝同志任书记；直属临时纪律检查委员会由牛忠宝、曹明月、王耀华、朱萍、王庆五名同志组成，牛忠宝同志兼任书记。

1 月 17—19 日， 国家电网公司召开一届四次职工代表大会暨 2009 年工作会议，国网经研院被授予“国家电网公司 2007—2008 年度创建‘四好’领导班子先进集体”荣誉称号。

1 月 22—23 日，国网经研院召开一届一次职工代表大会暨 2009 年工作会议，院长张运洲作题为《抢抓机遇，落实职能，开创科研咨询和勘测设计业务发展新局面》的工作报告。

1 月 23 日，国家电网公司副总经理舒印彪到国网经研院慰问干部员工，国家电网公司副总工程师兼产业部主任崔继纯、发展部主任赵庆波、特高压建设部副主任刘泽洪等有关部门负责人参加。

2 月 6 日，国网经研院组织召开国家电网公司系统部分设计单位院长座谈会，国网经研院副院长盛大凯出席会议，国家电网公司系统内的 9 个省（市）甲级设计院院长、副院长参加会议。

2 月 8 日，国网经研院与国网电力科学研究院签署战略合作协议。

2 月 11 日，国家电网公司副总工程师崔继纯在国网经研院呈报的《关于经研院取得勘察设计资质有关情况的汇报》上批示："取得资质证书是拓展勘测设计职能的重要条件，国网经研院按期提前完成，可喜可贺。"

2 月 20—21 日，国家电网公司召开电网发展暨综合计划会议，国网经研院被授予"国家电网公司 2008 年度发展工作先进单位"荣誉称号。

2 月 25 日，国家电网公司召开特高压交流试验示范工程总结表彰大会，国网经研院被授予"国家电网特高压交流试验示范工程先进单位"荣誉称号。

3 月 19 日，国网经研院电力供需研究实验室通过国家电网公司验收。

3 月 30—31 日，中国电力企业联合会召开全国电力工程造价与定额管理工作会议，国网经研院被授予"电力工程造价管理工作先进集体"荣誉称号。

3 月 31 日，国网经研院组织召开宏观经济形势座谈会，国家电网公司研究室主任葛正翔主持会议，国务院研究室工交贸易司司长唐元、中国社科院数量经济与技术经济研究所所长汪同三、国务院发展研究中心研究员李善同、清华大学中美关系研究中心教授周世俭、国家发展改革委运行局处长鲁俊岭、国家能源局处长任育之、中国钢铁工业协会处长陈直等出席，国网经研院院长张运洲、副院长胡兆光参加。

5 月 5 日，英国 IPA 亚洲部总经理 Nicholas Morris 到访国网经研院，国网经研院副院长胡兆光参加，双方就实验室的中长期电力预测、电力与经济关系分析、宏观政策智能模拟、综合资源战略规划（IRSP）等功能应用进行交流。

5 月 15 日，国网经研院举办春季重点行业发展形势座谈会。国网经研院院长张运洲、副院长胡兆光出席，国家统计局、中国钢铁工业协会、中国有色金属工业协会、石化工业协会、建材工业协会、中国煤炭工业协会、纺织工业协会等单位专家参加。

5 月 21 日，国网经研院院长张运洲参加 2009 特高压输电技术国际会议（UHV 2009），并作题为《中国特高压电网的发展特征论述》的专题报告。

7 月 16 日，国网经研院召开 2009 年年中工作会议，院长张运洲作题为《全面提升支撑能力，为实现全年工作目标而努力奋斗》的工作报告。

8月3日，国网经研院副院长胡兆光接受中央人民广播电台《新闻和报纸摘要》节目专题采访，讲述国家电网公司智能电网建设相关情况。

8月4日，国网经研院副院长胡兆光接受中央电视台《新闻联播》节目专题采访，讲述电力供需分析预测研究相关情况。

8月20日，根据《关于成立中共国家电网能源研究院党组、党组纪律检查组及张运洲等同志任职的通知》（国家电网任〔2009〕112号），成立中共国家电网能源研究院党组，张运洲、牛忠宝、胡兆光同志任中共国家电网能源研究院党组成员，张运洲、牛忠宝同志任党组副书记。成立中共国家电网能源研究院党组纪律检查组，牛忠宝同志任中共国家电网能源研究院党组纪律检查组组长。牛忠宝同志任国家电网能源研究院工会委员会主席。

8月20日，根据国家电网任〔2009〕113号文件，刘开俊同志任中共国网北京经济技术研究院党组成员、副书记；免去张贺同志的中共国网北京经济技术研究院党组书记、成员职务；免去张运洲同志的中共国网北京经济技术研究院党组副书记、成员职务；免去牛忠宝同志的中共国网北京经济技术研究院党组副书记、成员，中共国网北京经济技术研究院党组纪律检查组组长，国网北京经济技术研究院工会主席职务。

8月20日，根据国家电网任〔2009〕189号文件，张运洲任国家电网能源研究院院长；胡兆光任国家电网能源研究院副院长；李英任国家电网能源研究院总经济师。

8月20日，根据《关于成立国家电网能源研究院筹备组及张运洲等任职的通知》（国家电网任〔2009〕190号），成立国家电网能源研究院筹备组。张运洲任国家电网能源研究院筹备组组长；牛忠宝、胡兆光、李英任国家电网能源研究院筹备组成员。

8月20日，根据国家电网任〔2009〕191号文件，张贺不再担任国电动力经济咨询有限公司董事职务。

8月20日，根据国家电网任〔2009〕192号文件，刘开俊任国网北京经济技术研究院院长；免去张运洲的国网北京经济技术研究院院长职务；免去张贺、胡兆光的国网北京经济技术研究院副院长职务；免去李英的国网北京经济技术研究院总经济师职务。

8月20日，根据国家电网任〔2009〕193号文件，免去张贺、雷体钧、盛大凯的国电动力经济咨询有限公司副总经理职务；免去韩丰的国电动力经济咨询有限公司总工程师职务。

8月24日，国家电网公司批准国网北京经济技术研究院实施业务分立，组建国家电网能源研究院，国电动力经济咨询有限公司与国家电网能源研究院业务相同，实行两个机构合署办公。

8月25日，国家电网公司召开国网北京经济技术研究院、国家电网能源研究院干部大会，国家电网公司总会计师李汝革出席并讲话，副总工程师兼产业部主任崔继纯参加。根据《关于组建国家电网能源研究院的通知》，将国网经研院从事软科学研究的相关业务和人员以及电网规划研究部门的部分人员划入国家电网能源研究院。

9 月 2 日，根据《关于组建国网能源研究院的通知》（国家电网人资〔2009〕846 号），将国网北京经济技术研究院业务分立，组建国网能源研究院。

9 月 16 日，国家电网公司下发《关于国网能源院组建方案和章程的批复》（国家电网人资〔2009〕1009 号）。

9 月 27 日，国网能源研究院顺利完成向国家工商行政管理总局的工商登记注册工作，标志着国网能源研究院正式成立。

10 月 10—16 日，国网能源研究院副院长胡兆光应邀出席由电气电子工程师学会（IEEE）在美国举办的“2009 IEEE 系统、人与控制论国际会议（IEEE SMC09）”，在大会上作题为《基于智能工程的电力供需研究实验室》的专题报告。

10 月 20 日，国网能源研究院 9 项成果获 2009 年度国家电网公司科学技术进步奖。

10 月 23 日，根据国家电网党任〔2009〕152 号文件，欧阳昌裕同志任中共国网能源研究院党组成员、书记。

10 月 23 日，根据国家电网任〔2009〕269 号文件，欧阳昌裕任国网能源研究院（国电动力经济咨询有限公司）副院长（副总经理）；蒋莉萍任国网能源研究院（国电动力经济咨询有限公司）副院长（副总经理）（试用期一年）；葛旭波任国网能源研究院（国电动力经济咨询有限公司）总工程师（试用期一年）。

10 月 25 日，国网能源研究院成立大会在京召开。国家电网公司副总经理、党组成员舒印彪，国家能源局总工程师吴贵辉出席成立大会发表讲话，并共同为国网能源研究院揭牌。

10 月 30 日，国网能源研究院副院长胡兆光应邀出席 2009 年（首届）中国能源企业高层论坛，并发表了题为《新能源发电与并网运行》的专题演讲。

11 月 3 日，根据《关于国网能源研究院机构设置和人员编制的批复》（国家电网人资〔2009〕1201 号），国家电网公司批复同意国网人才评价中心作为国网能源研究院下属单位。

11 月 3—4 日，由中国电力企业联合会与各大电力企业联合举办的“2009 中国电力论坛”在天津滨海国际会展中心举行，本届论坛以“清洁能源，绿色电力”为主题。

11 月 5 日，国网能源研究院聘任知名能源经济学家林伯强教授担任特聘高级顾问。

11 月 6 日，收到《关于成立国网能源研究院工会的批复》（直工〔2009〕16 号），同意国网能源研究院成立工会。

11 月 11 日，国网能源研究院召开中层及以上干部大会。国家电网公司党组成员、总会计师李汝革参加，欧阳昌裕同志任中共国网能源研究院（国电动力经济咨询有限公司）党组成员、书记、副院长（副总经理）；蒋莉萍同志任国网能源研究院（国电动力经济咨询有限公司）副院长（副总经理）；葛旭波同志任国网能源研究院（国电动力经济咨询有限公司）总工程师。

11 月 13 日，国网能源研究院聘任知名产业经济研究专家、国务院发展研究中心产业经济研究部部长冯飞担任特聘高级顾问。

11 月 19 日，根据能源院人〔2009〕18 号文件，国网能源研究院张运洲院长兼任国网人才评价中心主任。

11 月 20 日，《关于成立国网能源研究院（国电动力经济咨询有限公司）直属临时党委和直属临时纪委的通知》（网直党〔2009〕47 号），同意成立中共国网能源研究院（国电动力经济咨询有限公司）直属临时委员会和直属临时纪律检查委员会。直属临时委员会由牛忠宝、魏玢、李连存、周原冰、王庆等五名同志组成，牛忠宝同志任书记；直属临时纪律检查委员会由牛忠宝、曹明月、王耀华、朱萍、王庆等五名同志组成，牛忠宝同志兼任书记。

11 月 20 日，中国能源化学系统工会女职工委员会二届一次全体会议在无锡召开，会议表彰了一批在女职工建功立业活动中成绩突出的单位和个人，魏玢同志被授予“全国能源化学系统女职工建功立业标兵”荣誉称号。

11 月 23 日，国网能源研究院正式入驻位于北京市南横东街 8 号的都城大厦，标志着国网能源研究院办公地点整体搬迁工作顺利完成。

11 月 30 日，国网能源研究院聘任知名能源专家、世界自然基金会主任杨富强博士担任特聘研究员。

12 月 1 日，国网能源研究院聘任资深风电专家施鹏飞担任院特聘高级顾问。

12 月 7 日，收到《关于国网能源研究院工会第一届委员会推荐人选的批复》（直工〔2009〕20 号），同意牛忠宝、李连存、王庆、吴鹏、靳晓凌等同志为国网能源研究院工会第一届委员会委员候选人；同意牛忠宝同志为国网能源研究院工会第一届委员会主席候选人，李连存同志为副主席候选人。

12 月 7 日，中国电力报刊协会印发《关于表彰 2007—2008 年度优秀期刊、优秀期刊工作者、优秀作品的决定》，国网能源研究院《电力技术经济》杂志被评为优秀期刊。

12 月 7 日，国家新闻出版总署印发《关于同意〈电力技术经济〉更名为〈能源技术经济〉及变更主办单位的批复》，同意《电力技术经济》更名为《能源技术经济》。

12 月 16 日，国家电网公司党组书记、总经理刘振亚来到北京市南横东街 8 号都城大厦，慰问新搬迁入驻都城大厦各直属单位的干部员工。

12 月 16 日，经国家自然科学基金委员会的审核和批准，准予国网能源研究院成为国家自然科学基金依托单位。

12 月 18 日，收到《关于国网能源研究院工会第一届委员会选举结果的批复》（直工〔2009〕22 号），同意国网能源研究院工会第一届委员会选举结果。同意牛忠宝、李连存、王庆、吴鹏、靳晓凌等同志为国网能源研究院工会第一届委员会会员；同意牛忠宝同志为国网能源研究院工会第一届委员会主席，李连存同志为副主席。

12 月 23 日，国网能源研究院聘任周小谦担任院高级顾问。

12 月 25 日，国网能源研究院聘任国务院参事、中国可再生能源学会理事长石定寰担任院特聘高级顾问。

2010 年

1 月 7 日，中央电视台《新闻联播》播发了题为《国家电网：输电输煤并举，应对电煤紧张》的新闻。国网能源研究院副院长胡兆光接受采访，就近日全国部分地区遭遇罕见低温、降雪天气所引发的缺电现象发表了看法。

1 月 7 日，《中国证券报》刊发了题为《跨省输电需“众人拾柴”》的报道。该报道对国网能源研究院总工程师葛旭波进行了专访，葛旭波对跨省输电问题发表了看法。

1 月 9 日，中央电视台新闻频道《新闻周刊》栏目播放了题为《2010 年的第一场雪》的专题节目。国网能源研究院总工程师葛旭波就国家电网公司如何应对冰雪灾害天气等问题发表了看法。

1 月 11 日，根据能源院人〔2010〕5 号文件，变更国网人才评价中心法人为牛忠宝，兼任国家电网公司人才交流服务中心主任；免去张运洲国家电网公司人才交流服务中心主任职务。

1 月 22 日，国网能源研究院召开一届一次职工代表大会暨 2010 年工作会议。国家电网公司副总经理舒印彪出席会议并讲话。

1 月 27 日，国网能源研究院接受中央电视台《与气候一起变化》专题片摄制组的采访。国网能源研究院院长张运洲、副院长胡兆光、院长助理魏玢接受采访。

1 月 28 日，国家电网公司科技部主任郭剑波、副主任周宏等一行来到国网能源研究院，考察科技项目咨询中心工作，并座谈讨论了科技项目咨询中心工作方案。

1 月 30—31 日，国网能源研究院在京举办首届“能源・经济・发展”论坛，150 多名领导、专家和代表围绕电网与新能源发展主题，共同探讨能源及电力工业科学发展的重大问题。

2 月 8 日，国家电网公司副总经理、党组成员舒印彪一行来到国网能源研究院视察慰问。

2 月 8 日，国网能源研究院接待了施奈德大中华区副总裁 Georges Herman 来访并举行座谈。双方就节能和 DSM 如何与智能电网相结合等问题进行了深入交流。

2 月 9 日，国网能源研究院与丹麦维斯塔斯公司签署关于联合开展“风电与电网协调发展”研究的合作协议。

2月24日，国家电网公司发展策划部副主任张蒲转及能源处、前期处一行4人来到国网能源研究院检查指导工作。

2月26日，国家电网公司召开2010年纪检监察工作会议，国家电网公司党组对公司系统2009年度纪检监察工作先进单位、先进集体和先进个人进行了表彰。国网能源研究院王庆同志被评为国家电网公司系统“纪检监察先进个人”。

3月3日，国网能源研究院接待英国石油（BP）公司专家一行到访交流并举行座谈。国网能源研究院副院长胡兆光及有关部门负责人参加座谈。

3月3日，根据国家电网党任〔2010〕11号文件，免去欧阳昌裕同志的中共国网能源研究院党组书记、成员职务。

3月3日，根据国家电网任〔2010〕23号文件，免去欧阳昌裕的国网能源研究院（国电动力经济咨询有限公司）副院长（副总经理）职务。

3月8日，大唐国际发电股份有限公司副总经理秦建明一行到访国网能源研究院。国网能源研究院院长张运洲、总工程师葛旭波出席座谈会。

3月8日，国网能源研究院召开干部大会，受国家电网公司党组委托，张运洲院长宣读了有关文件。根据工作需要，经国家电网公司党组研究决定：免去欧阳昌裕同志的中共国网能源研究院党组书记、成员职务，和国网能源研究院（国电动力经济咨询有限公司）副院长（副总经理）职务。

3月16日，国网能源研究院聘任国际能源专家中国欧盟商会能源委员会主席陈新华担任特聘高级顾问。

3月17日，国家电网公司召开2010年科技工作会议，公司党组将直属科研单位15个科技攻关群体命名为国家电网公司科技攻关团队，国网能源研究院“能源电力价格理论与预测技术科技攻关团队”“经济与能源供需分析预测技术科技攻关团队”获国家电网公司科技攻关团队命名。会上对国家电网公司第二批实验室进行了命名，国网能源研究院“公司经营与财务仿真实验室”获命名。

3月25日，国家电网公司召开2010年品牌建设工作会议，对2009年度品牌建设工作先进单位和先进个人进行表彰，国网能源研究院李连存同志被评为“国家电网公司2009年度品牌建设工作先进个人”。

3月26日，中广核集团研究中心主任刘敏一行三人到访国网能源研究院进行座谈交流。

3月29日，《人民日报》发表了国网能源研究院院长张运洲的署名文章《电网技术世界领先》。

4月7日，国网能源研究院接待美国可再生能源国家实验室（NREL）专家一行到访交流并举行座谈。

4月9日，国家电网公司召开2010年环保工作座谈会，对环保工作先进单位、先进集体和先进个人进行表彰，国网能源研究院白建华同志被评为“国家电网公司 2008—2009 年度环境保护工作先进个人”。

4 月 13—14 日，四川国际清洁能源高端论坛在成都召开。国网能源研究院副总工程师周原冰受邀参加论坛，并作了题为《清洁能源发展与智能电网建设》的主旨演讲。

4 月 22 日，国网能源研究院编著的《国外电力市场化改革分析报告》和《世界能源与电力统计分析报告》两部“能源与电力分析年度报告”由中国电力出版社正式出版发行。

4 月 24—25 日，由国务院发展研究中心信息中心主办的“京都论坛暨第三届中国能源战略与环保高峰会”在北京举行，论坛主题是“低碳、绿色与可持续发展”。

4 月 27 日，国网能源研究院与到访的韩国可持续发展委员会顾问、绿色发展委员会委员、韩国建国大学网络与能源产业研究中心院长辛廷植教授一行，就中韩两国智能电网研究发展情况进行了学术交流。

5 月 12 日，国网能源研究院 3 项成果获国家电网公司优秀调研成果奖。

5 月 14 日，以“2020 年非化石能源占一次能源消费比重达到 15%”为主题的能源政策专题研讨会在北京召开。国网能源研究院副院长蒋莉萍作了题为《关于 2020 年我国非化石能源占一次能源消费比重达到 15%的初步研究》的主旨发言。

5 月 16—22 日，国网能源研究院参加了由国家能源局新能源与可再生能源司副司长史立山率团开展的“中欧可再生能源研讨会”考察访问活动。

5 月 18 日，国网能源研究院接待了法国电力公司（EDF）亚太区中国分部投资与发展部专家组邱枫、Fabien Nilsson 等一行五人来访并举行交流座谈会。

5 月 25 日，国家电网公司科技部主任郭剑波、副主任周宏一行来到国网能源研究院，听取科技项目咨询中心工作汇报。

5 月 26—27 日，“中美可再生能源产业论坛”在北京召开，国网能源研究院副总经济师白建华受邀参加论坛，并作了题为《风电与电力系统协调发展研究》的演讲。

5 月 27 日，中国红十字会授予国网能源研究院“中国红十字人道服务奖章”，表彰国网能源研究院在青海玉树抗震救灾中对中国红十字事业的贡献。

5 月 28 日，国网能源研究院接待了美国联邦能源管理委员会（FERC）主席韦林霍夫（Wellinghoff）一行。围绕中美智能电网发展情况和问题，进行深入研讨。

5 月 29 日，“中美风电发展研讨会”在北京召开，国网能源研究院副总经济师白建华受邀参加，并作了题为《我国风电并网消纳研究》的发言。

6 月 5—6 日，主题为“绿色金融与可持续发展”的 2010 地坛论坛在北京召开。国网能源研究院蒋莉萍副院长出席“中国 VER 市场碳强度与企业自愿减排”分论坛，并就《电网在促进 40%～45%碳减排目标实现中的作用》发表专题演讲。

6 月 8 日，国网能源研究院副院长蒋莉萍应“2010 上海国际海上风电大会及风电产业链大会暨展览会”邀请，担任“检测认证、风资源评估”和“海上风电并网”两个分会场的主席，并发表了题为《电网角色》的专题演讲。

6月11日，由世界能源理事会（WEC）和世界能源理事会中国国家委员会共同主办的“亚洲能源高峰会议”在北京召开。国网能源研究院院长张运洲代表国家电网公司出席会议并发表了题为《建设坚强智能电网，促进清洁能源发展》的专题演讲。

6月29日，国网能源研究院接待美国能源基金会专家一行到访交流，并就风电并网和可再生能源优先调度等问题举行座谈。

6月22日，根据国家电网党任〔2010〕31号文件，俞学豪同志任中共国网能源研究院党组成员、书记（试用期一年）。根据国家电网任〔2010〕74号文件，俞学豪任国网能源研究院（国电动力经济咨询有限公司）副院长（副总经理）。

7月1日，国网能源研究院召开中层及以上干部大会。国家电网公司党组成员、副总经理兼工会主席王敏，公司人事董事部主任林野来院宣布国网能源研究院领导班子调整决定。俞学豪同志任中共国网能源研究院（国电动力经济咨询有限公司）党组成员、书记、副院长（副总经理）。

7月2日，召开国网能源研究院举行“能源观察网”（www.chinaero.com.cn）上线仪式暨专家座谈会，国网能源研究院“能源观察网”正式上线。

7月6日，中国电机工程学会动能经济专业委员会在北京举办专家座谈会，动能经济专业委员会历届委员会主任、副主任、秘书长及部分长期从事动能经济研究的老专家出席座谈会。

7月9日，国网能源研究院接待中国石油集团经济技术研究院副院长钱兴坤一行到访交流。双方就研究机构的战略定位、“十二五”战略规划研究、科研管理经验等方面进行了交流。

7月13日，根据新闻出版总署新出审字〔2010〕529号文件，《电力技术经济》杂志更名为《能源技术经济》。

7月20日，国家电网公司党组印发了《关于表彰2008—2009年度国家电网公司“电网先锋党支部”的决定》（国家电网党〔2010〕37号），对“电网先进党支部”进行了表彰。国网能源研究院企业战略与管理咨询研究所党支部获得“电网先锋党支部”荣誉称号。

7月20—21日，国家发展改革委在南京召开全国电价工作座谈会。国网能源研究院以专家成员单位参加会议，国网能源研究院总经济师李英参加会议。

7月23日，国网能源研究院召开2010年年中工作会议。院长张运洲作题为《加强重大问题研究，确保完成全年工作目标任务》的工作报告。

8月12日，中国电机工程学会动能经济专业委员会在长春举办了“清洁能源与低碳发展学术研讨会”，动能经济专业委员会主任委员、国网能源研究院副院长胡兆光出席研讨会。

8 月 12 日，国网能源研究院接待了日本电力技术恳谈会代表团，就中日智能电网发展进行交流。

8 月 19 日，国网能源研究院接待了德国经济与技术部 Hartmut Kühne 博士、德国技术合作公司电动汽车与气候保护项目主任 Christian Hochfeld 一行，就中德电动汽车与智能电网发展进行了交流。

8 月 24 日，国网能源研究院 9 项成果获国家电网公司 2010 年度科学技术进步奖。

8 月 31 日，国网能源研究院接待了西门子（中国）有限公司高级副总裁、智能电网业务集团总经理肖松博士，西门子中国研究院院长徐亚丁一行。

9 月 19 日，国网能源研究院企业战略研究所完成的《大型电网企业智库支撑能力建设》报告获全国电力行业企业管理创新奖二等奖。

10 月 4—9 日，联合国第四次气候变化国际谈判大会首次在中国天津举行，国网能源研究院副院长蒋莉萍作为特邀嘉宾发表题为《电力行业与碳交易》的主题演讲。

10 月 15 日，国网能源研究院与国网宁夏电力公司签订战略合作协议。双方将以能源电力发展研究为基础，建立优势互补、相互促进、共同发展的战略合作关系。

10 月 18—19 日，国网能源研究院接待了丹麦国家电网公司副总裁 Peter Jorgensen、丹麦维斯塔斯公司政府关系部高级总监 Erik Sorensen 及 EA 能源咨询公司专家 Kaare Sandholt 一行，双方就风电与电网协调发展问题进行了交流。

10 月 18 日，国网能源研究院与韩国建国大学在韩国首尔成功举办中韩智能电网发展国际研讨会。国网能源研究院党组书记、副院长俞学豪，韩国绿色增长总统委员会委员、韩国建国大学网络与能源产业研究中心院长辛廷植教授出席会议并致辞。

10 月 26—27 日，受财政部、经济合作与发展组织（OECD）邀请，国网能源研究院财会与审计研究所张磊博士参加了在钓鱼台国宾馆举办的“环境税国际研讨会”并发表演讲。

10 月 27 日，国家能源局召开 2008—2009 年度软科学研究优秀成果奖颁奖及能源政策研究座谈会。国网能源研究院 2 个项目获国家能源局软科学研究优秀成果奖。

10 月 30 日，国网能源研究院在北京举办第二届“能源 • 经济 • 发展”论坛，本次论坛的主题是“‘十二五’电力及能源发展方式转变”。

10 月 30 日，国网能源研究院电力经济技术专著《中国电力需求展望——基于电力供需研究实验室模拟实验（2010）》由中国电力出版社正式出版。

11 月 2 日，国网能源研究院接待了法国电力公司（EDF）代表团，就坚强智能电网的战略规划、发展情况以及法国电力在智能电网领域的理念和成果进行交流。

11 月 4 日，中国内部审计协会在河南郑州召开全国风险导向审计理论研讨及论文评审会。国网能源研究院论文《风险导向固定资产投资审计理论与实务研究》获得二等奖。

11月11日，科技部调研室主任胥和平、科技部办公厅副主任李桂华等领导莅临国网能源研究院调研能源软科学研究进展。

11月30日，中国科学学与科技政策研究会政策模拟专业委员会王铮教授一行50余人来到国网能源研究院，参观访问电力供需研究实验室。

11月30日，中国价格协会发布《关于“薛暮桥价格研究奖”第五届获奖论著名单的公告》，国网能源研究院承担的“电价机制改革研究”“我国销售电价结构调整研究”两个项目获第五届“薛暮桥价格研究奖”。

12月1日，国网能源研究院接待ABB中国研究院研究中心主任刘前进博士一行来访，并举行座谈会。

12月6日，国网能源研究院ERP系统成功上线。

12月6日，国网能源研究院协同办公系统通过国家电网公司办公厅组织的2010年年度现场考核评价，国网能源研究院也是国家电网公司系统首家通过年度考核评价的直属单位。

12月10日，根据《关于印发院所属机构主要职责及人员编制（试行）》（能源院人〔2010〕159号）的通知，撤销企业战略与管理咨询研究所、能源统计与信息研究所、新能源研究所，新组建企业战略研究所、企业管理咨询研究所、新能源与统计研究所。

2011年

1月6日，在国家电网公司二届一次职代会暨2011年工作会议上，国家电网公司对2010年度劳动模范、先进集体、先进班组和优秀班组长进行了表彰。国网能源研究院企业战略与管理咨询研究所被评为“国家电网公司先进集体”，国网能源研究院王学亮被评为国家电网公司“优秀青年岗位能手”。

1月14日，国网能源研究院接待德国弗劳恩霍夫应用研究促进协会系统与创新研究所（ISI）沃尔夫冈教授，以及德国技术合作公司（GIZ）中德能效合作项目组来访，并举行座谈会。

1月19日，国网能源研究院召开一届二次职工代表大会暨2011年工作会议。院长张运洲作题为《推进智库建设，加快提升对公司战略管理的支撑能力》的工作报告。

1月26日，中国电机工程学会在北京举行2010年度中国电力科学技术奖颁奖仪式。国网能源研究院3个项目获中国电机工程学会电力科学技术奖。

2月14日，《人民日报》发表了国网能源研究院院长张运洲、副总经济师白建华的署名文章《发展清洁能源——构建现代能源产业体系重要一步》。

2月21日，在国家电网公司召开2011年科技工作会议上，国网能源研究院能源战略与规划研究所（科技项目咨询中心）获国家电网公司党组授予的“国家电网公司‘十一五’科技工作先进集体”荣誉称号。

2 月 21 日，国网能源研究院接待了德国代表团一行，就智能电网的战略研究实践情况和德国在智能电网领域的研究实践成果进行交流。

2 月 24 日，国家电网公司召开 2011 年信息化工作会议，国网能源研究院被评为“国家电网公司 2010 年度信息化深化应用专项工作（完善提升）先进集体”。

3 月 3 日，国网能源研究院接待国际能源署（IEA）专家 Uwe Remme 博士来访，就“能源研究模型”和电力供需研究室研发与应用进行了交流。

3 月 9 日，国网能源研究院副院长蒋莉萍就发展特高压和“外电入渝”相关问题，接受了新华社重庆分社、人民日报社重庆分社、中国新闻社重庆分社以及《重庆日报》《重庆新闻联播》等重庆主要媒体的现场采访。

3 月 16 日，国网能源研究院举行“党员之家”“职工之家”“青年之家”正式启用揭牌仪式。

3 月 25 日，国家电网公司 2011 年品牌建设工作会议在重庆召开。会议对国家电网公司 2010 年品牌建设工作 8 个先进集体和 57 个先进个人进行了表彰。国网能源研究院被评为先进集体。

4 月 15 日，国家电网公司召开 2011 年信息工作暨总结表彰会议，国网能源研究院被评为国家电网公司 2010 年度信息工作先进集体。

4 月 22 日，中国电机工程学会召开 2011 年秘书长工作会议，对 2009—2010 年度学术会议优秀论文进行表彰。动能经济专业委员会推荐的《中国“十一五”能源强度目标——政策演化与进展评估》和《电力行业排污权交易市场中初始排污权定价理论研究初探》两篇论文获得三等奖。

4 月 26 日，国网能源研究院接待西门子股份公司全球副总裁阿赫思博士一行来访，并围绕智能电网研究举行座谈会。

4 月 28 日，国网能源研究院到中国石油集团经济技术研究院进行交流调研，就战略合作与天然气发电等有关问题进行座谈。

5 月 10 日，国家电网公司发布《关于通报表扬公司 2010 年管理咨询和调研优秀成果的通知》，国网能源研究院牵头或参与完成的 10 个项目获管理咨询优秀成果奖。

5 月 11 日，国网能源研究院自主研发的《公司财务分析系统》和《销售电价测算及分析软件》获得国家版权局颁发的计算机软件著作权登记证书。

5 月 19 日，国网能源研究院与中国石油集团经济技术研究院签署战略合作框架协议。

5 月 25—26 日，第四届中国碳交易峰会在北京举行。国网能源研究院副院长蒋莉萍、企业战略研究所副所长马莉受邀出席会议并发表演讲。

5 月 26 日，国网能源研究院与丹麦维斯塔斯公司在北京举行“联合出版和推广‘风电和电网协调发展’研究成果”协议签字仪式。

6 月 2 日，国网能源研究院接待麻省理工学院（MIT）科学与政策联合项目副执行主任 Loren C. Cox 教授来访，就能源政策及电力供需研究室研发与应用进行了交流。

6 月 7 日，国网能源研究院召开党员大会，选举成立中国共产党国网能源研究院第一届直属委员会和直属纪律检查委员会。

6 月 10 日，国网能源研究院接待国网北京市电力公司副总工程师、北京电力经济技术研究院院长杨超一行来访并举行座谈。

6 月 15—16 日，国网能源研究院副院长蒋莉萍参加国际海上风电大会主持分论坛。

6 月 25—26 日，国网能源研究院副院长蒋莉萍出席全球智库峰会并任点评嘉宾。

7 月 5 日，《光明日报》刊发国网能源研究院院长张运洲的署名文章《电动汽车发展需“政策+技术”——德国发展电动汽车的启示》。

7 月 6 日，国网能源研究院与西门子（中国）有限公司在北京举行智能电网合作研究备忘录签字仪式。

7 月 20 日，国网能源研究院召开 2011 年年中工作会议。院长张运洲作题为《突出重点，狠抓落实，为完成全年目标任务而奋斗》的工作报告。

7 月 20 日，国网能源研究院聘任美籍能源专家 J. Charles Smith 任荣誉高级顾问。

7 月 22 日，国网能源研究院举办电力科学发展研讨会暨 2011 年基础研究年度报告发布会。

7 月 26 日，国家电网公司智能电网知识竞赛颁奖仪式在北京举行。会议对国家电网公司智能电网知识竞赛开展情况进行了总结，对获奖单位进行了表彰。国网能源研究院荣获优秀组织奖。

8 月 17 日，《人民日报》第 23 版以整版的篇幅，刊发了国网能源研究院张运洲院长、蒋莉萍副院长等专家围绕风电开发利用有关问题撰写的《大基地，大电网》等四篇文章。

8 月 21 日，国网能源研究院承办国家电网公司“十二五”电网发展咨询座谈会。

9 月 6 日，国家发展改革委发布 2011 年第 21 号公告，国网能源研究院首次申报并获得工程咨询单位乙级资质。

9 月 8 日，国家能源局发布《关于印发 2010 年度软科学研究优秀成果奖获奖名单的通知》，国网能源研究院牵头或参与完成的 5 个项目获奖。

9 月 9 日，中国可再生能源学会召开 2011 年学术年会，对大会征集的优秀论文进行表彰。国网能源研究院推荐的《风电与电网协调发展的综合解决策略研究》荣获中国可再生能源学会 2011 年学术年会优秀论文称号。

9 月 13 日，经国网能源研究院直属党委会议讨论、国网能源研究院党组审定通过，成立国网能源研究院共青团组织。

9 月 15 日，国网能源研究院接待摩根士丹利（Morgan Stanley）中国区电力设备行业研究副总裁 Helen Wen、英国 T Power Price 公司中国区首席基金经理 Mark Edwards 等一行来访。

9 月 21 日，国家电网公司发布《关于印发国家电网公司 2011 年度科学技术进步奖获奖项目奖励通报的通知》，国网能源研究院牵头或参与完成的 17 个项目获奖。

9 月 23 日，中国电力企业联合会发布《关于表彰全国电力行业企业管理创新成果的决定》，国网能源研究院独立完成的“大型中央企业集中采购的管理与实践”项目荣获一等奖。

9 月 28—29 日，由国家电网公司和电气电子工程师学会（IEEE）联合主办的 2011 智能电网国际论坛在北京隆重举行。国网能源研究院主持并作题为《分布式能源与智能电网》的专题发言。

10 月 14 日，中国电机工程学会动能经济专业委员会 2011 年学术研讨会在北京举办。国网能源研究院副院长、动能经济专业委员会主任胡兆光通报了动能经济专业委员会 2011 年工作情况，并作了题为《智能体响应均衡模型》的专题报告。

10 月 18 日，国网能源研究院接待麻省理工学院（MIT）科学与政策联合项目副执行主任 Loren C. Cox 教授和清华—MIT 能源和气候变化研究项目负责人 Valerie J. Karplus 博士来访，双方就美国能源政策的模拟、电力供需研究实验室的研发与应用进行了交流。

10 月 18 日，国网能源研究院与维斯塔斯风力技术（中国）有限公司在北京共同发布《风电与电网协调发展综合解决策略》联合研究专著。

10 月 23 日，国网能源研究院在北京举办第三届“能源·经济·发展”论坛，本次论坛的主题是“能源新格局与电力角色”。

10 月 25 日，国网能源研究院召开宏观经济形势分析座谈会，来自国务院发展研究中心、国家信息中心、国家统计局、国家电网公司、国家电网公司华东分部等的 10 余位专家、领导参加了会议。

11 月 3—4 日，中日新能源汽车技术交流会在上海举办，国网能源研究院智能电网研究所所长张义斌参加会议，并作题为《充换电服务网路——电动汽车产业发展的关键》的专题报告。

11 月 7 日，国网能源研究院院长张运洲等撰写的《中美两国经济、能源、电力比较及启示》文章，在《中国电力报》头版头条位置刊发。

11 月 10 日，国家电网公司对系统内各单位编制上报的 2010 年度《企业年度工作报告》进行了评价，对部分单位通报表扬，国网能源研究院获得《企业年度工作报告》编制工作优秀单位荣誉称号。

11 月 11—12 日，2011（第三届）中国能源企业高层论坛在北京举行，论坛主题为“结构转型与能源企业可持续发展”。国网能源研究院副院长胡兆光出席论坛并发表了题为《需求侧管理成效》的演讲。

11 月 17 日，国网能源研究院接待美国能源部（DOE）新能源与能效办公室主任 Robert L. Sandoli 和美国驻华大使馆能源分析专家等一行来访。

12 月 14 日，国网能源研究院撰写的专著《中国知识工作者过度劳动问题研究》由首都经济贸易大学出版社正式出版。

12 月 20 日，国网能源研究院召开重点行业经济运行及行业发展座谈会，国网能源研究院副院长胡兆光和来自中国钢铁工业协会、中国煤炭运销协会、中国有色金属工业协会、中国石油和化学工业联合会的专家出席会议。

2012 年

1 月 13 日，国网能源研究院召开一届三次职工代表大会暨 2012 年工作会议。院长张运洲作题为《整合资源、夯实基础，努力提升服务公司战略决策的能力和水平》的工作报告。

2 月 6 日，国网能源研究院举行授牌仪式，接受中国能源化学工会全国委员会授予的“全国能源化学系统先进工会”奖牌。

2 月 16 日，国网能源研究院接待中国科学院研究生院管理学院赵红教授一行来访。

2 月 14—16 日，国网能源研究院副院长胡兆光等与国家电网公司国际合作部相关负责人出席全球可持续电力合作组织（G-SEP）在德国召开的政策委员会与项目委员会会议。

3 月 2 日，国家电网公司工会 2012 年工作会议在北京召开。国网能源研究院工会获得国家电网公司 2011 年度工会工作先进单位荣誉称号。

3 月 8 日，国网能源研究院接待江苏省电力公司钱朝阳副总经理一行来访。双方就贯彻落实国家电网公司“两个一流”战略、深化“五大”体系建设等内容进行了深入研讨，并表示将在管理体系建设、国际对标等方面进一步加强合作研究。

3 月 20—22 日，国际能源署风电工作组（IEA Wind Task 25）第 13 次工作会议在意大利召开。国网能源研究院副总经济师兼能源战略与规划研究所所长白建华参加会议。

3 月 21 日，国网能源研究院与华北电力大学签署战略合作框架协议。国网能源研究院与华北电力大学将重点围绕项目研究、人才培养等方面开展深入合作。

3 月 21 日，国网能源研究院副院长蒋莉萍出席中德低碳电力发展交流论坛，并作题为《中国电力低碳转型及政策支持》的主题演讲。

4 月 20 日，“全国新能源汽车产业数据中心”揭牌仪式暨“电动汽车产业化配套环境评价研究研讨会”在上海举行。国网能源研究院智能电网研究所李立理博士参加研讨会。

5月7日，中国电机工程学会发布《关于印发中国电力科学技术奖奖励通报（2011年度）的通知》，国网能源研究院两项成果获中国电机工程学会中国电力科学技术奖。

5月10日，国网能源研究院接待日立（中国）公司总监依田隆先生一行来访。双方就日立集团国际化战略、管控模式、研发体系等问题进行了深入交流。

5月19日，国网能源研究院与天津大学签署战略合作框架协议。

5月22日，国网能源研究院接待俄罗斯工业和贸易部战略规划司副司长哈日娜与西北战略研究中心主任克尼亚基宁一行来访。

5月30日，国网能源研究院接待美国伊利诺伊州科技联盟总裁兼首席执行官 Matthew Summy 和伊利诺伊州公共事业局执行董事 David Kolata 一行来访。

5月31日，国家电网公司发布《关于表彰 2011 年度优秀调研成果的通知》，国网能源研究院 4 项成果获国家电网公司优秀调研成果奖。

5月31日，中国电力企业联合会 2012 年电力行业新闻宣传工作会议在河北秦皇岛召开。国网能源研究院被评为 2011 年度全国电力行业新闻宣传工作先进单位。

6月1日，国网能源研究院接待德国技术监督协会（TÜV）南德集团部门主管 Kai Strübbe 一行来访。双方就中德智能电网、新能源发展等问题进行了深入交流。

6月5日，国家电网公司发布《关于通报表扬公司 2011 年管理咨询和调查研究优秀成果的通知》，国网能源研究院 10 项目荣获国家电网公司管理咨询优秀成果奖。

6月8日，国网能源研究院与国网江苏省电力公司签署战略合作框架协议。双方将进一步拓展合作的深度和广度。

6月25日，国家电网公司发布《关于 2011 年度管理创新成果获奖项目的通报》，国网能源研究院完成的“公司标杆管理体系建设及实践应用”获 2011 年度国家电网公司管理创新成果奖一等奖。

6月25日，国网能源研究院与英大传媒投资集团有限公司联合推介《智能电力》译著。

6月26日，国网能源研究院接待美国联邦能源管理委员会（FERC）主席韦林霍夫（Wellinghoff）、美国能源基金会可再生能源项目主管芦红以及国际电力监管援助项目相关人员一行来访。

6月27日，全国企业管理现代化创新成果审定委员会发布《关于发布和推广第十八届全国企业管理现代化创新成果的通知》，国网能源研究院的 1 个项目获国家级企业管理创新成果奖二等奖。

6月28日，《中国电力》杂志正式划转移交国网能源研究院，该杂志成为国家电网公司开展宣传资源优化整合工作中第一个实现整合的公开刊物。

7月15—17日，机器学习与控制论（ICMLC）国际会议在西安召开。国网能源研究院能源决策支持技术研发中心主任赖来利教授参加会议，并作题为《智能电网监控系统》的主题演讲。

7月16日，国网能源研究院院长张运洲署名文章《能源电力发展新走向》在《学习时报》上发表。

7月18日，国网能源研究院接待澳大利亚国立大学教授 Neil Gunningham 和 Peter Drahos 一行来访。

7月25日，国网能源研究院召开2012年年中工作会议，院长张运洲作题为《推进精益管理，提升研究绩效，确保高质量完成全年目标任务》的工作报告。

8月4日，国网能源研究院在北京举办中国电力与能源研讨会暨国网能源研究院2012年基础研究年度报告发布会。

8月20日，国务院研究室综合司、工交贸易司，以及中国国际经济交流中心等领导访问国网能源研究院，双方就能源电力发展重大问题进行座谈交流。

8月20日，国家电力监管委员会公布了第二批电力安全生产标准化达标评级（发电企业）评审机构名单，国网能源研究院获得一级评审机构资质。

8月27日，国网能源研究院接待全球环境基金（GEF）环境与气候变化高级专家杨明博士和亚洲开发银行（ADB）首席能源专家 Pradeep Perera 教授一行来访。

9月4日，根据能源院人〔2012〕197 号文件，牛忠宝不再兼任国网人才评价中心主任职务；聘任果强为国网人才评价中心主任（兼），免去其国网人才评价中心常务副主任（兼）职务。

9月10日，国家电网公司印发《国家电网公司2012年度科学技术进步奖获奖项目奖励通报》，国网能源研究院牵头或主要参与完成的11个项目被授予2012年度国家电网公司科学技术进步奖。

9月28日，国网能源研究院接待俄罗斯彼尔姆国立大学和博嘉诺公司专家一行来访。双方就实验室建设、金融风险等问题进行了深入交流。

10月14—17日，2012 IEEE SMC 国际会议在韩国首尔召开。国网能源研究院能源决策支持技术研发中心主任赖来利教授参加会议，并作题为《决策支持系统新趋势》的主题演讲。

10月16日，国网能源研究院荣誉高级顾问、Nexgen 能源公司总裁、UWIG 执行董事 Charles Smith 访问国网能源研究院，双方就能源电力发展热点问题进行座谈交流。

10月17日，国网能源研究院与埃森哲（中国）有限公司联合设立“发展创新研究室”。

10月23日，国家电网公司发布《关于表彰公司研究工作先进单位和先进个人的通知》，国网能源研究院被评为国家电网公司研究工作先进单位。

11月5日，国家电力监管委员会公布了电力安全生产标准化达标评级（电力工程建设项目）评审机构名单，国网能源研究院获得一级评审机构资质。

11 月 14 日，国网能源研究院的“聚焦战略，统筹全局，构建国家电网公司综合计划管控体系”项目，荣获第三届管理科学学会管理创新奖。

11 月 17—21 日，国网能源研究院能源决策支持技术研发中心主任赖来利教授参加 2012 年英国工程技术学会会议（APSCOM 2012），并作题为《世界智能电网——中国的战略与部署》的主题演讲。

11 月 24 日，中国电力企业联合会发布《关于评审全国电力行业企业管理创新成果奖的通知》，国网能源研究院承担的“大型企业集团标杆管理体系及实践应用”项目获全国电力行业企业管理创新成果奖一等奖。

11 月 25 日，国网能源研究院在北京举办第四届“能源 · 电力 · 发展”论坛，主题是“把脉转型中的能源电力增长”。

12 月 10 日，国网能源研究院张运洲院长接受专访的报道《大停电与同步电网规模无必然联系》，在《中国能源报》“电力与新能源”版刊发。

12 月 11 日，中国电机工程学会用电与节电专业委员会换届暨五届一次工作会议在北京召开。国网能源研究院为本届专业委员会挂靠单位，国网能源研究院院长张运洲当选专业委员会主任委员。

12 月 13 日，根据国家电网任〔2012〕278 号文件，免去葛旭波的国网能源研究院（国电动力经济咨询有限公司）总工程师职务。

12 月 20 日，国家电网公司信息通信部发布《关于 2012 年信息通信促进管理提升征文活动评审结果的通报》。国网能源研究院办公室李军博士撰写的《基于数据仓库的能源决策支撑平台》文章获征文活动二等奖。

12 月 22 日，国网人才评价中心首次承担国家电网公司高校毕业生招聘考试考务工作。

12 月 26 日，国家电网公司工会印发《关于表彰“国家电网公司优秀职工书屋”的决定》（网工发〔2012〕48 号），对国家电网公司首批 62 个职工书屋进行了通报表彰。国网能源研究院职工书屋被评为“国家电网公司优秀职工书屋”。

2013 年

1 月 4 日，国家电力调度控制中心与国网能源研究院在国家电网公司总部就支撑服务“大运行”体系进行座谈交流。

1 月 6 日，国网能源研究院院长助理魏玢同志被评为国家电网公司劳动模范。

1 月 18 日，国网能源研究院召开一届四次职工代表大会暨 2013 年工作会议。院长张运洲作题为《抓住机遇，加快转型，为公司战略决策和运营管理提供坚强支撑》的工作报告。

1 月 23 日，国网能源研究院左新强同志被评为国家电网公司“信息通信工作先进个人”。

1 月 26 日，国网能源研究院能源战略与规划研究所（科技项目咨询中心）、企业战略研究所被评为国家电网公司“2011—2012 年度科技工作先进集体”。

1 月 29 日，国家电力监管委员会公布了第一批电网企业安全生产标准化达标评级评审机构名单，国网能源研究院获得一级评审机构资质。

1 月，国网能源研究院牵头或参与完成的 3 个项目获得 2011 年度国家能源局软科学研究优秀成果奖。

1 月，国网能源研究院承担的“国家电网公司全面风险管理体系建设研究”项目获 2012 年度中国商业联合会全国商业科技进步奖二等奖。

2 月 21 日，国家电网公司发展策划部与国网能源研究院就工作机制、人才培养、课题策划等进行了交流探讨。国家电网公司发展策划部主任赵庆波、副主任董朝武，国网能源研究院院长张运洲、副院长胡兆光参加座谈。

3 月 11 日，国网能源研究院接待德国 2G 能源股份集团公司董事长克里斯蒂安·格奥托特一行来访。双方就智能电网、分布式发电技术及发展前景等问题进行了深入交流。国网能源研究院副院长蒋莉萍出席会谈。

3 月 18 日，国家电网公司企业管理协会与国网能源研究院就“世界一流电网、国际一流企业”对标相关工作进行座谈交流。国家电网公司企业管理协会常务秘书长王宏军、副秘书长张蒲转，国网能源研究院党组书记俞学豪出席座谈。

3 月 25 日，国家电网公司体制改革办公室与国网能源研究院就相关工作进行座谈交流。

3 月 20 日，国网能源研究院被评为 2012 年度人力资源信息统计先进单位。

4 月 3 日，国网能源研究院副总经济师兼能源战略与规划研究所所长白建华被评为“国务院国资委 2012 年度信息报送先进个人”。

4 月 8 日，国网能源研究院接待中国石油集团经济技术研究院来访。

4 月 9 日，根据国家电网党任〔2013〕14 号文件，王广辉同志任中共国网能源研究院党组成员、书记，免去俞学豪同志的中共国网能源研究院党组成员、书记职务。

4 月 9 日，根据国家电网任〔2013〕40 号文件，王广辉任国网能源研究院（国电动力经济咨询有限公司）副院长（副总经理），免去俞学豪的国网能源研究院（国电动力经济咨询有限公司）副院长（副总经理）职务。

4 月 28 日，国网能源研究院能源战略与规划研究所被评为 2010—2012 年度公司环保工作先进集体。

5 月 2 日，国网能源研究院与中国电力财务有限公司进行工作座谈。

5 月 9 日，国网能源研究院与江苏省电力公司进行座谈交流。

5月28日，国网能源研究院被评为国家电网公司2012年度信息工作先进集体。

6月20日，国网科技部开展2013年度科技期刊审读工作，《中国电力》杂志社为第一审读组组长单位。

7月19日，国网能源研究院召开2013年年中工作会议。院长张运洲作题为《推进转型，注重实效，确保完成全年目标任务》的工作报告。

7月，国网能源研究院报送的《关于普及电力服务差异化、助力企业挖潜增效的建议》被评为“2013年度国家电网公司优秀合理化建议”。

8月1日，国务院派驻国家电网公司监事会主席李东序莅临国网能源研究院开展工作调研。

8月8日，国网能源研究院接待通用电气（GE）公司全球战略与经济分析总监Peter Evans博士一行来访。

8月16日，国网能源研究院等10个单位（部门）被授予“国家电网公司2012年度保密工作先进集体”荣誉称号。

8月20日，国网能源研究院接待铁道部经济规划研究院副院长林仲洪一行来访。

8月27日，国网能源研究院接待丹麦大使馆顾问Christian Van Maarschalkerweerd，丹麦能源署高级顾问Anders Hojgaard Kristensen、Neil Bisgaard Pedersen，以及国家发展改革委中丹可再生能源发展项目国际顾问Kaare Sandholt一行来访。

8月，国网能源研究院李琼同志被评为国家电网公司系统2013年度“经济法律工作先进个人”。

9月4日，国网能源研究院与河南省电力公司进行座谈交流。国网能源研究院院长张运洲、总经济师李英，国网河南省电力公司副总经理凌绍雄出席座谈会。

9月12日，中国电机工程学会用电与节电专委会举办“2013年全国用电与节电技术研讨会”。

9月15日，国网能源研究院在北京发布2013年基础研究年度报告。

9月22日，国网能源研究院牵头或主要参与完成的11个项目荣获2013年度国家电网公司科学技术进步奖。

10月12日，国网能源研究院与国网节能服务有限公司进行座谈交流。

10月，国网能源研究院白建华被授予“中央企业劳动模范”荣誉称号。

11月11日，国网能源研究院正式入驻北京市昌平区未来科技城国家电网公司办公区，标志着国网能源研究院办公地点整体搬迁工作顺利完成。

11月15日，《中国电力》杂志社牵头组织的2013年国家电网公司科技期刊审读工作会议在北京召开。

11月29日，根据国家电网党任〔2013〕98号文件，张玮、魏玢任中共国网能源研究院党组成员，免去胡兆光同志的中共国网能源研究院党组成员职务。

11月29日，根据国家电网任〔2013〕191号文件，李英任国网能源研究院（国电动力经济咨询有限公司）副院长（副总经理），免去其国网能源研究院（国电动力经济咨询有限公司）总经济师职务；张玮任国网能源研究院（国电动力经济咨询有限公司）副院长（副总经理）；魏玢任国网能源研究院（国电动力经济咨询有限公司）总经济师；免去胡兆光的国网能源研究院（国电动力经济咨询有限公司）副院长（副总经理）职务。

11月29日，根据国家电网任〔2013〕192号文件，胡兆光任国网能源研究院（国电动力经济咨询有限公司）副局级调研员。

11月，国网人才评价中心被评为北京市人力资源诚信服务示范单位。

12月6日，国网能源研究院与中国可再生能源学会、德国能源署在京联合举办“中德光伏发电并网技术经济综合研究”阶段成果交流会。

12月13日，国网能源研究院组织召开中国电机工程学会用电与节电专业委员会2013年工作会议。

2014年

1月6日，国网能源研究院经济与能源供需研究所所长单葆国同志获得“国家电网公司劳动模范”荣誉称号。

1月23日，国网能源研究院召开一届五次职工代表大会暨2014年工作会议。院长张运洲作题为《深化转型，提升成效，着力支撑公司改革创新》的工作报告。

1月26日，国家电网公司体制改革办公室与国网能源研究院进行座谈交流。

2月11日，国家能源局发展规划司与国网能源研究院围绕能源电力规划、数据信息共享等内容进行座谈交流。

2月24日，国家发展改革委运行局副巡视员鲁俊岭、国家电网公司营销部副主任徐阿元一行到访国网能源研究院，调研国家电力需求侧管理平台建设相关情况。

2月，根据《国家能源局关于确定第一批研究咨询基地的通知》（国能规划〔2014〕63号），确定国务院发展研究中心等16家社会研究机构作为第一批研究咨询基地，国网能源研究院是国家电网公司系统唯一入选的研究单位。

3月3日，国网能源研究院召开党的群众路线教育实践活动动员部署会。

3月27日，第六届“薛暮桥价格研究奖”颁奖大会暨中国价格协会二届八次常务理事（扩大）会议发布了“第六届‘薛暮桥价格研究奖’”获奖名单，国网能源研究院独立完成的《输配电价理论与实务》获著作类奖项，牵头完成的《与智能电网相适应的用户可选择销售电价理论、模式研究与应用》，以及参与完成的《输配电定价成本监审理论及实证应用》获论文类奖项。

4月12日，中央电视台《新闻联播》头条播发了“一季度经济观察——数据折射经济变化新轨迹”的新闻。

4 月 29 日，国网能源研究院被授予“国家电网公司管理提升活动先进单位”荣誉称号。

5 月，国网能源研究院团支部被授予“五四红旗团支部”荣誉称号。

6 月 4 日，中国可再生能源学会可再生能源发电并网专业委员会成立并挂靠于国网能源研究院。

6 月 11 日，国家电网公司营销部主任苏胜新一行到访国网能源研究院，调研国家电力需求侧管理平台建设情况。

6 月 25 日，国家发展改革委运行局在广东佛山召开电力需求侧管理目标责任考核暨网络培训平台应用座谈会，向社会发布国家电力需求侧管理平台正式上线运行。

6 月 30 日，国网能源研究院被国家电网公司授予“调查研究工作先进单位”荣誉称号，管理咨询研究所副所长张勇获得“国家电网公司调查研究工作先进个人”荣誉称号。

6 月，国网能源研究院承担的 18 个项目荣获 2013 年度国家电网公司管理咨询优秀成果奖，1 项调研成果荣获调查研究优秀成果奖。

7 月 16 日，国网能源研究院召开 2014 年年中工作会议。院长张运洲作题为《优化资源配置，提升支撑价值，圆满完成全年目标任务》的工作报告。

7 月 30 日，国网能源研究院牵头或主要参与完成的 11 个项目获 2014 年度国家电网公司科学技术进步奖。

8 月 15 日，中国电机工程学会用电与节电专业委员会召开 2014 年年中工作会议。

8 月 26 日，国网能源研究院接待中国电力财务有限公司总经理王剑波一行来访。

8 月，国家发展改革委公布 2014 年工程咨询单位资格名单（2014 年第 10 号公告），国网能源研究院通过资格审查并获得工程咨询单位甲级资格。

9 月 15 日，国网能源研究院接待德国能源署署长 Stephan Kohler、中国可再生能源学会理事长石定寰一行来访。

9 月 19 日，中国电机工程学会动能经济专业委员会召开 2014 年学术研讨会。

10 月 17 日，中国电机工程学会用电与节电专业委员会主办“2014 年全国用电与节电技术研讨会”。

10 月 28 日，国家电网公司营销部副主任徐阿元一行，就国家电力需求侧管理平台近期工作进展情况到国网能源研究院开展工作调研。国网能源研究院副院长李英主持会议。

10 月 30 日，《中国电力》期刊被收录为“中国科技核心期刊”（中国科技论文统计源期刊）。

11 月 4 日，《中国电力》杂志社牵头组织的 2014 年国家电网公司科技期刊审读工作会议在北京召开。

11月15日，国网能源研究院在北京发布2014年基础研究年度报告。

11月15日，国网人才评价中心首次承担国家电网公司艰苦边远地区高校学生订单培养选拔工作。

12月3日，国家电网公司副总经理、党组成员杨庆到国网能源研究院调研，国网能源研究院就国家电力需求侧管理平台作了专题汇报。

12月12日，根据《国网人资部关于国家电网公司所属事业单位分类意见的通知》（人资综〔2015〕2号）明确国家电网公司人才交流服务中心为生产经营类事业单位。

12月16日，国家发展改革委运行局局长李仰哲、副巡视员鲁俊岭，财政部经济建设司副司长宋秋玲一行，就国家电力需求侧管理平台建设情况到国网能源研究院调研。

12月23日，中国电机工程学会用电与节电专业委员会2014年年终工作会议在北京召开。

12月，国网能源研究院牵头或参与完成的3个项目获得国家能源局2013年度软科学研究优秀成果奖。

2015年

1月13日，国网能源研究院与国家电网公司高级培训中心在北京举行战略合作框架协议签署仪式。

1月14日，国网能源研究院企业战略研究所获得国家电网公司先进集体荣誉称号。

1月14日，国家电网公司体制改革办公室与国网能源研究院围绕电力体制改革和国有企业改革最新动态、相关课题研究情况、工作收获与体会等进行座谈交流。

1月14日，国网能源研究院获得国家电网公司“三集五大”体系建设先进集体荣誉称号，鲁刚同志获得国家电网公司“三集五大”体系建设先进个人荣誉称号。

1月16日，国网能源研究院接待英国外交大臣气候变化特别代表大卫·金爵士（Sir David King）、英国外交部及英国驻华使馆一行来访。

1月23日，国网能源研究院左新强同志获得国家电网公司“信息通信工作先进个人”荣誉称号。

1月26日，国网能源研究院经济与能源供需研究所获得国家电网公司“营销工作先进集体”荣誉称号，企业战略研究所张晓萱、电网发展综合研究所何博获得国家电网公司“营销工作先进个人”荣誉称号。

1月28日，国网能源研究院召开二届一次职工代表大会暨2015年工作会议。院长张运洲作题为《统筹兼顾，强化特色，努力推动研究咨询业务迈上新台阶》的工作报告。

1月28日，国网能源研究院被授予“品牌建设先进单位”荣誉称号，单葆国同志获得国家电网公司“2013—2014 年度品牌建设先进个人”荣誉称号。

1 月 27 日，国网能源研究院科研发展部获得国家电网公司“2013—2014 年度科技（智能电网）工作先进集体”荣誉称号，郑海峰、徐翀、张钧获得国家电网公司“2013—2014 年度科技（智能电网）工作先进个人”荣誉称号。

1 月，国网能源研究院孙艺新同志被评为国家电网公司“运营监测（控）工作先进个人”。

2 月 10 日，国家电网公司研究室与国网能源研究院围绕重大战略课题研究、研究专报撰写等进行座谈交流。

2 月 10 日，国家电网公司副总经理、党组成员王敏到国网能源研究院调研，慰问国网能源研究院干部员工，并举行了座谈会。

3 月 3 日，国家电网公司体制改革办公室与国网能源研究院就 2015 年改革研究工作进行交流。

3 月 4 日，国网能源研究院接待国网河南省电力公司副总经理周凯一行来访。

3 月 6 日，国网能源研究院与国家电网管理学院就战略合作工作进行座谈交流。

3 月 13 日，国网能源研究院被评为国家电网公司文明单位，受到国家电网公司党组表彰。

3 月 16 日，国网能源研究院张哲铨同志获得国家电网公司“人力资源工作先进个人”荣誉称号。

3 月 17 日，国网能源研究院刘进同志获得国家电网公司“经济法律工作先进个人”荣誉称号。

3 月 20 日，国网能源研究院能源战略与规划研究所获得国家电网公司“环境保护工作先进集体”荣誉称号，张富强同志获得国家电网公司“环境保护工作先进个人”荣誉称号。

4 月，国网能源研究院共青团支部被授予“五四红旗团支部”荣誉称号。

5 月 13 日，国网能源研究院与国家电力调度控制中心开展业务交流座谈。

5 月，国网能源研究院承担的 13 个项目荣获 2014 年度国家电网公司管理咨询优秀成果奖，牵头或参与完成的 4 项调研成果荣获调查研究优秀成果奖。

6 月 26 日，中国电机工程学会用电与节电专业委员会召开 2015 年年中工作会议。

7 月 8 日，国网能源研究院接待国网江苏省电力公司副总经理张龙一行来访。

7 月 20 日，国网能源研究院召开 2015 年年中工作会议。院长张运洲作题为《抓住机遇，脚踏实地，确保完成全年目标任务》的工作报告。

7 月 21 日，国网能源研究院被评为国家电网公司 2014 年度信息工作先进集体。

7 月 22 日，根据国家电网任〔2015〕93 号文件，周原冰任国网能源研究院（国电动力经济咨询有限公司）副院长（副总经理），白建华任国网能源研究院（国电动力经济咨询有限公司）总经济师；免去李英国网能源研究院（国电动力经济咨询有限公司）副院长（副总经理）职务，免去魏玢国网能源研究院（国电动力经济咨询有限公司）总经济师职务。

7 月 22 日，根据国家电网任〔2015〕94 号文件，李英任国网能源研究院（国电动力经济咨询有限公司）副局级调研员。

7 月 27 日，国网能源研究院院长办公会议审议通过《关于设立全球能源互联网研究中心的通知》（能源院人任〔2015〕52 号），决定成立全球能源互联网研究中心，并确定中心主要职责及机构定员。

7 月，国网能源研究院推荐上报的 3 条建议荣获国家电网公司工会表彰。

8 月 21 日，中国电机工程学会动能经济专业委员会在吉林长春举办 2015 年学术年会暨风电消纳运行研讨会。

9 月 11 日（美国当地时间），中国国家电网公司刘振亚董事长赴美国国家可再生能源实验室访问考察，见证国网能源研究院与美国国家可再生能源实验室签署战略合作协议。

10 月 22—23 日，《中国电力》杂志社牵头组织的国家电网公司科技期刊第一审读组审读会在江苏苏州召开。

10 月 23 日，中国产业海外发展协会和国家电网公司主办的第七届外洽会暨中国电力国际合作论坛在北京召开，国网能源研究院承办全球能源互联网专题论坛。

10 月 27 日，国网能源研究院副院长周原冰及相关研究人员，应邀到国际能源署（IEA）总部进行调研访问。

10 月 30 日，国网能源研究院与国网河南省电力公司在郑州举行战略合作框架协议签署仪式。

11 月 8 日，根据国家电网任〔2015〕159 号文件，免去胡兆光的国网能源研究院副局级调研员职务并退休。

11 月 13 日，国网能源研究院组织召开 2015 年全国用电与节电技术研讨会。

11 月 27 日，根据国家电网党任〔2015〕88 号文件，李连存同志任中共国网能源研究院党组成员、中共国网能源研究院党组纪律检查组组长、国网能研究院工会委员会主席；免去牛忠宝同志的中共国网能源研究院党组副书记、成员，中共国网能源研究院党组纪律检查组组长、国网能研究院工会委员会主席职务；免去张玮同志的中共国网能源研究院党组成员职务。

11 月 27 日，根据国家电网任〔2015〕237 号文件，免去张玮的国网能源研究院（国电动力经济咨询有限公司）副院长（副总经理）职务。

11 月 27 日，根据国家电网任〔2015〕238 号文件，牛忠宝任国网能源研究院（国电动力经济咨询有限公司）副局级调研员。

12 月 19 日，中国电机工程学会用电与节电专业委员会召开 2015 年年终工作会议。

12 月 22 日，国家电网公司总信息师王益民在国网能源研究院主持召开全球能源互联网工作座谈会。

12 月 24 日，根据国家电网任〔2015〕102 号文件，柴高峰任国网能源研究院（国电动力经济咨询有限公司）副院长（副总经理）。

12 月 24 日，根据国家电网党任〔2015〕269 号文件，柴高峰同志任中共国网能源研究院党组成员。

12 月 26 日，国网能源研究院在北京发布 2015 年基础研究年度报告。

12 月 28 日，国网能源研究院召开 2015 年度科技进步奖评审会议。

12 月 29 日，根据能源院工〔2015〕9 号文件，李连存同志任国网能源研究院工会委员会主席。

2016 年

1 月 4 日，根据中共国网能源研究院党组印发《国网能源研究院领导班子成员职责分工（试行）》（能源院党〔2016〕2 号），国网能源研究院党组成员、纪检组组长、工会主席李连存协助院长管理国网人才评价中心。

1 月 14 日，国网能源研究院单葆国获得“最美国网人”荣誉称号。

1 月 16 日，国网能源研究院张运洲、马莉获得“国家电网公司劳动模范”荣誉称号。

1 月 21 日，国家电网公司体制改革办公室与国网能源研究院围绕优化协同机制、加强人才培养、创新研究方式等进行座谈交流。

1 月 25 日，国网能源研究院召开二届二次职工代表大会暨 2016 年工作会议。院长张运洲作题为《加快智库建设，突出特色优势，努力实现“十三五”发展良好开局》的工作报告。

1 月 25 日，国网能源研究院能源电力规划研究实验室获批成为国家电网公司命名的实验室。

1 月 28 日，国网能源研究院被授予国家电网公司“2015 年度发展工作先进单位”荣誉称号。

2 月 23 日，国网能源研究院接待国网新疆电力公司来访。国网能源研究院院长张运洲、副院长周原冰，国网新疆电力公司副总经理黄震出席座谈会。

2 月，国务院国资委研究中心致函国家电网公司，感谢国网能源研究院企业战略研究所国际化研究课题组对其研究工作的支持。

2 月，国网能源研究院郑海峰、谢国辉、杨方、杨尚东、李立理等 5 人入选国家电网公司级优秀专家人才。

2月，国网能源研究院伍声宇获得国家电网公司“四交”特高压工程先进个人荣誉称号。

2月，国网能源研究院杨尚东获得国家电网公司“企协工作先进个人”荣誉称号。

2月，国网能源研究院经济与能源供需研究所获得国家电网公司“电能替代工作先进集体”荣誉称号，国网能源研究院贾德香、霍沫霖、李立理获得国家电网公司“电能替代工作先进个人”荣誉称号。

2月，国网能源研究院党群工作部（监察审计部）被国家电网公司党组授予“纪检监察工作先进集体”荣誉称号，王庆同志被国家电网公司党组授予“纪检监察工作先进个人”荣誉称号。

3月1日，国网能源研究院接待国网陕西省电力公司来访。

3月11日，国家电网公司2016年重大战略课题启动会在北京召开。

3月21日，根据国家电网党任〔2016〕57号文件，李伟阳、邱忠涛同志任中共国网能源研究院党组成员。

3月21日，根据国家电网任〔2016〕106号文件，李伟阳、邱忠涛任国网能源研究院（国电动力经济咨询有限公司）副院长（副总经理），免去白建华的国网能源研究院（国电动力经济咨询有限公司）总经济师职务。

3月30日，2016年全球能源互联网大会“能源发展战略、政策与经济专题论坛”在北京隆重举行。

4月26—28日，2016年美国波动性电源并网组织（UVIG）春季会议在美国加利福尼亚州萨克拉门托市召开。本次会议上授予国网能源研究院副院长蒋莉萍、新能源与统计研究所所长李琼慧、新能源与统计研究所王彩霞三名同志杰出贡献奖。

5月9日，国网能源研究院成立以国家电网公司劳动模范命名的“马莉创新工作室”和“单葆国创新工作室”。

5月18日，国网能源研究院接待沙特阿卜杜拉国王石油研究中心来访。国网能源研究院副院长周原冰、沙特阿卜杜拉国王石油研究中心中国项目主任Brian Efird出席座谈会。

5月28日，国务院国资委组织召开中央企业智库联盟启动会暨新型智库工作座谈会。国网能源研究院张运洲院长作交流发言。

5月，国网能源研究院共青团支部被授予国家电网公司“五四红旗团支部”荣誉称号。

5月，国网能源研究院被评为国家电网公司2015年度报告填报工作优秀单位。

6月7日，由能源基金会、国网能源研究院联合主办的电改背景下可再生能源并网消纳国际研讨会在北京召开。

6月14日，国网能源研究院举行聘请仪式，聘请中国工程院院士、国网能源研究院原副院长杜祥琬为国网能源研究院首席战略顾问。

6月29日，由国际能源署主办、国网能源研究院协办的《IEA世界能源展望2016：能源与空气质量特别报告》发布会在北京举行。

7月25日，国网能源研究院召开2016年年中工作会议。院长张运洲作题为《以智库建设为主线，高质量完成全年目标任务》的工作报告。

7月27日，中央企业智库联盟理事会第一次会议在北京召开，国家电网公司作为联盟第一届理事长单位组织举办本次会议，会议由国网能源研究院具体承办。

8月5日，国网能源研究院与国网山东省电力公司在济南签署战略合作框架协议。

8月12日，国家电网公司工会发布《国网工会关于表彰2016年度国家电网公司优秀合理化建议的通报》，国网能源研究院推荐上报的4条合理化建议获表彰。

8月19日，国家电网公司副总工程师陈维江到国网能源研究院调研。

9月7日，国网能源研究院与国网陕西省电力公司在西安签署战略合作框架协议。

9月12日，中国电机工程学会动能经济专业委员会举办2016年学术研讨会暨经济新常态与能源电力发展研讨会。

10月14日，国网能源研究院与国网新疆电力公司在乌鲁木齐签署战略合作框架协议。

10月16日，中国可再生能源发电并网专业委员会召开专题研讨会。

10月21日，国网能源研究院组织召开纪念《中国电力》创刊60周年暨期刊发展研讨会。

10月29—31日，“2016国际能源变革论坛”在江苏苏州举办。国网能源研究院院长张运洲、副院长周原冰分别参加了分论坛圆桌对话，副院长蒋莉萍主持可再生能源协同创新发展分论坛。

10月30日，国网能源研究院与国网江苏省电力公司在苏州签署战略合作框架协议。

11月10日，国网能源研究院与协鑫（集团）控股有限公司围绕共同开展能源战略性研究、建立长期合作机制、项目选择等进行座谈交流。

11月15日，国网能源研究院党组书记、副院长王广辉接待了内蒙古自治区电力行业协会副秘书长李建春一行，双方就电力行业改革与发展进行了交流。

11月15—18日，2016年中国电机工程学会年会在南京召开。国网能源研究院院长、中国电机工程学会用电与节电专业委员会主任张运洲出席开幕式。

11月18日，中央企业智库联盟专题研讨会在北京召开，国网能源研究院和国务院国资委研究中心承办本次会议。

11月24日，国网能源研究院与国网天津市电力公司在天津签署战略合作框架协议。

12月8日，国网能源研究院与三星经济研究社（中国）围绕宏观经济、智库研究能力建设、储能技术发展前景、建立交流合作机制等进行座谈交流。

12月21日，中国共产党国网能源研究院党员大会在北京召开，大会选举产生中国共产党国网能源研究院委员会和纪律检查委员会。

12月24日，国网能源研究院召开2016年基础研究年度报告发布会暨专家研讨会。

12月26日，根据国家电网任〔2016〕211号文件，张全任国网能源研究院（国电动力经济咨询有限公司）总工程师。

2017年

1月7日，中国电机工程学会用电与节电专业委员会2017年工作会议在北京召开。国网能源研究院院长、用电与节电专业委员会主任委员张运洲、中国电机工程学会副秘书长陈小良出席会议，用电与节电专业委员会委员近40人参加会议。

1月11日，中国电力思想政治工作研究会表彰了全国电力行业思想政治工作优秀单位、优秀思想政治工作者，国网能源研究院王庆同志获得“全国电力行业优秀思想政治工作者”荣誉称号。

1月12—14日，国家电网公司召开第三届职工代表大会第二次会议暨2017年工作会议，国网能源研究院全球能源互联网研究中心被评为国家电网公司先进集体，电网发展综合研究所所长韩新阳被评为国家电网公司劳动模范。

1月15日，根据国家电网党任〔2017〕3号文件，免去周原冰同志的中共国网能源研究院党组成员职务。根据国家电网任〔2017〕4号文件，免去周原冰的国网能源研究院（国电动力经济咨询有限公司）副院长（副总经理）职务。

1月15日，根据国家电网党任〔2017〕4号文件，免去周原冰同志的中共国网能源研究院委员会委员职务。

1月19日，国家电网公司印发《关于表彰科技工作先进单位、先进集体和先进个人的通知》，国网能源研究院科研发展部、管理咨询研究所被国家电网公司授予“科技工作先进集体”荣誉称号，王琳璘、孔维政、王冠群被国家电网公司授予“科技工作先进个人”荣誉称号。

1月24日，国网能源研究院召开二届三次职工代表大会暨2017年工作会议。院长张运洲作题为《把握智库定位，深化重大研究，为加快建设“一强三优”现代公司贡献智慧》的工作报告。

1月25日，国家电网公司印发《国网工会关于表彰国家电网公司先进班组的通报》，国网能源研究院新能源与统计研究所新能源发展研究室、管理咨询研究所（企业运营研究中心）企业运营管理研究室被授予“国家电网公司先进班组”荣誉称号。

2月6日，国网能源研究院经济与能源供需研究所被国家电网公司授予“国家电网公司营销工作先进集体”荣誉称号。

2月8日，中央企业智库联盟召开2017年度工作座谈会，总结联盟2016年工作，研究讨论 2017 年工作安排建议。国网能源研究院副院长柴高峰主持会议。

2 月 16 日，根据《关于成建制转移国网冀北电力有限公司等 24 家单位党组织关系的批复》（网直党〔2017〕6 号），同意将中国共产党国网能源研究院直属委员会组织关系成建制转移至中国共产党国网能源研究院委员会。

2 月 20 日，中央对外联络部当代世界研究中心到国网能源研究院访问。

2 月 20 日，上海社会科学院智库研究中心发布《2016 中国智库报告》，分类对我国智库影响力情况进行评价，国网能源研究院在社会（企业）智库影响力排名中位居第 10，在科技类智库影响力排名中位居第 8。

2 月 22 日，国网能源研究院获得由北京市科学技术委员会、北京市财政局、北京市国家税务局、北京市地方税务局联合颁发的高新技术企业证书。

2 月 27 日，国家电网公司发布《关于表彰 2016 年度软科学成果奖获奖成果的通知》，国网能源研究院承担具体研究咨询任务的 19 个项目荣获 2016 年度国家电网公司软科学成果奖。

3 月 15 日，国家电网公司在北京召开 2017 年战略管理暨高端智库建设工作会议。会上，国网能源研究院院长张运洲发布了 2016 年十项重大战略课题成果。

3 月 28 日，国网能源研究院能源战略与规划研究所被国家电网公司授予“环保工作先进集体”荣誉称号，金艳鸣被国家电网公司授予“环保工作先进个人”荣誉称号。

3 月 28 日，上海社会科学院智库研究中心执行主任杨亚琴一行到国网能源研究院调研。

3 月 28—29 日，中国电机工程学会用电与节电专业委员会 2017 年工作研讨会召开。国网能源研究院院长、中国电机工程学会用电与节电专业委员会主任张运洲出席会议并作讲话。

3 月 30 日，中央企业智库联盟理事会一届二次会议在北京召开，国家电网公司作为联盟第一届理事长单位组织举办本次会议，会议由国网能源研究院具体承办。

4 月 13 日，根据《国网人才评价中心关于申报评定专业技术资格的规定》（人才中心〔2017〕99 号），国网人才交流服务中心落实国家职称相关政策，外语、计算机不再作为职称评审必备条件，可作为能力积分加分项。

5 月 3 日，国网能源研究院与苏州市人民政府、国网江苏省电力公司签署关于共同组建国网（苏州）城市能源研究院有限责任公司的合作协议。

5 月 15 日，国网能源研究院举行“劳模创新工作室”揭牌仪式，成立以国家电网公司劳动模范韩新阳命名的创新工作室。

5 月 16 日，国网能源研究院与国际能源署联合召开 IEA 报告中文翻译版发布会暨“能源发展与市场建设”专家研讨会。

5 月 17 日，国网能源研究院与国网安徽省电力公司在合肥签署战略合作框架协议。

5月23日，根据国家电网党任〔2017〕60号文件，免去邱忠涛同志的中共国网能源研究院委员会委员职务。

5月23日，根据国家电网任〔2017〕92号文件，王耀华任国网能源研究院（国电动力经济咨询有限公司）副院长（副总经理）（试用期一年）；免去邱忠涛的国网能源研究院（国电动力经济咨询有限公司）副院长（副总经理）职务。

6月1日，国家发展改革委运行局局长赵辰昕、副局长鲁俊岭一行，就国家电力需求侧管理平台建设情况到国网能源研究院调研。

6月5日，根据《中共国家电网公司党组关于撤销中共国网能源研究院党组、党组纪律检查组的通知》（国家电网党任〔2017〕84号），撤销中共国网能源研究院党组、中共国网能源研究院党组纪律检查组，组成人员职务自行免去。

6月7日，全球能源互联网发展合作组织经济技术研究中心副主任周原冰一行到国网能源研究院交流座谈，国网能源研究院副院长王耀华出席座谈会。

6月27日，国家电网公司副总经理、党组成员王敏到国网能源研究院调研，召开座谈交流会。

7月7日，国网能源研究院与国网辽宁省电力有限公司在沈阳签署战略合作框架协议。

7月7日，中国电机工程学会动能经济专业委员会第八届委员会换届会议在北京举行，中国电机工程学会副秘书长陈小良，动能经济专业委员会第八届主任委员柴高峰、副主任委员潘尔生，动能经济专业委员会第七届主任委员胡兆光出席会议，会议由动能经济专业委员会秘书长王耀华主持。

7月16—20日，国际电气电子工程师学会电力与能源领域大会（IEEE PES General Meeting）在美国芝加哥召开，国网能源研究院与美国国家可再生能源实验室（NREL）、加拿大CYME International电力系统软件公司合作，联合发布了中国中低压配电网的典型算例，并建议纳入IEEE标准算例。

7月24日，国网能源研究院召开2017年年中工作会议。院长张运洲作题为《把握大局大势　支撑改革创新　确保高质量完成全年目标任务》的工作报告。

8月9日，国家电网公司人才交流服务中心被授予国家电网公司文明单位（2014—2016年度）荣誉称号。

8月10日，国家电网公司董事长、党组书记舒印彪出席国网（苏州）城市能源研究院有限责任公司暨国网能源研究院苏州分院成立大会，并与江苏省委常委、苏州市委书记周乃翔共同揭牌。

8月10日，国网（苏州）城市能源研究院有限责任公司成立，这是我国首个从事“城市+能源”领域研究的科研院所，标志着我国在推动能源变革、深化城市能源领域重大问题研究、促进城市电网与能源协调发展、建设苏州国际能源变革发展典范城市等方面，迈出战略性一步。

8 月 11 日，国网能源研究院在北京召开电力供需与新能源发展研讨会暨 2017 年第一批基础研究年度报告发布会。

8 月 15 日，国家电网公司总经理、党组副书记寇伟到国家电网公司北七家未来科学城办公区调研，检查国网北京经济技术研究院、国网能源研究院、全球能源互联网研究院和国网通用航空有限公司相关工作情况，并召开工作汇报会。

8 月 17 日，国家自然科学基金委员会公布 2017 年度国家自然科学基金申请项目评审结果，能源战略与规划研究所伍声宇等牵头申请的项目“基于弹性测度的综合能源电力规划模型研究”、管理咨询研究所马云高等与西安交通大学合作申请的项目“产能过剩背景下面向策略消费者的牛鞭效应及协调研究”以及财会与审计研究所赵茜与合肥工业大学合作申请的项目“非中心决策机制下网络系统的资源配置方法与应用研究”获批。

8 月 30 日，国网能源研究院受邀参加中央企业智库联盟主办的第三期“央企智库沙龙”，柴高峰同志作了题为《国家电网公司国际业务拓展与管控》的主题发言。

9 月 5 日，美国劳伦斯伯克利国家实验室林江博士一行到国网（苏州）城市能源研究院有限责任公司座谈交流。

9 月 9—10 日，“2017 中国 500 强企业高峰论坛”在江西南昌举办，其中平行论坛“全球能源变革与绿色中国”由国网能源研究院协助国家电网公司承办，由国网能源研究院副院长王耀华主持。

9 月 12—13 日，以“创新使命—清洁能源公私合作战略对话”为主题的世界经济论坛研讨会在墨西哥召开。国网能源研究院代表国家电网公司世界经济论坛秘书处参加会议并发言。

9 月 15 日，第一届可再生能源并网技术与政策论坛在北京召开，包括主论坛及技术、政策分论坛。张运洲作题为《新能源发展成本分析和政策建议》的专题演讲。

9 月 18 日，中国联合重型燃气轮机技术有限公司党委委员、副总经理刘硕一行到国网能源研究院交流座谈。

9 月 19 日，国网能源研究院与国家发展改革委能源研究所在北京签署战略合作框架协议。

9 月 20 日，根据国家电网党任〔2017〕157 号文件，张运洲同志任中共国网能源研究院委员会书记；王广辉同志任中共国网能源研究院委员会副书记，免去其中共国网能源研究院委员会书记职务；吕健同志任中共国网能源研究院委员会委员、副书记。

9 月 20 日，根据国家电网任〔2017〕202 号文件，张运洲任国网能源研究院董事、董事长；王广辉任国网能源研究院董事、国网能源研究院总经理（常务副院长）；吕健任国网能源研究院副总经理（副院长）。

9 月 22 日，根据国家电网任〔2017〕208 号文件，蒋莉萍、柴高峰、李伟阳、王耀华任国网能源研究院副总经理。

9月22日，由国家电网公司主办的第二届金砖国家国企改革治理论坛能源领域平行分论坛在北京举行，国网能源研究院院长张运洲在分论坛上作了题为《我国未来电力系统承载新能源的量化分析》专题演讲。

9月24日，根据国家电网任〔2017〕150号文件，免去牛宝忠的国网能源研究院（国电动力经济咨询有限公司）副局级调研员职务并退休。

9月28日，国网能源研究院完成公司制改革，更名为“国网能源研究院有限公司”。

10月18日，根据《中共国网能源研究院有限公司委员会关于印发国网能源研究院有限公司领导班子成员职责分工（试行）的通知》（能源院党〔2017〕54），国网能源研究院有限公司党委委员、纪委书记、工会主席李连存作为上级单位联系国网人才评价中心。

10月20日，中国电机工程学会用电与节电专业第六届委员会换届会议在北京举行，中国电机工程学会副秘书长陈小良，用电与节电专业委员会第六届主任委员张运洲，副主任委员徐阿元、吴宝财、费智出席会议，会议由专业委员会副主任委员兼秘书长单葆国主持。

10月20日，国网江苏省电力公司董事长兼党委书记尹积军、副总经理张龙、副总经理兼国网苏州供电公司总经理韩冰一行到国网（苏州）城市能源研究院有限责任公司调研。

10月31日，《中国电力》期刊收录为“中国科技核心期刊”（中国科技论文统计源期刊）。

11月1日，根据《关于中共国网能源研究院委员会、纪律检查委员会更名的批复》（网直党〔2017〕69号），同意将中国共产党国网能源研究院委员会更名为“中国共产党国网能源研究院有限公司委员会”；同意将中国共产党国网能源研究院纪律检查委员会更名为“中国共产党国网能源研究院有限公司纪律检查委员会”。

11月10日，中国社会科学院中国社会科学评价研究院举办第四届全国人文社会科学评价高峰论坛，国网能源研究院有限公司入选2017年度“中国核心智库”。

11月16—17日，用电与节电专业委员会在北京举办2017年全国用电与节电技术发展论坛。中国电机工程学会用电与节电专业委员会主任委员、国网能源研究院有限公司董事长（院长）张运洲，国网节能服务有限公司副总经理常建平等出席会议。

11月18日，国网能源研究院有限公司发布《世界500强企业十年观察》。

11月24日，中国电机工程学会2017年年会在广西南宁举办。国网能源研究院有限公司董事长（院长）、党委书记张运洲作为对话嘉宾，受邀在院士专家论坛上发言。

11月26日，国网能源研究院有限公司在北京召开国网能源研究院成果发布暨能源转型发展研讨会。

12 月 12 日，由国家电网公司、中国国际商会共同举办的 B20 中国工商理事会年会暨“一带一路”对话会在北京召开。国网能源研究院有限公司董事长（院长）、党委书记张运洲受邀在 B20 对接“一带一路”主题对话会上发言，并受聘为 B20 中国工商理事会专家咨询委员会首批专家。

12 月 20 日，由光明日报社和南京大学联合主办的“2017 中国智库治理暨思想理论传播高峰论坛”在北京召开，会上发布了中国智库索引（CTTI）来源智库第二批增补名单，国网能源研究院有限公司入选。

12 月 27 日，国网能源研究院有限公司与国网福建省电力有限公司签署战略合作框架协议。

2018 年

1 月 15 日，厦门大学能源学院来访交流。双方就能源大数据分析情景和主题生成以及数据鲜活度提升、可视化手段运用、开放式共生共享平台生态建设等进行了深入交流。

1 月 29 日，国网能源研究院有限公司二届六次职工代表大会暨 2018 年工作会议在北京召开。董事长、党委书记张运洲作题为《创建世界一流企业高端智库，全力支撑公司开启新征程实现新突破》的工作报告。

2 月 2 日，国家电网公司召开 2018 年党风廉政建设和反腐败工作会议。国网能源研究院有限公司王庆获得国家电网公司“纪检监察工作先进个人”荣誉称号。

2 月 6 日，国家能源局“2016 年度能源软科学研究优秀成果交流座谈会”在中国科技会堂召开。国网能源研究院有限公司党委副书记、副总经理吕健出席会议并作交流发言。

3 月 1 日，国家电网公司工会印发关于表彰先进班组的通报，国网能源研究院有限公司能源战略与规划研究所电力系统分析研究室、企业战略研究所改革与市场研究室被授予国家电网公司“先进班组”荣誉称号。

3 月 1—2 日，中国电机工程学会智慧用能与节能专业委员会 2018 年团体标准研讨会召开。国网能源研究院有限公司董事长、中国电机工程学会智慧用能与节能专业委员会主任委员张运洲出席会议。

3 月 14 日，国家电网公司发布《关于表彰 2017 年度软科学成果奖获奖成果的通知》，国网能源研究院有限公司承担具体研究咨询任务的 23 个项目荣获 2017 年度国家电网公司软科学成果奖。

3 月 13—15 日，2018 年美国波动性电源并网组织（UVIG）春季会议在美国亚利桑那州图森市召开。国网能源研究院有限公司专家参加了会议，并作了题为《中国可再生能源发展与消纳机制研究》的主题发言。

3月15日，国网能源研究院有限公司接待法国能源监管委员会（CRE）专员琼·劳伦特·拉斯泰尔一行来访并进行座谈交流。

3月22日，国家电网公司工会印发《关于表彰第五届“书香国网·和美家庭”女职工主题读书活动成果的通报》，国网能源研究院有限公司第十六工会小组（科技项目咨询中心）付蓉一家获得国家电网公司“和美家庭”（教子有方家庭）荣誉称号。

4月11日，国际能源署风电工作组（IEA Wind Task 25） 2018年春季学术研讨会在葡萄牙里斯本召开，来自中国、美国、英国等数十个国家，以及国际能源署（IEA）、国际可再生能源机构（IRENA）、美国波动性电源并网组织（UVIG）、欧洲风能协会（Wind Europe）等国际组织的二十余位专家代表出席，国网能源研究院有限公司作为中方代表参加会议并作了主题发言。

4月21日，由国务院国资委和新华社主办的第二届中国企业改革发展论坛在北京举办，论坛主题为“新时代新举措新作为——培育具有全球竞争力的世界一流企业”。国网能源研究院有限公司副院长柴高峰在平行论坛发言。

4月24日，国际能源署（IEA）《世界能源展望2018》电力研讨会在法国巴黎召开，来自各国政府、电力企业、设备厂商、行业组织、研究机构、高等院校等的近百位代表参会，涵盖IEA成员国及中国、俄罗斯、印度、巴西等联盟国，国网能源研究院有限公司专家参会。

4月26日，国家电网公司党组书记、董事长寇伟同志赴国网（苏州）城市能源院有限责任公司调研，强调要推动科研产业创新发展。

4月27日，国网能源研究院有限公司举行“劳模创新工作室”揭牌仪式，成立以国家电网公司劳动模范李成仁命名的创新工作室。

5月7日，国网能源研究院有限公司与神华科学技术研究院有限责任公司座谈交流。

5月9日，国网能源研究院有限公司与国网四川省电力公司在成都签署战略合作框架协议。

5月15日，由国网能源研究院有限公司、世界资源研究所和清华能源互联网创新研究院主办，中国能源研究会能效与投资评估专业委员会和中国新能源电力投融资联盟协办的《中国分布式电源与微电网发展前景及实现路径》报告发布会暨中国分布式能源发展研讨会在北京召开。

5月18日，中国电机工程学会动能经济专业委员会在北京举办2018年春季研讨会。动能经济专业委员会主任柴高峰，副主任潘尔生、张正陵出席研讨会。

5月28日，收到《关于国网能源研究院工会委员会名称变更的批复》（直工〔2018〕9号），同意国网能源研究院工会委员会名称变更为“国网能源研究院有限公司工会委员会”，委员组成不变，李连存任工会主席，王庆任工会副主席。

5 月 31 日，国网能源研究院有限公司与国网浙江省电力有限公司在杭州签署战略合作框架协议。

6 月 27 日，根据《中央编办　财政部　人力资源社会保障部关于同意国家电网公司人才交流服务中心和密云绿化基地改革工作方案的批复》（中央编办复字〔2018〕68 号），中央编办批复同意国家电网公司人才交流服务中心事转企改制。

6 月 28 日，在建党九十七周年来临之际，国网能源研究院有限公司党委组织庆祝建党九十七周年主题党日活动暨国家电网能源院共产党员服务队成立党员大会。

6 月 29 日，国家电网公司召开 2018 年离退休工作会议，会议表彰了国家电网公司离退休工作先进集体、先进个人和“热爱国网”先进离退休党支部。国网能源研究院有限公司赵军获得“离退休工作先进个人”荣誉称号，国网能源研究院有限公司离退休党支部获得“热爱国网”先进离退休党支部荣誉称号。

6 月 30 日，国网能源研究院有限公司召开 2018 年第一批基础研究年度报告发布会暨我国电力形势发展研讨会。

7 月 4 日，国网运营监测中心主任郭炬、副主任汪峰一行到国网能源研究院有限公司调研座谈。

7 月 5—6 日，由中国能源研究会主办、国网能源研究院有限公司承办的“高比例风电、光伏利用的系统集成问题专题研讨会”在甘肃兰州召开。

7 月 16 日，国网能源研究院有限公司与英大证券有限责任公司签署战略协议。双方共同表示，希望不断深化战略伙伴关系，进一步实现资源共享、优势互补，共同创造具有独特价值的研究成果，开启互利共赢的合作新局面。

7 月 24 日，张运洲、张勇署名文章《国企改革，进入以管资本为主的时代》在《光明日报》刊发。

7 月 25 日，国网能源研究院有限公司与德国能源署在北京签署合作研究备忘录。

7 月 30 日，国网能源研究院有限公司 2018 年年中工作会议在京召开。董事长、党委书记张运洲作题为《坚定信心　奋发有为　高标准完成全年工作任务》的工作报告。

8 月 9 日，国家电网公司党组副书记、副总经理辛保安到国网能源研究院有限公司调研，全面了解生产经营管理情况，指导加强党建工作。

8 月 28 日，国家电网公司召开办公室工作会议，授予国网能源研究院有限公司办公室“国家电网有限公司办公室工作先进集体”荣誉称号。

9 月 5 日，国家电网公司总会计师、党组成员罗乾宜到公司北七家未来科学城办公区调研，视察指导国网能源研究院有限公司有关工作。

9 月 12 日，国家电网公司发布《关于 2018 年度公司科学技术奖获奖项目的通报》（国家电网科〔2018〕752 号），国网能源研究院有限公司 9 个项目荣获 2018 年度国家电网公司科学技术进步奖。

9月19日，国网能源研究院有限公司与西北设计院交流。

9月19日，国网能源研究院有限公司接待国网福建省电力有限公司副总经理蔡咸宜一行来访，并举行座谈交流。

9月26日，国网能源研究院有限公司与国网青海省电力公司签署战略协议。

9月，国家电网公司人才交流服务中心取得招聘考试面试软件、人才素质测评软件著作权。

10月13—15日，由中国高等学校电力系统及其自动化专业学术年会组织委员会主办、太原理工大学承办，《中国电力》杂志社等作为媒体支持单位的第34届中国高等学校电力系统及其自动化专业学术年会在太原召开。

10月17日，国网人才评价中心在长沙理工大学组织国网新疆、西藏、青海、四川、蒙东、黑龙江电力6家单位举办国家电网公司2019年艰苦边远地区高校学生订单培养选拔长沙站宣讲会。

10月18日，根据《中共国网能源研究院有限公司委员会关于印发国网能源研究院有限公司领导班子成员职责分工（试行）的通知》（能源院党〔2018〕64号），国网能源研究院有限公司副总经理（副院长）、党委委员柴高峰作为上级单位联系国网人才评价中心。

10月18日，“一带一路”能源部长会议和国际能源变革论坛在苏州召开。国网能源研究院有限公司副院长、国网（苏州）城市能源研究院有限责任公司院长李伟阳在论坛上发布了《中国城市能源报告（2018）——总体特征与样本发现》研究成果。

10月18—19日，2018国际能源变革论坛在江苏苏州举行。论坛以“能源——为美好生活”为主题，旨在推动能源变革深入发展，满足人民美好生活需要，促进人类命运共同体建设。国网能源研究院有限公司董事长（院长）、党委书记张运洲参加论坛并发言。

11月13日，中国电机工程学会公布2018年优秀论文奖评选结果，《中国电力》期刊6篇论文入选。

11月15日，中国电机工程学会智慧用能与节能专业委员会在北京举办2018年全国智慧用能与节能技术发展论坛。中国电机工程学会副秘书长陈小良，国家能源局电力司副巡视员郭伟，中国电机工程学会智慧用能与节能专业委员会主任委员、国网能源研究院有限公司董事长（院长）张运洲等出席会议。

11月21日，国家电网公司工会发布《关于表彰国家电网有限公司2018年度优秀合理化建议的通报》，国网能源研究院有限公司推荐报送的3条“我为企业献一策”合理化建议和1篇《众说新时代国家电网》论文上榜，推荐报送获表彰率达100%。

11月29日，国网能源研究院有限公司与《机工传媒·电气时代》杂志社在北京共同举办“2018中国能效管理创新技术高峰论坛”，论坛主题为“智能携手绿色发展”。

11月30日，美国商务部、美国驻华大使馆、中国化学与物理电源行业协会储能应用分会、国网能源研究院有限公司、中国科学院电工研究所在北京就中美储能市场发展问题开展座谈交流。

12月1日，国网能源研究院有限公司召开以“能源转型与再电气化”为主题的2018年成果发布暨能源转型发展研讨会。

12月13日，丹麦驻华大使馆能源商务参赞 Lars Eskild Jensen 一行来访并进行座谈交流，双方围绕国家电网有限公司在中国北方地区推行“煤改电”的成果和经验，以及丹麦在利用可再生能源推行电采暖过程中面临的问题进行了深入探讨和交流。

12月13日，根据人力资源和社会保障部《关于高级职称评审委员会备案的函》（人社专技司函〔2018〕240号），国网人才交流服务中心有限公司获得了工程系列正高级职称，经济、会计、技工院校教师、档案、卫生、新闻7个系列的副高级职称的评审权。

12月17日，根据能源院人〔2018〕208号，聘任柴高峰为国网人才交流服务中心有限公司执行董事、法定代表人，聘任王东为总经理。

12月20日，中国电机工程学会理事长郑宝森来访调研。

12月30日，国网能源研究院有限公司与《中国能源报》合作，开设了“世界能源风向专栏”，聚焦世界能源格局，以每周一到两篇专栏文章形式，分析全球各主要国家的能源战略，研究其能源特色、演变趋势和对我国的启示，深入了解世界能源发展方向，基于全球化视野形成能源发展战略的“中国思路”。

2019年

1月9—13日，国网能源研究院有限公司参加在阿联酋首都阿布扎比举办的第九届国际可再生能源署（IRENA）大会，并与 IRENA 联合发布了《Electrification with Renewables: Driving the Transformation of Energy Services》的执行摘要报告。

1月16日，国网能源研究院有限公司副总经济师兼经济与能源供需研究所所长单葆国荣获国务院政府特殊津贴。

1月28日，国网能源研究院有限公司二届七次职工代表大会暨2019年工作会议在京召开。董事长、党委书记张运洲出席会议并作题为《紧扣需求　贡献智慧　全力服务国家电网高质量发展》的工作报告。

2月1日，上海社会科学院智库研究中心发布了《2018年中国智库影响力评价与排名》，国网能源研究院有限公司入选“企业智库系统影响力”及“生态类专业智库影响力”排名榜单前十。

2月21日，与英国石油（BP中国）公司开展座谈交流。

2月28日—3月1日，国网能源研究院有限公司全球能源互联网研究中心参加在蒙古国首都乌兰巴托举办的第五届东北亚电力系统联网（NASPI）策略大会，并发表了题为《东北亚能源电力合作研究》主旨演讲。

3月5日，党建工作部会同管理咨询研究所开展的“全面加强公司党的建设创新研究”项目获得国家电网公司精神文明建设创新奖（2015—2017年度）三等奖，会同经济与能源供需研究所开展的“以客户为中心的现代服务体系研究”项目获得2018年度国家电网公司企业文化建设优秀成果奖三等奖。

3月6日，中国电机工程学会智慧用能与节能专业委员会2019年工作会议在北京召开。中国电机工程学会副秘书长陈小良，中国电机工程学会智慧用能与节能专业委员会主任委员、国网能源研究院有限公司董事长（院长）张运洲等出席会议并讲话。

3月15日，国网人才交流服务中心开拓继续教育与培训工作，首次开展专业技术资格评定政策及实务线下培训。

3月15日，国家电网公司发布《关于表彰2018年度软科学成果奖的通知》（国家电网研〔2019〕268号），国网能源研究院有限公司32个项目荣获2018年度国家电网公司软科学成果奖。

3月19日，国网能源研究院有限公司能源战略与规划所被国家电网公司授予“环保工作先进集体”荣誉称号，金艳鸣同志被国家电网公司授予“环保工作先进个人”荣誉称号。

3月21日，国家电网有限公司财务资产部、国网能源研究院有限公司及国网国际发展有限公司在总部会见英国国家电网、英国驻华大使馆和剑桥大学专家学者一行，围绕中国电力市场改革进展、英国能源监管与改革情况、英国工业电价定价机制等问题展开会谈交流。

3月27日，国家发展改革委运行局副局长李云卿一行到国网能源研究院有限公司调研国家电力需求侧管理平台建设情况，国家电网有限公司营销部副主任唐文升陪同。

4月4日，中央企业智库联盟第三届理事会会议在北京召开，国网能源研究院有限公司院长张运洲、副院长柴高峰参加会议。

4月9日，国网能源研究院有限公司受邀参加《BP世界能源展望（2019年）》中文版发布会。

4月23日，根据《国家电网有限公司关于国家电网公司人才交流服务中心改制有关事项的批复》（国家电网财〔2019〕388号），国家电网公司同意注册成立国网人才交流服务中心有限公司，注册资本5000万元，由国家电网公司总部注资解决，国网能源研究院有限公司代管。

4月24日，国家电网公司人力资源部批复《国网人才交流服务中心有限公司章程》，国网人才交流服务中心有限公司成为国家电网公司全资子公司。出资人授权相关单位作为上级主管单位行使出资人权利。

4月25日，共青团国家电网有限公司委员会印发表彰决定，国网能源研究院有限公司团支部团员张春成被评为国家电网公司“优秀共青团员”，团支部副书记于浩男被评为国家电网公司“优秀共青团干部”。

4 月 28 日，由中国电力发展促进会和国网信息通信产业集团有限公司联合主办的泛在电力物联网产业生态联盟大会在北京召开。王耀华代表国网能源研究院有限公司作为会员单位参加。

4 月 29 日，国网人才交流服务中心有限公司取得工商营业执照。

5 月 9 日，国网能源研究院有限公司党委党建部（党委宣传部、监察审计部、巡察办）张地同志获得“国家电网有限公司青年岗位能手”荣誉称号。

5 月 15 日，中国—欧盟能源合作平台（ECECP）启动会在北京召开。欧盟驻华大使 Nicolas Chapuis、欧盟能源总司国际合作司司长 Megan Richards、中国国家能源局国际合作司副司长安丰全等有关领导参加启动会，宣告中国—欧盟能源合作平台正式启动。蒋莉萍副院长受邀出席会议并在中国电力市场改革论坛进行发言。

5 月 16 日，《国家电网有限公司关于向国网人才交流服务中心有限公司注资的通知》（国家电网财〔2019〕452 号），国家电网有限公司向国网人才交流服务中心有限公司注资 5000 万元。

5 月 16—17 日，由中国工程院、中国电机工程学会和国家能源集团联合主办，《中国电力》杂志社协办的 2019 年清洁电力国际工程科技高端论坛暨国家能源集团清洁能源国际高端论坛在北京举办，主题为“奉献清洁电力，推进能源革命”。

5 月 24 日，国网能源研究院有限公司接待国核电力规划设计研究院有限公司党委书记、执行董事徐潜一行来访，国网能源研究院有限公司董事长张运洲、党委副书记吕健、总工程师张全出席会议。

5 月 29 日，国网能源研究院有限公司与国网北京市电力公司在北京签署战略合作框架协议。

5 月 31 日—6 月 1 日，由中国自动化学会发电自动化专业委员会主办，《中国电力》杂志社协办的 2019 年中国发电自动化技术论坛暨智航助学助教捐赠仪式在甘肃省通渭县顺利举行。

6 月 5 日，国网能源研究院有限公司与国网甘肃省电力公司在北京签署战略合作框架协议。

7 月 9 日，根据能源院人〔2019〕90 号文件，聘任柴高峰为国网人才交流服务中心有限公司执行董事、法定代表人；聘任王东为总经理，岳远渠为副总经理，杨瑛为总经理助理。

7 月 10 日，国网能源研究院有限公司与中国华能集团有限公司技术经济研究院在北京签署战略合作框架协议。

7 月 11 日，组织召开国家电网公司会计系列正高级职称评审委员会认定工作会议。

国家电网公司总会计师罗乾宜、副总会计师李荣华出席。

7 月 11 日，中国核电发展中心和国网能源研究院有限公司联合编著的《我国核电发展规划研究》，由中国原子能出版社正式出版。

7 月 11 日，国网能源研究院有限公司编著的《Non-Fossil Energy Development in China—Goals and Challenges》英文版书籍，由 ELSEVIER 和中国电力出版社联合出版。

7 月 18 日，《中国电力》期刊主办单位变更为国网能源研究院有限公司、中国电机工程学会和全球能源互联网研究院有限公司，增加全球能源互联网研究院有限公司为第三主办单位。中国工程院汤广福院士应邀担任《中国电力》主编。

7 月 24 日，由中央企业智库联盟主办，国网能源研究院有限公司、中国诚通控股集团有限公司共同承办的第 15 期“中央企业混改与带动社会资本共同发展”智库沙龙在京召开。

7 月 26 日，国网能源研究院有限公司 2019 年年中工作会在京召开。董事长、党委书记张运洲作题为《深学笃行　开拓进取　努力为“三型两网”建设作出更大贡献》的工作报告。

7 月 26—27 日，国网人才交流服务中心有限公司在成都举办第十四届电力人才就业论坛预备会，主题为“基于泛在电力物联网建设，推进产教融合人才培养”。

8 月 1 日，国网能源研究院有限公司与国网山西省电力公司在山西太原签署战略合作框架协议。

8 月 7—8 日，由华北电力大学、中国可再生能源学会主办，国际可再生能源署、《中国电力》杂志社等协办的“第一届中国储能学术论坛暨风光储创新技术大会”在北京召开。

8 月 9 日，国网能源研究院有限公司与国网信息通信产业集团有限公司在北京签署战略合作框架协议。

8 月 20 日，《中国电力》期刊获得中国期刊协会颁发的“庆祝中华人民共和国成立 70 周年精品期刊”荣誉证书，并在第 26 届北京国际图书博览会（BIBF）精品期刊展上展出。

8 月 20 日，国网人才交流服务中心有限公司受邀参加人力资源和社会保障部深化职称制度改革培训，并作为央企代表，进行典型发言，介绍职称评审工作经验。

8 月 23 日，国网能源研究院有限公司与国网冀北电力有限公司在北京签署战略合作框架协议。

8 月 28 日，国网人才交流服务中心有限公司关于印发《国网人才交流服务中心有限公司协会工作站初级职称考核认定实施细则》（国网人才〔2019〕42 号），履行社会责任，增加行业协会工作站初级职称认定。

9 月 6 日，国网能源研究院有限公司与国网浙江省电力有限公司宁波供电公司、国网英大泰和财产保险股份有限公司宁波分公司共同合作的“链无忧——基于区块链技术的故障停电险”项目在第五届国家电网有限公司青年创新创意大赛中获得金奖。

9 月 12 日，《中国电力》期刊入选 2019《中国学术期刊影响因子年报》统计源期刊。

9 月 16 日，丹麦王国驻华大使馆与中国化学与物理电源行业协会储能应用分会联合主办的中丹储能圆桌会议在京召开。国网能源研究院有限公司参加。

9 月 23 日，中国南方电网有限责任公司教育评价培训中心赴国网人才交流服务中心有限公司，调研职称评定工作。

9 月 26—27 日，由中国电力技术市场协会、《中国电力》杂志社、中国电力设备网等联合主办的“2019 泛在电力物联网技术高峰论坛”，在江苏无锡召开。

10 月 11—13 日，由中国高等学校电力系统及其自动化专业学术年会组织委员会主办、西华大学电气与电子信息学院承办、亚洲电能质量产业联盟和内蒙古工业大学协办，《中国电力》杂志社等作为媒体支持单位的中国高等学校电力系统及其自动化专业第 35 届学术年会在成都召开。

10 月 11—13 日，国网人才交流服务中心有限公司在湖北宜昌举办第十四届电力人才就业论坛暨 2020 年毕业生供需信息交流会，主题是“基于泛在电力物联网建设，推进产教融合人才培养”。

10 月 12 日，国网能源研究院有限公司能源战略与规划研究所所长鲁刚荣获“中国电力优秀青年科技人才奖”。

10 月 13 日，国网人才交流服务中心有限公司在三峡大学组织国网四川、黑龙江、蒙东、青海、新疆、西藏电力 6 家单位举办国家电网公司 2020 年艰苦边远地区高校学生订单培养选拔宜昌站宣讲会。

10 月 14 日，中国电机工程学会公布 2019 年优秀论文奖评选结果，《中国电力》期刊 3 篇论文入选。

10 月 15 日，组织召开国家电网公司经济系列正高级职称评审委员会认定工作会议。

10 月 15—16 日，国网（苏州）城市能源研究院有限公司与国际可再生能源署在苏州共同主办“国际能源变革论坛 • 2019 城市和区域能源转型专题一——能源与城市协调发展国际研讨会”。

10 月 17 日，组织召开国家电网公司技工院校教师系列正高级职称评审委员会认定工作会议。国家电网公司总经理辛保安、副总工程师兼人力资源部主任吕春泉出席。

10 月 22 日，张运洲同志参加 2019 年太原能源低碳发展论坛，在“能源互联网的创新与发展”分论坛发布关于推进山西省能源革命综合改革试点实施方案相关研究成果。

11 月 13 日，中国电机工程学会 2019 年年会在北京举办，张运洲同志作为特邀专家参加院士专家论坛，并发布《面向综合能源系统的节能新技术研究》报告。

11 月 27 日，根据人力资源和社会保障部《关于高级职称评审委员会备案的函》（人社专技司函〔2019〕236号），国网人才交流服务中心有限公司健全职称层级开展工程、经济、会计、教师、档案、卫生、新闻7个系列全等级职设置，增建正高级职称认定委员会，通过向人力资源和社会保障部备案，获得了经济、会计、技工院校教师系列正高级职称评审权。

11月29日，中国电机工程学会动能经济专业委员会在北京举办了2019年学术研讨会。动能经济专业委员会主任委员、国网能源研究院有限公司副总经理柴高峰，动能经济专业委员会副主任委员、国家电网有限公司发展策划部副主任张正陵出席研讨会。

11月30日—12月1日，举办主题为“能源转型：‘十四五’电力发展之路”能源转型发展论坛暨国网能源研究院有限公司2019年成果发布会。

12月11日，国家能源局总经济师郭智，国家电网公司总会计师、党组成员罗乾宜一行到国网能源研究院有限公司调研。

12月11日，根据《中共国网能源研究院有限公司委员会关于印发国网能源研究院有限公司领导班子成员职责分工（试行）的通知》（能源院党〔2019〕105号），国网能源研究院有限公司副总经理（副院长）、党委委员柴高峰作为上级单位联系国网人才交流服务中心有限公司。

12月13—14日，中国电机工程学会智慧用能与节能专业委员会在北京举办2019年全国智慧用能与节能技术发展论坛，中国电机工程学会智慧用能与节能专业委员会主任委员、国网能源研究院有限公司董事长（院长）张运洲出席会议。

12月18日，国网能源研究院有限公司与全球能源互联网研究院有限公司在北京召开战略合作框架协议签署仪式暨联合办刊座谈会。

12月18日，国网能源研究院有限公司与全球能源互联网研究院有限公司联合办刊暨《中国电力》2020年专题组稿座谈会在北京举办。

12月，国网人才交流服务中心有限公司取得《国网人才中心专业资格管理系统》《国网人才中心专家管理系统》软件著作权。

2020年

1月3日，国网人才交流服务中心有限公司为切实做好疫情防控工作，按照分片区方式，创新使用“线上答辩与现场评审会”相结合的形式，首次组织召开国家电网公司工程系列正高级职称评审工作会议。

1月6日，国网能源研究院有限公司副总工程师兼企业战略研究所所长马莉同志获得“最美国网人”荣誉称号。

1月7日，国网能源研究院有限公司与国网英大产业投资基金管理有限公司在北京召开战略合作框架协议签署仪式暨能源金融视角下的电网价值创造研讨会。

1 月 15 日，国网能源研究院有限公司第三届职工代表大会第一次会议暨 2020 年工作会议在京召开。董事长、党委书记张运洲作题为《砥砺奋进　提质增效　全力支撑公司改革攻坚创新发展》的工作报告。

1 月 16 日，国家电网公司印发《关于表彰公司劳动模范、国网工匠、先进集体和工人先锋号的决定》，国网能源研究院有限公司能源战略与规划研究所所长鲁刚同志获得"国家电网有限公司劳动模范"荣誉称号。

1 月 17 日，国网能源研究院有限公司财会与审计研究所应英国驻华大使馆邀请，在北京与英国能源工业和战略部专家及英国驻华大使馆能源部门主管座谈，围绕电力市场改革和电力价格改革方面深入交流。

1 月 30 日，国网能源研究院有限公司首次入选由美国宾夕法尼亚大学"智库研究项目"（TTCSP）研究编写的《全球智库报告 2019》中"2019 全球最佳科技政策研究智库"榜单，在上榜中国智库里排名第 3，在全球总排名中位居第 72。

2 月 4 日，国家电网公司董事长、党组书记毛伟明一行到北七家办公区调研并检查疫情防控工作情况，慰问坚守岗位的干部员工。

4 月 3 日，国家电网公司人才交流服务中心税务注销正式完成。

4 月 15 日，举办能源 20 人论坛（第三期）。聚焦"新形势下全球能源战略态势"，探讨对我国经济社会发展和能源战略的影响。

4 月 22 日，国家电网公司发布《关于表彰 2019 年度软科学成果奖的通报》，国网能源研究院有限公司 29 个项目荣获国家电网公司 2019 年度软科学成果奖。

4 月 22 日，中央纪委国家监委驻国家电网有限公司纪检监察组组长、公司党组成员黄德安一行到国网能源研究院有限公司调研指导工作。

4 月 28 日，国网能源研究院有限公司"鲁刚劳模创新工作室"挂牌成立。

6 月 8 日，国网人才交流服务中心有限公司结合疫情防控政策，首次采用网络直播的形式，分别对国网浙江、安徽等 6 家省公司进行网络培训，培训人数达 4000 余人。

6 月 19 日，国网能源研究院有限公司与国家电网有限公司大数据中心在北京签署战略合作框架协议。

7 月 5 日，国网能源研究院有限公司召开 2020 年第一批基础研究年度报告线上发布会。

7 月 15 日，中国电机工程学会智慧用能与节能专业委员会通过线上视频会议召开 2020 年工作会议。中国电机工程学会副理事长路书军，中国电机工程学会智慧用能与节能专业委员会主任委员、国网能源研究院有限公司董事长张运洲等出席会议并作题为《凝心聚力，开拓进取，努力开创专委会工作新局面》的工作报告。

7 月 27 日，国网能源研究院有限公司 2020 年年中工作会在京召开。董事长、党委书记张运洲作了题为《审时度势　攻坚克难　为公司战略落地实施贡献更多智慧》的工作报告。

7 月 30 日，国网能源研究院有限公司管理咨询研究所与国网四川省电力公司南充供电公司在南充签署了关于推动国家电网公司战略目标落实落地的合作协议书。

8 月 20—21 日，由国家能源智能电网（上海）研发中心联合 CPEM 中国电力设备网主办、《中国电力》杂志社协办的第九届中国电力设备状态监测与故障诊断技术高峰论坛在江苏苏州举办。

8 月 26 日，国家电网公司总会计师罗乾宜批示同意国网人才交流服务中心有限公司租赁使用原国网湖南省电力有限公司驻京办（北洼路），解决办公用房不足问题。

8 月 28 日，国网（苏州）城市能源研究院有限责任公司成立三周年工作座谈会在苏州召开。

9 月 9 日，由人民日报社指导、中国能源报社主办的 2020 中国能源高质量发展暨能源产业扶贫成果研讨会在北京召开。蒋莉萍副院长出席会议，并作题为《电力扶贫的使命与担当》的主题报告。

9 月 15—16 日，国网人才交流服务中心有限公司在呼和浩特举办第十五届电力人才就业论坛预备会，主题为“基于‘六稳’‘六保’稳岗扩就业新形势，谋新篇开新局”。

9 月 17 日，国网人才交流服务中心有限公司为切实做好疫情防控工作，创新使用“线上答辩与现场评审会”相结合的形式，首次组织召开国家电网公司经济系列、技工院校教师系列正高级职称评审工作会议。

9 月 23 日，国网人才交流服务中心有限公司为切实做好疫情防控工作，创新使用“线上答辩与现场评审会”相结合的形式，首次组织召开国家电网公司会计系列正高级职称评审工作会议。

9 月 25 日，中国电机工程学会动能经济专业委员会在广州举办 2020 年学术年会暨“十四五”能源电力发展展望研讨会，主任委员柴高峰主持，国网能源研究院有限公司代表作专题报告。

10 月 23—24 日，国网人才交流服务中心有限公司在陕西西安举办第十五届电力人才就业论坛暨 2021 年毕业生供需信息交流会，主题为“基于‘六稳’‘六保’稳岗扩就业新形势，谋新篇开新局”。

10 月 24—25 日，第八届中国人力资源开发研究会人才测评专业委员会年会在广西民族大学召开，国网人才交流服务中心有限公司参加会议，代表杨尚东、李敏同志分别作专题报告，并成功竞选为测评专业委员会理事。

10 月 27 日，国网（苏州）城市能源研究院有限责任公司顺利取得 ISO 三体系认证证书。

10 月 29—30 日，中国电机工程学会智慧用能与节能专业委员会在北京举办 2020 年全国智慧用能与节能技术发展论坛。张运洲同志参加会议并作了题为《我国综合能源服务发展趋势及需要解决的难点问题》的主旨报告。

11月6日，国网人才交流服务中心有限公司被评为国家电网公司“十三五”档案工作突出集体。

11月8日，国网人才交流服务中心有限公司为切实做好疫情防控工作，创新使用在线视频监控考试的方式开展国家电网公司2019年度中级职称考试。

11月10日，蒋莉萍同志受邀出席中国电机工程学会组织召开的2020年中国电机工程学会女工程师论坛。

11月10日，中国电机工程学会公布2020年优秀论文奖评选结果，《中国电力》期刊3篇论文入选。

11月12日，在中国社会科学院国有经济研究智库举办的首届国有经济研究峰会上，国网能源研究院有限公司承担的“适应国资国企改革的公司董事会运行机制研究”入选2019年度国资国企十大优秀课题成果。

11月15日，国网人才交流服务中心有限公司为切实做好疫情防控工作，创新使用在线视频监控考试的方式开展2020年专业技术人员电力英语及计算机水平考试。

11月28—29日，在北京召开2020年能源转型发展论坛暨国网能源研究院有限公司成果发布会，主题为“构建新发展格局下的能源互联网”。

12月9日，国网能源研究院有限公司与国网大学在北京签署战略合作框架协议。

12月21日，在中央企业智库联盟第三届理事会工作会议暨智库建设研讨会上，柴高峰同志荣获“杰出贡献奖”，郑海峰同志获得“优秀联络员”荣誉称号。

2021年

1月28日，国网能源研究院有限公司召开第三届职工代表大会第二次会议暨2021年工作会议。董事长、党委书记张运洲作题为《乘势而上　攻坚克难　努力推动智库建设再上新台阶》的工作报告。

1月28日，国网能源研究院有限公司入选“2020全球最佳科技政策研究智库”榜单，在上榜中国智库中排名第3，在全球排名第71。

2月5日，国网能源研究院有限公司与国网英大国际控股集团有限公司在北京举办碳中和愿景下碳市场与碳资产管理研讨会暨战略合作协议签署会议。

2月22日，中央电视台《东方时空》栏目播出“得州电力危机”专题，国网能源研究院有限公司总工程师张全接受采访，从电网特点、应急能力、电价机制、管理体制等方面剖析了得州大停电的深层次原因。

2月22日，苏州市政协主席、党组书记周伟强带队到国网（苏州）城市能源研究院有限责任公司调研。

2 月 24 日， 国网能源研究院有限公司与国网电子商务有限公司（国网金融科技集团）在北京签署战略合作框架协议。

3 月 1 日， 国网能源研究院有限公司本部获得第七届国家电网公司文明单位（2017—2020 年度）荣誉称号，国网人才交流服务中心有限公司继续保留国家电网公司文明单位荣誉称号。

3 月 10 日， 国家机关事务管理局财务管理司副司长李晓峰一行到国网人才交流服务中心有限公司（简称“人才中心”）调研会计专业技术人员继续教育工作。国家电网有限公司副总会计师、财务部主任冯来法，国网能源研究院有限公司院长张运洲，副院长、人才中心执行董事柴高峰等参加调研会。

3 月 17 日， 国网能源研究院有限公司接待中核战略规划研究总院有限公司党委书记、董事长潘启龙一行来访，并举行座谈交流。

3 月 28 日，《中国电力》期刊入编《中文核心期刊要目总览》2020 年版（第 9 版）电工技术类核心期刊。

3 月 31 日， 中国人才交流协会国家机关人才交流机构分会会长姬书明一行到访国网人才交流服务中心有限公司并举行座谈。

3 月 29 日， 国网能源研究院有限公司与国网国际融资租赁有限公司在北京签署战略合作框架协议。

4 月 25 日，《中国电力》期刊收录为中国科学引文数据库（CSCD）来源期刊（2021—2022 年）。

4 月 28 日， 国网能源研究院有限公司党委党建部承担的课题“以研促思　以思促行　深入学习宣传贯彻公司战略目标”获 2020 年度国家电网公司思想文化建设优秀成果奖三等奖。国网能源研究院有限公司管理咨询研究所、党委党建部牵头承担的项目“落实公司战略　加强企业文化建设研究”被列为 2021 年度国家电网公司思想文化建设五个示范项目之一。

4 月 29 日， 中国电力思想政治工作研究会公布了 2020 年度优秀研究成果获奖名单，国网能源研究院有限公司能源战略与规划研究所党支部的研究课题“推动习近平新时代中国特色社会主义思想走深走实走心——以支部能源智库能力建设为例的研究思考”获优秀研究成果奖二等奖。

4 月 29 日， 国网能源研究院有限公司与国网新源控股有限公司在北京签署战略合作框架协议。

4 月 30 日， 国网能源研究院有限公司本部团支部被评为国家电网公司“五四红旗团支部”，管理咨询研究所许精策同志被评为国家电网公司优秀共青团员，党委党建部杨丽坡同志被评为国家电网公司优秀共青团干部，企业战略研究所薛松同志被评为国家电网公司青年岗位能手。

5月12日， 国网能源研究院有限公司举行“劳模创新工作室”揭牌仪式，成立以国家电网公司劳动模范张勇命名的创新工作室。

5月13—14日， 中国电机工程学会动能经济专业委员会在上海举办2021年春季研讨会，会议由国网上海市电力公司和国网上海市电力公司经济技术研究院协办。动能经济专业委员会主任委员柴高峰主持会议。

5月25日， 国家电网公司“五查五严”风险隐患排查整治工作第七督查组在公司法律顾问、法律部副主任（总部部门正职级）任华带领下，对国网能源研究院有限公司等三家单位开展督导检查。

5月28日， 中国电机工程学会智慧用能与节能专业委员会召开2021年工作会议暨碳达峰碳中和路径研讨会，中国电机工程学会智慧用能与节能专业委员会主任委员、国网能源研究院有限公司董事长张运洲出席会议并作专委会工作报告。

5月29日， 国网能源研究院有限公司综合能源系统规划软件（PIES）正式上线“绿色国网”，并面向全社会开放。

6月4日， 国网能源研究院有限公司与中核战略规划研究总院有限公司在北京签署战略合作框架协议。

6月18日， 根据国家电网党任〔2021〕85号文件，仇文勇同志任中共国网能源研究院有限公司委员会委员、中共国网能源研究院有限公司纪律检查委员会书记、国网能源研究院有限公司工会委员会主席；免去李连存同志的中共国网能源研究院有限公司委员会委员、中共国网能源研究院有限公司纪律检查委员会书记、国网能源研究院有限公司工会委员会主席职务。

6月18日， 根据国家电网任〔2021〕147号文件，李健任国网能源研究院有限公司总工程师；免去张全的国网能源研究院有限公司总工程师职务。

6月22日， 国网能源研究院有限公司党委代表前往新中国成立前入党老党员刘倜同志家中，颁发“光荣在党50年”纪念章并看望慰问。

7月2日， 中国电机工程学会在北京组织召开项目技术鉴定会，国网能源研究院有限公司GESP、NEOS软件系统成果通过鉴定。

7月13日， 国网能源研究院有限公司接待南京大学中国智库研究与评价中心主任、首席专家李刚一行来访。

7月15日， 国务院发展研究中心发展战略和区域经济研究部卓贤副部长一行到访国网能源研究院有限公司，并进行座谈交流。

7月23—24日， 以“深入贯彻新发展理念　服务新发展格局　推动人才高质量发展”为主题的第十六届电力人才就业论坛预备会在西藏林芝举办。

7月26日， 国网能源研究院有限公司“深入学习贯彻习近平总书记‘七一’重要讲话精神　努力为构建新型电力系统贡献更多智慧研讨会”在京召开。

8月5日，中国国际电视台（CGTN）播出视频，就特高压服务碳达峰碳中和目标、助力新能源消纳、提供就业、拉动投资等采访国网能源研究院有限公司能源战略与规划研究所所长鲁刚。

8月6日，国网能源研究院有限公司与国务院发展研究中心发展战略和区域经济研究部签署战略协议。

8月16日，根据国家电网党任〔2021〕134号文件，王耀华、李健、单葆国同志任中共国网能源研究院有限公司委员会委员；免去吕健同志的中共国网能源研究院有限公司委员会副书记、委员的职务。

8月16日，根据国家电网任〔2021〕221号文件，单葆国任国网能源研究院有限公司副总经理（副院长）；吕健任国网能源研究院有限公司三级顾问，免去其网能源研究院有限公司副总经理（副院长）职务。

8月26日，《中国电力》期刊入选《世界期刊影响力指数（WJCI）报告（2020科技版）》。

9月4日，张运洲同志受邀参加2021年太原能源低碳发展论坛“碳中和愿景下能源转型分论坛”，并作了题为《从电力行业“双碳”路径观察山西新型电力系统构建》主题演讲。

9月23—24日，国网能源研究院有限公司参加2021中国电力规划发展论坛（第八届），单葆国同志作了题为《电力需求响应与绿色用能发展趋势》主题演讲。

9月27—28日，国网能源研究院有限公司参加2021（第四届）电力市场国际峰会，筹备“电力市场与碳市场”和“现货市场评价与仿真体系”圆桌论坛。

9月28日，中央财经领导小组办公室经济七局祝卫东局长、朱红光副局长到国网能源研究院有限公司调研座谈。双方围绕“双碳”路径、能源安全、电力保供等进行了深入交流。

10月11日，管理咨询研究所汤广瑞同志获得“国家电网公司现代智慧供应链创新与应用示范先进个人”荣誉称号。

10月15日，中国社会科学评价研究院在“第四届中国智库建设与评价高峰论坛”上发布了《中国智库AMI综合评价研究报告（2021）》，国网能源研究院有限公司申报的案例《加强绩效管理　创新人才激励》顺利入选2021年中国智库参考案例（内部治理创新）。

10月18日，国务院国资委发起、中央企业数字化发展研究院主办的“数字化转型行动学习”首期研讨班举行结业仪式。国网能源研究院有限公司能源数字经济研究所代表国家电网公司汇报的研究课题“能源电力企业数字化转型路径研究”被评为最佳研究课题。

10月21日，华润电力控股有限公司战略投资部总经理单文献带队到国网能源研究院有限公司座谈交流。

11月7日，中国电机工程学会智慧用能与节能专业委员会线上举办2021年全国智慧用能与节能技术发展论坛。中国电机工程学会智慧用能与节能专业委员会主任委员、国网能源研究院有限公司董事长张运洲作了题为《电力需求侧资源开发利用有关问题研究》的主旨报告。

11月13日，由《中国经营报》主办、中经未来（北京）传媒科技有限责任公司承办的“2021中国能源发展高峰论坛”在北京召开。国网能源研究院有限公司被评为“2021年度碳中和先锋企业”。

11月16日，国家电网公司党组宣传部在国网能源研究院有限公司能源数字经济研究所挂牌国家电网品牌实验室。

11月22日，中国能源研究会发布2021年度能源创新奖奖励公告，国网能源研究院有限公司9项成果获得2021年度中国能源研究会能源创新奖。

11月24日，《中国电力》期刊被DOAJ国际数据库收录。

11月29日，《中国能源报》刊发国网能源研究院有限公司董事长、党委书记张运洲署名文章《准确把握电力保供与降碳减排的关系》。

11月29日，第三届中俄能源商务论坛以线下与线上相结合的方式在北京和莫斯科两地举行。国网能源研究院有限公司董事长、党委书记张运洲受邀出席并作了题为《电力行业清洁低碳发展路径研究》主题演讲。

11月30日，中国电机工程学会公布2021年优秀论文奖评选结果，《中国电力》期刊5篇论文入选。

12月1日，国家能源局发函通知，国网能源研究院有限公司报送的《能源高质量发展对电力供需格局的影响及策略研究》入选国家能源局《能源重大问题专题研究文稿》。

12月4日，以“构建新型电力系统　统筹低碳安全保供”为主题的2021年能源转型发展论坛暨国网能源研究院成果发布会举办。

12月6日，国网能源研究院有限公司新能源与统计研究所工会小组报送的《关于用智库智慧助力公司落实双碳目标与建设能源互联网的建议》入选国家电网公司优秀合理化建议名单。

12月7—8日，由全球化智库（CCG）主办、国网能源研究院有限公司协办的“第六届中国全球智库创新年会”在北京举行。国网能源研究院有限公司董事长、党委书记张运洲出席会议。

12月19日，人才中心在北洼路办公区举办新办公楼启用仪式，国网能源研究院有限公司董事长、党委书记张运洲，人才中心执行董事柴高峰出席仪式并分别致辞。

2022年

1月6日，中国共产党国网能源研究院有限公司党员大会在北京召开，总结过去五年工作成绩，指明未来五年工作方向，选举产生新一届党委、纪委。

1 月 20 日，国网能源研究院有限公司召开第三届职工代表大会第四次会议暨 2022 年工作会议。执行董事、党委书记张运洲作题为《洞察本质　稳进求好　全力服务能源转型和公司高质量发展》的工作报告。

2 月 12 日，《中国能源报》刊发国网能源研究院有限公司副总经理（副院长）、党委委员单葆国署名文章《2021 年全球能源电力短缺原因分析及其对我国的启示》。

2 月 15 日，国网能源研究院有限公司召开 2022 年党风廉政建设和反腐败工作会议。

2 月 17 日，国家电网有限公司董事长辛保安在公司总部与国际可再生能源署总干事卡梅拉举行视频会谈。国网能源研究院有限公司院长张运洲、副院长蒋莉萍、总工程师李健参加会谈。

3 月 7 日，中国能建集团党校副校长、战略与人才咨询委员会筹备组组长张文斌带队，到国网能源研究院有限公司调研交流。

4 月 6 日，国网能源研究院有限公司召开干部大会。欧阳昌裕同志任国网能源研究院有限公司执行董事（院长）、党委书记；张运洲同志任二级顾问，免去其国网能源研究院有限公司执行董事（院长）、党委书记、委员职务。

4 月 15 日—5 月 12 日，国家电网公司副总工程师兼国网能源研究院有限公司执行董事（院长）、党委书记欧阳昌裕调研各部门、下属单位，主持召开调研座谈会。相关院领导参加调研。

5 月 18 日，国网能源研究院有限公司举办合规承诺书签署仪式。国家电网公司副总工程师兼国网能源研究院有限公司执行董事（院长）、党委书记欧阳昌裕和国家电网公司法律合规部副主任刘春瑞出席会议并讲话。

5 月 31 日—6 月 10 日，国家电网公司副总工程师兼国网能源研究院有限公司执行董事（院长）、党委书记欧阳昌裕调研院各业务部门、单位理论、模型、工具的研究和研发情况，并主持召开座谈会。

6 月 16 日，国网能源研究院有限公司副院长柴高峰作主题为“我国电力工业简史和政策研究”的首场讲座。

6 月 29 日，国网能源研究院有限公司与清华大学经济管理学院进行座谈交流。

7 月 6 日，国网能源研究院有限公司召开首次院长联络员会议暨职工思想动态调研分析会议。

7 月 8 日，国网能源研究院有限公司与国网四川省电力公司座谈交流。

7 月 19 日，国家电网公司副总工程师兼国网能源研究院有限公司执行董事（院长）、党委书记欧阳昌裕讲授专题党课，主题为“以党的建设为引领　稳步推进世界一流高端智库建设”。

7 月 27 日，国网能源研究院有限公司召开 2022 年年中工作会议，总结上半年工作，提出院落实国家电网公司战略“12248”体系框架，安排下半年任务。

附　　录

一、历年年度/年中工作会议报告

序号	时间	会　议	工 作 报 告
1	2006年2月8日	动经中心2006年工作会议	夯实基础，创建“一流科研咨询机构”，提高能力，为公司发展提供坚强支撑
2	2006年7月26日	国网经研院2006年年中工作会议	全面加强基础能力建设，更紧密服务公司发展战略
3	2007年1月27日	国网经研院2007年工作会议	加快转型，强化责任，全面提升对公司的决策支撑能力
4	2007年7月26日	国网经研院2007年年中工作会议	培养人才梯队，提升研究层次，确保实现全年工作目标
5	2008年1月26日	国网经研院2008年工作会议	开拓创新，当好智囊，助力公司发展再上新台阶
6	2008年7月18日	国网经研院2008年年中工作会议	发挥优势，扩展职能，为完成全年工作任务而奋斗
7	2009年1月22—23日	国网经研院一届一次职工代表大会暨2009年工作会议	抢抓机遇，落实职能，开创科研咨询和勘测设计业务发展新局面
8	2009年7月16日	国网经研院2009年年中工作会议	全面提升支撑能力，为实现全年工作目标而努力奋斗
9	2010年1月22日	国网能源院一届一次职工代表大会暨2010年工作会议	把握大局，创新发展，全力打造公司综合性能源研究智库和交流平台
10	2010年7月23日	国网能源院2010年年中工作会议	加强重大问题研究，确保完成全年工作目标任务
11	2011年1月19日	国网能源院一届二次职工代表大会暨2011年工作会议	推进智库建设，加快提升对公司战略管理的支撑能力
12	2011年7月20日	国网能源院2011年年中工作会议	突出重点，狠抓落实，为完成全年目标任务而奋斗
13	2012年1月13日	国网能源院一届三次职工代表大会暨2012年工作会议	整合资源、夯实基础，努力提升服务公司战略决策的能力和水平
14	2012年7月25日	国网能源院2012年年中工作会议	推进精益管理，提升研究绩效，确保高质量完成全年目标任务
15	2013年1月18日	国网能源院一届四次职工代表大会暨2013年工作会议	抓住机遇，加快转型，为公司战略决策和运营管理提供坚强支撑
16	2013年7月19日	国网能源院2013年年中工作会议	推进转型，注重实效，确保完成全年目标任务
17	2014年1月23日	国网能源院一届五次职工代表大会暨2014年工作会议	深化转型，提升成效，着力支撑公司改革创新

续表

序号	时间	会议	工作报告
18	2014 年 7 月 16 日	国网能源院 2014 年年中工作会议	优化资源配置，提升支撑价值，圆满完成全年目标任务
19	2015 年 1 月 28 日	国网能源院二届一次职工代表大会暨 2015 年工作会议	统筹兼顾，强化特色，努力推动研究咨询业务迈上新台阶
20	2015 年 7 月 20 日	国网能源院 2015 年年中工作会议	抓住机遇，脚踏实地，确保完成全年目标任务
21	2016 年 1 月 25 日	国网能源院二届二次职工代表大会暨 2016 年工作会议	加快智库建设，突出特色优势，努力实现“十三五”发展良好开局
22	2016 年 7 月 25 日	国网能源院 2016 年年中工作会议	以智库建设为主线，高质量完成全年目标任务
23	2017 年 1 月 24 日	国网能源院二届三次职工代表大会暨 2017 年工作会议	把握智库定位，深化重大研究，为加快建设“一强三优”现代公司贡献智慧
24	2017 年 7 月 24 日	国网能源院 2017 年年中工作会议	把握大局大势　支撑改革创新　确保高质量完成全年目标任务
25	2018 年 1 月 29 日	国网能源院二届六次职工代表大会暨 2018 年工作会议	创建世界一流企业高端智库，全力支撑公司开启新征程实现新突破
26	2018 年 7 月 30 日	国网能源院 2018 年年中工作会议	坚定信心　奋发有为　高标准完成全年工作任务
27	2019 年 1 月 28 日	国网能源院二届七次职工代表大会暨 2019 年工作会议	紧扣需求贡献智慧全力服务国家电网高质量发展
28	2019 年 7 月 26 日	国网能源院 2019 年年中工作会议	深学笃行　开拓进取　努力为“三型两网”建设作出更大贡献
29	2020 年 1 月 15 日	国网能源院三届一次职工代表大会暨 2020 年工作会议	砥砺奋进　提质增效　全力支撑公司改革攻坚创新发展
30	2020 年 7 月 27 日	国网能源院 2020 年年中工作会议	审时度势　攻坚克难　为公司战略落地实施贡献更多智慧
31	2021 年 1 月 28 日	国网能源院三届二次职工代表大会暨 2021 年工作会议	乘势而上　攻坚克难　努力推动智库建设再上新台阶
32	2022 年 1 月 20 日	国网能源院三届四次职工代表大会暨 2022 年工作会议	洞察本质　稳进求好　全力服务能源转型和公司高质量发展
33	2022 年 7 月 27 日	国网能源院 2022 年年中工作会议	凝心聚力　攻坚突破　在更高起点上加快建设世界一流高端智库

二、国网能源院代表性项目

篇章	序号	项目名称	项目类型	起始时间	结束时间
能源电力发展与能源经济研究领域（15 项）	1	能源高质量发展对电力供需格局的影响及公司应对策略研究	国家电网公司十大战略课题	2020 年 6 月	2020 年 12 月
	2	适应新能源大规模接入的储能发展关键问题研究	国家电网公司十大战略课题	2018 年 3 月	2018 年 12 月
	3	能源消费新模式和产业发展新业态研究	政府委托项目	2017 年 8 月	2018 年 6 月

续表

篇章	序号	项　目　名　称	项　目　类　型	起始时间	结束时间
能源电力发展与能源经济研究领域（15 项）	4	“一带一路”沿线国家电力联网潜力研究	国家电网公司管理咨询项目	2017 年 5 月	2017 年 12 月
	5	电力系统革命战略研究	政府委托项目	2016 年 8 月	2017 年 6 月
	6	电力供需研究实验室扩建及推广应用	信息化项目	2014 年 10 月	2017 年 12 月
	7	大能源体系下的能源与电力配置模型方法研究及应用	国家电网公司科技项目	2013 年 1 月	2016 年 12 月
	8	中长期能源需求预测模型体系研究	科技项目	2011 年 1 月	2011 年 12 月
	9	国家能源基地发展战略研究	政府委托项目	2009 年 1 月	2009 年 12 月
	10	我国电力可持续发展若干重大问题研究	国家电网公司项目	2007 年 1 月	2007 年 12 月
	11	能源基地建设及电力中长期发展规划深化研究	国家电网公司管理咨询项目	2007 年 4 月	2008 年 7 月
	12	适应我国能源战略的电力发展方式研究	国家电网公司项目	2006 年 1 月	2006 年 12 月
	13	电力工业“十一五”发展规划及 2020 年远景目标研究	国家电网公司项目	2005 年 1 月	2005 年 12 月
	14	全国电力发展规划	国家电网公司项目	2004 年 1 月	2004 年 12 月
	15	全国电力工业“十五”计划调整	国家电网公司项目	2003 年 1 月	2003 年 12 月
能源电力体制机制研究领域（15 项）	16	公司贯彻能源安全新战略的理论与实践研究	国家电网公司十大战略课题	2020 年 6 月	2020 年 12 月
	17	电力改革发展演变趋势与关键机制研究	国家电网公司十大战略课题	2019 年 6 月	2019 年 12 月
	18	数字化支撑公司管理变革和转型升级研究	国家电网公司十大战略课题	2018 年 1 月	2018 年 12 月
	19	新形势下电力市场建设及公司适应外部监管关键问题研究	国家电网公司十大战略课题	2017 年 1 月	2017 年 12 月
	20	售电侧放开及电力交易平台构建研究	国家电网公司十大战略课题	2015 年 1 月	2015 年 12 月
	21	我国电力市场模式、结构及建设路径研究	国家电网公司科技项目	2013 年 1 月	2015 年 10 月
	22	我国电力改革有关重大问题深化研究	国家电网公司十大战略课题	2012 年 1 月	2012 年 12 月
	23	科学的能源价格水平和机制及其对公司发展的影响研究	国家电网公司十大战略课题	2012 年 1 月	2012 年 12 月
	24	三华同步电网跨省区输电定价技术研究	国家电网公司科技项目	2011 年 1 月	2014 年 12 月

续表

篇章	序号	项　目　名　称	项　目　类　型	起始时间	结束时间
能源电力体制机制研究领域（15 项）	25	基于特高压电网的电力市场模式研究	国家电网公司管理咨询项目	2008 年 1 月	2009 年 6 月
	26	电价机制改革研究	重大专题研究	2007 年 4 月	2007 年 12 月
	27	电力市场理论与实践研究	国家电网公司项目	2006 年 1 月	2006 年 12 月
	28	我国电力市场体系建设研究	国家电网公司项目	2005 年 1 月	2005 年 12 月
	29	抽水蓄能电站管理体制及相关政策研究	国家电网公司项目	2003 年 1 月	2003 年 12 月
	30	中国电力市场发展纲要研究	国家电网公司项目	2001 年 1 月	2001 年 12 月
电网发展与政策研究领域（15 项）	31	配电网资产效率与投入产出效益提升研究	国家电网公司十大战略课题	2019 年 6 月	2019 年 12 月
	32	基于源网荷互动的用户侧资源利用问题研究	国家电网公司十大战略课题	2018 年 1 月	2018 年 12 月
	33	能源互联网和城市智慧能源系统研究	国家电网公司十大战略课题	2017 年 1 月	2017 年 12 月
	34	电网资产效率与投入产出效益的实用化分析技术研究及应用	国家电网公司科技项目	2015 年 1 月	2017 年 12 月
	35	分布式电源并网运营分析关键技术及应用研究	国家电网公司科技项目	2014 年 1 月	2016 年 12 月
	36	智能配用电系统发展与辅助决策关键技术及应用研究	国家电网公司科技项目	2014 年 1 月	2016 年 6 月
	37	适用于电网的先进大容量储能技术综合评估	国家电网公司科技项目	2014 年 7 月	2016 年 7 月
	38	新能源发展对公司和电网发展影响深化研究	国家电网公司十大战略课题	2011 年 2 月	2011 年 12 月
	39	坚强智能电网集约化管理模式研究与体系构建	国家电网公司管理咨询项目	2010 年 1 月	2010 年 12 月
	40	绿色经济、清洁能源与坚强智能电网发展研究	国家电网公司管理咨询项目	2009 年 12 月	2010 年 12 月
	41	国家电网公司 2008—2012 年电网滚动规划研究	国家电网公司项目	2008 年 1 月	2008 年 12 月
	42	我国电力可持续发展若干重大问题研究	国家电网公司项目	2007 年 1 月	2007 年 12 月
	43	国家电网公司“十一五”跨区电网规划及 2020 年远景目标	国家电网公司项目	2006 年 1 月	2006 年 12 月
	44	重点城市电网“十一五”规划及 2020 年远景展望专题研究	国家电网公司项目	2005 年 1 月	2005 年 12 月
	45	“十一五”重大电力工程项目研究	国家电网公司项目	2003 年 1 月	2003 年 12 月

续表

篇章	序号	项目名称	项目类型	起始时间	结束时间
企业发展战略与管理研究领域（15 项）	46	具有中国特色国际领先的能源互联网企业建设关键问题研究	国家电网公司十大战略课题	2020 年 6 月	2020 年 12 月
	47	基于总部“放管服”的公司管控与运行模式优化研究	国家电网公司十大战略课题	2019 年 6 月	2019 年 12 月
	48	公司发展综合能源服务战略研究	国家电网公司十大战略课题	2018 年 1 月	2018 年 12 月
	49	公司生态系统和品牌建设深化研究	国家电网公司十大战略课题	2017 年 1 月	2017 年 12 月
	50	国有企业创新发展问题研究	政府委托项目	2016 年 3 月	2017 年 4 月
	51	基层“双创”潜力和激励机制研究	国家电网公司十大战略课题	2016 年 1 月	2016 年 12 月
	52	公司金融创新发展重大问题研究	国家电网公司十大战略课题	2015 年 1 月	2015 年 12 月
	53	公司管理实践理论研究	国家电网公司十大战略课题	2012 年 11 月	2013 年 12 月
	54	基于价值链与业务链协同的财务管理关键技术理论与应用研究	国家电网公司科技项目	2013 年 1 月	2015 年 12 月
	55	中央电力企业“十二五”发展规划研究	政府委托项目	2010 年 6 月	2011 年 12 月
	56	国家电网公司组织机构及管理模式研究	国家电网公司项目	2006 年 1 月	2006 年 12 月
	57	国家电网公司“十一五”发展规划纲要	国家电网公司项目	2005 年 1 月	2005 年 12 月
	58	中央电力企业竞争力评估及布局与结构调整战略	国家电网公司项目	2004 年 1 月	2004 年 12 月
	59	国家电力公司经营发展战略报告	国家电网公司项目	2001 年 1 月	2001 年 12 月
	60	国家电力公司“十五”计划及 2010 年、2015 年远景规划研究	国家电网公司项目	2000 年 1 月	2000 年 12 月

三、国网能源院获得代表性科研奖励

序号	获奖年份	项目名称	奖励名称及等级	奖励级别	完成形式
1	2021	促进可再生能源消纳的跨区省间现货市场关键技术及应用	2021 年度国家电网公司科学技术进步奖二等奖	公司级	配合
2	2021	面向公司战略的综合业务支撑平台构建关键技术与应用	2021 年度国家电网公司科学技术进步奖二等奖	公司级	配合
3	2021	面向清洁能源消纳的省级电力系统源网荷互动调峰关键技术及应用	2021 年度国家电网公司科学技术进步奖二等奖	公司级	配合
4	2021	公司数据融合与大数据智能分析关键技术及应用	2021 年度国家电网公司科学技术进步奖三等奖	公司级	牵头

续表

序号	获奖年份	项目名称	奖励名称及等级	奖励级别	完成形式
5	2021	面向新电改的新能源市场化交易优化关键技术及应用	2021 年度国家电网公司科学技术进步奖三等奖	公司级	牵头
6	2021	用户侧综合能源系统规划与运行决策支持关键技术及应用	2021 年度国家电网公司科学技术进步奖三等奖	公司级	牵头
7	2021	高比例新能源电网运行计划与发电控制关键技术	2021 年度国家电网公司科学技术进步奖三等奖	公司级	配合
8	2021	新发展阶段下公司战略深化实施若干重大问题研究	2020 年度国家电网公司软科学成果奖一等奖	公司级	牵头
9	2021	电力市场建设顶层设计方案及实施路径	2020 年度国家电网公司软科学成果奖一等奖	公司级	配合
10	2021	能源安全新战略下公司推动电网转型发展的理论和若干关键问题研究	2020 年度国家电网公司软科学成果奖一等奖	公司级	牵头
11	2021	适应公司战略的关键核心人才中长期激励机制研究	2020 年度国家电网公司软科学成果奖一等奖	公司级	配合
12	2021	储能提升电力系统灵活性运行模式与市场机制研究	2020 年度国家电网公司软科学成果奖一等奖	公司级	配合
13	2021	配电网投资效率效益评价指标体系研究	2020 年度国家电网公司软科学成果奖一等奖	公司级	配合
14	2021	基于北京大兴国际机场的综合能源商业模式设计及推广应用研究	2020 年度国家电网公司软科学成果奖一等奖	公司级	配合
15	2021	我国电力市场化改革条件下的电力价格机制和结算研究及应用	2020 年度国家电网公司软科学成果奖一等奖	公司级	配合
16	2021	国有企业“十四五”国际化发展规划研究	2020 年度国家电网公司软科学成果奖一等奖	公司级	配合
17	2021	智慧能源系统发展路径研究	2020 年度国家电网公司软科学成果奖二等奖	公司级	配合
18	2021	支撑能源革命先锋城市建设的智慧能源服务模式和生态研究	2020 年度国家电网公司软科学成果奖二等奖	公司级	配合
19	2021	公司大数据应用体系构建及重点应用实践	2020 年度国家电网公司软科学成果奖二等奖	公司级	配合
20	2021	新形势下公司省管产业业务布局优化与发展质效评价研究	2020 年度国家电网公司软科学成果奖二等奖	公司级	配合
21	2021	适应公司战略的案例开发及标准化应用研究	2020 年度国家电网公司软科学成果奖二等奖	公司级	配合
22	2021	基于能源互联网生态圈的公司能源大数据中心建设重点问题研究	2020 年度国家电网公司软科学成果奖二等奖	公司级	配合
23	2021	基于现代设备管理体系的集中监控模式和智慧变电站设计与应用研究	2020 年度国家电网公司软科学成果奖二等奖	公司级	配合
24	2021	基于雄安能源互联网发展的企业管理机制优化与经营模式研究	2020 年度国家电网公司软科学成果奖二等奖	公司级	配合

续表

序号	获奖年份	项目名称	奖励名称及等级	奖励级别	完成形式
25	2021	面向世界一流企业转型升级的管理模式变革研究	2020 年度国家电网公司软科学成果奖三等奖	公司级	配合
26	2021	碳中和目标下的我国能源电力转型发展路径研究	2020 年度国家电网公司软科学成果奖三等奖	公司级	独立
27	2021	顺应公司改革发展的国有上市公司治理体系与治理能力现代化建设研究	2020 年度国家电网公司软科学成果奖三等奖	公司级	配合
28	2021	新形势下电网建设投入和产出模型研究及应用	2020 年度国家电网公司软科学成果奖三等奖	公司级	配合
29	2021	新形势下建设国际领先科技型综合能源服务企业的关键问题研究	2020 年度国家电网公司软科学成果奖三等奖	公司级	配合
30	2021	面向世界一流的公司科技期刊体系建设与发展研究	2020 年度国家电网公司软科学成果奖三等奖	公司级	配合
31	2021	新冠肺炎疫情对电力供需及公司生产经营影响研究	2020 年度国家电网公司软科学成果奖三等奖	公司级	牵头
32	2021	可再生能源消纳责任权重交易机制研究及应用	2020 年度国家电网公司软科学成果奖三等奖	公司级	配合
33	2021	适应新形势的公司可持续性管理体系研究	2020 年度国家电网公司软科学成果奖三等奖	公司级	配合
34	2021	多维度视角下的央企外宣规律研究及公司外宣体系设计与评估应用	2020 年度国家电网公司软科学成果奖三等奖	公司级	配合
35	2021	新能源新技术发展趋势及其应用前景研究	2020 年度国家电网公司软科学成果奖三等奖	公司级	配合
36	2021	基于能源互联网企业建设的省级电网企业发展战略研究	2020 年度国家电网公司软科学成果奖三等奖	公司级	配合
37	2021	双轨制背景下的中长期电力交易模式及相关问题研究	2020 年度国家电网公司软科学成果奖三等奖	公司级	配合
38	2021	能源互联网业态创新与商业运营体系研究与实践	2021 年度中国能源研究会能源创新奖（管理创新）二等奖	社会力量奖	配合
39	2021	基于国际对标的世界一流品牌战略路径及评估体系研究应用	2021 年度中国能源研究会能源创新奖（管理创新）二等奖	社会力量奖	配合
40	2021	能源区块链在能源企业发展中的创新应用研究	2021 年度中国能源研究会能源创新奖（管理创新）二等奖	社会力量奖	配合
41	2021	国家电网安全管理战略问题研究	2021 年度中国能源研究会能源创新奖（管理创新）二等奖	社会力量奖	配合
42	2021	适应国资国企改革的公司董事会运行机制研究	2021 年度中国能源研究会能源创新奖（管理创新）三等奖	社会力量奖	配合
43	2021	适应改革与监管要求的电网规划投资管理创新机制研究	2021 年度中国能源研究会能源创新奖（管理创新）三等奖	社会力量奖	配合
44	2021	适应电力市场建设和本质安全要求的电网调度运行机制关键问题深化研究	2021 年度中国能源研究会能源创新奖（管理创新）三等奖	社会力量奖	配合

续表

序号	获奖年份	项目名称	奖励名称及等级	奖励级别	完成形式
45	2021	大型电网企业战略闭环管理体系构建与实施	2021 年度中国能源研究会能源创新奖（管理创新）三等奖	社会力量奖	配合
46	2021	多能融合高弹性负荷接入电网协同规划与集群调控关键技术及应用	2021 年度中国能源研究会能源创新奖（技术创新）三等奖	社会力量奖	配合
47	2021	北方地区冬季清洁供暖课题研究	2020 年度全国优秀工程咨询成果一等奖	社会力量奖	配合
48	2020	数据和知识驱动的企业自关联智能运营分析与回溯关键技术与应用	2020 年度上海市科学技术进步奖三等奖	省部级	配合
49	2020	基于区块链和大数据的电网企业运营多维分析关键技术及应用	2019 年度福建省科学技术进步奖三等奖	省部级	配合
50	2020	能源回弹效应与能效政策改进研究	2020 年度河南省科学技术进步奖三等奖	省部级	配合
51	2020	新电改下售电市场成熟度评估及综合能源服务市场开拓技术与应用	2019 年度河南省科学技术进步奖三等奖	省部级	配合
52	2020	公司大数据应用体系研究与应用	2020 年度国家电网公司管理创新成果奖一等奖	公司级	配合
53	2020	基于产融协同、科技赋能的数字化线上产业链金融平台构建与实施	2020 年度国家电网公司管理创新成果奖一等奖	公司级	配合
54	2020	新形势下公司变电运维管理模式优化研究与应用	2020 年度国家电网公司管理创新成果奖三等奖	公司级	配合
55	2020	面向公司战略环境的企业自关联智能运营分析与回溯关键技术与应用	2020 年度国家电网公司科学技术进步奖二等奖	公司级	配合
56	2020	数据驱动的配电网精准规划关键技术及应用	2020 年度国家电网公司科学技术进步奖二等奖	公司级	配合
57	2020	数字化时代公司大数据平台研发与智能分析挖掘关键技术及应用	2020 年度国家电网公司科学技术进步奖三等奖	公司级	牵头
58	2020	全场景电力规划运行决策平台研发与应用	2020 年度国家电网公司科学技术进步奖三等奖	公司级	牵头
59	2020	新电改下售电市场成熟度评估及综合能源服务市场开拓技术与应用	2020 年度国家电网公司科学技术进步奖三等奖	公司级	配合
60	2020	适应能源革命与数字革命融合发展的公司改革创新若干问题研究	2019 年度国家电网公司软科学成果奖特等奖	公司级	牵头
61	2020	适应国资国企改革的公司董事会运行机制研究	2019 年度国家电网公司软科学成果奖一等奖	公司级	配合
62	2020	电力物联网商业模式理论创新与实践应用	2019 年度国家电网公司软科学成果奖一等奖	公司级	配合
63	2020	国网新能源云管理创新和应用实践	2019 年度国家电网公司软科学成果奖一等奖	公司级	配合
64	2020	公司资本运营战略及实施路径研究	2019 年度国家电网公司软科学成果奖一等奖	公司级	配合

续表

序号	获奖年份	项目名称	奖励名称及等级	奖励级别	完成形式
65	2020	公司制改革后股东权利行使与集团管控法律研究	2019年度国家电网公司软科学成果奖一等奖	公司级	配合
66	2020	省级公司综合能源服务发展战略和实践路径研究	2019年度国家电网公司软科学成果奖一等奖	公司级	配合
67	2020	适应改革与监管要求的电网规划投资管理新机制研究	2019年度国家电网公司软科学成果奖二等奖	公司级	配合
68	2020	基于国际对标的世界一流品牌战略路径及评估体系研究应用	2019年度国家电网公司软科学成果奖二等奖	公司级	配合
69	2020	能源区块链应用场景及公司发展策略研究	2019年度国家电网公司软科学成果奖二等奖	公司级	配合
70	2020	我国能源清洁化率与终端电气化率提升路径及电网数字化转型规划纲要研究	2019年度国家电网公司软科学成果奖二等奖	公司级	独立
71	2020	适应电力市场建设和本质安全要求的电网调度运行机制关键问题深化研究	2019年度国家电网公司软科学成果奖二等奖	公司级	配合
72	2020	新战略下公司业务创新发展关键问题研究	2019年度国家电网公司软科学成果奖二等奖	公司级	牵头
73	2020	新形势下公司集体企业深化改革重大问题研究	2019年度国家电网公司软科学成果奖二等奖	公司级	配合
74	2020	新形势下公司直属产业转型发展关键问题研究	2019年度国家电网公司软科学成果奖二等奖	公司级	配合
75	2020	全国统一电力市场形态演化趋势及战略实施路径研究	2019年度国家电网公司软科学成果奖二等奖	公司级	配合
76	2020	智慧能源服务系统业务体系、运营模式与应用推广策略深化研究	2019年度国家电网公司软科学成果奖二等奖	公司级	配合
77	2020	公司安全管理战略问题研究	2019年度国家电网公司软科学成果奖二等奖	公司级	配合
78	2020	新时期我国输变电工程建设咨询模式变革研究	2019年度国家电网公司软科学成果奖二等奖	公司级	配合
79	2020	适应新战略体系下公司电网设备质量管理模式优化研究	2019年度国家电网公司软科学成果奖三等奖	公司级	配合
80	2020	我国输配电管理体制发展趋势及公司的适应性策略研究	2019年度国家电网公司软科学成果奖三等奖	公司级	配合
81	2020	新能源发展指数及引导机制研究	2019年度国家电网公司软科学成果奖三等奖	公司级	配合
82	2020	股份制电力交易机构运营模式与机制研究	2019年度国家电网公司软科学成果奖三等奖	公司级	配合
83	2020	中美经贸摩擦对公司售电市场的影响分析专题研究	2019年度国家电网公司软科学成果奖三等奖	公司级	配合
84	2020	公司能源互联网理论体系和实践路径	2019年度国家电网公司软科学成果奖三等奖	公司级	独立

续表

序号	获奖年份	项目名称	奖励名称及等级	奖励级别	完成形式
85	2020	能源低碳转型背景下的绿色电气化典型模式和发展路径研究	2019 年度国家电网公司软科学成果奖三等奖	公司级	配合
86	2020	新时代公司意识形态工作体系研究	2019 年度国家电网公司软科学成果奖三等奖	公司级	配合
87	2020	新形势下电网企业一体化内部审计研究与应用	2019 年度国家电网公司软科学成果奖三等奖	公司级	配合
88	2020	能源转型发展评价体系及我国电力转型发展路径研究	2019 年度国家电网公司软科学成果奖三等奖	公司级	配合
89	2020	泛在电力物联网新业务新业态商业模式研究与实践	2019 年度国家电网公司管理创新成果奖特等奖	公司级	配合
90	2020	“三型两网”目标导向的战略管理机制创新	2019 年度国家电网公司管理创新成果奖一等奖	公司级	配合
91	2020	适应公司“三型两网”发展战略的综合计划管理体系优化提升研究与实践	2019 年度国家电网公司管理创新成果奖三等奖	公司级	配合
92	2020	中国电源发展分析报告	2020 年度中国生产力发展优秀理论成果奖	社会力量奖	独立
93	2020	公司国际业务辅助决策关键技术及应用研究	2020 年度中国管理科学学会管理科学奖专项奖（创新奖）	社会力量奖	独立
94	2020	新形势下国内外国有经济功能比较研究	2019 年度中央企业智库联盟重点课题（独立研究类）优秀研究成果奖二等奖	社会力量奖	独立
95	2020	推进制造业企业高质量发展研究	2019 年度中央企业智库联盟重点课题（联合调查研究类）优秀研究成果奖特等奖	社会力量奖	独立
96	2020	央企小镇助力乡村振兴研究	2019 年度中央企业智库联盟重点课题（联合调查研究类）优秀研究成果奖特等奖	社会力量奖	配合
97	2020	中央企业培育具有全球竞争力的世界一流企业路径研究	2019 年度中央企业智库联盟重点课题（联合调查研究类）优秀研究成果特等奖	社会力量奖	独立
98	2020	中央企业高质量发展与杠杆管控平衡机制研究	2019 年度中央企业智库联盟重点课题（独立研究类）优秀研究成果奖一等奖	社会力量奖	独立
99	2020	储能发展与商业模式综合决策支持系统研发与应用	2020 年度中国技术市场协会金桥奖二等奖	社会力量奖	独立
100	2020	大型城市能源互联网发展体系及实施路径研究	2019 年度中国商业联合会科学技术进步奖二等奖	社会力量奖	独立
101	2020	基于提升设备质量的现代供应链关键环节优化与应用	2020 年度全国设备管理与技术创新成果奖二等奖	社会力量奖	独立
102	2020	基于大数据的电网资产状态健康评价关键技术及创新应用研究	2020 年度全国设备管理与技术创新成果奖一等奖	社会力量奖	独立

续表

序号	获奖年份	项目名称	奖励名称及等级	奖励级别	完成形式
103	2020	电网支撑分布式电源发展的规划运营关键技术及应用	2020 年度中国可再生能源学会科学技术奖三等奖	社会力量奖	牵头
104	2020	适应国资国企改革的公司董事会运行机制研究	2019 年度国资国企优秀课题成果奖	社会力量奖	配合
105	2020	高端能源智库创新实验室能力体系建设	2020 年度中国企业改革发展优秀成果一等奖	社会力量奖	独立
106	2020	新时期中央企业国际化业务管理模式创新转型与实践	2020 年度中国企业改革发展优秀成果二等奖	社会力量奖	独立
107	2020	2035 年、2050 年我国电力系统发展及核电战略布局研究	2020 年度中国核能行业协会科学技术奖三等奖	社会力量奖	独立
108	2020	北方地区冬季清洁供暖课题研究	2020 年度电力、水电行业优秀工程咨询成果奖一等奖	社会力量奖	配合
109	2020	国家电力需求侧管理平台建设及应用	2020 年度中国电力企业联合会电力创新奖二等奖	社会力量奖	独立
110	2020	国家电网有限公司电网、产业、金融和国际业务对标管理体系优化研究	2020 年度中国电力企业联合会电力创新奖二等奖	社会力量奖	配合
111	2020	适应高质量发展的配电网管理模式优化研究	2020 年度中国电力企业联合会电力创新奖二等奖	社会力量奖	配合
112	2020	基于电改模式下的输配电价调整机制和“平衡账户”管理问题研究	2020 年度中国电力企业联合会电力创新奖二等奖	社会力量奖	配合
113	2020	新形势下构建供电企业“能效服务”的策略与路径	2020 年度中国电力企业联合会电力创新奖二等奖	社会力量奖	配合
114	2020	适用于电网的先进大容量储能技术系统价值评估关键技术与应用	2020 年度中国电力科学技术奖三等奖	社会力量奖	牵头
115	2020	能源互联网下源网荷储协同发展与业态创新关键问题研究与应用	2020 年度中国能源研究会能源创新奖一等奖	社会力量奖	牵头
116	2020	我国电工装备制造企业智能制造发展关键问题研究与创新应用	2020 年度中国能源研究会能源创新奖二等奖	社会力量奖	配合
117	2020	中央企业对标管理体系构建及其在考核分配中的应用研究	2020 年度中国能源研究会能源创新奖二等奖	社会力量奖	配合
118	2020	大型城市构建以电为中心的能源发展模式研究	2020 年度中国能源研究会能源创新奖三等奖	社会力量奖	配合
119	2020	现代电网企业本质安全关键能力建设与评价创新实践	2020 年度中国能源研究会能源创新奖三等奖	社会力量奖	配合
120	2020	建设现代综合能源服务企业的实践与创新	2020 年度中国能源研究会能源创新奖三等奖	社会力量奖	配合
121	2019	输配电价改革下电网公司产出预测及财务风险管控和模拟技术与应用	2018 年度福建省科学技术进步奖三等奖	省部级	配合
122	2019	以客户为中心的现代服务体系研究	2019 年度国家电网公司企业文化建设优秀成果奖三等奖	公司级	独立

续表

序号	获奖年份	项目名称	奖励名称及等级	奖励级别	完成形式
123	2019	基于灰霾时空溯源与源网荷协同减排的电力规划关键技术及应用	2019 年度国家电网公司科学技术进步奖三等奖	公司级	牵头
124	2019	基于新型城镇化的能源电力需求分析预测技术及应用	2019 年度国家电网公司科学技术进步奖三等奖	公司级	牵头
125	2019	企业运营监测多维量化分析关键技术及应用	2019 年度国家电网公司科学技术进步奖三等奖	公司级	牵头
126	2019	输配电价改革背景下公司经营优化模型及风险管控关键技术与应用	2019 年度国家电网公司科学技术进步奖三等奖	公司级	牵头
127	2019	中远海大型风电集群并网规划关键技术及应用	2019 年度国家电网公司科学技术进步奖二等奖	公司级	配合
128	2019	源网荷协同下电网低碳规划优化关键技术及应用	2019 年度国家电网公司科学技术进步奖二等奖	公司级	配合
129	2019	基于大数据的电动汽车充电网络规划关键技术及应用	2019 年度国家电网公司科学技术进步奖二等奖	公司级	配合
130	2019	重点行业经济运行及电力需求走势调研分析	2018 年度国家电网公司优秀调研成果奖一等奖	公司级	独立
131	2019	中国储能产业发展情况调研	2018 年度国家电网公司优秀调研成果奖一等奖	公司级	独立
132	2019	能源互联网下电力发展模式与业态创新关键问题研究	2018 年度国家电网公司软科学成果奖一等奖	公司级	牵头
133	2019	新形势下国网北京电力优化营商环境研究	2018 年度国家电网公司软科学成果奖一等奖	公司级	配合
134	2019	适应新战略的公司“1233”新型资金管理体系研究与应用	2018 年度国家电网公司软科学成果奖一等奖	公司级	配合
135	2019	电工装备制造产业智能制造发展研究	2018 年度国家电网公司软科学成果奖一等奖	公司级	配合
136	2019	新形势下增量配电业务运营模式及绩效评价研究	2018 年度国家电网公司软科学成果奖一等奖	公司级	配合
137	2019	新形势下公司综合计划管理体系及资源配置优化提升研究	2018 年度国家电网公司软科学成果奖一等奖	公司级	配合
138	2019	中央企业对标管理体系构建及其在考核分配中的应用研究	2018 年度国家电网公司软科学成果奖一等奖	公司级	配合
139	2019	大数据背景下公司数字化审计工作机制研究	2018 年度国家电网公司软科学成果奖二等奖	公司级	配合
140	2019	以客户为中心的电网业务管理体制机制优化及关键问题研究与应用	2018 年度国家电网公司软科学成果奖二等奖	公司级	牵头
141	2019	服务国家战略的智能电网创新发展政策机制和承载效能分析	2018 年度国家电网公司软科学成果奖二等奖	公司级	配合
142	2019	我国清洁供暖发展路径研究及实践应用	2018 年度国家电网公司软科学成果奖二等奖	公司级	配合
143	2019	全国统一电力市场深化设计研究	2018 年度国家电网公司软科学成果奖二等奖	公司级	配合

续表

序号	获奖年份	项目名称	奖励名称及等级	奖励级别	完成形式
144	2019	建设现代综合能源服务商的国际经验与启示研究	2018 年度国家电网公司软科学成果奖二等奖	公司级	配合
145	2019	新时代公司战略内涵及改革创新深化研究	2018 年度国家电网公司软科学成果奖二等奖	公司级	独立
146	2019	基于改革新形势下的用工策略及内部市场研究	2018 年度国家电网公司软科学成果奖二等奖	公司级	配合
147	2019	我国电力行业对灰霾的影响及未来减排路径研究	2018 年度国家电网公司软科学成果奖二等奖	公司级	配合
148	2019	本质安全关键能力建设及评价方法研究	2018 年度国家电网公司软科学成果奖二等奖	公司级	配合
149	2019	“一带一路”背景下公司国际传播战略及评估应用	2018 年度国家电网公司软科学成果奖二等奖	公司级	配合
150	2019	“一带一路”建设背景下公司国际产能合作模式创新研究	2018 年度国家电网公司软科学成果奖二等奖	公司级	配合
151	2019	国网河北雄安新区供电公司管理体制及运营模式研究	2018 年度国家电网公司软科学成果奖二等奖	公司级	配合
152	2019	大型城市构建以电为中心的能源发展模式研究	2018 年度国家电网公司软科学成果奖三等奖	公司级	配合
153	2019	输配电价改革后评估研究	2018 年度国家电网公司软科学成果奖三等奖	公司级	配合
154	2019	现代电网在能源电力转型中的基础性作用和面临的挑战	2018 年度国家电网公司软科学成果奖三等奖	公司级	配合
155	2019	增量配电业务放开背景下公司竞争对策及配电网发展战略研究	2018 年度国家电网公司软科学成果奖三等奖	公司级	配合
156	2019	市场竞争环境下公司售电新业态及体制机制研究	2018 年度国家电网公司软科学成果奖三等奖	公司级	配合
157	2019	分布式能源发展和利用研究	2018 年度国家电网公司软科学成果奖三等奖	公司级	独立
158	2019	基于提升设备质量的招标采购策略及质量管控措施研究	2018 年度国家电网公司软科学成果奖三等奖	公司级	配合
159	2019	全球能源互联网情景下世界能源治理体系建设研究	2018 年度国家电网公司软科学成果奖三等奖	公司级	配合
160	2019	适应市场化改革要求的公司精益管控模式深化研究	2018 年度国家电网公司软科学成果奖三等奖	公司级	配合
161	2019	“一带一路”地区电力市场发展及联网工程综合效益评价分析	2018 年度国家电网公司软科学成果奖三等奖	公司级	配合
162	2019	新媒体语境讲好“国网故事”研究——公司新媒体建设及评价方法研究	2018 年度国家电网公司软科学成果奖三等奖	公司级	配合
163	2019	国家电网公司绿色金融业务创新及发展策略研究	2018 年度国家电网公司软科学成果奖三等奖	公司级	配合
164	2019	新电改下售电市场成熟度评估及综合能源服务市场开拓技术与应用	2019 年度河南省电力科学技术进步奖二等奖	社会力量奖	配合

续表

序号	获奖年份	项目名称	奖励名称及等级	奖励级别	完成形式
165	2019	多区域综合能源规划模型与软件	2019 年度中国能源企业信息化管理创新奖	社会力量奖	独立
166	2019	大规模新能源容量价值评估系统研发与应用	2019 年度中国产学研合作创新与促进奖优秀奖	社会力量奖	牵头
167	2019	全场景电力规划运行决策平台研发与应用	2019 年度中国产学研合作创新与促进奖二等奖	社会力量奖	牵头
168	2019	国际组织驻外机构管控体系设计研究	2019 年度中国企业改革发展优秀成果奖二等奖	社会力量奖	独立
169	2019	数字时代下能源电力企业组织管理创新逻辑认识	2019 年度中国企业改革发展优秀成果奖一等奖	社会力量奖	独立
170	2019	以提升“获得电力”指数为导向的“三个一”管理与实践	2019 年度中国企业改革发展优秀成果奖一等奖	社会力量奖	配合
171	2019	改革发展新形势下供电企业经营模式与管理体制机制创新研究	2019 年度中国企业改革发展优秀成果奖一等奖	社会力量奖	独立
172	2019	基于人工智能的能源电力海量文本数据深度挖掘技术	2019 年度电力大数据优秀应用创新成果奖二等奖	社会力量奖	牵头
173	2019	我国能源转型下电网创新发展研究及应用	2019 年度中国能源研究会能源创新奖（学术创新）二等奖	社会力量奖	牵头
174	2019	电力行业灰霾排放时空溯源解析与源网荷广域协同减排的规划关键技术及应用	2019 年度中国能源研究会能源创新奖（技术创新）二等奖	社会力量奖	牵头
175	2019	中国能源电力中长期发展预测模型与实证研究	2019 年度中国能源研究会能源创新奖（管理创新）三等奖	社会力量奖	独立
176	2019	国家电网有限公司“1233”新型资金管理体系构建与实施	2019 年度中国电力企业联合会电力创新奖（管理类）一等奖	社会力量奖	配合
177	2019	面向输配电价改革的工程财务管理应对策略研究	2019 年度中国电力企业联合会电力创新奖（管理类）二等奖	社会力量奖	配合
178	2019	我国政策性交叉补贴的解决机制及管理模式研究	2019 年度中国电力企业联合会电力创新奖（管理类）二等奖	社会力量奖	配合
179	2019	基于大数据方法的电网基建管理规律及标准化规范研究	2019 年度中国电力企业联合会电力创新奖（管理类）二等奖	社会力量奖	配合
180	2019	电网企业商业模式创新路径与评估方法研究与应用	2019 年度中国电力企业联合会电力创新奖（管理类）二等奖	社会力量奖	牵头
181	2019	“一带一路”及国际产能合作背景下公司国际业务推进及市场开拓研究	2019 年度中国电力企业联合会电力创新奖（管理类）二等奖	社会力量奖	牵头
182	2019	中远海大型风电集群并网规划关键技术及应用	2019 年度中国电力科学技术奖三等奖	社会力量奖	配合
183	2019	具有全球竞争力的世界一流企业评价指标体系问题研究	2018 年度中央企业智库联盟重点课题优秀研究成果一等奖	社会力量奖	独立
184	2019	中国电网企业全球资源配置能力评价与提升研究	2018 年度北京企业评价协会科技创新奖优秀奖	社会力量奖	独立

续表

序号	获奖年份	项目名称	奖励名称及等级	奖励级别	完成形式
185	2019	基于统一身份编码的企业实物资产管理业务模式研究及应用	2019 年度中国设备管理创新成果奖一等奖	社会力量奖	独立
186	2019	我国电工装备制造企业智能制造关键问题研究与应用	2019 年度中国设备管理创新成果奖一等奖	社会力量奖	独立
187	2019	电力设备多源大数据融合分析的关键技术与创新应用研究	2019 年度中国设备管理创新成果奖二等奖	社会力量奖	独立
188	2018	高渗透率分布式电源与配电网协调发展关键技术及应用	2018 年度北京市科学技术奖三等奖	省部级	牵头
189	2018	全球能源转型背景下清洁发展与电网互联互通理论与实践创新	2016 年度国家能源局软科学研究优秀成果奖一等奖	省部级	配合
190	2018	中国能源展望 2030、2050	2016 年度国家能源局软科学研究优秀成果奖一等奖	省部级	配合
191	2018	电力系统革命战略研究	2016 年度国家能源局软科学研究优秀成果奖二等奖	省部级	牵头
192	2018	中国区域经济与电力发展格局演变及国际对比研究	2016 年度国家能源局软科学研究优秀成果奖三等奖	省部级	配合
193	2018	全球能源互联网技术路线、效益评价的方法与实践	2018 年度国家电网公司科学技术进步奖二等奖	公司级	牵头
194	2018	适应源-荷多元化大规模发展的省域电网渐进规划关键技术及应用	2018 年度国家电网公司科学技术进步奖二等奖	公司级	配合
195	2018	基于精细化时序运行模拟的电力系统优化规划关键技术研究及应用	2018 年度国家电网公司科学技术进步奖二等奖	公司级	配合
196	2018	含大规模新能源发电的电力系统规划技术研发及应用	2018 年度国家电网公司科学技术进步奖三等奖	公司级	牵头
197	2018	高渗透率分布式电源与配电网协调发展关键技术及应用	2018 年度国家电网公司科学技术进步奖三等奖	公司级	牵头
198	2018	利率市场化下公司内部资本市场定价模型及资金管理技术创新	2018 年度国家电网公司科学技术进步奖三等奖	公司级	牵头
199	2018	新电改下跨区跨省输电定价机制及模型研究与应用	2018 年度国家电网公司科学技术进步奖三等奖	公司级	牵头
200	2018	信息化环境下公司智能持续审计关键技术研究及应用	2018 年度国家电网公司科学技术进步奖三等奖	公司级	牵头
201	2018	我国能源转型下电网创新发展研究及应用	2017 年度国家电网公司软科学成果奖特等奖	公司级	牵头
202	2018	深化改革进程中公司经营管理体制机制创新研究及应用	2017 年度国家电网公司软科学成果奖一等奖	公司级	牵头
203	2018	适应改革发展新形势的地县公司经营管理模式研究	2017 年度国家电网公司软科学成果奖一等奖	公司级	配合
204	2018	我国政策性交叉补贴机制及管理模式研究	2017 年度国家电网公司软科学成果奖一等奖	公司级	配合
205	2018	适应电力体制改革的配电网综合管理模式优化研究	2017 年度国家电网公司软科学成果奖一等奖	公司级	配合

续表

序号	获奖年份	项目名称	奖励名称及等级	奖励级别	完成形式
206	2018	“一带一路”沿线国家电力联网潜力研究	2017 年度国家电网公司软科学成果奖一等奖	公司级	配合
207	2018	新形势下电力交易机构运营关键问题研究	2017 年度国家电网公司软科学成果奖一等奖	公司级	配合
208	2018	新形势下电改实施关键问题及促进清洁能源发展的电力体制机制研究	2017 年度国家电网公司软科学成果奖一等奖	公司级	配合
209	2018	公司电网、产业、金融和国际业务对标管理体系优化研究	2017 年度国家电网公司软科学成果奖二等奖	公司级	配合
210	2018	“四个最好”指标体系构建及考核评价研究	2017 年度国家电网公司软科学成果奖二等奖	公司级	配合
211	2018	改革新形势下国有企业创新发展研究	2017 年度国家电网公司软科学成果奖二等奖	公司级	独立
212	2018	配电网技术经济特性演化趋势及增量配电业务实施关键问题研究	2017 年度国家电网公司软科学成果奖二等奖	公司级	配合
213	2018	国资国企改革与公司产业发展研究	2017 年度国家电网公司软科学成果奖二等奖	公司级	配合
214	2018	面向 2050 年的中国能源电力转型发展路径选择与展望	2017 年度国家电网公司软科学成果奖二等奖	公司级	独立
215	2018	公司战略评估体系及机制研究	2017 年度国家电网公司软科学成果奖二等奖	公司级	牵头
216	2018	基于混合所有制改革的员工持股有关问题研究	2017 年度国家电网公司软科学成果奖二等奖	公司级	配合
217	2018	新常态下激发公司审计效能的机制和路径研究	2017 年度国家电网公司软科学成果奖二等奖	公司级	配合
218	2018	新形势下公司国际标准化推进策略研究	2017 年度国家电网公司软科学成果奖三等奖	公司级	配合
219	2018	区域综合能源系统的建设、运营和商业模式研究	2017 年度国家电网公司软科学成果奖三等奖	公司级	配合
220	2018	加快建设能源互联网任务下的班组建设创新模式研究	2017 年度国家电网公司软科学成果奖三等奖	公司级	配合
221	2018	基于电改模式下的输配电价调整机制和“平衡账户”管理问题研究	2017 年度国家电网公司软科学成果奖三等奖	公司级	配合
222	2018	电力市场模式下京津唐电网发电量计划管理模式研究	2017 年度国家电网公司软科学成果奖三等奖	公司级	配合
223	2018	电力体制改革新环境下供用电安全监督管理体系研究	2017 年度国家电网公司软科学成果奖三等奖	公司级	配合
224	2018	能源互联网与新型城市能源系统顶层设计研究	2018 年度中国商业联合会科学技术奖二等奖	社会力量奖	独立
225	2018	“一带一路”沿线国家电力联网潜力研究	2018 年度中国商业联合会科学技术奖三等奖	社会力量奖	独立

续表

序号	获奖年份	项目名称	奖励名称及等级	奖励级别	完成形式
226	2018	大型电网企业适应新时代发展任务的电网末端业务体制机制优化研究	2018 年度中国商业联合会科学技术奖一等奖	社会力量奖	独立
227	2018	适应于电网企业的发展规划量化决策技术（SG-PQA）与应用	2018 年度中国商业联合会科学技术奖三等奖	社会力量奖	独立
228	2018	中国电力企业海外投资市场评估与风险预警方法	2018 年度中国商业联合会科学技术奖三等奖	社会力量奖	独立
229	2018	储能发展与商业模式综合决策支持系统研发与应用	2018 年度中国产学研合作创新成果奖一等奖	社会力量奖	牵头
230	2018	全球能源治理理论与发展趋势研究	2018 年度全国优秀生产力理论与实践成果奖一等奖	社会力量奖	独立
231	2018	企业与非政府组织国际会议平台建设及高层次合作交流机制探索	2018 年度中国企业改革发展优秀成果奖一等奖	社会力量奖	独立
232	2018	特大型企业绿色发展管理与评价研究	2018 年度中国企业改革发展优秀成果奖一等奖	社会力量奖	牵头
233	2018	中国能源转型背景下电网发展模式创新研究	2018 年度中国管理科学学会管理科学奖（学术类）特等奖	社会力量奖	配合
234	2018	分电压等级分用户对象输配电成本归集、核算、分配方法研究	2018 年度薛暮桥价格研究奖（论文类）	社会力量奖	牵头
235	2018	电网电价定价关键技术及评价方法研究与应用	2018 年度薛暮桥价格研究奖（论文类）	社会力量奖	配合
236	2018	大数据环境下智能持续审计关键技术应用与模式创新	2018 年度电力大数据优秀应用创新成果奖三等奖	社会力量奖	配合
237	2018	适应国资国企改革的国有企业管理体制和经营模式研究	2018 年度中国管理科学学会管理科学奖（入围奖）	社会力量奖	独立
238	2018	适应国资国企改革的国有企业管理体制和经营模式创新研究	2018 年度中国企业改革发展优秀成果奖一等奖	社会力量奖	独立
239	2018	“煤改电”技术路径、潜力及电能替代战略研究	2018 年度中国电力企业联合会电力创新奖（管理类）一等奖	社会力量奖	独立
240	2018	以价值引领为核心的项目预算全过程闭环管控体系研究与应用	2018 年度中国电力企业联合会电力创新奖（管理类）一等奖	社会力量奖	独立
241	2018	电网输配电价改革探索与实践	2018 年度中国电力企业联合会电力创新奖（管理类）一等奖	社会力量奖	配合
242	2018	适应大规模源荷多形态发展的省域电网精准规划关键技术及应用	2018 年度中国电力企业联合会电力创新奖（技术类）二等奖	社会力量奖	配合
243	2018	基于国家“一带一路”建设的公司国际业务拓展模式创新研究	2018 年度中国电力企业联合会电力创新奖（管理类）二等奖	社会力量奖	牵头
244	2018	深化电力体制改革背景下电力法修改若干问题研究	2018 年度中国电力企业联合会电力创新奖（管理类）二等奖	社会力量奖	配合
245	2018	公司运营分析预警技术研究及应用	2018 年度中国电力企业联合会电力创新奖（管理类）二等奖	社会力量奖	配合

续表

序号	获奖年份	项目名称	奖励名称及等级	奖励级别	完成形式
246	2018	智能持续审计方式方法实践与示范	2018 年度中国电力企业联合会电力创新奖（管理类）二等奖	社会力量奖	配合
247	2018	电网电价定价关键技术及评价方法研究与应用	2018 年度中国能源研究会能源创新奖（管理创新）三等奖	社会力量奖	配合
248	2018	深化“以电代煤”市场开拓及应对措施研究	2018 年度中国能源研究会能源创新奖（管理创新）三等奖	社会力量奖	配合
249	2018	新形势下电力交易机构运作模式及关键机制	2018 年度中国能源研究会能源创新奖（学术创新）三等奖	社会力量奖	配合
250	2018	基于精细化时序运行模拟的电力系统优化规划关键技术及应用	2018 年度中国电力科学技术奖三等奖	社会力量奖	配合
251	2017	大能源体系下的能源与电力配置模型方法研究及应用	2017 年度北京市科学技术奖三等奖	省部级	独立
252	2017	碳排放峰值对电力电网发展的影响研究及应用	2017 年度北京市科学技术奖三等奖	省部级	独立
253	2017	电网电价定价关键技术及评价方法研究与应用	2017 年度国家电网公司科学技术进步奖一等奖	公司级	牵头
254	2017	国家电力需求侧管理平台建设与应用	2017 年度国家电网公司科学技术进步奖二等奖	公司级	独立
255	2017	适用于电网的先进大容量储能技术系统价值评估关键技术与应用	2017 年度国家电网公司科学技术进步奖三等奖	公司级	牵头
256	2017	全球能源转型背景下清洁发展与电网互联互通理论与实践深化研究	2016 年度国家电网公司软科学成果奖特等奖	公司级	牵头
257	2017	省级电力改革试点实施关键问题及风险防范研究	2016 年度国家电网公司软科学成果奖一等奖	公司级	配合
258	2017	公司深化改革和创新发展重大问题研究	2016 年度国家电网公司软科学成果奖一等奖	公司级	牵头
259	2017	公司科技创新体系与激励机制研究	2016 年度国家电网公司软科学成果奖一等奖	公司级	配合
260	2017	深化“以电代煤”市场开拓及应对措施研究	2016 年度国家电网公司软科学成果奖一等奖	公司级	配合
261	2017	适应“四个市场”的人力资源管理机制研究	2016 年度国家电网公司软科学成果奖二等奖	公司级	配合
262	2017	基于深化国企改革和电力体制改革的公司治理模式研究	2016 年度国家电网公司软科学成果奖二等奖	公司级	配合
263	2017	新形势下电力交易机构运作模式及关键机制研究	2016 年度国家电网公司软科学成果奖二等奖	公司级	配合
264	2017	国家电网公司企业文化国际化研究	2016 年度国家电网公司软科学成果奖二等奖	公司级	配合
265	2017	以混合所有制方式开展增量配电投资业务方案设计及策略研究	2016 年度国家电网公司软科学成果奖二等奖	公司级	配合
266	2017	“一带一路”及国际产能合作背景下公司国际业务推进策略及重点市场开拓研究	2016 年度国家电网公司软科学成果奖二等奖	公司级	配合

续表

序号	获奖年份	项目名称	奖励名称及等级	奖励级别	完成形式
267	2017	以电为中心的城市能源互联网体系架构和实践路径研究	2016 年度国家电网公司软科学成果奖二等奖	公司级	配合
268	2017	国家电网公司“三全五依”法治企业建设的探索与实践	2016 年度国家电网公司软科学成果奖二等奖	公司级	配合
269	2017	面向输配电价改革的工程财务管理应对策略研究	2016 年度国家电网公司软科学成果奖二等奖	公司级	配合
270	2017	改革新形势下调度机构评价监管体系及适应性策略研究	2016 年度国家电网公司软科学成果奖三等奖	公司级	配合
271	2017	基于大数据方法的电网基建管理规律及标准化规范研究	2016 年度国家电网公司软科学成果奖三等奖	公司级	配合
272	2017	国有企业创新发展问题调查研究	2016 年度国家电网公司软科学成果奖三等奖	公司级	独立
273	2017	适应电力体制改革的公司特色资产管理体系研究	2016 年度国家电网公司软科学成果奖三等奖	公司级	配合
274	2017	国家电网数据产品的公众需求分析及传播方式研究	2016 年度国家电网公司软科学成果奖三等奖	公司级	配合
275	2017	基于能源互联网的智慧能源管理系统研发与应用	2017 年度中国产学研合作创新成果奖一等奖	社会力量奖	牵头
276	2017	特大型企业管理变革全面创新理论与变革推进模式研究	2017 年度中国企业改革发展优秀成果奖一等奖	社会力量奖	独立
277	2017	“一带一路”背景下全球能源互联网重点区域的发展评估、市场价值及推进策略研究	2017 年度中国商业联合会科学技术奖三等奖	社会力量奖	独立
278	2017	“一带一路”背景下电网企业国际业务发展战略研究	2017 年度中国质量评价协会科技创新奖优秀奖	社会力量奖	独立
279	2017	自然垄断行业发展混合所有制问题研究	2016 年度中央企业智库联盟优秀课题奖一等奖	社会力量奖	独立
280	2017	中国与“一带一路”沿线国家合作战略、重点与业务开拓	2017 年度中国商业联合会科学技术奖二等奖	社会力量奖	独立
281	2017	基于供应商大数据的电网企业产业链模式创新研究与应用	2017 年度中国物流与采购联合会科技进步奖一等奖	社会力量奖	独立
282	2017	电网企业生产运营辅助物资采购模式创新研究与应用	2017 年度中国物流与采购联合会科技进步奖三等奖	社会力量奖	独立
283	2017	电网企业集团科技创新体系建设关键技术研究与应用	2017 年度中国产学研合作创新成果奖优秀奖	社会力量奖	牵头
284	2017	适应电力体制改革的电网企业资产管理体系研究与应用	2017 年度中国设备管理创新成果奖二等奖	社会力量奖	独立
285	2017	基于三流合一的电网企业资产管理风险评估关键技术与应用	2017 年度中国设备管理创新成果奖二等奖	社会力量奖	独立
286	2017	北极风电开发与全球能源互联网展望系列研究	2017 年度中国电力企业联合会电力创新奖（管理类）一等奖	社会力量奖	配合

续表

序号	获奖年份	项目名称	奖励名称及等级	奖励级别	完成形式
287	2017	服务地方经济转型的省级电网投资决策管理	2017 年度中国电力企业联合会电力创新奖（管理类）一等奖	社会力量奖	配合
288	2017	改革创新驱动下电网企业发展策略与管理体制优化	2017 年度中国电力企业联合会电力创新奖（管理类）一等奖	社会力量奖	配合
289	2017	大数据在信息报送工作中的研究与应用	2017 年度中国电力企业联合会电力创新奖（管理类）二等奖	社会力量奖	配合
290	2017	新形势下国家电网公司科技创新战略优化提升	2017 年度中国电力企业联合会电力创新奖（管理类）二等奖	社会力量奖	配合
291	2017	关于促进智能电网创新发展的政策研究	2017 年度中国电力企业联合会电力创新奖（管理类）二等奖	社会力量奖	牵头
292	2017	新一轮电力体制改革试点模式及实施方案评估研究	2017 年度中国电力企业联合会电力创新奖（管理类）三等奖	社会力量奖	配合
293	2017	特高压交流工程安全优质高效大规模建设风险分析及管控措施研究	2017 年度中国电力企业联合会电力创新奖（管理类）三等奖	社会力量奖	配合
294	2017	分用户类别、分电压等级输配电价管理创新	2017 年度中国电力企业联合会电力创新奖（管理类）三等奖	社会力量奖	配合
295	2017	全球能源电力行业 4E 数据库构建技术及应用	2016 年度电力企业科技创新成果奖一等奖	社会力量奖	独立
296	2017	散煤治理优化模型与应用研究	2016 年度电力企业科技创新成果奖二等奖	社会力量奖	独立
297	2017	电网电价定价关键技术及评价方法研究与应用	2017 年度中国电力科学技术奖三等奖	社会力量奖	牵头
298	2017	电能替代规划方法及“十三五”应用	2017 年度中国能源研究会能源创新奖（管理创新奖）二等奖	社会力量奖	配合
299	2017	电网企业数据资产管理创新与应用体系建设	2017 年度中国能源研究会能源创新奖（管理创新奖）二等奖	社会力量奖	独立
300	2017	中央电力企业双创模式与激励机制设计	2017 年度中国能源研究会能源创新奖（管理创新奖）三等奖	社会力量奖	独立
301	2017	基于能源大数据的储能产业发展预测技术	2017 年度中国能源研究会能源创新奖（管理创新奖）三等奖	社会力量奖	独立
302	2017	大规模新能源接入与智能电网发展战略管理	2017 年度中国能源研究会能源创新奖（管理创新奖）三等奖	社会力量奖	独立
303	2016	全国“十三五”风电规划和消纳能力研究	2015 年度国家能源局软科学研究优秀成果奖二等奖	省部级	配合
304	2016	我国电动汽车充电基础设施政策体系的顶层设计研究	2015 年度国家能源局软科学研究优秀成果奖二等奖	省部级	配合
305	2016	关于促进智能电网创新发展的政策研究	2015 年度国家能源局软科学研究优秀成果奖二等奖	省部级	配合
306	2016	“一带一路”战略背景下国际电力合作研究	2015 年度国家能源局软科学研究优秀成果奖二等奖	省部级	配合
307	2016	新能源接入与智能电网发展研究	2015 年度国家能源局软科学研究优秀成果奖二等奖	省部级	独立

续表

序号	获奖年份	项目名称	奖励名称及等级	奖励级别	完成形式
308	2016	基于大气污染防治的煤改电路径优化研究	2015 年度国家能源局软科学研究优秀成果奖三等奖	省部级	牵头
309	2016	电力企业统计及辅助决策关键技术与应用	2016 年度国家电网公司科学技术进步奖一等奖	公司级	配合
310	2016	输配电价改革模式的量化分析模型和实证研究	2016 年度国家电网公司科学技术进步奖一等奖	公司级	独立
311	2016	省级公司“世界一流电网”建设评估与决策优化关键技术及应用研究	2016 年度国家电网公司科学技术进步奖二等奖	公司级	配合
312	2016	智能电网支撑智慧城市关键技术研究及示范应用	2016 年度国家电网公司科学技术进步奖二等奖	公司级	配合
313	2016	公司资金安全预警技术、分析模型与系统开发	2016 年度国家电网公司科学技术进步奖二等奖	公司级	牵头
314	2016	适应坚强智能电网发展的电网技术、经济评价方法模型及应用研究	2016 年度国家电网公司科学技术进步奖二等奖	公司级	牵头
315	2016	公司运营分析预警技术研究及应用	2016 年度国家电网公司科学技术进步奖三等奖	公司级	牵头
316	2016	基于经济发展阶段的饱和负荷分析技术及应用研究	2016 年度国家电网公司科学技术进步奖三等奖	公司级	牵头
317	2016	兼顾电网安全与智能服务的电动汽车有序充电关键技术及应用	2016 年度国家电网公司科学技术进步奖三等奖	公司级	配合
318	2016	全国碳市场背景下公司碳资产管理及碳风险防范研究	2016 年度国家电网公司管理创新成果奖二等奖	公司级	配合
319	2016	改革创新驱动的公司若干重大问题研究	2015 年度国家电网公司软科学成果奖特等奖	公司级	独立
320	2016	北极风电开发与全球互联电网展望系列研究	2015 年度国家电网公司软科学成果奖特等奖	公司级	独立
321	2016	新一轮电力体制改革试点模式及实施方案研究	2015 年度国家电网公司软科学成果奖一等奖	公司级	独立
322	2016	公司售电侧放开试点方案设计及应对策略研究	2015 年度国家电网公司软科学成果奖一等奖	公司级	独立
323	2016	中央企业及公司科技创新战略研究	2015 年度国家电网公司软科学成果奖一等奖	公司级	独立
324	2016	特高压交流工程安全优质高效大规模建设风险分析及管控措施研究	2015 年度国家电网公司软科学成果奖一等奖	公司级	独立
325	2016	关于促进智能电网创新发展的政策研究	2015 年度国家电网公司软科学成果奖一等奖	公司级	独立
326	2016	信息报送工作中的大数据应用研究	2015 年度国家电网公司软科学成果奖一等奖	公司级	独立
327	2016	财务实时管控专项调研	2015 年度国家电网公司软科学成果奖二等奖	公司级	独立

续表

序号	获奖年份	项目名称	奖励名称及等级	奖励级别	完成形式
328	2016	基于国家“一带一路”战略的公司国际业务拓展模式创新研究	2015 年度国家电网公司软科学成果奖二等奖	公司级	独立
329	2016	逐步放开增量配电投资业务相关问题研究	2015 年度国家电网公司软科学成果奖二等奖	公司级	独立
330	2016	《电力法》修改中电网企业需要修订的法律条款研究	2015 年度国家电网公司软科学成果奖二等奖	公司级	独立
331	2016	市场化产业公司激励约束与劳动用工机制研究	2015 年度国家电网公司软科学成果奖二等奖	公司级	独立
332	2016	新形势下 95598 客户服务及管理模式研究	2015 年度国家电网公司软科学成果奖二等奖	公司级	独立
333	2016	“煤改电”途径及综合评估模型研究	2015 年度国家电网公司软科学成果奖三等奖	公司级	独立
334	2016	电网功能形态变化对电网公司影响及应对措施研究	2015 年度国家电网公司软科学成果奖三等奖	公司级	独立
335	2016	新一轮改革背景下调度体制机制优化及适应性策略研究	2015 年度国家电网公司软科学成果奖三等奖	公司级	独立
336	2016	中央电力企业“十三五”发展规划研究	2015 年度国家电网公司软科学成果奖三等奖	公司级	独立
337	2016	国家电网公司失泄密风险管理体系研究	2015 年度国家电网公司软科学成果奖三等奖	公司级	独立
338	2016	大型企业集团战略管理体系的构建与支撑	2015 年度全国企业管理现代化创新成果奖二等奖	社会力量奖	牵头
339	2016	输配电价改革模式的量化分析模型和实证研究	2016 年度中国电力科学技术奖三等奖	社会力量奖	独立
340	2016	国际能源电力统计分析平台	2016 年度电力行业信息化成果奖二等奖	社会力量奖	独立
341	2016	电网企业资产全寿命周期管理框架体系研究	2014—2015 年度全国设备管理创新成果奖一等奖	社会力量奖	独立
342	2016	基于 MIMS 的电网企业资产全寿命周期管理流程诊断与优化	2014—2015 年度全国设备管理创新成果奖三等奖	社会力量奖	独立
343	2016	基于大数据技术的大型企业集团资源优化配置分析模型	2016 年度中国产学研合作创新成果奖二等奖	社会力量奖	独立
344	2016	大型企业集团经营发展决策全过程管控技术研究	2011—2016 年度中国管理科学学会管理科学奖学术奖（最高级别）一等奖	社会力量奖	独立
345	2015	智能电网支撑智慧城市发展策略研究	2014 年度国家能源局软科学研究优秀成果奖二等奖	省部级	配合
346	2015	东、中、西部能源需求及“西电东送”需求变化趋势研究	2014 年度国家能源局软科学研究优秀成果奖三等奖	省部级	独立
347	2015	“十三五”完成 15%非化石能源发展目标重大举措研究	2014 年度国家能源局软科学研究优秀成果奖三等奖	省部级	独立
348	2015	大气污染控制对电力发展的影响机理及治理举措研究	2014 年度国家能源局软科学研究优秀成果奖三等奖	省部级	牵头

续表

序号	获奖年份	项目名称	奖励名称及等级	奖励级别	完成形式
349	2015	基于3E系统优化的中国能源模型体系设计开发及应用研究	2015年度国家电网公司科学技术进步奖一等奖	公司级	牵头
350	2015	以价值引领为核心的项目预算全过程闭环管控体系研究与应用	2015年度国家电网公司科学技术进步奖一等奖	公司级	独立
351	2015	大比例光伏发展及并网关键分析技术研究与应用	2015年度国家电网公司科学技术进步奖二等奖	公司级	独立
352	2015	改革发展新形势下公司战略发展相关理论、模型方法与应用研究	2015年度国家电网公司科学技术进步奖三等奖	公司级	独立
353	2015	中央企业技术创新体系建设研究与应用	2015年度国家电网公司科学技术进步奖三等奖	公司级	独立
354	2015	基于全业务链的电网风险辨识和风险预控机制研究	2015年度国家电网公司科学技术进步奖三等奖	公司级	独立
355	2015	智能电网支撑智慧城市发展策略研究	2015年度国家电网公司科学技术进步奖三等奖	公司级	牵头
356	2015	国家电网公司人力资源“全员全额全口径”管理体系研究与应用	2015年度国家电网公司科学技术进步奖三等奖	公司级	独立
357	2015	国家电网公司厂办大集体改革深化研究	2015年度国家电网公司科学技术进步奖三等奖	公司级	独立
358	2015	新能源发展管理和应用平台建设	2015年度国家电网公司管理创新成果奖三等奖	公司级	配合
359	2015	考虑增量绩效及离析绩效的集团企业管理变革成效“金字塔”评价模型研究及应用	2015年度全国优秀生产力理论与实践成果奖一等奖	社会力量奖	独立
360	2015	供电企业一体化管理体系设计与应用研究	2013—2015年度中国质量评价协会科技创新奖优秀奖	社会力量奖	独立
361	2015	电力企业国际业务综合效益评估理论、关键技术及应用研究	2015年度中国商业联合会科学技术奖三等奖	社会力量奖	独立
362	2015	大型电网企业对标体系关键技术及应用研究	2015年度中国商业联合会科学技术奖一等奖	社会力量奖	独立
363	2015	大型企业集团多元业务差异化管控创新实践探索	2015年度中国产学研合作创新成果奖优秀奖	社会力量奖	独立
364	2015	考虑增量绩效及离析绩效的集团企业管理变革成效金字塔评价模型及应用	2013—2015年度全国生产力优秀理论与实践成果杰出贡献奖一等奖	社会力量奖	独立
365	2015	电力需求侧能耗仿真与节能分析技术研究、系统研制及工程应用	2015年度中国电力科学技术奖三等奖	社会力量奖	配合
366	2014	国家电网负荷特性研究	2013年度国家能源局软科学研究优秀成果奖二等奖	省部级	牵头
367	2014	“十二五”能源相关行业发展与电网发展的关系研究	2013年度国家能源局软科学研究优秀成果奖三等奖	省部级	配合
368	2014	我国能源电力发展相关重大问题研究	2013年度国家能源局软科学研究优秀成果奖三等奖	省部级	独立

续表

序号	获奖年份	项目名称	奖励名称及等级	奖励级别	完成形式
369	2014	公司发展方式转变理论实践关键问题研究与应用	2014 年度国家电网公司科学技术进步奖一等奖	公司级	牵头
370	2014	国家电网公司企业管理变革理论与“三集五大”建设成效评估模型研究及应用	2014 年度国家电网公司科学技术进步奖一等奖	公司级	牵头
371	2014	电网基建财务关键技术研究及应用	2014 年度国家电网公司科学技术进步奖一等奖	公司级	配合
372	2014	智能电网全面建设战略及应用研究	2014 年度国家电网公司科学技术进步奖二等奖	公司级	配合
373	2014	智能电网顶层技术路线优化研究与综合建设工程应用	2014 年度国家电网公司科学技术进步奖二等奖	公司级	配合
374	2014	智能电网下电网资产效率模型研究及应用	2014 年度国家电网公司科学技术进步奖二等奖	公司级	独立
375	2014	促进跨区跨省输电的能源综合运输体系分析技术研究及应用	2014 年度国家电网公司科学技术进步奖二等奖	公司级	独立
376	2014	分布式电源和微电网优化发展理论、分析技术研究与应用	2014 年度国家电网公司科学技术进步奖三等奖	公司级	牵头
377	2014	公司财力评价理论、模型研究及应用	2014 年度国家电网公司科学技术进步奖三等奖	公司级	牵头
378	2014	国家电网公司全球资源配置能力评价模型研究及应用	2014 年度国家电网公司科学技术进步奖三等奖	公司级	独立
379	2014	公司智能充换电服务网络建设运营管理体制与运行机制研究	2014 年度国家电网公司科学技术进步奖三等奖	公司级	配合
380	2014	基于“三集五大”下的各层级职权优化配置研究	2014 年度国家电网公司优秀调查研究成果奖一等奖	公司级	独立
381	2014	公司主业与金融协同战略分析与设计调研	2014 年度国家电网公司优秀调查研究成果奖二等奖	公司级	独立
382	2014	国家电网公司厂办大集体改革调研报告	2014 年度国家电网公司优秀调查研究成果奖二等奖	公司级	独立
383	2014	以电代煤、减少直燃煤调研报告	2014 年度国家电网公司优秀调查研究成果奖三等奖	公司级	独立
384	2014	基于全业务链的电网风险辨识和风险预控机制研究	2014 年度国家电网公司管理咨询优秀成果奖一等奖	公司级	独立
385	2014	智能电网支撑智慧城市发展策略研究	2014 年度国家电网公司管理咨询优秀成果奖一等奖	公司级	独立
386	2014	国家电网公司厂办大集体改革深化研究	2014 年度国家电网公司管理咨询优秀成果奖一等奖	公司级	独立
387	2014	改革发展新形势下公司战略发展相关理论、模型方法与应用研究	2014 年度国家电网公司管理咨询优秀成果奖一等奖	公司级	独立
388	2014	利率市场化下国家电网公司融资体系建设研究	2014 年度国家电网公司管理咨询优秀成果奖一等奖	公司级	独立
389	2014	宏观运营决策信息分析支撑体系建设	2014 年度国家电网公司管理咨询优秀成果奖二等奖	公司级	独立

续表

序号	获奖年份	项目名称	奖励名称及等级	奖励级别	完成形式
390	2014	俄罗斯送电中国的经济社会效益综合分析	2014 年度国家电网公司管理咨询优秀成果奖二等奖	公司级	独立
391	2014	“大运行”体系建设持续提升相关问题研究	2014 年度国家电网公司管理咨询优秀成果奖三等奖	公司级	独立
392	2014	我国碳市场发展及公司适应性战略策略研究	2014 年度国家电网公司管理咨询优秀成果奖三等奖	公司级	独立
393	2014	“大建设”工程分包安全管理模式与安全管控策略研究	2014 年度国家电网公司管理咨询优秀成果奖优秀奖	公司级	独立
394	2014	基于风险导向的公司国际业务审计管控研究	2014 年度国家电网公司管理咨询优秀成果奖优秀奖	公司级	独立
395	2014	“放开两头”模式下购售电一体化运作机制研究	2014 年度国家电网公司管理咨询优秀成果奖优秀奖	公司级	独立
396	2014	市县公司一体化管理模式与实施策略研究	2014 年度国家电网公司管理咨询优秀成果奖优秀奖	公司级	独立
397	2014	输配电价理论与实务	2010—2013 年度薛暮桥价格研究奖（著作类）	社会力量奖	独立
398	2014	与智能电网相适应的用户可选择销售电价理论、模式研究与应用	2010—2013 年度薛暮桥价格研究奖（论文类）	社会力量奖	牵头
399	2014	输配电定价成本监审理论及实证应用	2010—2013 年度薛暮桥价格研究奖（论文类）	社会力量奖	牵头
400	2014	基于企业低碳价值链的电网企业碳减排潜力核算和碳管理体系	第四届中国管理科学学会管理科学奖（实践类）	社会力量奖	独立
401	2014	电网企业“走出去”业务拓展理论与模型应用研究	2014 年度中国商业联合会全国商业科技进步奖二等奖	社会力量奖	牵头
402	2014	大型电网企业国际一流对标分析模型及应用研究	2014 年度中国商业联合会全国商业科技进步奖二等奖	社会力量奖	牵头
403	2014	供电企业服务质量评价模型、方法及应用研究	2014 年度中国质量评价协会科技创新奖三等奖	社会力量奖	牵头
404	2014	公司国际化发展价值论述体系与国际业务利润目标模拟分析研究	2014 年度中国运筹学会运筹应用奖二等奖	社会力量奖	独立
405	2014	大型企业集团管理创新成效评估模型	2014 年度中国产学研合作创新成果奖	社会力量奖	独立
406	2014	大型企业集团标杆管理体系及实践应用	2010—2013 年度全国电力行业企业管理创新五年经典案例奖一等奖	社会力量奖	独立
407	2014	大型中央企业集中采购的管理与实践	2010—2013 年度全国电力行业企业管理创新五年经典案例奖二等奖	社会力量奖	独立
408	2014	大型央企科技创新能力评价体系、方法及应用研究	2014 年度中国商业联合会科学技术奖二等奖	社会力量奖	独立
409	2014	智能电网全面建设战略及应用研究	2014 年度中国电力科学技术奖三等奖	社会力量奖	配合

续表

序号	获奖年份	项目名称	奖励名称及等级	奖励级别	完成形式
410	2013	高比例风电接入大电网运行优化模型开发与应用	2011 年度国家能源科技进步奖三等奖	省部级	独立
411	2013	我国中长期经济发展对能源电力供需的影响研究	2012 年度国家能源局软科学研究优秀成果奖二等奖	省部级	配合
412	2013	我国电力行业碳减排潜力分析模型及路径优化研究	2012 年度国家能源局软科学研究优秀成果奖三等奖	省部级	独立
413	2013	科学的能源价格理论、机制水平及改革影响研究	2012 年度国家能源局软科学研究优秀成果奖三等奖	省部级	独立
414	2013	实现 2020 年 15%非化石能源目标路径研究	2011 年度国家能源科技进步奖二等奖	省部级	独立
415	2013	公司创建“世界一流电网、国际一流企业”理论与实践研究	2013 年度国家电网公司科学技术进步奖特别奖	公司级	牵头
416	2013	“一键式”会计模式研究与应用	2013 年度国家电网公司科学技术进步奖一等奖	公司级	配合
417	2013	与智能电网相适应的用户可选择销售电价理论、模型研究与应用	2013 年度国家电网公司科学技术进步奖一等奖	公司级	牵头
418	2013	公司电力交易集约化管理模式设计和交易软件开发	2013 年度国家电网公司科学技术进步奖二等奖	公司级	配合
419	2013	输配电定价成本监审理论及实证研究	2013 年度国家电网公司科学技术进步奖二等奖	公司级	配合
420	2013	国家电网公司不同海外市场投资策略研究	2013 年度国家电网公司科学技术进步奖二等奖	公司级	配合
421	2013	经济政策对能源、电力需求影响的多智能体模拟系统研究与开发	2013 年度国家电网公司科学技术进步奖三等奖	公司级	独立
422	2013	温室气体减排及大气污染控制对电力发展影响研究	2013 年度国家电网公司科学技术进步奖三等奖	公司级	牵头
423	2013	适应特高压大电网发展要求的现代生产管理体系研究	2013 年度国家电网公司科学技术进步奖三等奖	公司级	配合
424	2013	金融控股集团内外协同战略研究	2013 年度国家电网公司科学技术进步奖三等奖	公司级	配合
425	2013	新能源发展政策对电网发展影响研究	2013 年度国家电网公司科学技术进步奖三等奖	公司级	配合
426	2013	国家电网公司直属产业协同管理研究与实践	2013 年度国家电网公司管理创新成果奖三等奖	公司级	配合
427	2013	公司发展方式转变理论实践关键问题研究与应用	2013 年度国家电网公司管理咨询优秀成果奖特别奖	公司级	独立
428	2013	能源行业“十二五”规划与电网发展的关系研究	2013 年度国家电网公司管理咨询优秀成果奖一等奖	公司级	独立
429	2013	公司智能充换电服务网络建设运营管理体制与运行机制研究	2013 年度国家电网公司管理咨询优秀成果奖一等奖	公司级	独立
430	2013	运营监测（控）机制研究	2013 年度国家电网公司管理咨询优秀成果奖一等奖	公司级	牵头

续表

序号	获奖年份	项目名称	奖励名称及等级	奖励级别	完成形式
431	2013	国家电网公司财务集约化管理持续提升研究	2013 年度国家电网公司管理咨询优秀成果奖二等奖	公司级	牵头
432	2013	公司国际化业务领域和发展目标研究	2013 年度国家电网公司管理咨询优秀成果奖二等奖	公司级	独立
433	2013	国际电力体制改革历史因素分析和未来趋势判断	2013 年度国家电网公司管理咨询优秀成果奖二等奖	公司级	独立
434	2013	农村供电业务委托工作监督和运营机制研究	2013 年度国家电网公司管理咨询优秀成果奖三等奖	公司级	独立
435	2013	国际化背景下电力科技信息资源开发与深化应用研究	2013 年度国家电网公司管理咨询优秀成果奖三等奖	公司级	配合
436	2013	调度业务管理流程及标准操作程序（SOP）体系与应用研究	2013 年度国家电网公司管理咨询优秀成果奖三等奖	公司级	独立
437	2013	特高压直流换流站运维管理模式研究	2013 年度国家电网公司管理咨询优秀成果奖三等奖	公司级	独立
438	2013	宏观经济形势对公司经营工作影响研究	2013 年度国家电网公司管理咨询优秀成果奖优秀奖	公司级	独立
439	2013	电网工程其他费用管理模式研究	2013 年度国家电网公司管理咨询优秀成果奖优秀奖	公司级	独立
440	2013	国家电网公司所属建设队伍管理研究项目	2013 年度国家电网公司管理咨询优秀成果奖优秀奖	公司级	牵头
441	2013	直属产业与公司电网业务协同发展管理优化研究	2013 年度国家电网公司管理咨询优秀成果奖优秀奖	公司级	牵头
442	2013	售电侧放开相关法律风险防范研究	2013 年度国家电网公司管理咨询优秀成果奖优秀奖	公司级	独立
443	2013	公司参与国内碳交易途径研究	2013 年度国家电网公司管理咨询优秀成果奖优秀奖	公司级	独立
444	2013	国家电网公司对标体系构建及指标诊断分析模型研究	2013 年度国家电网公司管理咨询优秀成果奖优秀奖	公司级	独立
445	2013	大型国企综合计划平衡优化模型	2013 年度中国产学研合作创新成果奖	社会力量奖	独立
446	2013	国内外企业管理实践典型案例分析报告	2013 年度全国先进生产力理论与实践成果奖一等奖	社会力量奖	独立
447	2013	“一键式”会计模式研究与应用	2013 年度中国电力科学技术奖三等奖	社会力量奖	配合
448	2013	与智能电网相适应的用户可选择销售电价理论、模型研究与应用	2013 年度中国电力科学技术奖三等奖	社会力量奖	牵头
449	2012	我国能源电力创新发展研究	2011 年度国家能源局软科学研究优秀成果奖二等奖	省部级	牵头
450	2012	我国与世界主要国家电力工业发展的比较研究	2011 年度国家能源局软科学研究优秀成果奖三等奖	省部级	配合
451	2012	能源消费总量控制政策研究	2011 年度国家能源局软科学研究优秀成果奖三等奖	省部级	配合

续表

序号	获奖年份	项目名称	奖励名称及等级	奖励级别	完成形式
452	2012	国家电网公司“三集五大”体系建设框架及运行评估研究	2012 年度国家电网公司科学技术进步奖特等奖	公司级	配合
453	2012	公司深化“两个转变”重大战略问题研究	2012 年度国家电网公司科学技术进步奖特别奖	公司级	牵头
454	2012	电网工程财务管理及基建标准成本研究	2012 年度国家电网公司科学技术进步奖一等奖	公司级	配合
455	2012	国家电网公司碳减排潜力分析与方法学研究	2012 年度国家电网公司科学技术进步奖二等奖	公司级	牵头
456	2012	坚强智能电网综合评价体系研究	2012 年度国家电网公司科学技术进步奖三等奖	公司级	独立
457	2012	公司经营与财务仿真实验室系统开发及应用	2012 年度国家电网公司科学技术进步奖三等奖	公司级	独立
458	2012	DSM 项目全过程管理及辅助决策支持系统研究	2012 年度国家电网公司科学技术进步奖三等奖	公司级	牵头
459	2012	国家电网“十二五”电动汽车智能充换电服务网络发展规划研究	2012 年度国家电网公司科学技术进步奖三等奖	公司级	牵头
460	2012	集约化管控环境下公司财务内部控制体系与应用研究	2012 年度国家电网公司科学技术进步奖三等奖	公司级	牵头
461	2012	国家电网公司加强综合计划管理研究	2012 年度国家电网公司科学技术进步奖三等奖	公司级	配合
462	2012	电价对我国经济社会影响的理论模型与应用研究	2012 年度国家电网公司科学技术进步奖三等奖	公司级	独立
463	2012	公司深化“两个转变”重大战略问题研究	2012 年度国家电网公司管理咨询优秀成果奖一等奖	公司级	独立
464	2012	国家电网公司人力资源集约化管理研究	2012 年度国家电网公司管理咨询优秀成果奖一等奖	公司级	独立
465	2012	适应坚强智能电网调度运行管理体系研究	2012 年度国家电网公司管理咨询优秀成果奖二等奖	公司级	独立
466	2012	国家电网公司加强综合计划管理研究	2012 年度国家电网公司管理咨询优秀成果奖二等奖	公司级	独立
467	2012	农村供电所管理体制与运营机制研究	2012 年度国家电网公司管理咨询优秀成果奖三等奖	公司级	独立
468	2012	国家电网公司管理咨询项目研究和成果利用	2012 年度国家电网公司管理咨询优秀成果奖三等奖	公司级	独立
469	2012	国家电网公司全面社会责任管理标准研究	2012 年度国家电网公司管理咨询优秀成果奖三等奖	公司级	独立
470	2012	构建适应新形势要求的一体化值班工作体系	2012 年度国家电网公司管理咨询优秀成果奖三等奖	公司级	独立
471	2012	坚强智能电网利益相关方研究	2012 年度国家电网公司管理咨询优秀成果奖三等奖	公司级	独立
472	2012	国家电网公司经济责任审计评价体系研究	2012 年度国家电网公司管理咨询优秀成果奖三等奖	公司级	独立

续表

序号	获奖年份	项目名称	奖励名称及等级	奖励级别	完成形式
473	2012	国际一流企业科技创新体系建设调研	2012 年度国家电网公司调查研究优秀成果奖一等奖	公司级	独立
474	2012	大型电网企业“双路径、三保障”的职工民主管理体系建设	2011 年度国家级企业管理现代化创新成果奖二等奖	社会力量奖	独立
475	2012	聚焦战略，统筹全局，构建国家电网公司综合计划管控体系	第三届中国管理科学学会管理科学奖专项奖	社会力量奖	独立
476	2012	大型企业集团标杆管理体系及实践应用	2012 年度全国电力行业企业管理创新成果奖一等奖	社会力量奖	独立
477	2012	基于供应链管理模型的大型企业集团集中采购策略应用研究	2012 年度中国物流与采购联合会科技进步奖二等奖	社会力量奖	独立
478	2012	国家电网公司全面风险管理体系建设研究	2012 年度中国商业联合会科学技术奖二等奖	社会力量奖	独立
479	2012	风电接入电网和市场消纳研究总报告	2012 年度水力发电科学技术奖三等奖	社会力量奖	独立
480	2011	能源消费与电力消费关系研究	2008—2009 年度国家能源局软科学研究优秀成果奖三等奖	省部级	牵头
481	2011	2030 年我国电力需求与电气化规划研究	2010 年度国家能源局软科学研究优秀成果奖二等奖	省部级	牵头
482	2011	我国智能电网发展模式及实施方案研究	2010 年度国家能源局软科学研究优秀成果奖二等奖	省部级	配合
483	2011	我国分布式能源政策法规问题研究	2010 年度国家能源局软科学研究优秀成果奖三等奖	省部级	独立
484	2011	风电接入电网和市场消纳研究	2010 年度国家能源局软科学研究优秀成果奖三等奖	省部级	配合
485	2011	能源运输通道体系建设研究	2010 年度国家能源局软科学研究优秀成果奖三等奖	省部级	配合
486	2011	电力供需研究实验室研发与应用	2010 年度国家能源科技进步奖三等奖	省部级	独立
487	2011	国家电网公司职工民主管理研究	2011 年度国家电网公司科学技术进步奖特别奖	公司级	配合
488	2011	电动汽车智能充换电服务网络建设运营体系关键技术研究与示范应用	2011 年度国家电网公司科学技术进步奖一等奖	公司级	配合
489	2011	国家电网公司财务集约化管理体系研究与应用	2011 年度国家电网公司科学技术进步奖一等奖	公司级	配合
490	2011	我国智能电网发展模式及实施方案研究	2011 年度国家电网公司科学技术进步奖二等奖	公司级	独立
491	2011	国家电网公司促进风电消纳研究	2011 年度国家电网公司科学技术进步奖二等奖	公司级	配合
492	2011	“十二五”及中长期中国能源与电力需求及电气化研究	2011 年度国家电网公司科学技术进步奖二等奖	公司级	独立

续表

序号	获奖年份	项目名称	奖励名称及等级	奖励级别	完成形式
493	2011	国家电网公司“十二五”发展规划方法与应用研究	2011 年度国家电网公司科学技术进步奖二等奖	公司级	独立
494	2011	电网输配电价传导机制研究	2011 年度国家电网公司科学技术进步奖二等奖	公司级	配合
495	2011	中国电力体制改革定量评价及重大问题研究	2011 年度国家电网公司科学技术进步奖二等奖	公司级	配合
496	2011	国家电网智能化规划研究（2009—2020）	2011 年度国家电网公司科学技术进步奖三等奖	公司级	牵头
497	2011	实现 2020 年 15%非化石能源目标路径研究	2011 年度国家电网公司科学技术进步奖三等奖	公司级	独立
498	2011	分布式能源与电网协调发展研究	2011 年度国家电网公司科学技术进步奖三等奖	公司级	牵头
499	2011	坚强智能电网促进低碳发展研究	2011 年度国家电网公司科学技术进步奖三等奖	公司级	配合
500	2011	国家电网公司深化“三新”农电发展战略研究	2011 年度国家电网公司科学技术进步奖三等奖	公司级	配合
501	2011	农电企业管理体制评价模型构建、实证研究及全国应用	2011 年度国家电网公司科学技术进步奖三等奖	公司级	配合
502	2011	公司财务分析基础数据库建设、应用及分析工具研究	2011 年度国家电网公司科学技术进步奖三等奖	公司级	独立
503	2011	经济发展阶段同特大型企业集团发展关系研究	2011 年度国家电网公司科学技术进步奖三等奖	公司级	配合
504	2011	关于赴美国参加可再生能源研讨会的考察报告	国家电网公司卓越调研成果奖	公司级	独立
505	2011	国内外一流企业总部建设调研报告	国家电网公司卓越调研成果奖	公司级	独立
506	2011	企业集团管控与管理机制调研	国家电网公司卓越调研成果奖	公司级	独立
507	2011	国内外先进企业国际化发展调研报告	国家电网公司卓越调研成果奖	公司级	独立
508	2011	公司标杆管理体系建设及实践应用	2011 年度国家电网公司管理创新成果奖一等奖	公司级	独立
509	2011	大型煤电基地调研	2011 年度国家电网公司调查研究优秀成果奖二等奖	公司级	独立
510	2011	大型风电基地调研	2011 年度国家电网公司调查研究优秀成果奖三等奖	公司级	独立
511	2011	大型中央企业集中采购的管理与实践	2012 年度全国电力行业企业管理创新成果奖一等奖	社会力量奖	独立
512	2011	“十二五”及中长期中国能源与电力需求及电气化研究	2011 年度中国电力科学技术奖三等奖	社会力量奖	独立
513	2011	国家电网公司财务集约化管理体系研究与应用	2011 年度中国电力科学技术奖三等奖	社会力量奖	配合

续表

序号	获奖年份	项目名称	奖励名称及等级	奖励级别	完成形式
514	2010	国家电网总体规划设计（2008 年版）	2010 年度国家电网公司科学技术进步奖特别奖	公司级	配合
515	2010	国家电网公司资产全寿命周期管理研究	2010 年度国家电网公司科学技术进步奖一等奖	公司级	配合
516	2010	国家电网公司促进清洁能源发展研究	2010 年度国家电网公司科学技术进步奖一等奖	公司级	配合
517	2010	国家电网公司发展战略深化研究	2010 年度国家电网公司科学技术进步奖二等奖	公司级	配合
518	2010	国家电网公司科技项目管理深化研究	2010 年度国家电网公司科学技术进步奖二等奖	公司级	牵头
519	2010	特/超高压电网协调发展原则研究	2010 年度国家电网公司科学技术进步奖三等奖	公司级	配合
520	2010	电网企业综合绩效评估方法研究	2010 年度国家电网公司科学技术进步奖三等奖	公司级	独立
521	2010	能源与电力价格数据库及分析预测关键技术研究	2010 年度国家电网公司科学技术进步奖三等奖	公司级	独立
522	2010	发展坚强智能电网的社会经济效益及对公司经营影响分析	2010 年度国家电网公司科学技术进步奖三等奖	公司级	独立
523	2010	国内外风电发展调研报告	2010 年度国家电网公司优秀调研成果奖一等奖	公司级	独立
524	2010	国家电网公司物资集约化管理调研报告	2010 年度国家电网公司优秀调研成果奖二等奖	公司级	独立
525	2010	国家电网公司物资集约化管理调研报告	2010 年度国家电网公司优秀调研成果奖二等奖	公司级	独立
526	2010	金融危机形势下电力需求增长变化调研分析	2010 年度国家电网公司优秀调研成果奖三等奖	公司级	独立
527	2010	大型电网企业智库支撑能力建设	2010 年度国家电网公司企业管理创新成果奖二等奖	公司级	独立
528	2010	公司“五大”体系建设调研	2010 年度国家电网公司优秀调研成果奖一等奖	公司级	独立
529	2010	国家电网公司可持续发展关键财务问题研究	2010 年度国家电网公司管理咨询优秀成果奖一等奖	公司级	配合
530	2010	国家电网公司职工民主管理研究	2010 年度国家电网公司管理咨询优秀成果奖一等奖	公司级	配合
531	2010	改革问题研究——中国电力体制改革定量评价及重大问题研究	2010 年度国家电网公司管理咨询优秀成果奖一等奖	公司级	独立
532	2010	基于供应链管理模型的大型企业集团集中采购策略应用研究	2010 年度国家电网公司管理咨询优秀成果奖二等奖	公司级	配合
533	2010	深化“三新”农电发展战略研究	2010 年度国家电网公司管理咨询优秀成果奖二等奖	公司级	配合
534	2010	坚强智能电网促进低碳发展研究	2010 年度国家电网公司管理咨询优秀成果奖二等奖	公司级	配合

续表

序号	获奖年份	项目名称	奖励名称及等级	奖励级别	完成形式
535	2010	经济发展阶段同特大型企业集团发展关系研究	2010 年度国家电网公司管理咨询优秀成果奖二等奖	公司级	独立
536	2010	国家电网公司企业文化建设管理标准研究	2010 年度国家电网公司管理咨询优秀成果奖二等奖	公司级	配合
537	2010	绿色经济、清洁能源与坚强智能电网发展研究	2010 年度国家电网公司管理咨询优秀成果奖三等奖	公司级	独立
538	2010	国家电网公司保密工作战略研究	2010 年度国家电网公司管理咨询优秀成果奖三等奖	公司级	配合
539	2010	大型电网企业智库支撑能力建设	2010 年度全国电力企业行业管理创新奖二等奖	公司级	独立
540	2010	我国清洁能源发展方式研究	2010 年度中国电力科学技术奖二等奖	社会力量奖	配合
541	2010	国家电网公司资产全寿命周期管理研究	2010 年度中国电力科学技术奖二等奖	社会力量奖	配合
542	2010	国家电网公司科技项目管理深化研究	2010 年度中国电力科学技术奖三等奖	社会力量奖	牵头
543	2010	电价机制改革研究	2007—2010 年度薛暮桥价格研究奖	社会力量奖	独立
544	2010	我国销售电价结构调整研究	2007—2010 年度薛暮桥价格研究奖	社会力量奖	独立
545	2009	国家电网公司财务管控模式研究	2009 年度国家电网公司科学技术进步奖一等奖	公司级	配合
546	2009	电力供需研究实验室的开发与建设	2009 年度国家电网公司科学技术进步奖二等奖	公司级	独立
547	2009	电网规划设计的技术经济方法研究和应用	2009 年度国家电网公司科学技术进步奖二等奖	公司级	独立
548	2009	国家电网公司风险管理体系建设研究	2009 年度国家电网公司科学技术进步奖二等奖	公司级	配合
549	2009	电价调整机制及应用研究	2009 年度国家电网公司科学技术进步奖三等奖	公司级	配合
550	2009	电网功能与输配电体制：理论模型与实证研究	2009 年度国家电网公司科学技术进步奖三等奖	公司级	独立
551	2009	国家电网公司经营发展利润模型、利润需求及可行性分析	2009 年度国家电网公司科学技术进步奖三等奖	公司级	牵头
552	2009	电力供需研究实验室的开发与建设	2009 年度中国电力科学技术奖三等奖	社会力量奖	独立
553	2009	电网规划设计的技术经济方法研究和应用	2009 年度中国电力科学技术奖三等奖	社会力量奖	配合

四、国网能源院主要软件工具模型

序号	模型工具名称	完成时间	所在部门
1	园区综合能源系统规划优化软件	2021 年 6 月	苏州分院
2	“车-桩-网-源”多层次互动模拟仿真软件	2020 年 12 月	电网发展综合研究所
3	基于 PLEXOS 的省间电力市场模型工具	2020 年 10 月	企业战略研究所
4	综合能源系统规划软件工具（PIES）	2020 年 9 月	能源互联网研究所
5	计及多利益主体的电力规划辅助决策系统（MAPT）	2020 年 8 月	能源战略与规划研究所
6	疫情分析软件	2020 年 3 月	能源数字经济研究所
7	增强数据治理系统	2020 年 3 月	能源数字经济研究所
8	舆情分析软件	2020 年 2 月	能源数字经济研究所
9	多区域电源与电力流优化系统（GESP）	2019 年 12 月	能源战略与规划研究所
10	全景电力系统运行模拟分析平台（NEOS）	2019 年 12 月	能源战略与规划研究所
11	MAPPER 商业模式引领者模型	2019 年 11 月	能源互联网研究所
12	储能发展商业模式综合决策支持系统	2019 年 4 月	能源战略与规划研究所
13	电力企业税负模拟分析系统	2018 年 11 月	财会与审计研究所
14	配电系统分析和优化平台（DSAP）	2018 年 10 月	新能源与统计研究所
15	全球能源供需预测模型（GEMS-4E）	2018 年 8 月	经济与能源供需研究所
16	光伏结算协同系统	2018 年 7 月	财会与审计研究所
17	新能源电力系统运行模拟分析平台（RESAP）	2018 年 6 月	新能源与统计研究所
18	能源经济多维度分析平台（EMAP）	2018 年 2 月	新能源与统计研究所
19	电力系统源-网-荷-储协调生产模拟模型	2017 年 10 月	能源互联网研究所
20	公司用工总量需求预测模型	2017 年 10 月	管理咨询研究所
21	电力系统源-网-荷-储协调规划模型	2017 年 4 月	能源互联网研究所
22	基于交直流混合潮流计算的跨省区输电费传导方法	2017 年 1 月	财会与审计研究所
23	基于博弈论的电源规划系统程序	2016 年 9 月	电网发展综合研究所
24	电网企业运营预警分析系统	2016 年 9 月	管理咨询研究所
25	国际能源与电力综合分析与评价软件	2016 年 9 月	新能源与统计研究所
26	国际能源与电力关键指标分析软件	2016 年 9 月	新能源与统计研究所
27	国际能源与电力综合预测软件	2016 年 9 月	新能源与统计研究所
28	电动汽车前景预测程序	2016 年 9 月	电网发展综合研究所
29	财税风险预警监控信息系统	2016 年 8 月	财会与审计研究所
30	特高压交流电网节点输电价的计算方法及装置	2016 年 7 月	财会与审计研究所
31	基于碳减排的省级能源规划辅助软件	2016 年 6 月	经济与能源供需研究所
32	薪酬总量分配测算软件	2016 年 4 月	管理咨询研究所
33	分布式光伏发电项目投融资模式分析软件	2016 年 4 月	新能源与统计研究所

续表

序号	模型工具名称	完成时间	所在部门
34	充电网络预测程序	2015 年 9 月	电网发展综合研究所
35	基于博弈论的智能电网容量决策模拟软件	2015 年 9 月	电网发展综合研究所
36	基于发展状态感知的省公司综合计划测算模型	2015 年 8 月	管理咨询研究所
37	智能电网区域智能化水平评估程序	2015 年 7 月	电网发展综合研究所
38	国家电网公司综合计划投资能力预测系统	2015 年 7 月	管理咨询研究所
39	国家电网公司综合计划需求预测系统	2015 年 7 月	管理咨询研究所
40	国家电网公司综合计划决策支持系统	2015 年 7 月	管理咨询研究所
41	跨省区工程经济效益测算系统	2015 年 7 月	财会与审计研究所
42	基于解释结构模型的工业革命与能源革命关联度分析程序	2015 年 6 月	电网发展综合研究所
43	基于统计学规律电动汽车充电负荷蒙特卡洛（Monte-Carlo）模拟程序	2015 年 6 月	电网发展综合研究所
44	电价决策系统	2015 年 6 月	财会与审计研究所
45	资产全寿命周期综合运营评价软件	2015 年 6 月	管理咨询研究所
46	分布式电源和配电网联合规划软件（G-NJP）	2015 年 4 月	新能源与统计研究所
47	电网企业运营绩效影响与评价系统	2014 年 8 月	管理咨询研究所
48	国家电网公司科技创新评价系统	2014 年 7 月	管理咨询研究所
49	分布式电源发展规模布局预测软件（PODM）	2013 年 6 月	新能源与统计研究所
50	物力资源模块评价模型	2013 年 6 月	管理咨询研究所
51	现代企业集团管理创新成效评价模型	2012 年 3 月	管理咨询研究所

五、国网能源院软件著作权

序号	软件著作权名称	证书编号	证书授予时间	完成形式
1	适应新发展格局的电网投资需求预测系统 V1.0	软著登字第 8296072 号	2021 年 10 月 27 日	独立
2	基于多目标的投资需求能力动态平衡优化系统 V1.0	软著登字第 8292880 号	2021 年 10 月 27 日	独立
3	区域碳中和路径优化配置软件 V1.0	软著登字第 8173820 号	2021 年 9 月 29 日	独立
4	多区域能源-碳管理模型系统 V1.0	软著登字第 8134009 号	2021 年 9 月 22 日	配合
5	基于经济社会发展的中国电力需求分析软件 V1.0	软著登字第 7664893 号	2021 年 6 月 24 日	独立
6	面向 GAMS 程序的 GDX 文档解析软件 V1.0	软著登字第 7664076 号	2021 年 6 月 24 日	独立
7	面向终端用能侧的电热冷能量系统联合规划软件 V1.0	软著登字第 7664100 号	2021 年 6 月 24 日	独立
8	面向非结构化文档段落的半监督化标记软件 V1.0	软著登字第 7664099 号	2021 年 6 月 24 日	独立
9	非结构化文档的图片自动提取软件 V1.0	软著登字第 7664075 号	2021 年 6 月 24 日	独立

续表

序号	软件著作权名称	证书编号	证书授予时间	完成形式
10	区块链大数据可视化分析服务管理平台	软著登字第 7359962 号	2021 年 5 月 6 日	牵头
11	基于区块链的电网公司数据资产管理系统 V1.0	软著登字第 7327026 号	2021 年 4 月 26 日	牵头
12	区块链商业应用案例库系统 V1.0	软著登字第 7121860 号	2021 年 3 月 16 日	牵头
13	区域能源碳排放影响因素贡献率测算软件 V1.0	软著登字第 70777705 号	2021 年 3 月 8 日	独立
14	电力绿色发展协同减排预测计算程序	软著登字第 7024517 号	2021 年 2 月 25 日	独立
15	综合能源系统负荷预测软件 V1.0	软著登字第 6960150 号	2021 年 2 月 9 日	独立
16	综合能源系统财务评价软件 V1.0	软著登字第 6960149 号	2021 年 2 月 9 日	独立
17	综合能源系统资源评估软件 V1.0	软著登字第 6960143 号	2021 年 2 月 9 日	独立
18	综合能源系统生产模拟软件 V1.0	软著登字第 6960135 号	2021 年 2 月 9 日	独立
19	综合能源系统优化规划软件 V1.0	软著登字第 6960112 号	2021 年 2 月 9 日	独立
20	可再生能源电力消纳责任权重分析评估软件 V1.0	软著登字第 6935087 号	2021 年 2 月 7 日	独立
21	能源转型下新能源及储能发展利用分析平台 V1.0	软著登字第 6868616 号	2021 年 1 月 26 日	独立
22	能源转型下新能源及储能发展利用分析平台 V1.0	软著登字第 6868616 号	2021 年 1 月 26 日	独立
23	综合能源服务利润最优决策支撑系统 V1.0	软著登字第 6141433 号	2020 年 12 月 1 日	牵头
24	发配售一体化系统运营优化软件	软著登字第 6492847 号	2020 年 11 月 30 日	独立
25	分布式电源发配售一体化系统经济性软件	软著登字第 6492846 号	2020 年 11 月 30 日	独立
26	输变电工程运行效果评价分析软件 V1.0	软著登字第 6138747 号	2020 年 11 月 24 日	牵头
27	输变电工程经营效果评价分析软件 V1.0	软著登字第 6138749 号	2020 年 11 月 24 日	牵头
28	含储能的微电网优化配置 ES-Microgrid 软件	软著登字第 6414859 号	2020 年 11 月 20 日	独立
29	农村能源系统经济性分析软件	软著登字第 6401482 号	2020 年 11 月 18 日	独立
30	分布式电源分区域发展规模预测软件	软著登字第 6388411 号	2020 年 11 月 17 日	独立
31	电力需求侧管理平台大用户直购电分析软件 V1.0	软著登字第 6117186 号	2020 年 10 月 22 日	独立
32	无线供电网络信息年龄性能分析软件 V1.0	软著登字第 6116916 号	2020 年 10 月 22 日	配合
33	能源互联网节能减排机理与气候环境贡献评估软件 V1.0	软著登字第 6117188 号	2020 年 10 月 22 日	独立
34	无人机数据收集信息年龄最小化轨迹规划软件 V1.0	软著登字第 6116919 号	2020 年 10 月 22 日	牵头
35	电力需求侧管理平台供电量分析软件 V1.0	软著登字第 6117222 号	2020 年 10 月 22 日	独立
36	电力需求侧管理平台业扩报装分析软件 V1.0	软著登字第 6117195 号	2020 年 10 月 22 日	独立
37	电力需求侧管理平台分布式电源分析软件 V1.0	软著登字第 6117191 号	2020 年 10 月 22 日	独立

续表

序号	软件著作权名称	证书编号	证书授予时间	完成形式
38	基于无线能量收集的分布式天线网络总能耗优化软件 V1.0	软著登字第 6116923 号	2020 年 10 月 22 日	配合
39	无线射频信息能量同传解码转发中继网络性能分析软件 V1.0	软著登字第 6116913 号	2020 年 10 月 22 日	配合
40	国家电力需求侧管理平台分布式电源分析软件 V1.0	软著登字第 6117191 号	2020 年 10 月 22 日	独立
41	基于情感分析及分词的文本可视化系统 V1.0	软著登字第 6308905 号	2020 年 10 月 10 日	独立
42	用户重要性及关联挖掘系统 V1.0	软著登字第 6308963 号	2020 年 10 月 10 日	独立
43	面向高比例新能源并网消纳的调节电源配置软件 V1.0	软著登字第 6011309 号	2020 年 9 月 21 日	独立
44	综合能源系统优化调度仿真分析软件 V1.0	软著登字第 6011412 号	2020 年 9 月 21 日	牵头
45	客户侧新型设备台区可调控能力、经济性评价软件 V1.0	软著登字第 5864568 号	2020 年 8 月 26 日	独立
46	含风电的电力系统随机潮流计算软件 V1.0	软著登字第 5706119 号	2020 年 7 月 24 日	牵头
47	含分布式电源的日潮流计算软件 V1.0	软著登字第 5602048 号	2020 年 7 月 3 日	牵头
48	天然气冷热电三联供技术经济性计算软件	软著登字第 5577006 号	2020 年 6 月 30 日	独立
49	分电压等级输配电成本归集分摊和交叉补贴测算模拟系统 V2.0	软著登字第 5501951 号	2020 年 6 月 15 日	独立
50	基于不同监管方式的输配电定价模拟系统 V2.0	软著登字第 5503035 号	2020 年 6 月 15 日	独立
51	智能电网互联适应性评价系统软件 V1.0	软著登字第 5477995 号	2020 年 6 月 10 日	独立
52	储能延缓配电网改造软件 V1.0	软著登字第 5437459 号	2020 年 6 月 3 日	独立
53	国家电网公司科技创新“五链融合”成果评估系统 V1.0	软著登字第 5404809 号	2020 年 5 月 28 日	独立
54	国有企业科技创新激励优化系统 V1.0	软著登字第 5401575 号	2020 年 5 月 27 日	独立
55	综合能源规划软件 V1.0	软著登字第 5280774 号	2020 年 4 月 30 日	独立
56	中央企业监督检查统一信息平台	软著登字第 5174645 号	2020 年 3 月 30 日	独立
57	电动汽车充电站与汽车加气站联合优化选址及布局软件 V1.0	软著登字第 5142167 号	2020 年 3 月 17 日	独立
58	一种分布式光伏出力数据综合清洗软件 V1.0	软著登字第 5048538 号	2020 年 2 月 24 日	独立
59	夜间灯光数据和新型城镇化指标体系构建软件	软著登字第 4900197 号	2020 年 1 月 6 日	牵头
60	可信度视角下的项目管理数据价值挖掘系统 V1.0	软著登字第 4799222 号	2019 年 12 月 16 日	牵头
61	大面积停电事故知识图谱系统 V1.0	软著登字第 4753057 号	2019 年 12 月 10 日	独立
62	数据资产化运营视角下的政策数据知识图谱分析系统 V1.0	软著登字第 4708014 号	2019 年 12 月 5 日	牵头
63	电力需求侧管理平台经济实时分析系统 V1.0	软著登字第 4700567 号	2019 年 12 月 4 日	独立

续表

序号	软件著作权名称	证书编号	证书授予时间	完成形式
64	电力需求侧管理平台发电监测系统 V1.0	软著登字第 4700568 号	2019 年 12 月 4 日	独立
65	电力需求侧管理平台装机监测系统 V1.0	软著登字第 4700569 号	2019 年 12 月 4 日	独立
66	电力需求侧管理平台经济预测分析系统 V1.0	软著登字第 4700570 号	2019 年 12 月 4 日	独立
67	电力需求侧管理平台宏观经济综合分析系统 V1.0	软著登字第 4700571 号	2019 年 12 月 4 日	独立
68	电力需求侧管理平台经济景气分析系统 V1.0	软著登字第 4700650 号	2019 年 12 月 4 日	独立
69	基于不同监管方式的输配电价模拟系统 V1.0	软著登字号 4693054 号	2019 年 12 月 3 日	独立
70	分电压等级输配电成本归集分摊和交叉补贴测算模拟系统	软著登字号 4692983 号	2019 年 12 月 3 日	独立
71	电网企业战略环境分析软件平台 V1.0	软著登字第 4672733 号	2019 年 12 月 2 日	独立
72	电网企业战略调适力评价软件平台 V1.0	软著登字第 4672725 号	2019 年 12 月 2 日	独立
73	分布式结算协同系统 V1.0	软著登字第 4667482 号	2019 年 11 月 30 日	牵头
74	分布式物资协同应用系统 V1.0	软著登字第 4667206 号	2019 年 11 月 30 日	牵头
75	增量配电项目信息管理平台 V1.0	软著登字第 4644870 号	2019 年 11 月 27 日	独立
76	增量配电项目统计分析平台 V1.0	软著登字第 4644499 号	2019 年 11 月 27 日	独立
77	电热联合系统最优潮流计算软件	软著登字第 4633254 号	2019 年 11 月 26 日	独立
78	电动汽车参与综合能源楼宇优化运行多场景仿真软件	软著登字第 4633306 号	2019 年 11 月 26 日	独立
79	国电力投资环境评估模型软件 V2.0	软著登字号 4630532 号	2019 年 11 月 25 日	牵头
80	一带一路重点地区电力建设与产能合作国家信用评价模型软件	软著登字号 4630534 号	2019 年 11 月 25 日	牵头
81	基于知识图谱的大面积停电事故模型开发系统 V1.0	软著登字第 4753048 号	2019 年 11 月 10 日	独立
82	基于机器学习的可再生能源政策智能模拟软件 V1.0	软著登字号 4413187 号	2019 年 10 月 28 日	独立
83	基于神经网络的光伏政策智能模拟软件 V1.0	软著登字第 4507829 号	2019 年 10 月 28 日	独立
84	配网投资经济效益评价及算例分析管理系统 V1.0	软著登字第 4504754 号	2019 年 10 月 25 日	独立
85	气象敏感负荷的预测分析系统 V1.0	软著登字第 4415777 号	2019 年 9 月 26 日	独立
86	气象敏感负荷曲线的聚类分析系统 V1.0	软著登字第 4416316 号	2019 年 9 月 26 日	独立
87	基于神经网络的光伏政策智能模拟软件 V1.0	软著登字号 4507829 号	2019 年 9 月 25 日	独立
88	基于机器学习的可再生能源政策智能模拟软件 V1.0	软著登字第 4413187 号	2019 年 9 月 25 日	独立
89	基于高精度时序仿真模拟的光储系统经济性分析软件 V1.0	软著登字第 4332413 号	2019 年 9 月 2 日	独立
90	基于多维度综合评分法的储能技术优选及场景适应性评价软件 V1.0	软著登字第 4332483 号	2019 年 9 月 2 日	独立
91	峰谷套利模式下的梯次利用电池储能系统经济性分析软件 V1.0	软著登字第 4332417 号	2019 年 9 月 2 日	独立

续表

序号	软件著作权名称	证书编号	证书授予时间	完成形式
92	利率趋势和波动性量化分析模拟系统 V1.0	软著登字第 4301692 号	2019 年 8 月 26 日	独立
93	汇率趋势和波动性量化分析模拟系统 V1.0	软著登字第 4301694 号	2019 年 8 月 26 日	独立
94	计及多利益主体的电力规划辅助决策软件系统 V1.0	软著登字第 4305454 号	2019 年 8 月 26 日	独立
95	考虑负荷特性的用户用电行为分析平台	软著登字第 4256269 号	2019 年 8 月 12 日	牵头
96	支持分布式电源和储能的配电网潮流分析软件	软著登字第 4249522 号	2019 年 8 月 9 日	独立
97	配电网多元化负荷运行及特性研究软件	软著登字第 4188090 号	2019 年 7 月 24 日	牵头
98	基于 AHP-熵权法的省域节能减排动态聚类分析系统 V1.0	软著登字第 4106139 号	2019 年 7 月 3 日	牵头
99	重点节能行业领域及技术评价系统 V1.0	软著登字第 4102842 号	2019 年 7 月 3 日	独立
100	新能源消纳评估和优化系统（NEOS）V1.0	软著登字第 4078096 号	2019 年 6 月 26 日	独立
101	金融政策对宏观经济影响模拟仿真系统平台 V17.0	软著登字第 4049697 号	2019 年 6 月 18 日	牵头
102	能源供需模拟与综合评价模型体系系统 V1.0	软著登字第 3980245 号	2019 年 6 月 3 日	独立
103	多类型电源共同参与电力系统调峰调用顺序分析软件 V1.0	软著登字第 3913750 号	2019 年 5 月 21 日	独立
104	综合能源系统经济性测算软件	软著登字第 3723941 号	2019 年 4 月 3 日	独立
105	配网投资收益测算系统 V1.0	软著登字第 3676454 号	2019 年 3 月 18 日	独立
106	配电网优化运营软件 V1.0	软著登字第 3656948 号	2019 年 3 月 11 日	独立
107	储能项目经济性分析软件 V1.0	软著登字第 3656955 号	2019 年 3 月 11 日	独立
108	天然气冷热电三联供技术经济性计算软件 V1.0	软著登字第 5577006 号	2019 年 3 月 11 日	独立
109	天然气发电价格决策软件 V1.0	软著登字第 3650844 号	2019 年 3 月 8 日	独立
110	天然气发电成本预测软件 V1.0	软著登字第 3646739 号	2019 年 3 月 7 日	独立
111	能源电力比价分析软件（iOS 版）	软著登字第 3646754 号	2019 年 3 月 7 日	独立
112	能源电力比价分析软件（安卓版）	软著登字第 3646669 号	2019 年 3 月 7 日	独立
113	电动汽车发展对电网影响模拟仿真软件	软著登字第 3537496 号	2019 年 1 月 31 日	独立
114	金融经济与公司经营发展仿真系统模拟平台 V16.0	软著登字第 3498030 号	2019 年 1 月 22 日	独立
115	具有多能互补、新能源微电网等多要素的增量配电业务效益测算系统 V1.0	软著登字第 3463116 号	2019 年 1 月 14 日	配合
116	电力企业税负管控系统 V1.0	软著登字第 3420627 号	2018 年 12 月 29 日	独立
117	电力需求侧管理平台 DSM 效果分析子系统	软著登字第 3393054 号	2018 年 12 月 25 日	独立
118	电力需求侧管理平台城镇化分析子系统	软著登字第 3393067 号	2018 年 12 月 25 日	独立
119	电力需求侧管理平台行业产业用电分析子系统	软著登字第 3393057 号	2018 年 12 月 25 日	独立
120	电力需求侧管理平台重点企业用电分析子系统	软著登字第 3393063 号	2018 年 12 月 25 日	独立
121	电力需求侧管理平台重点区域电力经济分析子系统	软著登字第 3393062 号	2018 年 12 月 25 日	独立

续表

序号	软件著作权名称	证书编号	证书授予时间	完成形式
122	能源电力规划及效益评估软件 V1.0	软著登字第 3366712 号	2018 年 12 月 19 日	独立
123	国家电网公司科技创新指数评估系统 V1.0	软著登字第 3363151 号	2018 年 12 月 18 日	牵头
124	基于生产模拟的区域电网弃电分析软件 V1.0	软著登字第 3352282 号	2018 年 12 月 17 日	独立
125	电能替代规划及决策支撑平台	软著登字第 3320170 号	2018 年 12 月 7 日	牵头
126	电能替代规划及决策支撑平台案例与政策子系统	软著登字第 3317686 号	2018 年 12 月 7 日	牵头
127	电能替代规划及决策支撑平台基础数据子系统	软著登字第 3317709 号	2018 年 12 月 7 日	牵头
128	电能替代规划及决策支撑平台评价体系子系统	软著登字第 3317739 号	2018 年 12 月 7 日	牵头
129	电能替代规划及决策支撑平台潜力测算子系统	软著登字第 3320173 号	2018 年 12 月 7 日	牵头
130	电能替代规划及决策支撑平台需求建设子系统	软著登字第 3318980 号	2018 年 12 月 7 日	牵头
131	考虑多可再生能源发电站出力时空相关性的高效场景生成技术软件	软著登字第 3301285 号	2018 年 12 月 4 日	独立
132	目前电力市场交易模式模拟与定量分析设计软件	软著登字第 3303537 号	2018 年 12 月 4 日	独立
133	基于优化可再生能源备用置信区间的电力系统随机调度软件	软著登字第 3301272 号	2018 年 12 月 4 日	独立
134	日前电力市场交易模式模拟与定量分析设计软件 V1.0	软著登字第 3303537 号	2018 年 12 月 4 日	独立
135	基于优化可再生能源备用置信区间的电力系统随机调度软件 V1.0	软著登字第 3301272 号	2018 年 12 月 4 日	独立
136	含可控负荷的配电网优化运行软件	软著登字第 3294980 号	2018 年 12 月 3 日	独立
137	文本分类检索系统（TCSS）V1.0	软著登记第 3294783 号	2018 年 12 月 3 日	独立
138	信息自动编辑报送系统（ICES）V1.0	软著登记第 3294786 号	2018 年 12 月 3 日	独立
139	语料库管理系统（ECMS）V1.0	软著登记第 3294794 号	2018 年 12 月 3 日	独立
140	分布式天然气项目经济性分析软件 V1.0	软著登字第 3285043 号	2018 年 11 月 29 日	独立
141	电力企业税负模拟分析系统 V1.0	软著登字第 3283548 号	2018 年 11 月 28 日	独立
142	电力系统源-网-荷-储协调优化生产模拟软件 V2.0	软著登字第 3254234 号	2018 年 11 月 20 日	独立
143	电价交叉补贴测算及分析软件	软著登字第 3239871 号	2018 年 11 月 14 日	牵头
144	跨国工程技术经济评价模型软件 V1.0	软著登字第 3236250 号	2018 年 11 月 13 日	独立
145	需求侧资源优化利用模型软件 V1.0	软著登字第 3235739 号	2018 年 11 月 13 日	独立
146	基于 3D 地理信息系统的全球能源电力交互展示系统软件 V1.0	软著登字第 3222540 号	2018 年 11 月 8 日	独立
147	全球多区域能源技术与经济综合分析软件 V1.0	软著登记第 3222569 号	2018 年 11 月 8 日	独立
148	辅助服务供应商市场模拟决策支持系统	软著登字第 3118655 号	2018 年 9 月 28 日	牵头
149	配电网投资管控优化的信息系统 V1.0	软著登字第 3083259 号	2018 年 9 月 17 日	独立
150	光伏结算协同系统 V1.0	软著登字第 3068711 号	2018 年 9 月 12 日	牵头

续表

序号	软件著作权名称	证书编号	证书授予时间	完成形式
151	全球大型风电基地发电出力特性计算软件	软著登字第 3060312 号	2018 年 9 月 11 日	独立
152	配电网分界面投资效益软件	软著登字第 3058741 号	2018 年 9 月 10 日	独立
153	跨国电力联网规划软件 V1.0	软著登字第 3057131 号	2018 年 9 月 10 日	独立
154	电力系统源-网-荷-储协调优化生产模拟软件 V1.0	软著登字第 3013328 号	2018 年 8 月 27 日	独立
155	国家电力联网潜力评估模型软件 V1.0	软著登字第 3012525 号	2018 年 8 月 27 日	独立
156	清洁能源消纳规模计算程序	软著登字第 2939721 号	2018 年 8 月 2 日	独立
157	电力投资环境评估模型软件 V1.0	软著登字第 2902608 号	2018 年 7 月 23 日	独立
158	新能源弃电量影响因素的贡献度计算软件 V1.0	软著登字第 2885094 号	2018 年 7 月 16 日	独立
159	国有科技型企业激励模式选择系统 V1.0	软著登字第 2849819 号	2018 年 7 月 5 日	牵头
160	产业积聚分析系统 V1.0	软著登字第 2511514 号	2018 年 3 月 20 日	独立
161	发电技术排放计算模型软件 V1.0	软著登字第 2499845 号	2018 年 3 月 15 日	独立
162	中国电力源网荷储协调规划模型软件 V1.0	软著登字第 2499499 号	2018 年 3 月 15 日	独立
163	管理创新绩效评价软件 V1.0	软著登字第 2501328 号	2018 年 3 月 15 日	独立
164	人力资源与需求预测软件 V1.0	软著登字第 2501293 号	2018 年 3 月 15 日	独立
165	智能电网效益评价分析模型软件 V1.0	软著登字第 2501330 号	2018 年 3 月 15 日	独立
166	电力体制改革成效分析软件 V1.0	软著登字第 2499815 号	2018 年 3 月 15 日	独立
167	企业一体化财力评价模型软件 V1.0	软著登字第 2495907 号	2018 年 3 月 14 日	独立
168	能源消费预测模型软件 V1.0	软著登字第 2390417 号	2018 年 1 月 25 日	独立
169	全球能源资源潜力分析模型软件	软著登字第 2391789 号	2018 年 1 月 25 日	独立
170	电网发展投入产出效益模拟分析平台 V1.0	软著登字第 2349122 号	2018 年 1 月 9 日	独立
171	数据治理工具软件 V1.0	软著登字第 2271416 号	2017 年 12 月 13 日	独立
172	城市用户智能用电行为协调优化及服务模式创新软件	软著登字第 2247010 号	2017 年 12 月 1 日	牵头
173	城市用户综合用能方式的效益分析和评估软件	软著登字第 2247024 号	2017 年 12 月 1 日	牵头
174	电力供应分析预测系统	软著登字第 2217233 号	2017 年 11 月 17 日	独立
175	信息反映应用工具软件	软著登字第 2212334 号	2017 年 11 月 15 日	牵头
176	多维度典型新能源发电出力曲线生成及分析软件	软著登字第 2207109 号	2017 年 11 月 13 日	独立
177	含可控负荷电网电价优化计算程序	软著登字第 2207119 号	2017 年 11 月 13 日	独立
178	基于灰色理论的电动汽车数量预测平台 V1.0	软著登字第 2189137 号	2017 年 11 月 3 日	牵头
179	能源电力行业并购监测软件 V1.0	软著登字第 2184732 号	2017 年 11 月 1 日	独立
180	电网服务质量大数据辅助分析平台 V1.0	软著登字第 2155039 号	2017 年 10 月 16 日	配合
181	散烧煤替代经济性比较软件 V1.0	软著登字第 2145345 号	2017 年 10 月 10 日	独立
182	全球能源非结构化数据检索展示软件 V1.0	软著登字第 2096993 号	2017 年 9 月 13 日	独立
183	全球能源非结构化数据采集软件 V1.0	软著登字第 2094559 号	2017 年 9 月 13 日	独立

续表

序号	软件著作权名称	证书编号	证书授予时间	完成形式
184	基于粒子群-梯度下降混合神经网络的上网电价预测软件	软著登字第 2096762 号	2017 年 9 月 13 日	牵头
185	业务系统应用监测大数据辅助分析平台 V1.0	软著登字第 2097495 号	2017 年 9 月 13 日	配合
186	全球能源结构化数据采集软件 V1.0	软著登字第 2093296 号	2017 年 9 月 12 日	独立
187	全球能源结构化数据检索展示软件 V1.0	软著登字第 2091129 号	2017 年 9 月 12 日	独立
188	基于系统成本效益最优的太阳能热发电储热配比分析软件	软著登字第 2000874 号	2017 年 8 月 1 日	独立
189	可再生能源补贴资金测算软件 V1.0	软著登字第 1898297 号	2017 年 6 月 27 日	独立
190	公司国际项目开发辅助决策软件 V1.0	软著登字第 1660733 号	2017 年 3 月 10 日	独立
191	国家电力需求侧管理平台电力负荷分析系统	软著登字第 1637748 号	2017 年 2 月 22 日	独立
192	国家电力需求侧管理平台企业开工率分析系统	软著登字第 1636332 号	2017 年 2 月 22 日	独立
193	国家电力需求侧管理平台清洁能源消纳系统	软著登字第 1637742 号	2017 年 2 月 22 日	独立
194	国家电力需求侧管理平台用电异动分析系统	软著登字第 1636336 号	2017 年 2 月 22 日	独立
195	国家电力需求侧管理平台重点企业用能展示系统	软著登字第 1637735 号	2017 年 2 月 22 日	独立
196	国网能源研究院基于服务器的 GESP 优化规划模型管理平台 V1.0	软著登字第 1606989 号	2017 年 1 月 22 日	独立
197	国网能源研究院 GESP 优化规划方案可视化分析插件 V1.0	软著登字第 1607293 号	2017 年 1 月 22 日	独立
198	成本评价模型工具软件	软著登字第 1515675 号	2016 年 11 月 18 日	独立
199	新型能源发电技术经济性分析软件	软著登字第 1416514 号	2016 年 8 月 29 日	独立
200	新能源电力系统运行模拟分析系统（REPS-OAS）V1.0	软著登字第 1398630 号	2016 年 8 月 16 日	独立
201	电网企业内外部环境分析软件	软著登字第 1384728 号	2016 年 8 月 4 日	独立
202	资产全寿命周期综合运营评价软件 V1.0	软著登字第 1346362 号	2016 年 7 月 5 日	独立
203	国际能源电力关键指标分析软件	软著登字第 1306483 号	2016 年 6 月 1 日	独立
204	公司薪酬总量分配测算软件 V1.0	软著登字第 1296069 号	2016 年 5 月 25 日	牵头
205	分布式光伏发电项目投融资模式分析软件	软著登字第 1267517 号	2016 年 4 月 27 日	独立
206	基于碳减排的省级能源规划辅助软件 V1.0	软著登字第 1238323 号	2016 年 3 月 22 日	独立
207	基于大气污染防治和能源价格影响的煤改电优化布局模型软件	软著登字第 1225914 号	2016 年 3 月 8 日	独立
208	国际能源电力综合预测软件	软著登字第 1217902 号	2016 年 2 月 26 日	独立
209	国际能源电力统计数据库系统	软著登字第 1212719 号	2016 年 2 月 19 日	独立
210	国际能源电力统计分析平台	软著登字第 1211273 号	2016 年 2 月 17 日	独立
211	国际能源电力综合分析与评价软件	软著登字第 1211178 号	2016 年 2 月 17 日	独立
212	企业综合价值评价模型工具软件 V1.0	软著登字第 1189851 号	2016 年 1 月 15 日	独立
213	国网分布式光伏发电利益相关方综合效益计算软件	软著登字第 1187379 号	2016 年 1 月 13 日	独立

续表

序号	软件著作权名称	证书编号	证书授予时间	完成形式
214	电力行业统计分析决策系统	软著登字第 1183760 号	2016 年 1 月 8 日	独立
215	国网能源研究院我国区域产业转移及空间布局预测分析软件 V1.0	软著登字第 1177906 号	2015 年 12 月 31 日	独立
216	国家有序用电管理分析系统 V1.0	软著登字第 1139276 号	2015 年 12 月 9 日	独立
217	国家电力需求侧考核分析系统 V1.0	软著登字第 1139270 号	2015 年 12 月 9 日	独立
218	国家电力经济数据分析系统 V1.0	软著登字第 1139267 号	2015 年 12 月 9 日	独立
219	国家电力需求侧管理平台 V1.0	软著登字第 1139279 号	2015 年 12 月 9 日	独立
220	国家电力供需形势智能分析评估系统 V1.0	软著登字第 1139273 号	2015 年 12 月 9 日	独立
221	坚强智能电网政策实施效果模拟系统	软著登字第 1099467 号	2015 年 11 月 3 日	独立
222	基于博弈论的智能电网容量决策模拟软件	软著登字第 1099333 号	2015 年 11 月 3 日	独立
223	财务共享服务信息系统	软著登字第 1075718 号	2015 年 11 月 3 日	独立
224	分布式电源接入的综合经济效益分析软件	软著登字第 1060058 号	2015 年 11 月 3 日	独立
225	国家电网公司战略规划模型工具集成应用系统	软著登字第 1048522 号	2015 年 11 月 3 日	独立
226	国家电网公司综合计划需求预测系统 V1.0	软著登字第 1068600 号	2015 年 9 月 17 日	牵头
227	国家电网公司综合计划投资能力预测系统 V1.0	软著登字第 1067419 号	2015 年 9 月 17 日	牵头
228	国家电网公司综合计划决策支持系统 V1.0	软著登字第 1068603 号	2015 年 9 月 17 日	牵头
229	碳流图计算与绘制系统	软著登字第 1025885 号	2015 年 7 月 21 日	独立
230	能流图计算与绘制系统	软著登字第 1025880 号	2015 年 7 月 21 日	独立
231	电价决策系统	软著登字第 1014992 号	2015 年 7 月 8 日	独立
232	跨省区工程经济效益测算系统	软著登字第 1014014 号	2015 年 7 月 8 日	独立
233	财税风险预警监控信息系统	软著登字第 1004528 号	2015 年 6 月 27 日	独立
234	企业可持续发展指数评价模型系统管理软件	软著登字第 0956159 号	2015 年 4 月 27 日	独立
235	电网企业运营预警分析系统	软著登字第 0890074 号	2015 年 1 月 7 日	独立
236	分布式电源发展规模布局预测软件	软著登字第 0875162 号	2014 年 12 月 22 日	独立
237	中国中长期能源需求预测模型系统	软著登字第 0869850 号	2014 年 12 月 18 日	独立
238	电网企业投资规模测算分析系统	软著登字第 0836620 号	2014 年 11 月 3 日	独立
239	公司国际业务发展情景展示系统	软著登字第 0835068 号	2014 年 11 月 2 日	独立
240	公司国际业务利润目标实现模拟分析系统	软著登字第 0834862 号	2014 年 11 月 2 日	独立
241	电网企业运营绩效影响与评价系统	软著登字第 0804523 号	2014 年 9 月 9 日	独立
242	国家电网公司国际业务辅助决策系统	软著登字第 0802345 号	2014 年 9 月 4 日	独立
243	基于电煤供需的可调发电能力分析预测软件	软著登字第 0777209 号	2014 年 7 月 29 日	独立
244	企业项目管理工具软件	软著登字第 0633038 号	2013 年 11 月 16 日	独立
245	企业工作计划管理工具软件	软著登字第 0632934 号	2013 年 11 月 16 日	独立
246	含新能源电力系统生产模拟软件	软著登字第 0519788 号	2013 年 2 月 18 日	独立
247	电力需求侧管理辅助决策支持系统	软著登字第 0519800 号	2013 年 2 月 18 日	独立

续表

序号	软件著作权名称	证书编号	证书授予时间	完成形式
248	公司财务分析系统	软著登字第 0267443 号	2011 年 1 月 26 日	独立
249	销售电价测算及分析软件	软著登字第 0263193 号	2010 年 12 月 30 日	独立
250	综合资源战略规划研究分析系统	软著登字第 0243286 号	2010 年 10 月 20 日	独立
251	电力经济研究综合集成研讨厅系统	软著登字第 0243294 号	2010 年 10 月 20 日	独立
252	电力系统综合发电环保规划软件	软著登字第 0243279 号	2010 年 10 月 20 日	独立
253	联网混合电力系统水电生产运行模拟软件	软著登字第 0243280 号	2010 年 10 月 20 日	独立
254	输配电价空间计算软件	软著登字第 0243292 号	2010 年 10 月 20 日	独立
255	电力负荷特性分析系统	软著登字第 0243290 号	2010 年 10 月 20 日	独立
256	输配电价测算与分析软件	软著登字第 0243288 号	2010 年 10 月 20 日	独立
257	电网企业利润预测分析系统	软著登字第 0243289 号	2010 年 10 月 20 日	独立
258	基于 Agent 的电力消费仿真系统	软著登字第 0243284 号	2010 年 10 月 20 日	独立

六、国网能源院获得授权专利

序号	专　利　名　称	申请号	授权时间	完成形式
1	一种计及用户效用的机组组合调度的决策方法	201910424159.9	2021 年 11 月 5 日	牵头
2	适用于高风电渗透率电力系统的风电置信容量评估方法	201710994475.0	2021 年 9 月 28 日	牵头
3	一种跨国电力联网潜力测算系统及方法	201810326203.8	2021 年 9 月 28 日	牵头
4	一种输变电设备状态检测方法	201910381016.4	2021 年 9 月 24 日	独立
5	一种计算配用电系统网损和可靠性的方法及系统	201811196743.5	2021 年 9 月 21 日	独立
6	一种含大规模风电功率场景的电力系统经济调度方法	201811532432.1	2021 年 9 月 10 日	独立
7	基于双层母线式结构的综合能源系统优化规划方法及装置	201710986210.6	2021 年 7 月 30 日	独立
8	面向成本关联抗效益偏差神经网络的高效训练方法及装置	201711408113.5	2021 年 7 月 20 日	牵头
9	一种区域配电网设备综合利用效率分析方法	201710819337.9	2021 年 6 月 29 日	牵头
10	一种源网荷储协调电力系统生产模拟方法	201811424897.5	2021 年 6 月 15 日	独立
11	一种新能源电力系统中火电机组改造容量确定方法	201910197924.8	2021 年 6 月 15 日	牵头
12	一种计及恶劣气象条件的电力系统机会维修决策方法	201910478084.2	2021 年 6 月 15 日	独立
13	提升配电网分布式光伏接纳能力的技术策略评估方法	201710898332.X	2021 年 5 月 11 日	配合
14	一种计及 CVaR 的鲁棒机组组合调度的决策方法	201910423718.4	2021 年 4 月 2 日	牵头

续表

序号	专　利　名　称	申请号	授权时间	完成形式
15	一种省级电网新能源弃电量影响因素分解的方法	201810608593.8	2021 年 2 月 26 日	牵头
16	一种基于信息物理融合系统的家居能源调度方法	201710722351.7	2021 年 2 月 26 日	独立
17	一种电网规划建设精准投资方法	201710750243.0	2021 年 2 月 12 日	牵头
18	一种无线能量驱动传输方法及装置	201710188556.1	2021 年 2 月 5 日	独立
19	Method and system for power supply prediction by variety	201911423579.1	2021 年 1 月 20 日	牵头
20	Method and apparatus for predicting influence of trade disputes on total electricity consumption	202010768040.6	2021 年 1 月 20 日	牵头
21	Method, system and equipment for predicting industry energy consumption per unit output in high energy-consuming industry	202010786488.0	2021 年 1 月 20 日	牵头
22	Method for forecasting electricity consumption in ferrous metal smelting and rolling processing industry	202010328136.0	2021 年 1 月 20 日	牵头
23	Method for predicting household electricity consumption adapted to supply-side structural reform	202010377809.1	2021 年 1 月 20 日	牵头
24	Method and apparatus for acquiring power consumption impact based on impact of Covid-19 epidemic	202010994128.X	2021 年 1 月 20 日	牵头
25	一种成本效益最优的火电机组减排方案定制方法和系统	201710544082.X	2020 年 12 月 25 日	独立
26	一种配电网电动汽车时空充放电电价制定方法	201910317334.4	2020 年 12 月 1 日	独立
27	基于火电机组调峰能力报价的日前调峰资源优化调度方法	201910707158.5	2020 年 11 月 24 日	牵头
28	一种电力系统发电侧资源配置优化方法	201810857052.9	2020 年 10 月 27 日	配合
29	绿色电网可移动检修平台	202020478578.9	2020 年 10 月 27 日	牵头
30	一种基于可中断潜力评估的电力可中断负荷的管理方法	201710993512.6	2020 年 10 月 2 日	牵头
31	一种适应大规模新能源并网消纳的储能容量优化配置方法	201910212791.7	2020 年 9 月 22 日	牵头
32	一种源网荷协调运行模拟系统	201711472764.0	2020 年 9 月 11 日	牵头
33	Method for analyzing factors influencing energy business evolution based on ISM	202010615898.9	2020 年 8 月 26 日	牵头
34	一种太阳能热发电储热配比分析方法	201710596194.X	2020 年 8 月 14 日	牵头
35	一种基于数据驱动的配电网动态重构方法	201910103428.1	2020 年 8 月 14 日	牵头
36	一种全球大型风电基地开发潜力的评估方法	201810602212.5	2020 年 8 月 4 日	独立
37	一种无线能量驱动传输方法及装置	201710071088.X	2020 年 7 月 28 日	—
38	一种新能源综合消纳能力评估方法	201711034976.0	2020 年 7 月 28 日	独立
39	一种灵活性资源配置方法及系统	201610906282.0	2020 年 7 月 3 日	牵头

续表

序号	专　利　名　称	申请号	授权时间	完成形式
40	基于交直流混合潮流计算的跨省区输电费传导方法及系统	201611262849.1	2020 年 7 月 3 日	独立
41	一种安全通信的方法及装置	201611226647.1	2020 年 7 月 3 日	独立
42	一种特高压交流电网节点输电价的计算方法及装置	201610507787.X	2020 年 6 月 23 日	配合
43	一种无线供电通信方法及系统	201611264983.5	2020 年 6 月 26 日	独立
44	Model predictive controller for autonomous hybrid microgrids	16/179805	2020 年 5 月 12 日	独立
45	适应大规模可再生能源并网的调峰资源调用决策方法	201710495182.8	2020 年 2 月 21 日	牵头
46	一种直流通道输电计划的优化方法及装置	201710576331.3	2020 年 2 月 14 日	独立
47	一种基于两阶段机组组合的新能源优先调度方法	201610631386.5	2019 年 5 月 7 日	配合
48	一种储能设备的工作状态控制方法、控制决策设备及系统	201610366234.7	2019 年 2 月 15 日	配合
49	一种基于电力系统的温室气体减排控制方法	201510536321.8	2019 年 2 月 15 日	配合
50	一种用于评估配电网接纳分布式光伏能力的方法	201510812613.X	2019 年 1 月 8 日	牵头
51	一种电网指标体系建立方法、装置以及计算设备	201510659405.0	2018 年 9 月 14 日	配合
52	一种分布式电源对配电网的影响评估方法及系统	201610308728.X	2018 年 5 月 25 日	配合
53	一种坚强智能电网的综合评估方法	201510493665.5	2018 年 5 月 25 日	配合
54	一种微电网与大电网信息交互方法及装置	201410653414.4	2018 年 5 月 8 日	配合
55	企业运营分析预警系统的预警分析方法	201510363534.5	2018 年 4 月 27 日	配合
56	一种分布式电源规划量的分配方法及装置	201410397918.4	2018 年 2 月 6 日	配合
57	一种可再生能源发电的储能配置方法及系统	201610213495.5	2018 年 2 月 6 日	配合
58	一种充电站群的负荷模拟方法及系统	201410468563.3	2018 年 1 月 23 日	配合
59	一种分布式电源接入配电网后的电网改造分析方法和装置	201510397621.2	2017 年 12 月 22 日	配合
60	多区域发电能源开发及运输优化规划处理的方法及系统	201310420497.8	2017 年 4 月 12 日	配合
61	一种确定变压器利用率上限估计值的方法及装置	201310685317.9	2017 年 3 月 1 日	牵头
62	一种基于新能源大规模并网的电力分析处理系统和方法	201010558641.0	2016 年 12 月 14 日	牵头
63	获取电力需求的预警参数的方法及装置	201210425468.6	2016 年 10 月 5 日	牵头
64	基于电力系统与通信系统联合模拟的同步控制方法及装置	201310389828.6	2016 年 4 月 6 日	牵头

续表

序号	专　利　名　称	申请号	授权时间	完成形式
65	基于电力系统与通信系统联合模拟的步长调节方法及装置	201310389830.3	2016 年 3 月 30 日	牵头
66	一种电力用户响应系统的智能体的智能体控制与学习模块	201210413318.3	2016 年 1 月 27 日	牵头
67	电价评估仿真方法及系统	201210410717.4	2016 年 1 月 20 日	牵头
68	一种新能源电力消纳全景分析系统及方法	201110389412.5	2015 年 9 月 2 日	独立
69	风电上网调峰服务的补偿处理系统及其运行方法	201010558637.4	2015 年 7 月 29 日	牵头
70	一种确定输配电线路利用率上限及其裕度的方法与装置	201310607221.0	2015 年 5 月 20 日	牵头
71	一种确定中低压配电网接纳分布式电源能力的方法及装置	201310351159.3	2015 年 3 月 18 日	配合
72	一种确定省级电网接纳分布式电源能力的方法及装置	201310351824.9	2015 年 2 月 4 日	配合
73	一种电力用户响应系统的智能体	201210413935.3	2014 年 12 月 10 日	牵头
74	一种电力用户响应系统和方法	201210414791.3	2014 年 11 月 26 日	牵头

后　　记

以志补史，可知兴替；以史明理，可昭心智；以理立志，可启后人。为认真总结国网能源院的历史发展沿革，记录奋斗历程，展示工作成效，启迪发展思路，形成系统完整的企业历史资料，国网能源院研究决定于2020年9月开始对《国网能源研究院有限公司发展历程》（简称《发展历程》）开展研究工作。这是对国网能源院发展历程的首次大规模、系统化研究总结，有着十分重要的资治、教化、存史意义。

为做好《发展历程》研究工作，国网能源院成立了编写工作组（简称“编写组”）和研究小组。编写组由国网能源院领导担任组长，党委党建部负责组织协调，办公室、科研发展部、党委组织部按分工落实相关工作；研究小组由各部门、单位主要负责人以及对本部门、本单位发展历程比较了解的研究人员组成。

在编写组直接领导和外部专家指导下，2020年9月—2021年3月，研究小组通过赴国网档案馆以及中国电科院、国网经研院等单位查阅档案、搜集资料，对国网能源院历史上的老领导老专家进行采访，追溯历史事件，收集历史资料，汇总了国网能源院发展各阶段文件及相关支撑材料，包括但不限于各时期单位全称、时间节点、依据文件、营业执照及副本等，各时期办公地点、变更时间、依据文件等，各时期人员数量、结构、名单、编制依据文件等，历次调整内部职能部门、业务部门、下属单位设置情况及调整依据等，历次调整研究领域、功能定位情况及依据文件等，各时期重要奖项、荣誉、文章等，各时期院领导、专家、员工回忆等，编写形成了《发展历程》框架文档资料，包括其支撑材料（文件、音频、视频、影像等），在英大传媒集团编史专家指导下，逐步完善报告框架，并于2021年6月形成《发展历程》（框架稿）。在此基础之上，研究小组进一步补充完善相关资料，多次送国网能源院老领导、老专家及英大传媒集团出版专家审核，并于2020年8月形成《发展历程》（初稿），于2020年11月形成《发展历程》（修改稿），于2022年3月形成《发展历程》（专家咨询稿），于2022年4月再次送国网能源院各部门、单位修改完善，经修改汇总后形成出版前《发展历程》（征求意见稿）。2022年10月，经国网能源院党委集体研究决定，在吸纳修改意见的基础上，正式出版《发展历程》。

《发展历程》所覆盖时间从1963年7月水利电力部计划司与北京电力学院动经专业合作设立动能研究室开始，到2022年7月国网能源院年中工作会议召开提出落实国家电网公司战略的“12248”体系为止。《发展历程》研究编写期间，曾召开多次工作协调会议，听取研究进展情况汇报，收集工作中遇到的困难和问题，并专门向有关专家请教。

《发展历程》通过梳理国网能源院发展各阶段的时间节点、重大变化、功能定位等信息，描述国网能源院发展起因、发展过程、发展成就，形成发展历程文档及支撑材料，使之成为客观可靠的历史档案，展示国网能源院作为软科学研究机构的独特价值。

编写过程中，国网档案馆以及中国电科院、国网经研院等单位提供了大量历史资料，王信茂、王惠娟、冉莹、伍跃、孙戎立、李英、李连存、肖兰、邱忠涛、陈建莹、周峰、胡兆光、段燕群、雷体钧、魏权华（按姓氏笔画排序）等专家鼎力相助，为《发展历程》的编写提供了宝贵的史实资料和修改建议，在此向给予帮助的单位和专家表示真挚的感谢。历时三年，编写组认真收集整理资料、多次调研访谈、反复核实查证对比，力求做到资料完整、客观、翔实。但由于多次搬迁、史料缺失等原因，书中仍有很多疏漏和不足之处，敬请批评指正。